易蕴发蒙

李春满 著
柏裕江 校订

线装书局

图书在版编目（CIP）数据

易蕴发蒙 / 李春满著；柏裕江校订．-- 北京：线装书局，2019.12（2021.9 重印）
ISBN 978-7-5120-3661-1

Ⅰ．①易… Ⅱ．①李… ②柏… Ⅲ．①《周易》- 注释 Ⅳ．① B221.2

中国版本图书馆 CIP 数据核字 (2019) 第 092290 号

易蕴发蒙

作　　者：李春满
校　　订：柏裕江
责任编辑：白　晨
出版发行：线装書局
地　址：北京市丰台区方庄日月天地大厦 B 座 17 层（100078）
电　话：010-58077126（发行部）010-58076938（总编室）
网　址：www.zgxzsj.com
经　　销：新华书店
印　　制：北京地大彩印有限公司
开　　本：710mm×1000mm　1/16
印　　张：33
字　　数：340 千字
版　　次：2021 年 9 月第 1 版第 3 次印刷
印　　数：0001—1500 册

线装书局官方微信

定　　价：128.00 元

鸣　谢

本书得以顺利出版，承蒙昔日同袍、中国出版协会常务副理事长兼秘书长刘建国先生热忱推荐，线装书局有限公司社长王利明先生倾力玉成，中联控股集团董事局主席王子林先生慨然资助，谨此致谢！

昔日同袍、人民出版社资深编审柏裕江先生直接参与了本书的校勘考订工作，贡献良多；线装书局责任编辑白晨女士对本书审读订误，竭诚尽力；中联资产评估集团有限公司副总裁韩芸女士偕同僚襄助本书出版事宜，尽心尽责，于此一并致谢！

本书所用图示，部分取法于网络，虽未及一一注明出处，然即非本人所创，也不敢掠人之美，故先此致歉并致谢忱。

李寿陶

二〇一九年九月

人为什么要算卦
（代前言）

中国人喜欢算卦，自古皆然。算卦是俗称，学名应当叫占卜，或者说卜筮。将占卜，或者说卜筮称作算卦，是《易经》形成之后，有了六十四卦，以卦占卜，故曰算卦。

算卦是一种占卜术，占卜术是普世文化，所谓“普世”，就是说这种文化没有东西方差异，在东方，有卜星、卜兆、卜筮；在西方，有占星术、塔罗牌、水晶球占卜。总之，原始先民无知无识，只能借助大自然的某些征兆来决定行止，“日出而作，日入而息”即有观兆定行止的意义，观兆即是“卜”。“占”者从卜从口，将观兆所得用口说出来，就叫“占”。

占卜的产生，有其哲学意义。占卜是古代先民认识外部世界的一种方式，先民的认识论是神启论基础上的可知论，占卜的潜在前提是外部世界可知，所以要通过占卜来认知。原始先民认识这个世界有如婴孩，始于三问：“什么”“怎么”“为什么”。小孩子百事问，先问“什么”：“这是什么？”“是苹果。”“那是什么？”“是香蕉。”再问“怎么”：“苹果怎么吃？”“要削了皮吃。”第三问就是“为什么”：“为什么要削了皮吃？”这就要开始讲因果了。大千世界，林林总总，知道事物是“什么”，此即所谓“认”；知道事物要“怎么”，此即所谓“识”；所以“认识”即是由“认”和“识”中来。但“认识”还不能说是“知识”，所以还要问一个“为什么”。“为什么”产生于对因果关系的探求，先民尚未认识规律，但已经看到了因果，当提出了“为什么”的问题时，直观的认识，就已经升华为哲学的思辨。先民通过自身经历，可以解决一些“为什么”的问题，但更多的还是莫知所以，一个简单的想法是把所有未知的因果归因于上天、神意，因此，先民的世界观是神意决定论的世界观。依先民看来，世间万物虽然各有其发展变化，但却都是上天事先安排好的，包括人的命运，只不过自己不知道而已。这种安排好的命运，就叫作宿命，所谓“冥冥之中自有天数”。然而正如宋人张元干所说：“天意从来高难问”。虽然先民将世间万物的生成和发展、变化，归因于上天、神意，但谁也没有见过神，神也不会用人类语言和人对话，于是就要寻求通过某种仪式来窥见神意，张政烺说：“卜筮是人类在无力掌握客观规律的情况下，希望借助某种符号的变化窥测神明的意向”（《张政烺论易丛稿》）。占卜就是人与神的对话方式。

占卜本是人类蒙昧时期先民基于神启论的迷信行为，但在科技昌达、诸神退位的今天，却依然有着广阔而活跃的市场，打开浏览器搜索《易经》《周易》，便能看到连篇累牍的介绍如何算卦的文章，这说奇怪也不奇怪。黑格尔说：“凡是存在的，就是合理的。”占卜的存在，有其心理学的意义。无问古今，无问西东，人们总是对外部世界有着浓厚的好奇，有一段歌词讲得好：“借我一双慧眼吧，让我把这纷纷扰扰看得清清楚楚、明明白白、真真切切。”无知而又欲知，因此人类始终有着求知的冲动，于是便有了科学。但科学也并不能穷尽真理，总有未知事物困扰着我们，令我们迷茫，令我们恐惧。对此，孔子的态度是承认现实：“知之为知之，不知为不知，是知也。”但一般人不认可，“强不知以为知”，其解决办法就是占卜。从心理学的角度讲，不确定性源于未知，因为人生的成长之路从来就是非线性的，每一步的选择都可能会产生不可预知的变化，人自有意识起，便对这种不确定性存有深深的恐惧，疑则惧，“卜以决疑”，决疑就是为了克服这种恐惧。

占卜的目的，在于趋吉避凶，无论国事之占还是家事之占，抑或个人休咎之占，实际上都是在临事之前的行止选择。李零认为，占卜和赌博同源，都是强行选择，有赌一把的心态。其实不确。赌博是主观选择，宝盒在手，开小还是开大，全凭自己选择，不许外人置喙，如果押错了宝，也“愿赌服输”，怨不得别人。占卜不同，完全是客观选择。占卜通过仪式化操作，增加许多的变数，其目的是尽可能排除主观选择意志，即所谓“向天问卦”。这样做的好处是，无论选择的结果好坏，自己都不用承担责任，因而也就不会有心理负担，因为这不是主观选择，是神的意志、老天爷的决定。

占卜是一种心理支持，当人的内心不够强大时，就需要找一个支撑点，来提振自己的信心，这在心理学上有个名词，叫巴纳姆效应。算卦之所以会产生心理暗示，是因为人们总会相信自己想要相信的事情。占卜师在算卦时，多用模棱两可、含混不清的语言，可以让算卦的人产生很多联想，然后就“对号入座”，最后感觉：“哎呀，这个人算得真准！”这就是巴纳姆效应。算卦的人无不希望算卦结果符合预期，因此多少有些投机心理，算对了，说明是上天、神意给自己的支持，因此可以胆气十足地去做。如果算卦的结果不符合预期怎么办？再算一遍。这个做法，古人就会。春秋时期，晋献公欲娶骊姬为妻：“初，晋献公欲以骊姬为夫人，卜之，不吉；筮之，吉。公曰：‘从筮’。”（《左传》僖公四年）不过，《易经》对此是不赞同的，《蒙》卦卦辞曰：“初筮告，再三渎，渎则不告。”

占卜现在和科学也扯上了关系。有个叫刘周的人写了一本书，由中国广播电视出版社出版，叫《帷幄仙风奇门遁甲预测图典》，据360百科介绍，该书以决定论与命运观为理论基础，“对预测学的原理作了辩证唯物主义的科学解析，这是真正运用辩证唯物主义原理研究中国传统预测学的第一次尝试”，真是树林大了，什么鸟都有。占卜预测和科学预测一毛钱关系都没有，占卜以神启为依归，科学以客观规律为依归；占卜以征兆为导引，科学以参数为导引；占卜是以“或然”推“实然”，科学是以“必然”推“应然”。所以占卜之功用最多可以说是一种猜测，而不能认为就是预测。李零说：“占卜是对不可预测的事进行预测，与其叫作预测学，不如叫作猜测学。”（李零《死生有命，富贵在天：周易的自然哲学》）对于神启的崇拜和依赖，不论是窥测、预测还是猜测，其共性都是通过占卜，将选择的不确定性转化为确定性，灵与不灵倒在其次。

占卜有一整套繁复的操作仪式，这彰显了人与神对话的神圣感。将占卜所得郑重地记录下来，就有了占卜书，《易经》就是迄今为止最古老的占卜书。古有三《易》：《连山易》《归藏易》《周易》，现在只有《周易》流传下来，这端赖孔老夫子的克绍箕裘之功。相传太古圣人伏羲画卦，中古圣人文王演卦，近古圣人孔子为之作传，所以《汉书》称《周易》之成是“人更三圣，世历三古”。有这样显赫的先圣护佑加持，《周易》自然就成了所谓“六经之首，大道之源”，历经5000年而尊崇不衰。

《易经》所以能够从一本占卜书上升为六经之首，首先在于它是出于原初先民部族首领之手，因此具有高于部族成员的广阔视野和更深层次的思考。古代先民的部族首领是君、帅、巫、史、师五大社会职能集于一身的，因而《易经》里面的卜辞（卦爻辞）就不仅包含天文气象、社会管理、家庭伦理、军事争斗、教民稼穑、历史记录等极为丰富的内容，而且还有了人类群体意识对世界、人生的终极之问，即人从哪里来，要到哪里去。这使得《周易》的卦爻辞具有了形而上的思辨性质；其次，得益于孔子授徒时对其义理哲思的集中提炼和阐发。孔子初不识《易》，周游列国以后，有了更为深切的实践感受和人生阅历，方感“易道广大”，于是作《易传》十篇，阐发《周易》卦爻辞的微言大义，从而使《易》道义理更具有理论的系统性和完备性。

然而，《周易》本质上还是占卜之书。朱熹的弟子慑于先圣的崇高地位，认为既是圣人，所为者必大，曾怯怯地问朱熹：“伏羲画卦，恐未是教人卜筮？”朱熹答曰：“这都不可知。但他不教人卜筮，画作甚？”（《朱子语类》）孔子宗周，对周代典籍奉为圭臬，然而却险些与《周易》失之交臂，恐也跟下意识地认为卜筮为小道有关。

迄至先秦，占卜术都属于官学，三《易》藏于太史，民间不可得见。春秋战国，周室衰微，周太史流落民间，私家占卜遂大兴。暴秦甫立，焚书坑儒，《周易》因为是卜筮之书而独存，汉初罢黜百家，独尊儒术，然占卜之术独尊五行。昔汉武帝聚会卜者，以占娶妇何日为吉，众口不一，“制曰：‘避诸死忌，以五行为主。’”（《史记·日者列传》）

《易经》是卜筮之书，所以讲“象数”。“象”即卦象，“数”指揲筮之数，所谓“八卦以象告，爻象以情言”“极数知来之谓占”（引自《易经·系辞传》）。然《易经》又是哲理之书，因其以阴阳交变、五行终始探究天地造化、人事休咎。后之习《易》者因之而分为象数、义理两大派别，旨在占卜者习象数，不避哲思；旨在哲思者研义理，兼及占卜，“亦各取所需耳”。而《易经》也就在这些传习者的爬梳剔抉中延续着生命，在5000年历史长河中发挥着占卜术的理论基础作用。

占卜是一种精神游戏，虽圣人而不免，所以能列为“圣人四道”。孔子曰：“是故君子居则观其象而玩其辞，动则观其变而玩其占。”（《周易·系辞上传》）一个“玩”字就点明了占卜的精神游戏性质。荀子说：“善为易者不占”（荀子《大略》），不是说不为占卜之事，而是不以占卜为能。荀子认为，君子占卜，是用这种方式表达对神明的敬畏和尊崇，“卜筮然后决大事，非以为得求也，以文之也。故君子以为文，小人以为神。以为文则吉，以为神则凶也”（《荀子·天论》）。君子占卜不求其灵，注重的是占卜过程的仪式感，“以文之也”。小人占卜追求的是“有求必应”，如不灵验则反复求之。这是君子和小人对待占卜的最大区别。

补记：

2019年春节期间，主流媒体爆料，台湾357年来头一次没有“国运签”。据报道，台湾台南县有个南鲲鯓代天府，始建于1661年，2015年因抽出“武则天坐天”的国运签，预言了蔡英文当选而一炮走红。然而2019年2月5日再抽签时，半小时抽完了一整桶签，也没有一个被神明认可的“国运签”。从该报道所附照片来看，似乎采用的是在“掷筊”的打卦方法。所谓“筊”实际上是两片半圆形的木片或竹片，一面是平的，一面微凸，平面为“阴”，凸面为“阳”。打卦时，卜者将两片筊杯合在一起，跪于神明像前，首先自报家门，申明求告事项，祝祷神明予以明示，然后掷筊于地，若呈一阴一阳状，称为“圣筊”，表示得到了神明的允可；若是两阴或两阳，则表示神明不予认可。重大事项求告，须连掷三圣筊方可作数。掷筊求卜据说也是从《易经》而来，其圣筊以阴阳和合为志即是明证。此种占卜方法流行于华南一带，其源甚古，台湾将这一民俗保存至今，亦属不易，而又如此虔信，足证占卜术在今日仍有顽强的生命力。而大陆主流媒体如此津津乐道，似也有渲染鼓吹之嫌。

凡 例

一、本书并非严谨的学术著作，充其量不过是一个门外莽汉，以“六经注我”的狂妄,对作为儒家元典的《易经》意蕴发表一些蒙稚之见,所以名之为《易蕴发蒙》。所据无非个人见识，于先贤所论，合则取之，不合则弃之，间或也有妄加评论之语。作者姑妄写之，读者姑妄阅之，乖舛之处自命浅薄，会心之处也无须谬赞，所谓“黄钟毁弃，瓦釜雷鸣”，万不可与所谓“易学大师”专著等观。

二、本书所用《易经》版本，是中华书局 1985 年 11 月第二版的《四书五经》影印本(上册)，(附带说一句，其书当年全三册定价，精装本 14.00 元，平装本 9.80 元。于今视之，恍如隔世。)同时参酌[魏]王弼、[晋]韩康伯作注，[唐]孔颖达疏的《周易正义》，[宋]朱熹作《周易本义》，以及清人李光地奉旨编撰的《御纂周易折中》。其余先贤，衮衮诸公之论，涉猎而已。盖易学一脉，自来分象数、义理两大派别，汉易循占卜本旨，主象数，孟喜、焦氏、京房藉爻变讲阴阳占候、灾变咎征，已入术者一流。至王弼扫象，以玄学释经，义理方兴。唐人孔颖达奉太宗之命主编《五经正义》，在王弼注的基础上对《易经》进行疏证，“正义”也者，有“正本清源”之意也。宋易本以义理为宗，程颐、朱熹为集大成者。朱熹作《周易本义》以程朱理学释易，回归孔门。“本义”也者，意为“追本溯源”。清帝康熙浸润经学五十余年，深感“易学之广大悉备，秦汉而后无复得其精微矣”。因此，“深知大学士李光地素学有本，易理精详，特命修周易折中，上律河洛之本末，下及众儒之考定，与通经之不可易者，折中而取之”(《御纂周易折中》御制序)。“折中”也者，按朱熹的解释：“谓事理有不同者，执其两端而折其中，若《史记》所谓‘六艺折中于夫子’是也。”故以上述三书为据，方不失《易经》意蕴之本。

三、本书分三编，各以“易之理”“易之义”“易之疏”名之，内容有别而体例各异。“易之理”不涉经义，唯拣选八类欲读易者不可不知的基础知识略作论说，故为论说体。八种易学基础知识即易之源、流、卦、爻和卦之德、序、占、断。此八事之于《易经》，犹如五大公设之于欧几里得几何学。五大公设无须证明，但所有几何定理皆由五大公设中来。即如《易经》八卦，乾为天，坤为地；一长横为阳爻，二短横为阴爻，都是具有规定性的公设，因其具有公设原理的意义，故八事之论名之为“易之理”。坊间易学论著，体例不一，但都有专章介绍易学的基本原理，在南怀瑾之《白话易经》，是其“叙言”；在李零之《死生有命，富贵在天：周易的自然哲学》，是其“写在前面的话”；在张其成之《全解周易》，是其“周易导读”，在李文波之《周易通解》，是其图解八章。由此看来，吾道不孤。

四、“易之义”以诠释六十四卦经义为主旨，依经文分为上、下两部分。循诠释经义的通例，首标卦名、卦象，系以卦辞、爻辞，以表原经。诠释部分，卦辞之后系以彖辞、大象辞，爻辞之后系以小象辞，然后分别诠释之。出新者，唯在各卦之首，将该卦主旨提炼八字作为卦题。允当与否，且作别论。古人谓古典为“经”，释经为“传”，文王演卦，周公系辞，史称《周易》，孔子传易，乃作《易传》，年代久远，孔子所作《易传》也成了“经”，所以《易经》实际上包括了《周易》和《易传》两个部分，故曰《易经》。古人诠释古典，分传、注、笺、义、疏诸种体例，孔子著《春秋》，后人释经则有《春秋公羊传》《春秋左氏传》等。“注”取义灌注，古典文辞古奥难懂，文义训诂为“注”，如《道德真经注》。“笺”者表识，多指补充、订正，如《毛诗郑笺》。“义”即经解，多以《正义》《本义》《通义》为名，如《白虎通义》。“疏”即“疏通”，经、注兼释者为“疏”，《周易正义》之孔颖达释经兼评王弼注文，即以“孔疏”名之。《易经》之后，“传”“注”“义”“疏”皆有成例。按现今通行的古籍注释体例，“易之义”当为“义疏体”。

五、“易之疏”采用现代的古籍注释体，分章节按“原文”“注”“释”“疏”的次序对照翻译评述，未尽之意则在“疏”中补说。“易之疏”专为《易传》作注释疏证，名之为“疏”者，因《易传》本是为《周易》经文作注，取其“经注兼释”之意。共计六篇，其位序为：《系辞传》上、《系辞传》下、《文言传》《说卦传》《序卦传》《杂卦传》。孔门《易传》“十翼”之《彖传》上、下，《象传》上、下四篇，本就与经文之卦爻辞严密对应，已随经文一并诠释，故舍而不录。此位序体例与诸先贤不合，但方便现代人解读《易经》，也合于现代人的释经体例。经查，将《彖》《象》《文言》附于经文之后者，始于费直、王弼，《周易正义》将《易传》各篇列于经文之后，且只有《系辞上》卷七、《系辞下》卷八、《说卦》卷九、《序卦》卷十和《杂卦》卷十一。朱子著《周易本义》曾诘之，谓“周，代名也。易，书名也……以其简袠重大，故分为上下两篇……并孔子所作《传》十篇，凡十二篇。中间颇为诸儒所乱，近世晁氏始正其失，而未能尽合古文。吕氏更定着为《经》二卷，《传》十卷，乃复孔氏之旧云”。然朱子解经，也不得不将《彖》《象》《文言》缀于经文之后，一并诠释。唯在《本义》后部，分列第三卷《系辞》，第四卷《卦传》，含《说卦》《序卦》《杂卦》。第五卷《彖传》、第六卷《象传》、第七卷《文言传》，因前面已将彖、象、文言随经文并释，后面就只能原文照录，故其经文重出。朱子之《周易本义》以《文言传》为终卷，在体例上略嫌杂乱，又朱子的体例，也未见得有甚高明之处。至清代，李光地承康熙旨，“而《经》《传》次第则亦悉依《本义》原本，庶学者由是以复见古经，不至习近而忘本也”（《御纂周易折中》凡例）。然《彖》《象》《文言》三传的位序则排于“系辞传”之前，而以《序卦传》《杂卦传》终卷。似又并非全依《本义》。

六、“易之疏”之不合古训者尚有两例，即关于《系辞传》和《说卦传》的分章。案：《系辞传》初本不分章，自汉代诸儒始有分章之举，然各章起始，互有错乱。章节划分亦十一、十二、十三不等。孔颖达《周易正义》分《系辞传上》为十二章，《分系辞传下》为九章。至朱熹《周易本义》乃按吕祖谦本，《系辞传》上、下各分十二章。后世遂以朱熹分章为准。然朱熹也并不严守前人的分章，而是根据自己的理解做了一些调整，其在第九章“天一地二”一节之后注云：“此简本在第十章之首，程子曰宜在此，今从之。”“天数五，地数五”一节后又注云：“此简本在‘大衍’之后，今按宜在此。”但是，有些认为应同样需要进行位序调整的，朱熹却又保持了原样，如其在第十二章“易曰：‘自天佑之，吉无不利’”之后注云：“然在此无所属，或恐是错简，宜在第八章之末。”

本书参照今人李零的分章体例，分“系辞传上”为十四章，分“系辞传下”为十一章，并以“首句命题”法为各章拟定章题，这样做比起按序数分章来更便于对照检索。

《说卦传》原也不分章，孔颖达《周易正义》将其分为十八节，朱熹改节为章，并将分说八卦卦象的第十一节至第十八节并为一章，是为第十一章终章。本书遵朱熹《本义》体例对“说卦传”做了分章，然也稍做调整，“帝出乎震”章原分两章，以其同说一事，故并为一章；“八卦取象”章原按取象类别分为三章，现合并为一章；分说八卦卦象的八章原为一章，本书循《周易正义》的体例各自独立成章。故分《说卦传》为十五章。

按：先儒分章未能定于一尊，后来人自不必胶柱鼓瑟。

目　录

人为什么要算卦……………………………………………………… 1

凡　例 ……………………………………………………………… 1

易经・易之理………………………………………………………… 1

易之源……………………………………………………………………2

易之流……………………………………………………………………8

易之卦…………………………………………………………………… 14

易之爻…………………………………………………………………… 27

卦之德…………………………………………………………………… 33

卦之序…………………………………………………………………… 40

卦之占…………………………………………………………………… 54

卦之断…………………………………………………………………… 60

易经・易之义（上）…………………………………………………67

乾卦之用，在于明道…………………………………………………… 68

坤卦之用，在于修德…………………………………………………… 78

创业艰难，比于屯卦…………………………………………………… 85

蒙昧初开，验之蒙卦…………………………………………………… 89

物稚而养，乃为需卦…………………………………………………… 93
慎争戒讼，鉴之讼卦…………………………………………………… 97
择人任事，喻以师卦…………………………………………………… 100
择贤而比，一如比卦…………………………………………………… 104
小康心态，源于小畜…………………………………………………… 109
临深履薄，效之履卦…………………………………………………… 114
达人处世，力行泰卦…………………………………………………… 118
安泰生否，乃有否卦…………………………………………………… 123
吊民伐罪，必先同人…………………………………………………… 129
顺天休命，得享大有…………………………………………………… 134
虚怀处世，合于谦卦…………………………………………………… 138
悦乐有节，警在豫卦…………………………………………………… 144
随性而交，考于随卦…………………………………………………… 150
谏亲之孝，喻以蛊卦…………………………………………………… 155
临民施政，乃作临卦…………………………………………………… 159
大观观国，取自观卦…………………………………………………… 164
慎刑明狱，见有噬嗑…………………………………………………… 169
绘事后素，启自贲卦…………………………………………………… 173
小人乱政，验于剥卦…………………………………………………… 177
拨乱反正，应在复卦…………………………………………………… 181
天命无常，唯守无妄…………………………………………………… 186
大畜畜德，取自大畜…………………………………………………… 191
颐养之道，存于颐卦…………………………………………………… 195
何以处逆，行必大过…………………………………………………… 199

涉险之患，取诸坎卦…………………………………………………… 204
薪火相承，归于离卦…………………………………………………… 209
附：韩国太极旗小知识………………………………………………… 214

易经·易之义（下）…………………………………………… 217

人道之兴，始于咸卦…………………………………………………… 218
恒德适变，见诸恒卦…………………………………………………… 224
退休之人，应习遁卦…………………………………………………… 231
有为之士，诫在大壮…………………………………………………… 236
自昭明德，典出晋卦…………………………………………………… 241
韬光养晦，旨归明夷…………………………………………………… 246
男严女顺，宜其家人…………………………………………………… 252
暌而志通，正应暌卦…………………………………………………… 257
反身修德，取诸蹇卦…………………………………………………… 262
赦过宥罪，喻以解卦…………………………………………………… 268
理税之人，应知损、益（上）………………………………………… 273
理税之人，应知损、益（下）………………………………………… 278
在职诸君，当习夬卦…………………………………………………… 283
遇合贵时，可喻姤卦…………………………………………………… 287
萃聚以正，晓以萃卦…………………………………………………… 292
顺德升阶，明于升卦…………………………………………………… 297
困不堕志，启于困卦…………………………………………………… 302
井养为德，喻之井卦…………………………………………………… 308
其命维新，乃有革卦…………………………………………………… 312
治国理政，须循鼎卦…………………………………………………… 317

迅雷必变，乃成震卦…… 321
知止为智，证之艮卦…… 326
渐进循序，以观渐卦…… 331
姪娣媵婚，见诸归妹…… 336
日中则昃，警出丰卦…… 341
逆旅羁思，尽在旅卦…… 346
重巽申命，象如巽卦…… 351
悦以利贞，即是兑卦…… 355
涣难离险，其如涣卦…… 359
节以制度，是为节卦…… 363
孚乃化邦，方为中孚…… 368
矫枉过正，宜其小过…… 373
思患而豫，用之既济…… 378
未有穷期，是曰未济…… 383

易经·易之疏…… 389

系辞传（上）…… 390
系辞传（下）…… 428
文言传…… 456
说卦传…… 468
序卦传…… 491
杂卦传…… 502

易经·易之理

易经·易之理之一

易之源

《易经》原本就是一部用于算卦的工具书。算卦是俗称，学名应当叫“占卜”。《易经》用六十四卦占卜，所以是“算卦”。现在各种地摊占卜也称为“算卦”，实际上算的是人的生辰八字，所谓“四柱预测”，与《易经》已是落落不相干，这是称名俗化的结果。通常所说的《易经》由两部分组成，一部分是《周易》，包括六十四个卦象、卦名和卦辞，以及三百八十六则爻辞、七百六十个占断词语；另一部分是《易传》十篇，史称“十翼”。实际上《易传》只有七种文章，包括《彖传》《象传》《系辞传》《文言传》《说卦传》《序卦传》《杂卦传》，其中《彖传》《象传》是对六十四则卦辞、三百八十六则爻辞的具体解读，所以按照易经上下两部分各分上、下篇，《系辞传》是阐发六十四卦的卦爻辞所蕴含的义理的，也分成了上、下两篇，所以《易传》合计共七种、十篇。

但《易经》又不仅仅是普通的占卜书，而是官修占卜书，用现代语言，即是“政府文献”。根据《周礼》，当时周王朝设六官：天官冢宰掌治，地官司徒掌教，春官宗伯掌礼，夏官司马掌兵，秋官司徒掌刑，冬官司空掌工。在春官宗伯属下有大卜一职，专职掌管占卜之事：“大卜……掌三易之法，一曰连山，二曰归藏，三曰周易。其经卦皆八，其别皆六十有四。”

《易》素有“三易”之说，三易就是指《连山易》《归藏易》《周易》。相传《连山易》是夏代的官易，以《艮》卦为首卦；《归藏易》是商代官易，以《坤》卦为首卦；《周易》是周代的官易，以《乾》卦为首卦。也有人不同意这个说法，认为三易并行于世，无所谓先后。不过现在，《连山易》《归藏易》均已失传，这个讨论意义不大。只要知道我们通常所说的《易》仅指《周易》就可以了。

作为五经之首的《易经》源于何时，众说纷纭。通常的说法是源于河图、洛书，其理据是《系辞上传》讲的：“河出图，洛出书，圣人则之。”河图、洛书是古代传说，始见于古籍者，为《尚书·顾命》：“大玉、夷玉、天球、河图在东序。”《顾命》篇是周成王临死时的遗命，命召公、毕公辅佐康王登基，在登基仪式上陈列的宝物有河图，而洛书，未见有载。但河图是什么东西，没有说。河图、洛书的传说在春秋时期已很普遍，《墨子·非攻下》有云："赤鸟衔珪，降周之岐社，曰：'天命周文王伐殷有国。'泰颠来宾，河出绿图，地出乘黄。"据此，河图应出现在周文王时，河图大概是翡翠之类的宝玉，而且河图与乘黄并列，未言洛书。《管子·小匡》始言及洛书，有云："昔人之受命者，龙龟假，河出图，洛出书，地出乘黄，今三祥未有见者，是曰受命脉，无乃失之乎？"这是管子劝诫齐桓公之言，其时齐桓公已九合诸侯，一匡天下，正志得意满之时，有不臣之心，所以管仲劝诫说：周受命为王时，河出图，洛出书，地出乘黄，今天没有宝物出现作为吉祥之兆，说明你不能为王。由此看来，河图、洛书不过是古人认为天命有归的吉兆象征，与周易初无瓜葛。

将河图、洛书引为周易之源的说法，始自西汉刘歆，《汉书·艺文志》引："刘歆以为宓羲氏继天为王，受河图，则而画之，八卦是也。"这是第一次将河图出现的时期由周初提升到上古时代，并且指定伏羲据河图画卦，然河图何状，如何则而画之，略而不记。

逮至宋初，华山道士陈抟献图，河图洛书的真容才首次面世。不过陈道士也并未说这就是河图洛书，首个认定陈抟献图就是河图洛书的是北宋易学家刘牧，自此易学之图书学大兴。

实际上，河图洛书的黑白点排列，不过是我国古代幻方的形象表达。幻方用数字排列的方阵，如果排列精准，可以使每行、每列的数字之和等于同一个数。如下列就是一个最简单的三阶幻方：

4	9	2
3	5	7
8	1	6

这个幻方就是所谓的洛书的数字版。

幻方不仅中国有，外国也有。印度11世纪出土了一个四阶幻方，我国西安出土了一块铁板，上面是阿拉伯文的六阶幻方，据说是13世纪的。但说中国是幻方之祖，大概没有疑问。幻方是一种数字游戏，但其中隐含的数学规律引起了数学家的极大兴趣并加以研究，最终形成了组合数学，作为数论的一支。与一般数学研究连续数学现象不同，组合数学研究的是离散数学，连续数学的基本形式是函数，离散数学的基本形式是矩阵。离散数学不仅在基础数学中占有重要地位，而且在其他科学如信息科学、计算机技术等方面都有广泛运用。正如微积分和近代数学为工业革命奠定技术基础，组合数学也为量子理论、信息革命和大数据、云计算的发展奠定了技术基础 。

《周易》产生于殷周时期，而所谓的河图洛书则出现在宋代，二者相差了2000多年，说《周易》源于河图洛书，打死我都不信。

关于《周易》的源头，还有一种说法，叫“人更三圣，世历三古”（《汉书·艺文志》）。说的是上古时期，伏羲画卦；中古时期，周文王演卦；近古时期，孔夫子作《易传》解卦。从而认为《周易》有个漫长的发展过程，这个说法比较合理。伏羲是中国古籍中公认的中华民族人文始祖，说伏羲画卦，其理据也在《系辞传》：“古者包牺氏之王天下也，仰则观象于天，俯则观法于地，观鸟兽之文与地之宜，近取诸身，远取诸物，于是始作八卦，以通神明之德，以类万物之情。”按此说法，伏羲画卦是观天、观地、观鸟兽之文受到的启发，但这里并无河图洛书之说。后世之人附会于河图洛书，不过是强调伏羲是受命于天的真命天子，不足为据的。伏羲是上古圣人，古籍中最早的王者，传说伏羲首创文字、定历法、教民耕种、定嫁娶婚制，都是使中华民族从愚昧走向文明的大事。占卜只是方技小道，何以要作为其重要功绩郑重宣扬？我觉得，认定伏羲画卦很可能反映了我国上古时代神权与君权合一的一个特征，即巫和部族首领是同一人的特点。伏羲本质上应是古老中华民族的一个部族首领，也是一个巫，是出于占卜的需要而画卦的。

古人类思维和现代人不同，只有具象思维没有抽象思维，而且生存能力弱，由于无知而缺乏自信，因此多以占卜决定行止。由此就产生了人类史上最古老的职业——巫。巫是原始社会非常重要的社会成员，巫的作用有三：一是宣示神谕；二是通过占卜揣测神意；三是观天测地，指导部族成员采食、迁徙以及劫掠。所以古代的原始部族首领最可能从巫中产生，占卜也就成了部族首领的专有职能。

占卜方式有很多种，大体上可以分为卜星、卜兆、卜算三大类。卜星就是占星术，通过观察天象变化占卜吉凶；卜兆常用的是龟卜，通过炙烤龟甲，观察裂纹来判断吉凶。卜兆还有一种，是观异象而知灾祥，即所谓谶纬之术，也属于卜兆一类；卜算又叫筮占，是用数字占卜的一种方法。筮占也要观象，但是所观之象是卦象，以象成数，因数成辞，所以筮占是比较后出的占卜方法。说伏羲画卦，大概是说伏羲是筮占的发明者，卦字从卜，从圭，圭是古人测日影的尺子，在地上树立一个杆子，通过测日影，推断节气、时令以卜算年景、收成，就是卦算。筮占也有人认为发明者另有其人，是巫咸。《吕氏春秋》有云："巫彭作医，巫咸作筮"，说巫咸是用蓍草占卜的创始人。关于巫咸，还有许多传说，《太平御览》引《归藏》："昔黄帝与炎帝斗于逐鹿之野，将战，筮于巫咸，曰：'果哉而有咎'"。说炎黄大战时，巫咸曾为黄帝占卜，其使用的易经，应当就是《归藏易》。还有传说称，舜帝与蚩尤作战时巫咸以神兽夔之皮制作大鼓，以夔之骨擂之，"声震百里"，蚩尤闻声丧胆，因此溃败，战后舜帝葬夔于长江之畔，即今之三峡夔门。巫咸死后化作巫山，也在三峡。巫山所在即为巫峡。上古之事由于没有考古实证，汗漫不可征，只能通过传说的折射而推理之。筮占源于上古，因筮占需要而产生出八卦，大概也可说得通，至于是伏羲发明还是巫咸创造，可以不必争论。

关于周文王演卦的说法，似乎歧义不大。其理据一是太史公自序："昔西伯拘羑里而演周易"；一是班固的《汉书·艺文志》易类小序："至于殷周之际，纣在上位，逆天暴物，文王以诸侯顺命而行道，天人之占可得而效，于是重易六爻，作上下篇"。后世因之几成定论。但考之《周礼·春官·宗伯》（见前引文），似乎三易都已经是六十四卦，并非文王所创，姑且存疑。我认为，不管六十四卦是否文王由伏羲八卦相重而得，但其卦辞、爻辞出自周人似无疑问。《系辞传下》有云："易之兴也，其当殷之末世，周之盛德邪？当文王与纣之事邪？"虽为设问，却也去事实不远。

传说《易传》十篇都是孔子所作，这个就是近古圣人解卦的由来。其出处是司马迁的《史记》："孔子晚而喜易，序彖、系、象、说卦、文言。读易，韦编三绝。曰：'假我数年，若是，我于易则彬彬矣。'"（《史记·孔子世家》）孔子晚而喜易，晚到何时？孔子自己说："加我数年，五十以学易，可以无大过矣。"（《论语·述而》）孔子 51 岁出仕鲁国任中都宰，后任大司寇，鲁定公十四年摄行相事。后因与鲁定公意见分歧而去国，周游列国 14 年，69 岁返鲁专事教学，73 岁而殁。孔子宗周，在鲁 5 年，有机会检省、整理周代典籍，学易当在此时。但夫子一生述而不作，所谓《易传》十篇大概是孔子周游列国后返鲁，授徒教学的教案，由孔门弟子搜集编纂而成。所以《易传》十篇，体例不一。

《彖传》六十四则，孔颖达将彖训为"断"，判断、裁断之断。彖传解释卦义，包括六十四卦的卦名、卦象结构和卦辞。《彖传》有个特点，解释卦象结构时，从不用八卦之卦名解释，而代之以八卦的卦象、卦德，如《屯》卦下《坎》上《震》，其彖辞以“动乎险中”为解；《蒙》卦上《艮》下《坎》，其彖辞解释为“山下有险”。故有人认为《彖传》可能是古《归藏易》系辞的遗存。由于《归藏易》已佚，姑存而不论。

《象传》有大象和小象两种，大象六十四则，每则两句，前句解释卦象，后句讲自卦象得到的启示和规劝；小象三百八十六则，解释各卦六爻的爻象和爻辞。有一种说法，认为《象传》是周公所作，依据是《左传·昭公二年》：“韩宣子聘鲁，观书于太史氏，见《易象》与《鲁春秋》，曰：‘周礼尽在鲁矣。吾乃今知周公之德与周之所以王也。’”鲁国为周公后裔，由于周公的原因，鲁国享有天子之礼，成为保存周代典籍最完整的诸侯国。可见，说《象传》是周公所作不为无据。

《系辞传》是对《周易》基本思想的阐发，可以说是周易通论。系者系属也，“圣人系属此辞于爻卦之下”（孔颖达语）。系辞本义是连缀在《周易》卦爻辞后面的文字，细品《系辞传》体例，有点像孔门弟子的课堂笔记，多是有感而发，逻辑性差，而且文意上也有相互抵牾之处。即如对伏羲画卦的认识，一处说“河出图，洛出书，圣人则之”，伏羲画卦是天降神物所致；另一处又说“古者包牺氏之王天下也，仰则观象于天，俯则观法于地，观鸟兽之文与地之宜，近取诸身，远取诸物，于是始作八卦。”没有什么神意参与。显然互相矛盾。但《系辞传》毕竟是一篇阐发易理的著作，有了《系辞传》，《易经》才具有了古代自然哲学的意义，所以《系辞传》的重要性不容低估。

《系辞传》分上下两篇，本身未分章。自汉代始有分章之举。据孔颖达《周易正义》所载，初周氏分《系辞》上篇为十二章，马融、荀爽、姚信分“白茅”章下 之“负且乘”更为别章，计分上篇为十三章；虞翻则合“大衍之数”与“知变化之道”共为一章，计分十一章；孔颖达采用从众原则，“今从先儒以十二章为定”（孔颖达语）。《系辞》下篇则“周氏、庄氏并为九章，今从九章为说也”（孔颖达语）。宋代朱熹作《周易本义》，将《系辞传》上下各分为十二章，遂成定例。今人张其成《全解周易》依从朱熹，将《系辞传》上、下各分为十二章。李零则将上篇分为二十章，下篇分为十八章。而李文波编著的《易经通解》则索性不分章，只将《系辞传》上、下篇各分了五十六则，“亦各取所需耳”。《系辞传》中有十八则“子曰”，都是孔子对具体的卦爻辞做的解说，与其他论述体例不同。

《文言传》是对乾、坤二卦的详细解说，通篇体例是先引卦爻辞，然后设问：“何谓也？”后面再以“子曰”加以阐述。当是孔子教学的教案。

《说卦传》重点解释八经卦。包括卦义、卦德、卦序以及卦象。《说卦传》归纳了八卦取象共计一百三十四种具象，是后世易学象数学派的重要依据。

《序卦传》是解释六十四卦排序的，按《周易》上、下两篇也分为上、下两篇，上篇自乾、坤始，至坎、离止，共三十卦，下篇自咸、恒始，至既济、未济止，共三十四卦。上篇按天道轮回排序，下篇按夫妇人伦之道排序。

《杂卦传》重点讲六十四卦两两互耦的关系，语言特点是文笔简练，大多只用一二字，高度概括。如开头："乾刚坤柔，比乐师忧。"

《易传》本身是孔门儒学对《周易》的经解，但自汉代独尊儒术以来，便列入经典，成了《易经》的重要组成部分，我们读《易经》，不能不读《易传》，以致后世一谈《易经》，都是包含《易传》在内的。

易经·易之理之二

易之流

《易经》之流在于“易学”。易经是什么时候成为一门学问的？多数人会认为自孔子始，其实不确。如前述，三代易经都是官书，是“政府文献”，自来由大卜掌管，并不外传。周代职官设置，天官冢宰，主治；地官司徒，主教；春官宗伯，主礼；夏官司马，主政；秋官司寇，主刑；冬官考工，主工。大卜归属春官之下，掌管起草文书，策命诸侯卿大夫，记载史事，编写史书，兼管国家典籍、天文历法、占卜、祭祀等(《周礼·春官宗伯·大卜/诅祝》:“大卜掌三兆之法……掌三易之法，一曰连山，二曰归藏，三曰周易。其经卦皆八，其别皆六十有四……掌三梦之法……”)。所以《易经》本就是官学，习学也只在贵族子弟之间。周代贵族子弟教育要学六种技艺：礼、乐、射、御、书、数。《周礼·保氏》：“养国子以道，乃教之以六艺：一曰五礼；二曰六乐；三曰五射；四曰五御；五曰六书；六曰九数。”其中礼、乐是政治、外交技能；射、御是军事技能；书、数是文化素质。数既包括计算，也包括卜算，《易经》的传授当在“数”教之内，这是上古巫史合一传统的遗存。周王室衰微，王室典籍在春秋战国时期开始流落民间。孔子以存亡继绝为使命，晚年在整理周代典籍的同时，以六艺授学，是为诗、书、礼、乐、易、春秋。此《易经》私学之始。孔门六艺不同于周代官学六艺，孔门六艺不是技能传授而是典籍知识的传授，用的是经孔子整理过的周代典籍。诗即《诗经》；书是上古至周代的大事记，包括诰、誓等历代政府文献；礼是《周礼》；乐是《乐经》；易是《周易》，教案则是《易传》；春秋是《鲁春秋》。

孔子对《周易》有个认识过程，初时认为仅是卜筮之书，未予重视，故《论语》中从不言易。直至周游列国，到处碰壁，才逐渐悟得《周易》真谛。近年出土的帛书《周易》中有《要》篇，记述孔子晚年喜易“居则在席，行则在橐”，达到寸步不离的地步。弟子子贡曾不解，问孔子何以对《周易》前轻而后重，孔子说：“赐！吾告汝易之道：良筮而善占，此百生之道也，非易也。夫易，刚者使知惧，柔者使知刚。”又说：“易，我后其祝卜矣，我观其德义耳也。”

古代易学发展到孔子，发生了本质的演变。孔子最大的功绩是将人生的终极思考引入《易经》，赋予吉凶占断等筮占古义以哲学思辨意义，由“明数”而“达德”，出“神道”而入“人文”，将“阴阳灾变”上升为“天道人性”，从而将筮占之书提升为哲学典籍。

古人最早的哲学思辨是阴阳学说。阴阳学说诞生很早，据说上古时期已经形成。最早见之于《黄帝素问》：“阴阳者，天地之道也。万物之纲纪，变化之父母，生杀之本始……积阳为天，积阴为地，阴静阳燥，阳生阴长，阳杀阴藏。阳化气，阴成形。”古人用阴阳解释宇宙形成，传说盘古分剖混沌，阳清者上升为天，阴浊者下沉为地，宇宙始成。阴阳本指日光向背的两种状态，向日为阳、背日为阴，最早用于对地貌的区分。阴、阳的“阝”旁本字为“阜”，地貌起伏状。后因体感的冷热、视觉的明暗、方位感的上下等，逐渐丰富了阴阳的内涵，将世间万物都赋予了阴阳属性，从而将阴阳概念上升为“范围天地”“曲成万物”的基本范畴。按照阴阳学说的解释，世间万物都由阴阳二气交互作用而成，阴阳相合，万物生长，在天为日月星辰、风雨雷电，在地为山川草木、春夏秋冬。阴阳交互作用分为对立、互根、消长、转化四种情况，用现代语言，就是阴阳二气相反相成、互相对立、互为基础，相互斗争，在斗争中相互转化。阴阳的对立统一运动，是宇宙万物发生、发展、变化、消亡的根本原因。阴阳学说是具有中国特色的本体论和自然辩证法。

古人还有基于五行学说的宇宙观和自然辩证法。最早见于《尚书·洪范》：“五行：一曰水，二曰火，三曰木，四曰金，五曰土。水曰润下，火曰炎上，木曰曲直，金曰从革，土爰稼穑。润下作咸，炎上作苦，曲直作酸，从革作辛，稼穑作甘。”古人以五行解释世间万物的发展变化，“行”者，变化也。五行指这五种基本物质相生相克、相互作用、互相转化，使世界能够变化发展。五行首先用于解释天象，浩漫星空，除日月外，最易识别的是五颗行星，水星本名辰星，因水星离太阳最近，看上去只在太阳左右摆动，古人以水星和太阳的距离为度，分周天为十二辰，故曰辰星。（柏裕江按：辰星之“辰”还有别说：“辰”本意指日、月的交会点。《康熙字典》注文：“辰，日月所交会之地也。”《左传·昭公·昭公七年》：“晋侯谓伯瑕曰：‘……何谓辰？’对曰：‘月之会，是谓辰，故以配日。’”）因每年冬至前，辰星见于北方，正值隆冬，万物蛰伏，唯有冰雪，故命之以水行；火星本名荧惑，其色红如荧火，故名。火星轨道与地球轨道有一定角度，在天上的运行看起来时而向东，时而向西，很迷惑人所以叫荧惑。七月夏至，荧惑现于南方，天气炎热，故命之以火行；木星本名岁星，又名太岁，十二年绕天一周，每年一变故曰岁星。三月春分，岁星现于东方，正值春季，草木葱茏，故命之以木行；金星本名太白，因金星是天上最亮的星体。九月秋分，太白现于西方，秋日杀伐之气当令，草木凋零，故命之以金行；土星本名镇星，二十八年绕天一周，每年镇守一宿，故名镇星。五月仲夏，镇星现于中天，有临镇四方之位，故命之以土行。此应是五行的由来。五行还用来标指方位和四季：东方属木，值季为春；西方属金，值季为秋；南方属火，值季为夏；北方属水，值季为冬；中央属土，辖治四方。《淮南子·天文训》："何谓五星：东方木也，其帝太皞，其佐句芒，执规而治春，其神为岁星，其兽苍龙，其音角，其曰甲乙；南方火也，其帝炎帝，其佐朱明，执衡而治夏，其神为荧惑，其兽朱乌，其音徵，其曰丙丁；中央土地，其帝黄帝，其佐后土，执绳而治四方，其神镇星，其兽黄龙，其音宫，其曰戊己；西方金也，其帝少皞，其佐蓐收，执矩而治秋，其神为太白，其兽为白虎，其音商，其曰庚辛；北方水也，其帝颛顼，其佐玄冥，执权而治冬，其神为辰星，其兽玄武，其音羽，其曰壬癸。"

五行学说采用取象比类的方法，从五种基本物质的属性出发，发展出五行生克制化关系，用以解释世间万物的发展规律。一是相生：木生火，由钻木取火所认知；火生土，由火烬成灰所认知；土生金，由冶炼成金所认知；金生水，由金属镕锻所认知；水生木，由水润泽成林所认知。二是相克：金克木，取义刚胜柔；木克土，取义密胜散；土克水，取义实胜虚；水克火，取义众胜寡；火克金，取义精胜坚。生克之中又有乘侮之说，乘者过度：木生火，火旺而木焚；火生土，土盛而火烬；土生金，金多而土变；金生水，水聚而金沉；水生木，木茂而水竭。侮者反克：金克木之反为木克金，木多而金缺；木克土之反为土克木，土多而木折；土克水之反为水克土，水盛而土散；水克火之反为火克水，火旺而水干；火克金之反为金克火，金多而火熄。五行学说以五行相生相克来表达世间万物之间互为前提、相互促进又相互制约的变化关系，所谓"生克循环，运行不息，而天地之道，斯无穷矣"（《类经图翼》）。

阴阳讲宇宙创生，五行讲发展变化，将这两者结合起来的是战国邹衍，但那也是孔子死后两百多年的事，孔子做《易传》时，当然不会用这样的阴阳五行学说解释《周易》。但《易传》中已有阴阳概念，说明春秋时代阴阳学说已有一定发展。遍查《易传》，《彖传》涉及阴阳爻时，只讲刚柔，不讲阴阳，唯一讲到阴阳的地方，是在泰、否两卦，一曰："内阳而外阴"；一曰："内阴而外阳"，似是指乾卦为阳、坤卦为阴。观《系辞传下》："子曰：乾坤，其易之门邪？乾，阳物也；坤，阴物也。阴阳合德，而刚柔有体，以体天下之撰，以通神明之德"，这个看法得到了认证。《系辞传下》还有一段："阳卦多阴，阴卦多阳，其故何也？阳卦奇，阴卦耦，其德行何也？阳一君而二民，君子之道也；阴二君而一民，小人之道也。"后人据此认为，这里是说其余六卦的阴阳属性。坎、艮、震三卦都是阳一阴二，故为阳卦；离、兑、巽三卦都是阳二阴一，故为阴卦。《说卦传》中说阴阳也有两处，都是讲圣人做易所观照的，一曰"观变于阴阳而立卦，发挥于刚柔而生爻"；一曰"立天之道，曰阴与阳；立地之道，曰柔与刚"，看来先秦时期阴阳概念只用来解释八卦属性，尚无阴阳爻的提法，只有刚柔爻。

孔门易学传承有序，据《史记·仲尼弟子列传》，孔子传易于商瞿子木，瞿传楚人馯臂子弘，弘传江东矫子庸疵，疵传燕人周子家竖，竖传淳于人光子乘羽，羽传齐人田子庄何，何传东武人王子中同，同传菑川人杨何。孔子殁后，弟子子夏讲学于魏国西河，据说也传授易学，但不被其他弟子认可，故未列入孔门易学传承系统，后世有《子夏易传》传世，据说也是伪书。

首先用阴阳五行学说阐述《周易》思想的人，是在汉初。汉代是儒学神学化的时代，董仲舒首倡"天人感应"之说，引入五行学说以论证五德终始，谶纬之术遂大行。《易经》本就是占卜之书，将天文、历法和阴阳灾变转化为象数易学，更能把握天人关系。汉武帝罢黜百家，独尊儒术，首立五经博士，《易经》再次成为官学。齐人田何是汉代易学第一人，田何传易不脱孔门。田何传王同、周王孙、丁宽和齐人服生。易经一门由田何再传弟子田王孙为博士授学，其弟子孟喜首创卦气说和十二消息卦，是系统运用阴阳概念阐述易经义理的第一人。孟喜其人好自称誉，曾自称其师田生临死时枕喜膝，传其《易》家阴阳灾变书，结果被同门师兄弟梁丘贺揭发，声誉大损，以致"博士缺，众人荐喜，上闻喜改师法，遂不用喜"（《汉书儒林传》）。（同上）不过孟喜创建的孟氏易学在西汉影响很大，孟喜的弟子焦延寿著有《焦氏易林》，再传弟子京房著有《京氏易传》，是西汉象数易学的代表，汉元帝时京房立为学官，孟、焦、京开创了象数易学一派，至今仍有余脉。

易学发展至汉末魏晋，象数易学盛极而衰。东汉刘秀本以谶纬立国，导致经学神学化，易学象数流于符应灾变，已入道术一流。魏人王弼以玄学释易，一扫象数颓势，号称“王弼扫象”。王弼“贵无”，认为世界本质是“寂然无体，不可为象”的，本体和现象并不一致，象可言传，道不可名状，而揭示道的本质是研究易经的终极目标。王弼的义理易经学说对后世影响很大，王弼提倡以《易传》解《易经》，注重易经义理，开后世易学义理一派之先河。王弼的易学主要著作有两部，一部是《周易注》，是随文注解的，主要讨论“常、变、动、静”的法则，亦即所谓“道”；一部是《周易略例》，属于通论性著作，主要讨论“一”和“多”的问题。其《周易注》后由唐人孔颖达作疏，唐太宗定名为《周易正义》，成为后世研究易经的经典著作。

易学发展到宋代，又为之一变，玄学式微而象数复兴，其触媒就是华山道士陈抟献出的河图、洛书以及太极图。其传人有二：一为邵雍，《宋史邵雍传》说邵雍是陈抟的再传弟子，师从李之才，得其所授先天八卦图而创先天易说，开后世心学一脉。一为周敦颐，据说太极图由陈抟传种放，种放传穆修，穆修传周敦颐，周敦颐据此写了二百四十九字的《太极图说》，周敦颐是将太极图与八卦图结合起来的第一人，是宋代图书易学的开山祖师。宋代象数易学侧重阴阳灾变，务穷造化，传为邵雍所著的《梅花易数》成为后世占卜算命的不二教典。宋代易学义理派的代表人物有程颐、朱熹等。其特点是以程朱理学释易。宋人释易，不同于汉人，汉代以训诂为主，重点是爬梳剔抉易经、易传的古文奥义，宋人则重在义理阐发，将宋明理学的哲思杂糅进易学，形成宋代易学的主要特征。程朱理学承续子思、孟子一派的心性儒学，讲究“格物致知”，以探究社会、人性、伦理道德之本源为其使命，其代表作有程颐的《伊川易传》、朱熹的《周易本义》。南宋时期杨万里绍续程颐，专以人事论天道，其《诚斋易传》于《周易》每条之下引三代至隋唐史实为证，阐述己意，已为清代乾嘉考据之滥觞。

迭至清代，易学进入全面梳理总结阶段。乾嘉考据之风大行，辑佚古籍，钩沉订误，或宗汉或宗宋，或崇象数，或崇义理，百家并立，蔚为大观。《四库全书总目提要》对两汉以来易学发展做了简略而显豁的总结，归纳为“两派六宗”：“汉儒言象数，去古未远也。一变而为京、焦，入于禨祥，再变而为陈、邵，务穷造化，《易》遂不切于民用。王弼尽黜象数，说以老庄。一变而胡瑗、程子，始阐明儒理，再变而李光、杨万里，又参证史事，《易》遂日启其论端。此两派六宗，已互相攻驳。又《易》道广大，无所不包，旁及天文、地理、乐律、兵法、韵学、算术以逮方外之炉火，皆可援《易》以为说，而好异者又援以入《易》，故《易》

说愈繁。夫六十四卦大象皆有‘君子以’字，其爻象则多戒占者，圣人之情，见乎词矣。其余皆《易》之一端，非其本也。”

以上为易学之流变，简而述之，虽挂一漏万，但简洁明快，符合我“好读书，不求甚解”的个性。

易经·易之理之三

易之卦

孔颖达谓“卦者挂也，言悬物象以示于人，故谓之卦”。从先天卦象可知，原初的卦象应为悬图立象，所谓“天南地北”，若为立象则是“天上地下”，于是有上乾下坤。面南而立，左东右西，于是有左离、右坎，以象日、月。雷电风雨为天象，“鼓之以雷霆，润之以风雨”（《系辞传上》），于是有左下之震（雷）、右上之巽（风）生于离火、坎水之前。山川河流为地理，中国地理西高东低，西北多高山，东南多水系，于是有左上之兑（泽）、右下之艮（山）。这个卦象即所谓“伏羲先天八卦”。

伏羲先天八卦

注：我这里没有用三根爻表示卦象，因为我认为爻符的产生要晚于卦象。

柏裕江按：作者欲以远古时代原始的、拙朴的、自然的形象，再现“昔者圣人之作《易》

也……”的情景，我是非常赞同与欣赏的。传说伏羲仰天俯地画的八卦到底什么样？人们可能想象不出来。肯定要有“卦象”的，有像就要画出符号以表示“象”，以便于记载下来。按理讲，“卦象”“卦象”，有卦就有象，就是符号。再早一点的“卦象”无可查，应该与“结绳记事”关系紧密。有据可查的铭文有“甲骨文”“金文”……甲骨文有“”字、金文有“”，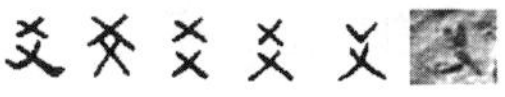（隶书－小篆－－金文－－－甲骨文－－骨刻文）等。清华楚简上的早期八卦卦形：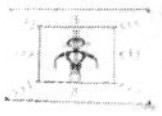；马王堆《帛书》《易经》中的符号“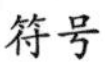”类似。

有人认为：卦象就是由六条横着的爻组成的一个整体的图像。《系辞传》下：“八卦成列，象在其中矣。”“上古结绳而治，后世圣人易之以书契……”卦象又叫卦体。占卜中所得的卦，其象征的事物及其爻位等关系，称为卦象；卦由爻组成，每爻为卦的一部分。卦有卦象，爻有爻象。爻象包括爻性的阴阳和爻位，以及与卦内别的爻之间的关系所体现的事物意义。然而，就作者推论，从上古伏羲创易时开始，爻的符号表述确应有一个演变的过程，过程中也应有不同的表述形式，目前的符号是一个演变结果。我想，伏羲创八卦初，未必有“伏羲先天八卦图”；既然之后有人画出“先天”的“八卦图”，必然就应当有与之对应的“后天”“八卦图”图，无“先”哪来“后”，也就是“文王后天八卦图”。这应是文王演出《周易》之后后人的“演变结果”。一旦伏羲八卦被“后”人演化成“先天八卦”的“图”与“形”，其“卦象”和“爻符”自然也就形成了并被附加到“图”与“形”上了。况“伏羲先天八卦图”所用的“乾、兑、离、震、巽、坎、艮、坤”八字，也非“昔者圣人之作”。既能用“字”又为何不用“符”？

通常认为，《系辞传》开篇讲的就是伏羲先天八卦：“天尊地卑，乾坤定矣。卑高以陈，贵贱位矣。”此言八卦首定乾坤上下之位；“日月运行，一寒一暑”，此言东西离坎之位；“鼓之以雷霆，润之以风雨”，此言震、兑、巽、艮四隅之位。顺便说一句，新中国缔造者毛泽东，字润之，本源也在此句。取“泽被东方，润之以风雨”之意，其气魄、胸襟可见一斑。

传说先天八卦为伏羲所创，这也不必深究，但知是上古圣人即可。中国古代哲学是自然主义的，其基本的思维方式是“顺天应人”，伏羲创制八卦，大抵皆是对大自然的模拟，乾天、坤地、坎水、离火、震雷、巽风、艮山、兑泽。之所以拣选这八象，是因为这是人类对大自然的最初感知，而且又是与人类生存密切相关的自然现象。所以《系辞传》说：“易者象也”，“立象以尽意，设卦以尽情伪”。八卦之名何时确定下来，不得而知，但卦象所指很可能早已明确。先天八卦就是古代先民对宇宙创生、万物万象发展变化的一种朴素认识。原始社会人们以采集、狩猎为生，四处游荡，首先发展起来的应是方位概念，先天八卦首重方位，即反映了这一社会状态。

传说伏羲始创文字、定人伦，推动了社会关系的形成，家庭的出现。与之相应，人们的认知也开始由天文而至人文，从解读自然到解读社会，先天八卦逐渐演化而形成了后天八卦。其演化端倪也见之于《说卦传》。《说卦传》第八章有言：“乾，天也，故称乎父。坤，地也，故称乎母。震一索而得男，故谓之长男。巽一索而得女，故谓之长女。坎再索而得男，故谓之中男。离再索而得女，故谓之中女。艮三索而得男，故谓之少男。兑三索而得女，故谓之少女。”震一索者，意指震卦是坤卦自乾卦索得一个阳爻而成；巽一索者，意指乾卦自坤卦索得一个阴爻而成。“一索”者，其爻位在初爻上。二索、三索，以此类推。这一段话表明，古人已将探索的目光由天道转向了人伦，从而赋予八卦以更多的社会意义。由此形成了一个不同于先天八卦的卦象，时人称之为乾坤六子卦，即：

乾（父）	坤（母）
艮（少男）	兑（少女）
坎（中男）	离（中女）
震（长男）	巽（长女）

乾坤六子卦

左列为男，右列为女。中国古代尚右，男女的左右分列大概是母系社会的遗存。与先天八卦相比，这个卦象的最突出特点是卦象意指由自然现象转变为社会人伦，已经初步纳入了阴阳概念，变天地日月为父母子女，左列由乾卦统领，皆为阳卦，右列由坤卦统领，皆为阴卦。如果将坤卦连带兑、离、巽三女移至下方，就变成了下面的图式：

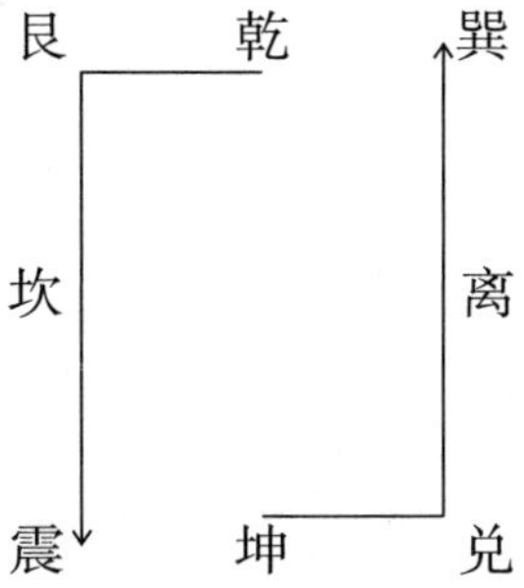

神农先天八卦

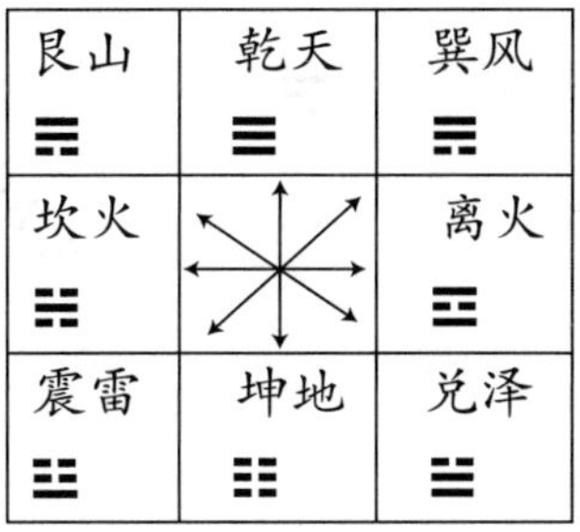

帛书易八卦图

这正是马王堆三号汉墓出土的“帛书八卦”，时人李守力名之以“神农先天八卦”。同时出土的帛书易传《易之义》有云：“天地定立，山泽通气，火水相射，雷风相搏，八卦相厝。数往者顺，知来者逆，故易逆数也。”此语与现行《易传·说卦传》第三章大同小异，可以认为《说卦传》第三章所言即指神农先天八卦。神农先天八卦是人类社会由自发走向自觉的标志。

神农先天八卦大约形成于原始社会末期的农耕文化时期，农耕作业使原初人类摆脱采集、游猎状态，得以安定下来，人们的关注点也就由空间转移到时间，八卦指代的自然现象也就由天地方位转移到四时变化，由自然物象转移到夫妇人伦。神农先天八卦可以说是先天八卦向后天八卦演化的转折点。

1962 年发现于吉林集安高句丽贵族墓葬四号墓的集安八卦图，被时人认定为黄帝先天八卦。

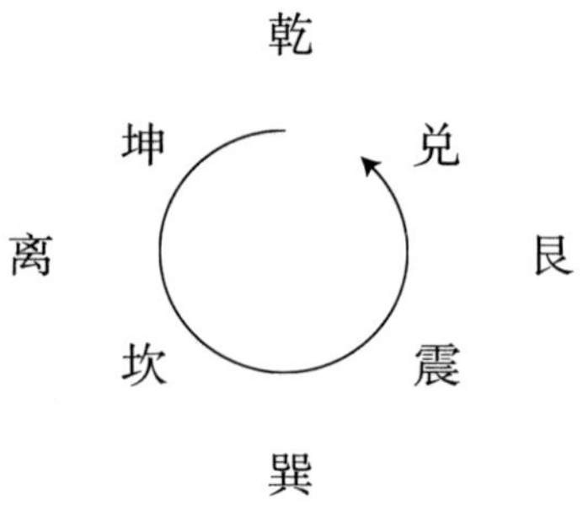

黄帝先天八卦

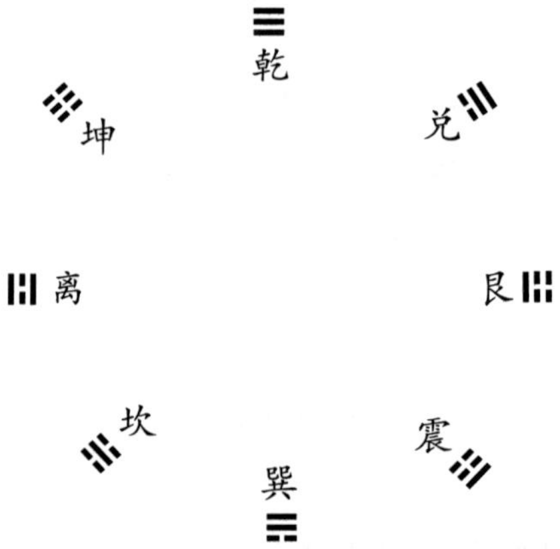

集安八卦图

其理据是这个八卦图符合《易纬·乾坤凿度·大象八》之“天乾、地坤、日离、月坎、风巽、雷震、山艮、泽兑”的卦序。此为逆时针数序。实际上，若按反“S”路径来排数序，则应是坤、乾、兑、艮；离、坎、巽、震，即：

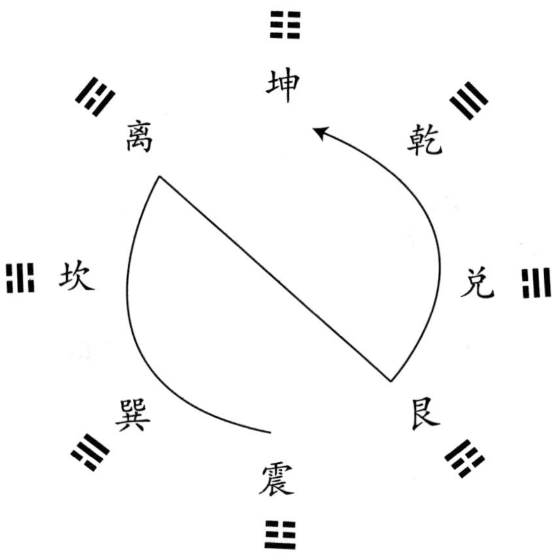

坤	乾
兑	艮
离	坎
巽	震

乾坤六子卦的变形

这是乾坤六子卦的变形，由男左女右变为男右女左。北周时蜀人卫元嵩著有《元包经》五卷，称黄帝先天八卦首以坤乾，其宫序为：太阴（坤）第一，太阳（乾）第二，少阴（兑）第三，少阳（艮）第四，仲阴（离）第五，仲阳（坎）第六，孟阴（巽）第七，孟阳（震）第八，其八宫卦序正如变形后的乾坤六子卦序所示：

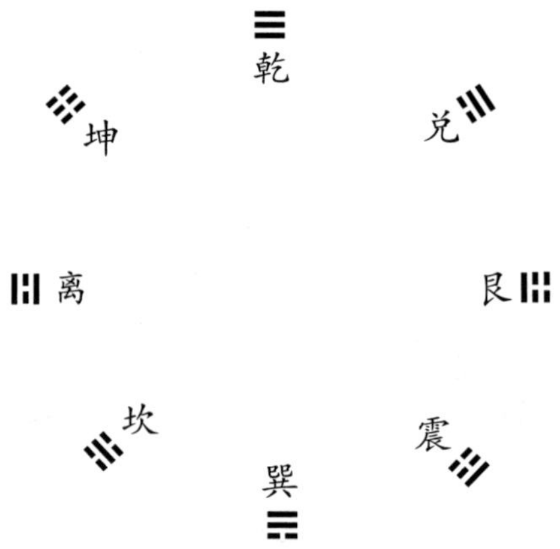

黄帝先天八卦图

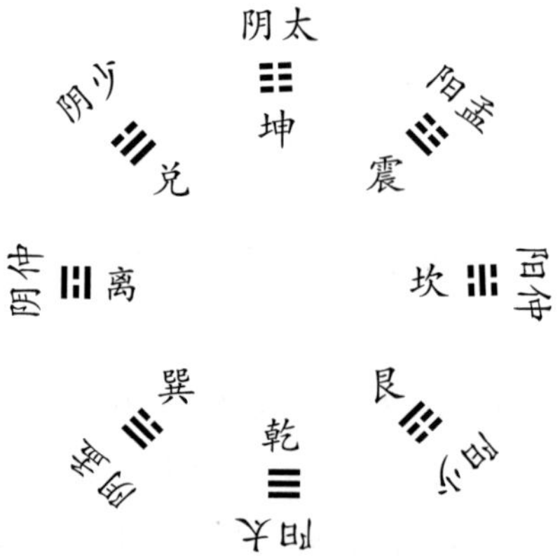

元包经八卦方位

这可以说是先天八卦由天地日月转向社会人伦的另一个版本。所以，所谓神农先天八卦和黄帝先天八卦虽殊途而同源，其本皆在于乾坤六子卦。

后天八卦形成于虞夏之初。关于先天、后天，宋人邵雍有个界断，他在《皇极经世·观物外篇》中说："尧之前，先天也。尧之后，后天也。"以尧为界，大概包括尧、舜、禹三帝，这一时期有个大事件就是大洪水泛滥。《孟子》云："当尧之时，天下犹未平，洪水横流，泛滥于天下。”大洪水起于尧、盛于舜、治于禹，因此也就有了大禹治水的故事。大洪水是世界多个民族的共同传说，最著名的是圣经《创世纪》第六章至第八章中的诺亚方舟的故事；美索不达米亚文明中，也有众神之王恩尼尔嫌人类太吵闹，放出大洪水以惩罚人类的传说；玛雅文明的神圣典籍《波波武经》中也有天神发怒，以洪水惩罚人类的记载。在我国，大洪水的起因是火神祝融和水神共工争斗，共工战败，怒而触不周山，导致天崩地裂，洪水爆发。大洪水的爆发使得人类流离失所，苦不堪言，这一历史使我国人极大地改变了对自然的认知，表现在易经上，就是后天八卦的形成：

离

巽　　　　坤

震　　　　　　兑

艮　　　　乾

坎

后天八卦

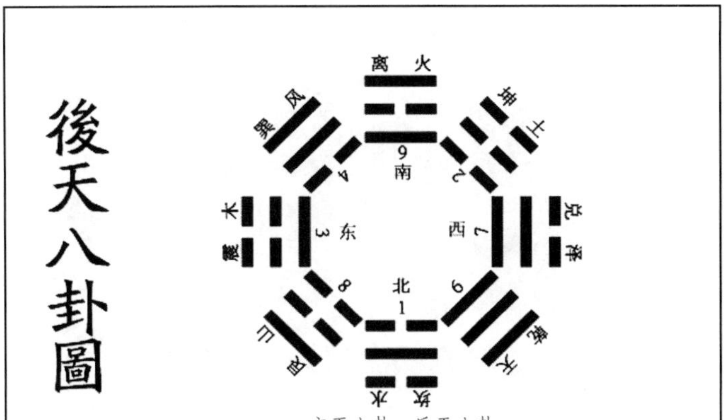

文王八卦·后天八卦

后天八卦展现的是这样一幅图景：上面离日高照（离），下面洪水滔滔（坎），天（乾）地（坤）之间一片汪洋（兑），东方炸雷滚滚（震），狂风大作（巽），不见平地，只见高山（艮），正是洪水泛滥的景象。

时人言及先天八卦向后天八卦的演化，大多语焉不详。认为后天八卦与先天八卦只是不同时代提出的不同卦图。讲先天八卦的形成，多以河图洛书为据，言及后天八卦的形成，则杂以术数五行，似乎两个卦图之间殊无瓜葛，对其差别也只是强调："先天为体，后天为用"、"先天主静，后天主动"，而对于先天八卦如何演化为后天八卦，则不甚了了。此非我所认知，故不取。我认为自先天八卦到后天八卦，有着明显的演化痕迹。实际上，《帝王记》已经提出了一个先天八卦到后天八卦的演化过程："庖牺氏作八卦，神农重之为六十四卦，黄帝、尧、舜引而申之，分为二易，至夏人因炎帝而习《连山》，殷人因黄帝而习《归藏》。"

夏人因炎帝而习的《连山易》今已失传，但从《说卦传》中可看到连山八卦的影子。《说卦传》第五章："帝出乎震，齐乎巽，相见乎离，致役乎坤，说言乎兑，战乎乾，劳乎坎，成言乎艮。"晋干宝《周礼注》引此并注云："此连山之易也。"

连山八卦虽无图式，但已有了方位概念，据《说卦传》第五章："万物出乎震，震，东方也。齐乎巽，巽，东南也。齐也者，言万物之絜齐也。离也者，明也，万物皆相见，南方之卦也。圣人南面而听天下，向明而治，盖取诸此也。坤也者，地也，万物皆致养焉，故曰致役乎坤。兑，正秋也，万物之所说（悦）也，故曰说言乎兑。战乎乾，乾，西北之卦也，言阴阳相薄（搏）也。坎者水也，正北方之卦也，劳卦也，万物之所归也，故曰劳乎坎。艮，东北之卦也。万物之所成终而所成始也，故曰成言乎艮。"据此，可得连山八卦的图式：

离

巽　　　　坤

震　　　　　　兑

艮　　　　乾

坎

连山八卦

不难看出，连山八卦正是通常所说的后天八卦。

连山八卦应是由神农先天八卦的前身乾坤六子卦演化而来：

乾	坤
艮	兑
坎	离
震	巽

乾坤六子卦

乾	兑
坎	坤
艮	离
震	巽

连山八卦前身的过渡卦序

将乾坤六子卦的坤、兑位置对换，艮、坎的位置对换，就变成了向连山易过渡的一个新的八卦卦序。这个卦序将兑（泽）置于坤（地）之上，将坎（水）置于艮（山）之上，反映的是大洪水留给国人的惨痛记忆。若按逆时针运行，起于震，终于艮，应是符合《说卦传》第五章的顺序，由此便产生了连山八卦，亦即后天八卦。这个过渡的八卦位序图是我的妄拟。实际上所谓先天八卦图、后天八卦图本都是后人拟制，谬托先贤，我之所为也不算为过。

“连山易”得名于炎帝，炎帝即神农氏，《周易正义》卷首论三代之事，云：“案《世谱》，神农一曰连山氏，亦曰列山氏。贾逵、郑玄皆言列山乃炎帝之号。”炎、黄之际，农耕尚在原始状态，刀耕火种，古人烧荒，火势极易蔓延，连山而起，炎帝以列山为号也就不足为奇了。

殷人因黄帝而习之《归藏易》，史有所征。《礼记·礼运》记载，孔子去宋考殷商文献（春秋宋国乃殷人后裔）曾云：“吾欲观殷道，故之宋，而不足征也，我得坤乾焉。”所谓“得坤乾”，汉郑玄在《易论》中注云：“是殷阴阳之书，存者有《归藏》。”《归藏易》以坤卦为首卦，不言乾坤而言坤乾，显见孔子所得即为《归藏》。然孔门传易，独尊周易，《连山》《归藏》久已失传。1993 年湖北江陵出土的王家山秦简 800 余枚，其中 394 枚被专家认定为《归藏易》残简，然字句汗漫不可识，想来《归藏易》要想真正重见天日，尚俟来时。虽然，《归藏》在《说卦传》中也有痕迹，《说卦传》第四章：“雷以动之，风以散之，雨以润之，日以烜之，艮以止之，兑以说（悦）之，乾以君之，坤以藏之。”晋人干宝引此注云：“此归藏之易也。”今人李零教授也持此说。

《归藏易》源于黄帝先天八卦，将黄帝先天八卦的坤、乾、兑、艮，离、坎、巽、震逆序排列，就是归藏八卦的卦序：“雷以动之，风以散之，雨以润之，日以烜之，艮以止之，兑以说（悦）之，乾以君之，坤以藏之。”将黄帝先天八卦相对两卦互换，就形成了归藏八卦：

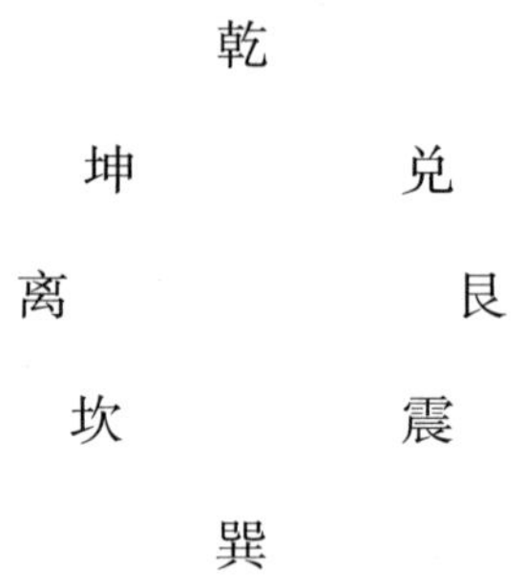

黄帝先天八卦

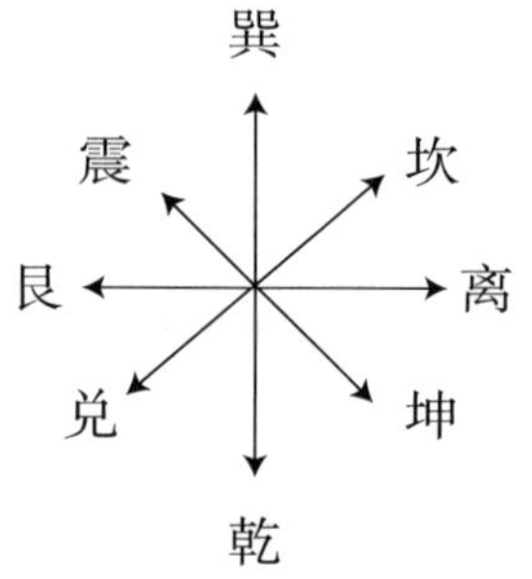

归藏八卦

将归藏八卦的兑放到乾、坤之间，表示天地之间一片汪洋；将归藏八卦的坎放在乾艮之间，表明天下的大地已被洪水淹没，只能看见座座高山，露出水面。以离为日，置于上位，以坎表水，置于下位，这就是后天八卦：

后天八卦

所以说，后天八卦是结合了连山八卦和归藏八卦二者演化路径而形成的，连山、归藏殊途同归，最后归于后天八卦。后天八卦是大洪水之后，我国先民对大自然的重新认知。

六十四卦乃八卦相重而得，其理据是《系辞传下》：“八卦成列，象在其中矣。因而重之，爻在其中矣。”故六十四卦又称重卦，八卦因之乃称经卦。又由《系辞传上》有言：“八卦而小成，因而伸之，触类而长之，天下之能事毕矣。”八卦又称小成卦，相对地，六十四卦又称大成卦。六十四卦起于何时？有两种说法，一种说法是连山、归藏二易形成时，一种说法是文王被拘羑里时。主前者说常引《周礼·春官宗伯》：“大卜……掌三易之法，一曰连山，二曰归藏，三曰周易。其经卦皆八，其别皆六十有四。”主后者说则引班固的《汉书·艺文志》易类小序：“至于殷周之际，纣在上位，逆天暴物，文王以诸侯顺命而行道，天人之占可得而効，于是重易六爻，作上下篇。”二说彼此抵牾，哓哓不休。近年来出土文物增多，连山、归藏残简屡有发现，虽与今传周易文本略有差异，但已具六十四卦初貌。且文王演卦是演八卦还是演六十四卦，史无确证。因此二者相较，我倾向于前者。

八卦相重，形成六十四卦，是易经发展史上一个具有阶段性的重要事件。有此一举，三爻卦便扩充为六爻卦，易经便由平面而至立体，由一张图变成了一个完整的符号体系。由此也就产生了错综复杂的卦与卦之间的相互关系。

“错综复杂”这个成语本出自易经，其本义是六十四卦之间的四种关系。“参五以变，错综其数”（《系辞传上》）即是指这种关系。

“错”是阴阳爻相错的意思，错卦即指两个卦的六爻爻性相反，则称“互为错卦”，“犬牙交错”，是说犬的上下牙交错而生，相辅相成，利于咬噬。所以错卦之间是相反相成的关系，目标相同，作用不同。如《乾》卦六爻皆阳，《坤》卦六爻皆阴，所以《乾》《坤》互为错卦。乾道统之，坤道承之，相辅相成。天风《姤》与地雷《复》也是互为错卦，姤者遇也，复者往复，来来回回多了，必有相遇的可能；遇者有感，亦必往复其道。

“综”有汇总之义，也有推往知来的意思，刘向《列女传》：“推而往，引而来者，综也。”综卦是指倒过来看卦象，会看到另一个卦，这样的两个卦叫作“互为综卦”。我给综卦起了个别名，叫“镜像卦”，将一面镜子竖在卦前，从镜子里看到的卦和镜子外面的卦就是互为综卦。综卦之间是问题相同，但看问题的角度不同；现象相同，但立场不同。仍以天风“姤”为例，正面看是相遇，反面看则是泽天“夬”，夬者断也，所谓“断舍离”，这时是要做决断的时候。所以综卦告诉我们的是看问题要全面，要善于从另一个角度来看。

“复”有添加之义，正如“剥”有剥除之义，所以《复》卦和《剥》卦互为综卦。但这里说的复卦是指在本卦基础上加以变化的卦象，又称“互卦”“交互卦”，是指将六爻卦的初爻、上爻拿掉，以二、三、四爻为内卦，以三、四、五爻为外卦而形成的一个新的卦象。互卦是易学研究者出于阐析易理、精研卦象的需要，对六十四卦的卦理、卦象的更深一层分析。用以分析事物发生之后、尚未显现结果时的状态，以判断事物发展趋势的一种别开生面的占断方法。互卦倡导于汉末虞翻，发挥于北宋邵雍，见于其所著《梅花易数》。据说，邵雍以互卦断易，百不失一，所以晚近以梅花易数治易者，多用互卦。

“杂卦”之说有多义。韩康伯说：“杂卦者，杂糅众卦，错综其义，或以同相类，或以异相明也”，若此，则杂卦乃错、综、复卦之统称。然孔门《十翼》中又专有《杂卦》一篇，孔颖达《周易正义》引虞翻语：“《杂卦》者，杂六十四卦以为义，其于《序卦》之外别言也。”则杂卦乃杂乱卦序而论说卦义者。我理解，杂卦之“杂”，乃相对“纯卦”而言，除八个纯卦以外，其他五十六卦皆为杂卦，也可依虞翻解，《十翼》之《杂卦传》乃“杂乱卦序而论说卦义者”。

无论是八卦还是之后推演出的六十四卦，最初都应是先人用来描述宇宙万物和时空变化的模式符号，先人以此进行筮占以定行止。有文字发明后，卦象系之以辞，具象符号也就因此具有了抽象的思辨意义，卦作为易经的基础，其时义大矣哉！

易经·易之理之四

易之爻

我们通常所说的“爻”是指作为构成卦象基本要素的爻符，或者说叫“爻画”。爻画有两种，“—”为阳爻、“--”为阴爻。八卦是三爻相重，也称“三爻卦”，六十四卦则是八卦两两相重，也称“六爻卦”。爻符定型为爻画，其年代应晚于卦象的定型。先贤将卦象的创生者归之于上古伏羲，以八种自然现象为喻本创造出八卦，以供巫祝占卜之用，是原始社会部落时期的产物，原初的卦象当是八种自然现象的抽象化象符，与现今的六爻卦象本不相同。古人有将八卦之卦象即视为八象之古文字者，如《易纬乾凿度》就认为，乾卦即古天字；坤卦即古地字；离卦即古火字；坎卦即古水字；巽卦即古风字；震卦即古雷字；艮卦即古山字；兑卦即古泽字。南宋学者杨诚斋也认同这个说法，并且说得更直白：“卦者，其名。画者非卦，乃伏羲初制之文字。”（《诚斋易传》）据此说，则卦象即是卦名之象形。此说虽牵强，但认为原初的卦象并非由爻画构成，其意豁然。此后数千年，由先天而至后天，乃至六十四卦形成，虽卦序有变，但卦象、卦名、卦意则始终未变，说其定型于上古，当无异议。

爻画的出现则要晚得多，很难想象原初人类在创构卦象时，就已经具备了将抽象的“阴”“阳”概念符号化的能力，而创造出“—”和“--”的爻画符号。爻画的出现当与中国的汉字演变史密切相关。许慎《说文解字叙》开篇即全引孔门《易传》中语：“古者包牺氏之王天下也，仰则观象于天，俯则观法于地，观鸟兽之文与地之宜，近取诸身，远取诸物，于是始作易八卦，以垂宪象。及神农氏，结绳为治，而统其事庶业其繁，饰伪萌生。黄帝史官仓颉，见鸟兽蹄迒之迹，知分理可相别异也，初造书契。百官以乂，万品以察，盖取诸《夬》。”大意是讲中国文字由象形发展为表意文字，大抵是受易八卦卦象的启发。目前可证最早的汉字是甲骨文，考古证实，殷商早期就有甲骨文出现。甲骨在商代即是占卜的工具，甲骨文最初即是占卜的卜辞。

“爻”之为字，最早也见之于甲骨文，其年代当不晚于殷商。这可在殷墟甲骨文得到例证：“庚寅卜，贞翌辛卯王爻，不雨？八月”（《甲骨文合集》6）、“丙寅卜，贞翌日卯王其爻，不遘雨？”（《甲骨文合集》12570）。这里的“爻”，指的应是卜兆。殷商人占卜多用龟甲，占卜前先在龟甲上钻凿凹缺，然后用火烧灼，观其龟裂纹，其裂纹即是“兆”。“爻”字可以认为即是龟甲兆的象形。中国古代文字是竖写的，我很怀疑“爻”字最初并不是一个字，而是两个“×”交叠而成，表示一个卦象，从前引甲骨文之“爻”，可知其卦象是指不下雨之兆。出土文物也有三个“×”相重的字形，可能也是龟甲占卜之兆，如金文：“”出自商代晚期的“爻盉”；“”出自西周早期的“父乙簋”。但“”和“”并没有进一步演化为文字，可能是不符合中国汉字创生条件吧。或者，“爻”字已经定型，已无须再创新字。爻以“yáo”名之，有学者认为是xiào（效）字转音，恐是表明“爻”字是仿效卜兆的象形，所以才有“爻者效也”的说法。以爻为部首的字多与学习、效法有关，如教、校、學（学字古音即xiáo，北京老辈人口语）。

“爻”字是易经的专用字，我至今尚未发现在别处使用过。据《说文》：“爻，交也。象易六爻，头交也。”《说文》仅就字形释义，且直指此“爻”即《易经》之“爻”。

在《易经》中，“爻”之本义最初并非指爻符，而是指卜辞：“彖者，言乎象者也；爻者，言乎变者也”（《系辞传上》）后面又讲，“系辞焉以断其吉凶，是故谓之爻”（《系辞传下》）。爻只有理解为卜辞，才能理解《易传》所说的爻的功用：“爻也者，效天下之动者也”“道有变动，故曰爻”（《系辞传下》）。“爻”字单指爻符，恐是后世易学者所为。卦象定型为六爻，各爻以阴阳属性而定型为“—”和“--”的爻画符号则应是更为晚近的事。

关于爻符的起源，有好几种说法。一是结绳说。李镜池《周易探源》引易经《系辞传》：“上古结绳而治，后世圣人易之以书契”，认为爻符自绳结而来，大结为阳爻，小结为阴爻；二是龟兆说。今人张其成《全解周易》说：“爻的直接起源当与龟甲卜兆裂纹有关，兆纹虽有多种形状，但从总体上来说线条较直，一般没有曲线，从兆线的断连情况看，也只有断或连两种，易卦作者受此启发而发明了阴阳爻。”三是竹节说或蓍草说。高亨等认为，阴阳爻是占卜所用的竹棍或蓍草的形象化，因竹棍有节，蓍草可断（《周易古经今注》）。四是生殖器说。认为阳爻象征男根，阴爻象征女阴，近人章太炎、郭沫若等人持此说。这些说法虽都各成其理，但都有牵强之处。结绳记事意在记录过往，卦卜占断则意在预测未来，以绳结为爻符之源，实属南辕而北辙，这个跨度比较大；龟兆说及竹节蓍草说近是，但也有倒因为果之嫌，应是先有爻符在先，才能在龟卜或蓍卜中观其呈象，符合哪种爻符，由此占断才是。至于生殖器说，则更为无稽，章、郭等人都是“语不惊人死不休”者，其论不议也罢。

关于爻符起源还有一种说法，认为爻符源于数字，距今6000年前的仰韶文化半坡遗址和距今4000年前的殷商文化二里头遗址已经出现了卜卦用的爻画符号：丨、∧、+、⊥，经今人张政烺考证，丨、∧、+、⊥就是古体的数字，其中的丨、∧，后来就逐步演变为现在定型的“—”和“--”。张政烺的考证，得到了李学勤的支持，其学说逐渐成为易学界的主流观点，即数字卦说。数字卦，据李零讲：“北宋就有发现，但宋人读不懂。这种卦画，甲骨、铜器、陶器、石器，各种材质的出土物中都有。现在经学者收集，已经超过一百个例子。

“数字卦的上限在什么时候，现在还不能说死。仅就现在发现看，至少可以早到商代，肯定比《周易》早。这种符号，很长时间里，一直是个谜。后经学者反复讨论，特别是由张政烺论证，局面才得以打开。”（李零：《死生有命，富贵在天：周易的自然哲学》）

所谓打开局面，是指张政烺先生破解了丨、∧、+、⊥等爻符的秘密，认为丨即一、∧即六、+即七、⊥即八，按照奇数为阳、偶数为阴的原则，六个数字一组，组成了不同的卦象。张政烺先生曾分析了周初青铜器铭文，对32个筮数卦例做了统计，发现一、六、七、八出现最多，且没有二、三、四，张先生的解释是：因为二、三、四都是积画为之，容易混淆，故弃之不用。五很少，也没有九，张先生认为，九或是由一演化而生。李零是张政烺及门弟子，张政烺遗稿《张政烺论易丛稿》就是李零整理出版的，因此李零是数字卦的力推者。

不过，数字卦说也有说不通的地方。一是数字卦出自筮法，而筮法不过是卦卜方法的一种，且为后出，自是卦象、爻符在先，数字当是卦象、爻符的抽象，而不可能是卦象、爻符的起源。赵庄愚说得很好：“卦起于有筮法之先，得卦之法，可以有他种，筮法之始其一……今人见此原筮之底数，就定为易卦是数先于象，此如今日见电报之数码就以原发电者只告人以数码也，岂非根本大谬！”（赵庄愚：《论〈易数〉与古天文历法学》）

实际上，数字用于易经，其作用不过是标注而已。其方式，一是用序数标注爻位。自下往上数，第一位为初，第二位为二，第三位为三，第四位为四，第五位为五，第六位变了，不以六称，而称为上。二是用基数标注爻性，如是阳爻，则以基数九标注，若是阴爻，则以基数六标注。这样做的好处是，根据数字标注，我们可以很容易地复原其卦象及爻符，这对于占卜、记录，甚至言语讨论，都非常方便。

但原来的爻符是什么形状，又是如何演化成现在所见的爻画形态，终究还是没有人能够说得清楚。显而易见的是，现在定型的“—”和“--”爻画符号应是卦象之阴阳、刚柔等属性的抽象表述，绝非数字的变形那样简单。我们从“—”符中看不到数字“九”的演变痕迹，正如从“--”符中看不到数字“六”的演变痕迹一样。

至于为何阳爻用九，阴爻用六，李守力认为，这是因“变卦”所决定的。变卦，实际上是爻在变。《系辞传上》：“爻者，言乎变者也。”按照“太极生两仪，两仪生四象”的理论，阴阳实际上有太阳、少阳、少阴、太阴四象，少阴、少阳是正在发展的阴、阳，作为爻象是属性不变的；太阴、太阳是易经发展到顶点的阴、阳，即将向相反方面转化。因此如果筮占得到太阴、太阳，就要进行爻变，变为少阳、少阴，由此一变，就变生出了两个卦象，未变之前的卦称为“本卦”，爻变之后的卦称为“之卦”。本卦为体，用于解释现在，之卦为用，用于预测将来。《周易·乾凿度》有云：“阳动而进，阴动而退。故阳以七、阴以八为彖，易一阴一阳合而为十五之谓道。阳变七之九，阴变八之六，亦合于十五，则彖变之数，若之一也。”汉末郑玄注曰：“彖者，爻之不变动者……九六，爻之变动者。《系》曰‘爻，效天下之动也。’然则《连山》《归藏》占彖，本其质性也；《周易》占变者，效其流动也。”依此论，则筮占所用的基数应为六、七、八、九四个，分别标注太阴、少阳、少阴、太阳四象，其中七、八为彖，六、九为变。《连山》《归藏》与《周易》的区别，不仅在于卦序的不同，而且也在筮占方法上，《连山》《归藏》占彖，重在解释现实，《周易》占变，重在寻求变化。照此看来，易传《十翼》中的《彖传》，大概是《连山》《归藏》的遗存。

用数字标注爻性、爻位，现只见于《周易》，其定型很可能是春秋以后，后人补注以为爻名。此前的做法是以之卦代表相应的爻位和爻性，《左传》《国语》收录筮占 22 例，大都写作“得某卦之某卦”，《左传》昭公二十七年秋，“龙见于绛郊。魏献子问于蔡墨”，蔡墨对曰：“周易有之。在《乾》之《姤》，曰：‘潜龙勿用’；其《同人》曰：‘见龙在田’；其《大有》曰：‘飞龙在天’；其《夬》曰：‘亢龙有悔’。其《坤》曰：‘见群龙无首，吉’；其《坤》之《剥》曰：‘龙战于野’。若不朝夕见，谁能物之？”这里所谓的“某卦之某卦”，实际上是以之卦表示本卦不同爻位的爻，这当然不如用“初九”“九二”“九三”“九四”表达起来更为简洁豁快。查《左传》《国语》筮例，多有“遇《观》之《否》”“得《屯》之《比》”的用法，这说明至迟到春秋，以数字标注爻位、爻性，尚未通行。帛书《缪和》篇有“嗛之初六，嗛之明夷也”的话，说明迟至东汉，用数字标注爻性、爻位，仍未成为解易主流，尚需以“某卦之某卦”做出说明。

关于爻位标注的意义，根据《说卦传》“兼三才而两之，故易六画而成卦”的说法，后之治易者将初、二两爻象征“地”位，将三、四两爻象征“人”位，将五、上两爻象征“天”位，以应“三才”之义。由于六爻爻位的序次，其象征意义也有序次的不同：初爻象征事物初萌发端，主潜藏不露；二爻象征事物已初露锋芒，势欲进取，主贾勇前行；三爻象征事物已小有所成，主慎行防过；四爻已进外卦，象征事物有了新的挑战，主审时度势、警惧防范；五爻为外卦之中，象征事物取得圆满成功，主慎盈守成；上爻已至全卦顶点，象征发展到了尽头，主戒得防变。

六爻的爻性与爻位也有关系。按照奇数为阳、偶数为阴的原则，初位、三位、五位为阳位；二位、四位、上位为阴位。若阳爻处于阳位，则称“得位”“当位”；反之，则称“失位”“位不当”。这其中，二爻、五爻分别处于内、外卦之中，如果一卦主爻正好是二爻或五爻，便称之为“得中”，反之则是“不得中”。得中意味着秉持中道，不偏执。在易经哲学中，“中”德优于“正”德。一卦主爻若得中，即使不当位，即“失位”，但亦吉。如《噬嗑》卦，其六五爻为阴爻居阳位，是“失位”，但得上卦之中，所以其彖辞说：“柔得中而上行，虽不当位，利用狱也。”

六爻的爻位对爻辞的吉凶占断影响也很大，《易传》就提出了不同爻位的吉凶属性，即“其初难知”“其上易知”“二多誉”“三多凶”“四多惧”“五多功”（参见《系辞传》下“易之为书章”）。初爻为事物变化之始，有很大的不确定性，故“其初难知”；上爻已至事物变化之终，结果已然显现，故“其上易知”；二爻位于下卦之中，得中德而不偏，且距离五爻尊位尚远，不形成干扰和威胁，故“二多誉”；三爻居下卦之顶，介于上下卦之间，且其位卑下，其势峻危，故“三多凶”；四爻已进入上卦，毗邻五爻尊位，“伴君如伴虎”，迫近至尊而不能自安，故“四多惧”；五爻为全卦至尊之位，又居上卦之中，能为所欲为，故“五多功”。

六爻之间的相互关系，有“比”“应”两种情况，相邻为比，同位为应。比有方向上的不同，向上比曰“承”，承有承受、担承之义；向下比曰“乘”，乘有侵凌、侵犯之义。一般阴爻之上是阳爻时即为“顺承”，占断为顺、为吉。如《谦》卦，其主爻是九三阳爻，初六、六二为其下的两个阴爻，此为“顺承”，所以其象曰：“劳谦君子，万民服也。”相反，如果阴爻在上而阳爻在下则曰“乘刚”，多为不利、不善。如《屯》卦，六二阴爻在初九阳爻之上，属于“二乘初”，其爻辞曰：“屯如邅如，乘马班如”，意为乘马盘旋，犹豫不进。其象曰：“六二之难，乘刚也。”

所谓“同位为应”，指上下两卦中，处于同一爻位的两爻有相互呼应的关系，如初爻与四爻、二爻与五爻、三爻与上爻。然能否相互呼应还要看爻性阴阳，所谓“同性相斥、异性相吸”，如同位之两爻均为阳爻或阴爻则无感，称为“无应”或“敌应”，如《艮》卦，初六与六四、六二与六五，均为阴爻而同位，九三与上九均为阳爻而同位，所以俱为“敌应”。故其彖曰：“上下敌应，不相与也。”反之如《比》卦，其六二阴爻处阴位，九五阳爻处阳位，两爻均得位且中，两爻阴阳相应，所以其彖辞曰：“比，吉也……上下应也。”

爻画在卦中的作用，不仅是卦象的构成要素、基本符号，还是揭示卦象变化的媒介和手段。

易经·易之理之五

卦之德

卦德之说，本源于夫子自道，见于马王堆帛书《要》，孔子曰：“《易》，我后其祝卜矣。我观其德义耳也。”孔子晚年对用《易经》祝卜近于痴迷，子贡不满，曾嘲问：“夫子亦信其筮乎？”前文即孔子答子贡的话。孔子进而解释说：“易之道，存乎其辞也……幽赞而达乎数，明数而达乎德，有仁者而义行之耳。赞而不达于数，则为之巫；数而不达于德，则为之史。史巫之筮，向之而未也，好之而非也。”意思是说，易经中的大道，就存在于祝卜的卦辞中，幽赞于神明而祝卜，可以感应天地之数，明晰了解天地之数的奥秘，可以感悟天地之德，有仁德的人才能以义行于世。只懂得祝卜而不能计算天地之数，这是巫吏的境界；能计算天地之数但不能感悟天地之德，这是史官的境界。如巫史那样的祝卜，我也曾经向往过，但未能继续下去；虽然喜欢但也不以为然。孔子也知道自己对易经祝卜的痴迷可能不被人理解，所以接着说：“后世之士疑丘者，或以《易》乎！吾求亓（其）德而已，吾与史巫同涂而殊归者也。”意思是说，我虽然也研究祝卜，但目的是感悟卦德，我和史巫路径虽同而目的、归宿是不同的。

卦德之悟，则散见于《十翼》，尤以《说卦传》为著。《说卦传》与《杂卦传》《序卦传》不同，只言及八卦，而非六十四卦，显见是更注重卦之本源。《说卦传》开宗明义，直言：“昔者圣人之作易也，幽赞于神明而生蓍，参天两地而倚数，观变于阴阳而立卦，发挥于刚柔而生爻。和顺于道德而理于义，穷理尽性以至于命。”认为“和顺于道德而理于义，穷理尽性以至于命”即是圣人作易的宗旨。何为理、性、命？后面讲：“昔者圣人之作易也，将以顺性命之理。是以立天之道，曰阴与阳；立地之道，曰柔与刚；立人之道，曰仁与义。”这里所说的“立天、立地、立人之三道”，就是孔子于八卦所领悟到的天地人文之德，带有强烈的中国古代哲思的味道。所谓“立天之道，曰阴与阳”，是说天道创生，是阴阳相感、相生又相激、相荡的结果，“阴阳初判，鸿蒙始开”。阴阳，即天之理。所谓“立地之道，曰柔与刚”，是说地道所养，地上万物的发展变化，是基于柔、刚两种属性的交替作用。阴阳是先天存在的原初属性，万物创生，阴阳就成了万物的存在条件和发展基因。柔刚则是后天养成的派生属性，是万物发展的内部阴阳消长的作用表现。柔刚，即地之性。所谓“立人之道，曰仁与义”，是说人法地、地法天，天地人伦，本同一理，以仁立心，以义行世。仁义，即人之命（即命运，也可说是使命、社会责任）。“穷理尽性以至于命”，这就是孔子殚精竭虑所要达到的目的。所以，阴阳者，理也，属本体论的范畴；柔刚者，性也，属自然辩证法的范畴；仁义者，命也，属伦理观的范畴。它反映了中国古代先民试图在抽象的卦象里寻找与具象世界的逻辑联系，进行类比思考，从而将纷纭复杂的世间万象简约化、符号化的一种尝试。

中国先民的世界观是自然主义的，而本体论则是二元论的。阴、阳正是中国古代哲学的两个元概念。《黄帝内经·素问》上说：“阴阳者，天地之道也。万物之纲纪，变化之父母，生杀之本始。”认为阴阳是创生万物的本源。古人认为，世间万物都存在着阴、阳两个对立面，这两方面总是紧密结合在一起，互为前提，互为存在条件，即所谓“阴阳互根”。作为阴阳派生的后天属性，刚、柔的存在和作用也是二元论的，刚柔存在于世间万物中，相济相生，互相作用，互相转化，即所谓“刚柔有体”。二元论和一元论的最大区别是强调二元同等重要，阴与阳、刚与柔都是第一性的，没有谁决定谁的问题，它强调的是阴阳、刚柔两个层级的二元结构和谐、统一，而非对立斗争。《周易·系辞传》一方面强调：“分阴分阳，迭用柔刚”，强调阴阳与刚柔的差别、转化；另一方面又强调：“阴阳合德，而刚柔有体”，强调阴阳、刚柔并非截然对立、互不相容，而是阴中有阳、阳中有阴，刚柔相济、相摩相激，你中有我，我中有你。这是中国古代哲学不同于西方哲学家的根本特征。20 世纪以来，西学东渐，我们接受了马克思的唯物一元论哲学。但是，浸润在中国人骨子里的二元论哲思一直对我国人有着不可磨灭的影响，“和为贵”“合作共赢”等提法和认识就是这种影响的反映。

卦德之义首在阴阳、刚柔之辨。纵观《十翼》，孔子研学易经，更看重的是其“以通神明之德，以类万物之情”（《系辞传》下）的功用。子曰：“乾坤，其易之门邪？乾，阳物也，坤，阴物也。阴阳合德而刚柔有体，以体天下之撰，以通神明之德。”故而《十翼》中有《文言传》一篇，专以论乾坤二卦的卦德。卦德即卦的基本属性、特征，犹如人的素质和性格特点。认识了卦德，就掌握了理解易经六十四卦的义理变化，可以说，卦德是进入易道之门的一把钥匙。

对于《易经》和阴阳观念的关系问题，学术界早就有不少人进行过探讨。自汉代以还，人们都依据《系辞传》中“一阴一阳谓之道”和《说卦传》中“观变于阴阳而立卦”的说法，将卦与爻的指代意象统摄为阴、阳二气。然观之《易传》“十翼”，似乎阴阳专用于阐述卦象，而用刚柔说来解释爻变。如人们列举出在六十四卦的卦爻辞中，没有一个“阳”字，而“阴”字亦仅见于中孚卦九二爻辞（“鸣鹤在阴”），且无哲学思想上的意义。因此，在《易经》中谈不上有什么阴阳对立变化的思想。但是历来对于“--”“—”为表示阴阳的爻象，则几乎无人提出过异议。诚然，指“--”“—”为表示阴阳的爻象，在历史文献上都是一致的，不能说错误。不过必须指出，“--”“—”作为表示阴阳的爻象，是在《周易》发展到相当成熟阶段后才衍生出来的一种新意义，而不是“--”“—”两种爻象从一开始就包含阴阳的意义。

卦德之义，其次在于对八卦之德的讨论。八卦之德被孔子总结在《说卦传》中，所谓“乾，健也；坤，顺也；震，动也；巽，入也；坎，陷也；离，丽也；艮，止也；兑，说也。”八卦卦德以乾健、坤顺为总纲，天之所覆，刚健有力，地之所载，柔顺宽容。震、巽得乾、坤索求之初，其健也为动，其顺也则入，所以震之德在动，巽之德在入；坎、离得乾、坤索求之中，其健则易陷，其顺则当附而丽，所以坎之德在陷，离之德在丽；艮、兑得乾、坤索求之上，其健也当知止，其顺也当自悦，所以艮之德在止，兑之德在说（悦）。

天地雷风、水火山泽被称为八卦的初象。这八种自然现象，很可能就是八卦的初名，以乾坤震巽、坎离艮兑名之八卦则是后来的演化。马王堆帛书《易经》中八纯卦的卦名就与今天通行的卦名有异：其乾、兑、离、震、巽、坎、艮、坤分别写作“键”“夺”“羅”“辰”“筭”“習（赣）”“根”“川”。说明至晚在汉代这个演化犹未完成。八卦卦名的演化过程，反映了古人对于八卦卦德的领悟的深化。

乾为天，何以卦名为“乾”？据闻一多《周易义证类纂》：“卦名之乾，本当为斡。斡者，转之类名，故星中北斗亦可曰斡。古人想象天随斗转，而以北斗为天之枢纽，因每假北斗以为天体之象征，遂亦或变天而言斡。”此说虽流行，但我认为过于牵强，乾、斡字形有别，且发音、释义差别很大，硬要牵连在一起，说不通。据《说文》：“乾，上出也。从乙。乙，物之达也。”乾卦的卦德为何是“健”？《说文》段玉裁注：“健之义生于上出，上出为干（乾），下注则为湿，故干与湿相对。”“上出为干”，乾有干燥义，日照强烈，物为之干（乾），故名之以乾，此解可通。健有努力向上的意思，“上出为健”，此说为是。朱骏声《说文通训定声》：“达于上者谓之乾。凡上达者莫若气，天为积气，故乾为天。”也可通。经查，秦简《归藏》乾卦本名“天”，帛书乾卦本名“键”，可见八卦之名在夏殷之际尚未定型，何时定型？大概也就是有周一代。

坤为地，卦德为顺。据《说文》：“顺，理也。从页从巛（shùn 鬊字的古字）”我很怀疑“巛”也是“坤”字的古体，巛、坤音似而义通，且马王堆帛书《易经》中坤卦本名“川”，疑似巛之变体。坤卦之顺，乃顺其自然、因势利导，如水之泻地，曲折回旋，均属自然。坤卦之顺，还有包容、承载之义。《说卦传》列有八卦的人体之象，有“乾为首，坤为腹”的说法。乾为首，取其高天尊崇而不屈之义，坤为腹，则取其大地包容、承载万物而不拒之义。所以坤卦大象曰：“地势坤，君子以厚德载物。”

震为雷，卦德为动。按照乾坤六子卦，震卦是坤卦自乾卦索得初爻而成，是为长男。得乾卦健德之始，故其卦德为动。震卦初象为雷，《山海经》有云：“雷泽中有雷神，龙身而人头，鼓其腹则雷也。”古人认为雷乃地中潜藏的阳气奋进而成，上于天者为雷，发于地者为震。震从辰，辰是蜃的古字，蜃，潜龙也。乾卦上、中二阳爻变成阴爻后，潜龙就有了动的条件，故其卦德为动。《说卦传》有“震为足，巽为股”的说法，足为动之始，股为动之辅，也验证了震的卦德为动。

巽为风，卦德为入。按乾坤六子卦，巽卦是乾卦自坤卦索得初爻，是为长女。长女与长男相对，震卦有乾卦健之德，卦德为动，动则出；巽卦有坤卦顺之德，顺而入，故巽卦卦德为入。巽卦初象是风，风之为物，其性散，其情浮，其位卑，其势伏，其行则无孔不入。孔颖达《周易正义》云：“巽之为义，以卑顺为体，容入为用，故受巽名矣。”巽卦之德还有逊让之义，《释文》：“巽，让也。”巽、逊同音而互借，都有谦让、逊退的意思，“风行而草偃”，故有之说。另，巽有木德，《说卦传》：“巽为木”，有化育生长之意。

坎为水，卦德为陷。坎卦之卦象正是古水字，所以《说卦传》说：“坎为水，为沟渎”。陷的本字为“臽”，臽为小坑，甲骨文臽字呈人入于坑中之象，坎字为“欠土”，所以坎有坑陷之义，水面是平的，如水面下陷，必为旋涡所致，所以陷险通义，陷必有险。按乾坤六子卦，坎卦是坤卦自乾卦索得中爻而成，是为中男。一阳陷于二阴爻之中，得健之中，“或跃在渊”，故有险。坎卦在《归藏》易残本中作“荦（luò）”，秦简中作“劳”，李学勤认为荦或为劳字变体，《说卦传》：“劳乎坎”，则坎还有劳动义。八卦中有两个卦以水为象，一个是坎卦，坎为水；一个是兑卦，兑为泽。何以区别？坎为中男，属阳水，其卦德健而动，是流动的水，如江河大川；兑为少女，属阴水，其卦德顺而静，是静止的水，如山泽湖泊。

离为火、为日，卦德为丽、为明。《说卦传》：“离也者，明也，万物皆相见，南方之卦也。圣人南面而听天下，向明而治，盖取诸此也。”此谓离卦的卦德为明，是以离为日象，日出则明，照耀大地，福泽万物，故圣人向明而治，须面南背北，以为向明之义。离又为火象，人类取得的第一火源是来自天上的，后来才学会了钻木取火，按乾坤六子卦，离卦是乾卦自坤卦索得中爻而成，是为中女，外刚而内柔，外实而内虚，正如火焰，外圈温度最高，中心温度低。火之焰必附之于物，故火德为丽，丽者附丽也。“日月丽乎天，百草谷木丽乎土”，此皆附丽之丽。

艮为山，卦德为止。按乾坤六子卦，艮卦是坤卦自乾卦索得上爻而成，是为少男。乾德健行至其上，如登山达顶，须知止矣。《序卦传》云：“物不可以终动，止之，故受之以艮。艮者，止也。”这里的止，不是绝对的停止，是定止而非静止，是前行到了一个阶段，需要驻足观察，寻其限界，以便再次前行。所以《序卦传》又云：“物不可以终止，故受之以渐。渐，进也。”还是要前行的。《释名》曰：“艮，限也”，艮字象形，如人目左而足右向，象其止；限字会意，指人在高阜之前而止，所以艮卦之德也有“限”义。艮卦卦德强调动极则止，止而能定，定而知限，知限能虑，虑而能安。所以《老子·道德经》有云：“知足不辱，知止不殆。”

兑为泽，卦德为说（悦）。泽为水之蓄积，所谓“川壅为泽”。我们现代所说的“堰塞湖”，就是“川壅为泽”的实例。兑卦在后天八卦中位于正西方位，这个方位在伏羲先天八卦中是坎位，这是兑泽源于坎水的卦象演示。兑字口上两点，像羊之双角，故八卦六畜之象有“兑为羊”之说。按乾坤六子卦，兑卦是乾卦自坤卦索得上爻而成，为少女，其性柔，与羊之性相近。兑从口，有言笑意，故从言者为“说”，从心者为“悦”。兑卦彖辞曰：“兑，说也。”其大象辞曰：“丽泽，兑。君子以朋友讲习。”此即说义。兑上缺，两阳爻之上为一阴爻，呈张口仰天大笑状，有喜悦之感，《说卦传》有云：“兑，正秋也，万物之所说也，故曰说言乎兑”，此即悦义，故其卦德也为悦。

《十翼》中言及卦德者还有一处，即《系辞传下》之“修德九卦”：

“《易》之兴也，其于中古乎？作《易》者其有忧患乎？是故，《履》，德之基也；《谦》，德之柄也；《复》，德之本也；《恒》，德之固也；《损》，德之修也；《益》，德之裕也；《困》，德之辨也；《井》，德之地也；《巽》，德之制也。

“《履》和而至；《谦》尊而光；《复》小而利于物；《恒》杂而不厌；《损》先难而后易；《益》长裕而不设；《困》穷而通；《井》居其所而迁；《巽》称而隐。

“《履》以和行；《谦》以制礼；《复》以自知；《恒》以一德；《损》以远害；《益》以兴利；《困》以寡怨；《井》以辨义；《巽》以行权。”

由于这段话分三个层次论述修德九卦，易学界通常称之为“三陈九卦”。帛书在“作易者其有忧患乎？”后面还有一句话：“上卦九者，赞以德而占以义者也”，意思是说，这九卦在六十四卦中是上卦，是崇德占义的。第一层次是辨卦义：《履》卦卦义是“临深履薄”，讲究“慎其始”，所以是“德之基”；《谦》卦《大象》：“君子以裒多益寡，称物平施”，有衡权义，故曰“德之柄”；《复》卦彖辞：“复，其见天地之心乎！”故曰：“德之本”；《恒》卦《大象》：“君子以立不易方”，故曰“德之固”；《损》卦意在减损，去除不好的东西，故曰“德之修”；《益》卦意在增益，故曰“德之裕”；《困》卦《大象》：“君子以致命遂志”，途穷则困，需辨径求通，故曰“德之辨”；《井》卦彖辞：“井养而不穷也”，古代人民依井而居，故曰“德之地”；《巽》卦《大象》：“君子以申命行事”，故曰“德之制”，制即申命行事也。

第二层次是申卦德：《履》者依足，错行以和，其卦德在“和”；《谦》者尊尊，其卦德在“尊”；《复》者不弃小，《恒》者不避杂，其卦德在“固本”；《损》者减损需克制，“先难后易”者，克制逐渐成为习惯也，故其卦德在“克制、律己”；《益》者增益需长久，故其卦德在“长裕”；《困》者求通，其卦德在“穷而通”；《井》者民居之所依，有聚合之义，“居其所而迁”即“改邑不改井”（井卦彖辞），其卦德在“守其所依”；《巽》者权衡以定行止（“称而隐”），其卦德在“顺而入”。

第三层次是卦德之用：“《履》以和行”，是要遵循和顺之道与人偕行；“《谦》以制礼”，是要以尊尊之心制定规则、礼仪；“《复》以自知”，是要从小事做起，自知自律；“《恒》以一德”，是要恒久守德，所谓“吾之道一以贯之”（孔子语）；“《损》以远害”，是要“惩忿窒欲”（《损》卦大象辞），克制自己，远离侵害；“《益》以兴利”，是要兴利除弊，长裕益人；“《困》以寡怨”，是要处困守德，不怨天尤人；“《井》以辨义”，是说待人处事须明辨道义，以为立身之基；“《巽》以行权”，是说待人处事要把握好分寸，应时权变。

易经阐释的卦德是以具象形象指代抽象认知，这是古人由具象思维向抽象思维进化过程中的产物。

易经·易之理之六

卦之序

《易经》卦序本不是个问题。伏羲先天八卦的卦序早在6000年前伏羲就已经画定；文王六十四卦的卦序2000多年前就由孔子确定了，孔子还专门写了一篇《序卦传》，讲了为什么这样定卦序："有天地，然后万物生焉。盈天地之间者唯万物，故受之以《屯》。屯者，盈也。屯者，物之始生也。物生必蒙，故受之以《蒙》……"而且，为了帮助后人熟记六十四卦，宋儒朱熹还编了一首《六十四卦卦序歌》：

乾坤屯蒙需讼师，比小畜兮履泰否。
同人大有谦豫随，蛊临观兮噬嗑贲。
剥复无妄大畜颐，大过坎离三十备。
咸恒遁兮及大壮，晋与明夷家人睽。
蹇解损益夬姤萃，升困井革鼎震继。
艮渐归妹丰旅巽，兑涣节兮中孚至。
小过既济兼未济，是为下经三十四。

千年之后，刊行于世的《易经》通行本仍是按此卦序编排。按说，《易经》卦序本来不应当成为问题。

不成问题的卦序为什么现在成了问题？很简单，因为历代治易者认为，这个卦序不是原始卦序。

想来也是，八卦相重，若进行排序，最容易想到的应是先确定一个主卦，然后依次配上客卦，若以乾卦为主卦，则客卦自然是自乾起，然后依次配以坎、艮、震……，古人没有学过排列组合，但主客配位应是谙熟的。主客配位是最基础的排列组合，因其排序井然，可以穷尽全部的组合状态。然而通行本卦序不是这样的，其主卦、客卦既不是按先天八卦之序排列，也不是按后天八卦排序，而是基于六十四卦的卦义，按照天道、人事发展规律排序，显见是在原始卦序基础上，经过了缜密的思考，反复推演而成。

通行本卦序又称文王六十四卦卦序，是孔门流传下来的，这个排序本身就反映了儒家认识世界、把握事物发展规律的一整套社会伦理观念。陆宗舆著《周易证释》有云：“周易之精，不在辞之美备，而在序之精当。以能参天地二道，立人道之极，全变化之用，明始终之义。”据《周易乾凿度》，易经分上下两经：“故易卦六十四，分而为上下，象阴阳也。夫阳道纯而奇，故上篇三十，所以象阳也。阴道不纯而偶，故下篇三十四，所以法阴也。乾坤者，阴阳之根本，万物之祖宗也，为上篇始者，尊之也。离为日，坎为月，日月之道，阴阳之经，所以终始万物，故以坎离为终。咸恒者，男女之始，夫妇之道也。人道之兴，必由夫妇，所以奉承祖宗，为天地主也，故为下篇始者，贵之也。既济、未济为最终者，所以明戒慎而存王道。”

上经言天道，故以《乾》、《坤》始，《乾》、《坤》化生万物，故继之以《屯》，《屯》卦上坎下震，取象小草初萌，以喻万物萌发。《屯》卦之后，继之以《蒙》，《蒙》卦上艮下坎，是为山水蒙。外卦艮为少男，故卦辞有童蒙之义。始有人类便产生需求，故继之以《需》。原始社会生产力低下，需求得不到满足，故兴之以《讼》。《讼》而有纷争，因而兴《师》，此即战氛。久乱思治，故继之以《比》。比者和也，亲和安定方能积聚财富，故继之以《小畜》。小畜者小康也，“仓廪富而知礼节”，故继之以《履》。履者礼也（帛书《履》卦即名之为“礼”，可参），须循礼而行。十卦之后到了一个节点，即《泰》、《否》。以《泰》、《否》为节点，是因为《泰》、《否》是乾、坤交卦，地天泰、天地否，阴阳交汇则通泰，阴阳相悖则否塞。此即“立天之道，曰阴与阳”（《说卦传》）。扭转否塞局面自须同心协力，故继之以《同人》。《同人》卦上乾下离，日附于天，同心之象，同人而能至大有，故继之以《大有》。“有大者不可以盈，故受之以《谦》。”“有大而能谦必豫，故受之以《豫》。”（《周易序卦传上》）太平盛世必歌舞升平，而这往往又是社会风气败坏、物腐虫生的先兆。所以《谦》、《豫》之后是《随》、《蛊》，“豫必有随，故受之以随”（《周易序卦传上》），《随》卦上兑下震，《蛊》卦上艮下巽，随者从而悦，蛊者腐虫生，两卦互综，则是阐明了物极必反的道理。《随》、《蛊》继之以《临》、《观》。临者下视，观者上瞻，治理腐败只能自上而下，“君子以振民育德”（蛊卦彖辞）君王要有君临天下之为。“大观在上，顺而巽，中正以观天下”（观卦大象辞），君王振民育德，还要有君子大观，以检视治理腐败的成效。观卦之后继之以《噬嗑》、《贲》，“雷电噬嗑，君王以明罚敕法”（噬嗑卦大象辞）、“山下有火，贲。君子以明庶政，无敢折狱”（贲卦大象辞），这两卦阐述的是“治乱世须用重典”的道理。《噬嗑》、《贲》之后是《剥》、《复》，剥者五阴侵一阳，乱世之象；复者冬至一阳生，拨乱反正之象。“复，其见天地之心乎？”（复卦象辞）久乱复归于治，不仅是公道人心，也是天地之道，客观规律。《复》卦之后是《无妄》、《大畜》，“复则不妄矣，故受之以无妄”。无妄首先是不妄，拨乱反正，目标明确，所以不妄。但不妄还不是无妄，无妄指无妄念，顺天道，不作非分之想。无妄之后有大畜，“天下雷行，物与无妄，君子以茂对时、育万物”（无妄卦大象辞），所以《序卦传》云：“有无妄然后可畜，故受之以大畜。”大畜不仅是畜财，更重要的是畜德，《大畜》卦的大象辞曰：“君子以多识前言往行，以畜其德”，这是因为，经历了乱世和拨乱反正，要总结历史经验教训，以畜德为本。大畜之后为《颐》卦，颐者养也，大畜之后就有了颐养的资本。《颐》卦初、上二爻为阳爻，中四爻为阴爻，其卦象如口，故其卦辞有“自求口实”之语。颐卦之后为《大过》，大过之过不做“过错”讲，孔颖达有言：“过谓‘过越’之过，非‘经过’之过。此衰难之世，唯阳爻乃大能过越常理以拯患难也。故曰‘大过’。”大过之后，上经归于《坎》、《离》。坎者险也，“物不可以终过，故受之以坎”（《序卦传》），所以人生就是不断地过坎的过程。离者丽也，附于《坎》卦之后，意为克服险阻即至光明亮丽之境。上经结于《坎》、《离》者，坎为月象，离为日象，是对首卦《乾》《坤》的呼应。

下经言人道，起自《咸》、《恒》。咸者感也，男女之情因感而发；恒者久也，夫妇人伦唯愿久远。饮食男女，人道之始，“君子之道，造端乎夫妇”（《礼记·中庸》）。所以下经以《咸》、《恒》始。以下《遁》、《大壮》、《晋》、《明夷》、《家人》、《睽》、《蹇》、《解》为一组，主要讲人生进退之道。孔子深明进退，有云：“危邦不入，乱邦不居。天下有道则见，无道则隐。”（《论语泰伯》）《遁》、《大壮》主言退避，遁讲不争，“君子以远小人”（遁卦大象辞）；大壮讲不为，“君子以非礼勿履”（大壮卦大象辞）。《晋》、《明夷》主言进取，晋是正说，其卦形上离下坤，顺而上行，因进而升，则需“君子以自昭明德”（晋卦大象辞）；明夷是反说，进取也会受挫，“进必有伤，故受之以明夷”（《序卦传》），其卦形上坤下离，火被土掩，所以“君子以莅临众，用晦而明”（明夷卦大象辞）。

《明夷》之后是《家人》，“夷者伤于外，必返家也，故受之以家人”。孔颖达《周易正义》说：“家人者，卦名也。明家内之道，正一家之人”，按此，《家人》卦讲的是治家之道。对儒家来说，治家之道也是治国之道，“父父、子子、兄兄、弟弟、夫夫、妇妇而家道正，正家而天下定也”（家人彖辞）。《家人》卦与《睽》卦互综。家人上巽下离，风助火势，火仗风威，自是红火兴旺；睽卦则上离下兑，火趋上而泽就下，乖离相悖，乃离心离德之象。“乖必有难，故受之以蹇”，所以《睽》卦之后继之为《蹇》卦。其彖辞曰：“蹇，难也，险在前也”，蹇卦上坎，是为险在前也；下艮，即见险而止。“君子以反身修德”（蹇卦大象辞）。《蹇》卦之后继之以《解》卦。《解》卦与《蹇》卦互综，蹇有险，解则缓，“解者，缓也”（《序卦传》）。十位之后到《损》、《益》，是下经的第一个节点。《损》卦是《咸》卦的错卦，《益》卦是《恒》卦的错卦，《损》卦的主旨是“惩忿窒欲”（损卦大象辞），《益》卦的主旨是“见善则迁，有过则改”（益卦九五爻辞）。损益者，得失之计耳。以下依次为《夬》、《姤》、《萃》、《升》、《困》、《井》六卦为另一组，无非损益相较、利害权衡，讲人生的得失之道。《益》卦之后为《夬》卦，《序卦传》曰：“益而不已必决，故受之以夬。”凡物增益也须有度，益而不已就会溢决，这是夬卦的主旨。《夬》卦之后继之以《姤》，《夬》、《姤》互综，夬者分，姤者遇，“天地相遇，品物咸章”（姤卦彖辞）。姤有婚媾之义，故其卦辞是“姤，女壮，勿用取女”。《姤》之后继之以《萃》、《升》。萃者聚也，升者上也，“譬若积薪，后来者居上”（《史记·汲郑列传》），升也有荟聚之义，所以其大象辞曰：“君子以顺德，积小以高大。”《萃》、《升》之后，继之以《困》、《井》，“升而不已必困，故受之以困”（《序卦传》）。这里也是讲适度得宜的道理。《困》卦上兑下坎，泽在上水在下，泽无水则干涸，故曰困。处困之境唯坚贞自守，故其大象辞曰“君子以致命遂志”。《井》卦与《困》卦互综，“困乎上者必返下，故受之以井”（《序卦传》）。此乃以井解困也。《困》、《井》之后，即为《革》、《鼎》，此为下经第二节点。革去旧、鼎布新，所以革、鼎有除旧布新之义。以下《震》、《艮》、《渐》、《归妹》、《丰》、《旅》、《巽》、《兑》为第三组，即主要讲人生的变革之道。除旧布新之际，应临事而惧，慎其行止，循序渐进，这是《震》、《艮》、《渐》三卦主旨。《渐》卦之后继之以《归妹》，可以组建家庭了，有健全的家庭才能有丰裕的生活，所以《归妹》之后继之以《丰》，“丰，大也。明以动，故丰”（丰卦大象辞）。《丰》之后继之为《旅》，

“穷大者必失其居，故受之以旅”（《序卦传》），旅是丰大到极致时的必然。旅行既是增广见闻之所需，也是磨炼意志之要途。《丰》、《旅》之后为《巽》、《兑》。巽者顺也，兑者悦也，意指顺势而为自能得享人生的快乐。后继之的《涣》、《节》、《中孚》、《小过》，则提醒人们生活要有约束、要有节制，持中守正。《既济》、《未济》两卦是《坎》、《离》两卦的相交卦，《既济》卦上坎下离，《未济》卦上离下坎，与上经终卦《坎》、《离》遥相呼应。全经以《既济》、《未济》两卦终者，是试图告诫人们：既济之时就是未济之际，前行正未有穷期。

理解通行本卦序，有两句话很重要，一句是“二二相耦，非复即变”，另一句是“三十六宫都是春”。前者是唐孔颖达所说，他在研究文王六十四卦卦序时发现一个特点，六十四卦都是两两成对的：“今验六十四卦，二二相耦，非复既变。复者，表里视之遂成两卦，屯、蒙、需、讼、师、比之类是也；变者反复唯成一卦，则变以对之，乾、坤、坎、离、大过、颐、中孚、小过之类是也。”（《周易正义》序卦传卷十）这里所说的“复”，即互为综卦，所说的“变”，即自综卦，因不能成对，所以变之以错卦相对。根据孔颖达的观察，六十四卦是两两结对排序的，乾、坤为首对，以下依次是屯蒙、需讼、师比……基本上每对卦都是互为综卦关系，没有综卦的，就按互为错卦排序。这就是所谓“非复即变”。孔颖达将六十四卦分成两类：一类是互综卦，如屯、蒙互综，需、讼互综等，孔颖达发现，这些互综卦大都成对出现，计有二十八对、五十六卦。另一类由于其内外卦呈镜面对称，因此没有综卦，但有错卦，其中乾、坤互为错卦；坎、离互为错卦；颐、大过互为错卦；中孚、小过互为错卦，互错卦也是成对出现，所以叫“二二相耦”。

“三十六宫都是春”出自宋人邵雍的《观物吟》：“乾遇巽时观月窟，地逢雷处见天根，天根月窟闲来往，三十六宫都是春。”邵雍发现：二十八对互综卦中，每对卦的卦形实际上是一个，从前后两个角度看就成了两个卦。因此，五十六卦只有二十八个卦形，再加上乾、坤、坎、离、颐、大过、中孚、小过八个卦形一共有三十六个不同的卦形，这就是邵雍所说的“三十六宫都是春”。所谓“乾遇巽时观月窟，地逢雷处见天根”，指的是姤、复两卦的卦象。“乾遇巽”即天风姤，“地逢雷”即地雷复。姤卦五阳一阴，阴在初六爻，以喻午正一阴生，复卦五阴一阳，阳在初九爻，以喻子正一阳生。修道之人极为重视子午精修，认为子时为月窟，当修性，午时为天根，当修命，所谓“天根月窟闲来往，三十六宫都是春”，说的是只要重视子午精修，人的一天都会轻松舒畅、如沐春风。

通行本卦序并非孔门认可的唯一卦序，《十翼》中有一篇《杂卦传》讲卦义的：“乾刚坤柔，比乐师忧，临、观之义，或与或求……”这个排序就和《序卦传》的排序不同。今人任俊华认为，杂卦卦序也是按照“二二相耦”的原则排序，不过各对卦之间是按首对卦的中爻交错爻变排序（《〈杂卦〉卦序新论》）。我可能研究不够，没有看出其规律性或曰其排序的逻辑何在。仔细阅读《杂卦传》，似乎旨在论说卦义的精义，用的是对比、比较方法，其重点并不在排序。在文体上，《杂卦传》使用的是韵文体，目的是便于记忆，这在反面上也说明其并不以卦序为重。

由于对孔门卦序的不满意，自汉代以来，历代治易者孜孜不倦地开展了对易经六十四卦原生态卦序的探索。这其中，对后世影响较大的是西汉京房提出的八宫卦序。京房是西汉时期易学集大成者，他创造了纳甲法这种筮占方法，将天干地支纳入周易，对六十四卦的卦序进行了重新编排，提出了著名的八宫卦序，对后世影响很大。纳甲即将十天干分别配与八卦，因天干以甲为首，故曰纳甲，其位序为：甲乙配乾坤、丙丁配艮兑、戊己配坎离、庚辛配震巽、壬癸又配乾坤。

乾坤艮兑坎离震巽乾坤

甲乙丙丁戊己庚辛壬癸

纳甲之后还有纳子，也叫“纳支”，即将十二地支分别配六爻，其位序如下：

乾卦和震卦：	坤卦：	坎卦：
上爻配戌	上爻配酉	上爻配子
五爻配申	五爻配亥	五爻配戌
四爻配午	四爻配丑	四爻配申
三爻配辰	三爻配卯	三爻配午
二爻配寅	二爻配巳	二爻配辰
初爻配子	初爻配未	初爻配寅

艮卦：	巽卦：	离卦：	兑卦：
上爻配寅	上爻配卯	上爻配巳	上爻配未
五爻配子	五爻配巳	五爻配未	五爻配酉
四爻配戌	四爻配未	四爻配酉	四爻配亥
三爻配申	三爻配酉	三爻配亥	三爻配丑
二爻配午	二爻配亥	二爻配丑	二爻配卯
初爻配辰	初爻配丑	初爻配卯	初爻配巳

卦	乾	震	坎	艮	坤	巽	离	兑
上	戌	戌	子	寅	酉	卯	巳	未
五	申	申	戌	子	亥	巳	未	酉
四	午	午	申	戌	丑	未	酉	亥
三	辰	辰	午	申	卯	酉	亥	丑
二	寅	寅	辰	午	巳	亥	丑	卯
初	子	子	寅	辰	未	丑	卯	巳

称为纳子(支)者，因十二地支以子为首。通常所称纳甲，实际上包含纳子，又称装干支。纳甲的目的是以天干地支表时间（年、月、日、时）、方位（东、南、西、北）、亲等（父母、兄弟、夫妇），结合卦爻变化以占断吉凶。

在纳甲的基础上，京房依据乾坤六子卦而定八宫，乾统震、坎、艮三男，坤统巽离兑三女，八宫序次为：乾、震、坎、艮、坤、巽、离、兑。八宫以宫卦为体，以六位爻变形成的卦象为用，自下而上依次变爻，每变一爻即为该宫一个新卦，其变爻称为该卦的世爻。其卦序如下：

六十四卦分宫卦象次序

八宫	八纯卦	初爻变	二爻变	三爻变	四爻变	五爻变	游魂卦	归魂卦
乾宫	乾为天	天风姤	天山遁	天地否	风地观	山地剥	火地晋	火天大有
坎宫	坎为水	水泽节	水雷屯	水火既济	泽火革	雷火丰	地火明夷	地水师
艮宫	艮为山	山火贲	山天大畜	山泽损	火泽睽	天泽履	风泽中孚	风山渐
震宫	震为雷	雷地豫	雷水解	雷风恒	地风升	水风井	泽风大过	泽雷随
巽宫	巽为风	风天小畜	风火家人	风雷益	天雷无妄	火雷噬嗑	山雷颐	山风蛊
离宫	离为火	火山旅	火风鼎	火水未济	山水蒙	风水涣	天水讼	天火同人
坤宫	坤为地	地雷复	地泽临	地天泰	雷天大壮	泽天夬	水天需	水地比
兑宫	兑为泽	泽水困	泽地萃	泽山咸	水山蹇	地山谦	雷山小过	雷泽归妹

乾宫八卦（乾属金）：

乾为天（本宫卦），天风姤（一世卦）、天山遁（二世卦）、天地否（三世卦）、风地观（四世卦）、山地剥（五世卦）、火地晋（游魂卦）、火天大有（归魂卦）。

坎宫八卦（坎属水）：

坎为水（本宫卦），水泽节（一世卦）、水雷屯（二世卦）、水火既济（三世卦）、泽火革（四世卦）、雷火丰（五世卦）、地火明夷（游魂卦）、地水师（归魂卦）。

艮宫八卦（艮属土）：

艮为山（本宫卦），山火贲（一世卦）、山天大畜（二世卦）、山泽损（三世卦）、火泽睽（四世卦）、天泽履（五世卦）、风泽中孚（游魂卦）、风山渐（归魂卦）。

震宫八卦（震属木）：

震为雷（本宫卦），雷地豫（一世卦）、雷水解（二世卦）、雷风恒（三世卦）、地风升（四世卦）、水风井（五世卦）、泽风大过（游魂卦）、泽雷随（归魂卦）。

以上四宫为阳卦。

坤宫八卦（坤属土）：

坤为地（本宫卦），地雷复（一世卦）、地泽临（二世卦）、地天泰（三世卦）、雷天大壮（四世卦）、则天夬（五世卦）、水天需（游魂卦）、水地比（归魂卦）。

巽宫八卦（巽属木）：

巽为风（本宫卦），风天小畜（一世卦）、风火家人（二世卦）、风雷益（三世卦）、天雷无妄（四世卦）、火雷噬嗑（五世卦）、山雷颐（游魂卦）、山风蛊（归魂卦）。

离宫八卦（离属火）：

离为火（本宫卦），火山旅（一世卦）、火风鼎（二世卦）、火水未济（三世卦）、山水蒙（四世卦）、风水涣（五世卦）、天水讼（游魂卦）、天火同人（归魂卦）。

兑宫八卦（兑属金）：

兑为泽（本宫卦），则水困（一世卦）、泽地萃（二世卦）、泽山咸（三世卦）、水山蹇（四世卦）、地山谦（五世卦）、雷山小过（游魂卦）、雷泽归妹（归魂卦）。

以上四宫为阴卦。

八宫卦序有极为严谨的爻变规律。以乾宫为例，本宫卦为乾，又称为当世卦。自初爻变起，阳变阴，是为天风姤，姤卦是乾宫第二卦，又称一世卦；之后是二爻变，阳变阴，是为天山遁，遁卦是乾宫第三卦，又称二世卦；三爻变后是天地否，否卦是乾宫第四卦，又称三世卦；四爻变后是上卦由乾变为巽，是为风地观，观卦是乾宫第五卦，又称四世卦；五爻变后是为山地剥，剥卦是乾宫第六卦，又称五世卦。爻变至此不能再往上变了，再变即是坤卦，就出宫了。因此要从四爻往回变，阴变阳，上卦由巽卦变为离卦，是为火地晋。晋卦是乾宫第七卦，因为不是往上变，而是往下变，取人在归途之义，称为游魂卦。最后一卦爻变在下卦，三爻全变，即由坤卦变回乾卦，由于是复归本位，所以是归魂卦，为火天大有卦。京房编排的八宫卦序重在演示阴阳二气如何消长变化的卦象，各卦的爻变，用京氏自己的话，叫“飞伏”。飞者显也，伏者隐也，京房认为阴阳消长变化的本因是阴中有阳，阳中有阴。其显为阴者其隐则阳，反之亦然。故其各宫的六位爻变都采用了飞伏之法，使显者隐之，隐者显之，因爻变而变卦。自一世至五世的爻变，所变之爻称为该卦的世爻，本宫卦以上爻为世爻，游魂卦以四爻为世爻，归魂卦以三爻为世爻。世爻为一卦主爻，在筮占中有非常重要的地位。

1973 年，在湖南长沙马王堆出土的帛书《易经》，其六十四卦的排序，呈现出既不同于通行本卦序、也与京房八宫卦序有别的排列方式，在我国易学界引起了很大轰动，我国易学家张政烺、于豪亮、刘大钧、周立升、李学勤、李守力等都对其进行了深入的研究。

帛书卦序（原貌。右起竖行）：

筭	羅	夺	川	辰	赣	根	健
少畜	大有	夬	泰	泰壮	襦	泰畜	妇
观	溍	卒	嗛	余	比	剥	掾
渐	旅	钦	林	少过	蹇	损	礼
中复	乖	困	师	归妹	节	蒙	讼
涣	未济	勒	明夷	解	既济	蘩	同人
家人	筮盍	隋	复	丰	屯	颐	无孟
益	鼎	泰过	登	恒	井	箇	狗

帛书《易经》是抄写于一整块帛布上的，不难看出，帛书六十四卦采用的是八八框图的图式，其卦名、卦序与现通行本的卦名、卦序有很大不同。经专家考证，计有三十三个卦名与通行本卦名不同，不同者如下：

乾—健、艮—根、坎—赣、震—辰、坤—川、兑—夺、离—羅、巽—筭、否—妇、大畜—泰畜、需—襦、大壮—泰壮、小畜—少畜、遁—掾、豫—余、谦—嗛、萃—卒、晋—溍、履—礼、小过—少过、临—林、咸—钦、睽—乖、中孚—中复、贲—蘩、革—勒、无妄—无孟、随—隋、噬嗑—筮盍、姤—狗、蛊—箇、升—登、大过—泰过。

按现代阅读习惯和现在通行的卦名，重新整理帛书《易经》的卦序如下：

乾　坤　艮　兑　坎　离　震　巽

乾	否	遁	履	讼	同人	无妄	姤
艮	大畜	剥	损	蒙	贲	颐	蛊
坎	需	比	蹇	节	既济	屯	井
震	大壮	豫	小过	归妹	解	丰	恒

坤	泰	谦	临	师	明夷	复	升
兑	夬	萃	咸	困	革	随	大过
离	大有	晋	旅	睽	未济	噬嗑	鼎
巽	小畜	观	渐	中孚	涣	家人	益

仔细判读，可以看出，帛书《易经》的卦序依据的是乾坤六子卦的卦序。以乾坤六子卦的卦序排出六十四卦的上卦，亦称宫卦；然后仍按乾坤六子卦的卦序依次排出各宫的下卦。例如乾宫首卦上乾下乾为乾卦、次卦上乾下坤为否卦、第三卦上乾下艮为遁卦、第四卦上乾下兑为履卦、第五卦上乾下坎为讼卦、第六卦上乾下离为同人卦、第七卦上乾下震为无妄卦、第八卦上乾下巽为姤卦。以下各宫以此类推，这种排列图式更具有原生态排序特点。

帛书卦序和京房八宫卦序都是按乾坤六子卦定宫，以卦形排序，这和通行本以卦义排序是两种不同的排序思路。但京房八宫以六位爻变定宫内各世卦，而帛书以宫卦定上卦，以乾坤六子卦序定下卦，这又是两种不同的宫卦排序思路。今人邢文很敏锐地发现了这一点，他在《帛书周易研究》一书中指出，京房八宫卦以爻的变化为特征，而帛书《周易》以卦的变化为特征，这两种排序思路“可以称作《周易》的爻学和卦学”。

除了以卦形、卦义排序以外，还有以象数研究排序者，其中影响比较大的是宋代邵雍的六十四卦方圆图。邵雍赓续其师陈抟的太极图和伏羲先天六十四卦卦序而制作六十四卦方圆图，并刊之于其所著《皇极经世》一书中。邵雍对此极为自负，曾言：“图虽无文，吾终日言而未尝离乎是，盖天地万物之理尽在其中矣。”

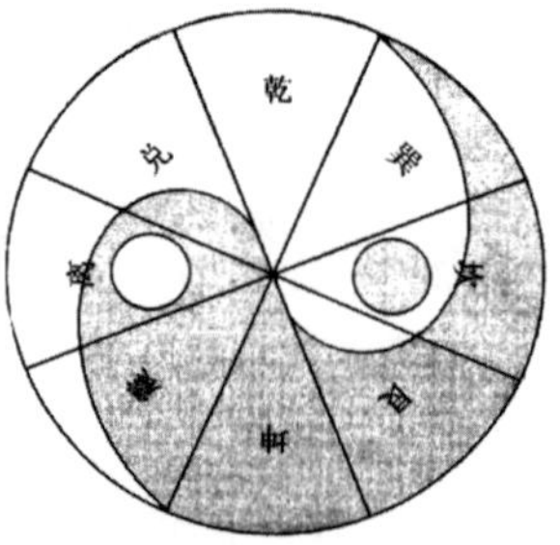

先天图（陈抟）

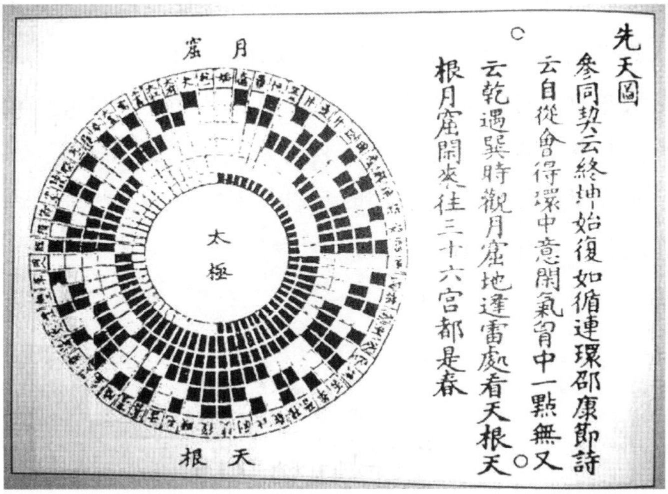

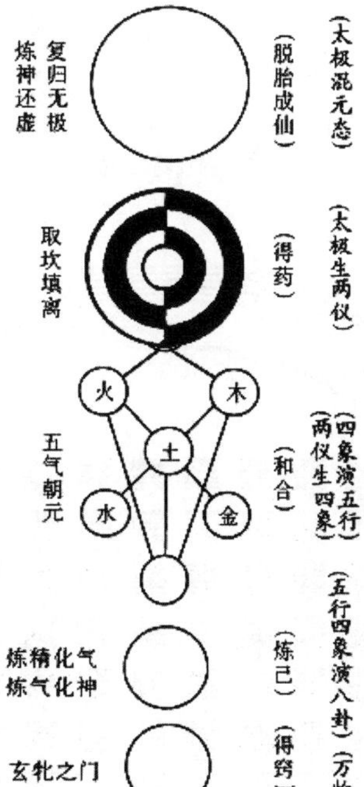

陈抟无极图

六十四卦方圆图分为外圆、内方两个卦序图，内方图也是八八框图的图式，但与京房八宫卦和帛书卦有三处不同：一是内方图按伏羲先天八卦卦序定宫，即乾、兑、离、震、巽、坎、艮、坤；二是宫卦为下卦，序卦为上卦，且其序卦的卦序也是先天八卦的卦序；三是宫卦的排列是自下而上。六十四卦方圆图的外圆图也是按伏羲先天八卦卦序，乾上坤下。从上顶点开始，逆时针排乾宫八卦，即乾、夬、大有、大壮、小畜、需、大畜、泰，然后是兑宫八卦、离宫八卦、震宫八卦，到复卦止。然后再从顶点乾卦右旋，顺时针往下排，依次为巽宫八卦、坎宫八卦、艮宫八卦、坤宫八卦，终于坤卦。

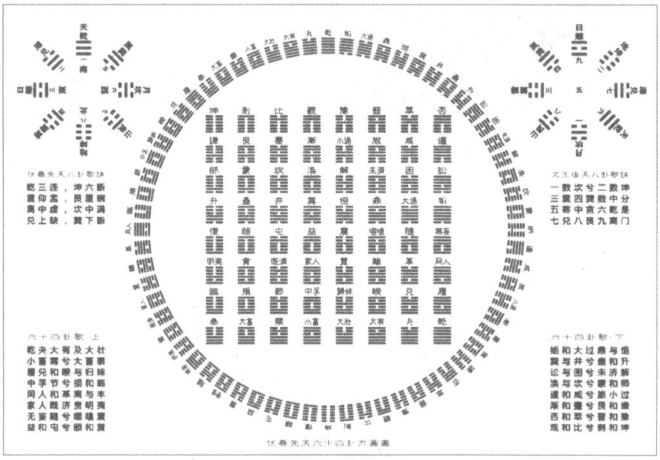

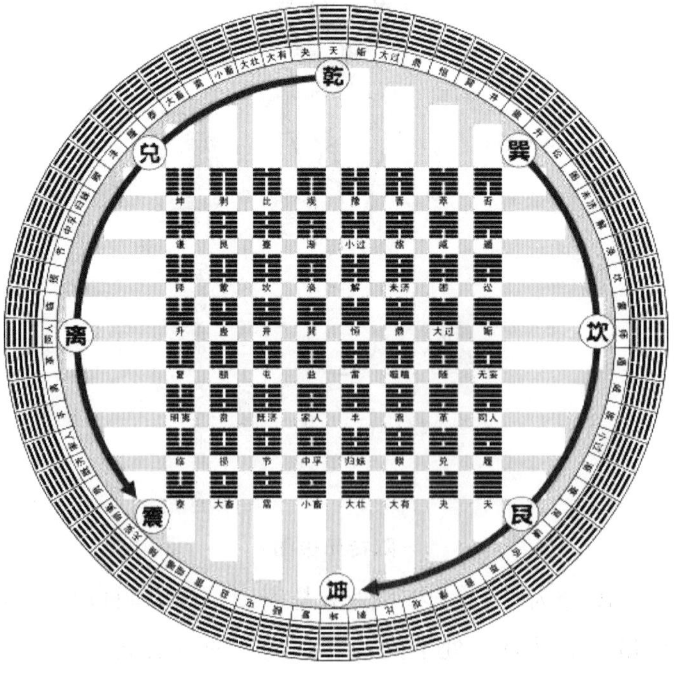

六十四卦方圆图的最大特点是以象数解卦，杂以阴阳、五行、时序、方位等，可以说是象数学派宇宙观自然哲学的集大成者。

对易经六十四卦排序，其基本动机有三：一是为了穷尽所有，这应是最原初的动机。从这个意义上看，帛书卦序应是最接近原生态的卦序。二是探究六十四卦卦象的内在规律。京房八宫卦序从研究六位爻变入手，杂以纳甲、飞伏，在这方面取得了很有影响力的成果。宋代邵雍的六十四卦方圆图以象数解易，又结合了陈抟道士的太极阴阳图，其构思则更为精巧。三是探究卦义的内在关联。在这方面，迄今为止，通行本卦序仍是巅峰之作。

柏裕江按：作者此章后半部分介绍的内容有几分玄奥难懂，没有一定的“易”学知识和道家阴阳观点，以及五行天象象数等知识，理解起来很困难。总感觉，经过一千三四百年的发展，《易》的门派越来越多，也越来越神秘、玄乎，各门派都在按照自己的思路、需要修正着《易》；《易》与上古时代至春秋时代自然、朴素、智慧的《易》或者说“三易”已经渐行渐远，其原本具有的哲学、社会学意义则越来越淡，宿命、方外、好异的因素掺杂其中，令得《易》说愈来愈繁，愈来愈“玄”。

易经·易之理之七

卦之占

易经毕竟是占卜之书，因此读易也就不能不了解一些易经筮占的方法和规矩。

首先，要知道易有“三不占”之说。“三不占”出于何时、何人已不可考，但治易者无人不知。所谓“三不占”，其一，“不诚不占”。古人占卜，往往选在清晨，神朗气清之际，占前还要焚香祝告上苍，以表其诚。古人是深信“诚则灵”的，所以占卜过程也是诚惶诚恐，极有仪式感。其二，“不义不占”。“义”有信义、正义、公义等意义，基本讲的是社会伦理。不义，即指违背社会伦理的事，包括违法乱纪、损人利己、伤风败俗之事，不可以占卜决之。其三，“不疑不占”。自己心中已有定议，就没有必要卜筮。事有所疑，委决不下，方可以占卜决之。但要注意，占卜决疑只是最后一步。《尚书洪范》有君王决疑四谋的说法，即“谋及乃心、谋及卿士、谋及庶人、谋及卜筮”。只有已经叩问自心、全面听取各方意见后，还不能祛疑的情况下，才能以卜筮决疑。

还有一句话，叫作“善易者不占”，出自《荀子·大略》，很多人理解错了，认为善易者深通易理，不用占卜就会知道事物发展的命运。这颇有未卜先知的意思。实际上，“善易者不占”的意思是说深明易理的人不用通过占卜来证明自己的易学深厚。这段话原文是：“不足于行者说过，不足于信者诚言，故春秋善胥命，而诗非屡盟，其心一也。善为诗者不说，善为易者不占，善为礼者不相，其心同也。”荀子处战国之季，见过太多的巧言饰辨之士、言过其实之徒，所以他说，不能成事的人往往会把事情说得轻而易举，没有诚信的人往往多会赌咒发誓，所以精于《诗经》的人并不经常将诗文挂在嘴边，深明易理的人不用通过占卜来证明自己的易学深厚，深通礼仪的人不会注重表象。实际上，深明易理的人也会经常占卜，《系辞传上》有言：“是故君子居则观其象而玩其辞，动者观其变而玩其占，是以自天佑之，吉无不利。”一个“玩”字，足证占卜之于君子，不过是一种精神游戏，君子占卜不重其结果，注重的是占卜过程的仪式感，以及卜辞中传达出

的物理哲思：“卜筮然后决大事，非以为得求也，以文之也。”（《荀子·天论》）

规范的易经卜筮之法也记载在《系辞传》中，这就是“大衍揲蓍”。“大衍”即大的演变，“揲蓍”即分拣蓍草。“大衍揲蓍”就是通过分拣蓍草来模拟大的演变。从《系辞传》的后文可以看出，这个大的演变指的就是“太极生两仪，两仪生四象，四象生八卦”，亦即古人眼中的宇宙发展史。所谓“大衍之数五十”（《系辞传》，下同），指的是宇宙演化的三阶段、十五种态势的序数之和为五十。以太极为1，“太极生两仪”是（1+2），“两仪生四象”是（1+2+3+4），“四象生八卦”是（1+2+3+4+5+6+7+8），合计为1+（1+2）+（1+2+3+4）+（1+2+3+4+5+6+7+8）=50。揲蓍时先取五十根蓍草，以应大衍之数。然后拈出一根放在一旁，表示太极，太极是不能用的，只有四十九根可用，“其用四十九”。第二步，将四十九根蓍草随意分成两堆，表示“太极生两仪”，再任选一堆拈出一根，夹在左手无名指和小指间，此为“挂一而象三”，象三者，天、地、人，以两堆为天地，以所挂之蓍草象人。第三步，分别将两堆蓍草四根一组数出来，余下的必然是四以下的蓍草数。然后将余下的蓍草按两堆分别夹在左右手的无名指和中指间，此为“揲四”，表示“两仪生四象”。第四步，将两手所夹之蓍草归并在一起，放在一旁，此为“归奇”。

以上四步：“分二”“挂一”“揲四”“归奇”，在《系辞传》中称为“四营”，一个四营算“一变”。四营之后，四个一组数出来的蓍草只有两种可能：四十四根或四十根。将这余下的蓍草再按四营步骤过一遍，此时的余数将有三种可能：四十根、三十六根或三十二根，此为“二变”。三变以后余数有四种可能：三十六、三十二、二十八、二十四。然后将余数除以四，得九、八、七、六这四个可能出现的数，九为老阳、八为少阴、七为少阳、六为老阴，按此定初爻。

同样的步骤，“四营”“三变”再依次定二、三、四、五、上爻，合计共十八变，这就是《系辞传》中讲的：“是故四营而成易，十有八变而成卦。”所成的卦是为本卦，按照“老变少不变”的原则，老阳之爻应变成阴爻，老阴之爻应变成阳爻，变化之后所成的卦称为“之卦”。

之卦的爻变可能有六种情况，即一爻变、两爻变、三爻变、四爻变、五爻变和六爻全变。一爻变好说，只看变爻的爻辞即可，多爻变如何判断？朱熹在《易学启蒙》中提出了一套变占原则：两爻变者，按两爻的爻辞判断，但以上位爻的爻辞为主；三爻变者，按本卦和之卦的卦辞判断，以本卦卦辞为主；四爻变者，按之卦的两个不变爻的爻辞判断，但以下位爻的爻辞为主；五爻变者，按之卦不变爻的爻辞判断；六爻全变者，若是乾、坤二卦，按“用九”“用六”爻辞判断，此外的卦，按之卦卦辞判断。

大衍揲蓍在春秋战国时期使用得很普遍。如《左传·宣公六年》：“郑公子曼满与王子伯廖语，欲为卿。伯廖告人曰：‘无德而贪，其在周易《丰》三之《离》三，弗过矣。’间一岁，郑人杀之。”伯廖用的就是大衍揲蓍法。所谓《丰》之《离》，即指筮占本卦为“雷火《丰》”，其上爻为变爻，阴变阳后，上卦《震》变为《离》，其之卦为纯卦《离》。所谓《丰》三、《离》三，指的是这两卦的三爻。三爻是上爻的应爻。连山、归藏占象，周易占变，周易筮占，重视的是变爻，《丰》卦上六爻为变爻，其爻辞是：“窥其户，阒其无人，三岁不觌，凶。”由于《丰》

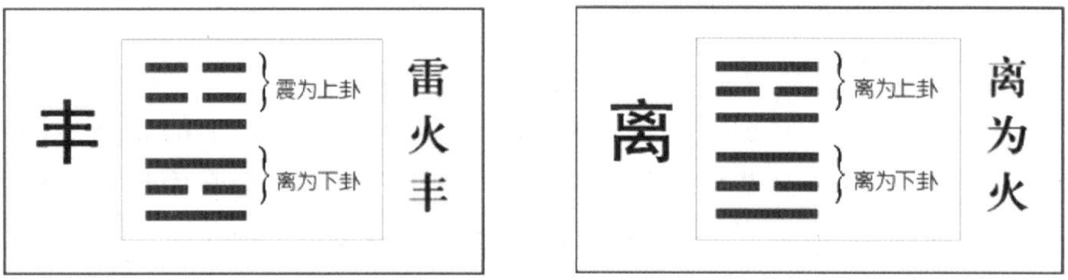

卦上爻是变爻，所以也要参看其应爻的爻辞。《丰》卦三爻爻辞：“丰其沛，日中见沬，折其右肱”，其象曰：“丰其沛，不可大事也。折其右肱，终不可用也。”《离》卦三爻爻辞：“日昃之离，不鼓缶而歌，则大耋之嗟，凶。”其象曰：“日昃之离，何可久也。”所以伯廖说：“（郑公子曼满这个人）无德且贪婪，其应在《丰》卦三爻和《离卦》三爻，不出三年，必然灭亡。”结果果然不出三年(间一岁)，郑公子曼满就被国人杀掉了。

大衍揲蓍法是孔门认定的易经筮占方法，它有着正宗、精巧、程式化和逻辑严密等特点，但其程式过于繁琐且费时，故后人又发明了更为简便的占卜方法，以铜钱代替蓍草，这就是后人俗称的“金钱课”。其做法是：占者以钱三枚悬于炉上，致敬而祝祷，祝毕掷钱，视三钱落地所呈正、背面定爻性。字少者为阳，字多者为阴，若三枚皆阳，记为老阳，曰“重”；三枚皆阴，记为老阴，曰“交”；二阴一阳，记为少阳，曰“单”；二阳一阴，记为少阴，曰“拆”。凡六掷以成卦。此法亦甚古，据《仪礼·士冠礼》：“筮与席所卦者，具馔于西塾。”其疏曰：“筮法，依七八九六之爻记之，但古用木画地，今则用钱，以三少为重钱，重钱则九矣；三多为交钱，交钱则六也；两多一少为单钱，单钱则七也；两少一多为拆钱，拆钱则八也。”金钱课可以说是大衍揲蓍的简易版。

迭至宋代，邵雍以象、数起卦，发明了一种新的筮法，记载在《梅花易数》中，其筮法即以梅花为名。梅花易数以伏羲先天八卦位序数为基础，化象为数，以数字起卦、定动爻（即大衍揲蓍中的变爻），从而定卦象。其起卦方法有三：

其一，时数起卦。以年、月、日之数总和除八，余数按乾一、兑二、离三、震四、巽五、坎六、艮七、坤八定上卦；以年、月、日、时之数总和除八，余数按乾一、兑二、离三、震四、巽五、坎六、艮七、坤八定下卦；以年、月、日、时之数总和除以六，按其余数定动爻。例：如壬申年四月十一日巳时起卦，申的地支数是九，年、月、日之数总和九加四加十一等于二十四，除以八得三，无余数取八，因坤卦数八，上卦定为坤；巳的地支数为六，年、月、日、时之数总和九加四加十一加六等于三十，除以八得三余六，因坎卦数六，下卦定为坎，本卦即为地水《师》。年、月、日、时之数总和三十除以六得五，无余数取六，即上爻，故师卦的动爻定为上爻。

其二，生数起卦。生数的方法有很多种，或可请求卦之人口出二数，前者定上卦，后者定下卦，二数之和定动爻；或拆字（多以姓名），以笔画数定卦；或翻书，以页码数定卦等。

其三，指掌起卦。以“梅花心易提掌图”取卦，以“六爻掌图”取动爻。取卦时，按先天八卦卦序，小指上部为天（乾），下部为地（坤）；无名指上部为泽（兑），下部为山（艮）；中指上部为火（离），下部为水（坎）；食指上部为雷（震），下部为风（巽）。由小指上部算起，逆时针数，即乾一、兑二、离三、震四、巽五、坎六、艮七、坤八。如上例，若壬申年四月十一日巳时起卦，则按地支序数从小指上部起算年数，乾即子，算到申又回到乾位。以乾之后的兑位为正月起算月数，算至四月为巽位。再从巽之后的坎位起算日数，算至十一为坤位，《坤》即为所算之卦的上卦。下卦从坤之后的乾位算起，仍是按年、月、日依次数算，但最后还要加算时数，最后算至巳时在坎位上，所以下卦为《坎》。这个计算结果和时数起卦的计算结果相同。

取动爻只用到小指、无名指和中指，仍是起自小指上部，逆时针数，小指上为初爻、无名指上为二爻、中指上为三爻；中指下为四爻、无名指下为五爻、小指下为上爻。动爻仍按年、月、日、时依次起算，如上例，最后算得地水《师》卦的动爻在上爻位上。所以指掌起卦实际上是时数起卦的另一种计算方法，中国古典小说中经常出现的“掐指一算”，实际上描写的就是梅花易数的指掌起卦。

此外，梅花易数还有一种就象取卦的方法，邵雍称之为“八卦万物类占”。“近取诸身，远取诸物，于是始作八卦，以通神明之德，以类万物之情”，伏羲先天八卦本身就是就象取卦的成果。易经象数学派认为，天地万物、季节物候、空间方位都与八卦卦象相应，因此都可以就象取卦。《说卦传》总结归纳了八卦对应的一百一十四种物象，汉代孟喜搜集整理了四百四十多种逸象，及至宋代，以物象释卦象渐成趋向，邵雍则是其集大成者。就象取卦实际上并非随意，所就之象多为突兀之象、及身之象、异变之象，中国古典小说常有这样的情节：行军途中，忽起一阵狂风，将路边大树吹折，于是就此起卦云云，这就是就象取卦的典型情景。就象取卦的一般做法是以及身之象取上卦，以所在方位取下卦，以事发时辰取动爻。例如：某日午时，见有少年自南方来，就此起卦。少年即少男，为《艮》卦之象，即取上卦为《艮》，南方为离位，即取《离》卦为下卦，故所取之卦为山火《贲》。午时其数为七、《艮》卦数为七、《离》卦数为三，三数相加除以六，余数为五，故取《贲》卦第五爻为动爻。由于卦象与物象的关系十分复杂，故就象取卦非谙熟易经象数理论者不能为之。

梅花易数的特色在于“体用互变”。不同于过往易学者的共识：“内卦为体，外卦为用”，梅花易数以无动爻之卦为体卦，以有动爻之卦为用卦，以体卦表征起卦之人的本身征兆，以用卦表征所占事物的本末端绪。梅花易数还重视互卦、变卦与体卦、用卦的相互关联，纳入五行相生相克之说判定体卦、用卦的运势盛衰。若体卦的五行属性与互卦属性相同或相生，则体卦势盛，反之则势衰；若用卦的五行属性与变卦属性相同或相生，则用卦势盛，反之则势衰。解卦时，以体卦势盛为吉，因这种情况表明在体用关系中，体卦居主导作用，能够克制用卦运程，表征事物可按主体的意愿发展，可以影响或主导所占事物的发展运程和趋势，故为吉。

前述山火《贲》卦的取卦出自邵雍梅花心易的占算实例：壬申日午时，邵雍先生见一少年自南方至，面露喜色，问之：“何喜？”答曰：“不知”。邵雍先生遂就象取卦占之，得卦山火《贲》，定五爻为动爻。断曰：“子十七日内必有聘币之喜。”后果然。查五爻爻辞：“贲于丘园，束帛戋戋，吝，终吉”，已有纳彩求聘之兆。又体卦《离》五行属火，用卦《艮》五行属土，火生土，体用卦是相生关系，故吉，有喜。五爻动，用卦《艮》因之变为《巽》，上《巽》下《离》，全卦变为风火《家人》卦，乃成家之喜。互卦《震》、变卦《巽》五行均属木，木生火，与体卦都是相生关系，表征喜事可成。《艮》卦数七、《离》卦数三、午时之数七，三数之和为十七，故曰“子十七日内必有聘币之喜。”

梅花易数得名颇有传奇色彩。《梅花易数》篇首有载：“辰年十二月十七日申时，康节先生偶观梅，见二雀争枝坠地。先生曰：‘不动不占，不因事不占。今二雀争枝坠地，怪也。’因占之：辰年五数，十二月十二数，十七日十七数，共三十四数，除四八三十二，得二，属《兑》，为上卦；加申时九数，总得四十三数，五八除四十，得三数，为《离》，作下卦。又上下总四十三数，以六除，六七四十二，得一，初爻为动爻。是为“泽火《革》”，初爻变《咸》，互见《乾》《巽》。断之曰：‘详此卦，明晚当有女子折花。’至是日果有女子折花，园丁不知而逐之，女子失惊坠地，遂伤其股。”此卦上《兑》下《离》，《兑》卦为体，《离》卦为用。兑为少女，故有女子为应。兑属金，离属火，火克金，主女子必受伤。互卦《巽》，巽为股，伤必及股。此卦所验极准，康节先生也颇为自得，自诩“据验测验，如由基射的，百发百中。”梅花易数故因此得名。

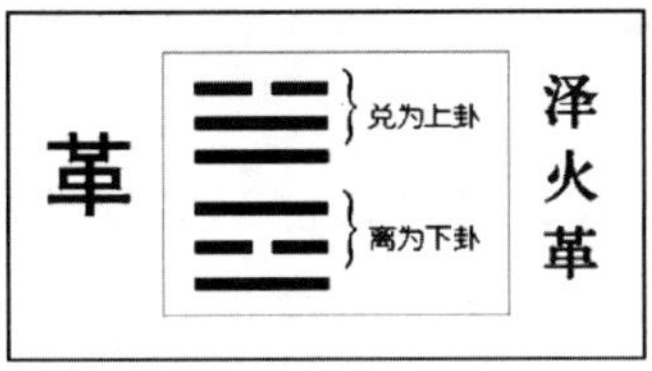

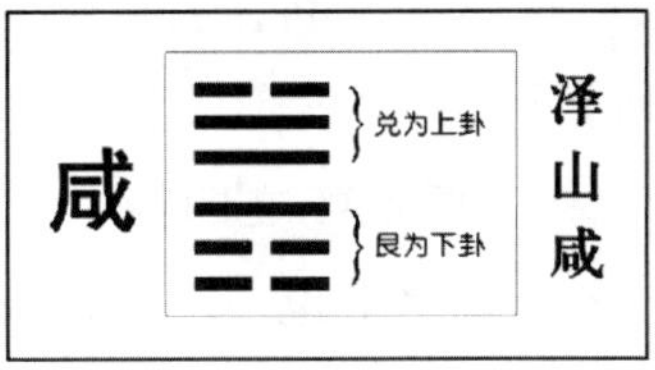

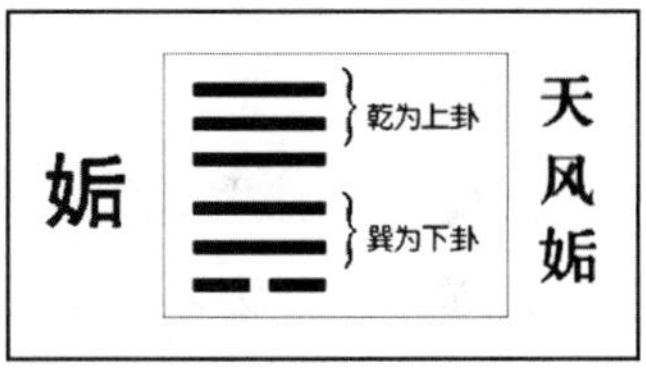

《系辞传上》有言：“《易》有圣人之道四焉：以言者尚其辞；以动者尚其变；以制器者尚其象；以卜筮者尚其占。”卜筮之术位列“圣人四道”之一，自有其存在的合理性。所以自古至今，绵延不绝。

易经·易之理之八

卦之断

我读易经，常苦恼于对其占断用语的理解，即如乾卦开头：“乾：元、亨、利、贞。”读之便如堕五里雾中。再如“君子终日乾乾，夕惕若，厉无咎”，既厉也，何以无咎？理解起来非常费劲 。近日读北大教授李零所著之《死生有命，富贵在天》，里面专有一节：“《易经》中的占卜术语”写得非常好。借鉴其成果，也试着整理一些《易经》中的占断用语，以利于在读易时按图索骥。

1. 元、亨、利、贞

这四字首出自乾卦。另，《屯》、《随》、《无妄》、革卦的卦辞也有元、亨、利、贞四字占断。《坤》卦也有这四字占断，但特殊的是在贞之前加上了“牝马”这个限制词：“坤：元亨。利牝马之贞”。

孔门易学认为，元、亨、利、贞是乾之四德：“元者，善之长也；亨者，嘉之会也；利者，义之和也；贞者，事之干也。君子体人足以长人，嘉会足以合礼，利物足以和义，贞固足以干事。君子行此四德者，故曰乾，元亨利贞。”（《文言传》）孔颖达对此做了进一步发挥：“元，始也；亨，通也；利，和也；贞，正也。言此卦之德，有纯阳之性，自然能以阳气始生万物，而得元始、亨通。能使物性和谐，各有其利。又能使物坚固，贞正得终。”（《周易正义》卷二）

至北宋，周敦颐以四德配四时，称：“元，始也，于时配春，言万物始生，得其元始之序，发育长养；亨，通也，于时配夏，夏以通畅含其嘉美之道；利，义也，于时配秋，秋以成实得其利物之宜；贞，正也，于时配冬，冬以物之终纳干正之道”（《周子全书》），李觏则以气、形、命、性解四德：“始者其气也，通者其形也，宜者其命也，干者其性也。”（《删定易图序论》之五）

将“元亨利贞”视之为乾之四德，是孔门“以德释卦”的典型思维，但在释读经典上也有说不通的地方，《屯》、《随》、《无妄》、《革卦》的卦辞也有“元亨利贞”四字占断，是否也可称其为《屯》、《随》、《无妄》、《革》四卦之德？

且“元”字作为断语从不单出，一般都是修饰后面的占断语，如“元亨”“元吉”（《损》卦卦辞）、“《元》永贞”（比卦卦辞）等。在这些场合，“元”作为“亨”“吉”“永贞”的修饰副词，有起始、重大的含义，“元亨”可以理解为“大亨通”“元吉”可以理解为“起始便吉祥”“大吉”；“元永贞”可以理解为“最宜于固守正直”。所以，若将“元”作为“亨”的修饰副词，将“利”作为“贞”的修饰副词，断句为“元亨，利贞”，似乎更为合理。经查，以“元亨”为断语的卦还有《大有》、《蛊》、《临》、《升》卦，其断语可以理解为“起始便亨通”；以“利贞”为断语的还有《蒙》、《大畜》、《离》、《咸》、《恒》、《大壮》、《萃》、《渐》、《兑》、《涣》、《中孚》、《小过》、《既济》等卦，其断语可以理解为“宜于固守正直”，兹可作断句为“元亨，利贞”的有力旁证。

近人高亨、李镜池，今人李零在释读《乾》卦时，就是按“元亨，利贞”断句的，按他们的理解，元亨利贞并无四德之义，只是对卦性的两个断语。

高亨、李镜池跳出了孔门以德释卦的框框，将元训为大，亨训为享，利训为宜，贞训为卜，基于这个理解，高、李对元亨利贞的解释是“古人举行祭祀时，若卜得此卦，乃是有利之贞问，可举行大享之祭”（《周易大传今注》卷一）。李零基本上是比较倾向于高、李的解释，他对元亨利贞的断句也是“元亨，利贞”，对《乾》卦卦辞的解释是：“乾卦：最通神明，利于占卜。”（《死生有命富贵在天》第 69 页）也是一解。

但我的理解稍异于前。我认为，六十四卦中，只有《乾》、《坤》二卦是纯元卦，故可称“元”，即“乾元”“坤元”。因此，《乾》卦、《坤》卦之“元亨利贞”与《屯》、《随》、《无妄》、《革》卦的“元亨利贞”四字占断语义上实应有区别，断句也应有所不同。对“乾元亨利贞”，我的断句为：“乾元：亨，利贞。”理由是《乾》卦彖辞有“大哉乾元，万物资始，乃统天”之句，同样的，《坤》卦的卦辞也应断句为：“坤元：亨，利牝马之贞。”其理由也在其彖辞：“至哉坤元，万物资生，乃顺承天。”“元”字在这里应作“本源、根本”解。《春秋繁露·重政》有言：“元者，为万物之本。”又，《子华子·大道》云：“元，无所不在也。”“元”的这个义项是其他卦的占断所不具备的。“乾元：亨，利贞”应释为：“乾作为本源，其卦性是无所不在、通达的，利于持正守中。”“坤元：亨，利牝马之贞。应释为：“坤作为本源，其卦性是无所不在、通达的，利于持守母性的中正品格。”

“元”字的本义是人的头部，引申为起始、开端，如元旦、元年。又因人无头必亡，又引申为最重要的，如元首、元凶。“元”也可训为“大”，见《前汉·哀帝纪》：“夫基事之元命”，颜师古注曰：“更受天之大命。”这也是从最重要引申而来，用语言学的说法，“元”作程度副词时，是比较级中的最高级。高亨、李镜池用其“大”义，李零用其“最”义，其实也没错，只不过使用的场合有异而已。

“亨”原是享的本字，古人祭祀，燔五牲以进献神明，称之为“亨（xiǎng）”。后来其通达神明之义衍为“通畅、顺利”，并名之为“亨（hēng）”，其烧、烤、煮之义衍为“烹饪”，并名之为“烹（pēng）”，为表示区别，原“亨（xiǎng）”字加了一横，变成了“享”。在古代文献中，“亨”、“享”是可以通假的，若训“亨”为“享”，则“元亨”自可释为“大的祭祀”，故高亨、李镜池之解亦为有所本。但在《易经》文本中，“亨”“享”并见，可知二者并不通假。因之，《易经》中的“亨”还是解为“亨通、通达、顺遂”之义较为准确。“亨”的组词除“元亨”外，尚有“小亨”（《旅》卦卦辞、《巽》卦卦辞）、“光亨”（《需》卦卦辞）、“维心亨”（《坎》卦卦辞）等。“小亨”即“还算得上通达”的意思；“光亨”，“光”有“大”义，故李零释“光亨”为“广亨。意思是大通。”（《死生有命富贵在天》第41页）我则以为不然。“光亨”是《需》卦的占断，其卦辞是：“需：有孚，光亨，贞吉”，彖辞的阐释是：“‘需：有孚，光亨，贞吉’，位乎天位，以正中也。”《需》卦上坎下乾，内卦为天，所以“位乎天位”，“光亨”径直释为“光明而通达”即可。“维心亨”，李零释为“心灵相通”，我以为然。

“利”者“宜”也，高亨、李镜池的训读为是。孔门释“利”为“义之和”，是特定场合的特定用法，不足为训。“利”字从禾从刀，本义是以刀收获谷物，从刀的角度，“利”指“锋利、快疾”，引申为“有利、顺利”；从收获谷物的角度，“利”即收获，引申为“利益”。“利”的反义词有两个，一个是“不利”，一个是“无利”。前者之“利”是顺利、便利之“利”，后者之“利”是利益之“利”。《易经》中两种义项都有，前者如《否》卦卦辞：“不利君子贞”、《夬》卦卦辞：“不利即戎”，后者如《归妹》卦辞：“远行凶，无所利”、《临》卦六三：“甘临，无攸利”。在《易经》占断中，“利”作副词，修饰其他断语的场合更多一些，如“利贞”“利建侯”“利涉大川”等，这里的“利”，都可作“有利于”或“宜”解。

“贞”字从卜从贝，本义是占卜。《说文》：“贞，卜问也，从卜，贝以为贽。”“贞”“正”通假，郑玄云：“问事之正曰贞。”（《周礼·春官·天府》注）故“贞”可训为“正”，如“忠贞、坚贞”。“贞者，固也”，“贞”也可训为“固守、坚守”，如“贞节、贞烈”等。《易经》中占断为“贞”者，多训为“正”，如《师》卦卦辞：“师：贞，丈人吉，无咎”，其象曰：“贞，正也。”“贞”之前加限定词的，可依“正”之义，训为“之德”，如《坤》卦卦辞：“利牝马之贞”、《同人》卦卦辞：“利君子贞”、《家人》卦卦辞：“利女贞”、《归妹》卦九二爻辞：“利幽人之贞”等。“贞”之前加状态副词如“安、可”等的，一般训为“固守、坚守”，如《讼》卦九四爻辞：“安贞，吉”，其象曰：“安贞，不失也”；《坤》卦六三爻辞：“含章，可贞”，其象曰：“含章可贞，以时发也。”“贞”之后有占断语者，可训为“卜问”，如“贞吉”（《需》卦卦辞）、“贞凶”（《师》卦六五爻辞）、“贞厉”（《讼》卦六三）、“贞吝”（《泰》卦上六爻辞）。

2. 吉、凶、悔、吝

吉、凶、悔、吝是《易经》六十四卦中出现最多的占断用语，甚至有人说，《易经》六十四卦，只有四种变化，就是吉、凶、悔、吝。“吉凶悔吝者，生乎动者也。”（《系辞传上》，下同）古之君子，动静得宜，“君子居则观其象而玩其辞，动则观其变而玩其占，是以自天佑之，吉无不利”。人与自然、与外部环境是一种相生相克的矛盾关系，人之动改变了外部环境，而外部环境的改变也影响到人的命运变化。动而观其变，所观即是“吉凶悔吝”。

吉凶之占，是对得失结果的预判，也是古人占卜的最原始动机，“吉凶者，失得之象也”，“吉”者有所得，意味着成功，“凶”则预示着风险，有所失而招致险恶的结果。预判吉凶，是为了决定行止、进退，周易占变，“变化者，进退之象也”。吉凶之占是进退之因，悔吝之占则是对进退变化后可能出现的心理状态的预判，“悔吝者，忧虞之象也”。悔是懊悔、悔恨，是对人的行为出现过失后的心理反应：“我要是不那样做就好了！”吝是惋惜、遗憾，是因未能有所行为的失误而产生的心理反应：“我要是那样做就好了！”《易经》中常见“无悔”“有悔”“悔亡”等占断，其中“悔亡”比较费解，我的理解是“可以使悔恨得以消解”。吉、凶、悔、吝都与进、退相关，吉是进退之所得，凶是进退之所失，悔是进之失，吝是退之失。

一个有意思的情况：“吉、凶、悔、吝”尽管是出现最多的占断用语，但很少出现在卦辞中，多作为卦内各爻的爻辞占断。六十四卦本身并无好坏之分，也不能说这个卦是吉卦，那个卦是凶卦，《系辞传下》有言：“变动以利言，吉凶以情迁”，祸福无门，唯人自召。其实说到底，所谓得失、忧虞、进退，只是对人而言，甚至只是对个人而言，自然生态、外部环境的变化本身实际上无所谓得失。楚庄王丢了一把名贵的宝弓，大臣们惊慌不已，欲举全国之力寻找，王曰：“止！楚人失弓，楚人得之，又何求之！”（《孔子家语》）人的认识到了这个境界，自然会“自天佑之，吉无不利”。

3. 咎、誉、艰、厉

咎、誉是一对相反意义的占断用语。“咎”本义是过错，引申义为“责备、怪罪”，也可训为“灾”，但比灾祸的严重程度轻，大概相当于“灾殃、灾厄”，灾祸的苗头。《易经》中多用“无咎”表示没有灾殃，但“无咎”不同于吉凶之占，好坏分明，“无咎”是中性词，只是“不坏”而已。《坤》卦六四爻辞：“括囊，无咎无誉”，意思是“把袋子的口扎起来，这样做没有过错，也不会得到赞许”。誉字从言从举，本义是称许：“称誉、赞誉”，引申义是好名声：“名誉、荣誉”。《蹇》卦初六爻辞：“往蹇来誉”，用的是誉的本义：“前行艰难，勇于返回是值得称许的”；《蛊》卦六五爻辞：“干父之蛊，用誉”，用的是誉的引申义：“劝阻父亲的不当行为，应当获得好名声。”

艰、厉是一对意义相近的占断用语。“艰”字从堇，艮声，《说文》：“艰，土难治也。”。段玉裁注：“引申之，凡难理皆曰艰。”李零说，“艰，本指旱灾，后泛指各种困难”（《死生有命富贵在天》第59页）。常见词组是“艰难、艰苦、艰辛”。在《易经》中，“艰”往往与“咎”相伴，多表示处境艰难，有发生过错的可能，须咬牙坚持，可释为“艰困中坚持”。如《大有》卦初九爻辞：“无交害，匪咎，艰则无咎”；《大壮》卦上六爻辞：“无攸利，艰则吉”，其象曰：“艰则吉，咎不长也。”“厉”原为“砺”的本字，陆德明《经典释文》：“厉，本又作砺。”砺石即磨刀石，引申义为砥砺、磨炼，转义为严酷、可怖、凶险。在《易经》中，“厉”多指“凶险、有险”。其用法与“艰”相近，表示处境严酷、凶险，有发生过错的可能，须咬牙坚持，可释为“险境中坚持”。在程度上，“厉”比“咎”要轻些，但比“艰”要严重些。“咎”是有灾（过错），“厉”是有险，“艰”则是有困难。

4. 灾、眚、疾、喜

灾、眚都是灾祸的意思，区别是灾为天成之害，眚是人为之害。“灾”字从巛、从火，巛为水，水火为害是为“灾”，后泛指所有非人为之害。“祸”字从示、从咼，从示的字多与祭祀有关，“祸”的本义是祖先之神因后世子孙的过失而加以惩戒，所以“祸”是专指人为之害，“天灾人祸”，为害的责任主体是分得非常清楚的。“眚”本义是眼翳之病，即白内障。《说文》：“眚，目病生翳也。”后泛指过失致祸。“眚”和“祸”相比，“眚”的为害程度更轻一些，所以在某些场合，“眚”又作“瑕疵”解，“不以一眚掩大德”，这里的“眚”便释为“瑕疵”。

“疾”，病也。《无妄》卦九五爻辞：“无妄之疾，勿药有喜”，意思是“心病不用药医”。今之“病”，古人称为“疾”，“疾”的古字是一个人中箭的象形，箭行甚速，故“疾”也有“迅疾”之义。《明夷》卦九三爻辞：“明夷于南狩，得其大首，不可疾，贞。”这里的“不可疾”即“不可操之过急”，所用即“迅疾”之义。古语中也有“病”字，但多为动词，如：“范宣子为政，诸侯之币重，郑人病之”（《左传》）、“君子不以其所能病人”（《礼记》），这里的“病之”，是“以‘诸侯之币重’为病”的意思；“病人”，是“为难人”的意思。

“喜”者，乐也。但“喜”与“疾”相伴，则是“病愈”的意思。如：“无妄之疾，勿药有喜”（《无妄》卦九五爻辞）、“损其疾，使遄有喜”（《损》卦六四爻辞）、“介疾有喜”（《兑》卦九四爻辞）等。

以上四类，属经常使用、且相互有关联的占断用语，故组合释之，以见参照、比较之效。其他占断用语尚多，因其不常使用，故将随文释之。

易经·易之义（上）

上 经

易经·上经之〇〇一

乾卦之用，在于明道

乾为天

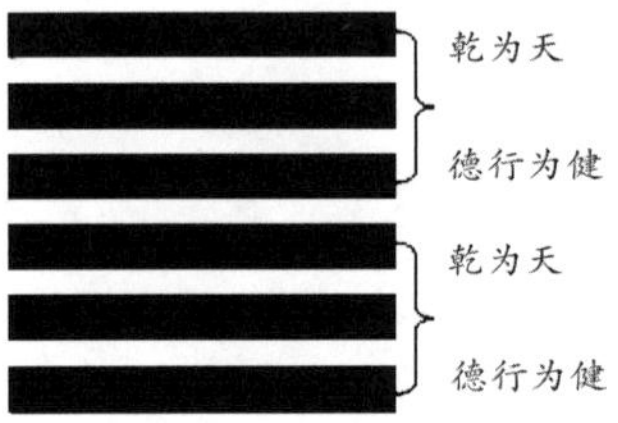

乾：元亨利贞

乾为天 下乾上乾

《乾》：**乾元，亨，利贞。**

初九：潜龙，勿用。

九二：见龙在田，利见大人。

九三：君子终日乾乾，夕惕若厉，无咎。

九四：或跃在渊，无咎。

九五：飞龙在天，利见大人。

上九：亢龙，有悔。

用九：见群龙无首，吉。

《乾》卦为易经首卦，由上下两个全刚爻的《乾》卦组成。易经六十四卦中，上下同卦的称为纯卦，又称本位卦，乾为天之象，两《乾》卦相叠，象征天道循环，

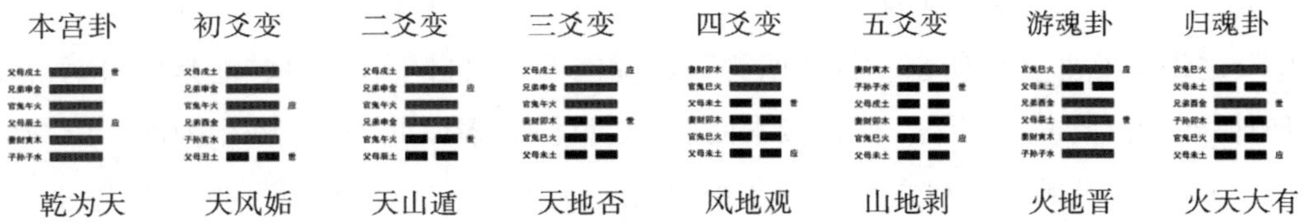

乾宫八卦卦象

周而复始。之所以不以天为卦名，是因为天之形可见，但天道不可见，只能通过天德功能和天象运行体现出来，所以名之以“乾”。乾即太极，太者大也，极者端也。太极就是最大的、最开始的。“无极生太极，太极生两仪”，是为万物之始。“天地之大德曰生”，生生不息，乾之道也。“天道无亲，常与善人”，《乾》卦之用，就在于明了这个道理。

卦辞：“乾元，亨，利贞。”

彖曰：“大哉乾元，万物资始，乃统天。云行雨施，品物流形。大明始终，六位时成，时乘六龙以御天。乾道变化，各正性命，保合大和，乃利贞。首出庶物，万国咸宁。”

《乾》卦的卦辞通常断句为“乾：元、亨、利、贞。”意为乾之道有“四德”，孔子在《文言传》中将其解释为：“君子体仁，足以长人；嘉会，足以合礼；利物，足以和义；贞固，足以干事。君子行此四德者，故曰：乾，元亨利贞。”孔颖达对此做了进一步发挥：“元，始也；亨，通也；利，和也；贞，正也。言此卦之德，有纯阳之性，自然能以阳气始生万物，而得元始、亨通。能使物性和谐，各有其利。又能使物坚固，贞正得终。”（《周易正义》卷二）

将元、亨、利、贞名之“四德”，首见于《左传·襄公九年》中的穆姜语。《左传·襄公九年》有云：“穆姜薨于东宫。始往而筮之，遇《艮》之八，史曰：‘是谓《艮》之《随》，《随》其出也，君必速出。’姜曰：‘亡！是于《周易》，曰：‘随：元亨利贞，无咎。’元，善之长也；亨，嘉之会也；利，义之和也；贞，事之幹也。体仁足以长人，嘉会足以合礼，利物足以和义，贞固足以干事，然故不可诬也，是以虽随无咎。今我妇人而与于乱，固在下位，而有不仁，不可谓元；不靖

国家，不可谓亨；作而害身，不可谓利；弃位而姣，不可谓贞。有四德者，《随》而无咎，我皆无之，岂《随》也哉？我则取恶，能无咎乎？必死于此，弗得出也。’”穆姜之事出于襄公九年（前563年），十二年后孔子生（前551年），若据此，则“四德”之说显然非孔子所创，且“四德”之说也不是出自《乾》卦，而是出自对《随》卦卦辞的解释，夫子所言，移花接木而已。后世注家多以此为本，陈相因而不以为疑。

将“元亨利贞”视之为《乾》之四德，是孔门“以德释卦”的典型思维，但在释读经典上也有说不通的地方，从《易经》的整个经文来看，“元”字从未出现过单独使用的情况，在卦辞中只有“元亨”（《屯》《大有》《随》《蛊》《临》《无妄》《升》《革》卦）。另有“元吉”（《损》《鼎》卦）。因此“乾：元，亨，利，贞”的标点断句，即“四德”之说，是值得研究的。

高亨、李镜池跳出了孔门以德释卦的框框，将《乾》卦卦辞断句为“乾：元亨，利贞。”高亨对“元亨，利贞”的解释是“综记《周易》卦辞、爻辞中，有元、亨、利、贞四字者凡188条。元皆大义，亨皆享祀之享，利皆利益之利，贞皆贞卜之贞，殆无疑义”（《周易古经今注》卷一）。李镜池则曰：“元亨约同于大吉。元，大也；亨，通也；利贞，利于贞问，即吉。”（《周易通义》）高、李之说虽颇具新意，但以享祀训“亨”，以占卜训“贞”，是将《周易》视为纯筮占的工具书，而将《乾》卦的卦辞视为占断签语，这大大贬低了《周易》的历史地位，也否定了《乾》卦卦辞的义理性质，故我也不取。

对“乾元亨利贞”，我的断句为：“乾元，亨，利贞”。理由是六十四卦中，只有《乾》《坤》二卦是纯元卦，故可称“元”，即“乾元”“坤元”。“元”字在这里应作“本源、根本”解。《春秋繁露·重政》有言：“元者，为万物之本。”又，《子华子·大道》云：“元，无所不在也。”“元”的这个义项是其他卦的占断所不具备的。这一点，从《乾》卦的彖辞中可以看得很清楚。《乾》卦彖辞共有四句，第一句“大哉乾元，万物资始，乃统天”，以释“乾元”；第二句“云行雨施，品物流形，大明始终，六位时成，时乘六龙以御天”，以释“亨”；第三句“乾道变化，各正性命，保合大和，乃利贞”，以释“利贞”。所以，《乾》卦的卦辞应释为：“乾作为本源，其卦性是无所不在、通达的，利于持正守中。”

彖辞从天生万物的角度，用散文诗般的语言，赞颂乾之德：“大哉乾元，万物资始，乃统天。”伟大的乾之德啊，你秉承天道，是万物生长之源。“云行雨施，品物流形。”天之生气，如云行雨施，流布宇内，赋予世间万物丰富多样的形体，保证其顺畅生长。“大明始终，六位时成，时乘六龙而御天。”正大光明的乾之道啊，贯彻始终。潜行、显现、成长、跃动、飞腾、充盈，六个生长阶段按照时间顺位完成，时间正如太阳神羲和，驾驭六龙行走太空。（“大明”，日也，“终”谓日入，“始”谓日出，象征天道的运行。“六位”：一为上下四方之位；亦为六爻之位，依时而成。）“乾道变化，各正性命，保合大和，乃利贞”，变化不居的乾之道啊，在变化中润育万物，各依其本性而赋予生命。万物和谐，互相保护、互相融合，各得其所，各尽所宜，这是真正的祥和受益，品类纯正。“首出庶物，万国咸宁”，乾之道化生万物又超然于万物之上，使普天之下都得到安宁。

《乾》卦彖辞是易经中文学色彩最浓的一段话。对后世影响很大。北京故宫建筑命名，多从这里选辞取义。最著名的“三大殿”，太和、中和、保和，就是取“保和大和，乃利贞”之义。现毛主席纪念堂处，原建有“大明门”一座，乃取自“大明始终”之义。不读易经，就不能体会古人取名喻义的深意。

象曰："天行健，君子以自强不息。"

象辞是对卦象的诠释。象辞分大象、小象，大象是对本卦整体的卦象进行义理分析，小象则是对本卦六爻的各爻爻位进行义理分析。

“天行健，君子以自强不息”，意指《乾》卦六爻俱是阳爻，是纯阳之象，以喻天道运行刚健有力，日复一日，从不停息。君子参悟这一精神，就要做到刚毅坚强，奋发有为，自强不懈。清华大学建校之初即以“自强不息，厚德载物”作为校训，梁启超曾以“君子”为题，在清华大学做过一次演讲，精辟地阐述了“自强不息”的精神内涵：“君子自励犹天之运行不息，不得有一曝十寒之弊。且学者立志，尤须坚韧强毅，虽遇颠沛流离，不屈不挠；若或见利而进，知难而退，非大有为者之事，何足取焉。人之生于世，犹舟之航海，顺风逆风，因时而异，如必风顺而后扬帆，登岸无日矣。”大师之言诚矣哉！乾卦的基本精神在于有为，“天行健”关键在“行”，所以乾卦之用，全在于明道进取。用于君子，则要注重进德修业。

《乾》卦六爻，均以龙为喻。龙是中国古代夏族的图腾，《本草纲目》称“龙有九似：头似驼、角似鹿、眼似兔、耳似牛、颈似蛇、腹似蜃（鳄鱼）、鳞似鱼、爪似鹰、掌似虎；背有八十一鳞，俱九九阳数，口旁有须髯，颔下有明珠，喉下有逆鳞，头上有博山。”据闻一多考证，这是以蛇为图腾的氏族，兼并、融合了其他动物图腾的氏族后，对蛇图腾进行变造的结果。龙在图腾崇拜的历史演化中，逐渐形成了能显能隐、能细能巨、或蛰居潭渊，或腾飞九天，能行云布雨，变化无常的神性，故用龙以喻乾道变化。

“初九：潜龙勿用。”

象曰：“潜龙勿用，阳在下也。”

“初九：潜龙勿用。”初，始也。初九就是第一爻，刚爻其数九，故曰初九。“潜龙勿用”，象辞解释说，因为阳气在下的缘故。根据我国的二十八星宿学说，东方七宿为青龙，其角、亢、祇、房、心、尾、箕，分别代表青龙的角、咽、足、胸、心、尾和尾巴摆动而生起的风。西汉京房《京氏易传》卷上：“建子起潜龙”是说当建子之月（虞夏历十一月）时阳气萌动，但龙星尚未出现在天球之上。此即象辞所说：“阳在下也。”《乾》卦之用在于进取，为何这里要“潜龙勿用”？勿用不是无用，而是不用，是由于客观条件而不能用、不宜用。文王囚羑里而演八卦，欲用于世而不得，只能隐忍待机。

子曰：“龙德而隐者也。不易乎世，不成乎名。遁世无闷，不见是而无闷。乐则行之，忧则违之。确乎其不可拔，潜龙也。”

孔子晚而喜易，尤重《乾》《坤》二卦。对“潜龙勿用”，孔子做了自己的阐发。他认为，所谓潜龙，代表有德行而退隐的君子，不因时俗流变而改变自己的志向与节操，其德行也不用于求得虚名。超然世外，并不因此而苦闷，不被人理解也不因此而愁闷。内心感到快乐的事就去做，内心感到忧惧的事就避开不做，坚定信念而不动摇，这就是潜龙。

我退休之后，友人贺之：“终于有时间做你喜欢做的事啦！”我答说：“还要补充一点：终于可以不去做自己不喜欢的事了。” 这大概就是孔子所说：“乐则行之，忧则违之”吧！

“九二：见龙在田，利见大人。”

象曰：“见龙在田，德施普也。”

“见”通“现”，《周易集注》王弼：“出潜离隐，故曰‘见龙’；处于地上，故曰‘在田’。”夏历正月，初昏时青龙星的角宿会出现在东方的地平线上，意味着春天的到来。“利见大人”之大人，指德才兼备的贤者。文王见姜尚，既是文王有心，要野访遗贤。从另一角度看，又何妨不是因为文王之德已显布天下，姜尚欲自荐而促成的呢？所以象辞说，利见大人，是“德施普也”。

子曰：“龙德而正中者也。庸言之信，庸行之谨，闲邪存其诚，善世而不伐，德博而化。”

孔子之言，重点就是阐发“德施普也”。这里的德是“见龙在田”的德，纯正而中庸。“庸”是庸常，日常、平常。“庸言之信，庸行之谨”，日常说话就要守信，日常的行为都须谨慎，以强调德行的培养要从日常的一点一滴做起。“闲”不是闲适、清闲之闲。门内有木，本义是防止家畜进出，这里是防范的意思。“闲邪存其诚”，防范邪念，心存诚实。“善世而不伐”，令世间充满善和爱，而不自矜功劳。“伐”即矜伐，自我夸耀的意思。“德博而化”，德行广博，感化天下。

读易至此，想起三国刘备说过的一段话：“勿以恶小而为之，勿以善小而不为。”不就是“庸言之信，庸行之谨，闲邪存其诚”吗？细节决定成败，为人处世能不慎乎？

“九三：君子终日乾乾，夕惕若，厉，无咎。”

象曰：“终日乾乾，反复道也。”

九三位于下卦之顶，已经离开中位，但还没有上升到上卦，孔子说：“九三重刚而不中，上不在天，下不在田”，正是不上不下的阶段。我们学习一项技能，譬如学钢琴，已能按谱弹奏，毫无讹错，节奏、力度也丝毫不差，但是就是没有那个韵味，反复练习，终难突破，就是这个阶段。所以，要“终日乾乾”，孜孜以求，坚持不懈。“夕惕若，厉无咎”，到了晚间，还要保持警惕，打起精神。这样做，虽然艰难，但不会出现差错。“夕惕若，厉无咎”有人断句为“夕惕若厉，无咎”，晚上警惕好像危害即将来临，这样做可保不出差错。也通。

子曰：“君子进德修业。忠信，所以进德也。修辞立其诚，所以居业也。知至至之，可与言几也；知终终之，可与存义也。是故，居上位而不骄，在下位而不忧，故乾乾。因其时而惕，虽危无咎矣。”

孔子见此爻辞想的是“进德修业”。他认为，为人讲究忠信，是进德的根本；

以诚待人，是修业的前提。“知至至之，可与言几也；知终终之，可与存义也”，知道所要达到的目标，而且尽力实现，就能抓住机会；知道何时应当终止，并且断然停止，就可以谨守道义的分寸。“居上位而不骄，在下位而不忧”，要做到宠辱不惊，就要不断进取，“故乾乾”。“因其时而惕”，还要不时地反省自己，警惕自己，这样做，“虽危无咎矣”。

我从井下工人调入机关，上的第一课就是“修辞立其诚”。我写的第一份公文是简报，自负才学，写时用了大量的华丽词语，洋洋数千言。结果被领导大加删削，仅余百字，并告余：汉语讲究修辞，但修辞的目的是表达真实意图，避免曲解、误解，文章要像真理一样朴素，此所谓“修辞立其诚”。一言得益，终身记之。

“九四：或跃在渊，无咎。”

象曰：“或跃在渊，进无咎也。”

九四是上卦的初爻，下与初九相应。《周易集解》引晋干宝曰：“跃者，暂起之言。既不安于地，而未能飞于天。四与初为应。渊，谓初九甲子龙之所由升也。或之者，疑之也。”干宝认为：龙行至此，已是蓄势待发，自田入渊，或可跃升，也未可知。前人之注，多类此。今有新解，见于《乾卦六龙的天文科学含义新解》。该论文认为，此爻辞指夏历五月的天空，龙星的心、尾、箕三宿陷于银河之回水之渊，上半身的角、亢、祇、房蜿蜒向斜上方伸展，正是跃于渊中，待势腾飞之象。龙在渊中，进退自如，所以象辞说：“进无咎也。”这也是一种很有说服力的解释。

《史记·周本纪》载，文王死后，武王姬发观兵于盟津，“是时，诸侯不期而会盟津者八百。诸侯皆曰：‘纣可伐矣。’武王曰：‘女未知天命，未可也。’乃还师归。”此正是“或跃在渊”的最好注解。

子曰：“上下无常，非为邪也。进退无恒，非离群也。君子进德修业，欲及时也，故无咎。”

孔子解释或跃在渊，还是从进德修业的角度讲。孔子认为，进德修业要有个试炼阶段，即检验自己的能力、修为，是否达到进取所要求的程度。所以，这时的上下无常、进退无恒，不是毫无目的的瞎动，而是着眼于进取的必要准备。

毛主席的古文造诣很深，他的《满江红》中的名句：“一万年太久，只争朝夕”，正是孔子所谓“君子进德修业，欲及时也”的精神体现。

“九五：飞龙在天，利见大人。”

象曰：“飞龙在天，大人造也。”

九五刚爻君位，是全卦主爻，故以“飞龙在天”喻之。苍天无垠，飞龙在天，无拘无束，正是奋发有为、大展宏图之时。“利见大人”的占断，于此二见。之前九二爻辞也有“利见大人”的断语，九二与九五相应，故此爻也占为“利见大人”。但地位变了，利见大人的含义也有了变化。九二的利见大人，利在革故，要打破一个旧世界；此处的利见大人，利在鼎新，要创造一个新世界。革故，需要姜太公；鼎新，则需要周公。周朝初创典章制度皆出自周公，所以象辞说：“大人造也。”造者作也，飞龙在天是大人造成的。大人者，改变历史者也。孔子《文言传》有云：“夫‘大人’者，与天地合其德，与日月合其明，与四时合其序，与鬼神合其吉凶。先天而天弗违，后天而奉天时。天且弗违，而况于人乎！况于鬼神乎！”能够被称为“大人”者，必须具备四个条件：一是德配天地；二是圣明同于日月；三是顺应天时变化，四是具有鬼神一般的判断吉凶的预见。具备四者，其行动往往洞烛机先，而不违天时，天时具备时又能顺势而为。行为不违于天道，当然更顺应人心、能得到神明护佑。

子曰：“同声相应，同气相求。水流湿，火就燥。云从龙，风从虎，圣人作而万物睹。本乎地者亲上，本乎天者亲下，则各从其类也。”

这是孔子在读易至此时有感于文王与太公、武王与周公的君臣遇合所发的一段感慨。孔子自幼怀存亡继绝的治国大志，五十五岁去国，周游列国十四年，到处碰壁，无所用于世，退而治学，为万世师表。一生最大的遗憾是没有遇到贤德的国君，可以相从实现恢复周朝往日荣光的梦想。所以感慨道：声调相通才能产生共鸣，志气相投才能相互需求，水流就湿，火势趋燥，龙行生云，虎行生风，圣人作为能使万物得到感应。君臣遇合，下位者亲上，上位者亲下，这是因其同类而相互依从的结果啊。

“上九：亢龙，有悔。”

象曰：“亢龙，有悔，盈不可久也。”

上九是本卦的最上一爻，既至顶点，故无再升的余地，故曰亢龙。亢有过的意思，亢奋，即过于兴奋。过犹不及，所以亢龙有悔。另一说，悔通“晦”，昏暗的意思，指时在夏历九月，天时入秋，青龙七宿已运行至西方天际，亢宿将沉入地平线，所以称亢龙有晦。象辞说“盈不可久也”，讲的是物极必反的道理。

子曰：“贵而无位，高而无民，贤人在下位而无辅，是以动而有悔也。”

孔子就卦象而阐发，指出上卦九五得位，上九在九五之上，是贵而无位，以喻失位之君，虽高贵但已没有百姓拥戴，失位之臣，虽有民望但不能辅佐君王，所以动辄有悔。

子曰：“‘亢’之为言也，知进而不知退，知存而不知亡，知得而不知丧，其惟圣人乎！知进退存亡，而不失其正者，其惟圣人乎！”

孔子对“亢”之义做了深入分析，认为进取之过表现为“知进而不知退，知存而不知亡，知得而不知丧”，世人于此多不能免。“知进退存亡，而不失其正者”，大概只有圣人才能做到吧！

窃谓毛泽东之一生，当可以乾道度之：红军时期，屡遭排挤，虽有宏谟良谋不得为用，此“潜龙勿用”也。遵义会议，确立了毛泽东的领导地位，四渡赤水、强渡乌江，开万里长征之壮举，此“见龙在田，利见大人”也。延安时期，建立根据地，著《矛盾论》《实践论》《新民主主义论》，高举抗日大旗，妥善处理西安事变，组建边区政府，开办抗日军政大学，改编红军为八路军、新四军，积蓄力量，以图大业，此即“终日乾乾，夕惕若，厉无咎”也。抗战胜利，毛泽东只身赴重庆，进行重庆谈判，与蒋介石共决中国之命运，此即“或跃在渊”也。谈判破裂，然终于安抵延安，“厉无咎”也。1949 年新中国成立，同年解放新疆；1950 年 10 月抗美援朝；1951 年 5 月和平解放西藏；20 世纪 60 年代毛泽东的声望达到顶峰，成为具有世界影响的领袖人物；1971 年，中国“被亚非拉朋友抬进了联合国”，中国人民从此自立于世界民族之林，此即“飞龙在天，利见大人”也。1966 年，毛泽东晚年发动“文革”，“贵而无位，高而无民，贤人在下位而无辅”，此即“亢龙有悔”也。验之《乾》卦，得无异乎！

“用九：见群龙无首，吉。”

象曰：“用九，天德不可以为首也。”

用九是《乾》卦六爻之外的总体占断。六十四卦中，只有《乾》《坤》二卦是六爻均一的同爻卦，因此《乾》卦之变为《坤》卦，《坤》卦之变为《乾》卦。反映这种卦变，需要六爻通变。为了对这种六爻通变进行解释，《乾》卦、《坤》卦增加了用九、用六两个总体占断。

“见群龙无首，吉”。这句话很费解，我们理解，群龙无首是一团散沙的意思，所谓“龙多不治水”，是干不成事的，何以为“吉”？象辞说，这是因为“天德不可以为首”，那么，为什么天德不可以为首？还是不可解。上网去查，国学堂的解释是：“出现一群龙，而每条龙都能各尽其职，这很吉祥。”我以为这样理解等于没有解释。再查，网上有篇论文《周易用九、用六浅释》，作者李守力，其文博引古籍，我独取其清人陈梦雷《周易浅述》所云：“六爻皆动，有群龙象。阳皆变阴，不以刚为物。先刚而能柔，有群龙无首象。龙未尝无首而首不可见，善藏其用者，吉之道也。”大意是说，六爻通变，现群龙之象。但此时的《乾》卦已经具有了《坤》卦的属性，由至刚变为至柔，群龙于是藏其首。刚而能柔，吉之道也。象辞说：“天德不可以为首”，应当理解为天道运行，周而复始，此为天德。不可以为首者，因天生万物，消长变化，皆自在自为，并非外力驱使，所谓“四时行焉，万物生焉，天何言哉！”（见《论语·阳货》孔子答子贡）

用九实际上解释了乾坤、天地、刚柔，相反相成，互相依存又互相转化的辩证关系，应是易经哲学思辨的精髓所在。后之读易者不可不察。

易经·上经之〇〇二

坤卦之用，在于修德

坤为地

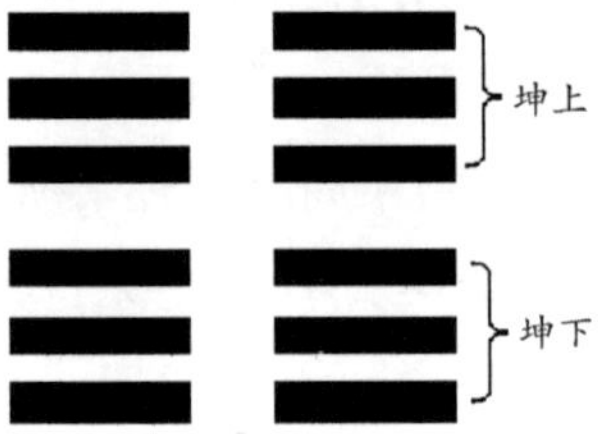

《坤》：坤元，亨，利牝马之贞。君子有攸往，先迷后得，主利。西南得朋，东北丧朋。安贞，吉。

初六：履霜，坚冰至。
六二：直、方、大，不习，无不利。
六三：含章可贞，或从王事，无成有终。
六四：括囊，无咎无誉。
六五：黄裳，元吉。
上六：龙战于野，其血玄黄。
用六：利永贞。

本宫卦	初爻变	二爻变	三爻变	四爻变	五爻变	游魂卦	归魂卦

坤为地	地雷复	地泽临	地天泰	雷天大壮	泽天夬	水天需	水地比

坤宫八卦卦象

《坤》卦是六十四卦的第二卦，也是坤宫八卦的首卦。同《乾》卦一样，《坤》卦也是六爻均一的同爻卦。乾为天之象，坤为地之象，《乾》卦重在明道，《坤》卦重在修德。《系辞传》有云："乾知大始，坤作成物。"万物秉天而生，承地而养，所以《坤》卦有承天之顺，生生不息之德。

卦辞："坤元，亨，利牝马之贞。君子有攸往，先迷后得，主利。西南得朋，东北丧朋。安贞，吉。"

彖曰："至哉坤元，万物资生，乃顺承天。坤厚载物，德合无疆。含弘光大，品物咸亨。牝马地类，行地无疆，柔顺利贞。君子攸行，先迷失道，后顺得常。西南得朋，乃与类行；东北丧朋，乃终有庆。安贞之吉，应地无疆。"

《坤》卦也同《乾》卦一样，可以称为"元"。所以其卦辞讲："坤元，亨，利牝马之贞。"意为《坤》卦作为本元之卦，其卦性是通达而无所不在的。利于持守母性的中正品格。《坤》卦因"元"而"亨"，其为利因"牝马之贞"。牝马是母马，以牝马为喻，极言其柔顺的本性，《坤》卦因其柔顺而利天下。"君子有攸往，先迷后得，主利。"这一句通常断句为："先迷后得主，利。"因为《坤》卦代表臣道、妻道，君王、丈夫还没有出现，大臣、妻子过早地前往，因而"先迷"，"后得主，利。"是指明君出现了，理想的丈夫出现了，大臣、妻子得到了自己的主人，因而得利。这是告诫为臣子者和为妻者要知道依附、顺从明君、丈夫，才能诸事顺遂。孔子《文言传》有云："后得主而有常"，就是这么理解的。不过，我对此存有异议，因为这种理解有浓厚的"男尊女卑"的儒家味道。《周易》形成于殷周之际，儒学尚未成形，当不会有儒家的社会伦理观念。况且，《乾》《坤》二卦皆为《易》之门户，本无尊卑之分。我国古代哲学的世界观是二元论的，乾坤、天地之间并没有谁决定谁的问题。因此，我根据自己的理解擅改为："先迷后得，主利。"理由如下："先迷后得主"，这里的"主"作名词解，但后文根本没有主什么事。按照我的断句，"主"是动词，作"代表"解，即：大地无垠而亨通，君子可以随性而行，开始可能漫无方向，最终有所得。占得此，代表有利可图。"西南得朋，东北丧朋"，按字面解，往西南走可以交到朋友，往东北走则失去朋友。大多数解释《易经》的书都做此解。经查，《易经》中讲到方位的还有两处，一处在《蹇》卦："蹇：利西南，不利东北。利见大人，贞吉。"另一处是《解》卦："利西南，其来复吉。"有意思的是都是讲西南好。对此，有人以卦气方位解，认为西南是坤卦方位，但这解释不了《蹇》卦和《解》卦；有人干脆不解，认为这就是卜辞，告诉占卜之人，得此卦者宜往西南。对于为什么只有西南好，终无解释。有人推测，这种说法和古公亶父迁都于岐有关。古公亶父是周王朝的奠基人，周族始居豳（今陕西省旬邑县），因长期受到戎狄的侵扰，在商武丁三年由古公亶父率领，“乃以私属遂去豳，度漆、沮，逾梁山，止于岐下”（史记·周本纪）。即今日陕西岐山县，古称周原。查地图，豳在岐山东北，岐山在豳西南，故曰“西南得朋，东北丧朋”。我比较认同这个说法。

《坤》卦的彖辞可与《乾》卦彖辞对照来读。《乾》卦讲“大哉乾元，万物资始”，《坤》卦则称“至哉坤元，万物资生”，有资格称“元”的，在易经中唯有《乾》、《坤》两卦。“元”有开始、起源的意思，也有本质、本性的含义。乾元是天道之元，故曰“大”，坤元则是地德之元，故曰“至”。天有创始之资，故曰“万物资始”；地有生养之资，故曰“万物资生”。《乾》卦刚健，故曰“乃统天”，其性质是统帅、领导；《坤》卦柔顺，故曰“乃顺承天”，后面的“坤厚载物”，即由“承天”上来。乾坤创生万物，但作用不同，天道重创造，故曰“品物流形”，品，类也，品物即指万物；流形，借用冶金术语，指熔锻成形。坤德的作用则是“品物咸亨”，使万物得以成长。咸亨，全都亨通。“牝马地类”以下诸语，是对《坤》卦卦言的具体阐述。

象曰：“地势坤，君子以厚德载物。”

这个象辞也应和《乾》卦对应看。“天行健，君子以自强不息；地势坤，君子以厚德载物”，正是一副对仗工整的对联。天道刚健，其要在“行”，所以君子体认天道，须以自强不息精神而践行之；地德载物，其要在“势”，所以君子修德，须以厚德载物精神蓄势。梁启超在清华大学的演讲中，同时也讲到了“厚德载物”的精神内涵：“坤象言君子接物，度量宽厚如大地之博，无所不载。君子责己甚厚，责人甚轻。”要求莘莘学子要像大地包孕万物一样，有一种兼容并包，广收博采的精神。势也是一种能量，行，是动能；势是势能。动能可见，势能不可见，但一旦发动，就有石破天惊的表现，势蓄足了天下事无不可为。古代兵家孙子就十分重视“势”，《孙子十三篇》中专门有一篇叫“势篇”。君子修德就是蓄势，然后才能顺势而为。

文言曰："坤至柔而动也刚，至静而德方，后得主而有常，含万物而化光。坤道其顺乎！承天而时行。"

《文言传》是孔子传《易》的教案，只论及《乾》《坤》二卦。这段话是就《坤》卦的卦辞而发。《坤》卦六爻均为柔爻，《坤》卦之性至柔、至静，但因其德厚无疆，一旦发动就有不可阻挡之势，所以孔子说："坤至柔而动也刚。"刚源于德厚，亦即势能强大，"含万物而化光"，包容万物而且能使万物茁壮生长。"后得主而有常"则是儒家伦理观的思维，坤之道曰"顺"，这个顺有柔顺、顺从之义，孔子做此解也有其道理。但坤道之"顺"也有顺其自然、顺势而为的意思，亦即"承天而时行"。所以不依孔子之说也自有道理。

"初六：履霜，坚冰至。"

象曰："履霜坚冰，阴始凝也。驯致其道，至坚冰也。"

初六是《坤》卦第一爻，阴之始也。"履霜，坚冰至"，脚踩在霜上，知道严寒将至。有见微知著的意思。象辞说："履霜坚冰，阴始凝也。"从霜到坚冰有个阴气凝聚的过程。"驯致其道，至坚冰也。"从蓄势的角度讲，霜是坚冰的基础和前提条件，"露结为霜"，才可能经过阴气凝聚而形成坚冰。

文言曰："积善之家必有余庆，积不善之家必有余殃。臣弑其君，子弑其父，非一朝一夕之故，其所由来者渐矣，由辨之不早辨也。易曰：'履霜坚冰至'，盖言顺也。"

这段话是孔子见到初六爻辞后所发的感慨。孔子生于东周末期的春秋乱世，深知"礼崩乐坏"之弊，因此是有感而发。善和恶都有个积累、积聚的过程，善之积则有余庆，恶之积则有余殃，积累、积聚就是蓄势，势已成，其果必彰。明白这个道理，君子修德，必须慎其始。刘备白帝城托孤，遗言告诫刘禅："勿以恶小而为之，勿以善小而不为"，讲的也是这个道理。

"积善之家必有余庆，积不善之家必有余殃。"这两句话在中国文化史上有过重要影响，其因果报应思想与佛学中的因果论相契合，直接导致了佛教在中国的传播。

“六二：直、方、大，不习，无不利。”

象曰：“六二之动，直以方也。不习无不利，地道光也。”

六二居《坤》卦下卦之中，下卦又称内卦，是揭示内在的。其爻辞直接讲述坤德内在本质：“直、方、大。”直是正直、直率，不虚伪，不拐弯抹角；方是方正，有主见，不圆滑，不随声附和；大是大气，不计较，不要小心眼。听起来这些都是人的性格表现，但也需要有道德定力。善恶都是人性，西方有个谚语，“人的一半是天使，一半是魔鬼”，所以始终处于“天人交战”之中。君子修德，说到底就是做抑恶扬善的功夫。“不习无不利”，多理解为“不用学习也没有不利的后果”，好像善德是天生的，不用学习，这样理解是错的。这里讲的“不习”，是说人的善行善德不是学来的而是养成的，要不要存善念、行善事，不用问别人，诉诸内心就好。同样，要不要约束自己，不出恶行，也不要看别人、学别人，而是强调自律。譬如过马路，要不要遵守红绿灯？红灯亮时，别人闯了，你要不要也闯红灯？也是要诉诸内心，不要盲目地见样学样。

文言曰：“‘直’其正也，‘方’其义也。君子敬以直内，义以方外，敬义立而德不孤。‘直方大，不习无不利’，则不疑其所行也。”

孔子对“直方大”的阐发，核心就是“敬义”二字。敬者恭谨，敬天、敬地、敬大人之言，常怀畏惧之心，此善之根也。义者择善固执，大是大非面前毫不动摇，此善之本也。对内以敬自律，对外以义作为行动原则，则“德不孤，必有邻”。对“不习无不利”，孔子说是“不疑其所行”，也是强调自律，内心有个标杆、尺度，坚守是非边际。

“六三：含章可贞。或从王事，无成有终。”

象曰：“‘含章可贞’，以时发也。‘或从王事’，知光大也。”

“文革”时期，中国出了个风云才女，叫章含之，当世大儒章士钊之女，外交部部长乔冠华之妻，毛主席的英文教师，其名就取自“含章可贞”。“章，美也”（孔颖达疏）。《三国志》称赞管宁是“含章素质，冰洁渊清”，说他内含美德，朴质处世，清高自许。管宁与华歆是好友，一日，二人掘地见金，管宁不顾，华歆拾而复弃，管宁因之不齿华歆之为人，与其割席断交，这就是著名的“管宁割席”的典故。贞者固也，“含章可贞”，意为蕴含美德可以固守高尚人格。“‘或从王事’，无成有终”，多数人理解为：这样的人为君王做事，功成而不居，能有好的结果。我认为不确。为了能有好的结果，免得“功高震主”，有功也要算到君王头上，令人不免觉得处世油滑，算不得美德。我认为应该理解为：为君王做事，即使没有成功，也要认真做好善后工作，做到有始有终。

文言曰：“阴虽有美，含之。以从王事，弗敢成也。地道也，妻道也，臣道也。地道无成，而代有终也。”

孔夫子这段话，正是前述多数人理解的依据。看来，天生圣人，也不能免俗，终是一个油滑圣人。

“六四：括囊，无咎无誉。”

象曰：“括囊无咎，慎不害也。”

六四处于《坤》卦上卦的第一爻，就爻位言，正处于“四多惧”的环境。毗邻至尊，天威难测，最妥善的应对是自保，所以要“括囊”，收紧袋口，隐敛才华，谨言慎行，这样做“无咎无誉”。虽不会得到赞誉，但也不会受到责难。

文言曰：“天地变化，草木蕃；天地闭，贤人隐。《易》曰：‘括囊，无咎无誉’，盖言谨也。”

本爻讲谨慎之道。这里讲的“天地变化，草木蕃；天地闭，贤人隐”用的是古汉语“互文见义”的修辞方式，意思是天地交合，草木因之繁盛，象征政治清明，贤人也要把握机遇干一番事业；天地闭合，草木就会枯萎，象征社会动荡，政治昏暗，贤人不能用世，就要退隐自保。所以易曰：“括囊，无咎无誉”，孔子说：“盖言谨也”，有些话虽然正确，但也要见机行事，当说则说，不当说则要三缄其口。孔夫子是被孟子称为“圣之时者”的圣人（见《孟子·万章下》），鲁迅讥之为“时髦圣人”，用现在的话讲，叫“识时务”。其实孟子也是一个识时务的圣人。“穷则独善其身，达则兼善天下”（见《孟子·尽心上》），就是孟子的名言。

“六五：黄裳，元吉。”

象曰：“黄裳元吉，文在中也。”

六五是《坤》卦的主爻，按照中国的五行学说，中央属土，其色黄。所以六五以黄为喻，表位正。“黄裳”，黄色的下衣。古代衣服分上下，上者为衣，下者为裳。“黄裳元吉”意指虽位正，但居下而不争，从一开始就是吉利的。

文言曰：“君子黄中通理，正位居体，美在其中，而畅于四支，发于事业，美之至也。”

本爻讲谦逊之德。君子得位仍要持守本色，“正位居体，美在其中”，“得志便猖狂”是小人所为。

“上六：龙战于野，其血玄黄。”

象曰：“龙战于野，其道穷也。”

上六是《坤》卦第六爻，阴之极也。按照易经的哲学思辨，阴阳对立又互相转化，阴之极盛正是阴阳转化之机，所以这里出现了龙，龙是阳的象征。野是野外，近城为郊，远城为野。“龙战于野”，说明这是失位之龙，所以象辞说“其道穷也”。“其血玄黄”，玄色为天，黄色属地，其血玄黄是阴阳交合之状。

文言曰：“阴疑于阳，必战。为其嫌于无阳也，故称‘龙’焉。犹未离其类也，故称‘血’焉。夫“玄黄”者，天地之杂也，天玄而地黄。”

孔子在这里强调的是，阴阳转化不是平和进行的，“阴疑于阳，必战”。谁和谁战？很多人解释错了。龙战于野不是战龙于野，所以这里的龙不是《乾》卦之龙，《坤》卦无阳，孔子的解释是“为其嫌于无阳也，故称‘龙’焉”，所以这里的“龙”是《坤》卦之龙，是自号为“龙”的坤之上六与尚未成龙的阳气作战。发展到极盛，阴要向阳转化，要喧宾夺主了，但阳气虽生，阴气尚未转化，还在《坤》卦之内，于是“双龙”战于野，天地混杂、乾坤莫辨。相斗的结果，其惨烈程度可见一斑，只能用“血”来形容，所以孔子说：“犹未离其类也，故称‘血’焉。”“其血玄黄”者，流血浸透泥土，成黑黄混合之色。天地交合，其色驳杂正是阴阳转化之态。

“用六：利永贞。”

象曰：“用六永贞，以大终也。”

用六如同《乾》卦的用九，是六爻通变。易经六十四卦，只有《乾》《坤》二卦是纯元卦，而只有六爻通变才能实现乾坤互易的周期性变化。所以是“以大终也”。

易经 · 上经之〇〇三

创业艰难，比于屯卦

水雷屯

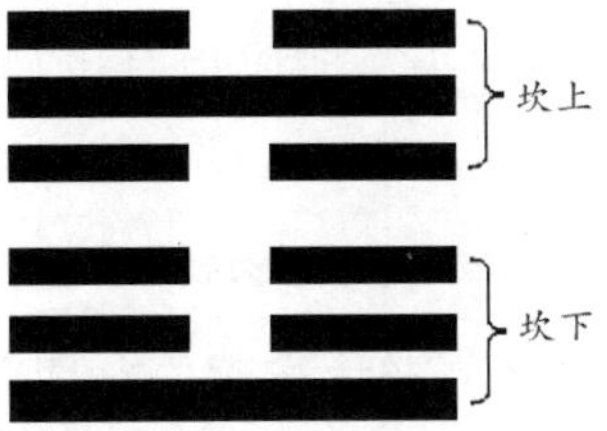

《屯》：元亨，利贞。勿用有攸往。利建侯。

初九：磐桓，利居贞。利建侯。

六二：屯如邅如，乘马班如。匪寇，婚媾。女子贞不字，十年乃字。

六三：即鹿无虞，惟入于林中，君子几不如舍，往吝。

六四：乘马班如，求婚媾。往吉，无不利。

九五：屯其膏，小，贞吉；大，贞凶。

上六：乘马班如，泣血涟如。

《屯》卦属坎宫第三卦，上卦《坎》卦不动，水象；下卦第二爻继续变，变为《震》卦，雷象，是为“水雷《屯》”。

坎宫八卦卦象

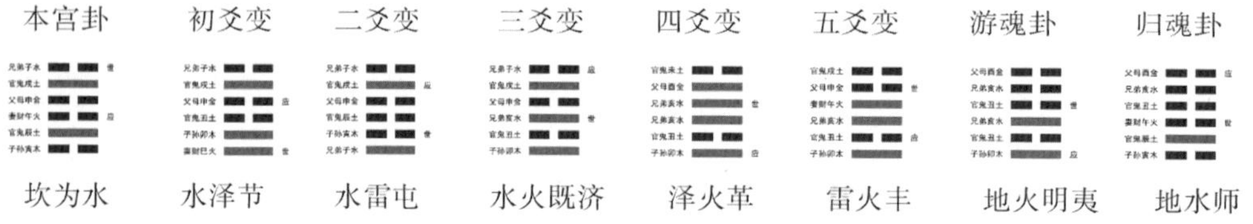

“屯”字原本是草木萌发的象形，有生长、发展之意，后衍为充满、充实、集聚。屯又名屯（zhūn），艰难，“屯邅”即难行不进。草木萌发，幼芽出土，是个艰难的过程，以喻创业之初，艰难起步，所以屯卦讲的是创业之难。

卦辞：“屯，元亨，利贞，勿用，有攸往，利建侯。”

彖曰：“屯，刚柔相交而难生。动乎险中，大亨贞。雷雨之动满盈，天造草昧，宜建侯而不宁。”

《屯》卦具有《乾》《坤》二卦的“元亨利贞”四德，为什么还要“勿用”？因为屯者囤也，草木初萌，四德初具但尚未成型，故需屯之，是集聚阶段，不是使用阶段，所以“勿用”。“有攸往”是有目标的前行，目标就是“建侯”，这里指建立基业。“利建侯”，这是有利的。武王克殷，是建侯之始，商之国是部落联盟，所以商之诸侯乃自然形成。周初建侯，则是分封宗族近亲，所以周之诸侯乃天子封建，故曰“建侯”。

彖辞说：“屯，刚柔相交而难生。动乎险中，大亨贞。”草木初萌，破土而出，幼苗以柔软之身须顶破坚硬的土层，是很难的。《屯》卦以此自然现象比喻创业之初，艰难困苦，动辄有险。“天造草昧”，唐人孔颖达作《五经正义》对此做了说明：“言天造万物于草创之始，如在冥昧之时也。”这里提出一个重要问题，即文化启蒙。聚众以德，使民以智，要尽快摆脱蒙昧状态，“宜建侯而不宁”。

象曰：“云雷，屯，君子以经纶。”

《屯》卦的卦象是上《坎》下《震》，“水雷《屯》”。为什么这里说“云雷屯”？云为水之聚，“屯”之，以喻初始。云上雷下，密云不雨，雷声大作，正是天下大变之兆。“君子以经纶”，“经纶”即进行规划、治理，君子鉴此天象，应蓄经纶天下之志。

“初九：磐桓，利居贞，利建侯。”

象曰：“虽磐桓，志行正也。以贵下贱，大得民也。”

磐，巨石；桓，古代立在城郭、宫殿、官舍、驿路旁，以标其界的巨木。以磐桓为志，行正而居贞，利于建立基业。“以贵下贱，大得民也”，建立基业的开始，必以聚众。

“六二：屯如邅如，乘马班如。匪寇，婚媾，女子贞不字，十年乃字。”

象曰：“六二之难，乘刚也。十年乃字，反常也。”

“屯如邅如”，这里的屯应读作“zhūn”，屯邅，逡巡不进。“乘马班如”，班，回旋，如“班师回朝”。“屯如邅如，乘马班如。匪寇，婚媾”，队伍停顿，乘马之人往来盘旋，这不是来犯的敌寇，而是求亲的队伍啊。“女子贞不字，十年乃字”，此处反映了一个历史事件，即殷商时期，帝武乙以其妹下嫁周文王之父季历，十年不孕，季历坚持十年以德感化，终于生子姬昌，即后世之周文王。《诗经·大雅·大明》有曰：“挚仲氏任，自彼殷商，来嫁于周，日嫔于京。乃及王季，维德之行。大任有身，生此文王。”即是记载此事。“匪寇，婚媾”，先惊后喜，真实反映了殷商时期，弱小的周族在基业草创之际，既担惊受怕，又满怀希望的心态。

“六三：即鹿无虞，惟入于林中，君子几不如舍，往吝。”

象曰：“即鹿无虞，以从禽也。君子舍之，往吝穷也。”

“虞”有二解，一指管理山林之官，二指预备、准备，我取后者。见之象辞：“即鹿无虞，以从禽也。”“从”作“纵”解，遇到猎物而无准备，无异纵放。狩猎时仓促遇见野鹿，没有做好准备，致使鹿进入林中。这种情况下，君子见机行事，不如干脆舍去，因进路狭仄。以喻创业之际，要备而无患，不可患而无备。如遇坎坷挫败，当断即断，不可犹豫不决，首鼠两端，以致贻误时机。

“六四：乘马班如，求婚媾。往吉，无不利。”

象曰：“求而往，明也。”

六四爻辞类似六二，都是婚媾之象。但求婚者易位，六二是人求我，六四是我求人。古代社会，部族间多以联姻作为巩固联盟的重要举措。前之帝武乙嫁妹如此，此之文王求婚媾亦如此。“往吉，无不利”，我妄猜这是文王自我鼓励的话。以喻创业之初，亟须寻求友援。

“九五：屯其膏，小，贞吉；大，贞凶。”

象曰：“屯其膏，施未光也。”

膏，油脂，喻指丰腴之物。“屯其膏”，囤积财物，是小富即安的思想意识。用于固守小成，可以说是吉祥，但用于图谋大业，则有凶险。“小贞吉，大贞凶”，有人解释说是“小人卜算为吉，大人卜算为凶”，不确。贞训“卜”，理解是对的，《说文解字》：“贞，卜问也。从卜，贝以为贽。”但以大、小指人，错了。积累财富必有所图，此处应是指所图者大小。

“上六：乘马班如，泣血涟如。”

象曰：“泣血涟如，何可长也。”

“乘马班如”，此卦中三见。但此处是大处着眼。创业之际乘马往来盘旋，辛苦奔波；艰难之时经常痛哭，泣血不止，创业之艰难，以至于斯！

易经·上经之〇〇四

蒙昧初开，验之蒙卦

山水蒙

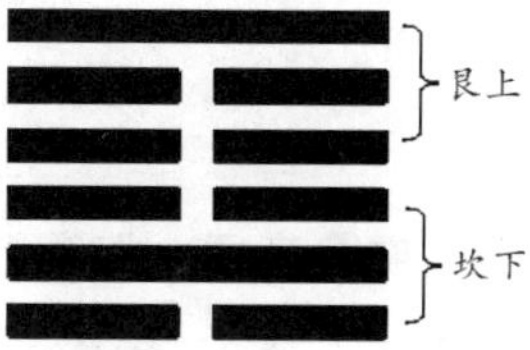

《蒙》：亨。匪我求童蒙，童蒙求我。初筮告，再三渎，渎则不告。利贞。

初六：发蒙，利用刑人，用说桎梏，以往吝。
九二：包蒙，吉。纳妇，吉。子克家。
六三：勿用取女，见金夫，不有躬。无攸利。
六四：困蒙，吝。
六五：童蒙，吉。
上九：击蒙，不利为寇，利御寇。

《蒙》卦属离宫第五卦，下卦三爻已全变，《离》卦变为《坎》卦，水象。上卦初爻（即全卦第四爻）继续变，由刚爻变为柔爻，《离》卦变为《艮》卦，山象，是为“山水《蒙》”。

离宫八卦卦象

本宫卦	初爻变	二爻变	三爻变	四爻变	五爻变	游魂卦	归魂卦

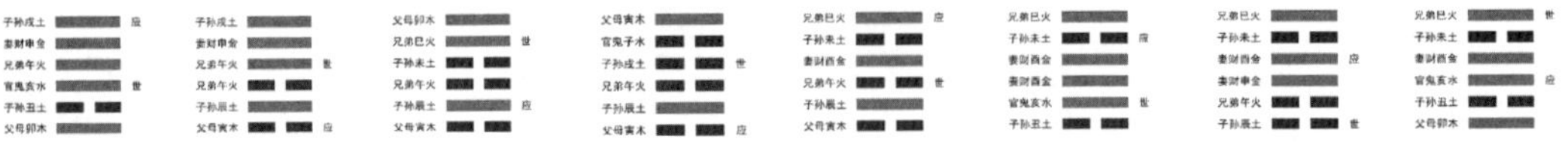

离为火	火山旅	火风鼎	火水未济	山水蒙	风水涣	天水讼	天火同人

《蒙》卦与《屯》卦互为综卦。《屯》卦旋转一百八十度，即是《蒙》卦。综卦之间有相互印证的关系，以本对综卦言，《屯》卦是万物始生之象，《蒙》卦则是混沌初开之征。二者相辅相成。

卦辞："蒙，亨。匪我求童蒙，童蒙求我。初筮告，再三渎，渎则不告。利贞。"

彖曰："蒙，山下有险，险而止，蒙。蒙亨，以亨行时中也。匪我求童蒙，童蒙求我，志应也。初筮告，以刚中也。再三渎，渎则不告，渎蒙也。蒙以养正，圣功也。"

蒙是不通，亨是通。"蒙亨"，即"通是不通，不通是通"，典型的中国辩证法。何解？"蒙"即懵懂，无知，所以求知，"以亨行时中也"，求知之路是畅通的。"匪我求童蒙，童蒙求我，志应也。"童蒙有求知的需求，我有启蒙的志向，两者应和，不通而通。

彖辞说："山下有险，险而止，蒙。"此就卦的属性而言。下卦为《坎》，坎有险的属性；上卦为《艮》，艮有止的意思。山下有险，因险而止。只是由于恐惧，不是因险而惧，而是因对险未知而惧，实际上恐惧源于无知，这就是"蒙"的本质。求知与求神一样，都是要释疑解惑。也同样需要诚意的表达。在求知，是"匪我求童蒙，童蒙求我"，《礼记·曲礼》："礼，闻来学，不闻往教。"在求神，是净手焚香卜筮。"初筮告，以刚中也"，筮占，一次即可。若再三卜筮，说明对神谕有疑问，这是渎神，所以"渎则不告"。不管求神还是求知，都是严正、肃穆的事，所谓"蒙以养正，圣功也。"教育学上有一个重要的德育理论，叫作"童蒙养正"，正是出自《易经》的《蒙》卦。

象曰："山下出泉，蒙。君子以果行育德。"

蒙还有浸润的意思，"细雨蒙蒙"。山下有泉，水汽蒸腾，临之可沁心肺。

以喻启蒙须循循善诱，教而化之。君子效此精神，用于践行养德。

“初六：发蒙，利用刑人，用说桎梏，以往吝。”

象曰：“利用刑人，以正法也 。”

蒙又指翳目，即白内障。唐韦昭注《国语》曰：“有眸子而无见曰蒙。”发蒙，即“睁开眼睛看世界”，是启蒙之始。“利用刑人，用说桎梏”是借喻，说训“脱”，意为解脱束缚，可以放开手脚。“以往吝”，可以走动，但往哪里走，尚不自知，亦即发蒙尚非启蒙，尚在蒙中。象辞说：“利用刑人，以正法也 。”是说以利用刑人为喻，还有一层意思，就是发蒙之际就要申明法纪法度，“以正法也”。

柏裕江按：作者将“利用刑人”视为“发蒙”之借喻非常恰当。脱离了蒙昧的人，就像解脱了枷锁的束缚；“以往吝”，还如以前那样不去学习，蒙昧无知，前去行事很难，将来会陷入困难，更是耻辱的。

“九二：包蒙，吉。纳妇，吉，子克家。”

象曰：“子克家，刚柔接也。”

包蒙即包容蒙昧，正视蒙昧。蒙昧并不丢脸，蒙昧而不求知才是可耻的事。九二刚爻，居下卦两柔爻之中，为子位。若以柔爻指代蒙昧者，以刚爻指代启蒙者，则九二指代家中的儿子已经能负起启蒙职责，可以纳妇成家。“子克家”，儿子能克尽治家职责，因“刚柔接也”。

“六三：勿用取女，见金夫，不有躬。无攸利。”

象曰：“勿用取女，行不顺也。”

六三柔爻，指代蒙昧者，“勿用取女”，与九二相对照，六三没有娶妻的资格，因蒙昧者不可持家，“行不顺也”。“见金夫，不有躬”，见利而忘身，修身尚不可得，遑论其他？

“六四：困蒙，吝。”

象曰：“困蒙之吝，独远实也。”

自第四爻往上，分别辨析三种蒙昧状态。“六四：困蒙，吝。”困蒙是因困而蒙。

偏居一隅，目不视远，困守孤城，消息闭塞，因之蒙昧。这种蒙昧导致行动艰难。“吝”，据《说文》：“行难也”。象辞说：“困蒙之吝，独远实也。”意思是困蒙之人行动艰难，因为远离现实生活。消除这种蒙昧状态，必须使之摆脱封闭、禁锢状态，才能开智启心，知消息之道，体盈虚之势。

柏裕江按：“独远实也”，似亦可以理解为：要注意接近有学问有素养的人以充实自己。“独远”，不妨走出去，交往一些启蒙者、成功人士；“实也”，充实自己，这会对自己有利。

“六五：童蒙，吉。”

象曰：“童蒙之吉，顺以巽也。”

童蒙是幼稚之蒙，每个人都要经历这个阶段。幼稚之蒙是无知且自知无知，因而会有旺盛的求知欲，这是好事，所以“吉”。象辞说：“童蒙之吉，顺以巽也。”巽者入也，消除童蒙之昧，要顺从稚童旺盛的求知欲，因势利导，开蒙启智。

“上九：击蒙。不利为寇，利御寇。

象曰：“利用御寇，上下顺也。”

击蒙是因受打击而致蒙。打击非只物理上的，更主要的是心理上的。或因迟钝而受到嘲笑，或因失误而遭到责备，都属于心理上受到打击，都可能形成“击蒙”的效果。击蒙不是无知之蒙，而是因心理受到打击而失去自信，闭锁心智。因击而蒙的人，失去自信，只能供役使，不能做决策，随机应变，所以“不利为寇”，不可以行侵伐之事，但“利御寇”，有敌来犯，可以使其承担防御抵抗的工作。

童蒙可启，困蒙可解，唯独击蒙是对自信心的扼杀，所造成的蒙昧是长期的。所以教育学上经常强调“鼓励为主”，就是要避免“击蒙”。

《蒙》卦四柔爻、二刚爻，“阳卦多阴”，因此属于阳卦。刚爻是主爻，是启蒙者，柔爻代表蒙昧者。九二刚爻居中，故有“包蒙”之吉，上九刚爻失位，故有“击蒙”之弊。初六柔爻为“蒙”之始，故曰“发蒙”；六三柔爻而居九二刚爻之上，是为“乘刚”，故以婚媾喻；六四柔爻阴位，得正而不得出，故曰“困蒙”；六五柔爻君位得中，下与九二刚爻正应，上与上九亲比，故虽“童蒙”而吉。

易经·上经之〇〇五

物稚而养，乃为需卦

水天需

《需》：**有孚，光亨。贞吉，利涉大川。**

初九：需于郊，利用恒，无咎。
九二：需于沙，小有言，终吉。
九三：需于泥，致寇至。
六四：需于血，出自穴。
九五：需于酒食，贞吉。
上六：入于穴，有不速之客三人来，敬之终吉。

《需》卦属坤宫第七卦。自下而上五爻已变，由于第六爻变即出宫，所以不能变，只能从上卦的初爻往回变，原本由柔变刚的刚爻再变为柔爻，上卦因之变为《坎》卦，水象；下卦三爻已全部由柔变刚，变为《乾》卦，天象，是为“水天《需》”。

坤宫八卦卦象

本宫卦　初爻变　二爻变　三爻变　四爻变　五爻变　游魂卦　归魂卦

坤为地　地雷复　地泽临　地天泰　雷天大壮　泽天夬　水天需　水地比

关于《需》卦，《序卦传》的解释是：“物稚不可不养也，故受之以需。需者，饮食之道也。”据《说文》：“需，须也。遇雨不进，止须也。”则“需”又有停止、等待之意。需，从雨，从天（需下半部首而在古篆中为天），正是本卦的卦象，故名之以“需”。

卦辞：“需，有孚，光亨，贞吉。利涉大川。”

彖曰：“需，须也，险在前也。刚健而不陷，其义不困穷矣。需有孚，光亨，贞吉。位乎天位，以正中也。利涉大川，往有功也。”

世人读《需》卦，多以停止、等待为其主旨。其理据就是这里的彖辞所说：“需，须也，险在前也。”解为：需，停止、等待的意思，因为向前有凶险。我独不以为然。因为彖辞还说：“利涉大川，往有功也。”既然“往有功”，何须等待？故不确。“需，须也。”此处之须应解作“应当”。“理财有风险，投资须谨慎”，须即作应该、应当解。根据“物稚不可不养也，故受之以需”，《需》卦主旨应是养成，需即需求。“需，有孚，光亨，贞吉。利涉大川。”养成之需是必要的、正当的，因而是光明通达的，坚守正途才能顺利实现。“险在前也。刚健而不陷，其义不困穷矣。”这段话是专就卦象而言。《需》卦上卦为《坎》，有险的属性；下卦为《乾》，有刚健的属性。虽有险在前，但需求正当，自身刚健，就不会陷入其中，因为正当就不会被困，刚健就不会没路可走。

象曰：“云上于天，需；君子以饮食宴乐。”

云上于天，密雨即至，润泽万物以生，这就是《需》卦的卦象。君子效此精神意象，要关注饮食宴乐，注重养生。孔子曰：“饮食男女，人之大欲存焉。”

“初九：需于郊，利用恒，无咎。”

象曰：“需于郊，不犯难行也。利用恒，无咎；未失常也。”

养成之需产生于郊野，需求容易得到满足，不会出现囫错。《需》卦上卦为《坎》，险在前也。初爻位于本卦的最底端，离险最远，故以郊野喻。

“九二：需于沙，小有言，终吉。”

象曰：“需于沙，衍在中也。虽有小言，以终吉也。”

养成之需产生于沙中，“衍在中也”。衍为水浸沙中，漫延貌。供养之人需走进沙中，有所不便，故“小有言”，啧有烦言。然毕竟不属涉险，故“终吉”。

“九三：需于泥，致寇至。”

象曰：“需于泥，灾在外也。自我致寇，敬慎不败也。”

养成之需产生于泥中。自郊、至沙、又至泥，离水越来越近，环境渐趋凶险。供养之人进入泥中，行走不便，容易招引寇盗。九三刚爻，位于《乾》卦之顶，临近《坎》卦，离凶险最近，故以泥为喻。此爻辞有象无断，是吉？是凶？都没说。只有建议：“敬慎不败也。”虔敬、谨慎，可保无忧。

“六四：需于血，出自穴。”

象曰：“需于血，顺以听也。”

养成之需产生于血泊中，供养之人已不可入。只有靠自己摆脱险境，“出自穴”，才能得到供养，满足需求，所谓“天助自助者”。六四柔爻，已属于《坎》卦，喻之以血，表示已入险境。此爻辞也属有象无断，吉凶取决于主观努力。

“九五：需于饮食，贞吉。”

象曰：“酒食贞吉，以中正也。”

养成之需产生于饮食当中，自是“贞吉”。九五刚爻君位，又处在《坎》卦正中，其贞吉之断取决于其中正之位。

“上六：入于穴，有不速之客三人来，敬之终吉。”

象曰：“不速之客来，敬之终吉。虽不当位，未大失也。”

穴是《坎》卦之象。上六柔爻，高而无位，故“入于穴”。上六因应九三，九三为《乾》卦之顶，“有不速之客三人来”指下卦《乾》，《乾》卦三刚爻俱都刚健向上，一动皆动，以礼相敬，终吉。

柏裕江按：虽“需”乃人之本性，然而，解决“需”则要历经风险，付出艰辛、代价的。“需于郊”“需于沙”“需于泥”“需于血”者，历数需求的艰辛，实际上是提醒我们在与自然界奋斗的困境中，有自得其乐的胸怀和境界，在艰险危困中仍能不失操守，饮食自乐。

易经·上经之○○六

慎争戒讼，鉴之讼卦

天水讼

《讼》：有孚窒惕，中吉，终凶。利见大人。不利涉大川。

初六：不永所事，小有言，终吉。

九二：不克讼，归而逋。其邑人三百户，无眚。

六三：食旧德，贞厉，终吉。或从王事，无成。

九四：不克讼，复既命，渝。安贞吉。

九五：讼，元吉。

上九：或锡之鞶带，终朝三褫之。

《讼》卦属离宫第七卦，上卦为《乾》，天象；下卦为《坎》，水象，是为“天水《讼》”。水性柔而顺，然其用则险而易陷，天性阳刚而健，故其用则刚而不挠。《讼》卦和《需》卦卦象相反，互为综卦。两卦都以天、水为象，唯位置不同。水在天上，水天相从而生需；天在水上，水天相悖则生讼。此为《讼》卦的主旨。

卦辞：“讼，有孚，窒。惕中吉。终凶。利见大人，不利涉大川。”

彖曰：“讼，上刚下险，险而健讼。讼有孚，窒，惕中吉，刚来而得中也。终凶，

讼不可成也。利见大人，尚中正也。不利涉大川，入于渊也。”

“讼”字从言、从公，故“讼”是“诉诸公堂”之义。古之官府实际上职责很有限，对上一是征兵，一是征税；对下则是理讼。所以县官一般都有两个师爷：一是钱粮师爷，征税用；一是刑名师爷，理讼用。“有孚”即有信用，这个信用是国家信用，用于理讼。《讼》卦的下卦中爻为九二，刚爻；上卦中爻为九五，也是刚爻。因同性相斥，不能相应，所以“窒”，有挂碍。彖辞所谓“刚来而得中”，是指九二、九五二刚爻，都处在中爻的位置上。因此要“惕中吉”，谨守中正之道则吉利。“终凶”，因此卦上刚下险，以人喻，内心阴险而外露刚强好胜，争讼是必然的事，正如彖辞所言：“险而健讼”，故“终凶”。“利见大人”是由于大人可秉公而断，定纷止争。“不利涉大川”，是由于险在其中。

柏裕江按：因“需”而起，人们各自怀着私心，都为自己的利益着想，思想不能统一起来。所以人们在争夺利益的同时，便会引发争斗，到头来只有通过诉讼进行解决了。而君子在做事前要深思熟虑，从开始就要消除可能引起争端的因素。

象曰：“天与水违行，讼。君子以作事谋始。”

天之道东升而西落，水之道则自西向东流，其运动方向是相反的，所以象辞说“天与水违行，讼”。君子鉴此卦象，在做事时要慎其始，“谋始”可免讼，方能善其终。

“初六：不永所事，小有言，终吉。”

象曰：“不永所事，讼不可长也。虽有小言，其辩明也。”

初六柔爻，在卦的最底层，又不善坚持，不长久纠缠于所做之事。即使涉讼，其讼也不会迁延许久，有些小的争执，但经过辩争，很快就会辨明，所以“终吉”。

“九二：不克讼，归而逋。其邑人三百户，无眚。”

象曰：“不克讼，归逋窜也。自下讼上，患至掇也。”

九二刚爻，居下卦《坎》的中位，由于刚强，不避讼。然讼而败，只有逃窜至三百户人口的小村庄躲避，才能免去灾眚。逋，逃窜、逃亡，《说文》：“逋，亡也。”“不克讼，归而逋其邑，人三百户，无眚。”据王弼注：“若能以惧归窜其邑，乃可以免灾。”以喻不当之讼，不仅不能争利，而且会引祸上身。

“六三：食旧德，贞厉，终吉。或从王事，无成。”

象曰：“食旧德，从上，吉也。”

六三柔爻，处《坎》卦险位，无意争讼，故此爻之爻辞无讼字。食音 sì（饲），“食旧德”，古之官员，以所分封的封邑的租税为生，可世袭。食旧德，即依靠先祖遗德的封邑为生，“贞厉，终吉”。虽然艰难，但无虞。“或从王事，无成。”如果跟随君王做事，也会无所成就。此喻避讼，则无虞也无成。

“九四：不克讼，复即命，渝。安贞吉。”

象曰：“复即命，渝，安贞，不失也。”

九四刚爻阴位，不安其位，兴讼而不克。结果是复回到即有的命运上，即“复即命”。“渝”，改变；这个改变是对于讼的态度，由兴讼改变为息讼，回归到安定、贞正上来，即“渝，安贞”，是吉利的选择。其结果，是“不失也”。

“九五：讼，元吉。”

象曰：“讼，元吉，以中正也。”

九五刚爻君位，秉中正之格。与其他五爻不同，就争讼而言，九五不是争讼的参与者，而是争讼的裁判者。其本身就是正大、吉利的，故“讼元吉”。

“上九：或锡之鞶带，终朝三褫之。”

象曰：“以讼受服，亦不足敬也。”

上九贵而无位，是争讼各爻中唯一争讼成功的。“或锡之鞶带”，锡通“赐”，赏赐、奖赏。鞶带，古代冠服中，腰间所佩，依身份颁赐的革制大带。褫，剥夺。争讼成功，也许会因此获得颁赐的鞶带，但终究不会长久，可颁之，也可褫夺之。所以象辞说：“以讼受服，亦不足敬也。”上九之争讼成功，恐与其身居贵位有关，因为恃强争讼而得来的颁赏，并不能得到别人的尊敬。

易经·上经之〇〇七

择人任事，喻以师卦

地水师

师

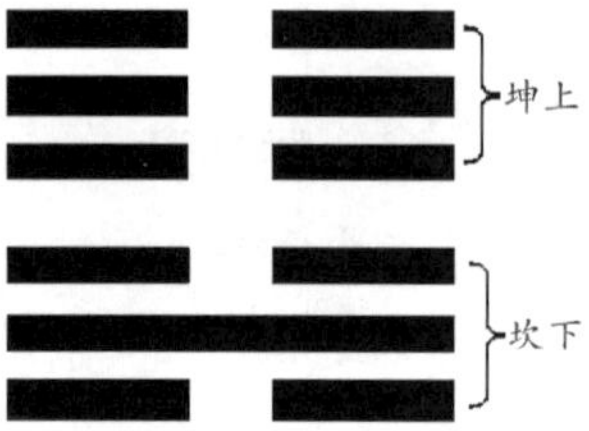

《师》：**贞丈人，吉，无咎。**

初六：师出以律，否臧，凶。

九二：在师中，吉，无咎，王三锡命。

六三：师或舆尸，凶。

六四：师左次，无咎。

六五：田有禽，利执言，无咎。长子帅师，弟子舆尸，贞凶。

上六：大君有命，开国承家，小人勿用。

《师》卦属坎宫第八卦，上卦不变，为《坤》卦，地象；下卦变回《坎》卦，水象，是为“地水《师》”。师是军队。古代兵民一体，兵寓民中，平时散居务农耕作，战时集中编列成师伍，所以师也有聚众的意思。兵为险事，像水一样动无常形，农依土为生，像土地一样稳定顺从。此卦上《坤》属土，其性顺，下《坎》属水，其性险，故名之以“师”。

卦辞：“师：贞丈人，吉，无咎。”

彖曰：“师众也，贞正也，能以众正，可以王矣。刚中而应，行险而顺，以此毒天下，而民从之，吉又何咎矣。”

“丈人”，古代对上了年纪的老人的尊称。孔颖达疏：“丈人，谓严庄尊重之人”。聚众成师（按《周礼·夏官司马·叙官》：“凡制军，万有二千五百人为军……二千有五百人为师，师帅皆中大夫；五百人为旅，旅帅皆下大夫；百人为卒，卒长皆上士；二十五人为两，两司马皆中士；五人为伍，伍皆有长。”即：藏兵于农，每户出一人，五人为一伍，五伍为一两，四两为一卒，五卒为一旅，五旅为一师，五师为一军。按这种推算一师就是两千五百人），委之与老成持重之人，办事必然可靠妥善，不会出错。彖辞强调师出有名：“师众也，贞正也，能以众正，可以王矣。”聚众成师，必须要有正当的理由。能够令众人在正当理由下聚集起来行动的人，可以王天下。此卦只有一个刚爻，位于下卦《坎》卦正中，即所谓“刚中而应”；兵为险事，但由于《坤》卦性顺，所以“行险而顺”，战争必然带来伤害，“以此毒天下，而民从之，吉又何咎矣”。用战争这种能荼毒天下的凶事聚众，而能令百姓从之，又有什么过错呢？这里费解之处即在一个“毒”字。清人俞樾训毒为“督”，毒即督使、督促，转义为治理，“以此毒天下”即以此治理天下。此解过于牵强。我从朱熹之注：“毒，害也。师旅之兴，不无害于天下，然以其是有才德，是以民悦而从之也。”这里还是强调师出有名，其理由必须正当，合于王道，百姓才能乐而从之。

象曰：“地中有水，师。君子以容民蓄众。”

此就卦象论，上卦又称外卦，下卦又称内卦，上《坤》下《坎》，水在地中，聚而不散，地下有水，取之不尽，象征士兵来源于农民中间，故而名“师”。《尔雅·释诂》：“师，众也。”君子效此卦象，要注意容纳百姓，集聚众人力量。

“初六：师出以律，否臧，凶。”

象曰：“师出以律，失律凶也。”

初爻无位，用之以掌律令，亦即军伍当中的司号员。律，本义是校订音高的竹管。后衍生为标准、规则、条令。故《周易正义》有云：“律，法也。初六为师之始，整齐师众也。”实际上，律于师中还有另外的用途，《周礼 · 大师》：“执同律，以听军声而诏吉凶。”古代用兵，常以律管之声判断吉凶，《左传 · 襄公十八年》有载：“晋人闻有楚师，师旷曰：‘不害。吾骤歌北风，又歌南风，南风不竞（注云：歌者，吹律以咏八风。南风音微，故曰不竞也），多死声。楚必无功’。”“否臧”，即吉凶之判。孔颖达疏：“否谓破败，臧谓成功。”

据此，律也有预示出师吉凶的作用。初六的爻辞判断为凶，象辞解释说：“师出以律，失律凶也。”通解为律令不行，凶。若从“听军声而诏吉凶”的意义上，也可解释为律声不明，无法判定否臧，所以凶险。

“九二：在师中，吉，无咎，王三锡命。”

象曰：“在师中，吉，承天宠也。王三锡命，怀万邦也。”

九二作为唯一的刚爻，居于下卦正中，可以领军为帅。吉，无咎。象辞说：“吉，承天宠也。”意为九二与君位的六五阴阳相应，得到君王的信任。“王三锡命”，据《礼记 · 曲礼》：“一受命爵，二受命服，三受命车马。”君王拜帅，需三锡其命，足见重视和尊崇。“怀万邦也”，怀者念也，《论语》：“君子怀德”；又，怀者来也，《周颂》：“怀柔百神。”所以王三锡命还有对外威慑的作用，王三锡命，以示君臣相得，师出必胜。以图万邦来归，不战而胜。

“六三：师或舆尸，凶。”

象曰：“师或舆尸，大无功也。”

六三柔爻阳位，居九二之上，才弱志强，有夺位之象。军中有此种人，必不听指挥，贪功冒进，舆尸而还是大概率事件，所以“凶”。

“六四：师左次，无咎。”

象曰：“左次无咎，未失常也。”

“左次”是退避的意思。尚秉和注：“次，舍也。震为左，故曰左次。古人尚右，左次则退也。”此爻的小象辞“左次无咎，未失常也”也见于《三十六计》，第三十六计“走为上计”原典即为：“全师避敌。左次无咎，未失常也。”是指战争中看到形势对自己极为不利时，就要逃走避敌。“左次”现多用于做事时如果形势不利没有成功的希望时就选择退却、逃避的态度。六四柔爻阴位，是上卦《坤》卦之初爻，其性顺。军中有此种人，可用于左师策应，无忧。古代尚右，进攻时多出动右师，回军时则左师先行。师以慎重为常，稳重之人执领左师，无咎，因："未失常也。"

"六五：田有禽，利执言，无咎。长子帅师，弟子舆尸，贞凶。"

象曰："长子帅师，以中行也。弟子舆尸，使不当也。"

六五柔爻君位，稳重中庸，与九二君臣相得。"田有禽"，田猎有所擒获，以喻师出得胜而归。"利执言"，无通解。有解为仗义执言，有敌入侵，直言其罪而诛，见程颐《易传》："执言，奉辞也。明其罪而讨之也"；有解为师出有名，如尚秉和之《周易尚氏学》："利执言者，言师出有名"；有解为抓获俘虏，如清人丁晏，训言为"讯"，认为"执言"即"执讯"，讯即敌众。皆牵强而不足以服众。我妄解为战后检讨得失，由下文可证："长子帅师，弟子舆尸，贞凶。"象辞说：长子帅师，正位得中，此为"贞"，弟子舆尸，是用人不当，此为"凶"，故断为"贞凶"。

"上六：大君有命，开国承家，小人勿用。"

象曰："大君有命，以正功也。小人勿用，必乱邦也。"

上六为师卦顶点，亦即终点，战争结束，君王要论功行赏，功大者开国为侯，次者承家为卿大夫，此即"大君有命，以正功也"。但有一条："小人勿用。"小人这里指平民，古代贵族、平民等级分明，不可僭越。小人即使立有战功也不可封侯拜相，成为贵族，用小人，"必乱邦也"。

易经·上经之〇〇八

择贤而比，一如比卦

水地比

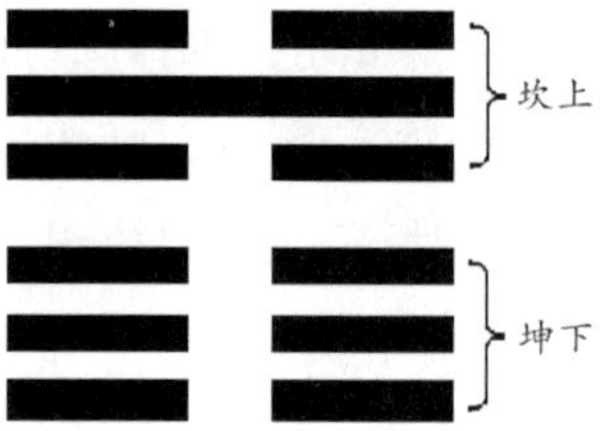

《比》：吉。原筮，元，永贞，无咎。不宁方来，后夫凶。

初六：有孚比之，无咎。有孚盈缶，终来有它，吉。

六二：比之自内，贞吉。

六三：比之匪人。

六四：外比之，贞吉。

九五：显比，王用三驱，失前禽，邑人不诫，吉。

上六：比之无首，凶。

《比》卦属坤宫第八卦，即坤宫的最后一卦。坤宫的卦变至此完成，上卦不动，为《坎》卦，水象；下卦变回《坤》卦，地象，是为“水地《比》”。由于下卦又变回《坤》卦，所以比卦又称归魂卦。（见文后注释：“游魂卦与归魂卦”）

《比》卦与《师》卦互为综卦，《师》卦倒转后，原九二的刚爻变成《比》卦的九五，君位。君王有为，其余五个柔爻比而从之，故名之以“比”。

古人造字，崇尚简约。两人同行，向右为“比”，向左为“从”，两人背向则为“北”。都是同行，比是并行，从是随行，北（背）则是逆行。君子之行，行必有方。志同道合，同向而行，“比”“从”是也。但从是随行，从者无主见。比是有主见之行，所以是并行。并行则近，所以比有靠近的意思。“比邻而居”即靠近邻居；因为有主见，所以比又有比较的意思。有比较才有选择。择贤而比，比贤而行就是此卦的主旨。

卦辞：“比吉。原筮元永贞，无咎。不宁方来，后夫凶。”

彖曰：“比，吉也；比，辅也，下顺从也。原筮，元永贞，无咎，以刚中也。不宁方来，上下应也。后夫凶，其道穷也。”

“原筮”无通解，一解为原来的筮辞；一解为野筮，在原野上卜筮；一解为初次卜筮。还有一种说法：把周易卦序中所有排在奇数的卦都叫“原筮卦”，所有排在偶数的卦都叫“复筮卦”，《乾》卦排第一，是“原筮卦”，《坤》卦排第二，是“复筮卦”；《屯》卦排第三，是“原筮卦”，《蒙》卦排第四，是“复筮卦”，如此等等。既无通解，故我妄解为就“比”而筮。要不要去比？筮以决疑。筮的结果，“元永贞”，无咎。“元者善之长也”，“贞者事之干也”，意为比者要有尊上崇善之德，永持固守，就会贞吉。彖辞说，所以“原筮元永贞”，是因为九五刚爻刚强，且居中君位的缘故。“以刚中也。”宁即安宁，参见《乾》卦：“万国咸宁。”“不宁方来，后夫凶。”这里的“方”不是“方才”之方，而是“四方诸侯”的意思。“后夫”者，后来之方也。殷商后期，商纣王暴戾擅杀，诸侯人人自危。周文王广纳群贤，各诸侯国纷纷来附，以致有周“三分天下有其二”。此即“不宁方来，上下应也。后夫凶，其道穷也”。

象曰：“地上有水，比。先王以建万国，亲诸侯。”

《比》卦的卦象是上《坎》下《坤》，水在地上。水得地而流，地得水而润，这是相亲相辅之象。先王（指文王之父季历）效法这一精神，择贤而比，建国承家，亲近诸侯。

“初六，有孚比之，无咎。有孚盈缶，终来有它，吉。”

象曰：“比之初六，有它吉也。”

初六无位，但有诚信，以诚信来比，是没有过错的。缶，盛酒的瓦盆。古代又可作为打击乐器。庄子丧妻，鼓缶而歌。渑池会上，蔺相如迫秦王为赵王击缶，所用的就是这个器皿。“有孚盈缶”，诚信像装满了的美酒，充盈得几乎溢出缶来。“终来有它，吉。”它，今义为第三人称表物代词。在古代，则是蛇的象形字。《说文》：“它，虫也。从虫而长，像蜿曲垂尾形。上古艸（草）居患它，故相问无它乎。”后衍生为其他的、意外的。这里是说有诚信最终自然会得到其他人的支持，乐于相从。比，对于初六而言，是很重要的，“有它吉也”，会有意外之喜。这里讲的是比首先是要比什么。

“六二：比之自内，贞吉。”

象曰：“比之自内，不自失也。”

六二柔爻中位，不可比上比下，只能自己与自己相比，“今日之我视昨日之我，犹如明日之我视今日之我。”自我惕省，只有固守正道，才能吉祥。象辞说：自己与自己相比，为的是不失去自我的正直本性。这里讲比重要的是自己和自己比。

“六三：比之匪人。”

象曰：“比之匪人，不亦伤乎！”

“匪人”在这里不是强盗的意思，匪通“非”，“比之匪人”，意思是比对、比较找错了对象。如以己之长比人之短，或以己之短比人之所长。前者易导致妄自尊大，后者则易造成妄自菲薄，都失去了比的意义。所以象辞说：“比之匪人，不亦伤乎？”这里讲要正确选择比的对象。

“六四：外比之，贞吉。”

象曰：“外比于贤，以从上也。”

六四柔爻。“比”上升至外卦，所以称“外比之”。外卦即上卦《坎》，九五居中，六四上比于九五，执守中正，故“贞吉”。象辞说：“外比于贤，以从上也。”意思是说外比要进行选择，择贤而比，虽不能至，庶几近之。《史记·孔子世家》：“诗曰：‘高山仰止，景行行止’，虽不能至，心向往之。”这里讲，要比，就要比于贤。

“九五：显比，王用三驱，失前禽。邑人不诫，吉。”

象曰：“显比之吉，位正中也；舍逆取顺，失前禽也。邑人不诫，上使中也。”

九五刚爻君位，即贤者，这里指文王。显比，即要使文王的贤德显于天下。“王用三驱”引殷商汤王的典故。《史记·殷本纪》：“汤出，见野张网四面，祝曰：‘自天下四方，皆入吾网。’汤曰：‘嘻，尽之矣！’乃去其三面，祝曰‘欲左，左；欲右，右。不用命，乃入吾网。’”后人以此称颂汤王好生之德。文王比之商汤王，狩猎时围三阙一，三面驱赶，是为“王用三驱”。王用三驱的结果，是“失前禽”，向前逃跑的野兽，能够逃离围捕。为什么要这样做？象辞说：“舍逆取顺”，舍去不愿来的，收纳愿意来的，这是在宣扬“以德怀远”之道。所以是显比。“邑人不诫，上使中也。”周围的百姓也不戒备，是文王要这样做的。这里讲文王自比于商汤，以喻比德于贤。

“上六：比之无首，凶。”

象曰：“比之无首，无所终也。”

上六为比卦之顶爻，上无可比，下又不认同九五，这是很凶险的，因为不知道要向哪里走才好，”无所终也。“这里讲比要有明确方向。

柏裕江按：上六之“比之无首”，可喻以周武王“孟津观兵”。从卦象上看，上六以阴爻居于柔位，虽然属于得位，但是其处于上卦《坎》之中，坎代表着危险。上六以柔爻位于九五刚爻之上，以柔凌刚，有“乘刚”之危。不服九五，不愿归顺，必然招致凶险。此时的武王姬发在灭商之前，正处于“乘刚”的位置。他打着文王的旗号，以太子的身份会诸侯于孟津，然而，反对者大有人在，几个大的诸侯国没有前来，周内部甚至到了真正举兵的时候还有贵族势力反对，诸侯国也有人不赞成。

注释：

游魂卦与归魂卦

九宫八卦	本宫卦	归魂卦	游魂卦
乾宫	父母戌土 ⚊ 世 兄弟申金 ⚊ 官鬼午火 ⚊ 父母辰土 ⚊ 应 妻财寅木 ⚊ 子孙子水 ⚊	官鬼巳火 ⚊ 父母未土 ⚋ 兄弟酉金 ⚊ 世 子孙卯木 ⚋ 官鬼巳火 ⚋ 父母未土 ⚋ 应	官鬼巳火 ⚊ 应 父母未土 ⚋ 兄弟酉金 ⚊ 父母辰土 ⚊ 世 妻财寅木 ⚊ 子孙子水 ⚊
坎宫	兄弟子水 ⚋ 世 官鬼戌土 ⚊ 父母申金 ⚋ 妻财午火 ⚋ 应 官鬼辰土 ⚊ 子孙寅木 ⚋	父母酉金 ⚋ 应 兄弟亥水 ⚋ 官鬼丑土 ⚋ 妻财午火 ⚋ 世 官鬼辰土 ⚊ 子孙寅木 ⚋	父母酉金 ⚋ 兄弟亥水 ⚋ 官鬼丑土 ⚋ 世 兄弟亥水 ⚊ 官鬼丑土 ⚋ 子孙卯木 ⚊ 应
艮宫	官鬼寅木 ⚊ 世 妻财子水 ⚋ 兄弟戌土 ⚋ 子孙申金 ⚊ 应 父母午火 ⚋ 兄弟辰土 ⚋	官鬼卯木 ⚊ 应 父母巳火 ⚊ 兄弟未土 ⚋ 子孙申金 ⚊ 世 父母午火 ⚋ 兄弟辰土 ⚋	官鬼卯木 ⚊ 父母巳火 ⚊ 兄弟未土 ⚋ 世 兄弟丑土 ⚋ 官鬼卯木 ⚊ 父母巳火 ⚊ 应
震宫	妻财戌土 ⚋ 世 官鬼申金 ⚋ 子孙午火 ⚊ 妻财辰土 ⚋ 应 兄弟寅木 ⚋ 父母子水 ⚊	妻财未土 ⚋ 应 官鬼酉金 ⚊ 父母亥水 ⚊ 妻财辰土 ⚋ 世 兄弟寅木 ⚋ 父母子水 ⚊	妻财未土 ⚋ 官鬼酉金 ⚊ 父母亥水 ⚊ 世 官鬼酉金 ⚊ 父母亥水 ⚊ 妻财丑土 ⚋ 应
巽宫	兄弟卯木 ⚊ 世 子孙巳火 ⚊ 妻财未土 ⚋ 官鬼酉金 ⚊ 应 父母亥水 ⚊ 妻财丑土 ⚋	兄弟寅木 ⚊ 应 父母子水 ⚋ 妻财戌土 ⚋ 官鬼酉金 ⚊ 世 父母亥水 ⚊ 妻财丑土 ⚋	兄弟寅木 ⚊ 父母子水 ⚋ 妻财戌土 ⚋ 世 妻财辰土 ⚋ 兄弟寅木 ⚋ 父母子水 ⚊ 应
离宫	子孙戌土 ⚊ 应 妻财申金 ⚊ 兄弟午火 ⚊ 官鬼亥水 ⚊ 世 子孙丑土 ⚋ 父母卯木 ⚊	兄弟巳火 ⚊ 世 子孙未土 ⚋ 妻财酉金 ⚊ 官鬼亥水 ⚊ 应 子孙丑土 ⚋ 父母卯木 ⚊	兄弟巳火 ⚊ 子孙未土 ⚋ 妻财酉金 ⚊ 应 妻财申金 ⚊ 兄弟午火 ⚋ 子孙辰土 ⚋ 世
坤宫	子孙酉金 ⚋ 世 妻财亥水 ⚋ 兄弟丑土 ⚋ 官鬼卯木 ⚋ 应 父母巳火 ⚋ 兄弟未土 ⚋	妻财子水 ⚋ 世 兄弟戌土 ⚊ 子孙申金 ⚋ 官鬼卯木 ⚋ 应 父母巳火 ⚋ 兄弟未土 ⚋	妻财子水 ⚋ 兄弟戌土 ⚊ 子孙申金 ⚋ 世 兄弟辰土 ⚊ 官鬼寅木 ⚊ 妻财子水 ⚊ 应
兑宫	父母未土 ⚋ 世 兄弟酉金 ⚊ 子孙亥水 ⚊ 父母丑土 ⚋ 应 妻财卯木 ⚊ 官鬼巳火 ⚊	父母戌土 ⚋ 应 兄弟申金 ⚋ 官鬼午火 ⚊ 父母丑土 ⚋ 世 妻财卯木 ⚊ 官鬼巳火 ⚊	父母戌土 ⚋ 兄弟申金 ⚋ 官鬼午火 ⚊ 世 兄弟申金 ⚊ 官鬼午火 ⚋ 父母辰土 ⚋ 应

游魂卦：是指一个六爻卦的第五爻一变（阳爻变阴爻，或阴爻变阳爻），爻变后的上下两经卦成为相反（相错）的卦，在先天八卦图中的位置两两相对的卦，就叫游魂卦。游魂卦多主事物处于不稳定的状态，游移不定，体现出“动”；心绪不宁，精神状态不佳，发呆，魂不守舍，向外变化、分离。

归魂卦：是指一个六爻卦的第五爻一变，上下两经卦成为相同的卦，都变成了八纯卦的，叫作归魂卦。归魂卦与游魂卦相反，归魂则是稳定不移，处处表现出“静”；为安定、保守、回家、在家、出不去、苏醒等意思。

哪些是游魂卦？哪些是归魂卦？只要记住了五爻一变，若上下卦相同的是归魂卦，若上下卦相反（错）的是游魂卦，这样就容易判断了。

易经·上经之〇〇九

小康心态，源于小畜

风天小畜

《小畜》：亨。密云不雨，自我西郊。

初九：复自道，何其咎？吉。

九二：牵复，吉。

九三：舆说辐，夫妻反目。

六四：有孚，血去，惕出无咎。

九五：有孚挛如，富以其邻。

上九：既雨既处，尚德载。妇贞厉。月几望，君子征凶。

《小畜》是巽宫第二卦，上卦《巽》卦不动，下卦初爻柔变刚，变为《乾》卦。上卦《巽》，风象；下卦《乾》，天象，是为“风天《小畜》”。

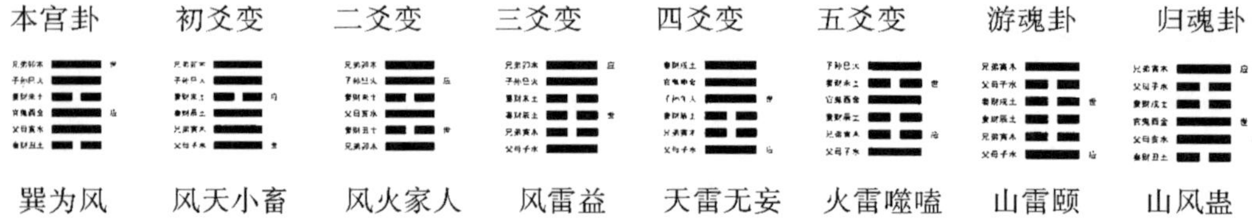

巽宫八卦卦象

“畜”字由“田”和简化的“兹”组成，意思是从田里生长出来的东西，所以畜有养和聚的意思。畜是蓄的本字，后来为了区分牲畜的畜（chù）和畜养的畜(xù)，在畜上加了个草字头，就成了“蓄”。这里的“小畜”是“小有蓄积”的意思，不是“小牲口”。

经历了“文革”动乱后，邓小平拨乱反正，重视经济发展，提出了人均GDP800美元的建设小康社会目标。几十年过去，到2016年，我国人均GDP已达8280美元，所以党的十九大报告自豪地讲:“我国稳定解决了十几亿人的温饱问题，总体上实现小康，不久将全面建成小康社会。”何为小康？温饱有余，小有积蓄，小康就是小畜。小康之后的国家、民族心态如何，我不敢置喙，这里只就小康人家的心态而言。

卦辞：“小畜，亨。密云不雨，自我西郊。”

彖曰：“小畜：柔得位而上下应之，曰小畜。健而巽，刚中而志行，乃亨。密云不雨，尚往也；自我西郊，施未行也。”

《小畜》卦五刚一柔，柔爻在第四爻位，四位属阴，所以“柔得位而上下应之”，这是亨通之象。但五刚一柔，阴气不足，以喻所蓄者小。后面有《大畜》卦，四刚二柔，所蓄者大，可参见。“密云不雨，自我西郊”，黑云密布但不下雨，还在我的西边天上漂浮，所谓“施未行也”。农夫心里是怎么想的呢？当然是盼望风起云至，云行雨施，好让庄稼苗壮生长，所谓“尚往也”。彖辞所说：“密云不雨，尚往也；自我西郊，施未行也”，我总认为语序错了，应该是“密云不雨，施未行也；自我西郊，尚往也”。尚，希望；往训为来，希望雨赶紧来。但这种希望不是如“大旱之望云霓”那样的迫不及待，更有了一份从容。这是因为有了一定的积蓄，有了底气，希望好上更加好。

象曰：“风行天上，小畜：君子以懿文德。”

此卦上《巽》下《乾》，巽性入而顺，乾性刚而健，正像一个人健步前行，清风拂面，因有一定的积蓄而底气充足的样子。“君子以懿文德”，君子见此卦象，可以从容修养美德。这里反映了国家治理的一个重要思想，即“仓廪实而知礼节，衣食足而知荣辱”，物质需求得到满足后，就需要考虑精神需求的问题，所以要“懿文德”。

“初九：复自道，何其咎，吉。”

象曰：“复自道，其义吉也。”

“复自道”，复回到自己原来的道路上。“何其咎”，哪里有什么过错？即不会有错。《诗经·大雅·民劳》有言：“民亦劳止，汔可小康”，老百姓辛苦半天，堪至小康，自然珍视自己走过的道路。成功的经验，要不断地重复操作，以图小畜积累成大畜。这是没有错的。象辞说：“复自道，其义吉也”，就是说重复走过的道路，从道理上讲也是对的。很多人在解释“复自道”时，加上了一个“正”字，意思是复回正道。实在毫无道理。难道原来没有走正道？已经走上小康的人家，应该多了一份自信，认为自己走过的道路是对的，所以才“复自道”，“何其咎”？应该是反驳句，有人质疑，才要反驳。最后一个“吉”字，有不容置疑的意味。

“九二：牵复，吉。”

象曰：“牵复在中，亦不自失也。”

牵复，拉着别人复，有点强人所为的意思。但也“吉”。因为九二位于下卦中位，“牵复在中”，是一片好心，希望别人也能成功，所以不会引起反感，“亦不自失也”。

“九三：舆说辐，夫妻反目。”

象曰：“夫妻反目，不能正室也。”

“舆说辐”，舆是大车，辐是车轮上的辐条，说训“脱”。北京大学教授李零认为这里的“辐”应是“輹”之误（见李零《死生有命，富贵在天——周易的自然哲学》）。輹是车舆上用来固定车轴的部分，其实无大差别。不管“舆说辐”

还是“舆说輹”，总之是车轮掉了，比喻家中夫妻不和，打架了。为什么会这样？其实这正是“小康家的烦恼”。传统家庭，男人负责挣钱，女人负责理家。瓮无余粮、室无余财，二人自是同心协力、共度时艰。一旦小康了，有了余钱，男人要投资，女人要消费，就会起争执，因为小康还算不上殷实，钱是不能乱花的。象辞说：“夫妻反目，不能正室也”，这是把责任放在男主人身上，是说男主人不能规正妻室。

“六四：有孚，血去，惕出，无咎。”

象曰：“有孚惕出，上合志也。”

六四位于上卦的第一爻，是《小畜》卦中唯一的柔爻，得到了上下刚爻的呼应和支持，这种支持是恒久的、有诚信的，故曰“有孚”。“血去惕出”难解。有的解释为“付出心血，消除忧惧”，有的解释为避免血光之灾，去除恐惧之心，均非确解。《周易正义》王弼注云：“凡称血者，阴阳相伤也。”六四居于九三之上是为“乘刚”，九三“夫妻反目”，六四有“殃及池鱼”之虞。不过六四下与初九正应，上与九五亲比，“上合志也”，故无咎。“血去惕出”者，六四已入上互卦《离》，是互《离》之中爻，《离》卦反《坎》，坎为血，故六四曰“血去惕出”。血为伤，惕是戒惕、警惕，戒备的意思。出离窘困，刚达小康，人的心态不免复杂起来，患得患失，戒备心理十足。如何消除？需要讲究诚信，持守正途，如此则能消除忧虑，放下戒备心态，坦荡做人，不会有过错。象辞说：“有孚惕出，上合志也。”是指六四靠近九五，其诚信得到九五的肯定，“上合志也”，所以“无咎”。

“九五：有孚挛如，富以其邻。”

象曰：“有孚挛如，不独富也。”

九五是《小畜》卦的主爻，看重诚信，也希望以诚信带动邻居致富。“有孚挛如”，又见于中孚卦九五：“有孚挛如，无咎。”“挛如”，像手指蜷曲那样抓住，“挛”也有牵系、带动的含义，孔颖达疏：“挛如者，相牵系不绝之名也。”“富以其邻”，即象辞所说：“不独富也”，也就是邓小平所说的“共同富裕”。李光地在《御纂周易折中》中以君臣之义解九五爻辞：“六四者，近君之位也，所谓小畜者也；九五者，君位也，能畜其德，以受臣下之畜者也。四曰‘有孚’，是精诚以格其君；

五亦曰‘有孚’，是推诚以待其下。上下相孚，而后畜道成矣。”李光地之解未及“富以其邻”“不独富也”，可能他也认为，指望富人带动邻居共同致富，更多的可能是穷人的一厢情愿吧！

“上九：既雨既处，尚德载。妇贞厉。月几望，君子征凶。”

象曰：“既雨既处，德积载也。君子征凶，有所疑与。”

上九是《小畜》卦的终爻，积蓄到了极点，是继续积累，还是满足于小康，正是十字路口。“既雨既处”，“既”当“又”讲，“处”作“止”观，“既雨既处”，就是时雨时晴，正是风调雨顺之象，这是崇尚积德的结果。有了积蓄，在内理家的女人就有了更大的主动权，即使恪守正道，也有凶险，这个凶险就是前面所提及的“夫妻反目”，家室不宁，所以“妇贞厉”。“月几望”，几当“既”讲，既望即月圆，月圆之时正是春情发动之际，“君子征凶”，君子此时出门恐有不好的事情发生。

“月几望”之象在其他卦中也有，如《归妹》六五爻辞：“月几望，吉。”《中孚》六四爻辞：“月几望，马匹亡，无咎。”但都为吉兆，何以在这里“君子征凶”？王应麟解释说：“《小畜》上九‘月几望’则凶，阴疑阳也；《归妹》六五‘月几望’则吉，阴应阳也；《中孚》六四‘月几望’则无咎，阴从阳也。”这是因为，这三个卦中刚柔爻的关系不同，《小畜》卦以一柔畜五刚，柔爻居主导地位，君子即刚爻，故“征凶”；《归妹》是女子出嫁，其卦三刚三柔，刚柔爻配比均衡，月圆之时正是良辰吉日，故“吉”；《中孚》卦四刚二柔，六四亲比九五，是“阴从阳”之象，故“无咎”。

易经·上经之十

临深履薄，效之履卦

天泽履

履

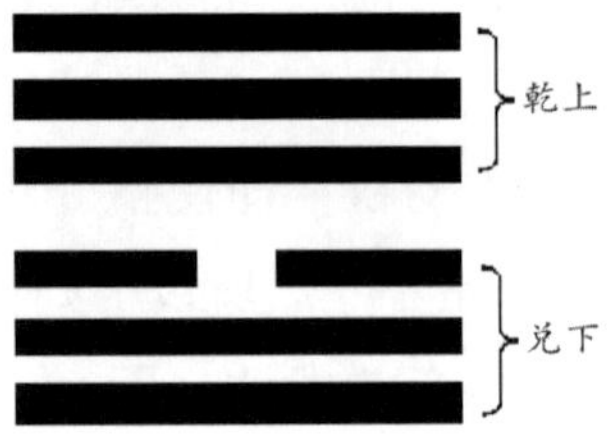

《履》：**履虎尾，不咥人。亨。**

初九：素履往，无咎。

九二：履道坦坦，幽人贞吉。

六三：眇能视，跛能履，履虎尾，咥人，凶。武人为于大君。

九四：履虎尾，愬愬，终吉。

九五：夬履，贞厉。

上九：视履考祥，其旋元吉。

《履》卦为艮宫第六卦，下卦为《兑》，上卦的第二爻继续变，柔变刚，上卦因之变为《乾》。《乾》为天象，《兑》为泽象，是为“天泽《履》”。

本宫卦　初爻变　二爻变　三爻变　四爻变　五爻变　游魂卦　归魂卦

艮为山　山火贲　山天大蓄　山泽损　火泽睽　天泽履　风泽中孚　风山渐

艮宫八卦卦象

《履》卦与《小畜》卦互为综卦，将《小畜》卦上下旋转一百八十度，就是《履》卦。综卦之间大多具有内在的关联，如《泰》卦和《否》卦、《损》卦和《益》卦，相反相成。《履》卦和《小畜》卦的关联是走路，《小畜》是走老路，从初爻的“复自道”开始；《履》卦则是走新路，从“素履”开始。走老路有底气，其心态是平和的、开放的；走新路则没底气，其心态是戒惧的、谨慎的。所以《履》卦也是讲心态的。

卦言：“履虎尾，不咥人，亨。”

彖曰：“履，柔履刚也。说而应乎乾，是以履虎尾，不咥人，亨。刚中正，履帝位而不疚，光明也。”

“履虎尾”，举步维艰之象。“不咥人”，虎尾被踩而不反噬，是因为举步之际小心谨慎，未能使老虎感觉到伤害，故曰“亨”。

《履》卦以履虎尾为喻，是就卦象而言。全卦五刚一柔，柔爻处于第三爻位，是下卦的最上爻。九二为刚爻，柔爻踩在九二刚爻之上，如履虎尾，正如彖辞所说：“柔乘刚也。”《履》卦下卦为《兑》，上卦为《乾》。“说而应乎乾”，仗履而行，《乾》是领行者，《兑》是跟行者。“说”训“悦”，《兑》卦跟随《乾》卦而行，是心悦诚服地跟行。《兑》卦跟着《乾》卦走，所以时不时会踩到虎尾，但只要小心，不会踩得很重，因此也不担心老虎反噬。“刚中正，履帝位而不疚”，指九二爻，九二是内卦主爻，就内外卦关系而言，九二与九五相应，也是处于履虎尾的位置，不过，九二踩的是九五的脚后跟，九五为君位，所以是“履帝位”。“履帝位而不疚”，此“疚”非彼“咎”，咎是别人责怪，疚是自责。踩到帝位而不感到自责，是因为九二刚爻正位，没有不臣之心，是正大光明的行为，所以称“光明也”。

象曰："上天下泽，履；君子以辨上下，安民志。"

天在上，水在下，象辞说，这就叫"履"。这里说的"履"，是行必有迹的意思。君子见到此卦象，要辩明上下尊卑，以安定民心，能够循志而行。

"初九：素履往，无咎。"

象曰："素履之往，独行愿也。"

素履有两解，一曰白色的鞋子，素为白色，履作"鞋"解；一曰照平常样子走路，素即平素，履作"行"解。我取后者。

初九在本卦之始，践行之始，心无旁骛，只是按照平素的志向前行。"独行愿也"，有特立独行的意味，这是没有杂念的心态。

"九二：履道坦坦，幽人贞吉。"

象曰："幽人贞吉，中不自乱也。"

九二刚爻性刚，但二爻为阴位，是为刚中守柔，坚定而谨慎地前行。而且前面是柔爻六三，不足以形成阻碍，故"履道坦坦"。"幽人贞吉"，下卦为《兑》，泽象，居此之人应为隐遁之士，故称幽人；"贞吉"，持守正道，必然吉利安好。有人将幽人解为妇人，认为此爻讲妇人持家，"中不自乱"，所以贞吉。虽也说得通，但与各爻关系不明，与本卦的主旨也不相符，故不取。还是将"幽人"解释为："内心平静自然毫不紊乱，信念坚固、循礼仪而行、能够自守的人"为好。

"六三：眇能视，跛能履，履虎尾，咥人，凶。武人为于大君。"

象曰："眇能视，不足以有明也。跛能履，不足以與行也。咥人之凶，位不当也。武人为于大君，志刚也。"

六三居下卦最上，柔爻阳位，不中不正，属柔质而用强，有点不自量力，好像眇一目而自认能视，跛一足而自称善走，其结果自然是"履虎尾，咥人，凶"。"武人为于大君"者，以为凭借武力就可以对大人君子颐指气使。这里的"大君"指治理国家的人，亦即"咥人"之虎。武人恃武力威胁大君，势同履虎尾，结果是被咥。后人也多用"捋虎须、批逆鳞"的说法比喻以下犯上，这都是有凶险的事。

“九四：履虎尾，愬愬，终吉。”

象曰：“愬愬终吉，志行也。”

九四居上爻最下位，也是不中不正，但九四阳爻，其性刚，且“愬愬”，戒慎恐惧，“如临深渊、如履薄冰”，虽然也是“履虎尾”，但“终吉”。“履虎尾”于此卦中三见，其一在卦辞，指走新路本身就是履虎尾，有一定凶险的事；其二在六三爻辞，履虎尾的结果是咥人，凶；其三即在此处，由于始终戒慎恐惧，虽履虎尾，但结果是吉祥的。

“九五：夬履，贞厉。”

象曰：“夬履贞厉，位正当也。”

“夬履”，决然前行。九五阳爻君位，刚而能为，自然在前行时毫无顾忌。但为什么“贞厉”？因为刚毅的另一面就是刚愎，自信满满，刚愎自用，虽然践行正路，也有一定风险。象辞说：“夬履贞厉，位正当也”，是说决然前行有一定风险，但这也是领行者的责任承担，因为这是位置决定的。

李零将“夬履”解释为破鞋，认为夬者缺也，鞋穿破了，卜问结果是有凶险。这也算一说，但与象辞所说的“位正当也”对不上。

“上九：视履考祥，其旋元吉。”

象曰：“元吉在上，大有庆也。”

上九是本卦的终点，践行之后自然要回顾检视，所以要“视履考祥”。祥也作“详”，检视、考察详细，也对。“其旋元吉”，旋是回旋、周旋，也有最后的意思，“其旋元吉”，从结果看还是大吉大利的。象辞说：“元吉在上，大有庆也”，有惊悸以后庆幸的心态。

易经·上经之十一

达人处世，力行泰卦

地天泰

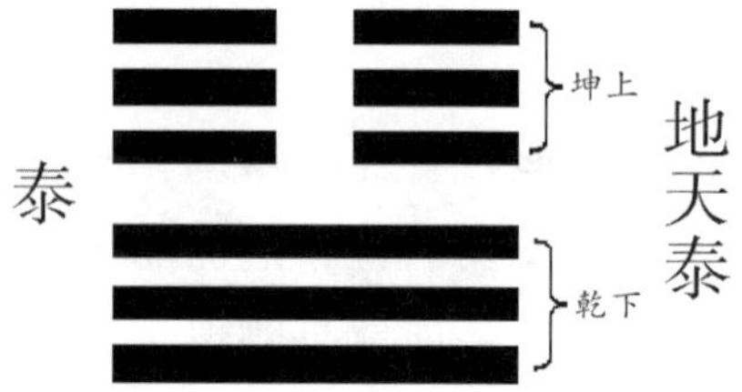

《泰》：**小往大来，吉，亨。**

初九：拔茅，茹。以其汇，征吉。

九二：包荒，用冯河，不遐遗。朋亡，得尚于中行。

九三：无平不陂，无往不复。艰贞无咎。勿恤其孚，于食有福。

六四：翩翩，不富以其邻，不戒以孚。

六五：帝乙归妹，以祉元吉。

上六：城复于隍，勿用师，自邑告命。贞吝。

《泰》卦为坤宫第四卦，其六爻已三变，下卦三柔爻变三刚爻，《坤》变《乾》，乃成上《坤》下《乾》之《泰》卦。泰者大也，泰通太，大的意思。泰也有宽广、通达、安定的意思。所以占卜占得《泰》卦，大都认为是大吉大利的事。

卦言：“泰：小往大来，吉，亨。”

彖曰：“泰：小往大来，吉，亨。则是天地交而万物通也，上下交而其志同也。内阳而外阴，内健而外顺，内君子而外小人，君子道长，小人道消也。”

泰卦之要在于“小往大来”，要舍小就大，这样才能吉祥、通达。这里的小、大，可以指物，也可以指人。指物，“则是天地交而万物通也”；指人，则是“上下交而其志同也”。所以交合、沟通才是达到“泰”的必要条件和前提。泰卦之象是“内阳而外阴”，泰卦之性是“内健而外顺”，泰卦之用则是“内君子而外小人”，以达到“君子道长，小人道消”的结果。“内君子而外小人”可以有两种理解：一是内心秉君子之道，对外则不妨用小人之术，“逢人只说三分话，未可全抛一片心”，虽君子而不免也。还有一种理解，即内训“纳”，意为接纳君子而远小人，亦通。

象曰：“天地交，泰。后以财成天地之道，辅相天地之宜，以左右民。”

大象的象辞大多是借卦象而讲人事，此卦也不例外。特殊的是其他各卦讲人事的对象多为“君子”，而这里则是“后”。后是君王，表明泰卦是老天对君王的“廷训”。君王得此卦象，要体认天地化生之道以聚财，顺应天地变化之宜以施政，并以自己的行为影响百姓。这里的“后以财成天地之道，辅相天地之宜”，用的是倒装句法，应训读为“后以天地之道成财，顺天地之宜相辅”。很多人由于不理解这种倒装句式，把内容都理解错了。今人李文波解为：“天地相交，因而安泰。君王应当效法这一自然法则，适当剪裁运用，以成就天地交合之道，达成孕育万物的正当目标，调整人民的生活，使其和谐安泰。”（《易经通解》），史冷金解为：“君王这时要把握时机，善于裁决调理，以成就天地交合之道，促成天地化生万物之机宜，护佑天下百姓，使他们安居乐业。”（《易经的故事》）按照古人的世界观，人只能顺应天道，怎么能成就天道？所以是妄解。

“初九：拔茅，茹。以其汇，征吉。”

象曰：“拔茅征吉，志在外也。”

下卦三爻俱为刚爻，阳气向上，是三爻齐动之象，故初九以拔茅为喻。茅为菅草，其体纯白，古人用于包物。《诗经》有曰：“野有死麕，白茅包之；有女怀春，吉士诱之。”（《国风·召南》）意思是野地里有头死鹿，用白茅包裹着；有位少女春情荡漾，漂亮男子追过来调笑打趣。白茅还是祭祀常用的物品，见之《大过》卦之初六：“藉用白茅，无咎”。“茹”有多解，“茹毛饮血”，茹即“吃”；“我心匪鉴，不可以茹”（《邶风·柏舟》），茹即包含。在这里，茹指的是草根牵连状。到野外拔茅，由于茅草根系牵连，一拔就拔出一大片。“以其汇，征吉”，以其汇聚之状为兆，同行者同心，前行则吉。

关于此句的断句，有人断为：“拔茅茹，以其汇”，有人断为：“拔茅，茹以其汇”。前者验于象辞：“拔茅征吉”，可证不确；后者以形容词作动词，理解错了，故我不取。拔茅用以包物，征吉用以卜行，所以象辞说：“志在外也。”

“九二：包荒，用冯河，不遐遗。朋亡，得尚于中行。”

象曰：“包荒，得尚于中行，以光大也。”

初九一意拔茅，到九二则用以包物。包何物？“包荒”。《周易集解》王弼注：“能包含荒秽，受纳冯河者也。”荒从“川”，巟声，大河千里，鱼龙混杂，泥沙俱下，“包荒”者，以宽容的心态包容、接纳各种各样的人一起凭河前行，不仅要包容好的，也要包容不好的。“用冯河，不遐遗”，冯训为“凭”，“用冯河”多解为徒涉渡河，理解错了。这是受到“暴虎冯河”典故的影响。孔子与颜渊、子路行，对颜渊说：“用之则行，舍之则藏，只有你和我能做到吧。”子路不服，说：“要让您率领三军，您要和谁在一起？”孔子说：“暴虎冯河，死而不悔者，吾不与也”，意思是说，赤手搏虎，仅凭借一条河作依托，死了也不后悔的人，我才不和他在一起呢。但通行的解释是徒手搏虎，徒涉渡河，死而不悔，实际上解释偏了，但影响很大。以致一见到“冯河”，就认为是渡河。实际上，“用冯河，不遐遗”，在这里应理解为率众凭河前行，不因其远而有所遗漏。遐，远也。如果冯河作渡河解，何来其远？可知不确。“朋亡”，无私结朋党之虞。“朋”有三解：一曰朋友；二曰朋币，古人以贝为币，朋是两个贝壳并列的象形字；三曰朋党，小人无自信，常戚戚，故喜拉帮结派以壮声势，君子坦荡荡，故君子不党。此处作朋党解。包容万物，当然包括小人、有道德瑕疵的人，“不遐遗”，有人接纳，不被排斥，自然不会再私结朋党。“得尚于中行”，有宽容之心，有包容之举，接纳无遗类，这种中行之道是得到崇尚的。

象辞解释说：“包荒，得尚于中行，以光大也”，以光大，是因为这是光明正大的事。

“九三：无平不陂，无往不复。艰贞无咎。勿恤其孚，于食有福。”

象曰：“无往不复，天地际也。”

九三爻辞继续说明“包荒”的道理。接纳一个人包括接纳他的缺点，世界上没有十全十美。“无平不陂，无往不复”，平路上总会有坎坷，离去者总会要复归。贞好永远是寓于艰难之中，这就是辩证法。认识这一点，接纳这一事实，就能够“无咎”。人们总是本能地趋近光明，厌恶黑暗，但是黑格尔却讲：“在纯粹光明中就像在纯粹黑暗中一样，看不见任何东西。”（黑格尔《小逻辑》）所以要包容，不要人为设限，党同伐异。天生万物，不藉尊卑；海纳百川，不择清浊。“勿恤其孚，于食有福”，每个人都有其处事之道，不要替别人瞎操心；猪往前拱，鸡向后刨，在觅食上各有各道。象辞将“无往不复”上升到天地交合的高度来认识，“天地际也”，这是天地交的规律性变化。

这里讲的是另一个道理：既然已经包容、接纳了各色人等，就不要用统一的标准规范他们，量才而用，不拘细行。昔孟尝君好士，鸡鸣狗盗之徒皆为其所用，是“包荒”；曹操三下求贤令，一曰“唯才是举”，一曰“勿废偏短”，一曰“勿拘品行”，也是“包荒”。

“六四：翩翩，不富以其邻，不戒以孚。”

象曰：“翩翩不富，皆失实也；不戒以孚，中心愿也。”

六四位于上卦最下爻，下应九二，是“包荒”的对象。从爻辞上看，这就是一个不求上进、没有责任担当的人。很多人以为，《泰》卦既然是大吉大利的卦，对其爻辞也要从积极面上理解，故多曲为之解说。如“翩翩”，解释为“飞翔而就下，以喻虚怀若谷”；“不富以其邻”，断句为“不富，以其邻”，为了能与邻居和睦相处，故意不致富。简直是不知所云。我看到“翩翩”，想到的是蜜蜂旁边的蝴蝶，当蜜蜂辛勤采蜜时，蝴蝶在一旁翩翩起舞，“不富以其邻”，见前述《小畜》卦之九五爻辞：“有孚挛如，富以其邻”，其象辞解释说：“不独富也。”这里是“不富以其邻”，即不和邻居一起勤劳致富，是个不求上进的形象。“不戒以孚”，不以诚信来约束、规诫自己，没有责任担当。象辞说，为人轻薄，不努力勤劳致富，这都是不务实的表现；不以诚信来约束、规诫自己，这才是他内心真实的想法。

此爻讲的是“与下交不避其秽”。

“六五：帝乙归妹，以祉元吉。”

象曰：“以祉元吉，中以行愿也。”

帝乙归妹是商周世代交替过程中的一个大事件，当事人正是在羑里推演八卦的文王姬昌。此事之重要，令文王在六十四卦中专门命名了一个“归妹”卦。周族自豳迁至岐山周原后，休养生息，渐趋壮大，至古公亶父之子季历时，已是商王朝西部诸侯伯长，商王武乙命之为“西伯”。武乙死，文丁即位，忌惮周的壮大，寻了个借口囚季历于朝歌。季历愤而绝食致死，史称“文丁杀季历”。姬昌是季历幼子，继位后为报杀父之仇秣马厉兵，商周矛盾加深。文丁死，帝乙即位，为缓和矛盾，将其妹、文丁之女下嫁姬昌，是为太姒。《诗经·大雅》中文王之章专门记述了此事。帝乙归妹是一场政治婚姻，但也保证了商周之间近三十年的和平，所以六五爻辞讲：“帝乙归妹，以祉元吉。”

此爻讲的是“与上交不惮其威”。

“上六：城复于隍，勿用师，自邑告命，贞吝。”

象曰：“城复于隍，其命乱也。”

古人筑土为城，就地取材，城墙筑起来后，取土之处就自然形成围绕城墙的壕沟，名之为“隍”。高城深隍，是护卫城市的有效屏障，后人则把城市的保护神名之为“城隍”。隍中注水，即为“城池”，也就是俗称的护城河。

“城复于隍”，城墙坍塌，覆盖在隍之上。这有两种可能：一是外敌破坏，一是自然朽坏。联系本卦名“泰”，即平安、通泰，当是后者。承平日久，自然生出怠惰之心，为政者荒嬉政务，为民者耽于安乐，城墙经风吹雨淋而不及时修葺，乃至坍塌。因为无战乱之忧，故“勿用师，自邑告命”，不用军队，只是告诉附近的居民注意。“贞吝”，尚秉和说：“言卜问不吉，泰极将返否故也。”这表示安泰到了极点，泰极否生。

本卦为达人所设。达人不是圣人，不是贤人，只不过是通情达理的人，达人与人交无不善，下交不避其秽，上交不惮其威。套用孔子的一句话“有教无类”，达人可谓是“有交无类”。旷达萧散，与世无争，自然安泰。我想，这大概就是“泰”卦的精髓吧。

易经·上经之十二

安泰生否，乃有否卦

天地否

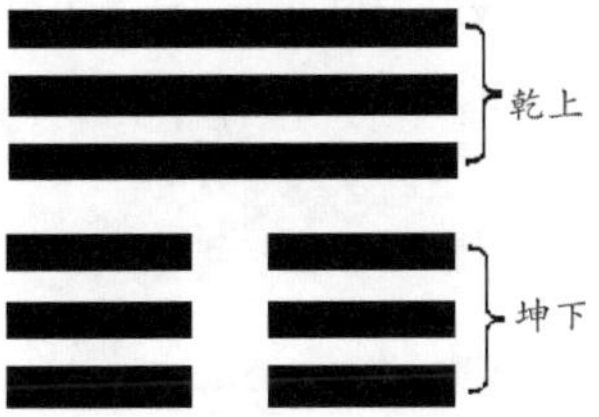

《否》：**否之匪人，不利君子贞，大往小来。**

初六：拔茅，茹以。其汇，贞吉，亨。

六二：包承，小人吉，大人否。亨。

六三：包羞。

九四：有命，无咎，畴离祉。

九五：休否，大人吉。其亡其亡，系于苞桑。

上九：倾否，先否后喜。

《否》卦是乾宫第四卦，至此乾宫三变，下卦三爻全部由刚爻变为柔爻，成为《坤》卦，上《乾》下《坤》是为“天地《否》”。

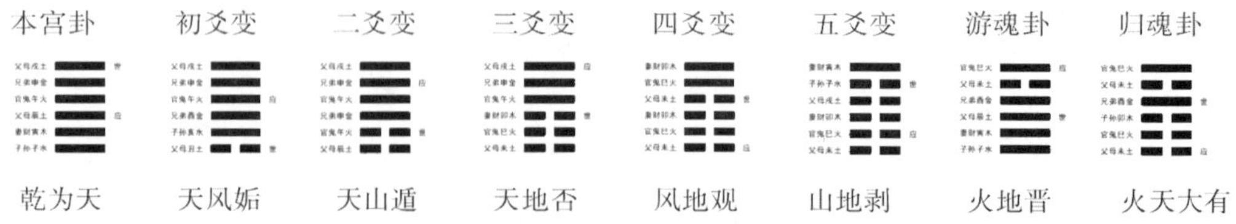

乾宫八卦卦象

《否》卦与《泰》卦互为综卦，也互为错卦。互为综卦是一种旋转 180° 的倒影表现，如同一个人站在水池边，水中即有人的倒影一般。互为错卦则是摄影术中的正负片表现。在反映同一对象的照片中，正片中的黑色部分，即是负片中的白色，反之亦然。而在互为错卦中，甲卦中的刚爻，即是乙卦中的柔爻，反之亦然。

互为错卦

彩色正负片

互为综卦表现为看待同一事物的两个对立视角，互为错卦则表现为同一事物正反两个本质间互相依存、互为因果的辩证关系。《否》卦与《泰》卦的关系，既是闭塞与通达两种不同的卦象表现，也是闭塞与通达互为因果、互相转化的卦象表现。

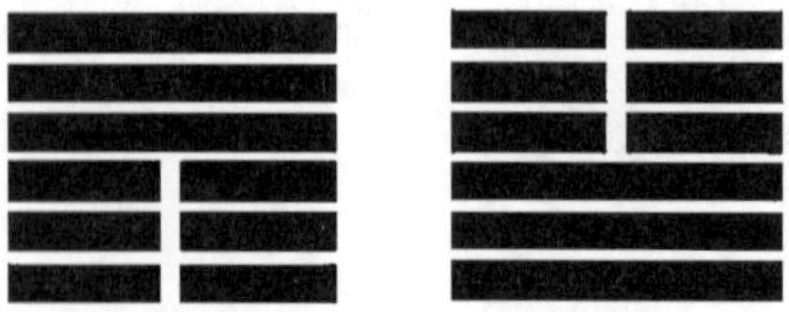

否极泰来

卦辞："否之匪人，不利君子贞，大往小来。"

彖曰："否之匪人，不利君子贞，大往小来。则是天地不交而万物不通也，上下不交而天下无邦也。内阴而外阳，内柔而外刚，内小人而外君子，小人道长，君子道消也。"

《泰卦》是"小往大来"，《否》卦与《泰》卦正相反，是"大往小来"。"否之匪人"，否是闭塞，匪训为"非"，意思是不应闭塞的人却处于闭塞状态。一个患有自闭症的人处于闭塞状态是正常的，处于底层的小人物懵然无知，消息不灵通，处于闭塞状态也是可以理解的。但君子则不然，君子需要通达，所以这里的"否之匪人"特指君子否。社会闭塞，消息不通，君子无法判断形势，决定取舍，所以"不利君子贞"，君子无法做到持正自守。社会闭塞，发展陷于停滞，人们辛勤劳作而付出甚多，所得甚少，亦即"大往小来"。中国改革开放以前，就是这种状态。此卦彖辞全抄《泰》卦彖辞，但指意完全相反。《泰》卦是"天地交而万物通"，这里讲"天地不交而万物不通"，《泰》卦讲"上下交而其志同"，这里讲"上下不交而天下无邦"，摆明是和《泰》卦对着来。

象曰："天地不交，否。君子以俭德辟难，不可荣与禄。"

象辞以天象说人事，处于天地不交的闭塞环境，君子应独善其身。"俭德辟难"，通解为"以节俭的品德避难"，不确。俭德之俭是名词动词化，俭应训为"敛"，要收敛兼济天下的良好愿望，规避可能到来的危难。因为下文接着说："不可荣与禄"，荣即荣耀、彰显，与收敛是相反的。禄即出仕为官，"不可荣与禄"就是说君子不要出仕为官，做那些兼济天下、可以为自己带来荣耀的事。

"初六：拔茅，茹。以其汇，贞吉，亨。"

象曰："拔茅贞吉，志在君也。"

初六和《泰》卦的初九干的是同一件事，即"拔茅"。内卦三爻俱是柔爻，同样以"茹，以其汇"表征。不同的是，拔茅的人不同，用途也不同。《泰》卦初九为刚爻，以喻君子。拔茅包物，意在前行，故曰"征吉"，曰"志在外也"；《否》卦初六为柔爻，以喻小人物。拔茅包物，则意在进献，故曰："志在君也"，本无意前行，故曰"贞吉，志在君也"，君王笑纳则吉。

“六二：包承，小人吉，大人否。亨。”

象曰：“大人否亨，不乱群也。”

“承”在甲骨文中的造型是两只手捧着一个跪踞的人，《说文》：“承，奉也，受也。”承是以下受上，我的理解，包承就是顺承上意，《泰》卦的二爻爻辞也有这个“包”字，是“包荒”，包容八荒之意。八荒指天地八个方向，即东、南、西、北、东南、东北、西北、西南。颜师古注：“八荒，八方荒忽极远之地也。”“包荒”二字何其气魄！王者之概跃然目前。而这里却是“包承”，包容承受，何其柔顺安守！此固小人之常态也。六二柔爻阴位，又在下卦之中，上应九五，阴阳相应，能够顺承上意，对小人物来说是吉祥的，所以说“小人吉”。但在上下不交的情况下，“大人否亨”，是大人物的闭塞阻断了上下的沟通。为什么大人物要“否”？象辞解释说：“大人否亨，不乱群也。”大人物不欲扰乱上下的分际。这里实际上讲到，造成社会闭塞的主要原因在于位居高处的大人物不愿意使“上下交”。

“小人”有二解，一是心胸狭小、格局不大的人，一是小人物，无关乎品格，只是社会地位低。《易经》中所说的小人，两种含义都有。如何区分？要看相对于谁讲，小人、君子对称，指前者；小人、大人对称，指后者。小人物不一定是小人，大人物也不一定是君子，自古皆然。

“六三：包羞。”

象曰：“包羞，位不当也。”

“包羞”难解。遍观古今注家，多解释为包容羞辱。孔颖达说：“‘包羞’者，言群阴俱用小人之道包承于上，以失位不当，所包承之事，唯羞辱也。”（《周易正义》）朱熹说：“以阴居阳而不中正，小人志于伤善而未能也，故为包羞之象。”（《周易集解》）若如此，与“否”何干？且《否》卦之“小人”并非指心胸狭小、格局不大之人，而是指“小人物”。所以，不可以“小人”之心度“小人物”之心。因爻辞中只言“大人”，即“大人物”，与君子无涉。羞当可训为“馐”，《说文》：“羞，进献也，从羊。羊，所进也。”《周礼·天官·笾人》：“凡祭祀，供其笾荐羞之实。”郑玄注：“荐羞皆进也，未食未饮曰荐，既食既饮曰羞。”初六拔茅，六三藉以包羞，皆小人物感于上下不交，欲包羞进献以祈祷得福。结果如何？爻辞没有说，看来无效果。象辞说，虽然“志在君”，但是“位不当也”。

这不是你等小人物应该做的事。

“九四：有命，无咎，畴离祉。”

象曰：“有命无咎，志行也。”

九四刚爻阴位，其性刚而其位柔，属有心无力的状态。但居于九五之下，受到九五的庇佑，故曰：“有命，无咎。”畴，从田从寿，从字义上讲，是永久耕种的田。离者丽也，附丽的意思。祉即福祉。清朝建立以后，旗人入关，生下来就有俸禄，号称“铁杆庄稼”，即此义也。故曰“畴离祉”。九五以喻大人，九四则是大人身边的人，在社会闭塞，处于“否”的状态下，仍衣食无虞，“畴离祉”，应属于尸位素餐之辈。象辞说：“有命无咎，志行也”，这些人是跟着“大人”一起行动的，大人有志，自然跟行。

“九五：休否，大人吉。其亡其亡，系于苞桑。”

象曰：“大人之吉，位正当也。”

休，止也。“休否，大人吉”，终止社会闭塞的状态，对大人物来说是吉利的。看来社会泰或否，全在大人物的一念之间。只有大人物认识到否塞的危害，才能有效地终止否塞。改革开放必自上始，也是这个道理。“其亡其亡，系于苞桑”，疑是商周时代的民谣，演八卦时文王引用其中的片段。孔子删诗，三百篇中未收，但又在读易时所见。子曰：“危者，安其位者也；亡者，保其存者也；乱者，有其治者也。是故，君子安而不忘危，存而不忘亡，治而不忘乱。是以身安而国家可保也。易曰：‘其亡其亡，系于苞桑。’”这是孔子读到否卦时的感慨。孔子认为，危险之所以发生，是因为大人物关心的是其位是否安稳；国、家所以会败亡，是因为大人物关心的是自己占有的能否长存；社会所以会动乱，是因为大人物只知道强化管制。因此，君子应当居安思危，守存虑亡，图治防乱。这样做才能善其身而保其国、家。《易经》说：“要丢了！要丢了！赶紧系在苞桑上吧！”说的就是这个道理呀！

“上九：倾否，先否后喜。”

象曰：“否终则倾，何可长也。”

上九，《否》卦的运行已到极点，正如厨房的下水管，逐渐淤塞到了水流不通的阶段，就要取下来倾倒除淤，“否终则倾”，故曰“倾否”。九五“休否”

只是使闭塞局面不至于进一步恶化，到了上九，才开始进行疏通，以改善闭塞的局面，达到大家都皆大欢喜的效果，这就是“先否后喜”。

象辞说，“否终则倾，何可长也”，意思是闭塞的状态不会持续很久，这种判断有点过于乐观了。否源于安泰，正如危生于安，亡源于存，乱出于治，安泰的状态下最容易产生的倾向是维持现状，殊不知维持现状正是否塞的开始。而否塞的形成有个逐渐积聚的过程，其危害也只有积聚到一定程度才能显现，显现到引起大人物警觉还要有一个过程，从而有所警觉，到决心改变还要经历一定时间，所以由泰生否，是自然而然的转化，而自否生泰则不能自然而然产生。我们光知道泰和否可以互相转化是不够的，还要充分认识这两个转化的不同过程特点。

易经·上经之十三

吊民伐罪，必先同人

天火同人

《同人》：**同人于野，亨。利涉大川。利君子贞。**

初九：同人于门，无咎。

六二：同人于宗，吝。

九三：伏戎于莽，升其高陵，三岁不兴。

九四：乘其墉，弗克攻，吉。

九五：同人先号啕而后笑，大师克，相遇。

上九：同人于郊，无悔。

《同人》卦为离宫第八卦，卦变至此已是最后一变，上卦不变为《乾》，下卦变回《离》。因为变到最后又回到《离》卦，所以同人卦属于归魂卦。

本宫卦

离为火

归魂卦

天火同人

同人，即“与人同”。《乾》为天象，《离》为火象，是为“天火《同人》”。天火同人，高天之下，一群人围着火堆，有抱团取暖之象。

关于《同人》卦的主旨，《序卦传》说：“物不可以终否，故受之以同人”。意思是打破闭塞的局面，需要大人物与人同而努力，要“倾否”，这就有朝代更替的意味。《同人》卦与《师》卦互为错卦，

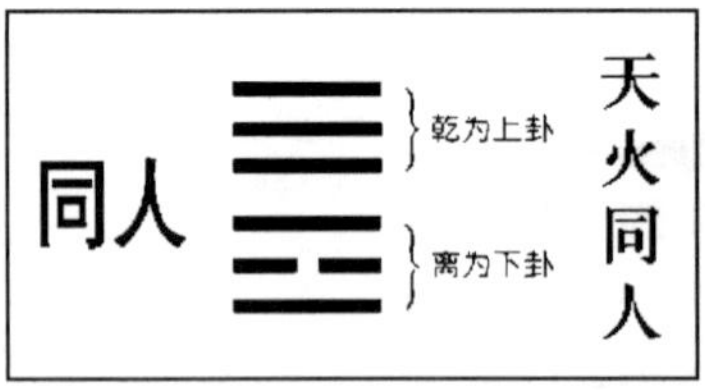

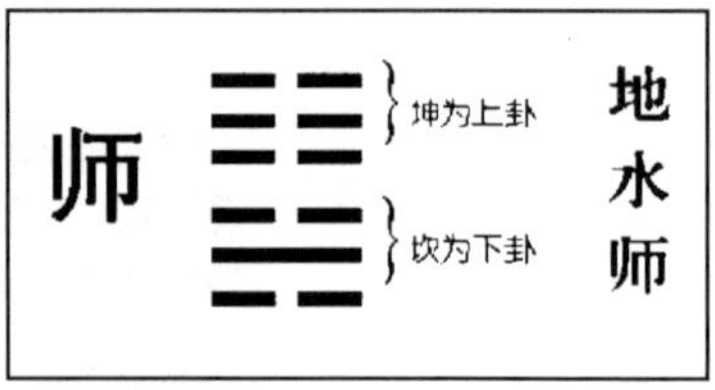

《师》卦就是《同人》卦背后隐藏的本质信息，所以“同人”的目的在于兴“师”，吊民伐罪。

卦辞：“同人于野，亨。利涉大川，利君子贞。”

彖曰：“同人，柔得位得中，而应乎乾，曰同人。同人曰：同人于野，亨。利涉大川，乾行也。文明以健，中正而应，君子正也。惟君子为能通天下之志。”

“同人于野”，在野外聚合人众。旷野无垠，四通八达，故曰“亨”。同人于野，必有大事。“国之大事，在祀与戎”（《左传成公十三年》），同人于野者，为用兵而聚众也。商代夏、周代商，都是同人兴师，吊民伐罪，会同天下诸侯用兵于野，实现朝代更替的，史称“汤武革命”。商汤伐桀，与桀战于鸣条之野；武王伐纣，决战于牧野，这是“同人于野”的最佳注脚。关于“利涉大川，利君子贞”，彖辞从卦象上进行了阐发。此卦五刚一柔，柔爻位于第二爻位，亦即下卦之中，柔爻阴位，得位得中，所以彖辞说“柔得位得中”，上卦三刚爻为《乾》，故“而应乎乾”。所以能利涉大川，是乾道之行。乾为日，乾道光明。文者饰也，“文明以健”，是说《离》卦以火之健修饰光明，“中正而应”，乾道以至中至正与之相应，所以“利君子之贞”。彖辞说，“惟君子能为通天下之志”，就是说只有秉承正道的君子才能疏通闭塞，“通天下之志”。此言同人必以通天下为志。

象曰：“天与火，同人。君子以类族辨物。”

“天与火，同人”，这里多了一个“与”字，应理解为“天给予火于同人”，做什么用？“君子以类族辨物”。明烛之下，洞见精微。“类族辨物”就是将事物分门别类，辨析清楚。在此是比喻分析形势、明确阵营划分。

“初九：同人于门，无咎。”

象曰：“出门同人，又谁咎也。”

初九位于此卦最下，象征开始，故以“同人于门”为喻。出门即与人会同，象征一开始就要聚合人众，形成力量。这样做没有过错。象辞说“出门同人，又谁咎也？”问的理直气壮。

“六二：同人于宗，吝。”

象曰：“同人于宗，吝道也。”

宗从宀从示，屋顶之下立着神主牌位，承嗣血脉之义。祖、宗有别，自唐代始。开邦立国为祖，唐高祖是也，承嗣之君为宗，唐太宗是也。宗者亲也，“同人于宗”，只在宗亲中寻求人与之同，心胸是狭窄的，所以称“吝”。象辞说得明确：“同人于宗，吝道也。”

“九三：伏戎于莽，升其高陵，三岁不兴。”

象曰：“伏戎于莽，敌刚也；三岁不兴，安行也。”

九三刚爻性刚，又处于下卦的顶端阳位，利于前行，故兴师。“伏戎于莽”，将部队隐藏于草莽之中；“升其高陵”，又登上高山观测敌情。结果呢？“三岁不兴”，连续三年没有接敌打仗。“伏戎于莽”，象辞解释说，”敌刚也“，这是敌人过于强盛的缘故。“三岁不兴”，象辞说，是因为“安行也”。“安行”，孔颖达解为“何以行”：“安，语辞也，犹言何也。既三岁不兴，五道亦已成矣。何可行也？故曰：‘安行也’。”“安”确实可训为“何”，表示疑问，如《木兰诗》：“双兔傍地走，安能辨我是雄雌？”但在此似乎不能做此解。我认为，应理解为“安全了才能行动”，这是“不打无准备之仗”的意思。

“九四：乘其墉，弗克攻，吉。”

象曰：“乘其墉，义弗克也。其吉，则困而反则也。”

已经登上了敌方的城墙，但是没有继续进攻，其占断是“吉”。为什么？象辞说：“义弗克也”，从道义上讲，就不要再进攻了。这里反映了中国传统文化中王道用兵的思想。古人用兵，先讲“五事”：一曰道，二曰天，三曰地，四曰将，五曰法。“道者，令民与上同意也，故可以与之死，可以与之生，而不畏危。”（《孙子兵法·始计篇》）首先要讲道，必须以王道行之。所谓王道用兵，就是要兴仁义之师，吊民伐罪。抚慰百姓，讨伐有罪的统治者，因此讲究“全国为上，破国次之；全军为上，破军次之；全旅为上，破旅次之；全卒为上，破卒次之；全伍为上，破伍次之。是故百战百胜，非善之善者也，不战而屈人之兵，善之善者也。”（《孙子兵法·谋攻篇》）之所以谓之“吉”，是因为“困而反则”，指围困之，以胜势威吓，令其返回正道，所谓“不战而屈人之兵”。

“九五：同人，先号啕而后笑，大师克相遇。”

象曰：“同人之先，以中直也。大师相遇，言相克也。”

“同人，先号啕而后笑”，子曰：“君子之道，或出或处，或默或语，二人同心，其利断金，同心之言，其臭如兰。”（见《系辞传上》）对“先号啕后笑”，后世解卦多理解为转危为安之兆。观孔夫子语，当知非此意。孔子说，君子处世，有的出仕，有的隐居，有的沉默，有的发言，看似不同，实则其道同一，心意同一。二人心意相通，其合力可以断金斫石，心意相通的语言，其香味正如兰花之香，气清而益远。此处之“先号啕而后笑”，当指同人聚众后的战前动员，以求心意同一。汤伐夏桀，乃作《汤誓》，姬发观兵于盟津，乃作《泰誓》；三年后与商纣王决战牧野，乃有《牧誓》，此三次誓辞均见于《尚书》，其内容大致相似，大都先历数敌之罪恶，受欺压之苦痛，继而夸耀自己军容雄壮，表达必胜信心，此即“先号啕后笑”也。由此起到激励将士同仇敌忾，吊民伐罪的效果。这也就是象辞所说：“同人之先，以中直也”的意思。

“上九：同人于郊，无悔。”

象曰：“同人于郊，志未得也。”

上九是此卦终点。“同人”在此卦中凡五见，此次同人是最后一次聚众。“同人于郊”者，近城为郊。大军胜利，班师回朝，在郊外最后聚合，要清点胜利成果，论功行赏，安抚善后。因为胜利，所以“无悔”。象辞所说“志未得也”，是说革故已成，但鼎新未就，“周虽旧邦，其命维新”，破除一个旧世界容易，建立一个新世界则很难，所以“志未得也”。

世间注家对此卦的立论，多从天下大同着眼，强调和同、团结的必要。只有北京大学教授李零认为此卦指军旅之事。但与我的理解不同，李零认为此卦不是写进攻，而是写防御。“同人于野”即御敌于野；“同人于门”，野外不敌，退至城门；“同人于宗”，城门已破，退守宗庙；“乘其墉，弗克攻”，敌人已经登上高墙，只是还没有攻进来；“先号啕后笑”，本已绝望而痛哭，幸有大军来救，终于克敌制胜，破涕为笑；“同人于郊”，胜利会师于郊外。李零之解，自也言之成理。看来《易经》诠释本就存在着无限的可能性，终无确解。

易经·上经之十四

顺天休命，得享大有

火天大有

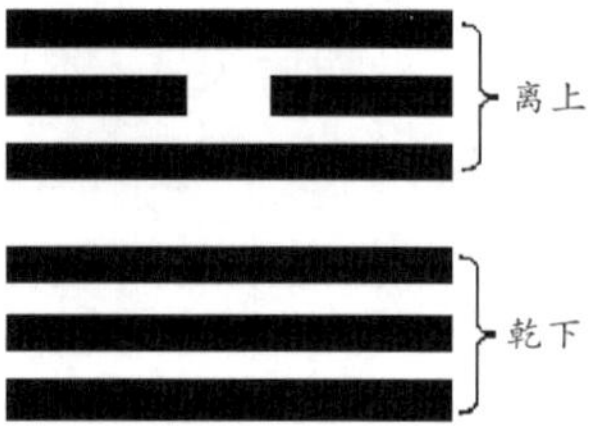

《大有》：元亨。

初九：无交害，匪咎，艰则无咎。
九二：大车以载，有攸往，无咎。
九三：公用亨于天子，小人弗克。
九四：匪其彭，无咎。
六五：厥孚，交如。威如，吉。
上九：自天佑之，吉，无不利。

《大有》卦是乾宫第八卦，上卦为《离》，火象；下卦为《乾》，天象，是为“火天《大有》”。《大有》与《同人》互为综卦，同人是聚众，大有是聚财，故曰“大有”。大有者，强调的是大家都有，大众所有，不是小有、个人私有，有点儿社会主义的味道。

卦辞：“大有，元亨。”

彖曰：“大有，柔得尊位，大中而上下应之曰大有。其德刚健而文明，应乎天而时行，是以元亨。”

《大有》卦在秦简《归藏》易中是“右”，“右”当是“佑”字省笔，《大有》卦上九爻辞“自天佑之”在楚简《周易》、帛书《易》和《周易集解》中均作“天右”。故“大有”实为“天佑”的转义。《大有》卦是六十四卦中，卦象最接近《乾》卦的，因此占断为“元亨”。全卦五刚一柔，且柔爻位于第五爻位，性柔而位尊，又与下卦《乾》卦阴阳相应，虚怀和顺，福泽万民，是为“大有”。《离》为火象，又为日象，离在天上，是晴空朗日之象，日之德普照天下，“刚健而文明”，日之运行，东升西落，夏北冬南，“应乎天而时行”，是顺乎天道、依时运作的，所以“元亨”。

象曰：“火在天上，大有。君子以遏恶扬善，顺天休命。”

“火在天上”是大有之象，君子观此卦象，就应当效法火之峻德，“遏恶扬善”，效法天之明德，“顺天休命”。休，美好的意思，顺天休命就是顺应客观规律，创造美好人生。

“初九：无交害，匪咎，艰则无咎。”

象曰：“大有初九，无交害也。”

大有自初爻开始。但因初爻无位，因此“无交害”，即没有互相伤害的危险。“匪咎”，富有不是过错，但周谚有之：“匹夫无罪，怀璧其罪”（见《左传桓公十年》）。富有可能招嫉，唯有艰贞自守，才能避免受到伤害，即“艰则无咎”。

“九二：大车以载，有攸往，无咎。”

象曰：“大车以载，积中不败也。”

九二居于下卦之中，大有积聚到需用大车承载的程度。车载者，“有攸往”也。何往？联系下文，“公用亨于天子”，不是私用，所以“无咎”。象辞说，大车承载，积中堆放，不会倾倒。以喻秉正道而用，其行也稳。

“九三：公用亨于天子，小人弗克。”

象曰：“公用亨于天子，小人害也。”

“公”，一般解为“王公大臣”，“公用亨于天子”，被解释为“公侯朝见君王，赐给饮食，得到礼遇”，或“王公大臣向天子献礼致敬”。这是不求甚解。无论王公大臣献礼于天子，还是天子赐宴，王公大臣们享用，都是用之于私，何来“大有”？而且与“小人”句联系不上。宫廷宴饮，小人何害？此为不通。本卦名曰“大有”，此爻即讲大有之用。“公用”应解释为“用于公”，此处的“亨”也不能训为“享”，取其本义，“通达”而已。所以这里实际上说的是“大有之用用于公，通于天子”，我认为这样解才符合“顺天休命”的主旨。“小人弗克”，这样的事小人物承担不了，因为小人物虑近不及远，做不到“出以公心”。象辞对“小人弗克”的解释是“小人害也”。害有三义：一曰伤害，二曰妨害，三曰罹患。此处取其第二义，如用小人物，徒增妨害。

“九四：匪其彭，无咎。”

象曰：“匪其彭，无咎，明辨晰也。”

持守大有，不因其盛大、繁多，而因其用于公，故“无咎”。“匪”，训非；“彭”，盛大、繁多貌，《诗经齐风》：“行人彭彭”。象辞说，这里的细微区别，要分辨清晰，“明辨晰也”。

“六五：厥孚，交如。威如。吉。”

象曰：“厥孚，交如，信以发志也。威如之吉，易而无备也。”

这里讲君王在大有之世的作用和地位。六五柔爻君位，性柔而位尊，虚怀和顺，唯以诚信待人接物，故曰：“厥孚，交如。”厥者其也；孚者信也；交如，相交以诚。威如，使人恭敬。如此则“吉”。《周易正义》孔颖达疏：“六五居尊以柔，处大以中，无私于物，上下应之，故其诚信，物来交接，故云‘厥孚交如’也。‘威如吉’者，威，畏也。既诚且信，不言而教行，所为之处，人皆畏敬，故云威如。以用此道，故得吉也。”此处点明，大有之用非私用，所以孔颖达才说“无私于物”。象辞解释“厥孚交如”，是“信以发志”。相交以诚信，接物也以诚信，其志向已诚发于外。“威如之吉，易（随和平易）而无备也”，是说六五的威信，建立在简易行事而无所防备的处事风格上，所以是自然生发的，因此是吉利的。

“上九：自天佑之，吉无不利。”

象曰：“大有上吉，自天佑也。”

此爻为《大有》卦的终点。核心意思是大有得到了上天的护佑，因此是“上吉”。

孔子读易至此，感慨又发：“佑者助也。天之所助者，顺也；人之所助者，信也。履信思乎顺，又以尚贤也，是以自天佑之，吉无不利。”今人释卦，见“大有”辄认为是富有，汲汲于如何积聚财富，如何保有财富，如何获得上天护佑。殊不知“大有”非“私有”，“天道无亲，常与善人”，上天护佑的是大众所有，社会共有。不识此意，读《易》又有什么意义呢？

易经·上经之十五

虚怀处世，合于谦卦

地山谦

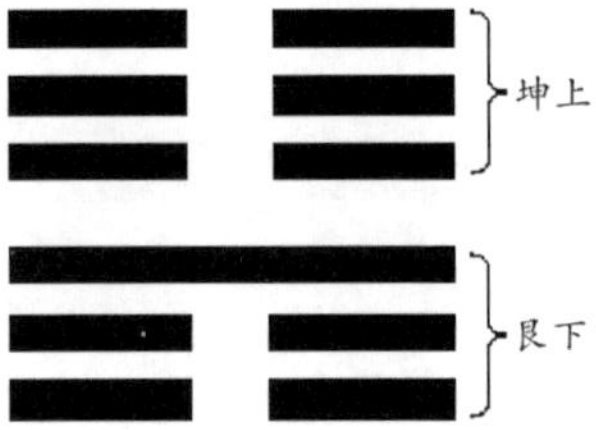

《谦》：亨。君子有终。

初六：谦谦君子，用涉大川，吉。
六二：鸣谦，贞吉。
九三：劳谦君子，有终，吉。
六四：无不利，捴谦。
六五：不富以其邻，利用侵伐，无不利。
上六：鸣谦，利用行师征邑国。

《谦》卦是兑宫第六卦。其爻凡五变，已变至上卦第二爻，刚变柔，上卦变为《坤》，地象；下卦为《艮》，山象，是为“地山《谦》”。

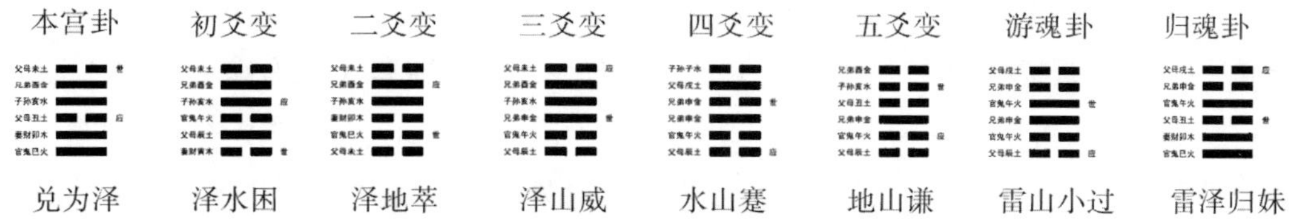

兑宫八卦卦象

“谦，德之柄也”（《系辞传上》），“谦为诸行之善，是善之最极”（《周易正义》孔颖达疏），所以《谦》卦是六十四卦中唯一六爻皆吉的卦。

卦辞：“谦，亨，君子有终。”

彖曰：谦，亨。天道下济而光明，地道卑而上行。天道亏盈而益谦，地道变盈而流谦，鬼神害盈而福谦，人道恶盈而好谦。谦尊而光，卑而不可逾，君子之终也。”

谦之为德，“屈躬下物，先人后己”（《周易正义》），可以亨通天下，故曰“亨”。彖辞说，这个“亨”指谦之为德，上通天道，下通地道，中通人道，旁通鬼神之道，无所不通，所以亨。何为天道？老子说，“天之道，损有余而补不足”，也就是这里说的“亏盈而益谦”。“天道下济而光明”，天道是济下的，所以光明之下，普天受益。何为地道？“地道卑而上行”，地道是使卑下者茁壮生长的，也就是这里所说的“变盈而流谦”，要将满溢的水引导到缺水的地方，使万物都得以生长。何为鬼神之道？实际上是人们尚未认识的客观规律发挥作用，古人无知，托于鬼神。人们从自身的实践认识到“满招损，谦受益”，但多归因为鬼神，认为“鬼神害盈而福谦。”何为人道？人道即“众生平等”。不平则鸣，所以人们总是讨厌那些骄傲自满、倚势凌人的人，喜欢和那些不卑不亢、包容谦和的人在一起，亦即“人道恶盈而好谦”。谦既通达四“道”，所以为人就要虚怀处世，使自己达到“君子”的境界，亦即“君子有终”。彖辞说，君子之终是“尊而光，卑而不可逾”，君子虚怀处世，就能做到身处尊位而奉天道，“下济而光明”，身处卑位则奉地道，“卑而上行”，凛然而不可逾越。

象曰：“地中有山，谦。君子以裒多益寡，称物平施。”

象辞就卦象而言，《坤》为上卦，在外；《艮》为下卦，在内，象征外示卑下而内蕴高大，正是谦的表现。君子观此卦象，要多听取别人的意见，弥补自己的不足，衡事轻重，力求均衡，即“裒多益寡，称物平施”。裒（póu）这个字是个僻字，查《新华字典》：“裒，①聚，②减少，~多益寡（减有余补不足）。”第一感觉：怎么可能既解释为积聚，又能解释为减少？不对。裒之第一义当出自《尔雅释诂》：“裒，聚也。”裒之第二义查无出处。将“裒多益寡”解释为“减有余补不足”，想是受到了北宋范文正公（范仲淹）的影响，范公有篇《天道益谦赋》，其中有云：“是故君子法而为政，敦称物平施之心，圣人象以养民，行裒多益寡之道。”这里如果用“减有余补不足”解释“裒多益寡”，似乎也通。但如果不用“减少”训“裒”，而是用“取（聚的衍生义）”训“裒”，解释为“收取多余的，补益不足者”也通。所以我认为《新华字典》里增加的裒的第二义“减少”，多半是《新华字典》的编撰者想当然。范公“先天下之忧而忧，后天下之乐而乐”，有此平均主义思想不足为怪，然而也是对《谦》卦的误读。“裒多益寡”的关键是益谁之寡，谦是自我的道德约束，与他人无干，所以只有“自谦”而无“他谦”。“仁者爱人”，以德立论，益他人之寡应是“仁”，益自己之寡才是“谦”。《三国演义》第一〇六回何晏与管辂论易，管辂告诫何晏：“愿君侯裒多益寡，非礼勿履。”这是因为何晏为大将军曹爽心腹重臣，为人狂诞自傲，身居尚书之位，犹企望晋三公之尊，所以管辂告诫他：要多听取别人的意见，弥补自己的不足，逾礼之事莫做。管辂是魏晋时期著名的易学大师，他对“裒多益寡”的理解才是谦卦的本义。“称物平施”，也不是今之注易者所认为的“称量财物，平均分配给众人”。那是当权者才能做的事，君子不一定当权，不能、也不应当越俎代庖。《汉书律历志》：“权者……所以称物平施，知轻重也。”汉书的解释是正确的。

“初六：谦谦君子，用涉大川，吉。”

象曰：“谦谦君子，卑以自牧也。”

谦谦连用，有人解释为“谦虚又谦虚”，这是不懂古文语法。谦谦的第一个谦是名词的动词化，正如君君、臣臣、父父、子子，意思是君有君样、臣有臣样、父有父样、子有子样，谦谦的意思是以谦虚的态度涵养谦虚的品格，“用涉大川，吉”。为什么单指涉大川为吉？因为大川水流急缓不定，危机四伏，须长存戒惧之心，谨慎行船才能安然渡过，人在大自然面前，应当始终抱有谦卑的态度，所谓“流水不争先”也。象辞进一步解释说，这是自认不足而自我约束，即“卑以自牧也”。卑即谦卑。

“六二：鸣谦，贞吉。”

象曰：“鸣谦贞吉，中心得也。”

我读《易经》，也参看许多解释《易经》的书，在读到《谦》卦的有关解释时，总不免摇头叹息，觉得几乎所有的解释都错了，即如此爻中，关于“鸣谦”之“鸣”的解释，大都解释为“声名在外”，简直谬之千里。“鸣谦”，我的理解是“以谦自省”，鸣不是要说给别人听，而是说给自己，提醒自己要养成谦虚的品格。这样做，“贞吉”，总是吉利的。象辞解释说，所以贞吉，这是因为听从自己的心声的缘故，“中心得也”。

“九三：劳谦君子，有终，吉。”

象曰：“劳谦君子，万民服也。”

“劳谦”很多人将其解释为“虽然有功劳，但还是很谦虚”，又错了。“劳”即辛劳，指付出了努力和汗水，但是否取得了成效，还在两可之间。只有取得了成效的劳，才能称为“功劳”。所以功劳是有功之劳，不是所有的劳都可以称为功劳。今人抱屈，多用一句俗语：“没有功劳还有苦劳”，意为“我的努力尽管没有成功，但毕竟也有辛苦和汗水的付出”。这句俗语的用法，对功与劳的分际还是把握很准的。“劳谦君子，有终吉”，我的理解是，不以劳为功，这种“劳谦君子”最终是会有好的结果的”。对“劳谦”，孔子提出了自己的解释，子曰：“劳而不伐，有功而不德，厚之至也。语以其功下人者也。德言盛，礼言恭。谦也者，致恭以存其位者也。”意思是：“付出了辛劳而不自夸，取得了成效而不自居其德，其宽仁厚德已至极点。将自己取得的成效分功给下面的人，（这种劳谦君子）的德行可称为盛大，其礼让可称为恭谨。因为谦这种品格，正是通过恭谨待人而得到保存。”象辞说，做到这一点，就能使万民宾服。“万民服也。”

“六四：无不利，㧑谦。”

象曰：“无不利，㧑谦，不违则也。”

“㧑”通训为“挥”，很多注家据此望文生义，将“㧑谦”解释为“将谦的品格发挥光大”。完全解释反了。㧑之“挥”，不是“发挥”，而是“挥去”。在这里，要注意语序的差异。“无不利”，易经中多见，一般用于爻辞的最后，如本卦之六五爻辞：“利用征伐，无不利。”在本爻辞中，“无不利”用在前边，语序变了，意义就有了完全相反的变化。用于前，“无不利”是前提的设定，用于后则是结果的占断。即如此爻，如果写为“㧑谦，无不利”，则可以理解为“发挥谦的品格，将无所不利”。无不利是㧑谦的结果。但这里的语序是“无不利，㧑谦”，无不利是前提，是说在没有任何不利于己的情况下，要“㧑谦”，即不要过分谦逊，要勇于任事。象辞说，在没有任何不利于己的情况下，不要过分谦逊，要勇于任事，这样做并不违背谦的本质原则。

“六五：不富以其邻，利用征伐，无不利。”

象曰：“利用征伐，征不服也。”

“富以其邻”于此三见。第一次出现在《小畜》卦九五爻辞：“厥孚挛如，富以其邻”，我将其解释为“与其邻共同勤劳致富”；第二次见于《泰》卦六四爻辞：“翩翩，不富以其邻”，我将其解释为“不能与其邻共同勤劳致富”；这里还是“不富以其邻”，我仍按“不能与其邻共同勤劳致富”去理解。但《谦》卦的“不富以其邻”不同于《泰》卦的“不富以其邻”。《泰》卦的“不富以其邻”是“不欲”，这里的“不富以其邻”是“不屑”。不欲是因为无责任承担，不屑是因为其志不在于致富，而在于建功立业。所以爻辞才说，要利用其雄心大志，专事征伐，这样做“无不利”。

“上六：鸣谦，利用行师，征邑国。”

象曰：“鸣谦，志未得也。可用行师，征邑国也。”

上六尊而无位，“鸣谦”于此又见，位虽尊而仍以谦自省，仍自认有所不足，所以象辞说“志未得也”。站在君王的角度，这样的人可以用来带兵，进行战役规模的征伐，即“征邑国”。

谦之本义是“自认不足”。自认不足不是真的不足，自己是充实的，但还认为虚，此之谓“谦虚”；自己是出色的，但还认为不够出色，此之谓“谦逊”，自己是可以先走的，但认为应该让别人先走，此之谓“谦让”。所以谦的前提是充实，不充实者不足以言谦。譬如竞技，第一名如称自己赢得侥幸，是“自谦”，如果落后者称自己“非不能也，实不为也”，这不是自谦，而是“自嘲”。谦的可贵在于虽充实却还自认不足。只有自认不足，才能不断充实自己，提高自己，完善自己。首先要“谦谦”，要以谦逊的态度涵养谦虚的品格；其次要“鸣谦”，时刻以谦自省。在取得一定成效后，要注意“劳谦”，即不要以劳为功，自我矜夸，要能够分功与人，坚守谦让本分；在没有任何不利因素时，须注意不要过分谦虚，要“㧑谦”，勇于任事，勇于进取。

柏裕江按：参见周公论《谦》：

成王封伯禽于鲁，周公诫之曰：“往矣！子其无以鲁国骄士。吾文王之子，武王之弟，成王之叔父也，又相天子，吾于天下亦不轻矣。然一沐三握发，一饭三吐脯，犹恐失天下之士。吾闻德行宽裕，守之以恭者，荣；土地广大，守之以俭者，安；禄位尊盛，守之以卑者，贵；人众兵强，守之以畏者，胜；聪明睿知，守之以愚者，哲；博闻强记，守之以浅者，智。夫此六者，皆谦德也。夫贵为天子，富有四海，由此德也。不谦而失天下，亡其身者，桀纣是也。可不慎欤！故《易》有一道，大足以守天下，中足以守其国家，小足以守其身，《谦》之谓也。夫‘天道亏盈而益谦，地道变盈而流谦，鬼神害盈而福谦，人道恶盈而好谦’。是以衣成则必缺衽，宫成则必缺隅，屋成则必加措，示不成者，天道然也。《易》曰：‘谦，亨，君子有终，吉。’《诗》曰：‘汤降不迟，圣敬日跻。’诫之哉！子其无以鲁国骄士也。”（引自《韩诗外传卷第三》第三十一章）

易经·上经之十六

悦乐有节，警在豫卦

雷地豫

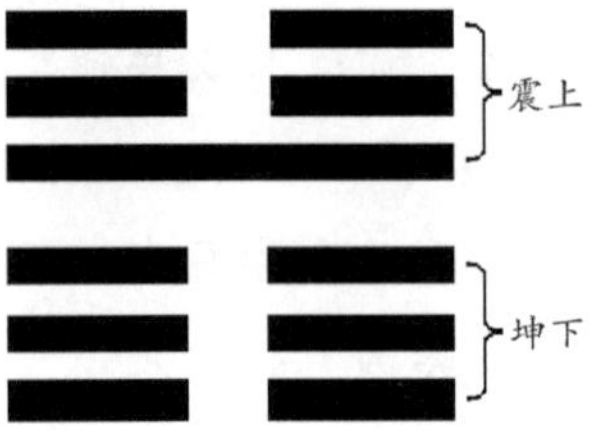

《豫》：利建侯行师。

初六：鸣豫，凶。

六二：介于石，不终日，贞吉。

六三：盱豫，悔，迟有悔。

九四：由豫，大有得，勿疑。朋盍簪。

六五：贞疾，恒不死。

上六：冥豫，成有渝，无咎。

《豫》卦是震宫第二卦，是震宫卦变之始。上卦《震》不变，下卦初爻刚变柔，《震》卦变为《坤》。其卦象是雷在地上，是为“雷地《豫》”。

震宫八卦卦象

豫从予从象，本义是“象之大者”，《说文解字》注：“象虽大而不害于物，故宽大舒缓之义取此字。”人体宽裕者多快乐，故豫有“悦乐”之义，“面露不豫之色”；时间宽裕者可相事先备，故豫也有“预先”之义，“豫为之备”。今之注易者有以“预先”之义释豫卦者，但考校原著内容，我从众，按照“悦乐”之义来解读豫卦。

卦辞：“豫，利建侯，行师。”

彖曰：“豫，刚应而志行，顺以动，豫。豫顺以动，故天地如之，而况建侯行师乎？天地以顺动，故日月不过，而四时不忒；圣人以顺动，则刑罚清而民服。豫之时义大矣哉！”

《豫》卦的卦辞无吉凶悔吝的占断，只讲“利建侯，行师”，看来《易经》作者（大概就是文王吧）对“豫”这种情绪的看法是有所保留的。传说上古舜帝命夔制乐，“百兽率舞”，先人很早就认识到愉悦身心的必要，但逸豫亡身，这样的例子也不少，“启乃淫溢康乐……湛浊于酒，渝食于野，万舞翼翼，章闻于天，天用弗式”（《墨子》）。“桀无天下忧，饰妇女钟鼓之乐，故伊尹得其粟而夺之流。”（《管子》）对文王而言，夏启、夏桀逸豫亡身，先鉴不远，想文王演卦，思天下兴亡因果之理，不能不对悦乐这种心理欲望保持高度的警惕，既不能否定，因其出自天然，又不能完全赞许，故限定其用，“利建侯，行师”，在封侯庆典、行师激励上，应该是有好处的。至于其他场合呢？没有说。不说，也是一种态度。

彖辞强调《豫》卦的“顺以动”，上卦《震》，雷象，其性动；下卦《坤》，地象，其性顺。顺势而动是《豫》卦的主旨。“豫顺以动，故天地如之，而况建侯行师乎？”天地运行都是如此，何况建侯行师？天地顺势而动，日月不改其行，四时不变其序；圣明君主顺势而动，明政慎刑而万民宾服。顺而动作为“豫”的主旨，其时机选择的意义大了去了。刑罚清之“清”很多人理解为“清廉、清正”，刑罚“清”解为“赏罚公正”，不确。这里的清是“清狱”，慎刑的意思。

象曰：“雷出地奋，豫。先王以作乐崇德，殷荐之上帝，以配祖考。”

《易经》各卦的大象多指向君子，如《谦》卦大象：“地中有山，谦。君子以裒多益寡，称物平施。”唯此卦则代之以“先王”。君子是现代时，先王是过去时。不言君子，而言先王，有影射意。“先王以作乐崇德，殷荐之上帝，以配祖考。”先王受《豫》卦的启示，制礼作乐，使民众乐于崇德敬道；钟鸣鼎荐，以虔敬之心祝祷天帝，祭祀祖先。这段话的潜台词是：古之先王是这样用“豫”的，那今之王呢？就不明说了。文王其时已见到当代的商纣王“好酒淫乐，嬖于妇人。爱妲己，妲己之言是从。于是使师涓作新淫声，北里之舞，靡靡之乐”（《史记商本纪》），其败象已著。但身为臣子，不能明斥君非，只能借先王之举隐喻之。

“初六，鸣豫，凶。”

象曰：“初六鸣豫，志穷凶也。”

“鸣豫”，孔颖达疏解释说：“鸣豫者，处豫之初，而独得应于四，逸豫之甚，是声鸣于豫。”后人本其义，多将鸣豫解释为“贪图悦乐的声名在外”，或“自鸣得意”。其实，“鸣”就是呼唤的意思，“嘤其鸣矣，求其友声”，鸟儿鸣叫，是在呼唤其友。初爻上应九四，而九四正处于“由豫，大有得”的状态，所以初六要“鸣豫”。在这里，鸣豫就是呼唤豫、寻求豫。初六比之初入世之人，什么还都没做，就要追求悦乐，当然前景不妙。象辞说：“初六鸣豫，志穷凶也”，刚进入社会就贪求享乐，没有志向，前景凶险。

“六二：介于石，不终日，贞吉。”

象曰：“不终日，贞吉。以中正也。”

六二居下卦中位，柔爻阴位，秉中正之性。“介于石”，魏王弼注：“故不改其操，介如石焉。”孔颖达疏：“守志耿介，似于石。”均解释为耿介如石。但对于“不终日”，二人略有不同。王弼说，这是“不求苟豫者也”：“是以上交不谄，下交不渎，明祸福之所生，故不苟说。辨必然之理，故不改其操，介如石焉。不终日明矣。”意思是为人要不苟言笑，笑不终日。后人释《豫》卦，多以此为本。我独不以为然。若如此解，则不终日前，“豫”字是断不可省的，爻辞当写为“介于石，豫不终日”。今单写“不终日”，实指“介于石”而言。意思是耿介如石，也不要终日绷着个脸，古语有云：“一人向隅，举座不欢”，耿介也不能过度，要“不终日”，当豫则豫。这样才符合中庸、正直之道。否则，耿介就变成了狷介，不会有人亲近。

孔颖达以“君子见机”解释不终日，“然见机之速，不待终竟一日，去恶修善，恒守正得吉也”。这是根据其乃祖孔老夫子读易心得做的解释。孔子读《易》

至《豫》卦，有言："知几其神乎！君子上交不谄，下交不渎，其知几乎？几者，动之微，吉之先见者也。君子见几而作，不俟终日。《易》曰：'介于石，不终日，贞吉。'介如石焉，宁用终日？断可识矣。君子知微知彰，知柔知刚，万夫之望。"（《系辞传下》）孔子大概是将介训为"界"，对"介于石"做出了另外的解释：君子与上位之人相交不能一味迎合，与下位之人相交也不能轻慢亵渎，是因为有些界限如坚石一样不能触碰。一旦相交之人的所为触碰界限，君子当"见几而作，不俟终日"。这是君子与人同豫时应当注意的问题。

我观此爻，方知蒋介石名字的由来。蒋介石原名瑞元，谱名周泰，学名志清，1908年赴日学习军事，曾创办《军声》杂志，笔名"介石"，取"耿介于石"之义。1917年追随孙中山投身革命，改名"蒋中正"，字"介石"，时31岁。古人名、字双行，至民国尚有遗风。名、字用法有异，自称用名，称人用字。即如"蒋介石"，只有别人用此称呼蒋公，蒋自称则必用"中正"。1927年以后，国共两党反目为仇，对蒋公多斥之为"蒋贼"，然称其全名，仍尚遵古风，称"蒋介石"而不称"蒋中正"。

"六三：盱豫，悔，迟有悔。"

象曰："盱豫有悔，位不当也。"

"盱"字多解，由此也决定了对六三爻辞的不同理解。一曰张目，"盱，张目也，从目，于声"（《说文》）；一曰仰望，"盱，仰目也"（《龙龛手鉴》）。据此，有人将此爻辞解释为："瞠目无所措而后悔，迟疑不决而有悔吝"；有人解释为："靠媚上而求取欢乐，必定有悔恨。要是悔恨太迟，必定又生悔恨"。虽皆能自圆其说，但总觉得不甚精当。人在笑时眼是微闭的，没有张目而笑的道理；悔恨太迟，又生悔恨，乃是对"迟有悔"的滥解，解之不通，强为之解。我独取魏王弼注："睢盱而豫，悔亦生焉"，将盱豫解释为"凑趣之豫"。因六三已处下卦之顶，阴爻阳位，位不正而性柔，上承九四"由豫"。九四是《豫》卦主爻，主人高兴，陪客也要凑趣，表现出高兴的样子，但陪客之笑属于强笑，皮笑肉不笑，故有悔。但如果不凑趣而乐，或乐的慢了一拍，没有讨上好，也会有悔，所谓进退皆悔。象辞说，凑趣之豫所以进退皆悔，是由于"位不当也。"想文王当年，处西伯之位，尊商纣王为君，纣王逸豫方殷，各诸侯少不得陪笑凑趣，其尴尬之状正如此爻辞所述。"盱豫有悔"，恰是文王当时的心理写照。

“九四：由豫，大有得，勿疑。朋盍簪。”

象曰：“由豫，大有得，志大行也。”

“由”字也有多义，由字田出头，本义是开头，转义是缘由、由于，“这件事由他而起”；引申义是自，从，“由此及彼”。所以“由豫”可以理解为九四是“豫之由”。九四是《豫》卦中唯一的刚爻，一刚五柔，众阴捧护之下，豫由之发。孔颖达疏：“独体阳爻，为众阴之所从，莫不由之以得其豫，故云“由豫”也。”“大有得”，志得意满之状。“勿疑”，即不疑有它。“盍”者合也，“簪”用以束发，也有聚的意思，朋友聚会称为“盍簪”，就是出自《易经》。“朋盍簪”，大家把发簪取下，合在一起，放浪形骸，披发而乐。孔颖达将簪训为疾，“簪，疾也。若能不疑于物，以信待之，则众阴群朋合聚而疾来也”也通。

九四刚爻阴位，性刚而位不正，有侵凌六五之势，故其爻辞有讥讽意。后人不识，多从正面理解，认为是九四给大家带来欢乐，人们因欢乐大有所得。实际上，这里的“由豫”是指其志本就在“豫”，在众阴捧护之下，豫则大行，所以象辞才说：“由豫，大有得，志大行也。”商朝有纣一世，上下皆以豫为志，不以强国富民为念，逸豫无度，危已在其中矣。

“六五：贞疾，恒不死。”

象曰：“六五贞疾，乘刚也。恒不死，中未亡也。”

六五柔爻君位，力不胜任，乃柔弱虚尊之象。贞者，卜问也；疾者，病也。“贞疾”，有病了。为什么有病？象辞说：“六五贞疾，乘刚也。”指的是六五居九四之上，有“乘刚”之危，受到九四侵凌而病。“恒不死”，虽有病，但看不到将死的迹象。象辞说：“恒不死，中未亡也。”看不到将死的迹象，是因为居中支撑的力量还没有消失。

揆之文王，此爻辞当是卜问商纣王的命运，“贞疾”者，商朝末年国势衰微，三分天下已失其二；“恒不死”者，微子、箕子、比干尚在，所谓“中未亡也。”这三子即孔子所赞的“殷有三仁焉”。文王死，武王观兵于盟津，未即兴兵伐纣者，名义上说是天命未许，实际上是因为这三仁尚在。越三年，由于纣王悖逆，微子出，箕子囚，比干死谏，武王说：“可伐矣！”于是兴兵战于牧野，商朝因此灭亡。

“上六：冥豫，成有渝，无咎。”

象曰：“冥豫在上，何可长也。”

“冥，幽也。”（《说文解字》）昏晦之意，转义为糊涂，愚昧，“冥顽不灵”。此二义在“冥豫”中兼而有之。冥豫可以理解为悦乐通宵，也可理解为昏天黑地，浑浑噩噩，只顾享乐，不及其他。总之，冥豫是非常不好的悦乐之习。但后面的占断是“无咎”，何以无咎？关键是如何理解“成有渝”。成有完成之义，完成即结束。上九处于《豫》卦终点，故曰“成”。成可训为“终”，终止、终结，终则有变，故曰“成有渝”，渝，变也。“无咎”不能理解为无过错，孔子说：“无咎，善补过也。”（《系辞传下》）是有错要能改的意思。象辞说：“冥豫在上，何可长也”，就是对“成有渝”的解释。

易经·上经之十七

随性而交，考于随卦

泽雷随

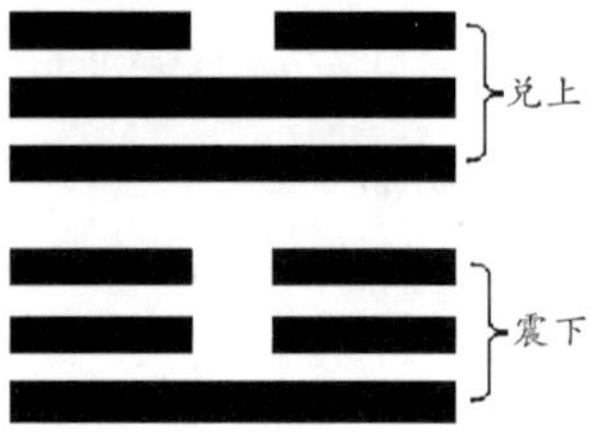

《随》：元亨，利贞，无咎。

初九：官有渝，贞吉，出门交有功。

六二：系小子，失丈夫。

六三：系丈夫，失小子，随有求，得。利居贞。

九四：随有获，贞凶。有孚在道，以明，何咎？

九五：孚于嘉，吉。

上六：拘系之，乃从维之，王用亨于西山。

《随》卦是震宫第八卦，上卦为《兑》不变，下卦变回《震》，因此叫归魂卦“归魂”也者“复归本宫”也，《随》卦属震宫，下卦为《震》，是复归本宫，故曰“鬼魂卦”。上卦《兑》，泽象，下卦《震》，雷象，是为“泽雷《随》”。所以名之为“随”，是因为此卦六爻三刚三柔，如果按天、地、人三位来分，天位两爻是上柔下刚；人位两爻是上刚下柔；地位两爻是上柔下刚。刚柔相济，阴阳相合，两两成对，相随相应，故名之“随”。从卦性上看，上卦《兑》，悦也；下卦《震》，动也，此动彼随之悦，也有随和之意。

关于《随》卦的主旨，《系辞传下》有言："服牛乘马，引重致远，以利天下，盖取诸随。"意思是上古之民观象制器，利用牛马温顺服从的本性制作车马，负重远行，便利天下，就是受到了《随》卦卦义的启示。后人据此，多以顺从、顺随为《随》卦主旨。宋人程颐作《伊川易传》，就认为《随》卦只讲了三件事：其一，"唯群所从"；其二，"己随于人"；其三，"临事择所从"。然细品各爻，与之并不契合，《随》卦主旨当有别解。查《杂卦传》，有言："随，无故也，蛊则饬也。"《随》卦与《蛊》卦互为综卦，两卦均是讲行为的，《蛊》卦整饬纠偏，是有目的的行为，《随》卦之随行与之相反，是"无故"，没有缘故，没有目的，随性而为。所以我认为《随》卦之"随"是"随性"，顺其本性，顺随自然。随性而交，才是《随》卦的主旨。

卦言："随，元亨利贞，无咎。"

彖曰："随，刚来而下柔，动而说随。大亨贞，无咎，而天下随时。随时之义大矣哉！"

《随》卦也有元亨利贞四德，同于《乾》卦。不同的是，元亨利贞在《乾》卦，是乾道本身的属性；在《随》卦，则是随性而交这种行为无咎的前提。孔颖达疏："无咎者，有此四德，乃无咎。"无此四德呢？孔颖达说："无此四德则有咎也。"后人释《随》卦，往往不注意这个区别，以为《随》卦是四德具备的卦，对《随》卦六爻的爻辞都按好的方向解说，这就错了。

彖辞说，"随刚来而下柔"，《震》卦性刚而动，来居《兑》卦之下，《兑》卦泽象，其性柔而悦，即"刚来而下柔"，因此是"动而悦随"，这个随是满心乐意的，快乐的。只要做到了"大亨贞"，就会无咎。"天下随时"，天之道在于因时而动，随顺自然。时既指时间、时机，也指天道运行的轨迹，所以《随》卦的吉就在于"随时"。

象曰："泽中有雷，随。君子以向晦入宴息。"

此卦上《兑》下《震》，也可说是内《震》外《兑》，"泽中有雷"，就是《随》卦的卦象。《随》卦与《豫》卦同属震宫，《豫》卦大象是"雷出地奋"，《随》卦大象则是"泽中有雷"。《豫》卦之雷是春季之雷，出而地奋，所以是喜乐祥和之象；《随》卦之雷是秋季之雷，入泽而息，所以是随时而息之象。君子观此象要“以响晦入宴息”，响通“向”，接近的意思。“向晚意不适，驱车登古原。”（李商隐《登乐游原》）晦是黄昏，宴通“晏”，安也。君子在接近黄昏时就要准备睡觉了。这里也是随时的意思。须注意的是，随时与随性是有关联的。“日出而作，日入而息”，如果讲以日之出没为信号作息，则是“随时”；若是讲人体生物钟是日出则醒，日入则困，则是“随性”。

“初九：官有渝，贞吉。出门交有功。”

象曰：“官有渝，从正吉也。出门交有功，不失也。”

初九为随之始，按照六爻相应之说，初爻上应四爻，但四爻也是刚爻，同性相斥，呼应不上，故返而比其邻，与六二相随，组成相随关系的第一组。

“官有渝”难解。字面上讲，官有官员、官位、长官意志之分，渝即变。官有渝，或解为长官变了，或解为自己的官位变了，或解为长官的意见变了。后人多以此立论，认为初九以喻人初入世，当随官而变。大误。查《周易正义》，孔颖达另有解：“‘官有渝’者，官谓执掌之职。人心执掌，与官同称，故人心所主谓之官。渝，变也。此初九既无所应，无所偏系，可随则随，是所执之志有能渝变也。”我的理解，官为职守，引申为角色、作用。“官有渝”应为初九的角色变了。一般地说，阴阳相应相随，阳为主，阴为从，但在此卦中，初九位于六二之下，主从易位了，所以“可随则随”，有点无可无不可的意思。“贞吉”是告诫语，执守正道则吉。意即守正则随，行邪则不随。“出门交有功”，走出门去，必有所交。

“六二：系小子，失丈夫。”

象曰：“系小子，弗兼与也。”

小子是未成年男子，这里指初九；丈夫是成年男子，《说文》：“周制以八寸为尺，十尺为丈，人长八尺，故曰丈夫”，这里指九五。六二居下卦之中，上应九五，下邻初九，柔爻阴位，位正而性柔。“系小子，失丈夫”是指六二和初九建立了随从关系，没有和九五形成相应关系。“系”字很有意思，魏王弼云：“阴之为物，以处随世，不能独立，必有系也。”此卦中，凡柔爻之爻辞，都有“系”字，系者，牵绊也。有系，才有主心骨。然系必近邻，六二与九五相隔已远，只能相应不能相系。“系小子，失丈夫”，象辞解释说：“弗兼与也”，是不能兼而有之。

所以系于初九，是六二的选择，这种选择是随性的。初九与六二的相随关系可说是“率性而随”。

此爻辞无吉凶占断，亦即无所谓好坏，随性而已。

“六三：系丈夫，失小子，随有求，得。利居贞。”

象曰：“系丈夫，志舍下也。”

六三因与上六同性无应，故近取九四而相随，组成此卦的第二组相随关系。这里的“丈夫”非指九五，因六三柔爻阳位，位不正而九五无应。“系丈夫，失小子”，象辞说：“志舍下也。”不与下交，是因为其志在九四，本不在此。“随有求，得”，指六二和九四建立了随从关系，是得遂所愿。“利居贞”者，因自身位不正，处于“三多凶”的环境，故不敢妄动，须老老实实居家守贞。

“九四：随有获，贞凶。有孚在道，以明，何咎。”

象曰：“随有获，其义凶也。有孚在道，明功也。”

九四刚爻阴位，与六三同属位不正之象，处于“四多惧”的境地，故“贞凶”。魏王弼注：“处说之初，下据二阴，三求系己，不距则获，故曰随有获也。居于臣地，履非其位以擅其民，非其臣道，违其正理，故贞凶也。”意思是九四处于上卦《兑》之初，下有六三求随，不拒绝就能获得，所以“随有获”。但九四臣位，跟随者众，有凌驾君王之势，所以“贞凶”。我理解，此爻辞说的正是文王的切身经历。当其时也，“公季卒，子昌立，是为西伯。西伯曰文王，遵后稷、古公之业，则古公、公季之法，笃仁，敬老，慈少，礼下贤者，日中不暇食以待士，士以此多归之”（《史记周本纪》）。这正是引起纣王猜忌的原因，也直接导致囚于羑里的后果。“有孚在道，以明何咎”，这段话更像是文王的“夫子自道”。意思是：我自认为众人随我是因为我讲诚信，遵正道，天下皆知，这样做有什么过错?

六三与九四的相随关系可称为“以利相随”。

“九五：孚于嘉，吉。”

象曰：“孚于嘉，吉。位正中也。”

九五刚爻君位，“孚于嘉，吉”，将诚信寓于嘉言美行之中，才能吉利。这是文王自省之语。象辞说：“孚于嘉，吉。位正中也。”也只有文王才有资格这样说，因其“位正中也”。

此爻辞中未见“随”字，但随之义自见。孚于嘉则众望所归，随在其中矣。

上六：拘系之，乃从维之，王用亨于西山。”

象曰：“拘系之，上穷也。”

上六尊而无位，与九五形成了一种特殊的随从关系，其爻辞也写得奇怪：“拘系之，乃从维之”，何以“王用亨于西山”？不通之极。古人对此的解释竟成两端：一端以孔颖达为代表，有云：“最处上极，是不随从者也。随道已成而特不从，故拘系之乃从也。‘维之王用亨于西山’者，若欲维系此上六，王者必须用兵，通于西山险难之处，乃得拘系也。”直言拘系是强令其随，但将“王用亨于西山”解释为用兵，则太牵强；另一端以朱熹为代表，有云：“居随之极，随之固结而不可解者也。诚意之极，可通神明，故其占为‘王用亨于西山’。亨亦当作祭山川者得之，其诚意如是，则吉也。”将拘系之解释为随之固结，也实在不像话，但其以“诚意之极，可通神明”解释“王用亨于西山”，庶几近之。我的理解，不妨将两前贤之解结合起来，径依原文字面解释为好。因为纵然君王求贤若渴，也不碍野有遗贤。尧舜在世，巢由自隐，天下宗周，而伯夷叔齐义不食周粟。君王一气之下，以拘系求贤，也是有之。即已得贤，用亨于西山，皆大欢喜。此所谓“敬酒不吃吃罚酒”也，当也在情理之中。强令其随，唯尊如君王者方能率性如此。

又按：我于是日读《世说新语·言语第二》，有云：“司马景王东征，取上党李喜，以为从事中郎。因问喜曰：昔先公辟君不就，今孤召君，何以来？喜对曰：先公以礼见待，故得以礼进退；明公以法见绳，喜畏法而至耳。”可见强令其随，代有其事。补记于此。

柏裕江按：现在的通解，是认为这段爻辞讲的典故便是文王拘于羑里的事情。纣王娶了九侯的女儿，但是由于九侯的女儿不喜欢纣王的荒淫，导致纣王把她给杀了。余怒之中把九侯也给剁了。鄂侯出面指责纣王，结果被纣王杀死做成了肉脯。文王对此只是轻叹了一声，便被关进了羑里的国家监狱。“拘系之，乃从维之”指的便是文王被拘禁、关押之事。后来纣王认为文王还是比较听话，比较顺从的，便把文王给放了。文王脱离大难，于是在岐山举行祭祀，这便是“王用亨于西山”。

易经·上经之十八

谏亲之孝，喻以蛊卦

山风蛊

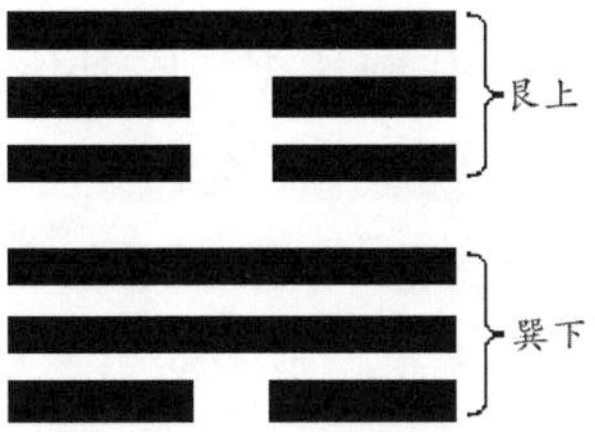

《蛊》：**元亨。利涉大川，先甲三日，后甲三日。**

初六：干父之蛊，有子，考无咎。厉，终吉。

九二：干母之蛊，不可贞。

九三：干父之蛊，小有晦，无大咎。

六四：裕父之蛊，往见吝。

六五：干父之蛊，用誉。

上九：不事王侯，高尚其事。

《蛊》卦是巽宫第八卦，亦即巽宫归魂卦。上卦为《艮》不变，下卦变回《巽》，《艮》为山，《巽》为风，是为“山风《蛊》”。蛊，皿上虫。《春秋传》：“皿虫为蛊，晦淫之所生也。”“蛊”的本义是陈粮所生的虫，引申为人体内的寄生虫，《说文》：“蛊，腹中虫也。”古人医术未精，将未明的内科病归之为寄生虫作祟，故有“蛊疾”一说。由此又发展为原始的巫蛊文化，有完备的制蛊、下蛊、用蛊的一系列规矩，至近现代苗疆仍有遗风。传被蛊之人心智迷乱，任人摆布，故有“蛊惑”一词。此卦以“蛊”为名，显是与疾病有关。若是喻人，则为失心之症；

若是喻世，当指社会风气败坏。

《蛊》卦和《随》卦互为综卦、错卦，也有相反相成的联系。《杂卦传》："随，无故也；蛊则饬也"，随是随时、随性无故见，舍己从人；蛊卦则以整饬匡救为旨，以己规人。

卦辞："蛊，元亨。利涉大川。先甲三日，后甲三日。"

彖曰："蛊，刚上而柔下，巽而止蛊。蛊，元亨，而天下治也。利涉大川，往有事也。先甲三日，后甲三日，终则有始，天行也。"

蛊既为有疾，何以"元亨"？孔颖达据《序卦传》："蛊者，事也。"将"蛊"训为"事"，认为有事可为当元亨："蛊者事也，有事营为，则大得亨通。"犹如今日，急救车警灯一开，众车让行，"大亨通"也。"利涉大川"，孔颖达说："利在拯难。"可见《蛊》卦虽曰蛊，实为治蛊。"先甲三日，后甲三日"，据说是西汉京房的"纳甲之法"，看了也不懂。大概的意思是蛊为事之端，甲为天干纪日之始。先甲三日即辛日，借音为新，治蛊需改过自新；后甲三日为丁日，取叮咛之意，治蛊要坚持，反复叮咛。结束蛊的状态就是新生活的开始，正如天道运行周而复始，"终而有始，天行也"。

象曰："山下有风，蛊。君子以振民育德。"

对"山下有风，蛊"，先贤解释不一。程颐《伊川易传》云："山下有风，风遇山而回，则物皆散乱，故为有事之象。"尚秉和《周易尚氏学》云："风止山下，气郁不通，故蛊。"高亨《周易大传今注》云："以山下有风比贤人在上位，宣德教于民。"但对于为什么山下有风就是"蛊"，谁也没有说清楚。查《左传昭公元年》，"晋侯求医于秦，秦伯使医和视之。曰：'疾不可为也。是为近女室，疾如蛊'"。晋国大臣赵孟不解，问医和何为蛊，医和说："在《周易》，女惑男、风落山谓之蛊。"此应是"山下有风，蛊"的正解。《蛊》卦上《艮》下《巽》，《艮》为少男、为山；《巽》为长女、为风，长女诱惑少男、山风搅扰林间，是淫溺情乱之象。晋平公之疾恐是淫欲过度，所以医和才说："女惑男、风落山谓之蛊。"先贤大儒皆道貌岸然者，断不会如此解卦。

“初六：干父之蛊，有子。考无咎，厉，终吉。”

象曰：“干父之蛊，意承考也。”

《蛊》卦六爻，五爻均讲父母之蛊，为人子者“干”之。“干”即干涉、干预，有匡救补弊之意。初六为干之始，“干父之蛊，有子。”匡救父亲的毛病，做儿子的勇于承担责任。“考无咎”，考即父，“无咎，善补过也”，所以虽有风险，最终会吉祥，“厉终吉”。象辞说，匡救父亲的毛病，是“意承考也。”先儒大都解释为继承父亲的意愿，此为曲解。这里讲的是“孝”，子承考为孝。“意承考也”，本意是要尽孝道。《说文》：“孝，善事父母者。从老省，从子，子承老也。”又曰：“考，老也。”匡救至亲的毛病也是孝的本义。《弟子规》“入则孝”篇：“亲有过，谏使更；怡吾色，柔吾声。谏不入，悦复谏，号泣随，挞无怨。”“干父之蛊”就是谏亲之孝。

“九二：干母之蛊，不可贞。”

象曰：“干母之蛊，得中道也。”

九二讲匡救母亲的毛病。“不可贞”，要讲究方式方法，掌握火候，不可固执强硬。象辞说，匡救母亲的毛病，要遵从中庸之道。

“九三：干父之蛊，小有悔，无大咎。”

象曰：“干父之蛊，终无咎也。”

九三刚爻阳位，其性刚，匡救父亲的毛病，不免过急、过激，所以“小有悔”，但“无大咎”。

“六四：裕父之蛊，往见吝。”

象曰：“裕父之蛊，往未得也。”

六四柔爻阴位，其性柔弱，不能匡救父亲的毛病，谏而不能争，采取容忍、宽纵的态度，所以是“裕父之蛊”。“往见吝”即象辞说的“往未得”，去谏了、去争了，但没有达到效果，有遗憾。

“六五：干父之蛊，用誉。”

象曰：“干父用誉，承以德也。”

六五柔爻君位，位尊而性柔，匡救父亲的毛病采取的是诉诸名誉的做法。象辞说，匡救父亲的毛病诉诸名誉，是遵从道德的规约。

“上九：不事王侯，高尚其事。”

象曰：“不事王侯，志可则也。”

上九为蛊之终，敦于孝者忠孝不能两全，故“不事王侯，高尚其事”。象辞说，虽不能服务于王侯，但其敦孝的志向可以作为模范遵循。

柏裕江按：作者释《蛊》卦，定位在“谏亲之孝”，义并无不当。然总觉视界有些窄。《蛊》卦之道应是在纷乱之中如何拯弊治乱，亦即拨乱反正之道。由治生乱，由乱生治，是一条循环往复的规律。蛊乱之时更应振作精神、有所作为，找出蛊乱的根源，革除弊端，引导事物由乱而治。象辞说：《蛊》卦上《艮》下《巽》，《艮》为阳卦，象征停止，《巽》为阴卦，象征柔顺，有在上者无所做为，在下者逊顺听命、颓废偷安之象。乱为治始，所以蛊道又预示着亨通的开始，及时拔乱返正，天下自然回归安治。此时宜于克服艰险，迎难而上，积极地作为才能成就事业。治乱需要考虑周详。有终必有始，这是自然的规律，所以凡事必需推本求源，防患未然，前因后果都想清楚了再去治乱才能成功。《蛊》卦卦象，应是用纠正父、母的过失，喻指匡扶社会，振民育德，革除弊端，拯弊治乱。

感觉卦象并不那么简单……

易经・上经之十九

临民施政，乃作临卦

地泽临

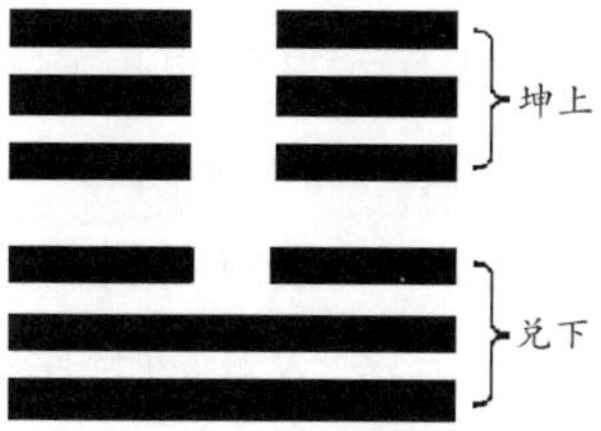

《临》：元亨，利贞。至于八月有凶。

初九：咸临，贞吉。
九二：咸临，吉，无不利。
六三：甘临，无攸利；既忧之，无咎。
六四：至临，无咎。
六五：知临，大君之宜，吉。
上六：敦临，吉，无咎。

《临》卦是坤宫第三卦，上卦不变仍为《坤》卦，下卦第二爻继续变，柔变刚，变为二刚一柔的《兑》卦。《坤》为地，《兑》为泽，是为“地泽《临》”。《临》卦与《观》卦互为综卦，两者都与统治者寻访四方，体察民情，检查施政得失有关。临的繁体字为“臨”，从臣、从人，品声。臨本来是監字的古体，是一个人俯向水盆观看的象形字，所以“監”通“鉴”，看，俯视，后引申义为监视、监督。監字易皿为品，就成了“臨”。臨也是俯视，但看的不是水盆（皿），而是三个人头（品）。李守力说，从監到臨的文字演化大概完成于周武王时期，并引《尚书酒诰》所记："人无于水监，当于民监。"这是周武王告诫康叔的话。意思是人不要把水当作镜子，而要把民众当作镜子（见李守力之《周易诠释》）。李守力说，这正是文王和周公做《周易》之《临》卦的指导思想（见同前）。我非常认同他的观点。

卦辞："临，元亨利贞，至于八月有凶。"

象曰："临，刚浸而长，说而顺，刚中而应，大亨以正，天之道也。至于八月有凶，消不久也。"

《临》卦同于《乾》卦，也具有元亨利贞四德，但不能贯彻始终，"至于八月有凶"。何以是八月？《周易正义》魏王弼注："八月阳衰而阴长，小人道长，君子道消也，故曰'有凶'。"这是按十二消息卦说解卦。十二消息卦又称十二辟卦，是上古先人利用《易经》解卦的一种方法，文王演卦用有周历法，以冬至为正月之始，称为"建子"，二月建丑、三月建寅……至于八月建未，正值秋分。"冬至一阳生"，冬至为"息"之始，息是阳气生长的意思。代表正月的是复卦，坤卦初爻阴变阳，正是"一阳生"。秋分太阳位于赤道，秋分以后阴长而阳消，此为"消"之始。代表八月的是遁卦，乾卦初、二两爻已变为阴爻，再变就是否卦，天地不通了，所以"凶"。

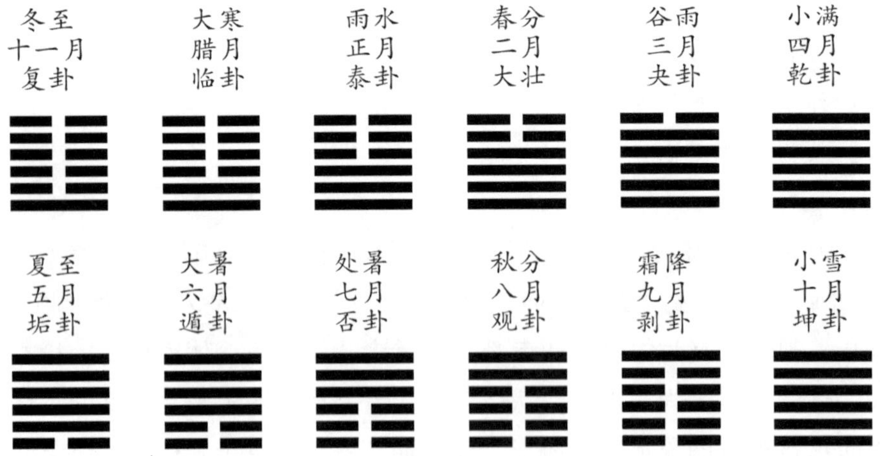

卦名	乾	姤	遁	否	观	剥
卦象	䷀	䷫	䷠	䷋	䷓	䷖
农历月份	四月	五月	六月	七月	八月	九月
节气	立夏 小满	芒种 夏至	小暑 大暑	立秋 处暑	白露 秋分	寒露 霜降
时辰	巳	午	未	申	酉	戌

卦名	坤	复	临	泰	大壮	夬
卦象	䷁	䷗	䷒	䷊	䷡	䷪
农历月份	十月	十一月	十二月	一月	二月	三月
节气	立冬 小雪	大雪 冬至	小寒 大寒	立春 雨水	惊蛰 春分	清明 谷雨
时辰	亥	子	丑	寅	卯	辰

我国历法自古即有“三正”的说法，认为朝代更替须“改正朔”，故夏正建寅、殷正建丑、周正建子。建寅是以寅月（即现在的农历正月）为正月，建丑是以丑月（即现在的农历十二月）为正月，建子是以子月（即现在的农历十一月）为正月，此即所谓“三正”。但这一规定并非全国统一实行，而是各地区实行不同的历法制度，所以先秦古籍中所记载的历法纪时并不一致，《春秋》纪时用周历，《左传》周历、夏历兼用，《楚辞》和《吕氏春秋》则用夏历。文王演卦虽在殷商，但使用的还是有周历法。

《临》卦是坤宫第三卦，阳气慢慢生长，所以彖辞说“刚浸而长”，浸，逐渐。“说而顺”，说通“悦”，是《兑》卦属性，《坤》为地，性顺。“刚中而应”，指九二刚爻，位于下卦之中，上应六五，刚柔相济，阴阳相合，正是“大亨以正”，有奉天承运，君临天下之象。

象曰："泽上有地，临。君子以教思无穷，容保民无疆。"

"泽上有地"，不是泽中有地，所以有居高临下之义，故称"临"。君子鉴此卦象，要"教思无穷，容保民无疆"，教是教化，思是心中所有，无穷是时间的久远，无疆是空间的无界，连起来，用现代语言，就是"全心全意为人民服务"。

"初九：咸临，贞吉。"

象曰："咸临贞吉，志行正也。"

咸通"感"，六十四卦有《咸》卦，开篇就是"咸，感也。"初九是临之始，开始是感应到"临"，套用天主教一句宗教用语，"咸临"就是"临在"。天主教在做弥撒的时候有个仪式，每个人要喝一口红酒，吃一片无酵饼，用来纪念耶稣的最后的晚餐，这种宗教体验就叫"临在"，象征耶稣就在我们身边。咸临也是一种临在，虽不必亲至，但要使人感觉到你的存在。古代巡按都有尚方宝剑，"如朕亲临"，这个临，就是"咸临"。咸临的好处是不必亲临又无处不在，所以"贞吉"。

"九二：咸临，吉，无不利。"

象曰："咸临，吉无不利，未顺命也。"

九二也是咸临，但占断与初九有差别，初九刚爻阳位，但不在中位上，占断为"贞吉"，执守中行正道才能吉利；九二刚爻阴位，属位不正，但居下卦之中，占断为"吉，无不利"，没有限制条件。看来守正不如守中，这大概是文王潜意识中的一种道德取向吧。

象辞说，"未顺命也。"这个很奇怪，王弼认为未顺命而吉，是因为九二上应六五，而六五柔弱，不足以成事，所以不顺命："有应在五，感以临者也。刚胜则柔危，而五体柔，非能同斯志者也。若顺于五，则刚德不长，何由得吉无不利乎？"这个解释牵强。是谁去临，没搞清楚。若六五去临，何以九二不顺命？若九二去临，又与六五何干？所以朱熹于此干脆说："未详。"意思是我不知道。看来朱熹不认同王弼的说法，又不能提出别的解释。后世之人也觉得"未顺命"难解，就从"咸"字上下功夫，有的认为这里的"咸"不同于初九的"咸"，是真咸，苦味，所以不情不愿，未能顺从本性；有的训咸为禁，临之以法，禁制严酷。总之乱解一通。我的理解，这里还是针对九二位不正而言。阳位主导，阴位从属，九二处于阴位，"不在其位不谋其政"应是其命。但九二性刚，且守中，所以不顺其命。

“六三：甘临，无攸利；既忧之，无咎。”

象曰：“甘临，位不正也；既忧之，咎不长也。”

六三位于下卦之顶，柔爻阳位，不中不正，其性又柔，处于“三多凶”状态，由于忧惧，故以甘言示之以临，所以是“甘临”。甘临，口惠而实不至，所以“无攸利”，但“既忧之，无咎”。只是无过错，谈不上好。

“六四：至临，无咎。”

象曰：“至临无咎，位当也。”

六四已到上卦，所以称“至临”。至者到也，至临是亲临，直接到现场。孔颖达说：“能尽其至极之善而为临，故曰至临。”朱熹则不以为然，有云：“处得其位，下应初九，相临之至，宜无咎者也。”孔将“至”解释为“至极”，不确。因尚有“知临”“敦临”两个境界未到，朱说为是。

“六五：知临，大君之宜，吉。”

象曰：“大君之宜，行中之谓也。”

“知”通“智”，御民以智，可谓“知临”。六五君位，故称“大君之宜”。御民以智，要在知缓急轻重，急则缓之，缓则促之；轻则重之，重则削之，此即象辞所谓“行中之谓也”。

“上六：敦临，吉，无咎。”

象曰：“敦临之吉，志在内也。”

上六为临之极。故言“敦临”。敦，厚也，“温柔敦厚”。敦有诚恳的意思，敦请即诚意相邀。御民以智不如御民以诚，所以“敦临”是临之极。象辞说：“敦临之吉，志在内也。”御民以诚，诚发自内心，所以“吉”。

临卦列举了五种临的境界，咸临、甘临、至临、知临和敦临，而以敦临为上，体现了文王以德治国的仁政思想，对后世儒家政治学说影响很大。

易经·上经之二十

大观观国，取自观卦

风地观

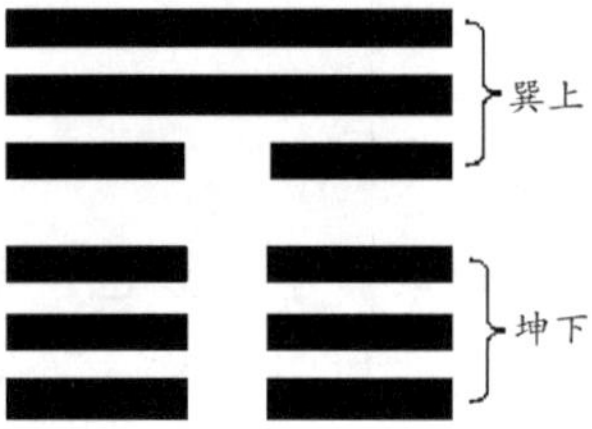

《观》：盥而不荐。有孚颙若。

初六：童观，小人无咎，君子吝。

六二：窥观，利女贞。

六三：观我生，进退。

六四：观国之光，利用宾于王。

九五：观我生，君子无咎。

上九：观其生，君子无咎。

《观》卦是乾宫第五卦，下卦已变为《坤》，上卦初爻再变，刚变柔，为《巽》。《巽》为风象，《坤》为地象，是为“风地《观》”。《观》卦与《临》卦互为综卦，《临》卦两刚爻下沉为初、二爻，象征君王下巡，临民施政；《观》卦则是两刚爻上升至五、上两爻，象征君王登高，观民设教。

观的繁体为觀，从见，雚声。金文像一只猫头鹰，上有两耳，中有两只大眼睛，下面是翅膀。《说文》：“观，谛视也。”观，看也。但不是一般的看，是审视，仔细看。看了还要有认识、有想法，所以“观点”不是“看点”。观与察也有区别，观是观整体，察是察精微。“观于海”不能说是“察于海”，同样“明察秋毫”也不能说“明观秋毫”。有人根据“临”为俯视的说法，将“观”解释为“仰视”，这是想当然了。《系辞传下》：“仰则观象于天，俯则观法于地”，可见观也有俯观。大观观国，观民设教，这就是观卦的主旨。

卦辞：“观，盥而不荐，有孚顒若”

彖曰：“大观在上，顺而巽，中正以观天下。观，盥而不荐，有孚顒若，下观而化也。观天之神道，而四时不忒，圣人以神道设教，而天下服矣。”

卦辞以“盥而不荐，有孚顒若”释“观”，是着眼于治理国家之道，所谓大观观国。《周易正义》王弼注：“王道之可观者，莫盛乎宗庙，宗庙之可观者，莫盛于盥也。”殷周之世，礼乐初成，先王以此教化天下，故观礼可知一国的治理水平和治理特色。“国之大事，在祀与戎”，大观观国，首先要观其春秋大祭。盥、灌、荐是祭祀仪式：盥，祀前要净手；灌又称奠爵，将酒洒向地面，以敬天地；荐，以白茅铺垫，摆放祭品。“盥而不荐”，王弼的解释是观盥不观荐：“至荐，简略不足复观，故观盥不观荐也。”并引孔子的话作证明：“谛自灌而往者，吾不欲观之矣。”后之注家都遵此解。但我觉得王弼在此误解了孔子的意思。孔子这段话出自《论语·八佾》，实际上是不满意鲁国季氏僭越礼制的行为。谛祭本是只有天子才能举行的祭祖典礼，而鲁三家大夫行之，所以孔子不愿看下去。因为后面还有话：“或问谛之说，子曰：‘不知也。知其说者之于天下也，其如示诸斯乎！’指其掌。”有人问，谛祭应当如何？孔子说：“我不知道。知道的人应当是治理天下的吧！”由此可知，孔子不观荐，并不是因为荐以后“简略不足复观”。后人读书，不求甚解，往往断章取义，致有讹错。大家都熟悉“相濡以沫”这个成语，常用来形容夫妻鹣鲽情深，共度时艰。却不知庄子后面还有一句：“莫若相忘于江湖。”庄子并不认同相濡以沫的生活方式，后人多不知。妄解古人意，王弼其为滥觞乎！

“盥而不荐，有孚顒若”当是已盥而未荐时，由于诚信已表，在下者已然被肃穆、庄严的气氛感染，表达出崇敬、虔心的情绪。“有孚顒若”，虔信、崇敬而仰慕的样子。有孚顒若就是彖辞所说的“下观而化”。彖辞讲了两个观：大观在上，中行以观天下；下观而化。大观是君王之观，“观天之神道”，天道自然，天虽不言，四时运行并无差错，这就是天之神道。“圣人以神道设教”，君王根据天道确定礼仪内容，施行教化。下观是民众之观，民众自下观之得到教益，“而天下服矣。”

象曰：“风行地上，观。先王以省方、观民、设教。”

象辞因卦象解释观的功用，此卦风在上，地在下，风行地上，无所不届，地上万物无不感而受之。“君子之德风，小人之德草。草上之风，必偃。”先王正是遵此卦象巡视四方，体察民情，进行教化治理。

“初六：童观。小人无咎，君子吝。”

象曰：“初六童观，小人道也。”

初六为观之始，特点是观的不仔细，一是观近不及远；二是观表不及里，故以童观为喻。这种观对一般民众而言，没有多大问题，但对于参与国家治理的君子而言，就不够了，会有遗憾。象辞说：“初六童观，小人道也”，童观是一般民众都能做到的。

“六二：窥观，利女贞。”

象曰：“窥观女贞，亦可丑也。”

六二窥观，是观的第二境界，比喻成从门缝往外看，虽然看得仔细，但视野不宽。视野狭窄，看问题就会片面，只见局部不见森林，做判断时就会有偏见。这种观对女人来说利于守贞，但对于君子，则是不体面的事。

“六三：观我生，进退。”

象曰：“观我生，进退：未失道也。”

“观我生”可认为是“内观”。观什么？生活能力？生活环境？我看兼而有之。“进退”，应是观的结果。六三居下卦之顶，可喻为远离喧嚣世俗的山中隐士，一直有出、处两种选择，所以要慎择进退。一方面反观自己走过的历程，另一方面观风察世，“用之则行，舍之则藏”。象辞说，这样做，“未失道也。”并不违反自己奉行的道。

下卦《坤》卦三爻俱为“下观”，亦即民众之观。这其中，童观为小人之见，窥观喻妇人之见，二者都偏于感性，观我生则重于理性，所以“观我生”要优于前二者。

“六四：观国之光，利用宾于王。”

象曰：“观国之光，尚宾也。”

六四已入上卦，紧邻九五，有观国之利。“观国之光”，指观国之山川地貌、风土人情，以见国家治理、国势兴衰。现在我们出去旅游，叫“观光”，大约即出自于此。“利用宾于王”，观国之光，可知国家治理的得失，从而得以向君王进谏，这是朝廷中客卿的作用。“宾”即客卿。所以，“观国之光”可以认为是“客观”。

《左传庄公二十二年》记载了陈厉公为公子陈完问卦的事，所得的卦即是《观》卦，其中六四爻为动爻，需变爻，柔变刚，上卦《巽》变《乾》，《观》卦变成了《否》卦。解卦的周史说：“是谓‘观国之光，利用宾于王。’代陈有国乎！不在此，其在异国；非此其身，在其子孙。光，远而自他有耀者也。《坤》，土也；《巽》，风也；《乾》，天也。风为天于土上，有山之材而照之以天光，于是乎居土上，故曰‘利用宾于王’。”是年陈国动乱，公子完奔齐，改姓田，后八世田氏代齐。

“九五：观我生，君子无咎。”

象曰：“观我生，观民也。”

九三刚爻君位，位正而得中，是《观》卦的主爻。“观我生”于此二见。但同是观我生，主体不同。六三之观我生是民众之观，九五之观我生是君王之观。民众之观，以一家为念，君王之观以一国为念。《周易正义》王弼注：“九五为众观之主，宣宏大化，光于四表，观之极者也。上之化下，犹风之靡草，百姓有过，在予一人，君子风著，己乃无咎，欲察己道，当观民也。”君王所观，是观民情而自省，所以九五之“观我生”，可以认为是“主观”。

“上九：观其生，君子无咎。”

象曰：“观其生，志未平也。”

上九尊而无位，承前卦辞“盥而不荐”之义，当指谛祭的对象，昊天上帝和祖考先灵。“观其生”者，观九五之生也。古人三畏：畏天命、畏大人、畏圣人之言，虽君王不免也。所以必有春秋大祭，祭告天地祖先，且常怀“祭如在”之心，戒慎恐惧，以求“无咎”。上九之“观其生”，可以认为是“谛观”。象辞曰：“观其生，志未平也。”上九无位，以观在位，不免褒贬之义，故其志未平。孔子《宣圣讲义》有云：“此申释爻辞君子无咎之义，而见反观之合道也。上九虽在德行道立之余，而值时穷数尽之际，志虽欲用，势已不许。唯有体天道之消息，应神遭之退藏而自返求于身，以长葆其道。此所谓‘志未平’者。”我当年在矿务局工作，时值“文革”后期，解放老干部，效中央顾问委员会之制，设立矿务局顾问委员会，以安置原被打倒，后被解放的两届局领导干部，其用意在监督现任局领导班子的工作，此可谓“观其生”。其结果，由于施政理念差异，多所抵牾，造成现任领导班子进退失措，最终酿成一场职场地震，须北京市经委派来工作组整顿领导班子，此皆“志未平”之乱也。

由“志未平”而观爻辞之“君子无咎”，是否可以理解为“唯君子方保无咎”？为君子亦难矣哉！

易经·上经之二十一

慎刑明狱，见有噬嗑

火雷噬嗑

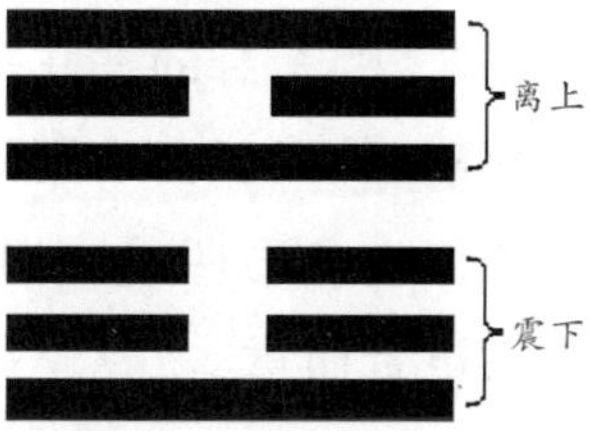

《噬嗑》：亨。利用狱。

初九：屦校灭趾，无咎。

六二：噬肤灭鼻，无咎。

六三：噬腊肉，遇毒，小吝，无咎。

九四：噬干胏，得金矢。利坚贞，吉。

六五：噬乾肉，得黄金。贞厉，无咎。

上九：何校灭耳，凶。

《噬嗑》卦属巽宫第六卦，下卦已变为《震》，上卦第二爻继续变，刚变柔，上卦变为《离》。《离》卦火象，《震》卦雷象，是为“火雷《噬嗑》”。噬者用牙咬；嗑为牙相磕碰，本义是用牙咬坚硬的东西，引申义为多言，《说文》：“嗑，多言也。”噬嗑连用，用其本义，咬食也。噬嗑之名，是就象取义。此卦上下各有一个刚爻，中间四爻似两排牙齿，整体而观，就像张大的嘴。其中第四爻是刚爻，象征口中有物，正要合而咬之的样子，故曰噬嗑。

卦辞："噬嗑，亨。利用狱。"

彖曰："颐中有物，曰噬嗑。噬嗑而亨。刚柔分，动而明，雷电合而章。柔得中而上行，虽不当位，利用狱也。"

噬嗑是吃，何以"利用狱"？《周易正义》孔颖达说："此卦之名，假借口象以为义，以喻刑法也。凡上下之间，有物间隔，当须用刑法去之，乃得亨通，故云'噬嗑，亨'也。'利用狱'者，以刑除间隔之物，故'利用狱'也。"巽宫八卦中，《噬嗑》卦后是《颐》卦，《噬嗑》卦的第四爻刚变柔，就成了《颐》卦，张大的嘴里已经没有了东西，吃下去了，"颐者，养也"。彖辞说："颐中有物，曰噬嗑。"指的就是《噬嗑》卦和《颐》卦的关联关系。将口中之物咬断，吃下去，上下就通了，"亨"。《噬嗑》卦以咬食喻用狱，后世之人受此启发，将狱门布置成虎口大张的样子，并称其为龙之四子，曰狴犴，专噬有罪之人，以收震慑之效。"刚柔分，动以明，雷电合而章"，这是用卦象解释"利用狱"的原因。此卦三刚三柔，有刚柔相济之象，下卦《震》为动，上卦《离》为火为明、为电，明之以法，动之以刑，法出刑随，如电光炽而雷声随，此即为用狱。"柔得中而上行"，指六五。六五是全卦主爻，虽居君位但其性柔，"利用狱"者，慎刑也。

象曰："雷电噬嗑，先王以明罚敕法。"

雷电有震慑义，噬嗑有决断义，古代先王见此卦象，"明罚敕法"，申明法制的威吓力和决断的执行力。

"初九：屦校灭趾，无咎。"

象曰："屦校灭趾，不行也。"

初九无位而性刚，是顽劣小民之象，故穿草鞋、带脚桎。屦即草鞋，《诗经葛屦》："纠纠葛屦，可以履霜。"校为两木相交，泛指刑具。《说文》："校，木囚也。从木，交声。"所谓桎、梏，都是校，桎束足，梏束手。"屦校灭趾"，指因为穿的是草鞋，所带的桎把脚趾都磨伤了。小民犯法，桎梏以示众，此为"小惩大诫"。孔子说："小人不耻不仁，不畏不义，不见利不劝，不威不惩。小惩而大诫，此小人之福也。《易》曰：'屦校灭趾，无咎'，此之谓也。"小人不以不仁为可耻，不以不义为可怕，没有见到利益就不会进去，没有感到威慑就不会有所戒惧。所以即使所犯罪行轻微，也要进行严厉惩戒，这对小人来说是福不是祸。象辞说："屦校灭趾，不行也"。不行是"不令其行"，小惩大诫，是为了不使其犯更大的罪行。

"六二：噬肤灭鼻，无咎。"

象曰："噬肤灭鼻，乘刚也。"

六二柔爻阴位，且居下卦之中，有中正之象。本应上应五爻，但五爻也是柔爻，故无应，下而比其邻，和初九组成一对。初九是受刑者，六二是其行刑者。"噬肤灭鼻"，以噬嗑喻刑，所以比之噬肤。肤为带皮之肉，柔软易食。"灭鼻"者，咬地过深，使鼻子都没进去了，形容刑罚过于严厉。"无咎"，刑罚过严何以无咎？象辞说："乘刚也。"这是因为六二柔爻，处于初九刚爻之上，是为"乘刚"。因乘刚而不得不更严厉，这样做没有过错。

近人释卦，多以初九的"灭趾"为"刖足之刑"，六二的"灭鼻"为"劓鼻之刑"，这是没有细审用刑与受刑的区别而妄议。刖足之刑尚可以说"不行也"，劓鼻之刑如何说"乘刚"？且后各爻的"噬腊肉""噬干胏""噬干肉"又是什么刑？所以说不通。

"六三：噬腊肉，遇毒。小吝，无咎。"

象曰："遇毒，位不当也。"

六三柔爻阳位，居下卦之顶，属治狱小官，大约监狱长之类。上应上九，而上九位尊而罪大，"何校灭耳"。六三与之相应，是"唐知县审诰命"，难办之极，所以以"噬腊肉"喻之。腊肉是南方民间制作的一种肉食原料。将肉以盐腌制，悬挂火塘之上，风干后食，其肉质硬、味厚。"遇毒"，此毒不是毒药之毒，《周易正义》王弼注："噬，以喻刑人；腊，以喻不服；毒，以喻怨生。"以小官刑于大官，必致不服，且怨毒之情可见。"小吝，无咎"，刑为国法，虽小官为之，不为不顺，所以"小吝，无咎"。象辞说："遇毒，位不当也。"虽无咎，但毕竟小官不当其位。

"九四：噬干胏，得金矢，利坚贞，吉。"

象曰："利坚贞吉，未光也。"

九四刚爻性刚，已处于上卦，与六五相邻相应。作为用刑者中唯一刚爻，上承君位，是奉旨用刑。大臣过问刑罚，皆为疑难大案，故以“噬干胏”喻之。胏是带骨之肉，干胏当是带骨的腊肉。噬干胏类似“难啃的硬骨头”。“得金矢”，可以理解为金铍令箭，奉旨的意思。“利坚贞，吉”，虽有坎坷，但执贞自守，最终吉利。象辞说：“利坚贞吉，未光也。”指九四位于众柔爻间，其才能未能尽情发挥，德未光也。

“六五：噬干肉，得黄金，贞厉，无咎。”

象曰：“贞厉无咎，得当也。”

六五柔爻君位，下邻九四，以柔乘刚而居中，处刑罚之事如“噬干肉”，食之费力。但是因为得到了九四的帮助，“得黄金”，《周易正义》孔颖达疏：“得黄金者，黄，中也；金，刚也。”他认为，所谓得黄，是六五居中得位；所谓得金，是依靠九四的刚强，所以“贞厉无咎”。象辞说：“贞厉无咎，得当也。”是说六五君王虽柔弱，但能役使九四这个刚强的大臣，顺利结案，是处置得当。

“上九：何校灭耳，凶。”

象曰：“何校灭耳，聪不明也。”

上九尊而无位，是犯了重罪的皇亲国戚，“何校灭耳”，何通“荷”，肩负之意，“荷担”即肩上挑着重担。不过这里不是挑担，肩上扛的是枷，“灭耳”者，将戮者也。犯的应是杀头之罪。所以“凶”。“何校灭耳”，有人解释说：“带着枷锁，伤了耳朵，因此占断为凶”，不通之极。如前，“灭趾”是“无咎”，灭耳反倒“凶”？乱说。《周易正义》王弼注：“刑及其首，至于灭耳。及首非诫，灭耳非惩，凶莫甚焉。”孔颖达解释说：“罪已及首，性命将尽，非复可诫，故云‘及首非诫’也。校既灭耳，将欲刑杀，非可惩改，故云‘灭耳非惩’也。”据此，“何校灭耳”是将戮之罪无疑。

纵观全卦各爻，初、上二爻指被刑者，二、三、四、五爻指用刑者。被刑者爻辞中都有“校”字，表示刑及其身；二、三、四、五爻均以“噬”为喻。读此卦者，于此不可不察。

易经·上经之二十二

绘事后素，启自贲卦

山火贲

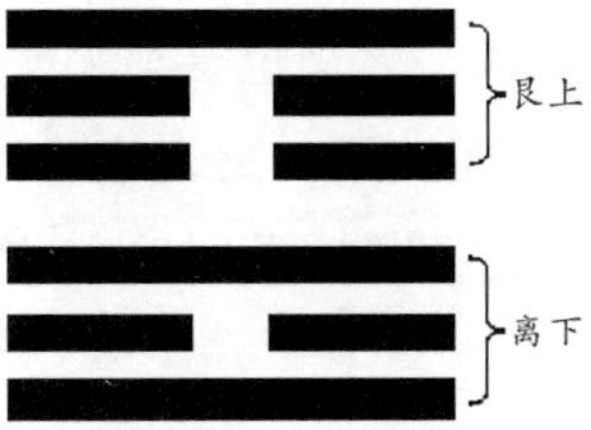

《贲》：**亨。小利有攸往。**

初九：贲其趾，舍车而徒。

六二：贲其须。

九三：贲如，濡如，永贞吉。

六四：贲如皤如，白马翰如。匪寇婚媾。

六五：贲于丘园，束帛戋戋，吝，终吉。

上九：白贲，无咎。

《贲》卦是艮宫第二卦，《艮》卦的初爻开始变，柔变刚。上卦《艮》不变，仍为《艮》，山象；下卦变为《离》，火象，是为“山火《贲》”。“贲”字的金文是贝壳上面插着三株草，本义是装饰。《序卦传》：“嗑者合也，物不可以苟合而已，故受之以贲。贲者，饰也。”所以《贲》卦要紧跟着《噬嗑》卦。物而有饰曰“文”，人为之饰即是“人文”，将人文之饰赋予思想，即称“文明”，以文明教化民众即称“文化”。所以《贲》卦有“文明以始”的意义。

卦辞："贲，亨。小利有攸往。"

彖曰："贲亨，柔来而文刚，故亨。分刚上而文柔，故小利有攸往。刚柔交错，天文也；文明以止，人文也。观乎天文，以察时变；观乎人文，以化成天下。"

《贲》卦也是亨通的吉卦。"柔来而文刚""分刚上而文柔"，据王弼的解释，《贲》卦是来自《泰》卦的卦变。《泰》卦上《坤》下《乾》，上柔而下刚。《泰》卦的上六下来到下卦二爻，刚变柔，变成六二，用以文饰《乾》卦之刚；由此分出《泰》卦的九二上升至上卦的上爻，柔变刚，变成上九，用以文饰《坤》卦之柔。刚柔交错的结果，《泰》卦就变成了《贲》卦："刚柔不分，文何由生？故坤之上六来居二位，'柔来文刚'之义也。柔来文刚，居位得中，是以'亨'。乾之九二，分居上位，'分刚上而文柔'之义也。刚上文柔，不得中位，故不能大有所往，故云'小利有攸往'也。"王弼此解，不知所据，但其提出的阴阳交错，相饰成文的观点我还是认同的。

"刚柔相错，天文也；文明以止，人文也。"今本无"刚柔相错"四字，朱熹据郭京《周易举正》所说，认为应当补上。细品彖辞语序，朱说为是。阴阳交错，反映了四时变化，故称天文。人文之饰反映了人们的礼法观念，知所行止，故称人文。"观乎天文，以察时变；观乎人文，以化成天下。"这里强调的是文明的人文教化作用。

象曰："山下有火，贲。君子以明庶政，无敢折狱。"

象辞以《贲》卦的卦象立论，《贲》卦上卦为《艮》，山象；下卦为《离》，火象，也有明亮、显明之义。山下有火，是"万家灯火"之象，文明所在，所以为"贲"。君子观此卦象，就要明察政事，以文明教化天下。"无敢折狱"者，不敢以文饰浮词审狱断案。

"初九：贲其趾，舍车而徒。"

象曰："舍车而徒，义弗乘也。"

初爻卦之始，"千里之行，始于足下"，故初爻的爻辞很多以"趾"为喻。即如《噬嗑》卦之"屦校灭趾"和此卦的"贲其趾"。关于"贲其趾"，很多人解释为"自贲其趾"，然与"舍车而徒"存在逻辑上的矛盾。既然很用心地修饰打扮脚趾，为什么有车不坐，反倒徒步行走呢？说不通。我认为"贲其趾"有贲之始义，即开始修饰。当然贲其趾也有具象上的意义，即修饰从脚开始。但不是修饰自己，而是修饰别人。初九上应六四而比于六二，六四紧邻九五君位，应属诸侯大臣一类，从六五爻辞“匪寇婚媾”来看，是婚媾的主角，所以初九应是舍六二而应六四，贲其趾是贲六四之趾。“舍车而徒”者，是不坐六二的车。六二居下卦中位，属士大夫，出有车。初九既然不贲其趾，自然不能坐他的车，所以象辞说：“义弗乘也。”

柏裕江按：似乎也可以另作别解：既然君子位处初九，自有自知之明，有所不为，纵使有车可乘，也因为义理上不应坐车，舍车不坐而情愿步行。临行前“做做准备”，“修饰”一下双脚或使脚走起路来“舒服”一些，包括洗洗脚、穿上舒适的袜子、找一双适脚的好看一些的鞋子等，还是应当的，健足能行。若把整个卦比作人的身体，初九处在最下就相当于双脚，“千里之行，始于足下”，走好这第一步很有必要，很有意义。

“六二：贲其须。”

象曰：“贲其须，与上兴也。”

六二本应上应六五，但六五也是柔爻，不能相应，所以只能比于九三。“贲其须”，是修饰九三的须。九三爻往上，是缩小版的《颐》卦，嘴大张状，九三正处于下巴这个位置。古人对胡须有不同叫法：口边为髭，颊边为髯，颐下为须。九三虽居下卦之顶，但未至上卦，属于六四的陪客，修饰胡须是为了陪同六四参与盛事，“与上兴也”。

“九三：贲如，濡如，永贞吉。”

象曰：“永贞之吉，终莫之陵也。”

“贲如，濡如”，九三已经修饰一新，象刚刚洗濯过那样濡润光鲜。但也要注意，自己只是陪客，只要始终执守本分，才能吉利，“永贞吉”。所以象辞说：“永贞之吉，终莫之陵也。”始终执守本分之所以吉利，是因为不能将自己凌驾于主角之上。“陵”通“侵凌”。

“六四：贲如皤如，白马翰如，匪寇婚媾。”

象曰：“六四，当位疑也；匪寇婚媾，终无尤也。”

六四上临六五，“匪寇婚媾”，是求婚于六五，所以要“贲如皤如，白马翰如”。皤，素白色，衬以白马，愈显神采奕奕。翰如，健行如飞。六四柔爻阴位，尊如诸侯，忽然带领人马到来，必引起六五的疑惧，所以象辞说：“六四，当位疑也。”但因是求婚而非进犯，所以“终无尤也”。

“六五：贲于丘园，束帛戋戋，吝，终吉。”

象曰：“六五之吉，有喜也。”

六五贲于丘园，看来是应允了这门亲事，所以要修饰丘园。“束帛戋戋”，将丝绸系在丘园的树木上。戋戋，朱熹说“浅小之意”，马融说“堆积貌”，均可。但从后文“吝，终吉”看，似乎朱说为是。象辞说：“六五之吉，有喜也。”喜即婚媾之喜。

“上九：白贲，无咎。”

象曰：“无咎，上得志也。”

上九贲之极，绚烂至极归于纯素，故曰“白贲”。有崇尚自然、彰显本质的志向，所以“无咎”，无可责备。

上九白贲体现了殷周时期逐渐形成的独特美学意识，即“绘事后素”。子夏从孔子游，子夏问曰：“‘巧笑倩兮，美目盼兮，素以为绚兮’，何谓也？”子曰：“绘事后素。”曰：“礼后乎？”子曰：“启予者商也。始可以言诗已矣。”（见《论语·八佾》）孔子认为最好的美化修饰是彰显本色自然，这就是“绘事后素”。《孔子家语》记载，孔子卜卦得贲卦而忧，曰：“吾闻丹漆不文，璞玉不雕，何也？质有余不胜饰也。”说的也是这个意思。

易经·上经之二十三

小人乱政，验于剥卦

山地剥

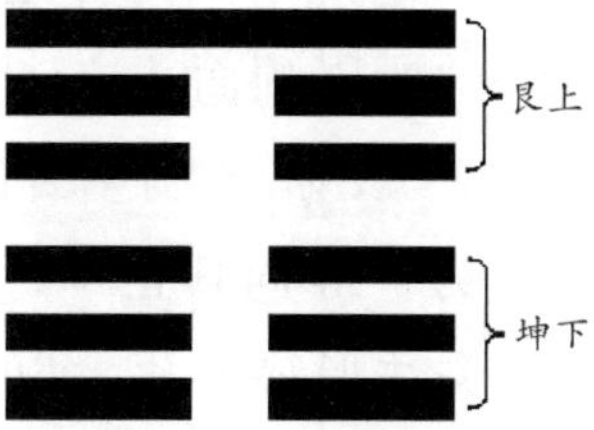

《剥》：**不利有攸往。**

初六：剥床以足，蔑贞凶。

六二：剥床以辨，蔑贞凶。

六三：剥之，无咎。

六四：剥床以肤，凶。

六五：贯鱼，以宫人宠，无不利。

上九：硕果不食，君子得舆，小人剥庐。

《剥》卦属乾宫第六卦，上卦为《艮》，山象；下卦为《坤》，地象，是为“山地《剥》”。剥是剥落、剥蚀，乾宫爻变至此，五个阳爻都已变成阴爻，只剩上九一个阳爻，纯阳剥落成阴盛阳衰之象，警世喻时，当可喻指小人作乱，横行于世，有危害君子之象。

卦辞："剥，不利有攸往。"

彖曰："剥，剥也，柔变刚也。不利有攸往，小人长也。顺而止之，观象也。君子尚消息盈虚，天行也。"

《剥》卦显示的是阴盛阳衰、小人得势之象。对君子而言，此时非奋发有为之际，"不利有攸往"，当洁身自好。彖辞说："剥，剥也，柔变刚也。不利有攸往，小人长也。"以"剥"释"剥"，是古文注疏中的"同字相训"，意指这里用的即是剥字的本义。"柔变刚"指《剥》卦本自《乾》卦变化而来，自初爻始，依次以柔爻改变刚爻，这是小人之势增长之象，故君子"不利有攸往"。"顺而止之"，王弼注云："所以顺而止之，不敢以刚止者，以观其形象，坤顺而艮止也。"所谓"观其形象"，指《剥》卦的卦象是下卦《坤》德为顺，上卦《艮》德为止，是"顺势而为，静伺其止"，不是逆势而强行阻止。"尚消息盈虚"，是说同时还要密切关注形势变化，以俟天时，待机而动。

象曰："山附于地，剥。上以厚下，安宅。"

山本在地上，山石剥落以附地，俗谓"山崩"，这是剥卦之象。与其他卦不同，《剥》卦实际上是讲国家政权问题，"山附于地"，是政权的上层建筑出了问题。君王见此卦象，应当厚待百姓，解决好上层建筑的问题，亦即象辞所说："上以厚下，安宅。"

"初六：剥床以足，蔑贞凶。"

象曰："剥床以足，以灭下也。"

古代床为坐具，榻为卧具。古代之"床"演变成今日之"椅子"，今日之"床"乃古代之"榻"。今人不识古意，往往误读。李白《静夜思》之"床前明月光"，非指卧于屋内榻上之见，乃是坐于廊下，于庭院所见，所以才有"举头望明月，低头思故乡"的形象描写。若卧于榻上，何来"举头"、"低头"？至今小学教材仍以为李白是躺在卧榻上的，殊误。

以坐床比喻坐天下，中外皆有此例。藏传佛教中的活佛升位称之为"坐床"，英语之"chairman"（主席）本义也就是"坐在椅子上的人"。《剥》卦以床比喻政权，故处处以朝代兴替为念。"剥床以足"，剥落必自基础始。坐不安席，罹乱之兆。"蔑贞凶"，当正直忠贞的品格遭到蔑视时，凶险就到来了。

“六二：剥床以辨，蔑贞凶。”

象曰：“剥床以辨，未有与也。”

“辨”字费解。东汉郑玄认为是床腿：“足上称辨，谓近 （膝）之下。”唐孔颖达疏云：“辨，谓床身之下，床足之上也，足与床身分辨之处也。”据考，商周时期的床有足无腿，有腿之床谓之“胡床”，传入中原大概在汉魏时期。《后汉书·五行志》中有载：“汉灵帝好胡服、胡帐、胡床……，京都贵戚皆竟为之。”至宋代始有称“椅子”者，宋高承《事物纪原》引《风俗通》称：“汉灵帝好胡服，景师作胡床，此盖其始也，今交椅是也。”据此，古人之坐由低升高有个演变过程，上古之人席地而坐，后坐以荐席，至东汉时犹存。据刘义庆《世说新语》，汉灵帝时贤管宁因其友华歆掘金动贪念，“宁割席分坐，‘子非吾友也。’”后世遂留下“割席断交”这个成语。由“席”进而为“枰”，东汉刘熙《释名》：“枰，平也，以板作之，其体平正也。”“枰”下有足者为“床”，床足上有腿者为“椅”。

六二阴爻，剥落之势没有得到遏止，继续向上，已经达到床辨（床足与床板连接处），“蔑贞凶”，正直忠贞的品格遭到蔑视的情况丝毫没有改善，“未有与也”，这是没有做任何补救措施的缘故。凶险继续逼近，新的、更大的社会动荡已经呼之欲出。

“六三：剥之，无咎。”

象曰：“剥之无咎，失上下也。”

更为凶险的是，“剥之，无咎”。象辞说，剥蚀国本，竟然得不到惩罚，这是上下失序，已经达到君不君、臣不臣的地步。正所谓“剥之无咎，失上下也。”

“六四：剥床以肤，凶。”

象曰：“剥床以肤，切近灾也。”

国本剥蚀已近肌肤，剥蚀之害愈演愈烈，就程度言，已经不仅仅是表面饰物的脱落，而是达到内质，接近灾害了。《周易正义》王弼注云：“初二剥床，民所以安，未剥其身也。至四，剥道浸长，床既剥尽，以及人身，小人遂盛。物将失身，岂唯削正，靡所不凶。”至此，灾祸殃及的已不仅仅是国家上层建筑，而是殃及百姓，说“剥床以肤，切近灾也”，实不为过。

“六五：贯鱼，以宫人宠，无不利。”

象曰：“以宫人宠，终无尤也。”

六五阴爻君位，乃皇后之象。皇后出行，嫔妃雁行随之，鱼贯而出，是为“贯鱼”。《剥》卦六爻均以国家上层建筑的剥落为主题，唯六五爻涉及宫闱之乱。中国历朝，乱朝纲者两大祸由，一为内宦，一为外戚。皆因“以宫人宠”。所谓“枕边风难敌”，故颐指气使，所为“无不利”。虽为祸甚剧，然君王宠爱，“终无尤也。”

“上九：硕果不食，君子得舆，小人剥庐。”

象曰：“君子得舆，民所载也。小人剥庐，终不可用也。”

上九是剥卦中唯一尚未变为柔爻的刚爻。爻变至此就不再往上继续变了，所以是硕果仅存，“硕果不食”。按卦变的规律，第六爻并非不可变，但变则出宫，变成坤宫的《复》卦，即初爻柔变刚，第六爻刚变柔。《序卦传》：“《剥》穷上反下，故受之以《复》”。因之，上九已是剥卦的极点。物极必反，混乱到了极点，民心思治，拨乱反正的时机就到了。所以象辞说，君子得到车舆，是因为得到了百姓的拥戴，小人以致剥庐，终究会被时代淘汰。

易经·上经之二十四

拨乱反正，应在复卦

地雷复

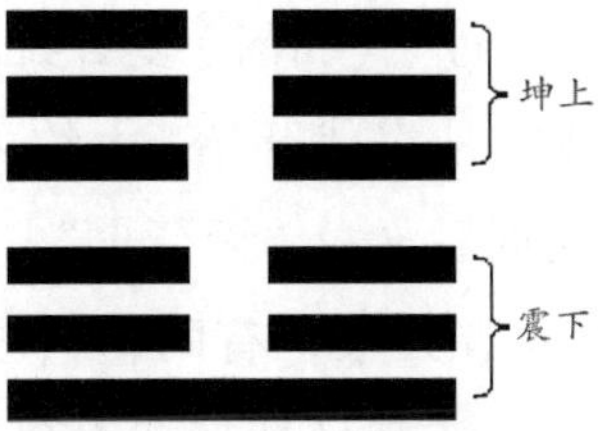

《复》：亨。出入无疾。朋来无咎。反覆其道，七日来复，利有攸往。

初九：不远复，无祇悔，元吉。

六二：休复，吉。

六三：频复，厉，无咎。

六四：中行独复。

六五：敦复，无悔。

上六：迷复，凶，有灾眚。用行师，终有大败，以其国君，凶。至于十年，不克征。

《复》卦属坤宫第二卦。上卦不变，仍为《坤》，地象；下卦初爻柔变刚，下卦由此变为《震》，雷象，是为“地雷《复》”。《序卦传》：“物不可以终尽，剥穷上反下，故受之以复。”《复》卦和《剥》卦互为综卦，《剥》卦一路剥上去，只剩上九一个阳爻，“穷得只剩下裤衩了”。所以“剥穷上反下”，要反复了。《复》卦之“复”是反复、恢复、回归原状的意思，继《剥》卦之后，有拨乱反正的含义。

卦辞："复，亨。出入无疾，朋来无咎。反复其道，七日来复，利有攸往。"

彖曰："复亨，刚反，动而以顺行，是以出入无疾，朋来无咎。反复其道，七日来复，天行也。利有攸往，刚长也。复，其见天地之心乎？"

久乱思治，拨乱反正顺乎民心，故"亨"。"出入无疾，朋来无咎"，彖辞的解释说，这是刚爻返回的缘故。《复》卦下卦《震》为雷，上卦《坤》为顺；雷动而势顺，"动而以顺行"，所以出入无疾，朋来无咎。"反复其道"，刚爻的返回不是另辟蹊径，而是原路返回，所以是"反复其道"。有人将此解释为循环往复，是把反复看成了一个词，其理解不符原意。"七日来复"难解。历代注家众说纷纭，据今人舒大刚、钟雅琼《〈周易〉复卦卦辞"七日来复"新诠》(载《周易研究》2014 年第二期)中列举，从汉代开始，大约可分为五类：卦气说、辟卦说、卦变说、表忧虑说、尚七说。我据后文："天行也"，及"复，见其天地之心乎？"认为是受天文现象的启示。古人观天象，有两组七星是最先引起古人关注的。一组是日月与五大行星，满天星斗，唯有日月与五大行星恒动，因七星之象而纪日，所以产生了"七曜"。至今日本仍有七曜日的说法，就是从中国传过去的。以七日为周期，故曰"七日来复"。另一组是北斗七星，以北极星为轴旋行。北极星古称紫微星，"众星拱北"，如臣拜君，故也称帝星。"复，其见天地之心乎？"这里的天地之心，大概就是指北极星。

古人尚七，中西皆然。圣经中上帝以七日造人，西人婚姻有"七年之痒"；佛教有七宝、七情；牛郎织女有七夕相会。《易经》也尚七，七者期也。《震》卦六二及《既济》卦六二的"七日得"，均有七日为期。《蛊》卦的"先甲三日""后甲三日"；《巽》卦的"先庚三日" "后庚三日"，加上本日均为七日。

"利有攸往，刚长也"，可对照《剥》卦彖辞："不利有攸往，小人长也。"在这里"刚"即代表君子，是小人的对立面。拨乱反正也是需要环境与时机的，久乱思治，民心所向，正是君子用命之时，故"刚长也"应是"利有攸往"的前提和环境条件。"复，其见天地之心乎？"民心即是天地之心，天道不可违，所以拨乱反正也有势不可当之概。

象曰："雷在地中，复。先王以至日闭关，商旅不行，后不省方。"

雷在地中，待机而发，正是一阳初生之象。"冬至一阳生"，上古先王观此卦象，在冬至闭锁城关，不通商旅，君王也不出去巡视四方。"至日"即冬至，"至日闭关"，相当于今日之年假。经查《清嘉录》，已有“冬至大如年”之说，汉人自古冬至需拜天祭祖，国内部分地区一直延续着此习俗。唐、宋时期，冬至是祭天祀祖的日子，皇帝在这天要到郊外举行祭天大典，百姓在这一天要向父母尊长祭拜。明、清两代，皇帝均有祭天大典，谓之“冬至郊天”。古人观天象而定物候，二十四节气就是古人智慧的结晶。最近听说，中国的二十四节气已列入世界非物质文化遗产，这是中华传统文化贡献于世界文明的又一大亮点。

“初九：不远复，无祇悔，元吉。”

象曰：“不远之复，以修身也。”

初九为拨乱反正之始，所以近取其身，“不远复”。“无祇悔”，即“思过念咎，务消祇悔”（《后汉书·郎顗传》）。马克思在《路易波拿巴的雾月十八日》一文中有一段名言：“像法国人那样说他们的民族遭受了偷袭，那是不够的。一个民族如同一个妇女一样，即使有片刻疏忽而让随便一个冒险者能加以奸污，也是不可饶恕的。这样的言谈并没有揭开这个谜，而只是把它换一个说法罢了。还应当说明，为什么一个有三千万人的民族，竟会被三个衣冠楚楚的骗子偷袭而毫无抵抗地作了俘虏。”所以，我们通过真理标准大讨论推动民族自省，以避免再出现“文革”式的民族性灾难，是非常必要的。

“六二：休复，吉。”

象曰：“休复之吉，以下仁也。”

“休复”，充满善意、弘扬美好的回归。休，美好义。这样做，“吉”。拨乱反正的第一个实质动作是平反昭雪。解放了一大批被打倒的老干部，平反了一大批冤假错案，人民由此看到了希望。象辞说：“休复之吉，以下仁也。”平凡昭雪就是“下仁”。

“六三：频复，厉，无咎。”

象曰：“频复之厉，义无咎也。”

“频复”，频频启动拨乱反正的举措。“厉，无咎”，虽有风险，但没有过错。以 1978 年党的十一届三中全会为标志，从 1978 年到 1982 年党的十二大召开，中国进入全面拨乱反正的新时期。若从 1978 年算起，我国已开始了长达四十年的改革开放新时代，改革频率之高、力度之大前所未有，是为“频复”。由于改革开放，社会经济取得了飞速发展，人民生活得到了极大改观，尽管改革中也走了不少弯路，但总体上已使我国进入了小康社会，改革开放成效还是巨大的。以“厉，无咎”形容，实不为过。

“六四：中行独复。”

象曰：“中行独复，以从道也。”

“中行独复”，意指拨乱反正应避免左、右两种偏向，秉中而行，特立独行，不受干扰。进入21世纪后，随着社会矛盾的逐步显现，两极分化、腐败滋生等问题日渐严重，社会上出现了怀念“文革”和盲目西化的两种思潮，习近平总书记走上领导岗位后提出了“不走老路、不走邪路”的执政理念，正是秉承了“中行独复”的思想，所以得到了全国人民的普遍拥护。象辞说：“中行独复，以从道也”，中行才是复归的正道。

“六五：敦复，无悔。”

象曰：“敦复无悔，中以自考也。”

“敦复”，有厚积薄发之义，也有敦促之义。“文革”遗毒，危害深远，拨乱反正需要几代人的努力。所以要“敦复”。象辞说：“敦复无悔，中以自考也”，拨乱反正如要无悔，需要我们时时自省，看看成效，找找不足，择善补过，才能做到“无悔”。考，校也，自考就是自己校正自己，“中以自考”，这种自我校正是要有阶段性的、持续进行的。

“上六：迷复，凶，有灾眚。用行师，终有大败，以其国君，凶。至于十年，不克征。”

象曰：“迷复之凶，反君道也。”

迷复也是复，但是不考虑现实变化，妄想复制往日荣光，是为“迷复”。时至今日，仍有一些人对“文革”念念不忘，意图复归到“文革”年代，还有一些人热衷于歌功颂德，用“文革”语言贴标签、表忠心，热心营造天下熙然的太平景象，自我陶醉。这两方面倾向都属于迷复。迷复源于盲目自信，这样做的后果会很严重。所以上六的占断是：“凶，有灾眚。”迷复用于行师作战，最终会失败；用于君王会很危险。《左传襄公二十八年》有载，郑国大夫游吉使楚，未成命而归见上卿子展，云："楚子将死矣！不修其政德而贪昧于诸侯，以逞其愿，欲久得乎？《周易》有之，曰：'迷复，凶。'其楚子之谓乎！欲复其愿而弃其本，复归无所，是谓迷复，能无凶乎！君其往也，送葬而归，以快楚心。楚不几十年，未能恤诸侯也。"言楚子必死，因其不修内政，而一味贪求索于诸侯，这样做不会长久。游吉使楚后八年，楚康王死，这是迷复的典型事例。

易经·上经之二十五

天命无常，唯守无妄

天雷无妄

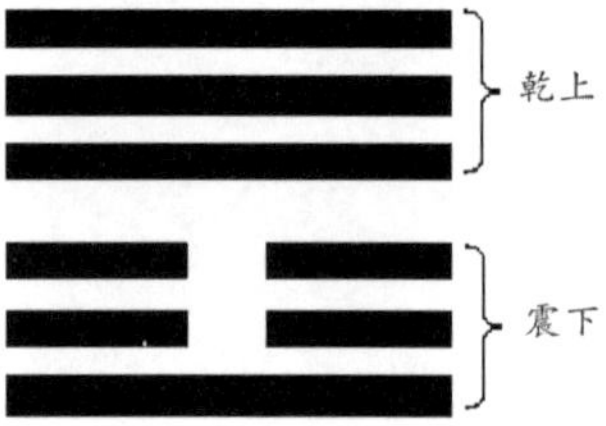

《无妄》：元亨，利贞。其匪正有眚，不利有攸往。

初九：无妄，往吉。

六二：不耕获，不菑畬，则利用攸往。

六三：无妄之灾，或系之牛，行人之得，邑人之灾。

九四：可贞。无咎。

九五：无妄之疾，勿药有喜。

上九：无妄行，有眚，无攸利。

《无妄》卦是巽宫第五卦，《巽》卦的下卦已变成《震》，雷象；上卦初爻开始变，柔变刚，上卦变为《乾》，天象，是为“天雷《无妄》”。《说文》：“妄，乱也，从女，亡声。”本义是无女，转义是男狂乱，后一般用“乱”义。《管子》：“不通于轻重谓之妄言”，以下议上是为“妄议”。后也当无缘无故讲：“妄自菲薄”。其通义，用现代俗语，应谓之“没谱”，不可预期。反之，“无妄”即是不乱，有谱，有迹可循，可以预期。

这个卦很奇怪，名字是无妄，可卦辞、象辞至各爻内容，处处是有妄。大家都知道的成语“无妄之灾”就是出自此卦，意思是“无缘无故就遭受了伤害；想不到的伤害”。在成语中，无妄实际上是当作“有妄”来解的。细品此卦内容，总的感觉是无妄之人处有妄之境，处处有妄，莫名其妙、无缘无故，只可以“天命无常”喻之。

卦辞：“无妄，元亨利贞。其匪正有眚，不利有攸往。”

彖曰：“无妄，刚自外来而为主于内。动而健，刚中而应，大亨以正，天之命也。其匪正有眚，不利有攸往。无妄之往，何之矣？天命不佑，行矣哉！”

卦辞无妄，其解则有妄，此卦从一开头就需细审。首先，“无妄，元亨利贞”。不妄言，不妄行，本身就具备了元亨利贞四德。但“不利有攸往”，为什么？因为“其匪正有眚”。匪通“非”，正即正常，“匪正”即异常。眚，眼病，白内障，在此是有毛病、有问题的意思。无妄之人处有妄之境，因为情况异常，不是自己的原因，造成出行不便，所以不利有攸往。

这段话很多人解释错了。通解认为，无妄本身是元亨利贞的，但如果不走正道（有的解释为动机不纯正），就会有弊害，不利有所往。此解不通之处在于，无妄本身就否定了不走正道（或动机不纯正）的可能，怎么会有眚？若此解成立，当言：“若其匪正有眚，则妄，不利有攸往。”这里的“不利有攸往”不言“妄”字，是说无妄也有不利有攸往的时候。正如一个好人准备出门做善事，忽遇大雨如注，自然是“不利有攸往”了。

彖辞实际上从卦象上解释了为什么无妄会处于有妄之境。“无妄，刚自外来而为主于内。”《无妄》卦内卦为《震》，初爻是刚爻，这个刚爻来自卦外。为什么不是外卦（即上卦）？因为外卦《乾》三个刚爻一个也不少。那么，初爻刚爻未来之时呢？未来之时，内卦为《坤》，外卦为《乾》，本卦原来是《否》卦，“否”即否塞不通，本来就是不利有攸往的。“动而健，刚中而应，大亨以正，天之命也。”

刚来主内，《否》卦就变成了《无妄》卦，下《震》性动，上《乾》性健，动而健。刚中指上卦九五，刚爻居中，下卦初九来而应之，这是天之命。但由于刚爻外来，不是正常情况，“匪正”，因而有眚，不利有攸往。“无妄之往，何之矣？天命不佑，行矣哉！”无妄者，动而健，注定还是要往的。但在有眚的情况下，无妄的往，要往哪里？天命也不保佑。（唉！）去就去吧！“行矣哉！”

据说彖辞是孔子撰写，我想，这段彖辞大概是孔子厄于陈蔡时写的吧。孔子适楚，厄于陈蔡，七日不火食，子路有怨，问曰："由闻之：'为善者，天报之以福；为不善者，天报之以祸。'今夫子累德、积义、怀美，行之日久矣，奚居之隐也？"子路问的是无妄之人为什么会处在有妄之境？孔子说："遇不遇，时也，死生者，命也"，意思就是天命不佑，无可奈何。

柏裕江按：作者此解甚有理。查到一种解释：自宋明之后，受到理学影响，易学家都把妄解释为"虚妄"，乱的意思，这也是《说文》所说的"妄，乱也。"无妄即毫无虚妄，行为不乱，动之以天。

象曰："天下雷行，物与无妄。先王以茂对时，育万物。"

雷行天下，万物无不震怖，先王见此卦象，就要配合天命，应时而动，养育万物。

"初九：无妄，往吉。"

象曰："无妄之往，得志也。"

初九即彖辞所说"外来而主内"的刚爻，因为是天之命，所以"无妄"，而且"往吉"。

"六二：不耕获，不菑畬，则利有攸往。"

象曰："不耕获，未富也。"

关于"不耕获，不菑畬"，孔颖达解释说："六二处中得位，尽于臣道，不敢创首，唯守其终，犹若田农不敢发首而耕，唯在后获刈而已。不敢菑（菑，新开垦一年的生地；畬，开垦三年的熟地）发新田，唯治其菑熟之地，皆是不为其始而成其末，犹若为臣之道，不为事始而代君有终也。"不去耕耘而有收获，不种生地去种熟地，不说是取巧，却说是不敢。这个解释牵强而可笑，故后人多不取。朱熹以"不耕不获，不菑不畬"解之，有言："六二柔顺中正，因时顺理而无私意期望之心，故有不耕获，不菑畬之象，乃言其无所为于前，无所冀于后也。"以喻不做非分之想，所以利有攸往。虽然说得通，但加上两个"不"字，恐有悖于原意。我认为，应理解为"不耕，竟然获；不菑，竟然畬"。本非所求，意外之喜。仿于无妄之灾，可称无妄之福。有无妄之福，自然利有攸往。象辞说"未富也”，也是说未以富求，意外之喜。

柏裕江按：经查，《礼记·坊记》孔子引《易》曰：“不耕获，不菑畬，凶。”郑注：“言必先种之乃得获，若先菑乃得畬也，安有无事而取利者乎？”若依此，则六二经文有异，应多一个“凶”字，而无“则利有攸往”句，经文当作“不耕获，不菑畬，凶。”不耕田就想收获，不开垦荒地就想要有熟田可耕种。此告戒人不当有不劳而获的期望，如此则凶。段玉裁注说：“易曰：‘不菑畬田’，‘田’汲古以为衍而空一字，宋本皆有之，盖‘凶’字之误，许所据与《坊记》所引同也，《周易》无妄六二爻辞。”孰为正本，不得而知，聊备一说。

“六三：无妄之灾，或系之牛，行人之得，邑人之灾。”

象曰：“行人得牛，邑人灾也。”

六二讲无妄之福，六三就讲无妄之灾，所谓“闭门家中坐，祸从天上来”。“或系之牛”，或即譬如，以系之牛作喻。“行人之得，邑人之灾”，路人将牛牵走，村里的人都受到了怀疑，虽村人“无妄”，也蒙受了不白之冤，这是村里人的灾祸。六三柔爻阳位，位不正又不守中，性柔处刚，缺乏执守能力，所以会丢牛。象辞说：“行人得牛，邑人灾也”，看似重复爻辞，但也有别意。同为无妄，或灾或喜，正是一事之两面，行人得牛是行人的无妄之喜，同时也是邑人的无妄之灾。

“九四：可贞。无咎。”

象曰：“可贞无咎，固有之也。”

九四不讲无妄而无妄自在，有妄之处境更需要无妄之自守，可贞就是无妄自守的意思。象辞说“可贞无咎，固有之也”，是指九四刚爻，利于守贞，以喻那些平日里走得正行得端、品德高尚的人，人知其品行，自会将其排除在怀疑范围之外，故“无咎”。无咎是固有本性决定的。

“九五：无妄之疾，勿药有喜。”

象曰：“无妄之药，不可试也。”

无妄之疾，孔颖达解为“自然之疾”，认为“非己所致，疾当自损，勿须药疗而有喜也”；刘沅解为“意外之疾”，认为“顺其自然，患当自息”。大概都认为是小病小灾，不治自愈。若然，与无妄何干？我认为，无妄之疾非真有病，托词而已。这种病不是用药来治的。赤壁之战，周瑜患头痛之疾，孔明书一“火”字，周瑜大喜而愈。所以无妄之疾，乃为心疾，疾在其妄，不在其症。心疾非药能医，破妄即可，所以象辞说：“无妄之药，不可试也。”

无病不吃药，没做亏心事，不怕鬼叫门。受到怀疑，心里别扭，就好像感觉身体有些不舒服(“无妄之疾”)，然而，也没有必要解释自己是清白的(“勿药”)。只要坚守正道，事情自然会得到澄清（“有喜”）。

“上九：无妄，行有眚，无攸利。”

象曰：“无妄之行，穷之灾也。”

上九为无妄之极，物极必反，行则有妄，所以“行有眚，无攸利”。象辞说的“穷之灾”，即窘迫难行之意。

无妄之人处有妄之世，常不免有天命无常之叹。无妄之福、无妄之灾，间或有之，唯有执正自守，不妄求无妄之福，不妄避无妄之灾，决然自行而已。

易经·上经之二十六

大畜畜德，取自大畜

山天大畜

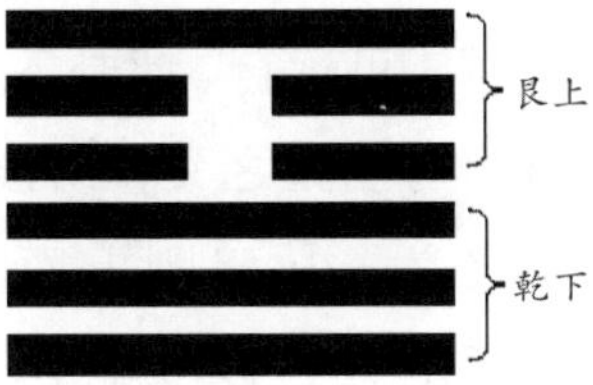

《大畜》：利贞。不家食，吉。利涉大川。

初九：有厉，利已。

九二：舆说輹。

九三：良马逐，利艰贞，曰闲舆卫，利有攸往。

六四：童牛之牿，元吉。

六五：豮豕之牙，吉。

上九：何天之衢，亨。

《大畜》卦是艮宫第三卦，上卦不动，仍为《艮》，山象；下卦第二爻继续变，柔变为刚，下卦变为《乾》，天象，是为“山天《大畜》”。《大畜》卦与《无妄》卦互为综卦，《序卦传》：“有无妄，然后可畜，故受之以大畜。”《周易集解》向秀云：“止莫若山，大莫若天，天在山中，大畜之象。天为大器，山则极止，能止大器，大畜也。”

这里要注意的是“止”义。止不是拒止的止，而是蓄止。山谷中建大坝以止水，虚而受之，蓄水成潭，是为“大畜”。此卦上卦《艮》，二柔一刚，二柔分别为六四、六五，与下卦初九、九二分别相应。刚爻健行，柔爻招而止之，虚而受之，故为蓄。

卦辞：“大畜，利贞。不家食，吉。利涉大川。”

彖曰：“大畜，刚健笃实辉光，日新其德，刚上而尚贤。能止健，大正也。不家食，吉，养贤也。利涉大川，应乎天也。”

“大畜”相对于“小畜”而言。小畜蓄财，大畜蓄德，所以《大畜》卦强调的是“利贞”，执守正道。“不家食”，不在家里吃饭，指“吃公家饭”，朱熹说：“不家食者，食禄于朝，不食于家也。”蓄养德行，长大后为国家做事，这是好事，好的想法，故曰“吉”。“利涉大川”，可远行。此卦下为《乾》，性刚健，上为《艮》，性笃实，《乾》《艮》都是阳卦，有明耀之义，所以彖辞说“刚健笃实辉光，日新其德”。大畜蓄德，有尊贤之义，故曰刚上而“尚贤”，“不家食，吉”者，以“养贤”也。“刚上”指上九，以坝喻，上九即是坝体，“能止健，大正也”。

象曰：“天在山中，大畜。君子以多识前言往行，以畜其德。”

“天在山中”是卦象，但也有实境。遁世之人修道多在山中，有个成语叫“别有洞天”，洞天就是天在山中。洞天为有道之人居所，道家素有“十大洞天，三十三福地”的说法。孙悟空偷吃人参果在五庄观，门额上书：“万寿山福地，五庄观洞天。”大畜尚贤、养贤，必先访贤，见贤思齐，所以“君子以多识前言往行，以畜其德”。

“初九，有厉，利已。”

象曰：“有厉利已，不犯灾也。”

六十四卦中，凡《乾》卦在下，初爻都有“潜龙勿用”之象，此卦亦然。初九为蓄之始，上应六四，阴阳本相合，但其上尚有两个阳爻阻拦，故“有厉”，不利前行。“利已”，即勿用。《周易正义》王弼注：“四乃畜已，未可犯也，进则有厉，已则利也。”意思是初九已经被六四所蓄，就不要再前行了，前行则冒犯六四，还是中止于此为有利。我国文字有颇难记认者，“已”即是一例。已经之“已”、自己之“己”、地支之巳，形同而略有差别，但意义差别却很大。即如“利已”，王弼本作“利已”，楚简本作“利巳”，濮茅左考释：“巳读为祀”，陆德明《经典释文》又说，“或音纪，姚同”。细品全卦卦义，此当为“已”，训为止，结束，罢了。故以王弼本为是。

“九二：舆说輹。”

象曰：“舆说輹，中无尤也。”

“舆说輹”，舆是车，说训“脱”，輹是捆住车轴的绳子。“輹，车轴缚也。”（《说文》）松开輹，把车轮卸下来。九二和初九一样，虽上应六五，但因蓄而止。不同的是初九之止是被迫，九二之止是主动，所以《伊川易传》程颐说：“九二虽刚健之体，然其处得中道，故进止无失。虽志于进，度其势之不可，则止而不行，如车舆脱去轮輹而不能行也。”象辞说：“中无尤也”，是说九二居下卦之中，进止无失。

“九三：良马逐，利艰贞，日闲舆卫，利有攸往。”

象曰：“利有攸往，上合志也。”

九三上应上九，而上九“何天之衢”，大道通衢，自可纵马驰骋，所以以“良马逐”喻之。“利艰贞”者，卜者劝诫语。途中有险，须执正自守。“日闲舆卫”，闲，门中有木，隔也，所以训为“阂”，《周易正义》王弼注：“闲，阂也；卫，护也。进得其时，虽涉艰难而无患也。舆虽遇闲而故卫也。”大道虽通，间有贼盗，所以要“日闲舆卫”。中世纪天主教盛行欧洲，每年都有大批信徒到耶路撒冷朝圣，为防范途中贼盗侵扰，先后有马耳他骑士团、圣殿骑士团、条顿骑士团充当沿途护卫之责，史称“三大骑士团”，此即“日闲舆卫”。后人释易，多以“娴熟”解释“闲”，认为日闲舆卫是训练士卒，以利前行，这是妄解，王弼说为是。象辞说：“利有攸往，上合志也”，上指上九，九三上应上九，合德合志。

“六四：童牛之牿，元吉。”

象曰：“六四元吉，有喜也。”

牿，《说文》：“牿，牛马牢也”，童牛即小牛，用牿加以束缚，有用于牺牲之义。卜断为“元吉”，因六四已蓄初九，故“有喜”，“童牛之牿”，当是用于喜庆之日祭祀。

“六五：豮豕之牙，吉。”

象曰：“六五之吉，有庆也。”

六五得蓄九二，故曰“吉”、曰“有庆”。豮豕之牙难解。查说文：“豮，羠豕也。”然何为羠？查《康熙字典》：“西方有野羊，大角，牡者曰羱，牝者曰羠”。据此，豮豕应为野猪。另一说法，豮豕是去势的猪，《经典释文》引刘表注：“豕去势曰豮。”我取后者，其因在于对“豮豕之牙，吉”的解释。若作野猪之牙解，何以“吉”？故不取。比照六四，童牛之牿是外物加之童牛，则此处的豮豕之牙也应是外物，而不会是猪牙。今人李守力将牙训为“杙”，即捆猪的小木桩，据李守力考证，这是采取了宋人陆佃《埤雅卷五・释兽・豕》的解释（见李守力《周易诠释》）。我认同李说。但为什么捆猪就吉、有庆？李守力解释说，是因为这样便于育肥，这又牵强了。我认为还是为了庆贺蓄德圆满，以猪作牺牲。

联系全卦主题，大畜畜德，初、二两爻均为蓄而止，可视之为“闭关”，九三出关了，所以可以有“良马逐”。顺理成章。六四、六五应是为了庆祝蓄德的圆满而祭祀，当可说得通。

“上九：何天之衢，亨。”

象曰：“何天之衢，道大行也。”

上九为大畜之终，蓄德圆满，当用于世，前面是四通八达的道路，故曰“亨”。象辞说：“何天之衢，道大行也。”信心满满。

易经 · 上经之二十七

颐养之道，存于颐卦

山雷颐

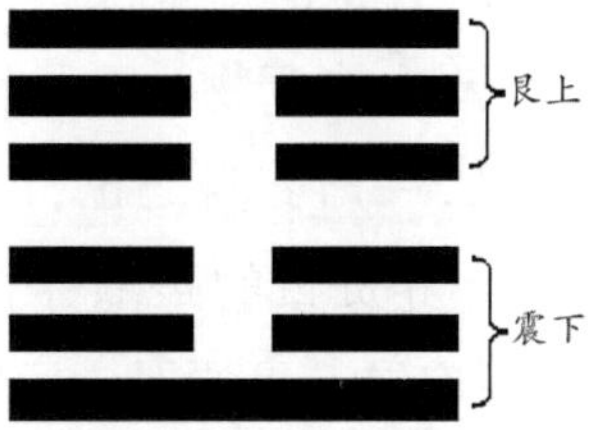

《颐》：**贞吉。观颐，自求口实。**

初九：舍尔灵龟，观我朵颐，凶。
六二：颠颐，拂经于丘颐，征凶。
六三：拂颐，贞凶，十年勿用，无攸利。
六四：颠颐，吉。虎视眈眈，其欲逐逐，无咎。
六五：拂经，居贞吉，不可涉大川。
上九：由颐，厉，吉。利涉大川。

《颐》卦为巽宫第七卦，上卦已变至第五爻，上爻不能变，故其初爻变回柔爻，上卦变为《艮》，山象，下卦为《震》，雷象，是为“山雷《颐》”。《颐》卦是中心对称卦，即旋转180度，还是本卦。六十四卦中，有八个卦具有这个特点，其中有四纯卦：《乾》《坤》《坎》《离》，还有四杂卦：泽风《大过》、风泽《中孚》、山雷《颐》、雷山《小过》。《颐》卦即其中之一，因此《颐》卦没有综卦，只有错卦，泽风《大过》就是《颐》卦的错卦。

《颐》卦之得名是因象取义。《颐》卦二刚四柔，两个刚爻一个位于初爻，一个位于上爻，中间四个柔爻，柔爻居中两排列立，像两排牙齿，整体卦象像个张大的嘴。分开来看，下卦为《震》，其性动，上卦为山，其性止。正如人吃饭时，下巴会动，碰到上牙时会停止。“颐”字从臣，从页，臣为竖目，页的金文是个大脸，正如《颐》卦之象。“颐者，养也。”（《序卦传》）《颐》卦就是讲颐养之道的。

卦言：“颐，贞吉。观颐，自求口实。”

彖曰：“颐贞吉，养正则吉也。观颐，观其所养也。自求口实，观其自养也。天地养万物，圣人养贤，以及万民，颐之时大矣哉！”

“颐，贞吉”，彖辞解释说，“养正则吉也”。养有二义，一曰自养，“自求口实”就是自养；二曰养人，“天地养万物，圣人养贤，以及万民”是养人。“观颐”，就是观其所养。养正也有二义，一曰养身之正，即象辞中的“慎言语，节饮食”；二曰养贤之正，即“以及万民”。养贤目的是颐养百姓，不是为了一己私欲。春秋战国时期的四公子，信陵君、春申君、平原君、孟尝君各养士三千，号称养贤，但大都为了一己之利而养，如孟尝君靠鸡鸣狗盗之徒脱困，靠冯谖市仁而营造其“狡兔三窟”之类，鲜有用于国是者，信陵君窃符救赵是个例外。养贤以正，“颐之时义大矣哉！”

象曰：“山下有雷，颐。君子以慎言语，节饮食。”

山下有雷，隐而不发。此卦下《震》为动，上《艮》为止，是节制之象。君子观此卦象，要养正，言语谨慎以避免祸从口出，节制饮食以防止贪欲伤身。

“初九：舍尔灵龟，观我朵颐，凶。”

象曰：“观我朵颐，亦不足贵也。”

尔，第二人称，即今天的“你”，这里指六二、六三。“舍尔灵龟，观我朵颐”，《颐》卦有灵龟之象，四柔爻居中，有如龟裂。苏轼《东坡易传》有云：“龟者不食而寿，无待于物者也。养人者，阳也；养于人者阴也。君子在上足以养人，在下足以自养。初九以一阳居于四阴之下，其德足以自养而无待于物者，如龟也。”初九刚爻，阳以养阴，本乎自然。但初九养六二、六三，属于以下养上，是贡赋之养，不是养贤。“朵颐”，腮帮鼓鼓之状。“观我朵颐”，求养之态。居上位者求养于下，不符合养贤之道，故“凶”。但苏轼认为：“尔，初九也；我，六四也。”认为是初九反观其所应的六四大快朵颐，以求其养，这是把养人与养于人的角色弄反了。因此，苏轼在解释象辞所说的：“亦不足贵也。”也就错到底了。苏轼说：“（初九）不能守之而观于四，见其可欲朵颐而慕之，为阴所致也，故凶。所贵于阳者，贵其养人也。如养于人，则亦不足贵也。”实际上，这里所说是六二、六三虽居上位而反求于下，“亦不足贵也”。

“六二：颠颐，拂经于丘颐，征凶。”

象曰：“六二征凶，行失类也。”

六二上应六五，但六五也是柔爻，故不应，转而下求初九，故曰“颠颐”。颠，倒意，六二因与六五不应，故而下求初九颐养，上下颠倒了。“拂经于丘颐”，拂通“弗”，悖也；经，常也，径也。拂经即路径反常。六爻之中，二、五相应，由而及五，是正常的路径。现在六二烦求于初九，不是正常做法，所以称“拂经”。丘颐，指六五。《说文》：“四方高中央下为丘。”孔子天生异象，头顶中央凹下，故名“丘”。六五阴爻尊位，如低处高，其状如丘。六二不经六五而反求颐养于初九，属反常之举，故“征凶”。象辞说：“六二征凶，行失类也。”指六二与六五无应，失其类。

“六三：拂颐，贞凶。十年勿用，无攸利。”

象曰：“十年勿用，道大悖也。”

六三柔爻阳位，处养人之位而无养人之能，反而求养于下，所以称之“拂颐”，拂颐即违反颐养之道。上无应而下求比，属于“三多凶”，故“贞凶”。“十年勿用，无攸利”，极言之悖。按照易学象数一派的解法，《颐》卦的互卦为《坤》，六三处《坤》之中，《坤》数为十。本卦为体，互卦为用，因其拂颐，故曰“十年勿用”。

“六四：颠颐，吉。虎视眈眈，其欲逐逐，无咎。”

象曰：“颠颐之吉，上施光也。”

六四本与初九相应，但因已至外卦，求颐养于上九，也属于“颠颐”，所以“吉”者，以上养下，得颐之义，故“吉”。所以象辞说：“上施光也。”“虎视眈眈”，指初九，初九与六四相应而不应，故“虎视眈眈”。“其欲逐逐”指六四自己，《周易集解》虞翻云：“逐逐，心烦貌”，指六四因初九的虎视眈眈而心烦。“无咎”，是得到了上九的照顾，所以无咎。

“六五：拂经，居贞吉。不可涉大川。”

象曰：“居贞之吉，顺以从上也。”

六五柔爻尊位，不能自养，本与二爻相应而不能应，转而上求上九颐养，故曰“拂经”。但由于居尊而吉，只“不可涉大川”耳。《周易》爻辞多有“涉大川”之喻，但占断或为“利”或为“不利”，此处言“不可”，属告诫语气，估计是因为六五位尊的缘故。

“上九：由颐，厉，吉。利涉大川。”

象曰：“由颐厉吉，大有庆也。”

上九刚爻，尊而无位，能自养及养人，是其下众阴求颐养之由，故曰“由颐”。“由”指缘由，参见《豫》卦九四爻辞之“由豫”。“厉，吉”，虽然辛苦，但也吉利。“利涉大川”者，得颐养之道且遵行之，可以通行天下也。

先儒解释《颐》卦，多囿于六爻应承之说，必以初爻应于四爻、二爻应于五爻、三爻应于上爻。因此不惜混淆自养与被养、上养下与下养上，导致其解歧义纷生，不能自洽。究其原因，是没有注意到《颐》卦是中心对称卦的特点。《颐》卦二刚四柔，柔爻居中而二刚爻分居初、上两端，就养与被养的关系而言，是刚养柔；就养正为吉而言，是上以养下。下卦三爻均为下养上，所以占断皆为凶，上卦三爻皆为上养下，则均吉。读《颐》卦，也要破除惯性思维。

易经·上经之二十八

何以处逆，行必大过

泽风大过

《大过》：栋挠，利有攸往，亨。

初六：藉用白茅，无咎。
九二：枯杨生稊，老夫得其女妻，无不利。
九三：栋桡，凶。
九四：栋隆，吉。有它，吝。
九五：枯杨生华，老妇得其士夫，无咎无誉。
上六：过涉灭顶，凶。无咎。

《大过》卦是震宫第七卦，下卦已变成《巽》，风象；上卦初爻变回刚爻，上卦成《兑》，泽象，是为“泽风《大过》”。《大过》卦和《颐》卦互为错卦，也是中心对称卦。只不过《大过》卦是四刚爻居中，二柔爻居两端，一为初爻，一为上爻。六十四卦中有《大过》卦，也有《小过》卦，两个卦的卦象有相似处，《小过》卦也是刚爻居中，只不过是二刚爻，少了两个刚爻，所以称《小过》。关于“过”，理解不同，导致对《大过》卦的主旨认定上也众说纷纭。有理解为“过错”者，认为此卦主旨是纠偏改错；有理解为“过分”者，认为主旨是过犹不及；

有理解为“通过”者，认为主旨是唯大能过。甚至有人理解为“大而过当”，并专门就此写了一篇论文：“周易大过卦与人口结构。”

查《周易正义》，孔颖达则以“过越”释之：“过谓‘过越’之过，非‘经过’之过。此衰难之世，唯阳爻乃大能过越常理以拯患难也。故曰‘大过’。”由此可以看出两点：一是《大过》卦将背景设置于衰难之世，就个人而言，也可认为是逆境；二是将“大过”解释为超越，超出常理，谓衰难之世当为非常之举，人处逆境当超越常理才能拯难。此卦有大《坎》之象，将居中四刚爻简为一刚爻，即成单卦《坎》。坎为水，行险用险，坎有险的意思。“过”字繁体为“過”，从咼，从辶。咼即旋涡，水之险也，辶是走旁，所以“大过”本义是遇险则越的意思，孔说为是。人生有顺有逆，《大过》卦讲的就是处逆之道。

卦辞：“大过，栋桡，利有攸往，亨。”

彖曰：“大过，大者过也；栋桡，本末弱也。刚过而中，巽而说行，利有攸往，乃亨。大过之时大矣哉！”

彖辞释“大过”为“大者过也”，有人理解为“过之大”，不确。应为“能大者过”。栋，从木，东声，《说文》：“俗谓之正梁。”桡者曲也，栋桡即大梁弯曲。大厦将倾。“本末弱也”，指此卦的初、上两爻俱为柔爻，性柔弱，初为本，上为末，故称“本末弱也”。这里指喻大过所处之世。“利有攸往”，指虽处衰微之世，大过者仍可贾勇前往，道路是通的。因为“刚过而中，巽而说行”，刚爻性刚，且居中位，拯危就难，可如《巽》之顺、《兑》之悦，所以“利有攸往”。大过正是处于非常时期所为的非常之举，所以“大过之时大矣哉！”

象曰：“泽灭木，大过。君子以独立不惧，遁世无闷。”

象辞就卦释象，上卦为《兑》，泽象；下卦为《巽》，长木象，是以“泽灭木”。木质轻于水，泽能灭木，只有两种情况：一是木有所牵绊，不能随水上浮；二是树木因洪水上涨而被淹没。这两种情况都叫“大过”。君子观此卦象，在逆境中就要树立遗世独立、卓尔不群的独立精神，培养“虽千万人吾往也”的无惧气魄，即使隐遁于世，其操不改。

“初六：藉用白茅，无咎。”

象曰：“藉用白茅，柔在下也。”

初六无位，以柔处下，心存谨慎。“藉用白茅”，荐藉用白茅铺垫，这样做，“无咎”。《系辞传》引了孔子对这段爻辞的评论，孔子说：（祭祀用荐）本来放在地上就可以了，（现在）用白茅铺垫，有什么过错呢？这是极度的恭谨啊！而且，茅草虽不贵重，但（铺在祭祀用荐的下面）这样用使其变得重要了。用这样恭谨的态度去做事，就不会有过失了。“苟错诸地而可矣，藉之用茅，何咎之有？慎之至也。夫茅之为物薄，而用可重也。慎斯术也以往，其无所失也。”藉用白茅，与“大过”何干？本来藉祭，将祭品放诸于地即可。现在还要将白茅垫在下面，以示恭敬，属恭谨太过。

“九二：枯杨生稊，老夫得其女妻，无不利。”

象曰：“老夫女妻，过以相与也。”

九二居下卦之中，刚爻阴位，与上卦九五同性相斥而不应，故比于初六。“枯杨生稊”，为反常。以杨为喻者，杨树为泽边木也。李鼎祚曰：“凡木生近水者，杨也。”（《周易集解》）“稊者，杨之秀也。”（《周易正义》王弼注）“枯杨生稊”，即老树发新芽。“老夫得其女妻”，老夫女妻，并不般配，何以“无不利”？王弼说：“以阳处阴，能过其本而救其弱者也。上无其应，心无持吝处过于此，无衰不济也。故能令枯杨更生稊，老夫更得少妻，拯弱兴衰，莫盛斯爻，故‘无不利’也”。若依王解，则枯杨生稊、老夫少妻同为喻，有叠床架屋之嫌。我认为，枯杨生稊应为喻体，老夫少妻应为本体，上古社会，伦理纲常尚未如后世完备，“老夫得其女妻”恐实有其事。以联姻作为政治联盟的纽带是常有的事。“无不利”者，政治婚姻也。象辞说：“老夫女妻，过以相与也。”认为是过分的相与，似有啧言。

“九三：栋桡，凶。”

象曰：“栋桡之凶，不可以有辅也。”

九三刚爻阳位，是为重刚，刚烈过度了。又处于下卦之顶，有躁进之象，本应与上六相应，但本卦是中心对称卦，无承应之态。转而向下，下卦初六又与九二亲比，“枯杨生稊”了，故“栋桡”，桡，下曲也。占断为凶，象辞说：“栋桡之凶，不可以有辅也。”九三“好色而慕少艾”，也想比于初六，当然要被九二阻挡，所以“凶”。

“九四：栋隆，吉。有它，吝。”

象曰：“栋隆之吉，不桡下也。”

九四是九三的对称爻，也是弯曲的，不过方向是向上，占断为“吉”。象辞说，九四的吉，是因为不向下弯。九四已至外卦，由于对称之态，不应初六，转而向上，追比上六。所以吉者，以其隆而对抗压力，力学结构合理。

九三、九四二刚爻居于全卦正中，同为栋梁之才，故以栋喻之。栋本应挺直，今一桡一隆，皆用力过度而弯曲。刚爻性向上，但二爻使力的方向相反，所以其占断一凶一吉。向下者桡，桡者易折，故凶；向上者隆，隆者趋直，故吉。“有它吝”，《说文解字》：“吝，恨惜也。”《康熙字典》：“悔吝者，憂虞之象也。”《易》之“吝”是自吉而趋凶。“有它吝”有解释为：“会有忧吝”“心上有事放不下”或“发生其他变故”。它，其他，另外的，这里指本可相应的初六已和九二亲比，有些遗憾而已。

“九五：枯杨生华，老妇得其士夫，无咎无誉。”

象曰：“枯杨生华，何可久也。老妇士夫，亦可丑也。”

九五和九二也是对称之爻，九二是枯杨生稊，九五是枯杨生华；稊是根部的嫩芽，生于本；华即花，生于树梢，亦即末。此卦栋桡，有本末皆弱之象，生稊、生花，有拯弱之义。所以虽然九二是老夫得其女妻，九五则是老妇得其士夫。都是不般配的婚姻，但占断还都不错。不过还是有一点差别。九二生稊，有更生之义，九五生花，则芳华易逝。所以九二的占断是“吉”，而九五的占断不过是“无咎无誉”。至于九五的象辞，则说得就很不客气了：“枯杨生华，何可久也。老妇士夫，亦可丑也。”

“上六：过涉灭顶，凶。无咎。”

象曰：“过涉之凶，不可咎也。”

“过涉灭顶”呼应的是此卦大象：“泽灭木。”皆为大过，以喻当世衰微，故占断为“凶”。徒涉过河以致灭顶，然“无咎”者，以其余勇可贾。成功了没有？

爻辞没有说，也不必说。诸葛亮《后出师表》有云：“臣鞠躬尽瘁，死而后已。至于成败利钝，非臣之明所能逆睹也。”处大过之世，行非常之举，是不能汲汲于成败的。

易经·上经之二十九

涉险之患，取诸坎卦

坎为水

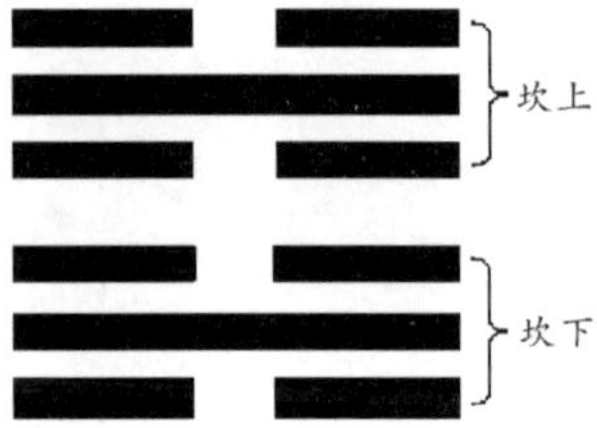

《习坎》：有孚维心，亨。行有尚。

初六：习坎，入于坎窞，凶。
九二：坎有险，求小得。
六三：来之坎，坎险且枕，入于坎，窞，勿用。
六四：樽酒簋贰用缶，纳约自牖，终无咎。
九五：坎不盈，祇既平，无咎。
上六：系用徽纆，寘于丛棘，三岁不得，凶。

《坎》卦是八纯卦之一，也是坎宫首卦。易经上经自《乾》《坤》始，

坎宫八卦卦象

结于《坎》《离》，说明这四个卦非常重要。《乾》《坤》《坎》《离》，就天象而言，代表天、地、日、月；就天道而言，代表阴、阳、水、火。《乾》《坤》之道，为儒家学说之本；《坎》、《离》之用，是道家修炼之基。可见这四卦的重要。

《坎》《离》二卦和《乾》《坤》二卦还有父女、母子相承关系。《说卦传》有云："乾，天也，故称乎父；坤，地也，故称乎母。震一索而得男，故谓之长男；巽一索而得女，故谓之长女。坎再索而得男，故谓之中男；离再索而得女，故谓之中女。艮三索而得男，故谓之少男；兑三索而得女，故谓之少女。"《说卦传》认为《震》卦初爻、《坎》卦二爻和《艮》卦上爻分别是《坤》卦从《乾》卦取来的，所以是《坤》生三男；而《巽》卦初爻、《离》卦二爻和《兑》卦上爻分别是《乾》卦从《坤》卦取来的，所以是《乾》生三女，这就是著名的"乾坤生六子"说。先贤解易，有象数一派，其理据即本于此。易经上经始自乾坤而终于坎离，表示天道轮回一个阶段的结束，鉴此也可知《易经》上经结束于《坎》《离》二卦的深意。

"坎，陷也"，引申为险。人生在世不可能永远顺遂，身处逆境，甚至险境，间或有之。《大过》卦讲处逆之道，《坎》卦则讲处险之道。

卦辞："习坎，有孚。维心亨，行有尚。"

彖曰："习坎，重险也。水流而不盈，行险而不失其信。维心亨，乃以刚中也；行有尚，往有功也。天险不可升也，地险山川丘陵也，王公设险以守其国，险之时用大矣哉！"

《坎》卦为纯卦，上下两个《坎》卦故曰"习坎"。习字繁体上为羽，下为日，本义是小鸟重复飞，《说文》："习，数飞也。"引申义是学习、练习。学习、练习也有重复的意思。彖辞说："习坎，重险也。"只说了一义，习坎还应有学习过坎、适应坎的意思。"有孚"，孚者信也。彖辞说："水流而不盈，行险而不失其信。"这是以水为喻，解释有孚。水流于坎，有学习过坎、习惯于坎之义，水流不断，如行之有信。“维心亨”，汉末吴人虞翻解释说：“坎为心。乾二、五旁流，流坤。阴阳会合，故亨也。”虞翻是象数学派的代表性人物，正是虞翻提出的卦变说，开了后世象数解易的先河。按照象数学派的说法，《坎》卦之心是《坤》卦从《乾》卦取来的二、五刚爻，与《坤》卦的柔爻相互交合，所以亨通。“行有尚”，虞翻说：“二体震为行，动得正应五，故行有尚，往有功也。”虞翻这里又用上了“互卦”说。九二与九五同性相斥，本不应，但《坎》卦的下互卦即二、三、四爻组成的卦是《震》，《震》有动德，且二爻阴位，九二失位变阴，所以可以与九五相应，“往有功”。象辞自“天险不可升也”以后，又讲了一大段话，中心意思是险之用在于阻挡。

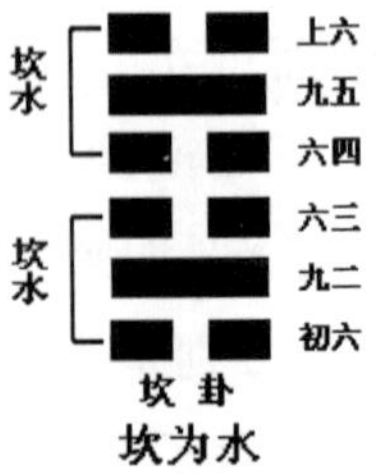

本卦 第 29 卦：坎卦 (坎为水)

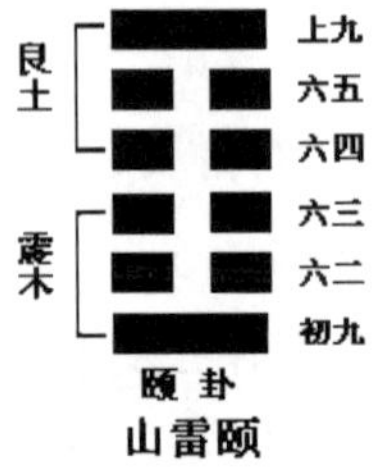

互卦 第 27 卦：颐卦 (山雷颐)

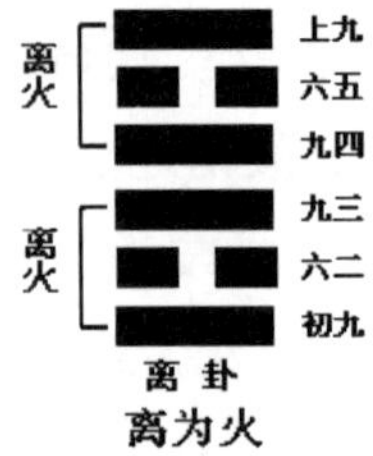

错卦 第 30 卦：离卦 (离为火)

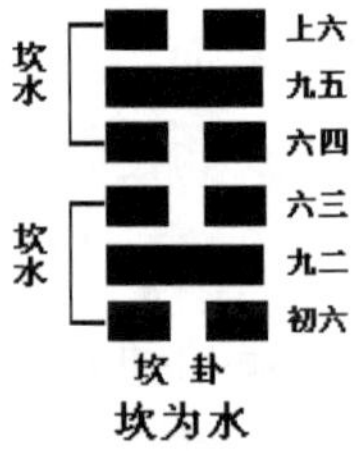

综卦 第 29 卦：坎卦 (坎为水)

象曰：“水洊至，习坎。君子以常德行，习教事。”

“水洊至”，洊是再次、屡次，用水洊至来解释习坎，显明是用习的第二义，即学习、练习过坎的技巧。君子见到坎中水流不息，要经常蓄养德行，从事教化工作。“常德行”，即“学而不厌”，“习教事”，即“诲人不倦”。

“初六：习坎，入于坎，窞，凶。”

象曰：“习坎入坎，失道凶也。”

初六为习坎之始，“入于坎窞”，窞是深坑，亦即坎中之坎。刚开始熟悉坎，就进入了坎里的深坑，这是很凶险的，象辞说：“习坎入坎，失道凶也”，走错道了。

“九二：坎有险，求小得。”

象曰：“求小得，未出中也。”

九二居上下两柔爻之间，故有险，“求小得”，按象数学派的说法，《坎》卦有互卦三：二、三、四爻为下互卦《震》；三、四、五为上互卦《艮》；上《艮》下《震》组成大互卦《颐》卦。九二为互卦《震》之体，《震》为动，“行有尚，往有功”，故有得。但只能是小得，因为上互卦为《艮》，《艮》有止义，所以“未出中也”。

“六三：来之坎，坎险且枕，入于坎窞，勿用。”

象曰：“来之坎坎，终无功也。”

六三为下《坎》之顶，上《坎》之下，所以来往皆坎，是为“坎坎”。“险且枕”，郑玄说：“木在手曰检，木在首曰枕。”六三柔爻阳位，又已入上互卦《艮》，遇险则退，枕于九二，结果是“入于坎窞”，根本指望不上。“险且枕”还有一说，“枕”通“沈”，深也，既险又深，以致“入于坎窞”。《坎》卦的大互卦为《颐》卦，《颐》卦六三爻辞是“十年勿用”，所以《坎》卦六三爻辞也说“勿用”。勿用者，象辞说“终无功也”。

“六四：樽酒簋贰用缶，纳约自牖，终无咎。”

象曰：“樽酒簋贰，刚柔际也。”

樽为酒具，簋为竹编食具，缶为瓦烧制食具。“樽酒簋贰，用缶”，一杯酒，两簋食，以缶盛之，从天窗送进去，这是什么情景？当为牢狱之险。此爻所述即文王囚于羑里的情景。“纳约自牖”，《周易集解》崔觐注：“纳约，文王于纣时行此道。从羑里纳约，幸免于难，故曰自牖，终无咎也。”六四臣位，亲比九五，一方面樽酒簋贰，接济狱中的文王；另一方面，君臣合谋，通过殷嬖臣费仲，以重金宝物献贿于纣王，因而得释。纳约自牖，大概是指文王将释前，与纣王达成的约，从天窗中递出，可见窘迫之极。象辞说的“刚柔际也”，一般解为六四与九五亲比，刚柔相合。而我理解是指牢狱的门，或开或仍紧闭，全在纣王一念间。表现的是文王将释时的忐忑心情。际者，边际也。刚柔之际就是生与死的边际。

“九五：坎不盈，祇既平，无咎。”

象曰：“坎不盈，中未大也。”

水流入坎尚未到满溢出的地步，意即危险尚未解除。祇，通假为“坻”。“坻，小渚也”《说文》）不过坻已然被踩平了。比喻出离险情的障碍均已清除，所以不会有灾祸。象辞说：“坎不盈，中未大也。”意思是危险所以尚未解除，是因为居中的九五还不够强大。

“上六：系用徽纆，寘于丛棘，三岁不得，凶。”

象曰：“上六失道，凶三岁也。”

上六为险之极，“系用徽纆”，徽是三股绞成的绳索，纆是两股绞成的绳索，色黑，捆索犯人专用。寘，置也，丛棘即指牢狱。《周易正义》虞翻注：“丛棘，狱外种九棘，故称丛棘”。“三岁不得”者，商周之际囚人以三年为限，或放或杀。《周礼秋官大司徒》：“凡害人者，寘之圜土而施职事焉，以明刑耻之。其能改过，反之中国，不耻三年。其不能改而出圜土者杀。”象曰：“上六失道，凶三岁也。”上六同初六有对称之义，初六象辞即为“失道凶也”，这里上六同样是“失道”。

易经·上经之三十

薪火相承，归于离卦

离为火

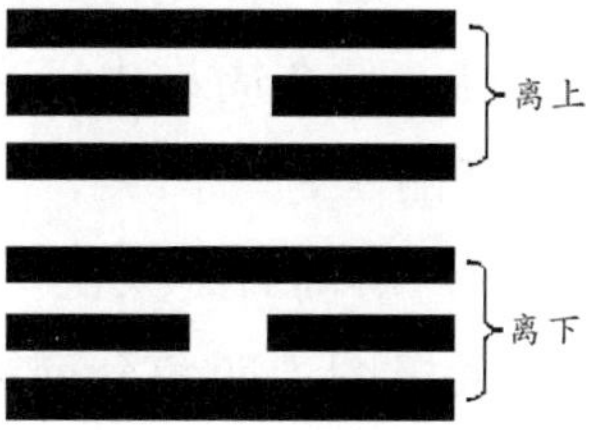

《离》：**利贞。亨。畜牝牛吉。**

初九：履错然，敬之无咎。

六二：黄离，元吉。

九三：日昃之离，不鼓缶而歌，则大耋之嗟，凶。

九四：突如，其来如，焚如，死如，弃如。

六五：出涕沱若，戚嗟若，吉。

上九：王用出征，有嘉折首，获匪其丑，无咎。

《离》卦是易经上经的最后一卦，也是八纯卦之一。《离》卦与《坎》卦互为错卦，《坎》为《坤》之中男，阴性卦而有阳刚之气；《离》为《乾》之中女，阳性卦而有阴柔之象。“离”有二义：一曰分离，一曰迷离。通假二义：一曰丽，

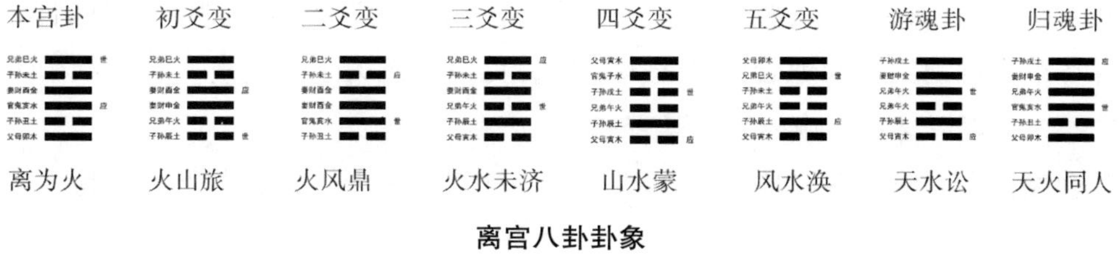

离宫八卦卦象

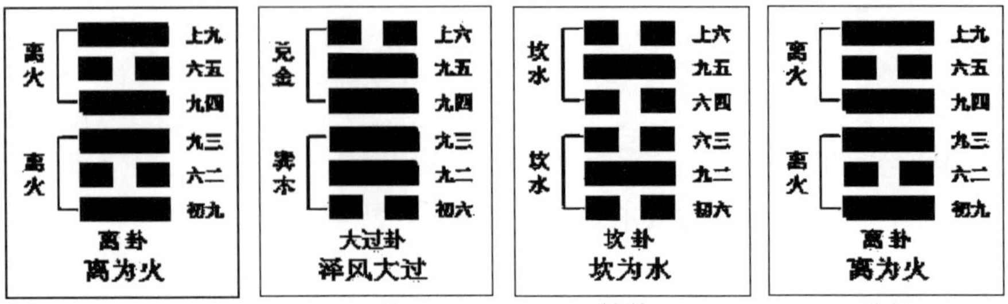

本卦　互卦　铺卦　综卦

一曰罹。《广韵》：“近曰离，远曰别”，此为分离之义；“离离原上草”，此为迷离状；《离骚》，罹难之辞也。唯在周易中以离通假为丽。然丽也有多义：一曰比，“附丽”，一曰明，“亮丽”，一曰美，“美丽”。离卦以火为象，自是取其光明之义。先儒多以“附丽”解离卦，大误。

韩国以太极旗为国旗，中置太极图，四角分列乾、坤、坎、离四单卦。乾坤喻指“无穷”，坎离喻指“光明”。因鲜族崇日，其建国，先名高丽，后名朝鲜，皆有离卦之义，“光明”之义自显。(见附后：“关于需注意的与‘韩国太极旗’有关的四点说明”)　　离卦居上卦之末，有承上启下的意味。从象数学派的角度看，离卦的上互卦为兑，上兑下离为革卦，意在革故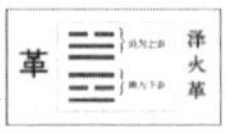

；下互卦为巽，上离下巽为鼎卦，意在鼎新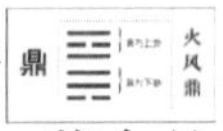

，所以离卦隐含着改朝换代的卦意。离卦的主旨应是革故鼎新，是改革、革命的卦。

卦辞：“离，利贞亨，畜牝牛，吉。”

彖曰：“离，丽也。日月丽乎天，百谷草木丽乎土，重明以丽乎正，乃化成天下。柔丽乎中正，故亨。是以畜牝牛，吉也。”

《离》卦在后天八卦图中的方位是正南，有日之象，所以利于守贞，卦象亨通。“畜牝牛”，魏人王弼说：“柔处于内而履正中，牝之善也；外强而内顺，牛之善也。”《离》卦二柔爻分居下卦之中和上卦之中，其性如牝；二柔爻分别被两刚爻包护，属外强而内顺，其德如牛，故以畜牝牛喻之。彖辞以“丽”释离，认为有日月则天丽，有百谷草木则地丽，天地合丽则正大光明，可以普惠天下。《离》卦柔顺中秉阳刚之德，所以以畜牝牛喻之，因其吉利。

孔颖达释“离”为“附丽”，认为“‘日月丽乎天，百谷草木丽乎地’者，此广明附着之义。以柔附着中正，是附得宜，故广言所附得宜之事也”（《周易正义》孔颖达疏）。今之注易者从而效之，不求真意，可谓积重难返。

象曰：“明两作，离，大人以继明照于四方。”

《离》卦上下皆为《离》，是为“明两作”，亦即后之“继明”。“大人以继明照于四方。”言大人不言君子，特指从政者。要以明明相继的精神管理国家，施惠于民。

“初九：履错然，敬之无咎。”

象曰：“履错之敬，以辟咎也。”

初九为丽之始，正当拂晓之际，将欲前行，其道未明，所以“履错然”。两脚交错而行，小心谨慎。“敬之无咎”是告诫语，当道未明，以敬慎为上。象辞说：所以要敬慎，是为了规避灾祸。

柏裕江按：错是形声字，繁体写作“錯”，从金从昔，昔为措省。《辞海》对“错”字的第一解便是：“形声。从金，昔声。本义：用金涂饰，镶嵌。”《说文》：“错，金涂也。从金昔聲。” 李守力《离卦“履错然”辨析》一文：“‘履错然’三字全由观象系辞所得。《易》以初爻为足，履，籀文从足，《说文》‘足所依也’。履从尸为祭主，《系辞传》‘履者，礼也’。错，为形声字，原字为昔，昔字甲骨文和金文，上部为洪水波涛，下部是太阳。离卦初九爻位于二至五中爻之下，二至五中爻互大坎，大坎为大水，三至五互兑，兑为泽，就是昔字古文上部的洪水波涛。初九至六五，上为大水、泽，下离为日，正组成昔字古文。华夏文明的两次起点都发生在大洪水灭世之后，第一次是华，即华胥氏的子女伏羲和女娲时期，第二次是夏，即大禹治水时期。‘昔’指远古、上古时期洪水滔天、暗无天日的记忆。这也是《周易》在乾坤之后的屯蒙需讼师比六卦都有坎卦的原因。……然，《说文》‘烧也’。离为火，故曰然……然为燃的本字，‘然’犹如火烧眉毛。‘履错然’即面对交错复杂、火烧眉毛的局面。”

“六二：黄离，元吉。”

象曰：“黄离元吉，得中道也。”

六二为日出之丽。日之初升，其色黄，故曰“黄离”。朝阳即出，普照四方，所以“元吉”。象辞说：“黄离元吉，得中道也。”是说六二居下卦之中，“丽乎正”，所以元吉。

“九三：日昃之离，不鼓缶而歌，则大耋之嗟，凶。”

象曰：“日昃之离，何可久也。”

九三是日落之丽。李商隐有句：“夕阳无限好，只是近黄昏。”落日自有落日之美，日落西山，彩霞满天，呈现出的是最后的辉煌。对这日落之丽采取什么态度，九三爻辞给出了答案：“不鼓缶而歌，则大耋之嗟，凶。”以日落喻人生，既已老去，自当退位让贤，“鼓缶而歌”，颐养天年。若不识时务，恋栈强为，将别人的客套视为自身的荣光，自不免“大耋之叹”，被人咒诅“老而不死是为贼”，那就不妙了。象辞说：日落就是最后的辉煌，这是不可能长久的。

九三位于下卦之顶，正处在前丽已尽、后丽将至的阶段，也可以喻时代更替，荀爽说：“初为日出，二为日中，三为日昃，以喻君道衰也。”（《周易集解》）当此即，应有歌颂旧时代的灭亡、迎接新时代的欣喜，和代表旧时代的日暮途穷之嗟。世传文王演卦，周公作爻辞，则周公有此联想，也很自然。

“九四：突如，其来如。焚如，死如，弃如。”

象曰：“突如其来如，无所容也。”

九四刚爻阴位，上比六五柔爻，有乘刚之象。刚爻性刚而欲上行，有以下叛上之能；六五柔爻君位，位不正而性柔，有其祚不永之势。朝代更替，兵戎相向，其势迅猛，“突如，其来如。焚如，死如，弃如”，乃战争景象。象辞说：“突如，其来如，无所容也。”战争就是你死我活，彼此不能相容。

“六五：出涕沱若，戚嗟若，吉。”

象曰：“六五之吉，离王公也。”

涕，泪也；沱，江也。泪下如江河，边哭边叹，即“出涕沱若，戚嗟若”。何以“吉”？项安世说：“以继父为哀，以承业为忧，不以得业为乐。凡天子诸侯嗣位，皆当如此，故六五之吉，离王公也。”武王灭纣，以臣伐君，犹如子讨父过，即位之际做一番猫哭老鼠的姿态也是必不可免的。后世朝代更替，新君即位多谙熟此道。

柏裕江案：对此爻象辞的解释，他人多就字面着眼：“六五爻属于阴爻居刚位，性情柔弱，位不正，被上下两个阳爻逼迫，下面近君大臣对其不服，上面退休人士或在野贤人对其不忿，所以会处于忧惧之中，以致流泪叹息”“六五柔弱之君有灾临身之危，以致于痛哭流涕，哀戚悲歎……”；作者从改朝换代的角度着眼，径指篡国夺位之君的假心假意，以“假惺惺”“猫哭老鼠”的丑态释之，有点儿意思！

“上九：王用出征，有嘉折首，获匪其醜，无咎。”

象曰：“王用出征，以正邦也。”

“王用出征”，先儒多解释为“御驾出征”，不对。新朝甫立，新君不宜离位出征。当是股肱大臣奉王命出兵平乱。“有嘉折首，获匪其醜”，看来是旗开得胜。象辞说：“王用出征，以正邦也。”新朝甫立，平乱安邦自是题中应有之义。

《易经上经》至此卦止。

附：韩国太极旗小知识

鲜族世居朝鲜半岛，一直是中国属国，并无国旗。1882 年清朝协助朝鲜与美国签订“朝美友好通商条约”，打开国门，始有国旗之议。因鲜族习俗公廨大门多悬挂太极图，故制作太极旗。始无八卦，后据清朝官员马建忠建议，加上了八卦，后又以制旗繁复为由减去四卦，而以乾、坤、坎、离四卦列于四角，是为今日之太极旗。

1883 年朝鲜高宗议定国旗式样，并报送清朝首辅李鸿章处，随后中国刊《通商条约章程成案汇编》中将其标注为“大清国属高丽国旗”。

太极旗的含义如下。

1. 白色底象征“和平”。

2. 圆形太极图表示天地本元单一，象征单一民族。

3. 太极图中的青、红两色代表阴阳；红为天在上，青为地在下。

4. 乾卦居左上，为阳气最盛，以象老阳；坤卦居右下，为阴气最盛，以象老阴；坎卦居右上，是为少阳；离卦居左下，是为少阴。乾坤代表“无穷”，坎离代表“光明”。这与高丽、朝鲜国名的含义有关。然八卦仅用其四，说明鲜族对中华文明毕竟习之不全，仅为皮毛而已。八卦不全，其为朝鲜半岛南北分裂之兆乎？存而不论。

柏裕江按：需注意与“韩国太极旗”有关的四点说明：

其一，在朝鲜语或韩语语境下，“朝鲜族”的称呼特指中国少数民族朝鲜族，是拥有中华人民共和国国籍的中国人，在非中国地区生活的朝鲜民族人不自称“朝鲜族”；韩国人自称“大韩民族“或“韩民族”，朝鲜人自称“朝鲜民族”，中亚高丽人自称“高丽人”；应当避免出现以“朝鲜族”的词语称呼韩国人、朝鲜人及其他非中国地区的韩裔或朝裔而造成的误会。

其二，高丽”只是朝鲜半岛历史上的一个特定的封建王朝 (918~1392)，即王氏高丽，是隶属于中原王朝的藩属国。需注意的是：“王氏高丽”与“高句丽（高氏高丽）”没有关系。高丽时代的一些场合下，人们会冠以上国名号作为全称，见于史料的有“有唐高丽国”“有晋高丽国”“有（大）宋高丽国”“有（大）元高丽国”等称谓，但臣事辽、金时则无此习惯，单称“高丽国”。

历史上，朝鲜这个地方，自汉时期一直是由中国控管的。936 年，因为新罗国内的不断叛乱，一个叫王建的大臣接受新罗皇逊位，成为皇帝，并且改国号为高丽，并接受了唐朝的册封，成为唐王朝的一个附属国，之后的唐、后晋、后周、宋、辽、金、元都册封过高丽国。而自此高丽是中原王朝附属国的地位一直没变，之后在明朝初年，高丽国一直秉承中原文化正统。1392 年，高丽王朝灭亡。

其三，1392 年，李成桂废黜恭让王自立，建立了朝鲜王朝。朝鲜王朝（1392~1910），又称李氏朝鲜，简称李朝，是朝鲜半岛历史上最后一个统一封建王朝 。李氏朝鲜尊明朝为永世的父国和天朝，直到甲午战争后，日本控制下的朝鲜政府宣布终止与清朝的宗藩关系。

其四，1896 年，朝鲜高宗在俄国的支持下，“升级”为伪政权大韩帝国，从此李氏朝鲜改国号为“韩”。1910 年 8 月，日本迫使大韩帝国签订《日韩合并条约》，正式吞并朝鲜半岛，设立朝鲜总督府，进行殖民统治。

其五，在中国近代的相关历史书籍中很容易找到关于韩国太极旗的来历。有很清楚的记载，其中原因之一是：1882 年，朝鲜使臣朴泳孝和金玉筠即将出使日本，临行前向中国清朝政府请求将中国的龙旗作为国旗使用，北洋政府回复称藩属国不能用五爪龙旗，只能用四爪龙旗。由于当时朝鲜当局对日渐没落的清廷已经有些不买账了，故拒绝接受清廷的要求。

易经·易之义（下）

易经·下经之三十一

人道之兴，始于咸卦

泽山咸

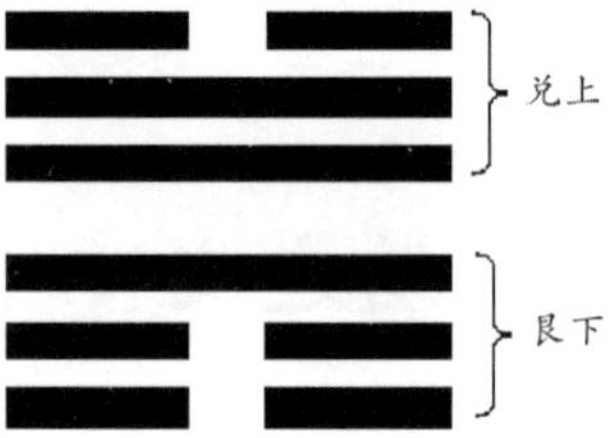

《咸》：亨，利贞，取女吉。

初六：咸其拇。

六二：咸其腓，凶，居吉。

九三：咸其股，执其随，往吝。

九四：贞吉，悔亡，憧憧往来，朋从尔思。

九五：咸其脢，无悔。

上六：咸其辅、颊、舌。

《咸》卦属兑宫第四卦，《兑》卦的上卦不动，仍为《兑》，下卦变至第三爻，柔变刚，下卦为《艮》。《兑》为泽象，《艮》为山象，是为“泽山《咸》”。

《咸》卦是下经首卦，上经言天道，下经言人道，人道始于夫妇人伦，故《咸》、《恒》二卦始言男女、夫妇之道。《易纬·乾凿度》有言：“咸恒者，男女之始，夫妇之道也。人道之兴，必由夫妇，所以奉承祖宗，为天地主也，故为下篇始者，贵之也。”男女相感生情，阴阳交合，乃成夫妇，此为天性，不仅合于天道，也为古礼所倡。《周礼·地官·媒氏》：“令男三十而娶，女二十而嫁……仲春之月，令会男女。于是时也，奔者不禁。”仲春之时，草长莺飞，春情萌动，男女感而交合，古礼不禁。下经首以《咸》卦，其主旨，狭义而言，侧重揭示男女相感之理，广义而言，则在普遍阐明事物感应之道。

卦辞：“咸，亨。利贞，取女吉。”

彖曰：“咸，感也。柔上而刚下，二气感应而相与。止而说，男下女，是以亨，利贞。取女吉也。天地感而万物化生，圣人感人心而天下和平。观其所感，而天地万物之情可见矣。”

此卦以“咸”名。咸本义是“悉”，全部的意思。《说文》：“咸，皆也，悉也。”王羲之作《兰亭集序》，里面说：“群贤毕至，少长咸集”，用的就是“咸”字的本义。彖辞说：“咸，感也”，是以“咸”通假“感”。通假是古汉语“六书”之一，作为一种修辞技巧，以“咸”通假“感”者，意在强调此“咸”为“无心之感”。感应本来是一种心理活动，何以会“无心”？这里的“无心”实际上是“无机心”，男女交好，两情相悦，本是极纯真的感情，不应掺杂有利欲之心、门第之虑。今日之男女，交往之前，先问存款、车、房，去古远矣。

强调“无心之感”，还有一层意义，即通感天地万物之情。彖辞说：“天地感而万物化生，圣人感人心而天下和平。观其所感，而天地万物之情可见矣。”可见人道即是天道，讲究顺其自然，顺势而为，不要违背天性行事。“天地不仁，以万物为刍狗；圣人不仁，以百姓为刍狗。”（《道德经》第五章）不是指责天地、圣人“不仁”，而是强调“不以其仁而有为”，天地不因同情弱者而改变“弱肉强食”的自然规律，为政者也不要以个人好恶去制定违背客观规律的政策，这才是真正的“推天道而明人事”。

《咸》卦可看作由《否》卦变化而来，《否》卦上《乾》下《坤》，本是否塞之兆，《咸》卦则是《乾》卦下沉至《坤》卦内，《坤》卦六三上升为上六，乾坤交泰，即成《咸》卦卦象。此所谓“柔上而刚下”。其结果，否塞变为通达，“二气感应而相与”，《咸》卦上《兑》下《艮》，《兑》为少女，又有悦义；《艮》为少男，又有止义，故曰“止而说，男下女”，少男居内卦，少女居外卦，是少男主动追求少女之象，所谓“凤求凰”也。

对卦辞之“亨。利贞，取女吉。”郑玄注为：“咸，感也。艮为山，兑为泽。山气下，泽气上，二气通而相应，以生万物，故曰《咸》也。其于人也。嘉会礼通，和顺于义，干事能正。三十之男，有此三德，以下二十之女，正而相亲说，取之则吉也。”郑玄系出孔门，当作此解。我则解为：“《咸》卦有通达之义。利于执守贞正，因爱娶妇是吉祥的。”

象曰：“山上有泽，咸。君子以虚受人。”

《咸》卦大象是“山上有泽”，山气蒸腾而上，泽有云蒸霞蔚之貌；泽水浸润而下，山有葱茏繁茂之态，泽山相感而生气勃勃。君子见此卦象，应领悟虚怀纳谏的道理。

《咸》卦大象辞与老子“尚虚”有异曲同工之妙。老子曰：“天地之间，其犹橐龠乎？虚而不屈，动而愈出。多言数穷，不如守中。”（《道德经》第五章）“橐龠”音 tuó yuè（驼月），是锻冶所用的风箱，因其中空，“虚而不屈”，故鼓风可连绵不绝，“动而愈出”。为政者也要深知“一人之谔谔，必至众人之默默”的道理，“多言数穷，不如守中”。

“初六：咸其拇。”

象曰：“咸其拇，志在外也。”

“拇”即拇指（趾），初六在最下，应为脚拇趾。“咸其拇”，感应首先从脚拇趾开始。象辞说：“咸其拇，志在外也。”有春心萌动之义。

虽然对《咸》卦言男女之事已形成共识，但具体到对卦爻辞的理解，又有“感物动情”说、生命修为说、恋爱阶段说和男女情爱说几种。“感物动情”说的代表人物是孔颖达，其主旨在于强调“感于情、止于礼”；生命修为说的代表人物是李守力，认为上卦《兑》为口，象人之任脉，下卦《艮》为背，象人之督脉，“辅、颊、舌”指人中穴，是打通任督二脉的关窍，全卦即指生命修为；男女情爱说的代表人物是我国性心理学家潘光旦，认为从“咸其拇”至“咸其腓”“咸其股”“咸其脢”，直至“咸其辅颊舌”，是男女情爱的“准备性的性戏耍”（潘光旦译霭理士之《性心理学》）。各备一说，我独取恋爱阶段说。

执生命修为说的李守力认为：足大趾是肝经和脾经的起点，也是人体感应最敏感的部位，按摩足大趾，可以直接刺激脑下垂体，产生性激素。执男女情爱说的潘光旦则将“咸其拇”解为“恋足癖”的表现。二说姑录此备考。

“六二：咸其腓，凶，居吉。”

象曰：“虽凶居吉，顺不害也。”

“腓”即腿肚子，《说文》：“谓胫骨后之肉也。”“感其腓”何以“凶”？孔颖达说：“六二应在九五，咸道转进，离拇升腓，腓体动躁，躁以相感，凶之道也。”（《周易正义》）六二上承九三，而九三位于下卦之顶，有躁动之象，故“凶”。然六二柔爻阴位，且位于下卦之中，柔顺而中正，象征少女虽有怀春之心，尚能恪守礼仪，所以“居吉”。“居吉”者，“一动不如一静”也。

李守力从《艮》为少男的角度解读，离拇升腓，“躁以相感”，有挑逗升级之意。遭少女反感，即有情感破裂之忧，故“凶”。“居吉”者，能顺从少女之意，适可而止，幸得相安无事。此即象辞所说：“虽凶居吉，顺不害也。”

“九三：咸其股，执其随，往吝。”

象曰：“咸其股，亦不处也。志在随人，所执下也。”

“股”即大腿。九三刚爻阳位，有躁动之象，感应强烈，故爻辞以“咸其股”为喻。亲比六二，刚柔相应，“执其随”者，有强令六二相随之意，然六二恪守礼仪，“居吉”不出，故“往吝”。象辞说：“咸其股，亦不处也。”王弼注曰：“股之为物，随足者也，进不能制动，退不能处静。”此说与九三主动的性格不符，也有悖常理。人在行走时，大腿先动，小腿随之，而不是相反。这里的“亦不处也”，实指九三位于下卦《艮》卦之顶，止极思动，不安处其位。“志在随人”并非九三以随人为志，而是以“令人随”为志。具体讲，即强令六三随之，所以象辞说其“所执下也”。

“九四：贞吉，悔亡，憧憧往来，朋从尔思。”

象曰：“贞吉悔亡，未感害也。憧憧往来，未光大也。”

九四为上卦之初，刚爻阴位，以男子喻，虽有阳刚之气，却性格柔弱，处于九三、九五之间，上下无感，故爻辞无“咸”。虽初六与之相应，但犹豫不决。求助于占卜，得吉卦（“贞吉”），患得患失的顾虑有所消除（“悔亡”）。“憧憧”，心意不定。“憧憧往来”，极写其思绪万千，犹豫不定。“朋从尔思”，求助于朋友，希望朋友认同自己的判断和想法。

《系辞传》说：“三多凶，四多惧”，意思是大成卦的三爻位于下卦之顶，其爻辞多有凶险之义；四爻位于上卦之初，其爻辞多现畏惧之辞。此卦九四爻辞之“悔”，即顾虑重重之义。象辞说：“贞吉悔亡，未感害也。”通过占卜得吉，顾虑得以消除，是因为没有感觉到有什么利害攸关的事。“憧憧往来，朋从尔思”，既然顾虑已消除，为什么还心意不定，需求助朋友呢？这是因为热恋中的少男少女，心意最是难猜，象辞说“未光大也”，所思过于琐细，未能光大其志。

孔子读易，至“憧憧往来，朋从尔思”，借题发挥，讲了很长一段话，子曰：“天下何思何虑？天下同归而殊途，一致而百虑。天下何思何虑？日往则月来，月往则日来，日月相推而明生焉。寒往则暑来，暑往则寒来，寒暑相推而岁生焉。往者屈也，来者信也，屈信相感而利生焉。尺蠖之屈，以求信也，龙蛇之蛰，以存身也。精义入神，以致用也。利用安身，以崇德也。过此以往，未之或知也。穷神知化，德之盛也。”孔子从男女相爱时的无由烦恼、无端思绪，想到天下人思虑的无由、无端。认为天下事殊途同归，虽一致却能徒生百虑，这又何苦来？孔子从“憧憧往来”，又联想到日月往还、寒暑相推，认为世间万物的变化，无非阴阳往复的结果，未来的事情或许不能预知，但德行深厚，就可以做到“穷神知化”。

“九五：咸其脢，无悔。”

象曰：“咸其脢，志末也。”

九五刚爻阳位，又居上卦之中，所谓至尊无匹。“咸其脢”，感应到了背部，《说文》：“脢，背肉也。”背为心之背，喻指与自己心意相悖之人。九五与六二正应，六二虽“居吉”，但九五阳刚至尊，能够感应到与自己心意相悖的人的思虑，当然就没有什么可后悔的事，故“无悔”。象辞说：“咸其脢，志末也。”通解为“志在细微末节”，不确。末者，终也，能够对与自己心意相悖的人产生感应，其志向已经实现。

《咸》卦内卦为《艮》，故其卦爻辞多与《艮》卦视角相类，《艮》卦初六爻辞“艮其趾”，正类同《咸》卦初六“咸其拇”，《艮》卦六二爻辞“艮其腓”，也类同《咸》卦六二“咸其腓”。相较之《艮》卦卦辞：“艮其背，不获其身。”《咸》卦九五爻辞：‘咸其脢’则应为‘可获其身。’这又可作“志末也”的旁证。

“上六：咸其辅、颊、舌。”

象曰：“咸其辅、颊、舌，滕口说也。”

上六柔爻阴位，又与九五亲比，按理也当是一位不错的女子。但上爻无位，又有“乘刚”之虞，故只能“咸其辅、颊、舌”。朱俊声说：“辅，上颔也。颊，耳目间也。”故“辅、颊、舌”乃口舌之喻。“咸其辅、颊、舌”，上六与九五之间，只限于言语交往，互通款曲，达“曲终奏雅”之效。“滕”，本义是水向上腾涌之状，“滕口说”，笑语晏晏貌，“说”作“悦”解。

李守力从生命修为的角度，认为“咸其辅、颊、舌”是用舌尖抵住上颚，俗称“搭鹊桥”，以收打通任督二脉之效。“滕口说”即口内津液充沛，可以健身醒脑。李敖则取男女情爱说，认为“咸其脢”是搂抱求欢，“咸其辅、颊、舌”则是后戏之亲吻。虽属戏谑，却也不无道理。

易经·下经之三十二

恒德适变，见诸恒卦

雷风恒

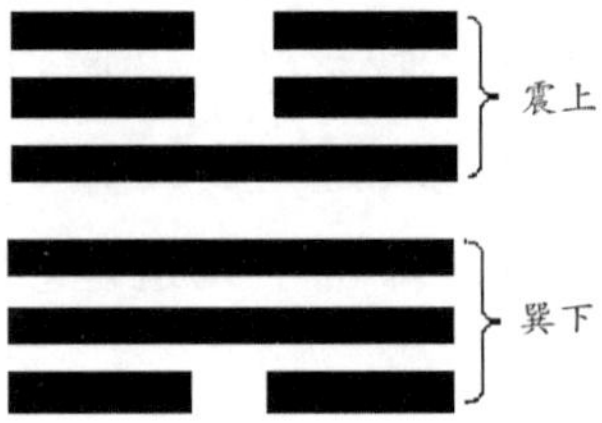

《恒》，亨。无咎，利贞，利有攸往。

初六：浚恒，贞凶，无攸利。

九二：悔亡。

九三：不恒其德，或承之羞，贞吝。

九四：田无禽。

六五：恒其德，贞。妇人吉，夫子凶。

上六：振恒，凶。

《恒》卦是震宫第四卦，《震》卦的上卦不动，下卦三爻继续变，柔变刚，下卦变为《巽》。《震》为雷象，《巽》为风象，是为“雷风《恒》”。

《恒》卦与《咸》卦互综。“咸”为无心之“感”，“恒”为有心之“亘”。亘者，言空间谓连绵不绝，“横亘千里”是也；言时间则谓延续久远，“亘古不移”是也。所以“亘”有恒久之意。《咸》卦上《兑》下《艮》，《兑》为少女、《艮》为少男；《恒》卦则上《震》下《巽》，《震》为长男、《巽》为长女。所以《咸》卦是少男少女婚前的春情萌动，《恒》卦是长男长女婚后的鹣鲽情深。男女相恋通常是一见钟情，而夫妇之道则重在恒久长远，故《杂卦传》比较《咸》《恒》二卦的特点是："咸，速也；恒，久也。"《恒》卦的主旨就是揭示恒久之道。

《恒》卦以雷风为象，《震》德为动，《巽》德为顺，是欲恒而不得不动，动中求恒。这与《咸》卦适成对照，《咸》卦是欲动而不许动，《艮》德为止，《兑》德为悦，要求止中求悦。恒者常也，但常态之恒须自动中求得，故《恒》卦下卦言恒德，上卦则言适变。

卦辞："恒，亨，无咎。利贞，利有攸往。"

象曰："恒，久也。刚上而柔下，雷风相与，巽而动，刚柔皆应，恒。恒亨无咎，利贞。久于其道也。天地之道，恒久而不已也。利有攸往，终则有始也。日月得天，而能久照；四时变化，而能久成；圣人久于其道，而天下化成。观其所恒，而天地万物之情可见矣。"

对卦辞如何断句，具体讲是如何标点，我曾犹豫了很长时间。一种标点是"恒，亨、无咎，利贞、利有攸往"；另一种标点是"恒，亨。无咎，利贞，利有攸往。"这里的关窍是对"亨"的理解。前者将"亨"与"无咎"并列，作为"恒"的固有属性，是"恒则亨、恒则无咎"，"恒"因其"亨、无咎"而"利贞、利有攸往"。后者则将"亨"与"恒"连在一起，是"恒且亨"，方能"无咎，利贞，利有攸往"。看过许多注本，大都依前者，唯王弼注云："恒而亨，以济三事也。"孔颖达《周易正义》疏云："恒，久也。恒久之道，所贵变通。必须变通随时，方可长久。能久能通，乃无咎也。恒通无咎，然后利以行正，故曰'恒亨无咎利贞'也。"此言外之意，恒未必无咎，只有恒且亨，才能无咎、利贞、利有攸往。参看《恒》卦六爻爻辞，甚少吉语，王弼之注，可谓慧眼独具。

正如《咸》卦可看作由《否》卦变化而来，《恒》卦也可看作由《泰》卦变化而来，《泰》卦上《坤》下《乾》，乾坤交泰，《乾》卦上升本是趋势。《恒》卦

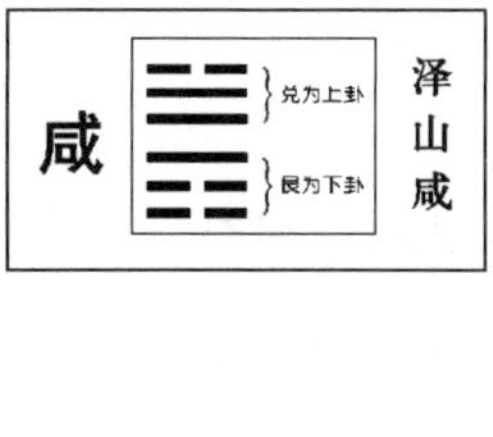

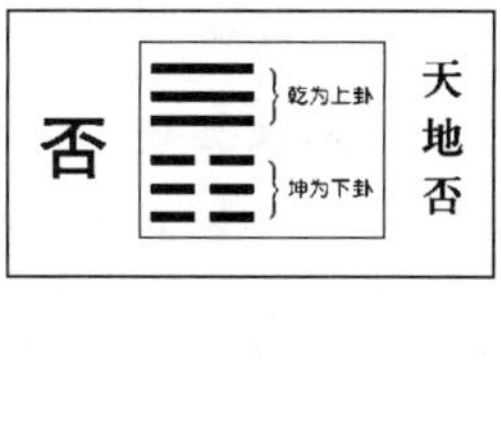

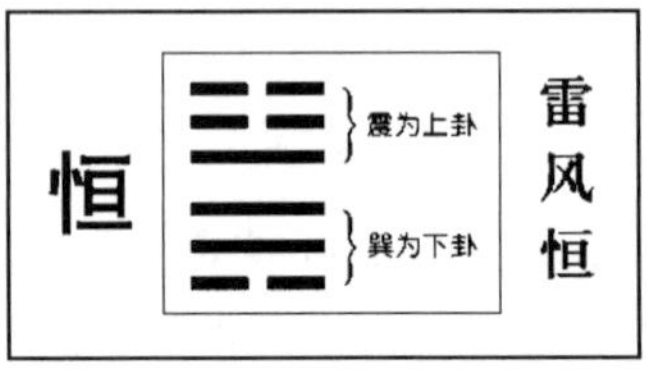

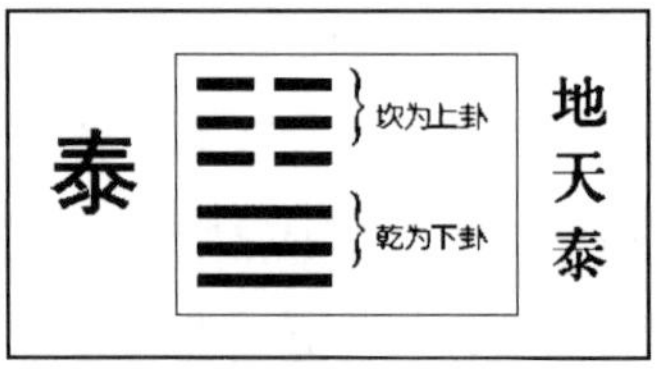

即是《乾》卦上升进入《坤》卦之内，此即彖辞所言“刚上而柔下”。“雷风相与”，雷动而风随之，是“夫唱妇随”之兆。“巽而动，刚柔皆应”，指下卦三爻与上卦三爻都是刚柔相应，是六爻皆应之卦，兆示夫妇之间默契和睦，婚姻关系恒久稳固。刚上柔下是动，雷动风随也是动，巽而动更是动，所以《恒》卦之“恒”并非“寂然不动”之“恒”，而是“动中求恒”。彖辞又引申至天地人三才之道也是“动中求恒”：“日月得天”是天之道；“四时变化”是地之道，“天地之道，恒久不已也”。中国的自然辩证法不是进化论的，而是循环论的，所以天地之道的“恒久不已”是“终则有始”的。“终则有始”也是圣人之道，“圣人久于其道，而天下化成”。所以，“恒德不易，恒动不已”应是《恒》卦彖辞的中心思想。

象曰：“雷风，恒。君子以立不易方。”

《恒》卦的大象辞写得很简要。“雷风，恒。”雷动风行，何以名之“恒”？三国时期荆州学派代表人物宋衷认为，《震》《巽》二卦主爻皆为初爻，初爻为地道，“雷以动之，风以散之，二者常相薄，而为万物用”（宋衷《周易注》），此为地道之常，故曰“恒”。“君子以立不易方”，君子见此卦象，要自立立人，不易方正的初衷。“恒”有不易、不已二义，大象辞只言“不易”，显有偏。故南宋徐几曲为解之：“卦辞利贞者，不易之恒也；利有攸往者，不已之恒也。合而言之，乃常道也。依于一偏则非道矣，大象传之立不易方，实亦含不已之意。”大象辞本无“不已”之解，强辞以为转圜，大可不必，曲阿之意不足取也。

“初六：浚恒，贞凶，无攸利。”

象曰：“浚恒之凶，始求深也。”

浚，深也。“疏浚”即是将河道挖深，以利于航行。“浚恒”何以“贞凶”？象辞说：“浚恒之凶，始求深也。”下卦《巽》德为“入”，本就有深入、深究之义。但初爻无位，处行事之始，“浚恒”，在开始时就想寻求一种一劳永逸的“恒道”，并且执着地固守之，这样做一定凶险，没有任何好处。俞琰《周易集说》有云：“恒贵久于其道，凡为学、为治皆然。恒之初，岂可遽求深？求深，则凶也。”此所谓“欲速则不达”。“贞凶”之贞，用“贞固”之义，“贞固之凶”即固执不变很危险。有个成语叫“胶柱鼓瑟”，即指贞固之凶。

李守力对“浚恒”的解释很有意思，他将《恒》卦视为《咸》卦的接续，好像电视系列剧，从热恋到结婚，少女仍沉浸在热恋时的幸福中，在婚后仍要求丈夫象婚前那样迁就 、体贴，而且还要更缠绵。但丈夫已开始履行家庭责任，不可能整日卿卿我我。失落之余则悲叹：“婚姻是爱情的坟墓。”“浚恒”即指女方将热恋之情视为恒道，在婚后仍欲深入开掘，因此“贞凶，无攸利”。

“九二：悔亡。”

象曰：“九二悔亡，能久中也。”

“悔亡”，即悔恨得以消除。周易卦爻辞多有“悔亡”“无悔”的占断。二者类似而有差别：“悔亡者本有而得亡，无悔者本无也。”（程颐《周易程氏传》）九二刚爻阴位，有“失正”之悔。但位于下卦中爻，因“得中”而悔亡。所以象辞曰：“九二悔亡，能久中也。”宋人郭雍有云：“九二位虽失正，非无悔之象，能久于中，则其悔亡矣。九二无他辞，特曰‘悔亡’，盖见止于守常，无他事也。”（《郭氏家传易说》）李光地在《御纂周易折中》中也说：“《易》最重者中，故卦德之不善者，过乎中则愈甚，《睽》、《归妹》之类是也；卦德之善者，过乎中则不能守矣，《复》、《中孚》之类是也。况恒‘恒’者，庸也，常也，惟中故庸。未有失其中而能常者也。”九二为任事之初，“万事开头难”，但只要不怕困难，允执其中，坚持不懈，持之以恒，困难终会克服。

易经占断，爻位很重要，柔爻居于阴位、刚爻居于阳位，好比谨慎之人，处于守位、进取之人处于攻位，此即为“得正”，亦称“得位”。“得正”象征事物与所处位置和环境相匹配，可以遵循正道。“得中”者，谓居于二、五爻位上，二爻为下卦中爻，五爻为上卦中爻，此即为“得中”。“得中”象征事物持守中道，行为不偏。“中”“正”皆为吉语，但二者相较，正不如中。因得正不一定“吉”，还要看各爻之间的承乘比应关系。但得中一定为“吉”，《系辞传下》有“二多誉、五多功”的说法，如《噬嗑》卦，六五爻属柔爻阳位，其位不正，但在上卦之中爻，属于“得中”，所以其彖辞曰：“柔得中而上行，虽不当位，利用狱也。”《未济》卦，六爻均不当位，然因其主爻六五得中，所以其彖辞说：“未济，亨，柔得中也。”这反映了中国古代哲学“尚中”的特征。

“九三：不恒其德，或承之羞，贞吝。”

象曰：“不恒其德，无所容也。”

九三刚爻阳位得正，但居于下卦《巽》之顶，处上下更替之际，且其性过于刚强，故有不安其位之心。《巽》为躁卦，躁动不安，故而进退失据，所行无恒，此即“不恒其德”。“不恒其德”就是不能保持恒常的品行：“士也罔极，二三其德。”（《诗经·氓》）“或承之羞”应解释为“常常受到羞辱”。“或承之羞”之“或”，很多注家解释为“或许、有可能”，指一种或然性的结果，即有可能发生，也有可能不发生。但这样解与后文之“贞吝”逻辑上讲不通。“贞吝”即占卜得“吝”。“悔、吝”都有懊悔、惋惜之义，“悔”是因做过的事而懊悔，“吝”是因未能做到而惋惜。“不恒其德，或承之羞，贞吝。”全句正解应为：“由于不能做到恒守其德，常常受到羞辱。因此，若去占卜，只会产生‘我若能做到恒守其德就好了’的心理悔恨。”

将“或”解为“常常、经常”，于古有征：孔颖达解云：“德既无恒，自相违错，则为羞辱承之。所羞非一，故曰‘或承之羞’也。”（《周易正义》）梁皇侃《论语义疏》亦云：“人若为德不恒，则必羞辱承之。羞辱必承，而云或者，或，常也，言羞辱常承之也。”

象辞说：“不恒其德，无所容也。”如果不能恒守其德，就会连容身之地都没有。可见其对恒德的重视。

孔子在《论语》中曾引用此爻的爻辞，其文曰：“南人有言曰：‘人而无恒，不可以作巫医。’善夫！‘不恒其德，或承之羞’，不占而已矣。”（《论语·子路》）意思是说，南方之人有句话：“人要是没有恒德，就不要去找巫医。”孔子很赞赏这句话，引《易经》之言说：“不能恒守其德，必然会经常受到羞辱，就不要去占卜了。”因为即使占卜，也只会是“悔吝”的结果。

“九四：田无禽。”

象曰：“久非其位，安得禽也。”

九四已入上卦。《震》为长男，田猎是男人的事，故以田猎为喻。九四刚爻阴位，又处下卦之初，不中不正，本应与初六正应，但九二、九三梗隔其中，不得相应，欲亲比六五，则六五又与九二正应，上下无着，所以劳而无获，田猎无禽（此“禽”为动词，当作“擒”）。程颐有云：“以阳居阴，处非其位。处非其所，虽常何益？人之所为，得其道则久而成功，不得其道则虽久何益？故以田为喻，言九之居四，虽使恒久，如田猎而无禽兽之获，谓徒用力而无功也。”（《周易程氏传》）所以象辞说：“久非其位，安得禽也。”言外之意，恒未必亨。若处非其位，恒则无功，且愈久愈甚。《恒》卦下卦讲“恒德”，至上卦则讲“适变”，九四先讲不变之害。

“六五：恒其德，贞。妇人吉，夫子凶。”

象曰：“妇人贞吉，从一而终也。夫子制义，从妇凶也。”

六五之“恒其德”，是相对于九三的“不恒其德”而言。“不恒其德”，则“贞吝”，“恒其德”是否就“贞吉”呢？也不一定。从六五爻辞上看，因人而异，妇人贞则吉，夫子贞则凶。象辞说：“妇人贞吉，从一而终也。夫子制义，从妇凶也。”妇人居家，以柔顺为德，固守其德则吉。这里的“从一而终”，即指“恒其德”，初无后世“贞节”之义。《谷梁传》襄公三十年云：“妇人以贞为行者也。”夫子贞则凶，是在特定场合。六五居上卦之中，阴爻阳位，像夫子居家，但性格柔弱，下与九二正应，九二阳爻阴位，像妇人居家，性格刚烈，是夫子从妇之象。“夫子制义”，长男处于外卦，当主外事，在社会上处事当裁制事宜，据义理而行。“义者宜也”，夫子制义即要因事、因时、因人制宜。若唯唯诺诺，毫无主见，一味听从妇人之言，只能坏事，所以“夫子制义，从妇凶也。”六五重点讲“适变”的重要。

“上六：振恒，凶。”

象曰：“振恒在上，大无功也。”

上爻处《震》卦之顶，为震之极，故“振恒”实则为“恒震”。“振”“震”本自相通，程颐云：“振者，动之速也。如振衣、如振书，抖擞运动之意。在上而其动无节，以此为恒，其凶宜也。”（《周易程氏传》）夫子制义，当因时、因事、因地、因人制宜，但若变动过速，则“过犹不及”，又破坏了立身处世的常则。

纵观《恒》卦六爻，少吉言而多诫语。初爻“浚恒”即“凶”；九二虽中，但也仅至“悔亡”而非“吉”；九三“不恒其德”则“贞吝”；九四失位，恒而无功；六五虽“恒其德”，但夫子“从妇凶也”；上六“振恒”仍有“凶”。可见求得事业恒久之艰难。恒卦言“恒”，但重点则在“适变”上，这就是易经哲学特有的辩证法。

易经·下卦之三十三

退休之人，应习遁卦

天山遁

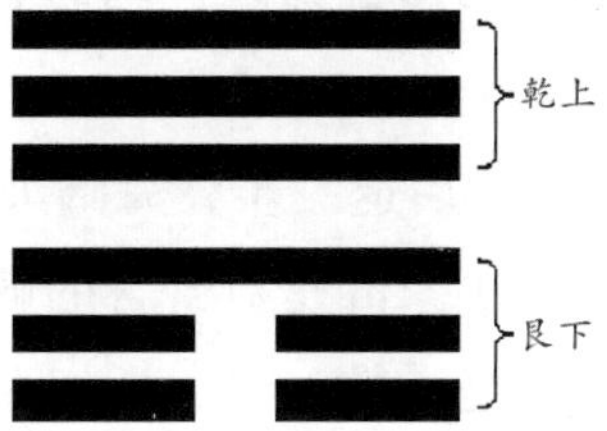

《遁》：亨。小利贞。

初六：遁尾，厉，勿用有攸往。

六二：执之用黄牛之革，莫之胜说。

九三：系遁，有疾厉，畜臣妾吉。

九四：好遁，君子吉，小人否。

九五：嘉遁，贞吉。

上九：肥遁，无不利。

《遁》卦属乾宫第三卦，上卦不动，仍为《乾》卦，下卦初、二两刚爻变为柔爻，下卦因之变为《艮》卦，山象，是为“天山《遁》”。

有人据帛书考证，《遁》卦名古时可能名“象”，《说文》：“象，豕走也”，本义是猪跑脱，引申为逃遁。古代猪是家中最亲近的家畜，“家”字即以猪在屋顶之内为象。“遁”又写为“遯”，从字形上看，即表猪跑脱之意。李零解《遁》卦，径将“遯”解为“豚”，认为全卦讲的即是如何防止小猪逃跑的事，虽也有趣，但有游戏笔墨之意，故不取。仍依其本义，按“遁退”解。乾宫八卦自初爻变起，阳爻变阴爻，变化趋势是阴柔上升，阳刚退避，因之名其卦为“遁”。不同于一般的退避，遁是主体的主动行为，所以《遁》卦主要讲退避之道。

我自2010年正式退休，按古人的说法，叫“致仕”，所谓“还禄位于君也”。（《春秋公羊传》汉何休注）陡然宽放，如沐春风，曾作诗一首，写此心情，其中“千里明驼两袖风，征鞍卸却一身轻”。两句，直抒心境，况之《遁》卦，于心有戚戚焉。

卦辞：“遁，亨，小利贞。”

彖曰：“遁亨，遁而亨也。刚当位而应，与时行也。小利贞，浸而长也，遁之时义大矣哉！”

退避还能亨通？有句俗话：“后退一步，海阔天空”，当退则退，不碍前行，“有一种后退叫前行”，非妄语也。彖辞是对卦言的解释。“遁而亨”即因遁而亨。“刚当位而应”，上卦不动，仍是《乾》卦，所以阳刚仍当其位。但下卦已有爻变，阳刚退避其势已成，就要因势而为，因时而动，所以称“与时行也”。“小利贞”之小有二解，一指大小之小，二指小人，我取前解。贞者正也，如坚贞、忠贞。然贞也有固守之义，如贞节、贞烈。“小利贞”指满足小利，即指九三“畜臣妾吉”，遁退之人已无须经邦治国，正可宜室宜家，也属正途。《遁》卦有“君子道消，小人道长”之义，这个过程是逐渐发生的，“浸而长也”，君子处世，当审时度势，见微知著，方可远祸。《史记·宋微子世家》有载：“纣为象箸而箕子唏”，箕子正是从纣王用象牙做的筷子吃饭看到了殷商覆灭的前景，故而佯狂退避于箕山。可谓深得《遁》之三味。

我等退休之人，不再汲汲于名禄，自应潇洒一些，正可宜室宜家，上可孝养父母，下可教育子女。满足于此，可保固守正直的节操。与之相反，退休之人若不满足于“小利”，进而求索无度，妄图大利，则祸患不远。近日多见临退之人贪求无厌，以致身陷囹圄者，每念及此，无不悚然自惕，叹曰：“遁之时义大矣哉！”

象曰：“天下有山，遁；君子以远小人，不恶而严。”

象辞专就卦象解说。自下观山，似与天齐，待到山顶，天仍高不可及，此可谓天遁，以喻君子远小人。这里的诀窍是“不恶而严”，不出恶言，不露嫌弃之容，只以严正之态拒小人于千里之外。非只自清，亦足以避祸。

就卦德言，上卦《乾》德为健、为君子，下卦《艮》德为止、为门阀。君子止于门阀之外，是避祸远遁之象。

“初六：遁尾，厉，勿用有攸往。”

象曰：“遁尾之厉，不往何灾也。”

自下往上数，第一爻是柔爻，其数六，是为初六。“遁尾”，始遁的起点。此处（或者说此时？）是最凶险的。由前行转为退避，必始于停止。始遁之厉，在于不知所止。中国官场有“59现象”，临退之人，不知所止，因而获罪者，大有人在。所以初六爻辞警告说：“勿用有攸往。”

宋朱熹号“遯翁”，字“晦庵”，取义即自《遁》卦而来。南宋宁宗庆元元年，右丞相赵汝愚罢相出朝，百官进谏，多以“赵党”被斥。朱熹以“蒙累朝知遇之恩”为念，执意上书为赵相辩解，诸门生劝谏无效，蔡元定遂以卜筮决之，得《遁》之家人，朱熹默然，取谏稿焚之，遂罢其意，乃更其号为“遯翁”，字“晦庵”。朱熹在《遁》卦初六爻辞后注云：“遁而在后，尾之象，危之道也。占者不可以有所往，但晦处静俟，可免灾耳。”观其行迹，此可谓“夫子自道”也。“勿用有攸往”，此诫尤为重要。临退之人，哪些事不可做？个人体会，首先是不要以剩余权力谋私。其次，还要注意：不可参与超过任期的决策、不可就延至退休之后的事项作出承诺，也不要要求别人作出相应承诺。只有这样才能退得安稳，所谓“不往何灾也”。

“六二：执之用黄牛之革，莫之胜说。”

象曰：“执用黄牛，固志也。”

第二爻也是柔爻，是本卦所变。柔爻阴位，且居下卦之中，得正守中。爻辞中无“遁”，意指尚在“止”的阶段，无遁之行，但有遁之心。爻辞的中心意思是强调自我约束，不可放纵。将退之际，诱惑尚多，且外在约束少了。但也要执守本心，如用黄牛之革包裹，“莫之胜说”，此“说”当“脱”解，即不可放纵。黄为中正色，牛性柔顺，且牛革坚韧，用以固志，即“不忘初心”。

六二上应九五，九五嘉遁以“正志”，六二因之以“固志”。

“九三：系遁，有疾厉，畜臣妾吉。”

象曰：“系遁之厉，有疲惫也。畜臣妾吉，不可大事也。”

第三爻是刚爻，其数九，故曰九三。此爻是下卦中唯一尚未变的爻形，正如退遁之人留下的一个系绊，所以此爻的爻辞是“系遁”。自古去位之人必有恋栈之心，所以千方百计要留下一些系绊，或安排心腹，以保其利，或预设新栈，以保其位。更有甚者，以太上皇自居，遥控指挥，不胜烦劳，所谓“系遁之厉，有疲惫也”。“畜臣妾吉”者，九三亲比六二，有宜室宜家之象。此即卦辞所说的“小利贞”。象辞说：“不可大事也”，意指致仕之人不可干预朝政，此为大忌。系遁之患，祸延子孙，不可不警惕。

“系遁”乃小人之遁。

“九四：好遁，君子吉，小人否。”

象曰：“君子好遁，小人否也。”

自第四爻以上，均为不变的上卦《乾》卦三爻。《乾》卦刚强正直，以喻君子。故好遁、嘉遁、肥遁，均为君子之遁。

好遁之“好”有两解：一是好坏之好，一是喜好之好。我取前者。好遁即退避要干净利落，不留牵绊，此为君子之遁的第一境界。最好之遁是“裸退”，因为“君子坦荡荡”。小人则否，因为“小人常戚戚”，患得患失，这也计较、那也计较，“偏有许多的啰唆”。

“九五：嘉遁，贞吉。”

象曰：“嘉遁贞吉，以正志也。”

嘉遁之“嘉”是美的意思，嘉遁即退要退得潇洒，退得有尊严。退不屈志，退不失节。此为君子之遁的第二境界。

有注者自九五至尊立意，谓：“九五高居尊位，刚中得正，下应六二，然卦时为遁，卦体为乾，遁之乾，乾为君，处遁之时，为辟为避，即有圣君之德而不贪恋君位者，故曰‘嘉遁’。”（李守力《周易诠释》）也有注者意指位居大臣而主宰国家命运的圣贤，如伊尹、周公，马振彪曰：“嘉遁者，乃关系国家大局，非只一人之休咎也。伊尹之志非篡，周公成功不居，虽在朝廷，亦皆有嘉遁之道，不必以山林远遁为高，盖其志皆正大光明，故曰嘉也。”（马振彪《周易学说》）

姑录此备考。

“上九：肥遁，无不利。”

象曰：“肥遁，无不利，无所疑也。”

肥遁之“肥”是充裕的意思。《子夏传》：“肥，饶裕。”“肥遁”即退要退得悠然，“挥挥手，不留一片云彩”。或悠游山水，或琴棋书画，养气怡情，乐在其中。肥遁无所求，故“无不利”。“无所疑”或为“无所礙”之误，即“无所挂碍”，此君子之遁的最高境界。

肥遁之“肥”有训为“飞”者，肥遁亦为“飞遁”。张衡《思玄赋》有云：“利飞遁以保名。”《后汉书·张衡传》引章怀太子李贤注：“《周易》遯卦上九曰‘肥遁，无不利’。《淮南九师道训》曰：‘遯而能飞，吉孰大焉？’”飞遁之意，盖取其无拘无束，有超然物外、远遁高飞之象，故亦通。

易经·上经之三十四

有为之士，诚在大壮

雷天大壮

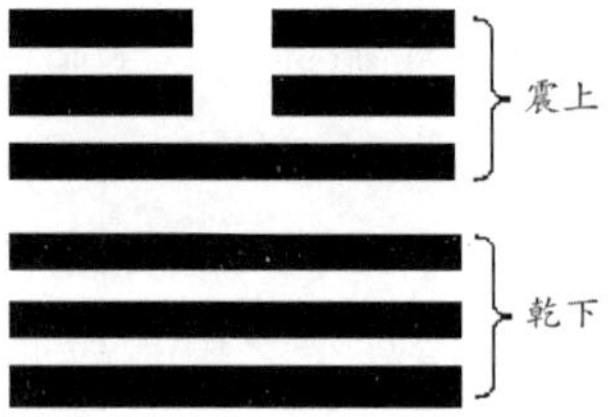

《大壮》：大壮，利贞。

初九：壮于趾，征凶，有孚。

九二：贞吉。

九三：小人用壮，君子用罔，贞厉。羝羊处藩，羸其角。

九四：贞吉，悔亡。藩决不羸，壮于大舆之輹。

六五：丧羊于易，无悔。

上六：羝羊触藩，不能退，不能遂，无攸利，艰则吉。

《大壮》卦是坤宫第五卦，下卦三爻已全变，《坤》变为《乾》，上卦初爻始变，柔变刚，上卦变为《震》卦。上《震》雷象，下《乾》天象，是为“雷天《大壮》”。

《大壮》卦与《遁》卦互综，《序卦传》说：“物不可以终遁，故受之以大壮。”事物不可能永远地隐遁、退避，到一定阶段总会前行，所以遁卦之后要“大壮”。然而《杂卦传》又曰：“《大壮》则止，《遁》则退也”，其说似乎与《序卦传》相矛盾。我认为遁退和壮行是两种不同的人生态度，《遁》较消极，而《大壮》则比较积极，《遁》以“全身”为本，《大壮》则以“用世”为念。《大壮》

之止并非绝对的停止，而是积蓄力量，以利前行。《大壮》卦之后是《晋》卦，“晋者进也”，大壮则是进取的前提。大壮是个积蓄的过程，所以《大壮》卦的主旨应在“止”，其诫在“自恃其壮而妄动”。

卦辞：“大壮，利贞。”

彖曰：“大壮，大者壮也。刚以动，故壮。大壮利贞，大者正也。正大而天地之情可见矣！”

此卦自《泰》卦变化而来。

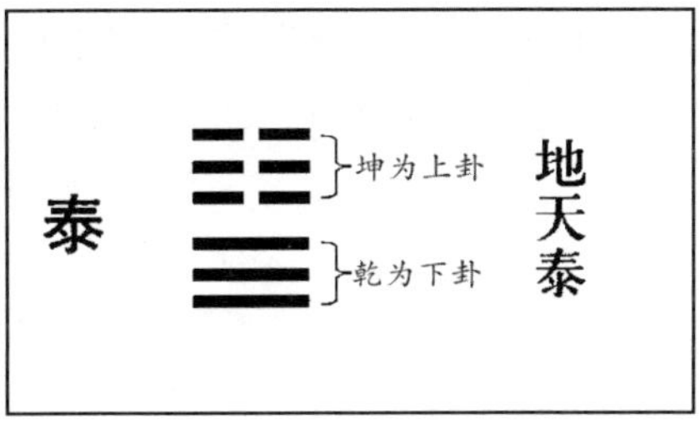

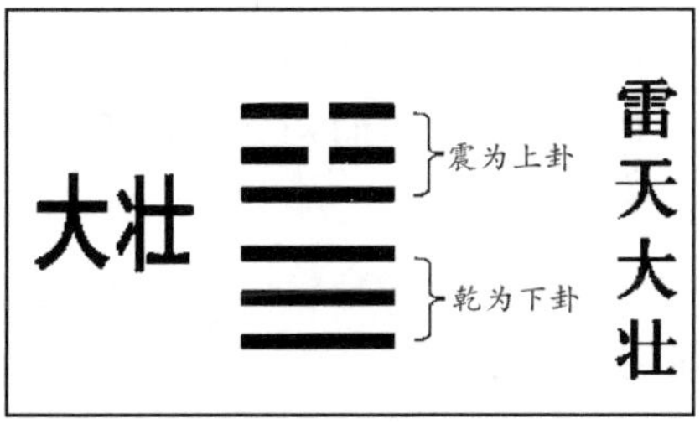

《泰》卦三刚三柔，刚柔相济，阴阳平衡，是十二消息卦中的正月之卦。《泰》卦的四爻由柔爻变为刚爻，兆示阳气浸而长，就变成了《大壮》卦，《大壮》卦是十二消息卦中的二月之卦。刚者为大，刚浸而长为壮，故名之以“大壮”。大壮利于守正，故曰“利贞”。程颐云：“大壮之道，利于贞正。大壮而不得其正，强猛之为耳，非君子之道强盛也。”（《易经程氏传》）《大壮》卦从卦德的角度看，下卦《乾》，卦德刚健；上卦《震》，卦德为动，刚健则奋起而动，所以强盛。“大者壮也”“大者正也”，是大壮且大正之象。“天覆地载无偏私”，大壮、大正可见天地之情。

象曰：“雷在天上，大壮。君子以非礼勿履。”

大象辞就卦象引申，上《震》，雷象；下《乾》，天象，雷在天上轰轰作响，震怖大地，气势强壮。君子见此卦象，应从迅雷震怖知天道森严、礼法可畏，要“非礼勿履”。李守力引孟子语，认为大壮即孟子所说的“浩然之气”。孟子曰：浩然之气“其为气也，至大至刚，以直养而无害则塞于天地之间”。唯此浩然之气，能谓之“大壮”。君子养成浩然之气后，则具有了“富贵不能淫，贫贱不能移，威武不能屈”的高尚气节，亦即达到了“非礼勿履”的正大光明的境界。

“初九：壮于趾，征凶，有孚。”

象曰：“壮于趾，其孚穷也。”

易经初爻的爻辞多以趾为喻，如《噬嗑》卦初九：“屦校灭趾”；《贲》卦初九：“贲其趾”；《夬》卦初九：“壮于前趾”；《鼎》卦初六：“鼎颠趾”；《艮》卦初爻：“艮其趾”等。趾为肢之末，“风起于青萍之末”，末即始也。初九始壮，尚未达其盛，故以“壮于趾”为喻。此际前行当有凶险，故“征凶”。何以“有孚”？孚，信也，转义为诚。初九刚爻阳位，守其正为诚。前行既有危险，不如执守正位，静俟其动。象辞说：“壮于趾，其孚穷也。”似乎与“有孚”之断相矛盾，但这里是说初爻上应四爻，而初爻至四爻皆为刚爻，均以守正为孚，四爻为刚爻之终，故曰“其孚穷也”。

“九二：贞吉”

象曰：“九二贞吉，以中也。”

九二“贞吉”，贞者，正也，“贞吉”即以守正为吉。九二刚爻阴位，其位非正，而能贞吉者，因其位于下卦之中，故象辞说：“九二贞吉，以中也。”《大壮》之卦四刚二柔，为阳刚过甚之象，故不以位正为吉，而以刚柔相济为吉。清人李士鉁云：“九二阳得中位，不过乎壮，上应五阴，不恃其壮，书曰：沉潜刚克，高明柔克。传云：宽以济猛，猛以济宽。故大壮四阳爻，居阳位者凶，居阴位者吉。”（李士鉁《周易注》）

“九三：小人用壮，君子用罔，贞厉。羝羊触藩，羸其角。”

象曰：“小人用壮，君子罔也。”

九三刚爻阳位，有恃壮躁动之象。小人处之，则恃于阳刚之壮而用；君子处之则不敢妄动，即所谓“小人用壮，君子用罔”。“罔”本义同“网”，因其网线在水中若有似无，可迷惑渔获之物，故引申为迷惘。九三有应于上六，但因其处于“三多凶”的爻位，处境凶险，故不敢决然应于上六而用壮，故“罔”。“贞厉”即恃壮则厉，有凶险。“羝羊”即公羊、壮羊。羊性本柔顺，但公羊则喜抵头而触，恃其壮耳。“藩”即藩篱，栅栏也。“羸”本义疲困，引申为拖累。“羝羊触藩”，公羊行不循正路，遇藩篱而触之，“羸其角”，其角被藩篱缠绕羁绊，致陷危厉之境。此言恃壮躁动之害。

“九四：贞吉，悔亡。藩决不羸，壮于大舆之輹。”

象曰：“藩决不羸，尚往也。”

九四刚爻阴位，下与初九同性无应。既失位又无应，本当有悔，然能够贞正自守，其悔得以消除，故其占断为“悔亡”。“羝羊触藩”到了九四这里有了变化，变成了“藩决不羸”。这是因为九四处于四刚爻之终，积四刚之壮，强盛至极，且前方乃为二柔爻，无阻抗，故一触即至藩决。

十二消息卦中，自子月《复》卦至巳月《乾》卦是阴消阳息六卦。周历十一月建子，其卦为《复》卦。《复》卦一刚五柔。其后为十二月《临》卦，初、二为刚爻，三爻至上爻为柔爻。至正月《泰》卦，三刚三柔，刚柔相济，阴阳交泰。

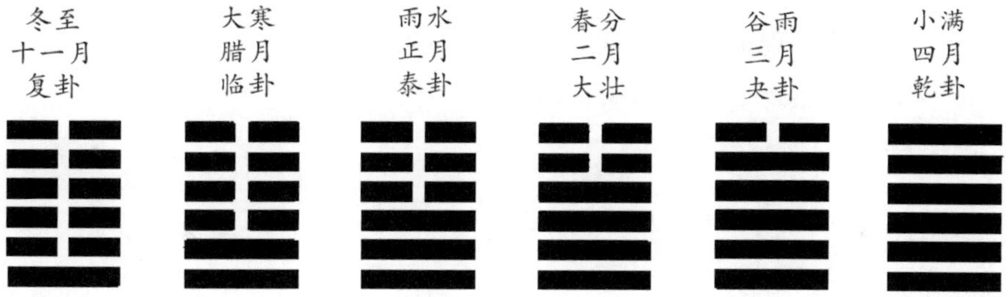

《大壮》卦为二月卦，二月惊蛰，故以雷在天上为象。《大壮》卦四刚二柔，阳盛阴衰，故名之以“大壮”。《大壮》卦之后是《夬》卦，五刚一柔，“夬”者决也，“藩决不羸”，已有《夬》卦之象。

“壮于大舆之輹”，大壮以大舆之輹为喻，喻义有二：一曰“贞吉”，二曰“大壮则止”。“輹”为车舆轿厢底连接车轴的木块，又称“轐”“伏兔”。说文：“车轴缚也。”清人阮元在《车制图解》中详细介绍了輹的形状和作用：“舆下钩轴者为轐，轐谓之輹，輹谓之伏兔。轐在舆底而衔于轴上，其居轴上之高与輈围径同，至其两旁则作半规形，与轴相合，而更有两长足，少锲其轴而夹钩之，使轴不转，钩轴后又有革以固之，舆底有轐则不致与轴脱离矣。”輹的作用一是固轴，喻以“贞吉”，二是刹车，喻以“大壮则止”。

象辞说：“藩决不羸，尚往也。”谓其壮已摆脱牵缚之累，可以前行。

“六五：丧羊于易，无悔。”

象曰：“丧羊于易，位不当也。”

六五柔爻阳位，有德不配位之义。“丧羊于易”，是因为“羝羊触藩”，“藩决不羸”，以喻局面已然失控。“易”通假为“场”，“丧羊于易”即羊已逸失于疆场之外。“无悔”非吉言，清人李光地云：“本卦至六五则壮已过矣，又以柔处中，则无所用其壮矣，故虽丧羊而无悔。”（李光地《周易通论》）

“上六：羝羊触藩，不能退，不能遂，无攸利，艰则吉。”

象曰：“不能退，不能遂，不详也。艰则吉，咎不长也。”

“羝羊触藩”于此卦中二见：一于上六，一于九三。盖上六与九三同位相应，九三为佞臣，“小人用壮”，其结果是“羸其角”；上六则失位之君，阴柔不壮却又求进心燥，其结果是“不能退，不能遂，无攸利”。象辞说：“不能退，不能遂，不详也。”进退不得，是由于考虑不周详之故。“艰则吉”，是“艰而后吉”的意思，当此际，唯有艰而自守，退而思过，方能得吉。

易经·下卦之三十五

自昭明德，典出晋卦

火地晋

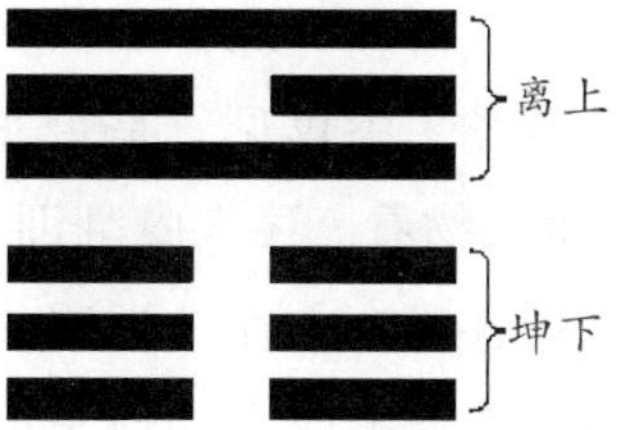

《晋》，康侯用锡马藩庶，昼日三接。

初六：晋如摧如，贞吉。罔孚，裕无咎。

六二：晋如愁如，贞吉。受兹介福，于其王母。

六三：众允，悔亡。

九四：晋如鼫鼠，贞厉。

六五：悔亡，失得勿恤。往吉，无不利。

上九：晋其角，维用伐邑，厉。吉无咎，贞吝。

《晋》卦为乾宫第七卦，爻变到此已至五爻，因上爻宫位不变，故自上卦初爻往回变，又变回刚爻，上卦变为《离》卦，火象；下卦《坤》，地象，是为“火地《晋》”。此卦为乾宫的“游魂卦”。“游魂”者，全卦各爻皆变，唯存上爻未变，恰如一缕游魂尚牵系在乾宫。

《序卦传》曰：“物不可以终壮，故受之以晋。”《说文》：“晋，进也，日出而万物进。”这里的“晋”，不仅是前行的意思，而且还有进阶、发展、提升的含义。所以《晋》卦是讲事物强盛以后的发展之道。其于人，则是讲如何提升自己的能力，以获得晋升。

卦辞：“晋，康侯用锡马藩庶，昼日三接。”

彖曰：“晋，进也。明出地上，顺而丽乎大明，柔进而上行。是以康侯用锡马藩庶，昼日三接也。”

卦辞以康侯为喻描述晋升之路。“康侯用锡马藩庶”，“锡”通假“赐”，“藩庶”可译为“繁育众多”，“藩”通“蕃”，“繁育”的意思。“庶”，众多。全句意为“康侯用（天子）所赏赐的良马繁育了许多”。“昼日三接”，一天之内，受到了（君王）三次接见，其礼遇可知。此言欲获晋升重用，须以工作成果为基础。在古代文献中，康侯唯《易经》中仅见，是否实有其人，颇存疑。故历代注易者多将“康侯”作为一种类型人物看。吴人虞翻训“康”为“安”，康侯即“将属地治理安康的诸侯”。魏王弼、唐李鼎祚及近现代多数注者皆同此解，唯顾颉刚考证康侯实为卫康叔，乃周文王第九子。周成王即位时发生管、蔡之乱，康叔参与平叛有功，封于殷都朝歌，建立卫国，史称卫康叔。赴任时，其兄周公旦曾连发三诰：《康诰》《酒诰》《梓材》，告诫康叔要记取殷商兴亡之道，明德宽刑，爱护百姓。“昼日三接”，也可理解为“昼日三接诰”。

彖辞分三个层次释“晋”：“明出地上”，此以释卦象。上《离》为日，下《坤》为地，日出地上是为《晋》。晋，升也；“顺而丽乎大明”，此以释卦德。《坤》德为顺，《离》德为丽（附丽），万物附丽于日而大明；“柔进而上行”，此以释卦性。《晋》卦尚柔，初、二、三、五均为柔爻，其性柔，故其爻辞多吉语；四爻、上爻为刚爻，其性刚，故其爻辞多诫语（四爻“贞厉”，上爻“贞吝”）。

象曰：“明出地上，晋。君子以自昭明德。”

光明出现于地上，这是《晋》卦的卦象。君子见此卦象，要自我彰显美德。“明德”即美德。《大学》开篇有云：“大学之道，在明明德”，人生大的学问，在于彰显做人的美德。“自昭明德”即“明明德”。此即《晋》卦对人生的思考，也是《晋》卦的主旨所在。曾国藩初战太平军，迭遭败绩，幕僚起草奏折曰：“屡战屡败”，曾将语序调整了一下，改为“屡败屡战”。前者是事实描述，后者是意志、决心的表白。曾国藩之改，就是在“自昭明德”。

“初六：晋如摧如，贞吉。罔孚，裕无咎。”

象曰：“晋如摧如，独行正也。裕无咎，未受命也。”

初六为晋之始。“晋如摧如”，前行遇挫，屡进屡挫，屡挫屡进。“如”是状态副词，什么什么“的样子”。“摧”有三义：挫、折、毁。这里取“挫”义，最轻的那种。《系辞传》有云：“其初难知，其上易知”，为晋之始，“万事开头难”，前行遇挫几乎是必然的。但只要坚持固守正道，总会得到吉祥的结果，故曰“贞吉”。“罔孚”，孔颖达《周易正义》曰：“未为人所信服”，程颐也说：“未见信也。”因晋之始，成败利钝未可逆睹，故尚未取得他人的信任、信服。“裕无咎”者，“其孚尚有待时间证明”也。象辞说：“晋如摧如，独行正也”，因“罔孚”，故“独行正”。“裕无咎，未受命也”，指初爻无位，明德未彰，晋之始往往动辄得咎，惟时之“裕”后，方得无咎。“裕”，即自昭明德所需的时间。此爻爻辞意为自昭明德须自晋始。

“六二：晋如愁如，贞吉。受兹介福，于其王母。”

象曰：“受兹介福，以中正也。”

六二的“晋如愁如”是上承初六的“晋如摧如”且“罔孚”而来。六二上下均为柔爻，故无比，本应与五爻相应，但五爻亦为柔爻，故无应。无比无应，因而“愁如”。然其占断一如初六，还是“贞吉”。所幸六二积德有时，所谓明德自昭，因此“受兹介福”，已能得到尊位者得祝福。“兹”者阿谁？后文点明：“于其王母”。“王母”为亲之尊者，即祖母。《尔雅·释亲》：“父之考为王父，父之妣为王母。”俗话说：“祖孙隔辈亲”，最疼孙儿者莫过祖母。象辞说：“受兹介福，以中正也。”祖母的祝福也非不讲原则的溺爱、滥情，还是由于其孙的“自昭明德”。此爻爻辞意为自昭明德方能受兹介福。

郭沫若在《中国古代社会研究》第一篇：“《周易》时代的社会生活”中，解“王母”为“女酋长”，认为这是“母系社会的遗存”。郭老治学，好为惊人之语，此又一例也。

“六三：众允，悔亡。”

象曰：“众允之志，上行也。”

六三柔爻阳位，不中不正，《序卦传》：“三多惧”，故当有悔。然“众允，悔亡”，已得到了众人的认可，悔惧自可消除了。六三居《坤》之顶，上承九四而有孚，远应上九而执志，故象辞说：“众允之志，上行也。”此爻爻辞意为自昭明德须达到“众允”的程度。

“九四：晋如鼫鼠，贞厉。”

象曰：“鼫鼠贞厉，位不当也。”

鼫鼠即鼯鼠。蔡邕《劝学篇》有云：“鼫鼠五能，不成一伎术。”《说文》：“鼫，五伎鼠也。能飞不能过屋，能缘不能穷木，能游不能渡谷，能穴不能掩身，能走不能先人。”鼯鼠前后足间有蹼，可滑翔。欲飞时，四足张开，蹼如翼然。九四刚爻柔位，与六三皆属不中不正，故其“晋如鼫鼠”，有五伎而五伎皆劣，其才德不足以任事，得晋实属侥幸。《序卦传》：“四多凶”，故“贞厉”。“贞厉”之“贞”，在此当“占卜”解。德不配位之人在位，占卜会得到有凶险的占断。

象辞说：“鼫鼠贞厉，位不当也。”鼫鼠之厉，德不配位也。此爻爻辞意为强调不能做到自昭明德之害。

“六五：悔亡，失得勿恤。往吉，无不利。”

象曰：“失得勿恤，往有庆也。”

六五柔爻阳位，虽不正而得中，且与上九亲比，故“悔亡”。“失得勿恤”，得失全都不放在心上，此唯自昭明德者能至。《说文》：“恤，忧也；收也。”“失得勿恤”，即“不以失得为忧”。这样才能“往吉，无不利”。反之，则是“患得患失”，汲汲于利害相较，其德必有亏。象辞说：“失得勿恤，往有庆也。”“有庆”，即“吉，无不利”。此爻爻辞意为强调能够做到自昭明德之利。

“上九：晋其角，维用伐邑，厉。吉无咎，贞吝。”

象曰：“维用伐邑，道未光也。”

上九尊而无位，故以头上之角喻。上爻已至《晋》卦之极，若还要求晋，则只有另辟蹊径。属地之内已无施展余地，只有征伐临邑以求功。“维”通假“惟”，“只能、只有”的意思。“厉。吉无咎”通行本断作“厉吉，无咎”，解为“虽有凶险，终则吉，没有过错”。然这种解释与“贞吝”的占断相矛盾。我将其断句为“厉。吉无咎”。“厉”是对“维用伐邑”的占断，认为这样做是有凶险的，故曰“厉”。“吉无咎”者，唯有取胜，方能无咎。“吉则无咎”也。然凶险之事，求吉何其难！上九之失，在于虽有“自昭明德”之见，但并未领悟“明德”之本义，不在征伐为功。冀望“万国来朝”以明德，不知道只需“做好自家事便好”。“维用伐邑”，凶险便如影随形，即使成功，也仅得“无咎”而已。故其占断为“贞吝”，会产生“若不那样做就好了”的懊悔心理。象辞说：“维用伐邑，道未光也。”征伐临邑以求功，表明其对求晋之道尚未真正领悟。此爻爻辞意为强调自昭明德方是真正的求晋之道。

易经·下卦之三十六

韬光养晦，旨归明夷

地火明夷

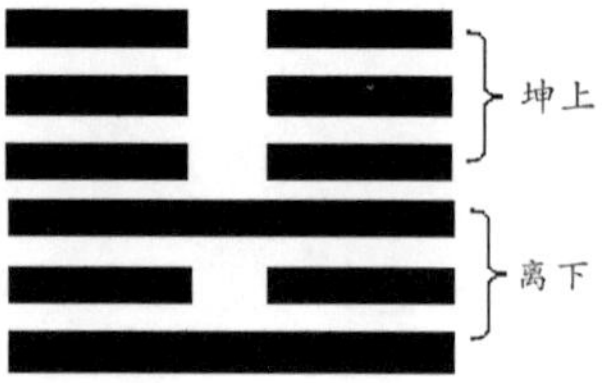

《明夷》：利艰贞。

初九：明夷于飞，垂其翼。君子于行，三日不食。有攸往，主人有言。
六二：明夷，夷于左股。用拯马壮，吉。
九三：明夷于南狩，得其大首，不可疾，贞。
六四：入于左腹，获明夷之心，于出门庭。
六五：箕子之明夷，利贞。
上六：不明晦，初登于天，后入于地。

《明夷》卦是坎宫第七卦，也是坎宫的游魂卦。六爻之变已变至上爻，但上爻不能变，变则出宫，只能从上卦的初爻再变，由刚再变回柔，上卦变为《坤》卦，地象；下卦为《离》卦，火象，是为“地火《明夷》”。

坎宫八卦卦象

《序卦传》有言：“进必有所伤，故受之以明夷。夷者，伤也。”《明夷》卦与《晋》卦是互综卦，相互之间有连带关系，《晋》是离日出于地上，是上升，《明夷》是离日入于地下，是下降。上升需“自昭明德”，下降则需“韬光养晦”，故“韬光养晦”即是《明夷》卦的主旨。

“夷者，伤也。”此解仅见于易经。“夷”字本有多解，本义为东方之人，《说文》：“从大从弓，东方之人也。”段玉裁注：“惟东夷从大。”古代中国是很小的一块地方，大约在黄河河套一带，其地之人称夏人。“夏者，中国之人也。”此外，东南西北之人各有所称：南方蛮闽从虫、西方羌从羊，北方狄从犬。东夷在殷时指今山东、东北、东南江苏一带的人。从弓者，“肃慎氏贡楛矢石砮之类也”，大约东方之人皆善射。“夷”又有“平”义，取其箭矢之发，一平如许，如“夷为平地”。引申为“铲除”，如“夷九族”。“夷”又有“远”义，古代兵器，唯弓弩可及远，老子《道德经》：“视之不见名曰夷。”以“夷”为“伤”，乃“痍”字通假。《公羊传》：“王痍者何？伤乎矢也。”“明夷”连称，即“伤明”之义。

卦辞：“明夷，利艰贞。”

彖曰：“明入地中，明夷。内文明而外柔顺，以蒙大难，文王以之。利艰贞，晦其明也。内难而能正其志，箕子以之。”

《明夷》卦的卦辞很简略：“明夷，利艰贞。”伤明之际，唯有艰难自守。

郑玄注曰："日之明伤，犹圣人君子有明德而遭乱世，抑在下位，则宜自艰贞，无干正事，以避小人之害也。"（郑玄《周易注》）彖辞以两位圣人的事迹对何为"明夷，利艰贞"做了具体解说：明入地中，晦而不见，是为"明夷"。明夷又分"大难""内难"两种，罹逢大难者，文王也。当纣之时，文王以文明而柔顺之德臣事殷商，然犹因其"宾服四邦""三分天下有其二"而遭嫉，被商纣王幽禁在羑里七年；罹逢内难者，箕子也。箕子乃文丁之子、帝乙之弟、纣王之叔，纣王时官拜太师，封于箕地，是"殷末三仁"之一。当纣之时，内忧外患，纣王犹作长日之饮，以失日问左右，尽不知，以问箕子，箕子曰："一国皆不知，而我独知之，吾其危矣。"辞以醉。箕子如此"晦其明"，犹因忠言获囚，此箕子之明夷。处明夷之境，文王的做法是"内文明而外柔顺"，而箕子则"内难而能正其志"，此皆"用明而晦"，所以是"利艰贞"。

"文王以之""箕子以之"的"以之"，是"以此处之"的意思。李守力认为"以之"是"似之"的通假，不确。

象曰："明入地中，明夷。君子以莅众，用晦而明。"

大象辞从另一个角度谈明夷之境的应对。《明夷》卦象是明入地中，君子见此卦象应戒慎恐惧，治理民众之事时，要"用晦而明"，晦藏自己的精明才智，不妨糊涂一些，这才是明智的做法。古代君王莅政，都要头戴冕旒，在冕版的前后都有垂下的珠串，这个珠串即"旒"，冕冠两侧以束带系于颏下，束带近耳处各系一珠，名曰"充耳"。旒以蔽明，充耳蔽聪。成语有云："充耳不闻"，其来源即在于此。充耳不闻不是听不见，而是有意不去听，"揣着明白装糊涂"。寓意是王者莅政，不以苛察为明，要能在把握大局的前提下，容物亲众。老子说："其政察之，其民缺缺"（《道德经》），此所谓"察见渊鱼者不祥"。

"初九：明夷于飞，垂其翼。君子于行，三日不食。有攸往，主人有言。"

象曰："君子于行，义不食也。"

初九为明夷之始，喻以飞鸟，取自"金乌负日"的神话传说。《山海经·大荒东经》记载："汤谷上有一扶木，一日方至，一日方出，皆载于乌。""垂其翼"，飞鸟俯冲下行貌。"君子于行，三日不食"，明夷之始亦即避难之始，其行宜速，有"饥不暇食、席不暇暖"之迫。王弼注此甚详："初九处卦之始，最远于难也。

远难过甚，明夷远遁，绝迹匿行，不由轨路，故曰‘明夷于飞’也。怀惧而行，行不敢显，故曰‘垂其翼’也。尚义而行，故曰‘君子于行’也。志急于行，饥不遑食，故曰‘三日不食’也。殊类过甚，以斯适人，人心疑之，故曰‘有攸往，主人有言’。”象辞说：“君子于行，义不食也。”是说君子守礼，即使在旅途中，出于道义，也不可苟且求食。后人衍其义，认为此爻指殷商国灭，伯夷“义不食周粟”，大谬。若因要恪守道义，不食不义之禄，何以只“三日不食”？

“六二：明夷，夷于左股。用拯马壮，吉。”

象曰：“六二之吉，顺以则也。”

易经六爻，往往以初爻为足，二爻为股，故曰“夷于左股”。有难避之不及，伤及左股，“君子于行”变成了“不良于行”。幸有壮马拯之，故“吉”。六二顺承九三，九三在《明夷》卦的互卦《震》中是主爻，震为马，故以马喻。“用拯马壮”，即得到了九三的拯救，化险为夷。象辞说：“六二之吉，顺以则也。”是指六二柔爻阴位，且居下卦之中，与九三亲比，中正为则，故曰“顺以则也”。

《易经下经》中的《涣》卦初六爻辞也有“用拯马壮，吉”的占断，其爻象正与《明夷》卦的六二相同。《涣》卦的初六顺承九二，而九二也是《涣》卦下互卦《震》的主爻，故其爻辞也是“用拯马壮，吉”。

“九三：明夷于南狩，得其大首，不可疾，贞。”

象曰：“南狩之志，乃大得也。”

九三刚爻阳位，属得位而正，且处于下卦《离》卦之顶，又是互卦《震》的主爻，性刚健而动。《离》卦尚南，又主刀兵，故有南狩之象。“得其大首”，“大首”指上六，尊而失位。九三上应上六，以至明取至暗，故曰“得其大首”。“不可疾”者，因《离》卦的下互卦为《坎》，坎有险，故不能操之过急，守正为上。象辞说：“南狩之志，乃大得也。”南狩获其酋首，故曰“大得”。

“六四：入于左腹，获明夷之心，于出门庭。”

象曰：“入于左腹，获心意也。”

六四已入上卦《坤》，《坤》为腹，故曰“入于左腹”。古人尚右，循资升迁称“右迁”，降职称“左迁”，故易经言及刚爻多喻以“右”，言及柔爻则多喻以“左”，六二柔爻，有“夷于左股”之喻，六四也是柔爻，故喻以“入于左腹”。“获明夷之心”，象辞解释说：“获心意也”，了解了明夷的心理，知其内情，因而决定“于出门庭”，亦即决定去国避祸。

帛书《缪和》引一段故实，可助理解此爻的爻辞：“荆庄王欲伐陈，使沈尹树往观之（‘入于左腹’）。沈尹树反（‘于出门庭’），至令曰：‘其城郭修，其仓实，其士好学，其妇人组疾（即促织）。’君曰：‘如是，则陈不可伐也。城郭修，则其守固也；仓廪实，则人食足也；其士好学，必死上也；其妇组疾，必财足也。如是，则不可伐也。’沈尹树曰：‘彼若君之言则可也，彼与君之言之异：城郭修，人力竭矣；仓廪实，馁之人也；其士好学，有外志也；其妇组疾，则士禄不足食也。’（‘获明夷之心’）故曰：‘陈可伐也。’遂举兵伐陈，克之。易卦其义曰：‘入于左腹，获明夷之心，于出门庭。’”

“六五：箕子之明夷，利贞。”

象曰：“箕子之贞，明不可息也。”

六五柔顺中正，陷于《坤》地之中，以喻箕子内难而不能去，不惜佯狂自毁以明志，故曰“利贞”。象辞说：“箕子之贞，明不可息也。”马其昶解释说：“明不可息，犹日食也，人见其伤，而日固自若也。”

“上六：不明晦，初登于天，后入于地。”

象曰：“初登于天，照四国也。后入于地，失则也。”

上六尊而失位，历代注者皆以纣王喻。本应与九三相应，然隔于六四、六五两柔爻而不能相应，且有以柔乘刚之虞，故曰“不明晦”。苏轼曾言及上六爻辞的“不明晦”：“明夷卦六爻皆晦也，自五以下，明而晦者，若上六，不明而晦者。”有注者训“不”为“丕”，意为大明而晦，取列宁名言：“纯粹光明和纯粹黑暗是等同的。在纯粹光明中和在纯粹黑暗中一样看不到任何东西。”此解也通。“初登于天，后入于地”者，盖纣王一生写照。传纣王天资聪敏，才力过人，有倒曳九牛之威、抚梁易柱之力，本非庸主。所以象辞说他“初登于天，照四国也”。然其执政后期耽于享乐，置酒池肉林，作长日之饮，且残暴嗜杀，殷之三仁，微子去之，箕子囚之，比干炮烙而亡，因而众叛亲离，终于国灭身亡。“后入于地”，因其“失则”也。

《明夷》卦的重要启示在于：人生无坦途，既有顺境也有逆境。顺境时需要“自昭明德”，逆境时需要“韬光养晦”。韬光养晦首先是一种低调做人的精神境界。人往往对自己的能力、才华有过高的自信，因而有着需要得到世人承认并尊重的渴望。表现在行动上，或多或少都会有一些表现欲，特别是取得了一些成果，一些进展之后，得意往往容易忘形。其结果是过早地暴露了自己的企图心，使他人感觉到了威胁，从而招致成为众矢之的的结果。

韬光养晦还是在社会动乱时代的一种存身之道。在周边环境不利于己时，要善于保护自己，对内以贞守自持，养晦待机，对外则需顺应时势，隐蔽自己，坚忍持重，这样才能走出困境，走向光明。

易经·下经之三十七

男严女顺，宜其家人

风火家人

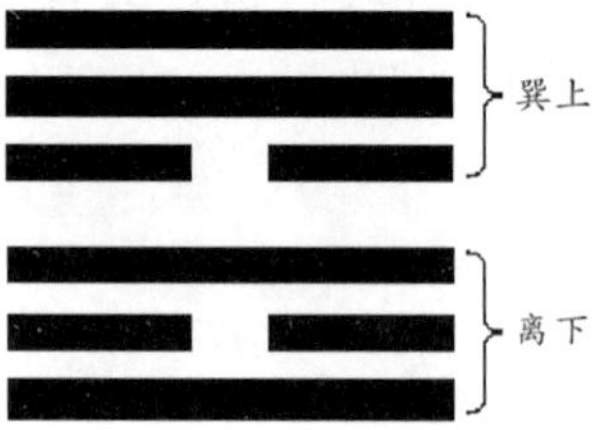

《家人》：利女贞。

初九：闲有家，悔亡。

六二：无攸遂。在中馈，贞吉。

九三：家人嗃嗃，悔厉吉。妇子嘻嘻，终吝。

六四：富家，大吉。

九五：王假有家，勿恤，吉。

上九：有孚威如，终吉。

《家人》卦是巽宫第三卦。上卦《巽》不变，下卦第二爻继续变，刚变柔，下卦变为《离》。《巽》为风，《离》为火，是为"风火《家人》"。

《序卦传》曰："夷者，伤也。伤于外者必反于家，故受之以家人。"这是《家人》卦排在《明夷》卦之后的原因。在外面无论受到什么伤害，回到家中，总会得到医治和慰藉，家永远是我们平静的港湾。此卦二爻为柔爻，主女，五爻为刚爻，主男，正是男主外、女主内的卦象，故名之以"家人"。

"家，居也。从宀，豭省声。"（《说文》）段玉裁注云："凡古曰家人者，犹今日之人家也。家人字见《哀四年左传》《夏小正传》及《史记》、《汉书》，窃谓此篆本义乃豕之居也，引申假借以为人之居。字义之转移多如此。牢，牛之居也，引申为所以拘罪之牢，庸有异乎？豢豕之生子最多，故人居聚处借用此字，久而忘其字之本义。”段注虽已得到普遍认可，但其解实有误。“家”以豭为声，并非偶然。豭是雄性野猪，并非人工豢养的家猪。古人穴居，最早的房子不是用来居住，而是祭祀祖先和聚族议事。祭祀用野猪，故以豭声称“家”。

卦言：“家人，利女贞。”

彖曰：“家人，女正位乎内，男正位乎外。男女正，天地之大义也。家人有严君焉，父母之谓也。父父，子子，兄兄，弟弟，夫夫，妇妇，而家道正。正家而天下定矣。”

卦辞云“利女贞”者，谓女子在家中的重要地位。从宀的字，与家有关的还有“安”字，屋中有女则安；又有“宁”字，家中有丁（子女）则稳定、安宁。《巽》为长女，《离》为中女，六二柔爻，居下卦之中，以喻家中主妇，故卦辞言“利女贞”。何以无少女？未成年也。

彖辞的主旨，一曰“正”，二曰“严”。“女正位乎内，男正位乎外”，是为“男女正”；“父父，子子，兄兄，弟弟，夫夫，妇妇”，是为“家道正”。立身须正，治家则要严，一家之中要有家长，正如一国之中要有君王。“严君”者“家严如君”也。古代人尊老，父母均有尊称，称呼别人父母，要称“令尊、令堂”，对别人称呼自己父母，要称“家严、家君、家慈”。男女正、家道正、治家严则天下正，这是儒家“修齐治平”思想的集中体现。按儒家经典《大学》，人生进阶有“八条目”：格物、致知、诚意、正心、修身、齐家、治国、平天下。三十岁以前偏重于积累学养，格物、致知、诚意、正心是也；三十岁以后则注重学以致用，修身、齐家、治国、平天下是也。彖辞说：“正家而天下定矣”，说明易经之《家人》卦应是《大学》立论的理论基础。

象曰：“风自火出，家人。君子以言有物而行有恒。”

利用火是人类走向文明的最伟大成就。古人很早即能从火势的偏向感觉风的存在，也了解流动的风对延续火种的重要性。《家人》卦上《巽》下《离》，风助火势，火壮风威，风火相济。君子见此卦象要做到言之有物，不说废话、空话，行必有常，不走邪路、歪路。

“初九：闲有家，悔亡。”

象曰：“闲有家，志未变也。”

家人卦六爻皆言治家，唯刚爻主严，柔爻主顺。初九乃治家之初，即以严始。“闲有家，悔亡”，孔颖达疏云：“治家之道，在初即须严正，立法防闲。若黩乱之后，方始治之，即有悔矣。初九处家人之初，能防闲有家，乃得‘悔亡’，故曰‘闲有家，悔亡’也。”（孔颖达《周易正义》）荀爽则注云：“初在潜位，未干国政，闲习家事而已。未得治官，故‘悔’。居家理治，可移于官，守之以正，故‘悔亡’。而未变从国之事，故曰‘志未变也’。”孔疏、荀注之异，源于对“闲”字的理解。孔疏用闲之本义。《说文》：“闲，阑也。从门中有木。”“阑，门遮也。”“闲”字本义是门栓，用以束门拒盗。引申为防范、约束。孔颖达认为，治家之始即须严正约束，防患于未然，这样可避免疏于防范可能出现的悔恨。荀注则用闲之今义，即赋闲、有闲。荀爽认为，初爻无位，是“潜龙勿用”时期，只能“闲习家事”，实有悔意。然治家、治国本为一理，都须“守之以正”，故“悔亡”。且治家之际，治国之志未泯，故曰“志未变也”，此解亦通。

“六二：无攸遂。在中馈，贞吉。”

象曰：“六二之吉，顺以巽也。”

“无攸遂”，没有自己的特殊欲望和要求。“在中馈”，职在供馔酒食。“中馈”即酒食。《古今小说·木棉庵郑虎臣报冤》：“那妇人答道：‘奴家职在中馈，炊爨当然。’”后即以中馈为妻室的代称，《二十年目睹之怪现状》：“久而久之，中馈犹虚，你便知道鳏居的难处了。”六二居下卦之中，为主内之妇。柔爻阴位得正，其性柔顺中正，在家中没有自己的特殊欲望和要求，只是勤勉持家，使家人无衣食之虞，是为“母德”，守正“贞吉”。孟母是母德的典范，曾云：“夫妇人之礼，精五饭，审酒浆，养舅姑，缝衣裳而已矣。故有闺内之修，而无境外之志。易曰：‘在中馈，无攸遂。’”（《列女传·母仪》）象辞说：“六二之吉，顺以巽也。”即从爻象而言，六二亲比九三，上应九五，其吉在柔顺而谦逊。“巽”者，逊也。

"九三：家人嗃嗃，悔厉吉。妇子嘻嘻，终吝。"

象曰："家人嗃嗃，未失也。妇子嘻嘻，失家节也。"

"嗃嗃（hè，音赫）"意通"嚇嚇"，呵斥、恫吓。"嘻嘻"嬉笑貌。这是家中常见的两种气氛。前者严厉，气氛紧张；后者散漫，气氛喧闹。就治家而言，易经倾向于前者，主张宁严勿纵，沿袭下来，所谓"棍棒底下出孝子"就成了几千年中国治家文化的一种重要理论。"悔厉吉"者，严厉太过，为人父者多少也会有悔疚之心，但最终会有好的结果。细品之，似乎一味严厉也非治家上策，故有"悔厉"之断。"妇子嘻嘻"，会导致家中长幼失序，在严父看来，是治家无方的结果。故"终吝"。象辞说："家人嗃嗃，未失也。妇子嘻嘻，失家节也。"此就治家须正立论。九三刚爻阳位，又居下卦之顶，刚健过甚，故治家从严。"悔厉"之断，又有"面冷心热"的微妙心理在，读易至此，每每联想到《红楼梦》中的贾政。

"六四：富家，大吉。"

象曰："富家大吉，顺在位也。"

六四始入上卦《巽》，按《巽》德有"为近利市三倍"（《说卦传》）的说法，故曰"富家"。《家人》卦六爻皆吉语，唯六四爻辞曰"大吉"者，以其上承九五，下应初九，大得阳刚之富实。古有"男如耙、女如箕"之说，意为挣钱是男人的事，但聚财则是女人的事，故唯六四能富家，所以"大吉"。象辞说："富家大吉，顺在位也。"是指六三以柔爻顺应初九、九五二正位之刚爻，这是富家的前提。

"九五：王假有家，勿恤，吉。"

象曰："王假有家，交相爱也。"

九五刚爻君位，故以王为喻。"王假有家"通解为"王至其家"，"假"通"格"，至也。唯陆绩（即"陆绩怀橘"之吴人陆绩）解云："假（古雅切），大也。王得尊位，据四应二，以天下为家，故曰'王假有家'。"（《周易集解》）以"假"通"格"，未见出处，且又训为"至"，转义过甚。训"假"为"大"，又与后文"勿恤"义不相属，故我皆不取。我意"假"即"假借"之假，是假家为喻，意为君王将国视同为家，家、国一体。"勿恤"即无须忧惧，王将以国为家，如此则吉。

象辞说：“王假有家，交相爱也。”即指王与国民将如同家人一样交互相爱。此解参见萃卦卦辞：“王假有庙，利见大人。”意为君王以用享于宗庙社稷的方式，表达自己招募贤良君子辅佐的诚心。易道简豁，本无须曲解复杂。

“上九：有孚威如，终吉。”

象曰：“威如之吉，反身之谓也。”

上九尊而无位，喻之以家庙。六位属阴，亡灵之所居也。家庙之尊，在于先祖神灵的护佑和祖训的传承。“有孚威如”者，言自身有诚信，辅之以先祖威仪也。昔日家严训子，多在家庙，祖宗牌位前，先自反省，痛陈己过，然后反身训子以祖训家规，以正其失。

易经·下经之三十八

睽而志通，正应睽卦

火泽睽

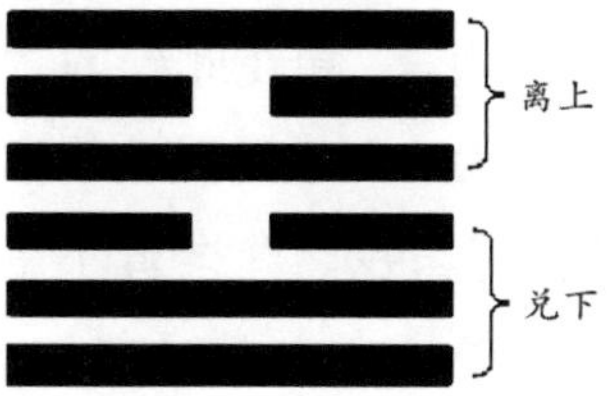

《睽》：**小事吉**。

初九：悔亡。丧马勿逐，自复。见恶人，无咎。

九二：遇主于巷，无咎。

六三：见舆曳，其牛掣，其人天且劓，无初有终。

九四：睽孤，遇元夫，交孚，厉无咎。

六五：悔亡。厥宗噬肤，往何咎？

上九：睽孤，见豕负涂，载鬼一车，先张之弧，后说之弧，匪寇婚媾。往，遇雨则吉。

《睽》卦是艮宫第五卦。《艮》卦已变至上卦初爻，柔变刚，上卦变为《离》，火象；下卦为《兑》，泽象，是为“火泽《睽》”。“睽”之为字，左目右癸，目为《离》象，癸为水，为《兑》象，故此卦以“睽”为名。

《睽》卦与《家人》卦互综。《序卦传》有云：“家道穷必乖，故受之以睽。”又《杂卦传》云：“《睽》，外也。《家人》，内也。”《家人》卦亲和，着眼处在内，《睽》卦乖离，着眼处在外。此即《睽》卦与《家人》卦互综。然细品《睽》

卦卦爻辞，其睽而遇合的思想似又有对《家人》卦之治家过严的救弊纠偏之意。

卦辞：“睽，小事吉。”

彖曰：“睽，火动而上，泽动而下。二女同居，其志不同行。说而丽乎明，柔进而上行，得中而应乎刚，是以小事吉。天地睽而其事同也；男女睽而其志通也；万物睽而其事类也。睽之时用大矣哉！”

“睽”字本义是双目不能聚焦，俗称“对眼”或“斜视”。《说文》：“睽，目不相听也。”引申为分离、背离，如“睽违”（离散）、“睽别”（阔别）等。“睽又有“瞪视”的意思，如“众目睽睽”。睽在此处的意思是“乖离”。卦辞云：“睽，小事吉。”指人处于乖离之境，勿为大举，只做些小事，方可吉祥顺利。何为大事？《左传》有云：“国之大事，在祀与戎。”余皆小事也。

《睽》卦很有意思。就其卦象言，上卦《离》为火，其动向上；下卦《兑》为泽，其润向下，正是乖离之象。然就卦德言，下《兑》卦其德为“悦”，上《离》卦其德为“丽”、为“明”。“说而丽乎明”，喜悦且附丽于光明，又有遇合之兆。“二女同居，其志不同行”，意指上卦《离》为中女，下卦《兑》为少女，二女同居于家，但其归宿则是各有夫家，并不同行，也是乖离之义。彖辞将“睽”视为天地万物之普遍现象，认为是再正常不过的事：“天地睽而其事同也；男女睽而其志通也；万物睽而其事类也。睽之时用大矣哉！”细品《睽》卦各爻爻辞，下卦三爻皆乖而复见，上卦三爻俱见而复合，则《睽》卦的主旨应即是不避乖离，承认差异，以异求同。

象曰：“上火下泽，睽。君子以同而异。”

《睽》卦大象辞重点在“同而异”上。苏轼云：“‘同而异’，晏平仲所谓‘和’也。”（《东坡易传》）晏平仲论“和”，出自《左传》，齐景公有次打猎于遄台，国大夫梁丘据马上跟去，齐景公很高兴，对晏子说：“唯据与我和夫！”晏子说，据之所为是“同”，不是“和”。食有五味，和以为羹；音有五声，和而为乐。君王与臣下的关系也应如此，君王所可，臣子要有其否，君王所否，臣子要有其可，这样才叫“和”。大夫据不是这样，君王曰可，据亦曰可，君王曰否，据亦曰否，这叫“同”。“若以水济水，谁能食之？若琴瑟一专，谁能听之？‘同’之不可亦如是。”晏子的这个思想被孔子接纳，概括为“君子和而不同，小人同而不和”

（《论语·子路》）。然若论出处，当以易经的“同而异”说为最早。

“初九：悔亡。丧马勿逐，自复。见恶人，无咎。”

象曰：“见恶人，以辟咎也。”

初九为睽之始。“悔亡”者，因初九位卑无应，周围人又皆乖离，本当有悔。然也正因为无应而无为，反倒“无咎”，故“悔亡”。初爻本应与四爻相应，然四爻也为刚爻，同性相斥，故无应。“丧马勿逐，自复。见恶人，无咎。”以丧马、见恶人喻，因九四为互卦《坎》之中爻，《坎》为美脊马、为寇，故为喻。元人王申子云：“失马逐之则愈逐愈远，恶人激之则愈激愈睽，故勿逐而听其自复，见之而可以免咎也。处睽之初，其道当如此，不然睽终于睽也。”（王申子《大易缉说》）

“九二：遇主于巷，无咎。”

象曰：“遇主于巷，未失道也。”

九二刚爻，六五柔爻，刚柔相济，本可相应。然六五柔弱，不能主动相应，九二不得已而上求。朱熹云：“二五阴阳正应，居睽之时，乖戾不合，必委屈相求而得会遇，乃为‘无咎’，故其象占如此。”“遇主于巷”者，因委屈相求，不能循礼登堂入室，故只能以“偶遇”方式相见，此即所谓“事急从权”，“未失道也”。中美外交破冰之际，两国外交官多采取“遇主于巷”的交往方式，在“不期而遇”时商议两国建交、建立新型中美关系等重大问题。

“六三：见舆曳，其牛掣，其人天且劓，无初有终。”

象曰：“见舆曳，位不当也。无初有终，遇刚也。”

六三柔爻阳位，且处于上下体卦之间，不中不正，是无所归宿之象。但其爻际关系，“承乘比应”全备，上应上九，刚柔相济，且亲比于九二、九四，上承九四，下乘九二，所以“无初有终”。“见舆曳，其牛掣，其人天且劓”是讲六三爻的爻际关系的卦象。“见舆曳，其牛掣”是指六三与九二、九四的妒合关系，六三本应上九，但受到九二的牵制。曳，楚简《周易》作“遏”，止也。掣，牵制义，“掣肘”即拉住臂肘不令前行。“其人天且劓”，其人指九四，九四为互卦《坎》之中爻，《坎》为寇，即初九所见之“恶人”，“其人天且劓”，“天”即黥额之刑，“劓”

即劓鼻之刑，是说九四为刑余之寇。六三因九二、九四的阻隔，故有进退无据之象。“无初有终”者，终与上九正应也。象辞说：“见舆曳，位不当也。无初有终，遇刚也。”受牵制，是因为六三柔爻阳位，其位不当；无初，是遇到了刚爻。有终，也是由于上九阳刚之故。

下卦三爻皆讲睽而复见。

“九四：睽孤，遇元夫，交孚，厉无咎。”

象曰：“交孚无咎，志行也。”

九四为上卦之初，又是互卦《坎》的中爻，《坎》为寇，故九四既是初九所见之“恶人”，也是六三所见之“其人天且劓”者。“睽孤”，乖离而且孤单。九四与初九敌应，又与六三、六五志向不同，所以很孤立。惧而求遇，结果是“遇元夫”。元夫指初九。元者初也、大也，元夫即大丈夫，是条汉子。睽卦六爻唯独初爻得正，其他五爻其位皆不正，故遇元夫的结果是“交孚”，因相交而得到了信任。“厉无咎”者，始于敌应，故“厉”，终则交孚，故“无咎”。象辞说：“交孚无咎，志行也。”九四与初九同为刚爻，二者之应是刚而上行的呼应，故曰“志行也”。

“六五：悔亡。厥宗噬肤，往何咎？”

象曰：“厥宗噬肤，往有庆也。”

六五柔爻居阳位，其位不正，本有悔。然有三利：下应九二，刚柔相济，一利也；上承上九，得以柔进，二利也；以柔居中，行动得宜，三利也。故“悔亡”。“厥宗噬肤”之“厥”，帛书《周易》作“登”，上九为家庙，引申为宗祠，“厥宗”即升阶入宗祠，“噬肤”即吃肉，同宗之人在宗祠请客，必有喜庆之事，故象辞说：“厥宗噬肤，往有庆也。”这个同宗之人，大概就是指九二，九二本就欲与六五相应，不得其门而入，故于宗祠设宴请六五，故应径往矣。“往何咎？”乃六五自我宽解之辞。

“上九：睽孤，见豕负涂，载鬼一车，先张之弧，后说之弧，匪寇婚媾。往，遇雨则吉。”

象曰：“遇雨之吉，群疑亡也。”

上九为睽离之极，“睽孤”，乖离且孤单，因而猜疑心极重。“见豕负涂，载鬼一车”，大概是猜疑心重的情况下出现的幻觉。“先张之弧，后说之弧”，看见有大猪背负涂泥，拉着一车鬼前来，所谓“活见鬼”。惊惧之际，忙张弓欲射，后仔细观之，原来不是寇盗来侵，是迎亲的队伍，于是“后说之弧”，说通假“脱”，放下弓箭，前往相迎。“遇雨则吉”者，象辞说：“群疑亡也。”前面的众多猜疑全都冰释。先惧后喜，此爻的爻辞颇有喜剧的味道。

初读《睽》卦之前，以为乖离相异，总归是不好的事。无论治家，还是从政，都以和谐为要。对子女，总希望“子肖父”才能有出息。对同事，也总希望意见一致，不希望有争议。读《易》之后方知其谬。西谚有云：“每个人都是独一无二的存在。”故而张扬个性应是每个人的得生存需要，我们不能要求子女一定要走在我们的人生旅途上。同样，我们也不要奢望身边的每个人都和自己有一样的想法和追求。所谓“舆论一律”，从来都是一厢情愿的事，自己和自己都不能做到“舆论一律”，遑论其他！晏子、孔子讲“和而不同”，《易经》讲“同而异”“睽而志通”才是真正的治家、治国之道。“天地睽而其事同也；男女睽而其志通也；万物睽而其事类也。睽之时用大矣哉！”

易经·下经之三十九

反身修德，取诸蹇卦

水山蹇

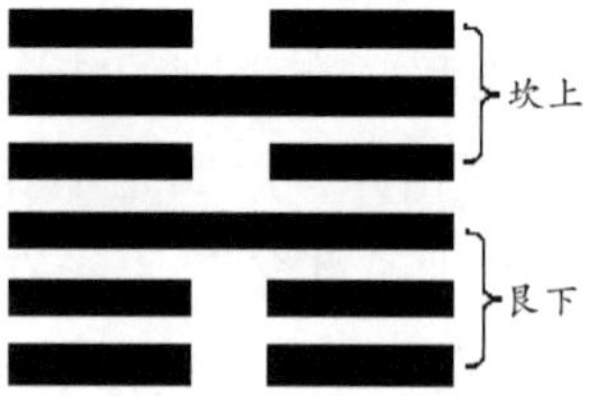

《蹇》：利西南，不利东北，利见大人，贞吉。

初六：往蹇来誉。

六二：王臣蹇蹇，匪躬之故。

九三：往蹇来反。

六四：往蹇来连。

九五：大蹇，朋来。

上六：往蹇来硕，吉。利见大人。

《蹇》卦为兑宫第五卦。《兑》卦已变至上卦，上卦初爻刚变柔，上卦变为《坎》，水象；下卦为《艮》，山象，是为“水山《蹇》”。

“蹇”字从寒、从足，本义是老寒腿，所以《说文》称：“蹇，跛足也。”《素问》更直言：“蹇，膝伸不屈。”引申为“行难”。《序卦传》：“蹇者，难也。”故《蹇》卦是行难之卦。

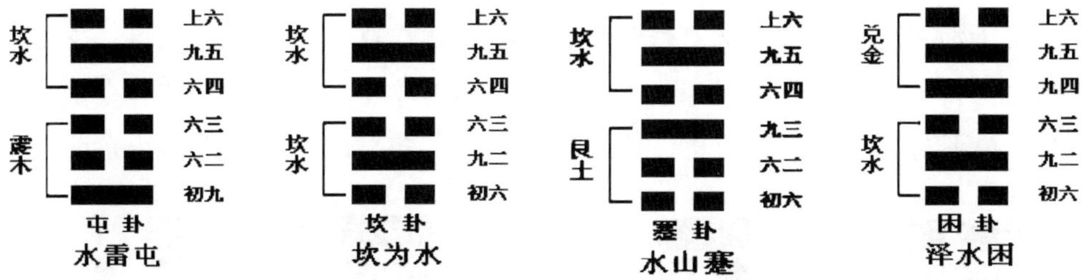

“行难”之卦《易经》有四焉，曰：《屯》《坎》《蹇》《困》，号称“四大难卦”。这四卦都有《坎》卦，《坎》为险，故行难。《屯》卦是起始难，“刚柔始交而难生”；《坎》卦是重险之难；《蹇》卦是行进途中，到了某个阶段之后的遇险而难；《困》卦则是进退两难。起始难，难在未知，故需开蒙启智，贾勇前行，“君子以经纶”。行进到一定阶段后遇险而难，则要及时见险而止，“君子以反身修德”。这也是《蹇》卦的主旨。

卦辞：“蹇，利西南，不利东北，利见大人，贞吉。”

彖曰：“蹇，难也，险在前也。见险而能止，知矣哉！蹇利西南，往得中也；不利东北，其道穷也。利见大人，往有功也。当位贞吉，以正邦也。蹇之时用大矣哉！”

《易经》中讲到方位者，多以西南为吉地，以东北为凶。如《坤》卦：“西南得朋，东北丧朋”；《解》卦：“利西南，其来复吉。”汉儒以后天八卦解经，多以《坤》卦在西南，《坤》为顺；《艮》卦在东北，《艮》为止解之。然皆与

后天八卦图

各卦的卦象不符，有泥古不化之嫌。唯李守力以有周王朝发展史解之，认为与古公亶父徙周族自豳至岐有关。岐山周原在豳之西南，周族迁徙西南，以避戎狄，

是兴旺发达之始。故“利西南，不利东北”。我比较认同李的观点。“利见大人”，似指文王于渭水之滨见姜太公，得帝师，从而成就八百年王朝基业之事。“贞吉”，其占断为“吉”。彖辞先言卦象，《蹇》卦上卦《坎》，坎为险，“险在前也”，故“难”。下卦《艮》，艮为止，“见险而能止，知矣哉！”见险而止是明智的。

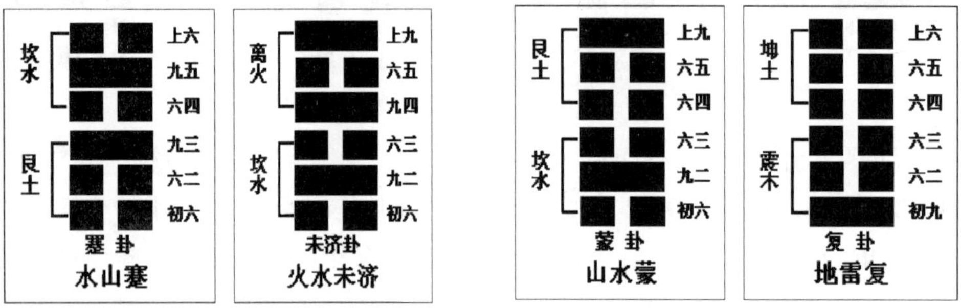

《蹇》卦与《蒙》卦属上下易象，《蹇》卦上《坎》下《艮》，《蒙》卦是上《艮》下《坎》，二者都有“险而止”之义。但《蒙》卦是遇险而不得不止，《蹇》卦是见到险境提前即止，故《蒙》卦是蒙昧之卦，《蹇》卦则是智慧之卦，故以“知矣哉！”评之。《蹇》卦六二柔爻阴位，九五刚爻阳位，各居本卦之中，是为“当位”。故占断为“吉”。“利见大人”指九五，《系辞传下》有云“五多功”，故曰“往有功”。因九五既中且正，又与六二相应，与六四相承，故有济蹇之功。见险能止，不是消极地龟守不动，还要积极寻求解难济蹇之道。“利西南”，则“往得中”；“利见大人”，则“往有功”；“当位贞吉”，则“以正邦”。此皆“蹇之时用”。

象曰：“山上有水，蹇。君子以反身修德。”

山上有水，何以“蹇”？《周易集解》引陆绩云：“水在山上，失流通之性，故曰‘蹇’。”坎为沟渠，本动水之象，今失流通之性，当为冰雪。山势陡峭，冰雪湿滑，行动不便，故曰“蹇”。君子见此卦象，应当“反身修德”以避难。

“初六：往蹇来誉。”

象曰：“往蹇来誉，宜待也。”

蹇卦六爻爻辞皆讲往来。往者离去，来者复归。前行艰难如跛足而进，不如返回来处，审势待机。初六以柔爻处蹇之始，第一反应是“慎始”。“往蹇来誉”，试探前行，见险辄止，这种慎重态度得到了赞誉。象辞说："往蹇来誉，宜待也。"这种情况是宜于等待的。

"六二：王臣蹇蹇，匪躬之故。"

象曰："王臣蹇蹇，终无尤也。"

六二居下卦之中，上应九五，九五处于《坎》卦之中，深陷险中，处王臣之位，其势不能不冒险犯难，前行以解九五之难。"蹇蹇"者，言六二是以蹇之行，处蹇之境。"匪躬之故"，不是由于自身的缘故才冒险犯难的。象辞说："王臣蹇蹇，终无尤也。"六二以阴柔之性冒险犯难，多半力不从心，可能成效不彰。但前行不利，不是不尽力，故"终无尤也"。尤，过失。"无尤"即没有过失。《周易集解》引侯果云："处艮之二，上应于五。五在坎中，险而又险。志在匡弼，匪惜其躬，故曰'王臣蹇蹇，匪躬之故'。辅君以此，'终无尤也'。"

帛书《二三子》之孔子论蹇卦六二爻辞，以"躬"为"今"，恐为《易经》之另一版本。孔子云："《易》曰'王臣蹇蹇，非今之故。'王臣蹇蹇者，言其难也。夫唯知其难也，故重言之，以诫今也。君子知其难而备，则不难矣；见几而务之，有功矣。故备难易，务几者成。有其人，不言吉凶焉。非今之故者，非言独今也，古以状也。"

柏裕江按：成语"蹇蹇匪躬"也源自《蹇》卦，指为君国而忠直谏诤。"王臣蹇蹇，匪躬之故。"高亨注："言王臣謇謇忠告直谏者，非其身之事，乃君国之事也。"后因以"蹇蹇匪躬"谓为君国而忠直谏诤。"匪躬"：忠心耿耿，不顾自身利害。

"九三：往蹇来反。"

象曰："往蹇来反，内喜之也。"

九三刚爻，性健而求进。本上应上六，但临上卦《坎》之险，"见险而能止，知矣哉！"故反而与六三亲比，故曰"往蹇来反"。来即返，"来反"者，非同义反复，而是"反求诸其身"。《中庸》有云："子曰：射有似乎君子，失诸正鹄，反求诸其身。"意思是射箭的过程犹如君子处事，射不中的，就反过来寻找自己的原因。《孟子·离娄上》："行有不得者皆反求诸己，其身正而天下归之。"

九三其如君子与!

象辞说:“往蹇来反,内喜之也。”因九三见险能止,返而与内卦初六、六二亲比,故“内喜”。孔颖达云:“内卦三爻惟九三一阳,居二阴之上,是内之所恃,故曰‘内喜之’。”

“六四:往蹇来连。”

象曰:“往蹇来连,当位实也。”

六四“来连”之义难解。《周易正义》王弼注云:“往则无应,来则乘刚,往来皆难,故曰‘往蹇来连’。”据此,则“来连”即连蹇也。然后文“当位实也”又与其落落不相属。《周易集解》引荀爽云:“来还承五,则与至尊相连。”若此,连乃上行,是往而非来也。《周易本义》朱熹云:“连于九三,合力以济。”则以“连”为“联”也。众说纷纭,莫衷一是。唯归有光曰:“四处近君之位,三、五二阳非四谁能连之?夫连桓公、仲父之交者,鲍子也。连简公、子产之交者,子皮也。”意指六四柔爻,力不胜任,前行遇险,返而连九三、九五之交以成其事。春秋时期,齐国鲍叔牙、郑国子皮罕虎退位让贤,促成齐桓公与管仲、郑简公与子产的君臣之交,两国因而大治。鲍叔牙、子皮可谓“往蹇来连”者。“当位实也”,易经以刚爻为实,柔爻有刚爻之德,也可称“实”。

“九五:大蹇,朋来。”

象曰:“大蹇朋来,以中节也。”

“大蹇”即大难。九五虽为君位,但处于上卦坎险之中,险之极而大难。不曰往来者,动而有险。“朋来”指六二“王臣蹇蹇”、六四“往蹇来连”和上六“利见大人”。因九五下应六二,又与六四、上六亲比,故有朋来助。象辞说:“大蹇朋来,以中节也。”是指九五刚爻君位,既中且正。六二、六四、上六皆柔爻阴位,中而有节。

“上六:往蹇来硕,吉。利见大人。”

象曰:“往蹇来硕,志在内也。利见大人,以从贵也。”

上六爻处蹇之极,前行已无路可走,唯有返回内助九五以终结其天下之蹇,故曰“往蹇来硕”。上六与九五,本有“乘刚”之虞,幸得九五与六二正应,刚柔相济，乘刚之虞得以缓解，故占断为“吉。利见大人。”象辞说：“往蹇来硕，志在内也。利见大人，以从贵也。”指上六其志在内，梁寅有云：“上六高世之士，以无在难，亦来救之。”故所得为硕。利见大人，指其目的是亲比九五。

《蹇》卦言行难，其智在于“见险而能止”，其要在“反身修德”。有济蹇之德，方能收离蹇之效。如此则涉险无患矣！

易经·下经之四十

赦过宥罪，喻以解卦

雷水解

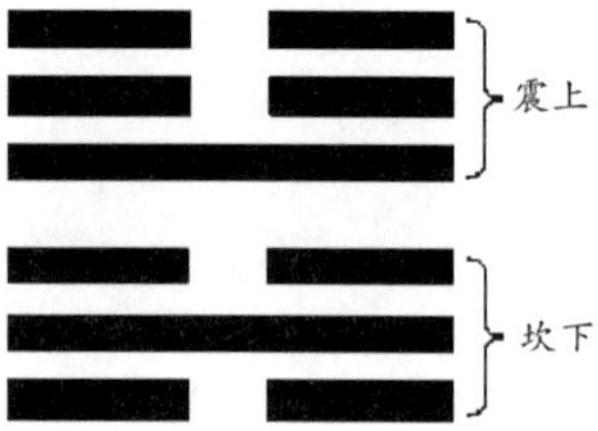

《解》：利西南，无所往，其来复吉；有攸往，夙吉。

初六：无咎。

九二：田获三狐，得黄矢，贞吉。

六三：负且乘，致寇至，贞吝。

九四：解而拇，朋至斯孚。

六五：君子维有解，吉。有孚于小人。

上六：公用射隼于高墉之上，获之，无不利。

《解》卦为震宫第三卦。震宫上卦不动，仍为《震》，雷象；下卦第二爻再变，柔变刚，下卦变为《坎》，水象，是为“雷水《解》”。

“解”字本音为 xiè（懈），《说文》：“解，判也。从刀判牛角。”本义是用刀分解牛，成语“庖丁解牛”即应读作 xiè。后转音为 jiě，如分解、解释、化解等，都是打开、打散的意思。引申为纾解、缓解、解除等义项。《序卦传》：“物不可以终难，故受之以解。解者，缓也。”说明此卦中，“解”用其缓解、解除义。

《解》卦下卦为《坎》，身在险中，故下卦三爻皆不言解。上卦为《震》，动而有解。故上卦三爻皆有吉语。《解》卦与《蹇》卦互综，《蹇》卦是前行遇险，见险辄止，《解》卦则是遇险而动，化解风险，二者相反相成。

卦辞："解，利西南，无所往，其来复吉；有攸往，夙吉。"

彖曰："解，险以动，动而免乎险，解。'解，利西南'，往得众也。'其来复吉'，乃得中也。'有攸往，夙吉'，往有功也。天地解而雷雨作，雷雨作而百果草木皆甲坼，解之时义大矣哉！"

《解》卦与《蹇》卦都有"利西南"语，唯《解》卦不言"不利东北"者，因《蹇》卦之《艮》已互综变为《震》，《艮》之阻止被《震》雷消除也。"无所往，其来复吉；有攸往，夙吉"，险难即已消除，故往来皆吉，此即《解》卦的兆象。

彖辞说："解，险以动，动而免乎险，解。"此以卦德释卦名。《解》卦下《坎》上《震》，《坎》德为险，《震》德为动，遇险而动，动则免险，故曰"解"。"'解，利西南'，往得众也"释上卦之义。上卦《震》本出于《坤》，是《坤》卦自《乾》卦索得初爻而成，故《震》有《坤》德。《坤》卦方位西南，《坤》德为顺、为众，故曰"往得众也"。"'其来复吉'，乃得中也"，释下卦之义。无所往则其来复，指险难即除，若没有前行目标则复归来处，亦吉。因下卦九二得中而吉。"'有攸往，夙吉'，往有功也"，此则释全卦之义。"有攸往"指九五，是有目标的前行，"夙吉"，一直是吉利的。"夙"的本义是早晨，引申为早前、一直是、素来是。"往有功也"，《序卦传下》讲"五多功"，故往有功。"天地解而雷雨作"，《解》卦上雷下水，雷下之水为雨。夏日乌云密布是天地之结，雷雨大作是天地之结已解的表征。"雷雨作而百果草木皆甲坼"，天降沛雨，润泽万物，草木之物皆从不适生长的严冬闭塞中解脱出来。"甲"在这里指植物种子的外壳，"坼"即裂开，"甲坼"即"破壳而出"。这是天地之结已解的结果。

象曰："雷雨作，解。君子以赦过宥罪。"

《解》卦大象从卦象、卦性得到的启示是"赦过宥罪"。雷雨作而天地之结解，这是卦象；上卦震动而使下坎之险解，这是卦性。君子观其卦象、识其卦性，得悟仁恕之道，应当不计较百姓的过失，宽宥有罪之人，使其都能得到解脱。"赦"即免除，"过"是无心之失，"无心为恶，其恶不罚"。"宥"即原谅、宽放，对有罪之人也要给予出路，冀其向善。儒家讲仁恕，基督教讲宽恕，东方、西方，其理揆一。

“初六：无咎。”

象曰：“刚柔之际，义无咎也。”

初六为解难之始，虽处困中，但无咎。象辞说：“刚柔之际，义无咎也。”初六的无咎，是因为初六与九四相应，得到九四的应援，刚柔相济，故而无咎。此爻辞无其事喻，没有说初六做了什么而无咎，因为初六无位而无为，其性柔顺，不给人以威胁，固然不曰其“吉”，但也无难，所以“义无咎”，义者宜也。

“九二：田获三狐，得黄矢，贞吉。”

象曰：“九二贞吉，得中道也。”

九二虽处坎险之中，但其性刚健，得上卦《震》之助而动，田猎获三只狐狸，自狐狸身上得到黄色的金属箭矢，占断为“吉”。以狐为喻，因狐狸性险，善隐伏，“田获三狐”喻指隐患得以及时消除，其难可解。“得黄矢”者，得到上卦六五之助也。黄为正色，得中谓“黄”，故“贞吉”。象辞说：“九二贞吉，得中道也。”是说九二得到六五之助，是两个中爻的正应，故曰“得中道也。”

“六三：负且乘，致寇至，贞吝。”

象曰：“负且乘，亦可丑也；自我致戎，又谁咎也？”

六三以柔爻居阳位，不中不正，以喻小人，处险之中而不知求解，如同背负财物，乘于大车之上，以致招惹寇盗的注意，其祸不远矣。故“贞吝”。作为占断之语，悔、吝其憾恨之事有别。悔是因未能做某事而憾恨，吝则是因为做了某事而憾恨。就此处而言，既然乘于车上，就应把财物放下为是。没有放下，因而致寇至，所以是“贞吝”。象辞说：“负且乘，亦可丑也；自我致戎，又谁咎也？”既乘于车，犹负其物，其贪鄙之象毕露，“亦可丑也”是说丑态可掬。“自我致戎，又谁咎也？”寇盗是自己招来的，又能怨谁呢？

孔子见此爻辞，发了一通感慨，见之于《系辞传上》：“子曰：作《易》者其知盗乎？《易》曰‘负且乘，致寇至’。负也者，小人之事也。乘也者，君子之器也。小人而乘君子之器，盗思夺之矣。上慢下暴，盗思伐之矣。慢藏诲盗，冶容诲淫。《易》曰：‘负且乘，致寇至’，盗之招也。”《汉书》引董仲舒云：

“《易》曰：‘负且乘，致寇至’，乘车者君子之位也，负担者小人之事也。此言居君子之位而为庶人之行者，其祸患必至也。”

“九四：解而拇，朋至斯孚。”

象曰：“解而拇，未当位也。”

九四进入《解》卦上卦，初离坎险，始有解。“解而拇”，而通“尔”，你也。“而拇”何指，先儒分歧很大。王弼、孔颖达谓指六三，程颐、朱熹谓指初六。细品爻辞之意，当以六三为是。拇，《说文》：“将指也。”意谓五指之中，拇指为将，此爻引申义为攀附。九四居位不正，六三近比而攀附之。只有摆脱了六三的纠缠、攀附，九四才能与初六相互应援。这是初六“无咎”之因，也是九四“朋至斯孚”的前提。象辞说：“解而拇，未当位也。”有遗憾之意。九四未能及时前行，尚在“解而拇”阶段，是因为“未当位也。”

“六五：君子维有解，吉。有孚于小人。”

象曰：“君子有解，小人退也。”

六五与九二正应，九二田猎三狐，喻指擒住小人，消除隐患。唯六五得而解之，是“赦过宥罪”的行为，故“吉。有孚于小人。”朱熹云：“卦凡四阴，而六五当君位，与三阴同类者，必解而去之则吉也。孚，验也。君子有解，以小人之退为验也。”意思是六五虽为阴爻，居君位可为君子，但必须纾解同类，屏退小人方能服众。此说牵强，于理尽有不合。象辞说：“君子有解，小人退也。”是说君子对有过错的小人，也当给予出路，即“赦过宥罪”，使其得以解脱。这才是退小人的方法。六五柔爻君位，故能为此举。

“上六：公用射隼于高墉之上，获之，无不利。”

象曰：“公用射隼，以解悖也。”

《解》卦六爻中，初爻至五爻皆不当位，唯上六当位。六五居君位守中可为君子，上六当位可为王公。隼为恶鸟，喻指小人。高墉即城墙，喻指高位。“公用射隼于高墉之上”，以王公射隼为喻，指王公位尊，居君之侧，其用在除恶务尽，以解君忧。“公用射隼”之“用”，非虚辞，乃是职责、功用所在的意思。

《谦》卦初六："谦谦君子，用涉大川"之"用"，亦当此解。象辞说："公用射隼，以解悖也。"指王公之用在于"解悖"。解悖可有二解：一曰解除悖乱，除君之忧；二曰补弊纠偏，化解为君者之悖命。结合六五之"有孚于小人"，恐二意兼而有之。

易经·下经之四十一

理税之人，应知损、益（上）

山泽损

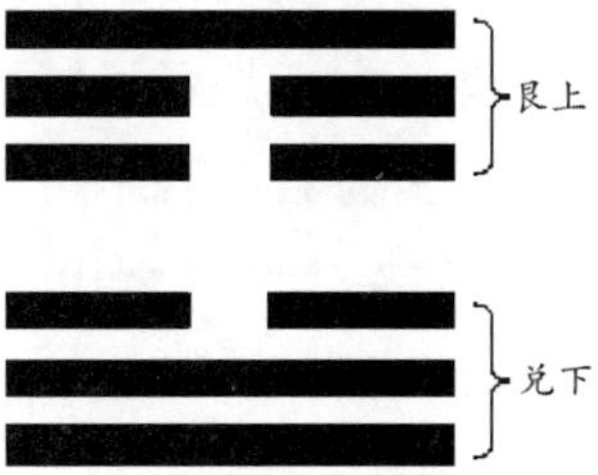

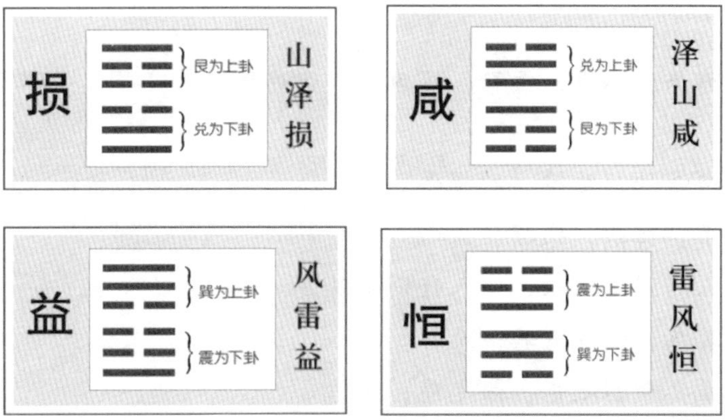

《损》《益》二卦是下经三十四卦的第一个节点。《咸》《恒》二卦是下经起点，十卦之后到《损》《益》。《损》卦是《咸》卦的错卦，《益》卦是《恒》卦的错卦，《损》《益》二卦是对《咸》《恒》二卦的回应。正如《咸》《恒》二卦自身的上下卦《震》《巽》互错，《损》《益》二卦自身的上下卦《艮》《兑》也是互为错卦的。

《损》卦属艮宫第四卦，上卦《艮》卦不动，山象；下卦变为《艮》卦之错卦《兑》，泽象，是为“山泽《损》”。《损》卦的卦象是由《泰》卦变化而来，《泰》

卦的下卦为《乾》，上卦为《坤》，将《乾》卦上刚爻与《坤》卦上柔爻互换，取“损下益上”之义，故名之为“损”。

《益》卦属巽宫第四卦，上卦《巽》卦不动，风象；下卦变为《巽》卦之错卦《震》，雷象，是为“风雷《益》”。风雷相激而沛雨下注，此为损上益下，故名之以“益”。

损益者，得失之计也。孔夫子读易，读至《损》《益》二卦时曾喟然而叹，此事记载于《淮南子·人间训》中：“益损者，其王者之事与？事或欲以利之，适足以害之，或欲害之，乃反以利之，利害之反祸福之门户，不可不察也！”意思是说：益之、损之，这是君王要考虑的事情。许多事，本意是想增益之而使之获利，其结果有可能反倒使之受害；本意是通过减损而抑制，其结果可能反而使之得利。利、害之反，是祸福之门，为君王者不可不仔细分辨清楚。国家治理，损下益上者，唯税之收；损上益下者，唯税之用。取之于民，用之于民，故理税之人，不可不知损益之道。

损之道

《损》：有孚，元吉，无咎。可贞，利有攸往。曷之用？二簋可用享。

初九：已事遄往，无咎。酌损之。

九二：利贞。征凶，弗损，益之。

六三：三人行则损一人，一人行则得其友。

六四：损其疾，使遄有喜，无咎。

六五：或益之十朋之龟，弗克违，元吉。

上九：弗损益之，无咎，贞吉，利有攸往，得臣无家。

卦辞：“损，有孚，元吉，无咎，可贞，利有攸往。曷之用，二簋可用享。”

彖曰：“损，损下益上，其道上行。损而有孚，元吉。无咎；可贞，利有攸往。曷之用，二簋可用享，二簋应有时，损刚益柔有时。损益盈虚，与时偕行。”

税收是国家意志。彖辞讲：“损，损下益上，其道上行”，意思是国家税收是减损百姓收入以增益国家之用，故曰“其道上行”。取“损下益上”之义。以损益之道喻国家税用，非我独见，北宋能臣范仲淹已悟其义。其《易义》有云：“然则益上曰‘损’，损上曰‘益’者何也？夫益上则损下，损下则伤其本也，是故谓之‘损’。损上则益下，益下则固其本也，是故谓之‘益’。”此即讲国家税用之道。国家税收须“取之于民，用之于民”，税负以不伤民本为度。“有孚”，即损下益上依托的是国家信用，故“元吉，无咎，可贞，利有攸往”。“曷”，何以。“簋”，方形的竹盘，祭祀用。“曷之用”，是讲税收的目的，古代社会，税无常例，因事而征，“国之大事，在祀与戎”，在古代，国家用度如祭祀、用兵、赈灾、公共工程，皆出自税收。所以此处以祭祀为例。“二簋可用享”，税收之用，量出为入，足用为要。《诗经·秦风》：“於我乎每食四簋”，然而祭祀用，二簋即可。《周易正义》王弼注云：“二簋，质薄之器也。行损以信，虽二簋可用享。”孔颖达疏云：“行损之礼，贵夫诚信，不在于丰。”《损》卦彖辞尤重有时：“二簋应有时，损刚益柔有时。损益盈虚，与时偕行。”损之义在于“损有余而益不足”，百姓收入盈虚有时，非其时而损之，会伤及税基，故彖辞强调的是损益之兴要适时，国家出台税收政策必须审时度势，适时推出，以收理政之效。范仲淹对此阐发尤为直白：“损之有时，民犹说也；损之无时，泽将竭也。故曰‘川竭则山崩’，此之象也。无他，下涸而上枯也。‘百姓不足，君孰与足’，其斯之谓欤。”（范仲淹《易义》）

象曰：“山下有泽，损；君子以惩忿窒欲。”

山泽之象多见于园林，疏浚昆明湖之土，堆聚为万寿山，疏浚北海之土，堆聚为鳌山。此为损下益上，故名之以“损”。

损的本意是减损，君子处世，应克制忿怒，压制欲望。林则徐以“制怒”为座右铭，当是习损卦的心得。

“初九：已事遄往，无咎。酌损之。”

象曰：“已事遄往，尚合志也。”

初爻无位，卦中多指基层百姓。已，完成；遄，水流迅疾之貌。“已事遄往”即已了之事要迅速归零。“无咎，酌损之”意指无过错则税收宜斟酌减损。此卦初爻为刚爻，“已事遄往”喻指百姓已尽了纳税义务。“酌损之”即新税开征要量力而征。象辞说“尚合志也”，即新税开征必须征求民意，冀有共识，税款征收才能顺利。

“九二：利贞。征凶，弗损益之。”

象曰：“九二利贞，中以为志也。”

九二刚爻中位，利于固守中正，即“中以为志也”。但因已至中正之位，再要执意前行则有凶险。以理税喻，若百姓已尽了纳税义务，再要前去征税则属无理，会有凶险。“弗损益之”意指无为损益之举。九二在六爻中处于士位，以今喻则为税收征管工作人员，或曰基层税收征管机关。税收法定，具体征管人员和机构不得因一时、一地、一人、一事而妄行增减，以维护国家税收的严肃性。

“六三：三人行则损一人；一人行则得其友。”

象曰：“一人行，三则疑也。”

六三阴爻，但此卦是《泰》卦爻变而来，此位之爻原为刚爻，即九三。《泰》卦的下卦九三与上卦之上六互换，即变为本卦之六三和上九，此即彖辞所说的“其道上行”，亦即“损下益上”之义。依下卦言三刚爻少了一个刚爻，即“三人行，则损一人”。依上卦言，则是增加一个刚爻，和剩下的两个柔爻刚柔相济而为友。若以理税喻，则可理解为税收是国家的二次分配，一次分配重效率，二次分配重公平，亦即要损有余而益不足，“损刚益柔”“损盈益虚”。象辞说：“一人行，三则疑也。”则是就人性而言。三人为众，众则有疑。物理上三足支撑是最稳固的状态，但在人际关系中，三角关系则是最复杂微妙的关系。

“六四：损其疾，使遄有喜，无咎。”

象曰：“损其疾，亦可喜也。”

疾有二解：一曰病患，“寡人有疾，寡人好色”（《孟子见梁惠王》）。二曰快，迅疾。我取后者，损下益上要果决，去其冗累，则轻快可喜。六四与初九正应，初九刚爻阳位，是供给者，六四柔爻阴位，是受助者，初九“已事遄往”，则六四就应“损其疾，使遄有喜”，这样方可“无咎”。

“六五：或益之十朋之龟，弗克违，元吉。”

象曰：“六五元吉，自上祐也。”

六五居君位，柔爻中虚，是因损得益的对象。“或益之十朋之龟”，或，不确定，可解为“某人”，某人送我十朋之龟，不要违拗其意，痛快地收下，这是吉祥的，因为“自上祐也”，孔子对此有个解释：“祐者助也，天之所助者，顺也。”“朋”是古代的价值符号，两枚贝币为一朋。“十朋之龟”，即价值二十个贝币的大龟，以理税喻，可理解为国家征税本就是天经地义，不会错的，所以大吉。

“上九：弗损益之，无咎，贞吉，利有攸往，得臣无家。”

象曰：“弗损益之，大得志也。”

上九贵而无位，居六爻之顶，多指辅佐君王的高士。“弗损益之”，此卦中两见。不同于九二爻辞中的“利贞，征凶，弗损益之”，这里是说超脱于损益，亦即损不及之，益也不及之，无私欲影响。由于超脱，故“无咎，贞吉，利有攸往”。使其为损益之事，“得臣无家”。以喻理税，当令理税之人弗损益之，做到财税分家，理税不理财。

损卦三次言“志”：初爻“尚合志”；九二“中以为志”；上九“大得志”。三个“志”含义不同：初爻之志是同志，“志同道合”；九二之志是以“中”为志；上九之志是志向、抱负之志。志者阳刚之气，故言“志”者皆为刚爻爻辞。

易经·下经之四十二

理税之人，应知损、益（下）

风雷益

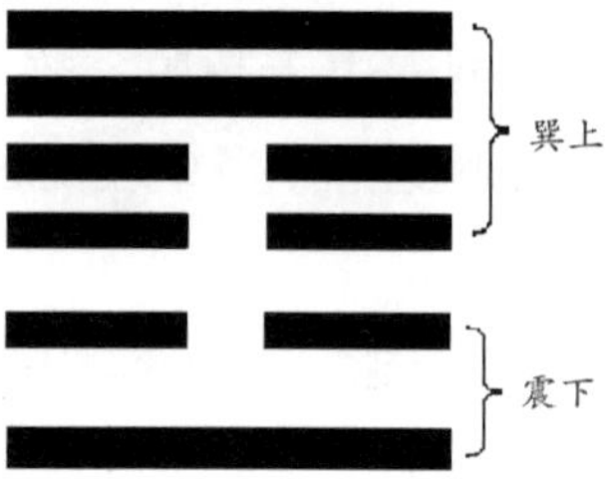

益之道

《益》：**利有攸往。利涉大川。**

初九：利用为大作，元吉，无咎。
六二：或益之十朋之龟，弗克违。永贞吉。王用享于帝，吉。
六三：益之用凶事，无咎。有孚。中行告公用圭。
六四：中行告公，从，利用为依迁国。
九五：有孚惠心，勿问，元吉。有孚，惠我德。
上九：莫益之，或击之，立心勿恒，凶。

《益》卦与《损》卦互综，是同一问题的两个方面。《损》卦损下益上，是讲税之收；《益》卦损上益下，是讲税之用。范仲淹曰：“天道下济，品物咸亨。圣人下济，万物咸宁。《益》之为道大矣哉！”（范仲淹《易义》）税收之用，其指导原则是“取之于民，用之于民”，其基本思想是“以民为本”。以上益下，税为民用，民阜则国安。故范仲淹又云：“益下则固其本也，是故谓之‘益’。本斯固矣，干斯茂矣。源其深矣，流其长矣。”范仲淹为有宋一代治世能臣，其千古名句："先天下之忧而忧，后天下之乐而乐"思想境界崇高，其关于损益之道的箴言，也足以成为历代治国理政者的座右铭。

卦辞："益，利有攸往，利涉大川。"

彖曰："益，损上益下，民说无疆。自上下下，其道大光。利有攸往，中正有庆。利涉大川，木道乃行。益动而巽，日进无疆。天施地生，其益无方。凡益之道，与时偕行。"

益之本意是增益，损上益下，百姓得益，所以"民说无疆"，这里的"说"当"悦"讲。"自上下下，其道大光"，是承上"利有攸往"而言。税款支用，出自国库，用之于民，支用渠道自上至下，"以民为本"的大道显豁鲜明。"利有攸往，中正有庆"，只要谨遵正道，即可有所作为，中道不偏，可保吉祥。《益》卦上《巽》下《震》，五行皆属木，上卦木与风，下卦木之动，以象水上行舟，乘风而行，故曰"利涉大川，木道乃行"。"益勤而巽，日进无疆"，《巽》为风，其性柔顺，《震》为雷，其性喜动，《益》卦兼有勤动和顺从的属性，所以才能日日增益。《益》卦本《否》卦之变，《否》卦上《乾》下《坤》，初六上升，与九四交换，变为六四，初六变为初九，亦即《乾》卦损一阳爻以易《坤》卦之阴爻，是为"天施地生"，其增益是无尽的，"其益无方"。"凡益之道，与时偕行"，与时偕行也见于《损》卦，损益同理，都要适时而行，与时俱进。

象曰："风雷，益。君子以见善思迁，有过则改。"

《益》卦用于修身，以喻君子增益，不外八字："见善思迁，有过则改。"

"初九：利用为大作，元吉，无咎。"

象曰："元吉无咎，下不厚事也。"

损上益下，已得之初九。"利用为大作"，孔颖达疏云："大作，谓兴作大事也。"以喻得益之百姓，可使之从事公共工程建设。有税之用，不损国本，故"元吉，无咎"。"下不厚事"者，不使百姓疲于王事。昔秦始皇修筑长城、隋炀帝开凿大运河，均为征用民夫工役的国之大事，虽为万世之功，但使百姓疲于王事，不惮其劳，此之谓"厚事"。秦、隋之骤亡，"厚事"为其因，为政者能不审乎！

“六二：或益之十朋之龟，弗克违。永贞吉。王用享于帝，吉。”

象曰：“或益之，自外来也。”

六二，因损得益者。相当于《损》卦的六五，故爻辞也相同。不同的是《损》卦是损下益上，《益》卦是损上益下，是百姓得益。做了对百姓有益的事，自然“永贞吉”。“王用享于帝”，此“帝”指天神，又指先祖。在祭祀时，君王以此祝告上天和先祖在天之灵。“或益之，自外来也”，证之《损》卦六五象辞，外来之力是“自上祐也”。以喻君王益民，不自居其功，乃顺应天道，自然吉祥。

“六三：益之用凶事，无咎。有孚。中行告公用圭。”

象曰：“益用凶事，固有之也。”

此为益之三用。其一，“利用为大作”；其二，“用享于帝”；其三，“用凶事”。国之凶事，无非饥馑、天灾和战乱，应付这些，都要支用公帑。凶事用益，中行有则。一曰“告公”，须详情上告；二曰“用圭”，依标准而行。圭本古代度量之器，如圭表、圭臬，后衍为大臣上朝时所持礼器，以玉为之，上尖下方，朝堂之上，执圭奏事。此处即用圭之本义。象辞说：“益用凶事，固有之也。”是说国家所以征税，最根本的用途是“用凶事”。这是“益”之固有之义。

“六四：中行告公，从，利用为依迁国。”

象曰：“告公从，以益志也。”

六四因应六三。六四为上卦之尾，六三为下卦之顶，二者关系密切。且同为阴爻，中虚，故中行。六三“告公”，六四则“告公从”，公指九五，君位。“以益志也”，应理解为以益为志，公之所从，即因以益为志。“取之于民，用之于民”作为理税的基本原则，一直延续至今。

“利用为依迁国”，通解为指古公亶父以益为依据而迁都，错。这里应是指武王克殷，迁殷顽民于雒邑之事，是迁国而非迁都。此为益之四用，即用于“迁国”，实际上是大规模移民所用，亦即“移民安置费”。

“九五：有孚惠心，勿问，元吉。有孚，惠我德。”

象曰：“有孚惠心，勿问之矣。惠我德，大得志也。”

“有孚惠心”即上所言之“以益志也”。只要以益为志，不用占卜也是吉祥的。

君王固守诚信，坚持损上而益下，惠我得（德、得通用，此为假借），则“大得志”，大有作为。

“上九：莫益之，或击之，立心勿恒，凶。”

象曰：“莫益之，偏辞也。或击之，自外来也。”

上九位于《益》卦的顶点，至此，益之用已终。在这种情况下，如何处理上下关系，就是值得注意的事。“莫益之”，即不再益之；“或击之”，以有人来袭击示警；“立心勿恒”，决心不坚定。这三种情况会使上下关系紧张，有凶险。孔子对此做了进一步的发挥，子曰：“君子安其身而后动，易其心而后语，定其交而后求。君子修此三者，故全。危以动，则民不与也。惧以语，则民不应也。无交而求，则民不与也。莫之与，则伤之者至矣。《易》曰：“莫益之，或击之，立心勿恒，凶。”（《易经·系辞》）意思是说，君子要先安定自己，然后行动；换位思考，再去说服；确定感情，才提出要求。君子待人处事，只有做到这三点，才算得完美。自身不稳却急于行动，则百姓不会参与；自己尚有忧惧，却来说服别人，则百姓不会回应；与人无交情而贸然提出要求，则百姓不会支持。没有百姓的积极参与，就不免会受到伤害。正如《易经》所言：“没有助益，因受袭击而忧惧，自己的信念又不坚定，是很凶险的事。”象辞说：“莫益之，偏辞也。或击之，自外来也。”上九的“莫益之”，是一句有情绪的话，即“不要给他助益！”因上九失位，又求索无度，民其怨之，故“偏辞也”，偏激之语。

孔子读《易》至损、益二卦时“喟然而叹”，还有另外一个版本。出自《孔子家语·六本》：孔子读《易》，至于《损》《益》，喟然而叹。子夏避帘而问曰：“夫子何叹焉？”孔子曰：“夫自损者必有益之，自益者必有决之，吾是以叹也。”子夏曰：“然则学者不可以益乎？”子曰：“非道益之谓也。道弥益而身弥损。夫学者损其自多，以虚受人，故能成其满博哉！天道成而必变，凡持满而能久者，未尝有也。故曰：‘自贤者，天下之善言不得闻于耳矣。’昔尧治天下之位，犹允恭以持之，克让以接下，是以千岁而益盛，迄今而逾彰；夏桀昆吾，自满而极，亢意而不节，斩刈黎民如草芥焉，天下讨之，如诛匹夫，是以千载而恶著，迄今而不灭。观此，如行则让长，不疾先，如在舆遇三人则下之，遇二人则式之，调其盈虚，不令自满，所以能久也。”子夏曰：“商请志之，而终身奉行焉。”

孔子读易，由损益之道的“自损必益、自益必决”，感悟为学之道应是“损其自多，以虚受人"；为君之道，诫之在满，"自贤者，天下之善言不得闻于耳矣"。为人之道在于"调其盈虚，不令自满"。举以"如在舆遇三人则下之，遇二人则式之"，应是读至损卦六三爻辞："三人行，则损一人；一人行则得其友"的感触。

近年出土的马王堆帛书《要》篇，又有了孔子谈损益之道的第三个版本。

孔子繇（由）易，至于损益一卦，未尚（尝）不废书而叹，戒门弟子曰："二三子！夫损益之道，不可不审察也，吉凶之【门】也。益之为卦也，春以授夏之时也，万勿（物）之所出也，长日之所至也，产之室也，故曰益。授（损）者秋以授冬之时也，万勿（物）之所老衰也，长【夕】之所至也，故曰产道穷焉，而产道【启】焉。益之始也吉，丌（其）冬（终）也凶。损之始凶，亓（其）冬（终）也吉。损益之道，足以观天地之变而君者之事已（矣）。是以察于损益之变者，不可动以忧喜，故明君不时不宿，不日不月，不卜不筮，而知吉与凶，顺于天地之心也，此胃（谓）易道。故易又（有）天道焉，而不可以日月生（星）辰尽称也，故为之以'阴阳'；又（有）地道焉，不可以水火金木土尽称也，故律之以'柔刚'；又（有）人道焉，不可以父子君臣夫妇先后尽称也，故要之以'上下'；又（有）四时之变焉，不可以万勿（物）尽称也，故为之以'八卦'。故易之为书也，一类不足以亟（极）之，变以备亓（其）请（情）者也，故胃（谓）之易。又（有）君道焉，五官六府不足尽称之，五正之事不足尽产之，而诗书礼乐不【止】百扁（篇），难以 致之。不问古法，不可顺以辞令，不可求以志善，能者繇（由）一求之，所胃（谓）得一而君（群）毕者，此之胃（谓）也。损益之道，足以观得失也。"

帛书《要》篇之孔子谈损益之道可与《说卦传》参读。子曰"损益之道，足以观天地之变而君者之事"，是说领悟了损益之道，就可以参透立天之道、立地之道和立人之道、立君之道。《易经》之所谓"阴阳""柔刚""上下""八卦"，是对天地万物之道和人、君之道的高度概括和总结，一言而毕之，"足以观得失也"。

孔子之称"素王"者，因其以素人之身而有王者之思，其悲天悯人之概冠绝千古。掩卷而思，感佩良之。

易经·下经之四十三

在职诸君，当习夬卦

泽天夬

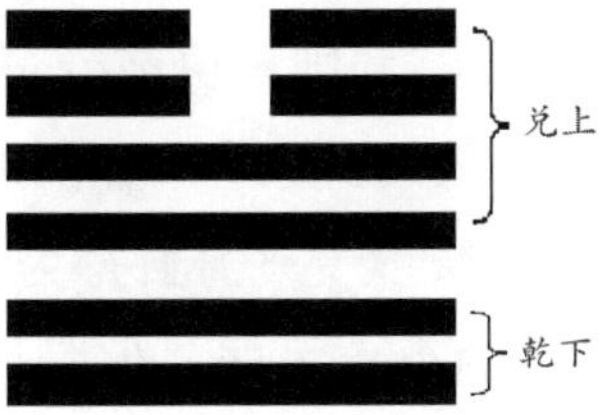

《夬》：**扬于王庭，孚号有厉，告自邑，不利即戎，利有攸往。**

初九：壮于前趾，往，不胜为咎。

九二：惕号，莫夜有戎，勿恤。

九三：壮于頄，有凶。君子夬夬，独行遇雨，若濡有愠无咎。

九四：臀无肤，其行次且，牵羊悔亡，闻言不信。

九五：苋陆夬夬中行，无咎。

上六：无号，终有凶。

《夬》卦属坤宫第六卦。至此卦，坤宫六爻已四变，此卦所变为第五爻，柔爻变刚爻。下卦之变已完成，变为《乾》卦；上卦变为《兑》卦，泽象，是为“泽天《夬》”。

夬音 guǎi（拐），本意是射箭时拉弦的“扳指”，《集韵》：“古穴切，音玦，所以闓弦者。” 所以夬有决断、前行的意义。以夬为部首的字，如决、快、诀、缺等，都有断然分离的意思。夬也作“玦”，古人所佩玉的一种，用以提醒自己，遇事需果决明断。古人断交，多赠之以玦，以示绝交。若又后悔了，想再和好，则赠之以环。《荀子·大略》：“聘人以珪，问士以璧，召人以瑗，绝人以玦，反绝以环。”《夬》卦即主要讲决断前行之道。官场中人杀伐决断，尤宜习夬卦。

卦辞：“夬，扬于王庭，孚号有厉；告自邑，不利，即戎，利有攸往。”

彖曰：“夬，决也，刚决柔也。健而说，决而和。扬于王庭，柔乘五刚也。孚号有厉，其危乃光也。告自邑，不利即戎，所尚乃穷也。利有攸往，刚长乃终也。”

“扬于王庭”，即决断于朝堂之内。“孚号有厉”，决策时要分剖利害，尤其是要大声指出前行的风险。“告自邑”，自己的意图、观点，要告知下属，团结一致。形势不利，要勇于斗争，有利则果决前行。

此卦五刚一柔，是《乾》卦有缺的卦象。阳盛阴衰，阳刚对决阴柔，其势必成，是为“刚决柔”。《乾》卦卦德为健，《兑》卦卦德为悦，是为“健而说”；告自邑，即“决而和”。“柔乘五刚”，喻小人虽弱，但身居高位（上六），欲暴其危，必扬于王庭。朝堂之上，忠奸并存，往往奸臣能够曲阿上意，得到宠信。上六得九五之助，去之不易，所以必须大声疾呼，“孚号有厉”，其小人的危害才能得以见光。“不利，即戎”，通解不作断句，视为“不利即戎”，即不利于马上打仗。我的理解与此不同。正因为小人身居高位，去之不易，别无选择，则只能兵戎相见。此所谓“不利，即戎”，以现在的反腐斗争为喻，之所以强调要有“烈士断臂”的决心，意即已做好了最坏的打算。“利有攸往”，前提是刚强果决，坚持到底。此为本卦的本义。

象曰：“泽上于天，夬。君子以施禄及下，居德则忌。”

泽为低洼之水，如何上于天？蒸发为云，云腾致雨，所谓泽被天下。以喻君子为官，决策执行中当集中基层智慧，将其转化为政策施行，以惠及百姓。事有所成，不可自居其德，贪功自傲，“居德则忌”。

“初九：壮于前趾，往，不胜为咎。”

象曰：“不胜而往，咎也。”

初爻在最底层，以脚趾为喻。刚爻为壮，脚力强壮，自可前行。“不胜为咎”，意指为官须有为，有为应有成。不仅懒政、惰政要处罚，庸政也是过错，也要追究责任。现今中央大刀阔斧整肃政风，已初见成效，为宦者贪贿之风得到了遏止，民心大快。然多年积弊难除，吏治不彰，尸位素餐者大有人在。“在其位不谋其政”已成惯习，特别是居上位者又高压督政，问责甚严，“不求有功，但求无过”的心理一时风行无二。故懒政、惰政、庸政乃成为反腐高压之下的吏治弊端的又一表现。因此，现在强调“不胜为咎”，更有其现实的针对性。“不胜为咎”尚有另一解，即指不胜任。初爻无位，初九虽为刚爻，“壮于前趾，往”，但位卑才轻，才不胜职，虽往无成，必错。

“九二：惕号，莫夜有戎，勿恤。”

象曰：“有戎勿恤，得中道也。”

值更之人，出声示警，是为“惕号”。“莫”，暮之本字。恤，顾虑。时刻保持警惕，即使有敌夜袭，也无须顾虑。以喻执政施为，当存“战战兢兢，如临深渊，如履薄冰”（《诗经·小雅》）的心态，方为正道。《尚书》有云：“无轻民事，惟难；无安厥位，惟危。慎终于始。”此为商代贤相伊尹在流放商王太甲时的训导、劝勉之辞。其大意为：不要轻视民生之事，这是治国理政最难的；不要认为身居高位就心安理得，位高则危，为政之始即须常怀恐惧惕厉之心。此当为“战战兢兢，如临深渊，如履薄冰”的正解。

“九三：壮于頄，有凶。君子夬夬，独行遇雨，若濡，有愠无咎。”

象曰：“君子夬夬，终无咎也。”

頄，音求，颧骨。颧骨壮大是刚毅、强硬的容貌。“夬夬”，果决前行之态。君子行事以方，不假通融，故“有凶”。但正气所在，虽凶也不过像“独行遇雨，若濡”，有不便而无大害。以喻君子为官，当秉正无私，果决前行，最终会无咎的。

“九四：臀无肤，其行次且。牵羊悔亡，闻言不信。”

象曰：“其行次且，位不当也。闻言不信，聪不明也。”

臀无肤，意指尸位素餐之辈。久坐不动，屁股都磨破了皮，这样的官员，即使行动起来也会趑趄不前。次且，即趑趄的别字。羊为《兑》卦之象，羊之性多疑而胆怯，欲其行，不可前牵，前牵则力拒之。击其臀，羊则疾遁。尸位素餐的官员，其性如羊，多疑忌物，怯于前行，少谋寡决，犹豫不定。“闻言不信”，源于以小人之心度君子之腹，刚愎自用，不纳忠言，耳虽聪而目不明。

“九五：苋陆夬夬中行，无咎。”

象曰：“中行无咎，中未光也。”

九五为君位。刚爻君位，喻当权者刚毅中正，自可夬夬中行。但上六柔爻居顶，以喻小人居高位，去之不易。苋陆乃野草，柔嫩多汁，且不易干，喻前行中并不顺利。中行虽无咎，但有憾，因“中未光也”。

“上六：无号，终有凶。”

象曰：“无号之凶，终不可长也。”

上六喻小人居高位，终是凶险的局面。无号，即使不用号啕的方式影响当权者的决断，也会有凶险。但因此卦一柔乘五刚，小人势弱，无号之凶终不可长久。君子为官，不可因此影响信心。

易经·下经之四十四

遇合贵时，可喻姤卦

天风姤

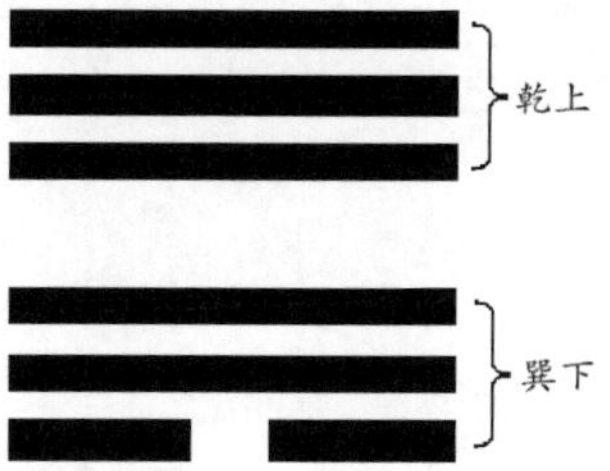

《姤》：**女壮，勿用取女。**

初六：系于金柅，贞吉。有攸往，见凶，羸豕孚蹢躅。
九二：包有鱼，无咎，不利宾。
九三：臀无肤，其行次且。厉，无大咎。
九四：包无鱼，起凶。
九五：以杞包瓜，含章。有陨自天。
上六：姤其角，吝，无咎。

《姤》卦是乾宫第二卦。乾宫自《姤》卦开始变，初爻由刚爻变为柔爻，内卦（下卦）变为《巽》，风象；上卦仍为《乾》，天象，是为“天风《姤》”。

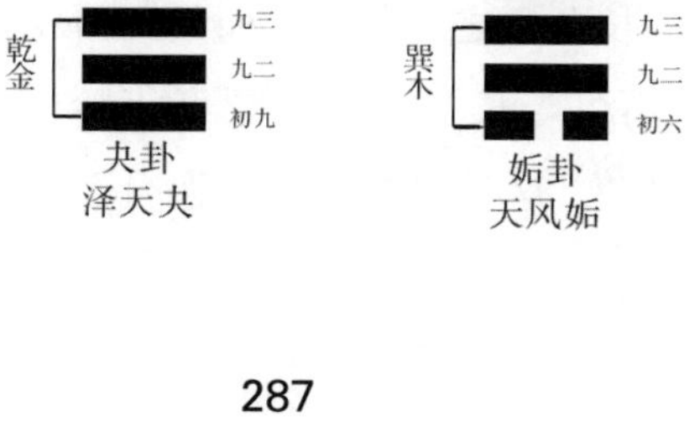

夬卦
泽天夬

姤卦
天风姤

《姤》卦与《夬》卦互综，两卦都是一柔五刚之卦，但柔爻的位置不同。《夬》卦的柔爻在上爻，是五刚决一柔之卦，故兆象为决离。《姤》卦的柔爻则是初爻，是“夏至一阴生”之卦，《姤》卦是十二消息卦中的五月之卦。五月夏至，太阳行至北回归线。夏至之后，太阳将渐次南移，纯阳过后，阴气开始上升，阴阳开始交合，故兆象是遇合。“姤”的本义是交合，《说文》：“姤，偶也。”又一义为遇，《广雅》：“姤，遇也。”前者通“媾”，如“匪寇婚媾”；后者通“遘”，即“不期而遇”。在《易经》中，《姤》卦之“姤”二义兼而有之，但主要用其“遇合”之意。《序卦传》说：“决必有所遇，故受之以姤。姤者，遇也。”益之极则溢决，故《益》卦之后为《夬》卦，溃决之后必有遇合，故《夬》卦之后为《姤》卦，《姤》卦的主旨应是遇合之道。

卦辞：“姤，女壮，勿用取女。”

彖曰：“姤，遇也，柔遇刚也。勿用取女，不可与长也。天地相遇，品物咸章也。刚遇中正，天下大行也。姤之时义大矣哉！”

后儒对《姤》卦卦辞的通解是：“女人强壮，这样的女人不要娶回家。”此为妄解。这里用的是姤的“媾”意。《说文》：“媾，重婚也。”这里的“重婚”不是现代意义上的“娶两个老婆”，而是“亲上加亲”的意思。两家已有姻亲关系，再结一门亲，使两家的婚姻关系更为紧密、稳固，是为“媾”。此卦上《乾》下《巽》，《巽》为长女，长女成年为壮，故卦辞曰：“姤，女壮。”通解为女子强壮，非也。此壮乃“壮年”之壮，即家中女子已成年之谓也。“勿用取女”，大概是年龄上不合适。《周易正义》孔颖达疏云：“此卦一柔遇五刚，故名之为‘姤’。施之于人，则是一女而遇五男，为壮至甚，故戒之曰：‘此女壮甚，勿用取此女’也。”后面又说：“淫壮若此，不可与之长久，故‘勿用取女’。”孔颖达以媾为“淫媾”，这个就有点儿鄙视、诋毁女性的味道了。从彖辞的解说来看，《姤》卦的主旨并非如此。姤之遇，初以提亲喻：两姻亲相遇，“女壮”，即“杨家有女初长成”（白居易《长恨歌》），欲“媾”，再结一门亲罢！“遇也，柔遇刚也”。结果男方见了后说：岁数大了些，“勿用取女”，于是婉拒。“勿用取女，不可与长”之“长”，非“长久”之“长”，而是下卦《巽》之“长女”之“长”，指年龄大。“勿用取女，不可与长”意指不要娶年龄比自己大的女人。彖辞开头讲：“姤，遇也，柔遇刚也”，这是讲卦义为“遇合”。“勿用取女”是遇而不合，后文的“天地相遇，品物咸章”是遇而合。遇有合与不合的差别，在于“遇”的时义不同，“刚遇中正，天下大行”，故“姤之时义大矣哉！”

象曰：“天下有风，姤。后以施命诰四方。”

《姤》卦大象释卦象：“天下有风”，风行天下，与万物相遇，无远弗届。君王见此卦象，应顺应民意，与民遇合，使政令、诰命通行如风，无所挂碍。

“初六：系于金柅，贞吉。有攸往，见凶，羸豕孚蹢躅。”

象曰：“系于金柅，柔道牵也。”

“金柅”为何物，众说纷纭。“金”泛指金属，殷周时期，多指青铜制品。“柅”者，王弼注云：“柅，制动之主”，功能有了，但具体为何物则语焉不详。孔颖达疏云：“柅之为物，众说不同。王肃之徒皆为织绩之器，妇人所用。惟马（融）云‘柅者，在车之下，所以止轮令不动者也’。王（弼）注云‘柅，制动之主’，盖与马同。”后世因之，皆以“刹车器”释“柅”，金柅即青铜制的刹车器。初六上应九四，“系于金柅”者，与九四正应，故“贞吉”。然纵观六爻爻辞，多有“无咎”的占断，唯九四占断为“起凶”，似与上述之解说相矛盾，故我不取此解。

我的理解，“金柅”当为王肃所说，是“织绩之器，妇人所用”。初六以一柔承五刚，当与谁遇合？自当一一斟酌。“系于金柅”者，牵系于女红也。“贞吉”，守正则吉。盖“女大不中留”，女已壮，其思春固然，唯“系于金柅”可收其心。“有攸往，见凶”，不细审之，贸然前往，以柔遇刚，则凶。“羸豕孚蹢躅”，羸，瘦弱貌；孚通“浮”，喻指心浮气躁；蹢躅，徘徊不进貌。以“羸豕孚蹢躅”喻思春之少女心理：浮躁不安、蠢蠢欲动。以下九二至上九五爻的爻辞，正是思春少女以求遇合对象的斟酌、占断之辞。

“九二：包有鱼，无咎，不利宾。”

象曰：“包有鱼，义不及宾也。”

九二与初六亲比。五刚爻中，九二离初六最近，所谓“耳鬓厮磨”，因近而生情。“包有鱼”者，“一雀在手，胜过飞龙在天”也。此卦外卦为《乾》，属阳；内卦为《巽》，属阴，是阳包阴之象。《巽》为鱼，故以鱼为喻。“不利宾”者，宾指九四，九四虽与初六正应，但身处外卦，是在宾位，九二与九四同性，是妒合关系，故曰“不利宾”。占断为“无咎”者，应是“尚可”的意思。有什么好处尚不知道，反正没有什么坏处。（柏裕江按：可谓“近水楼台先得月，向阳花木易为春”。有点儿意思！）

“九三：臀无肤，其行次且。厉，无大咎。”

象曰：“其行次且，行未牵也。”

《姤》卦与《夬》卦互综，《姤》之九三原即《夬》之九四，故其爻辞亦同。但用于此处，其义则又有别。《夬》卦九四之“臀无肤，其行次且”，是指为宦者尸位素餐，久坐不动而“臀无肤”，《姤》卦九三则是位于下卦之顶，无比无应，虽为刚爻阳位，但初六与之无感，上又与上九敌应，故“臀无肤，其行次且”。“厉”也者，指九三处境尴尬。象辞说：“其行次且，行未牵也。”是指九三与初六无感。也就没有受到初六的牵绊，故虽进途窘迫，步履蹒跚，但“无大咎”。

“九四：包无鱼，起凶。”

象曰：“无鱼之凶，远民也。”

九四本与初六正应，但因其刚爻阴位，心有余而力不足，且处于五刚爻正中，动辄得咎。而初六又已与九二亲比，故以“包无鱼”喻其失去遇合的机会。“起凶”，指九四与九二妒合，这是诱发凶险的因素。象辞说：“无鱼之凶，远民也。”民指初六，初爻无位为民。

“九五：以杞包瓜，含章。有陨自天。”

象曰：“九五含章，中正也。有陨自天，志不舍命也。”

九五刚爻君位，既中且正，身尊而精华内蕴，应是初六最心仪的遇合对象。“以杞包瓜，含章”，“杞”字多解，《周易正义》王弼注云：“杞之为物，生于肥地者也。”孔颖达疏云：“先儒说杞，亦有不同。马（融）云：‘杞，大木也。’《左传》云：‘杞梓皮革自楚注，则为杞梓之杞。’子夏《传》曰：‘作杞匏瓜。’薛虞《记》云：‘杞，杞柳也。杞性柔刃，宜屈桡，似匏瓜。’又为杞柳之杞。案王氏云：‘生于肥地’，盖以杞为今日之枸杞也。”大体而言，马融、《左传》认为杞是大树，子夏、薛虞认为是杞柳，王弼认为杞就是枸杞树。“以杞包瓜”实有二解：其一，用杞树的枝条编织成筐，用以包瓜；其二，指瓜蔓沿杞树枝干攀援而上，其瓜结于杞树树冠之间，是为“以杞包瓜”。“含章”喻指九五品格，有才华而内敛，参见《坤》卦六三爻辞：“含章可贞。”“有陨自天”，喻指上天降下来的礼物。初六最心仪九五，若能与九五遇合，恰如天赐良缘。象辞说：“九五含章，中正也。有陨自天，志不舍命也。”意思是说九五的“含章可贞”，是因为谨守中正的缘故。“有陨自天”是对其“志不舍命”的褒奖。这里的“命”即大象辞所说“后以施命诰四方”之命。

“上九：姤其角，吝，无咎。”

象曰：“姤其角，上穷吝也。”

上九处姤之极，离初六最远，故以角喻。遇合在其角，无地周旋，窘迫之极，故“吝”。“无咎”者，以上九刚爻居顶，无妒合之虞也。象辞说：“姤其角，上穷吝也。”遇合在角，其上途已穷，故有遗憾。

易经·下经之四十五

萃聚以正，晓以萃卦

泽地萃

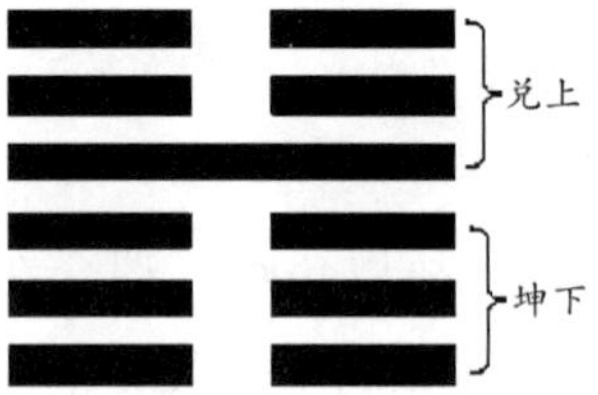

《萃》：亨。王假有庙，利见大人，亨，利贞。用大牲吉，利有攸往。

初六：有孚，不终，乃乱乃萃。若号，一握为笑，勿恤，往无咎。

六二：引吉无咎，孚，乃利用禴。

六三：萃如嗟如，无攸利，往无咎，小吝。

九四：大吉无咎。

九五：萃有位，无咎。匪孚，元永贞，悔亡。

上六：赍咨涕洟，无咎。

《萃》卦是兑宫第三卦。上卦不动，仍为《兑》卦；下卦二爻再变，刚变柔，下卦变为《坤》卦，上《兑》下《坤》，是为“泽地《萃》”。《序卦传》云：“物相遇而后聚，故受之以萃。萃者，聚也。”《姤》卦之后是《萃》卦，《姤》卦讲遇合，《萃》卦讲聚合，二人为遇，多人为聚，遇合是聚合的初级阶段。遇合之道贵在应时，聚合之道则要在以正。兵法有云：“以奇胜，以正合”，只有坚持正道，才能合众。“萃”本义是丛生的草，此卦上《兑》下《坤》，水聚为泽，草木丛生，地为之养，故有萃聚之义。聚合什么？有人说是萃聚人才，有人说是萃聚财富，有人说是萃聚美德。依我看，大概兼而有之，只要理解为《萃》卦的主旨是讲萃聚之道就可以了。

卦辞：“萃，亨。王假有庙，利见大人，亨，利贞。用大牲吉，利有攸往。”

彖曰：“萃，聚也。顺以说，刚中而应，故聚也。王假有庙，致孝享也。利见大人亨，聚以正也。用大牲吉，利有攸往，顺天命也。观其所聚，而天地万物之情可见矣。”

卦辞中，“亨”字两见，有人疑是衍文，《释文》云：“马、郑、陆、虞并无此字”，程颐、朱熹也认为第一个“亨”字是衍文。但下一句“王假有庙”表明，两个“亨”字中，当有一个应是“享”的通假。“王假有庙”，通解以“假”通“格”，训为“到”，解为“君王到宗庙祭祀”，通则通矣，但未明君王何以到宗庙祭祀。我认为“假”字通“借”，君王借用到宗庙祭祀祖先的方式，来表明自己萃聚人才的诚心，所以才有后文的“利见大人”。第二个“亨”，应为“享”的假借，以“利见大人”的目的进行享祭，故“利贞”。“用大牲吉”，大牲指牛。祭祀用三牲：牛、羊、豕，牛为大牲。《萃》卦上《兑》，《兑》为祭献，下《坤》，《坤》为牛，故“用大牲吉，利有攸往”。

后文《涣》卦卦辞与《萃》卦同，也有“亨，王假有庙”的评断。“涣”者，“散”也。因此《涣》卦的“王假有庙”是借用到宗庙祭祀祖先的方式，来收拾散落的人心。目的有异而方式同一。

彖辞分六个层次：“萃，聚也。”为第一层，释卦名。“顺以说，刚中而应，故聚也。”为第二层，释卦德、卦象。《坤》德为顺，《兑》德为说（通悦），顺从民意，民心大悦，这是萃聚的前提；九五刚爻居正且中，下有六二正应，这是萃聚之兆。“王假有庙，致孝享也。”为第三层，说明君王祭献祖先是昭告自己的孝心。“利见大人亨，聚以正也。”为第四层，以萃聚人才为目的的祭献，是正当的。“用大牲吉，利有攸往，顺天命也。”为第五层，说明这样的祭献应用大牲以表心诚，这样才能无往不利，顺应天命。“观其所聚，而天地万物之情可见矣。”为第六层，推而广之，观天地万物之所聚，可知天地万物之情。《易经》上经言天道，故其卦的彖辞多不言情，下经言人事，首以《咸》《恒》，即言情感，故下经之卦彖辞多言情也。

象曰："泽上于地，萃。君子以除戎器、戒不虞。"

此处言《萃》卦的卦象。《周易正义》孔颖达疏云："《正义》曰：泽上于地，则水潦聚，故曰'泽上于地，萃'也。除者，治也。人既聚会，不可无防备，故君子於此之时，脩制戎器以戒备不虞也。"泽上于地是泽水高于地平，必以堤坝墉之。君子见此卦象，要明白水满则溢，溢则溃决的道理，居安思危，修整兵器，戒备不虞之乱。

"初六：有孚，不终，乃乱乃萃。若号，一握为笑，勿恤，往无咎。"

象曰："乃乱乃萃，其志乱也。"

初六爻辞，《周易正义》孔颖达疏之甚详："正义曰'有孚，不终，乃乱乃萃'者，初六有应在四，而三承之，萃聚之时，贵于近合，见三承四，疑四与三，始以中应相信，末以他意相阻，故曰'有孚不终'也。既心怀嫌疑，则情意迷乱，奔驰而行，萃不以礼，故曰'乃乱乃萃'。一握者，小之貌也，自比一握之间，言至小也。为笑者，非严毅之容，言懦劣也。己为正配，三以近宠。若自号比于一握之小，执其谦退之容，不与物争，则不忧於三，往必得合而'无咎'矣。故曰'若号，一握为笑，勿恤，往无咎'也。"初六与九四正应，本可萃聚，但九四与六三亲比，《萃》卦尚聚，亲比贵于正应，这是典型的妒合关系。正应为"有孚"，但六三亲比九四，故"不终"。"乃乱乃萃"者，因妒合而心意迷乱，同时又想聚合，因而"萃不以礼"。"若号，一握为笑"者，邪不胜正，苟合亲比终不能胜过中正而应，故而"相逢一笑泯恩仇"。所以不用忧虑，径往而无咎。此以喻正当的聚合要坚持，不可因外意的干扰阻隔而心志迷乱。象辞说："乃乱乃萃，其志乱也。"是说萃不以礼就是心志迷乱的结果。

"六二：引吉无咎，孚，乃利用禴。"

象曰："引吉无咎，中未变也。"

六二柔爻阴位，为下卦《坤》体之中，其性柔顺。"引吉"者，上与九五正应，得九五的牵引，聚合得"吉"，且"无咎"。"禴"音 yuè（月），《周易正义》孔颖达疏云："殷春祭之名也，四时之祭最薄者也。"据《礼记·王制》："天子诸侯宗庙之祭，春曰礿（即禴），夏曰禘，秋曰尝，冬曰烝。"郑玄注："此盖夏、殷之祭也，周则改之，春曰祠，夏曰礿。"因春时万物犹自凋零，故其祭品较薄。“孚，乃利用禴”，六二、九五均得位居中，有中正之德，故以薄祭不失其孚，孔颖达曰：“居中得正，忠信而行，故可以省薄祭於鬼神也。”象辞说：“引吉无咎，中未变也。”强调的是萃聚以正则“吉，无咎”。

“六三：萃如嗟如，无攸利，往无咎，小吝。”

象曰：“往无咎，上巽也。”

六三柔爻阳位，与上六同性而无应，欲求萃聚而难，故“萃如嗟如”，因萃聚之难而嗟叹。“无攸利，往无咎，小吝”，六三上无应，只能亲比九四，聚合非正，故“无攸利”，但毕竟《萃》卦尚聚，所以“往无咎”，但小有遗憾而已。象辞说：“往无咎，上巽也。”此卦三、四、五上互卦为《巽》，巽者，顺也、逊也，只要六三知其非正，谦逊自守，虽往无咎。

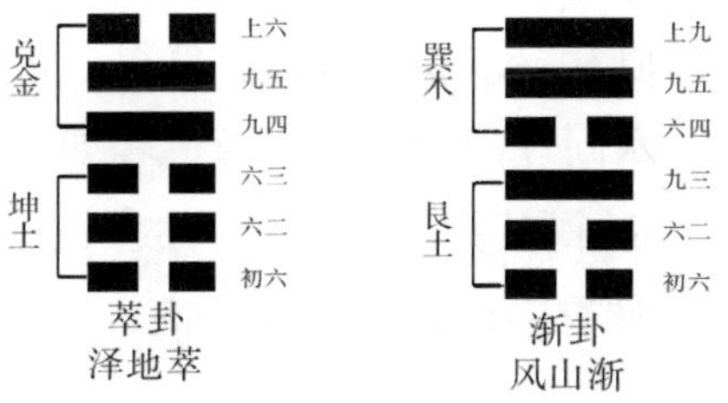

本卦　　**互卦**

“九四：大吉无咎。”

象曰：“大吉无咎，位不当也。”

九四刚爻阴位，其位不当。“大吉无咎”不是占断为“大吉，无咎”，而是唯大吉，方能无咎。反之，则有咎，甚或有凶。《周易正义》王弼注云：九四“履非其位而下据三阴，得其所据，失其所处。处聚之时，不正而据，是其凶也。若以萃之时，立夫大功，获其大吉乃得无咎，故曰‘大吉无咎’”。

“九五：萃有位，无咎。匪孚，元永贞，悔亡。”

象曰：“萃有位，志未光也。”

九五刚爻君位，刚健中正，有萃聚贤才之责，故曰“萃有位，无咎”。“匪孚”者，唯孚信未光，尚不能取信于众，虽下有三柔，但被九四“下据三阴”所阻，仅得六二，且尚需引之，故有所悔恨。“元永贞，悔亡”，九五唯有谨修元善、恒永、贞正之德，方能“悔亡”。象辞说：“萃有位，志未光也。”即指九五“匪孚”而言。是虽萃有位，但志未光，孚信未至，故欲萃聚人才而不得，不能做到“野无遗贤”。

“上六：赍咨涕洟，无咎。”

象曰：“赍咨涕洟，未安上也。”

“赍”音 jī（击），本义是馈赠，引申为携带、连带，“赍志而没”是连带自己的志向一起而亡，亦即“壮志未酬身先死”。在这里与“咨”连读，王弼注云：“赍咨，嗟叹之辞也。”“涕洟”，鼻涕和眼泪一起流。陆德明释文：“自目曰涕，自鼻曰洟。”“赍咨涕洟”，一边嗟叹一边哭得很伤心，但“无咎”。上六与六三同性敌应，与九五又有乘刚之虞，因而嗟叹悲伤，涕泣不已。“无咎”者，因其尊而无位，又无应援，无所咎之。

《萃》卦言萃聚之道，唯正则吉。萃聚有刚柔之别，刚爻为能聚，柔爻为所聚。初六与九四正应，但“萃不以礼”，故无吉语，仅得“无咎”。六二与九五正应，故六二“引吉”。六三与上六同性敌应，故六三“嗟如”、上六“赍咨”，咨者，嗟叹也。九四与六三亲比，虽得其据而失其处，故只有大吉，方能无咎。九五虽得位居尊，但其德光不远，唯有谨修其德方能“悔亡”。

易经·下经之四十六

顺德升阶，明于升卦

地风升

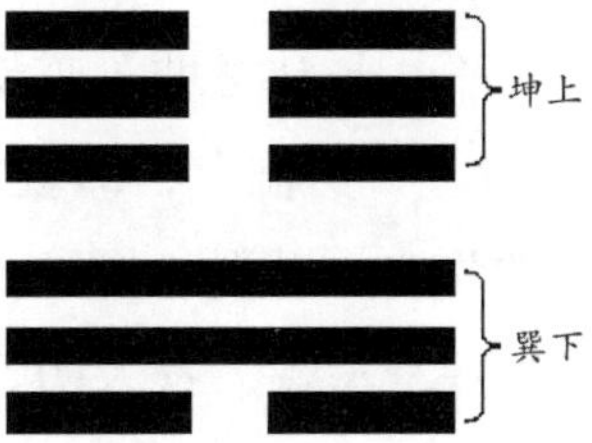

《升》：元亨。用见大人，勿恤，南征吉。

初六：允升，大吉。

九二：孚，乃利用禴，无咎。

九三：升虚邑。

六四：王用亨于岐山，吉，无咎。

六五：贞吉，升阶。

上六：冥升，利于不息之贞。

《升》卦是震宫第五卦。卦变已至上卦，上卦初爻刚变柔，上卦变为《坤》，地象；下卦为《巽》，风象，是为“地风《升》”。

《易经》中，《晋》卦、《升》卦、《渐》卦都是讲升进的。《晋》卦以“明出地中”喻指政治清明时期，君子要积极向上，以工作成果求晋升；《升》卦以“地中生木”为喻，讲升进要顺应自然，柔进而上行；《渐》卦则以“山上有木”为喻，强调升进需打好基础，循序渐进。

卦辞：“升，元亨。用见大人，勿恤，南征吉。”

彖曰：“柔以时升，巽而顺，刚中而应，是以大亨。用见大人，勿恤，有庆也。南征吉，志行也。”

《升》卦是易经中少有的吉卦。在卦辞和爻辞中没有“凶”“厉”悔”“吝”之类的占断，全是吉语。与之相类似的只有“地山《谦》”卦。卦辞说：“升，元亨”，意为《升》卦的本质就是最亨通的。“元”训为“大”，也有“本原”的意思。“用见大人，勿恤”，王弼《周易正义》注云：“巽顺可以升。阳爻不当尊位，无严刚之正，则未免于忧，故‘用见大人’，乃‘勿恤’也。”此卦二刚爻均居下卦，即所谓“阳爻不当尊位”者。上卦《坤》三爻皆为柔爻，亦即“无严刚之正”，此即“用见大人”所以忧者。“勿恤”，即就卦象而言，九二与六五正应，刚柔相济，故“勿恤”。“南征吉”者，此卦上《坤》下《巽》，按后天八卦方位，自《巽》升至《坤》，必经《离》，《离》者大明，方位正南，兆应升进之途正大光明，故曰“南征吉”。有人因卦辞中有“南征吉”的字样，即将《升》卦理解为侵伐之卦，大谬。“征”不仅有征伐义，也有行进义，如“征途”。见“南征吉”便认为是“向南方征讨”，将九二爻辞的“孚”理解为有了俘获，九三爻辞的“升虚邑”理解为“占领城市”，六四爻辞的“王用亨于岐山”理解为征伐得胜后以俘虏献祭。这样解读升卦已经远离“升”的本义，毋乃刻舟求剑乎？

彖辞以卦性、卦德释《升》。此卦《巽》《坤》皆为阴柔之卦，故曰“柔以时升”。《巽》德为逊，《坤》德为顺，逊而顺，故有升进的可能。“刚中而应”指九二，亦即“用见大人”之大人，六五柔爻君位，有虚怀纳谏之德，九二才能升进。二五正应，故“有庆”，南征之吉，是因其升进的志向得到了实现。

象曰：“地中生木，升。君子以顺德，积小以高大。”

《升》卦大象辞以《巽》为木释卦象。外卦（上卦）为《坤》地，内卦（下卦）为《巽》木，树木生于地中，得到大地涵养，自然生长。君子见此卦象，要领悟升进须顺应德行的积累，“不积跬步无以至千里，不积小流无以成江海”，要不忘积累小善，以成就伟大的事业。《周易正义》王弼注云：“地中生木，始于毫末，终至合抱。君子象之，以顺其德，积其小善，以成大名。故《系辞》云：‘善不积不足以成名’也。”

“初六：允升，大吉。”

象曰：“允升大吉，上合志也。”

“允”，本义是诚信，《说文》：“允，信也。”引申为认可、许可、答允。初六为升之始，上无所应，而亲比于九二，得到了九二允许其升进的认可，故“大吉”。象辞说：“允升大吉，上合志也。”指其上的九二与初六的志向是一致的。

“允”字还见于《晋》卦六三爻辞：“众允，悔亡。”在《晋》卦中，六三爻也处于下卦而求晋者，因其近承九四而得孚，远应上九而执志，故其象辞说：“众允之，志上行也。”此卦初六其上无应，仅得九二亲比，故只言“允”，不言“众允”。

“九二：孚，乃利用禴，无咎。”

象曰：“九二之孚，有喜也。”

九二刚爻阴位，居下卦之中，《易经》以中实为孚，故九二占断为“孚”。“孚，乃利用禴”也见于《萃》卦六二爻辞。《萃》卦六二柔爻阴位，得中且正，有中正之德，故诚信可用于禴祭。《升》卦之九二上应六五，升必见信，故其诚信也可用于禴祭，虽荐献简约而“无咎”。象辞说：“九二之孚，有喜也。”魏王弼《周易正义》注云：“上升则为君所任，荐约则为神所享，斯之为喜，不亦宜乎？”

“九三：升虚邑。”

象曰：“升虚邑，无所疑也。”

九三居下卦《巽》之顶，临上卦《坤》之围，前无所阻，故以“升虚邑”为喻。《周易集解》引荀爽语云：“坤称邑也，五虚无君，利二上居之，故曰‘升虚邑，无所疑也’。”此以“无人之邑”解“虚邑”。然马融又云：“虚，丘也。”是又以“高丘之邑”解“虚邑”。比较二说，马融所说近“升”之义。

“六四：王用亨于岐山，吉，无咎。”

象曰：“王用亨于岐山，顺事也。”

岐山在周都之西，《随》卦上六爻辞也有类似之语：“拘系之，乃从维之，王用亨于西山。”岐山是周先祖古公亶父迁国于周原，筑城建邑之处，后周文王、周武王皆配享于此。“王用亨于岐山”，祝告山川神灵及先祖护佑，因而“吉，无咎”。象辞说：“王用亨于岐山，顺事也。”殷周时期，唯天子能为天地之祭，诸侯则为山川之祭。周文王时，“三分天下有其二”，然恪守本分不逾制，仍只进行山川之祭，故曰“顺事也”。这样做并无咎害。

“六五：贞吉，升阶。”

象曰：“贞吉升阶，大得志也。”

六五已居尊位，无再升之理。升阶即“升阶纳陛”，安坐其位。古代建筑的朝堂宫殿都建于高台之上，台前有阶，拾级而上方能登堂入室，“贞吉，升阶”意味着其君位已然稳固，占断为吉，故象辞曰：“贞吉升阶，大得志也。”

“上六：冥升，利于不息之贞。”

象曰：“冥升在上，消不富也。”

上六处于《坤》柔之终，阴之甚也为“冥”，故曰“冥升”。“利于不息之贞”，上六尊而无位，宜坚贞自守，不可贪求升进。“息”之本义是生长，禹王治水所用的“息壤”即能够不断自我生长的土壤。“不息之贞”，是不可求进的贞德。象辞说：“冥升在上，消不富也。”消即“不息”。这和现代的用法截然相反，习易者不可不知。

柏裕江按：消：《说文》尽也；注：“消，灭也。”息：“师古注”息谓生长；《礼·月令注》阳生为息，阴死为消。消息：《易》乾卦主阳，坤卦主阴。阳升则万物滋长，故称息；阴降则万物灭，故称消。“乾者阳，生为息；坤者阴，死为消也。”《易》乾卦主阳，坤卦主阴。阳升则万物滋长，故称息；阴降则万物灭，故称消。皇侃注：“乾者阳生为息，坤者阴死为消。”

附记：

“消”“息”之卦共十二卦（称为“十二辟卦”），主一年之十二个月。对应如下：

复卦 一阳息阴 建子 十一月　临卦 二阳息阴 建丑 十二月

泰卦 三阳息阴 建寅 正月　大壮卦 四阳息阴 建卯 二月

夬卦 五阳息阴 建辰 三月　乾卦 六阳息阴 建巳 四月

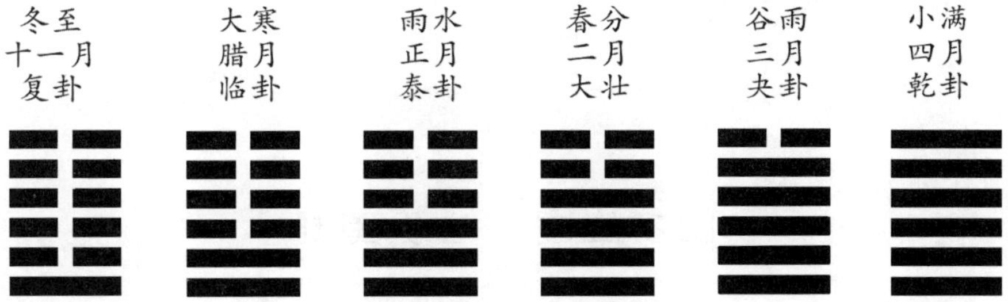

息卦（阳卦，阳长阴消）

姤卦 一阴消阳 建午 五月　遯卦 二阴消阳 建未 六月

否卦 三阴消阳 建申 七月　观卦 四阴消阳 建酉 八月

剥卦 五阴消阳 建戌 九月　坤卦 六阴消阳 建亥 十月

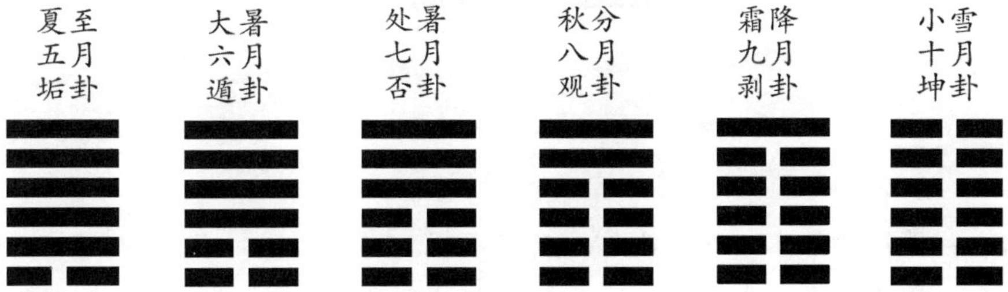

消卦（阴卦，阳消阴长）

易经·下经之四十七

困不堕志，启于困卦

泽水困

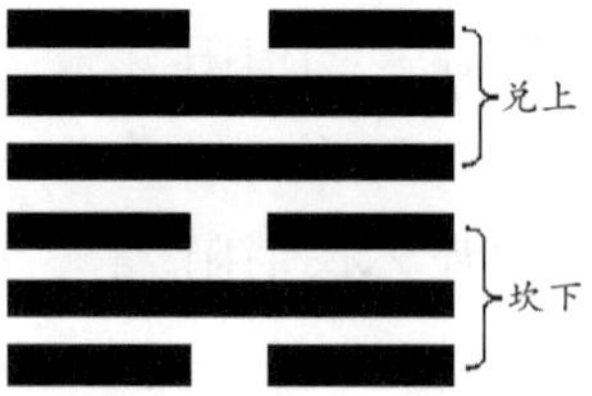

《困》：亨。贞大人吉，无咎，有言不信。

初六：臀困于株木，入于幽谷，三岁不觌。

九二：困于酒食，朱绂方来，利用亨祀，征凶，无咎。

六三：困于石，据于蒺藜。入于其宫，不见其妻，凶。

九四：来徐徐，困于金车，吝，有终。

九五：劓刖。困于赤绂，乃徐有说，利用祭祀。

上六：困于葛藟，于臲卼，曰动悔，有悔，征吉。

《困》卦是兑宫第二卦。上卦不动仍为《兑》，下卦初爻刚变柔，下卦变为《坎》，上《兑》泽象，下《坎》水象，是为“泽水《困》”。

“困”的字形是木在囗中，动弹不得，意为穷困，看不见出路。《困》卦是“修德九卦”之一（参看《系辞传下》之“修德九卦”章）。《困》卦修德有三义：其一曰：“德之辨”，《系辞传下》有云：“困，德之辨也。”俗话说：“家贫出孝子，国难出忠臣”，顺境中很难分辨出一个人的品格高低，只有在逆境中才能考验出一个人的道德观、伦理观，所以《困》卦的卦义在于辨德。“辨”还有一义，途穷乃困，困则需辨径求通，故《系辞传下》又云：“困，穷而通”，此为《困》卦修德之第二义。孟子云：“天将降大任于斯人也，必先苦其心志，劳其筋骨，饿其体肤，困乏其身，行拂乱其所为，所以动心忍性，曾益其所不能。人恒过，然后能改；困于心，衡于虑，而后作。”（《孟子·告子下》）人非至穷困之极，不能激发其潜能，所以穷而通的必要条件是“变”，穷则思变，所谓“穷则变，变则通，通则久”，亦即要变通。困卦修德的第三义是“困以寡怨”。身处穷困之境，一个很重要的要求是处困守德，不怨天尤人。

卦辞：“困，亨。贞大人吉，无咎，有言不信。”

彖曰：“困，刚揜也。险以说，困而不失其亨，其惟君子乎？贞大人吉，以刚中也。有言不信，尚口乃穷也。”

卦辞所说的“困，亨”不是因困而亨，而是说《困》卦的卦德是亨通的。这个亨通是有条件的，只有君子才能做到亨通，“君子固穷，小人穷斯滥矣”（《论语·卫灵公》）。《周易正义》王弼注云：“困，亨。困必通也。处穷而不能自通者，小人也。”孔颖达疏云：“‘困’者，穷困委顿之名，道穷力竭，不能自济，故名之为‘困’。‘亨’者，卦德也。小人遭困，则‘穷斯滥矣’。君子遇之，则不改其操。君子处困而不失，其自通之道，故曰‘困，亨’也。”同样地，占得《困》卦，其吉凶也是因人而异，“贞大人吉，无咎”，只有大德之人才得吉祥，没有灾祸。但也要注意慎言，因为“有言不信”。虽为君子，一入困境，说什么别人也都不会相信。我曾以爬山喻工作中的困境，大家都在爬山，谁先到山顶谁就是胜者，因而大家都会争先恐后，努力前行。但爬山过程中难免有失误，会摔倒，这时失误者会有三种反应：一种是找客观，为自己辩解：“不是我笨，也不是我不小心，是某某绊了我才使我摔倒。”等等。另一种是找绊倒自己的人理论：“大家都在爬山，你为什么要给我使绊？”其实，大家并不关心你是怎么摔倒的，你的辩解、你与他人的是非别人都不会去听，这就是“有言不信”。最好的方式是第三种，既不辩解，也不去争论是非，而是赶紧爬起来继续前行，把耽误的时间补回来。

“揜”通“掩”，《困》卦内卦《坎》为阳卦，其性刚，外卦《兑》为阴卦，其性柔，其卦象是阴包阳，阳刚为阴柔所掩，故彖辞说“困，刚揜也”。《坎》为险，《兑》为说（悦），即彖辞所言“险以说”。“困而不失其亨，其惟君子乎？”身处困境仍能保持一种豁达、开朗的心境，只有君子才能做到的吧！“贞大人吉”，是因为九二、九五二刚爻居中，其兆象君子不失其位。“有言不信”是因为徒逞口舌之辩无益。

象曰："泽无水，困。君子以致命遂志。"

《困》卦的卦象是《兑》泽在上，《坎》水在下，朱熹曰："水下漏，则泽上枯，故曰'泽无水'。"君子见此卦象，要坚贞自守，不因屈桡而夺志，宁可献出生命。"致命"即献出生命，《论语·子张》有云："士见危致命，见得思义，祭思敬，丧思哀，其可已矣。"

"初六：臀困于株木，入于幽谷，三岁不觌。"

象曰："入于幽谷，幽不明也。"

"株"的本义是根，《说文》："株，木根也。"在地下曰根，地上曰株，初六为困之始，言"臀困于株木"者，坐困也。下卦《坎》为陷，引申为幽谷。觌音 dí（敌），见面的意思，"三岁不觌"，即三年不能见面。高亨以罹囚释初六爻辞："臀困于株木者，盖谓臀部受刑杖也。杖以木株为之，故谓之株木……入于幽谷者，盖谓入于圜土也……三岁不觌，谓三年不见其人，即囚于圜土三年之久也。"（高亨《周易古经今注》）亦通。象辞说："入于幽谷，幽不明也。"是说居困之境，昏冥不见出路。

"九二：困于酒食，朱绂方来，利用亨祀，征凶，无咎。"

象曰："困于酒食，中有庆也。"

九二位于《坎》卦之中，《坎》为酒食，故曰："困于酒食。""朱绂方来，利用亨祀"，绂的本义是系在官印上的丝带，后又指有等级的官服。据《周易乾凿度》，西周时期，天子、三公、九卿服朱绂，诸侯、大夫服赤绂。朱、赤同为红色，唯朱色深而赤色鲜，故朱色品级高。"朱绂方来"可有二解：其一是身着朱绂的公卿前来；其二是天子赏赐朱绂（即授予公卿职位）。全句可理解为：为酒食所困。天子赏赐朱绂，命其主持享祀，前去会有凶险，但没有过错（因为不得不去）。清人李光地在《周易折中》中说："小人以身为困，君子以道穷为困。卦之三阳，所谓君子也。道不通，则其荣宠也适足以为困而已矣。"《困》卦三阳爻，九二"困于酒食"，九四"困于金车"，九五"困于赤绂"，皆属困于荣宠。

来知德在《周易集注》中说："此即孔明之事也。困酒食者，卧南阳也；朱绂方来者，刘备三顾也；利用亨祀者，应聘也；征凶者，死而后已也；无咎者，君臣之义无咎也。"此解庶几近之。

“六三：困于石，据于蒺藜。入于其宫，不见其妻，凶。”

象曰：“据于蒺藜，乘刚也。入于其宫，不见其妻，不祥也。”

六三柔爻阳位，居《坎》之顶，有才不胜职、德不配位之兆。承担着自己力所不能及的工作和责任，也是一种困，亦即李光地所称之“小人以身为困”。六三位于两刚爻之间，上与上六同性无应。欲比四爻，而四爻与初六正应，故无比。下欲与九二亲比，又有乘刚之虞，故以身困。《周易正义》王弼注云：“石之为物，坚而不纳者也，谓四也。三以阴居阳，志武者也。四自纳初，不受己者。二非所据，刚非所乘，上比困石，下据蒺藜，无应而入，焉得配偶？在困处斯，凶其宜也。”象辞说：“据于蒺藜，乘刚也。入于其宫，不见其妻，不祥也。”六三比于九二，此是乘刚的关系，回家而妻子也弃之而去，这是不祥之兆。

孔子读易至此，评论说：“非所困而困焉，名必辱；非所据而据焉，身必危。既辱且危，死期将至，妻其可得见邪！”（《系辞传下》）意思是说：困在不应当困穷之处，其名声会受到嘲辱，依靠不能依靠的事物，其身体就处于危险之中。既遭受嘲辱又身临险境，灭亡的时间已经不远，哪能还见到妻子呢？

“九四：来徐徐，困于金车，吝，有终。”

象曰：“来徐徐，志在下也。虽不当位，有与也。”

九四已入上卦，下应初六，又与六三亲比，本身不为困，“来徐徐”乃为了济困，即应援初六。周易爻辞，言及“来”者均为自外卦来内卦，言“往”者皆为自内卦前行外卦，此爻辞即是例。“困于金车”，金车指九二阻隔其间，九二阳刚且居下卦之中，故以金车喻。九四刚爻阴位，履不当位，其志难成，故“吝”。“来徐徐”，王弼说：“疑惧之辞也。”是说九四欲与初六相应，又畏惧九二的阻隔，所以虽“来”，且“徐徐”。但九四刚居阴位，有谦和之性，量力而行，不与九二强争，最终还会达到目的，故“无咎”。象辞说：“来徐徐，志在下也。虽不当位，有与也。”九四的目的是与初六应援，所以虽然徐徐而来，行步谨慎，但因其志在下，不与九二相争，故虽不得位，但其事终有所成。

“九五：劓刖。困于赤绂，乃徐有说，利用祭祀。”

象曰：“劓刖，志未得也。乃徐有说，以中直也。利用祭祀，受福也。”

上古刑罚严酷，夏制五刑，曰墨、劓、刖、宫、大辟。墨刑又称“黥”，刺字于面，以墨涂之，刘邦大将英布曾受此刑；劓为削鼻之刑；刖刑又称“膑”，大军事家孙膑因受此刑而得名；宫刑去势，即割去生殖器，汉代历史学家司马迁曾受此刑；大辟亦即死刑。九五位于上卦《兑》卦之中，《兑》为毁折，故以“劓刖”为喻。《周易正义》王弼注云：“以阳居阳，任其壮者也。不能以谦致物，物则不附。忿物不附而用其壮猛，行其威刑，异方愈乖，遐迩愈叛，刑之欲以得，乃益所以失也。故曰‘劓刖。困于赤绂’也。”大意是九五位于君王之位，不能以谦和待人，导致众叛亲离，忿而动用威刑，则离叛之心愈盛，自己则受困于至尊之位。“乃徐有说”，此“说”当“脱”讲，戒急用缓，则会脱困，王弼说：“致物之功，不在于暴，故曰‘徐’也。困而后乃徐，徐则有说矣，故曰‘困于赤绂，乃徐有说’也。”但还需要一个举动，即“利用祭祀”，通过祭祀昭告自己回复中正谦和的诚心。象辞说：“劓刖，志未得也。乃徐有说，以中直也。利用祭祀，受福也。”动用威刑，是因为自己的愿望没有实现；戒急用缓后得以脱困，是由于回复了中正谦和的本质；通过祭祀昭告诚心，因而得到了神灵先祖的祝福。

“上六：困于葛藟，于臲卼，曰动悔，有悔，征吉。”

象曰：“困于葛藟，未当也。动悔，有悔，吉行也。”

藟音 lěi（垒），藤蔓也，《诗经·周南》：“南有樛木，葛藟萦之。”热带丛林中有一种“绞杀藤”，缠绕寄生在大树上，靠攫取大树的养分而生长，会导致大树死亡。臲卼音 niè wù（聂物），动摇不安貌。上六处困之极，犹如困在绞杀藤之中，惶恐不安。“曰动悔，有悔”，王弼说：“‘曰’者，思谋之辞也。”所谓“动悔，有悔”者，有悔恨，但更主要的是检讨造成悔恨的原因，王弼说：“谋之所行，有隙则获，言将何以通至困乎？‘曰动悔’，令生有悔，以征则济矣，故曰‘动悔，有悔，征吉’也。”象辞说：“困于葛藟，未当也。动悔，有悔，吉行也。”大意是说，上六处困之极，无比无应，所处位置实在不得当。有悔知悔，寻隙脱困就吉祥。

附参考：

朱熹論困卦坎下兑上

困卦難理，不可曉，《易》中有數卦如此。繫辭云：“卦有小大，辭有險易。

辭也者，各指其所之。”困是箇極不好底卦，所以卦辭也做得如此難曉。如蹇卦、剥卦、否卦、睽卦皆是不好卦，只是剥卦[①]則分明是剥，所以分曉。只是困卦是箇進退不得窮極底卦，所以難曉，其大意亦可見。又曰：“看《易》不當更去卦爻中尋求道理，當如何處置這箇？只是與人卜筮以決疑惑。若道理當為，固是便為之；若道理不當為，自是不可做，何用更占？却是有一様事，或吉或凶，成兩岐，道理處置不得，所以用占。若是殺人放火，此等事終不可為，不成也去占。又如做官贓汚邪僻，由徑求進，不成也去占。”（沈僩録）

問：“‘臀困于株木’，如何？”

先生云：“在困之下，至困者也。株木不可坐，臀在株木上，其不安可知。”

又問：“伊川將株木作初之正應不能庇他説，如何？”

先生云：“恐説‘臀’字不去。”

問：“‘困于酒食’，《本義》作饜飫於所欲，是如何？”

先生云：“此是困於好底事。在困之時，有困於好事者，有困於不好事者，此爻是好爻，當困時，則為困於好事。如‘感時花濺淚，恨別鳥驚心’，花鳥好娛戲底物，這時却發人不好底事思，是因好物困也。酒食饜飫亦是如此。”

“象[②]云‘中有慶也’，是如何？”

先生云：“他下面有許多好事。”

問：“困二、五皆‘利用祭祀’，是如何？”

先生云：“他得中正，又似取無應而心專一底意思。”

又問：“朱紱方來，利用享祀？”

先生曰：“以之事君則君應之，以之事神則神應之。”（吕煇録）

朱紱，赤紱。若如伊川説，使書傳中説臣下皆是赤紱則可；《詩》中却有“朱芾斯皇”一句，是説方叔，於理又似不通。熹之精力只推得到這裏。（？淵録）

祭祀、享祀，想只説箇祭祀無那自家活人，却享他人祭之説。（同上）

六三陽之陰，上六陰之陰。故將六三言之，則上六為妻。

①原无“卦”，据《语类》补正。

②原无“象”，据《语类》补正。

（《文公易説》卷五，王天宗标点）

易经·下经之四十八

井养为德，喻之井卦

水风井

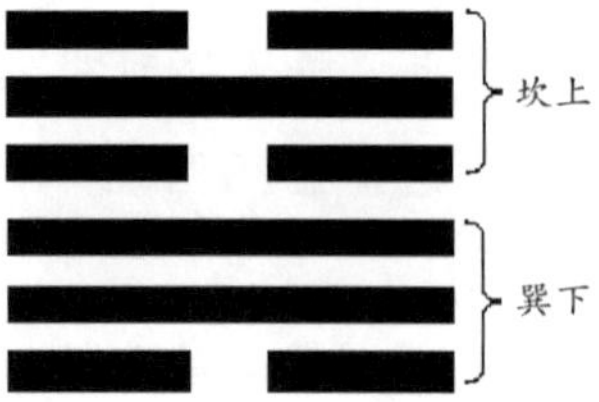

《井》：改邑不改井，无丧无得，往来井井。汔至，亦未繘井，羸其瓶，凶。

初六：井泥不食，旧井无禽。

九二：井谷射鲋，瓮敝漏。

九三：井渫不食，为我心恻。可用汲，王明，并受其福。

六四：井甃，无咎。

九五：井冽，寒泉食。

上六：井收勿幕，有孚，元吉。

《井》卦是震宫第六卦。《震》卦上卦二爻继续变，柔变刚，上卦变为《坎》，水象，下卦为《巽》，风象，是为“水风《井》”。

《井》卦与《困》卦互综，《困》卦言困，《井》卦言养，井养为德，是《井》卦的主旨。《井》卦也是“修德九卦”之一，《井》卦之修德首要在其地，所谓“改邑不改井”，村落城邑可以调整改变，唯井是不动的，所以《系辞传下》称：“井，德之地也。”《井》卦之德在于井养而无穷，《系辞传下》称：“井居其所而迁。”孔颖达《周易正义》有云：“言井卦居得其所，恒住不移，而能迁其润泽，施惠于外也。”《井》卦之德的施用在于“施而无私”，《系辞传下》称：“井以辨义。”韩婴有云：“施而无私，义之方也。”（《韩诗外传》）

《周易正义》孔颖达疏云：“‘井’者，物象之名也。古者，穿地取水，以瓶引汲，谓之为井。此卦明君子修德养民，有常不变，终始无改，养物不穷，莫过于井。故以修德之卦取譬名之‘井’焉。”

卦辞：“改邑不改井，无丧无得，往来井井。汔至，亦未繘井，羸其瓶，凶。”

彖曰：“巽乎水而上水，井。井养而不穷也。改邑不改井，乃以刚中也。汔至，亦未繘井，未有功也。羸其瓶，是以凶也。”

水是生命之源，故人类组成社会后便“逐水而居”，城邑既成，掘地为井，以供水源之需则成必然。传说井的发明人是伯益，故古语有“伯益作井”一说，《淮南子·本经训》：“伯益作井，而龙登玄云。”井的本字为“丼”，四框以象围护四壁的木制井盘，中间一点以象汲水之瓶。“改邑不改井”是说井之性，恒住有常。“无丧无得”是说井之德，终日引汲，不见减损，水源长注，不见满溢。“往来井井”是说井德之用，人们的一切活动，包括贸易，来来往往，都是围绕着井来进行，故民间又称“市井”。“汔至，亦未繘井，羸其瓶，凶。”《易经》六十四卦，卦辞中基本没有占断用语，此为仅有一例。玩其词意，当是在井口汲水时常见的一种现象。“汔至”，汲水将近井口；“亦未繘井”，用于系汲水瓶的绳子突然断了；“羸其瓶”，水瓶掉入井内。这种现象占断为凶。在卦辞中加上这样一段，给人的启示似乎是：修德之君子既要“善其始”，更要注意“慎其终”，如果不能保其晚节，一生修为尽付流水。

彖辞以卦义言卦德，此卦上《兑》下《巽》，《巽》者木也、入也，以木入水然后出水，这是井的功能，“井养而不穷”“改邑不改井”，这是井的品德，《井》卦二、五两爻以刚爻居中，是这种品格的兆象。“汔至，亦未繘井”，是功亏一篑的兆象，“羸其瓶”是修德不能善终的兆象。

象曰：“木上有水，井。君子以劳民劝相。”

大象辞释卦象，以《巽》为木，木上有水是指木制的井盘在下面围护住井壁，才能保证井内有不竭的水源。君子见此卦象，要慰劳百姓，劝其相互帮助。“劳民”之劳是慰问的意思，“劳军”就是慰问军队，劳民就是慰劳百姓。

“初六：井泥不食，旧井无禽。”

象曰：“井泥不食，下也。旧井无禽，时舍也。”

初六位于井卦之底，故以井底之泥为喻。初六与上无应，本身又是柔爻居于阳位，上无进身之路，积滞成污，故不可食，以喻才竭智弱，不能为用。“旧井无禽”指年久失修的井，连禽鸟都不来光顾。象辞说：“井泥不食，下也。旧井无禽，时舍也。”井泥不可食，是因其在下的缘故；旧井无禽，是被时光抛弃。

“九二：井谷射鲋，瓮敝漏。”

象曰：“井谷射鲋，无与也。”

《说文》：“泉出通川为谷。从水半见，出于口。”井谷即是井内泉水涌出之孔窍，“井谷射鲋”，井内有水，没人汲取，只用来激射小鱼。“瓮敝漏”，有取水之瓮，却因破漏而无取水之用。此喻人徒有才华，不能用世。九二刚爻阴位，虽居中而上无所应，只能下与初六亲比，作射鱼之戏。“井谷射鲋”喻大材小用；“瓮敝漏”喻贤才被弃如破瓮。象辞说：“井谷射鲋，无与也。”大材小用是因为无人举荐啊。

柏裕江按：关于“井口射鲋”，也可设想为一组蒙太奇镜头：到井边去打水（镜头摇至中景），发现井里有许多小鱼在游（近景），于是，便想将井中的鱼打捞上来。手头没有捕鱼的渔网鱼钩，怎么捉住小鱼呢？就用打水的陶瓮充作捕鱼的工具，探入井中左捞右抄来回晃荡（特写）……然而，这样一来不但不能把鱼打捞上来，却因晃动，不小心陶瓮被撞到了井壁上碰破了（水面涟漪特写）……其结果得不偿失，不会有收获，一脸颓丧（特写定格）。

从内卦卦象看：九二爻之上阳爻，下阴爻，上阳爻有遮，敝之象也。下阴爻有坼，漏之象也，故而，不能“井养而不穷”；以汲水言，仅有射其鲋、破瓮漏水之象，“无与也”，即不能成功可知矣。

“九三：井渫不食，为我心恻。可用汲，王明，并受其福。”

象曰：“井渫不食，行恻也。求王明，受福也。”

井渫即井水清淤除污，《说文》：“渫，除去也。从水，枼声。”初六爻辞有“井泥不食”，这里又说“井渫不食，为我心恻”，井水清理干净了，还没有人汲水食用，这令我悲伤。九三刚爻阳位，乃有为者，故“井渫”。无人汲水者，九三与九五敌应，上不许也，直指君王昏聩。“可用汲，王明，并受其福”，唯自荐，企望君王开明，能启用贤才，于己、于君、于国“并受其福”。《史记·屈原列传》曾引此爻辞为屈原叫屈：“怀王以不知忠臣之分，故内惑于郑袖，外欺于张仪，疏屈原而信上官大夫、令尹子兰。兵挫地削，亡其六郡，身客死于秦，为天下笑。此不知人之祸也。《易》曰：‘井渫不食，为我心恻。可用汲，王明，并受其福。’王之不明，岂足福哉！”

“六四：井甃，无咎。”

象曰：“井甃无咎，修井也。”

甃音 zhòu（昼），井壁也。“井甃”是名词动词化，意为修理井壁。所以象辞说：“井甃无咎，修井也。”六四柔爻阴位，已入上卦，故有通达之义。上承九五，下乘九三，虽才质柔弱，不能广济万物，但有修壁保济之功，因此“无咎”。

“九五：井洌，寒泉食。”

象曰：“寒泉之食，中正也。”

洌，寒冷、清澄，井水清凉可口，有如山间清泉。九五居上卦坎之中，得水之正。故曰“井洌，寒泉食”。此爻呼应九三之“可用汲，王明，并受其福”。

“上六：井收勿幕，有孚，元吉。”

象曰：“元吉在上，大成也。”

“井收”，井已修好；“勿幕”，不要覆盖。上六为柔爻，其象为“--”，兆象井口开敞，以示诚意为众，故“有孚，元吉”。象辞说：“元吉在上，大成也。”上六与九五亲比，有帮助君王纳贤之功，是大吉祥事，故大事可成。

易经·下经之四十九

其命维新，乃有革卦

泽火革

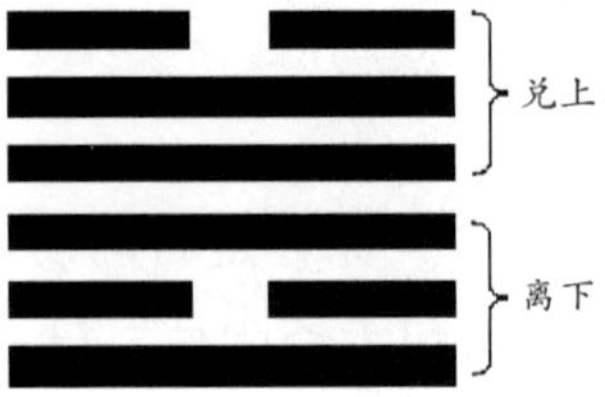

《革》：**已日乃孚。元亨利贞，悔亡。**

初九：巩用黄牛之革。

六二：已日乃革之，征吉，无咎。

九三：征凶，贞厉。革言三就，有孚。

九四：悔亡，有孚。改命，吉。

九五：大人虎变，未占有孚。

上六：君子豹变，小人革面，征凶，居贞吉。

《革》卦属坎宫第五卦。上卦为《兑》卦，泽象；下卦为《离》卦，火象，是为“泽火《革》”。“革”本指经脱脂、去毛、鞣制等一系列加工后的兽皮，因此“革”作为动词有去除、改变之义。《革》卦实际上讲的就是改革之道。

《易经》下经到《革》《鼎》二卦，即到了第二个节点。《革》卦与《蒙》卦互错，《鼎》卦与《屯》卦互错，《革》《鼎》二卦分别是对上经的《屯》《蒙》二卦的呼应。

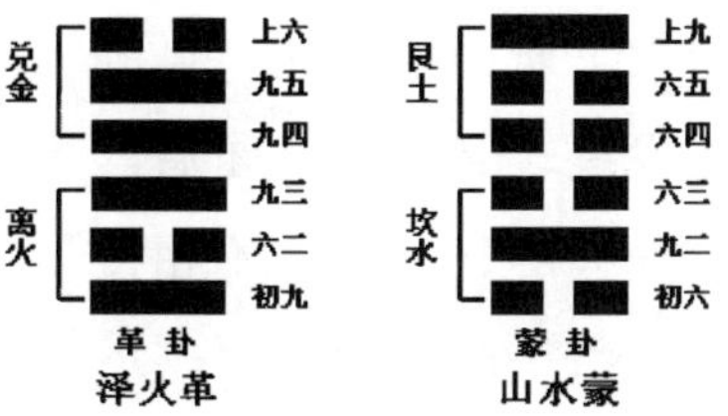

互错卦

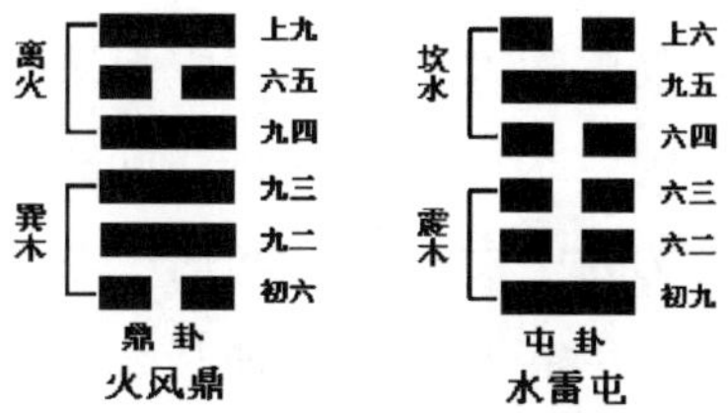

互错卦

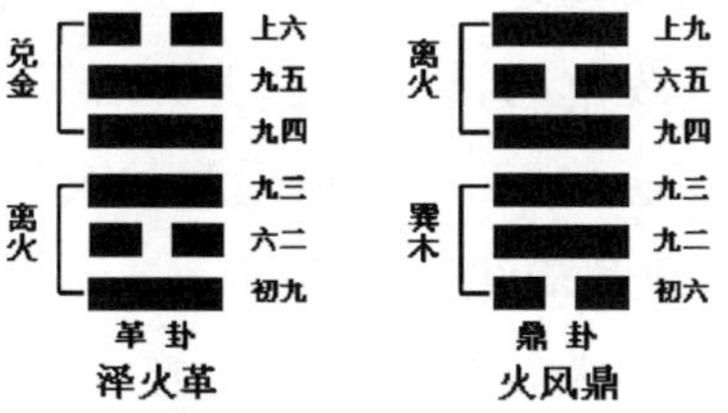

互综卦

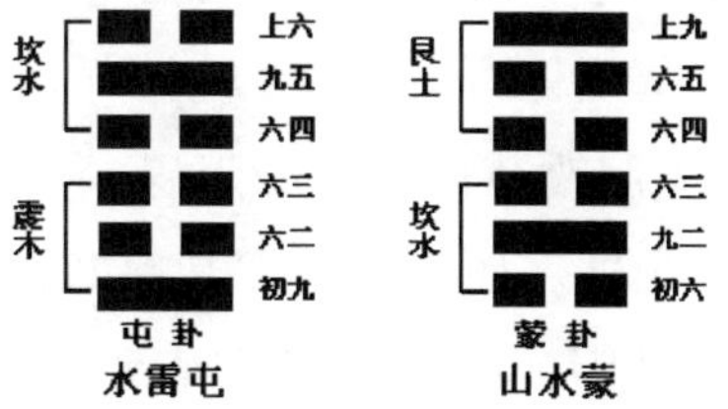

互综卦

《屯》《蒙》二卦反映了人类社会自蒙昧时代走来的兆象，《革》《鼎》二卦则是通过革故鼎新，建立理性社会的宣告。《诗经·大雅》文王章云："周为旧邦，其命维新"，《革》卦彖辞乃周公所作，故引汤武革命之例，以证周代殷的合理性。

卦辞："革，已日乃孚。元亨利贞，悔亡。"

彖曰："革，水火相息，二女同居，其志不相得，曰革。已日乃孚，革而信之。文明以说，大亨以正，革而当，其悔乃亡。天地革而四时成，汤武革命，顺乎天而应乎人，革之时义大矣哉！"

已日乃孚，用到了天干地支纪年法。中国古代以十天干纪日，十二地支纪月，天干地支相配，得六十甲子，用以纪年。天干地支之数源于古代神话。《山海经》有云："羲和者，帝俊之妻，生十日""帝俊妻常羲，生月十有二"。已日即天干纪日之第六日。"已日乃孚"，以喻改革举措需要经过一段时间才能得到人民的认可和信服。"元亨利贞"，四德皆备，六十四卦中除《乾》卦外，尚有坎宫之《屯》卦、震宫之《随》卦、巽宫之《无妄》以及坤宫之《临》卦。不过，元亨利贞是《乾》卦的本性，于其他各卦，则是必须达到的标准条件。"元亨利贞，悔亡"，意思是改革只有具备了四德，才可能成功，不至于后悔。

如何俱备四德？彖辞做了具体的解释：“水火相息，二女同居，其志不相得，革。”此为改革的前提。息，生长之意。大禹治水，所用宝贝叫“息壤”，即不断生长的土壤。水火不相容，在同一环境下竞相发展，必然产生矛盾。《兑》为少女，《离》为中女，二女同居一室，一喜动，一喜静，“其志不相得”，势必吵闹不休。改革需要达到一种状态，即客观上社会已不能照原样继续运行，而主观上人们也不愿其照原样继续运行。到了这种状态，就是到了“已日”，改革就到来了。

“已日乃孚，革而信之。”做好了充分准备，就要坚定地开始改革，以兑现承诺。如何改？“文明以说，大亨以正，革而当”，将改革的目标、手段明昭天下，使百姓悦服；克服改革进程中的阻碍，使改革走上亨通的正道；采取适当的改革举措，不迟滞、不躁进。如此，则“其悔乃亡”。此为改革应注意的重点。

“天地革而四时成，汤武革命，顺乎天而应乎人，革之时大矣哉！”天地革即四时更替，汤武革命即改朝换代。改革的成功只要注意两条：一是要得于天时（顺天），一是要呼应人民的利益需求（应人），这就是“顺乎天而应乎人”，所以革命的时代意义是很大的。

象曰：“泽中有火，革。君子以治历明时。”

就卦象而言，此卦上卦是《兑》卦，泽象；下卦是《离》卦，火象。水火相息，是改革的前奏。“治历明时”，厉通历，朝代更替，必改正朔，修历法，《史记·历书》：“王者易姓受命，必慎始初，改正朔，易服色，推本天元，顺承厥意。”此即“治历明时”。

“初九：巩用黄牛之革。”

象曰：“巩用黄牛，不可以有为也。”

黄牛之革凡两见，另一处是鼎卦之六二：执用黄牛之革。意相通，皆为自我约束。既要改革，何以“不可以有为”？因为尚需“已日乃孚”，未孚之际，不可妄动。改革是系统工程，时机很重要，因此必须慎其始。《周易正义》王弼注云：“在革之始，革道未成，守夫常中，未能应变者也。此可以守成，不可以有为也。”

“六二：已日乃革之，征吉，无咎。”

象曰：“已日革之，行有嘉也。”

六二柔爻，居《离》卦上下两刚爻之中，上与九五相应，柔顺中正，虽不能倡导、推动改革，但在改革时机已经成熟时，能够顺应改革，“乃革之”。故“征吉无咎”。“征吉”两解：一是征兆之征，征吉为吉兆；二是出征之征，征吉为利于前行。验之象辞“行有嘉也”，我取后者。

“九三：征凶，贞厉。革言三就，有孚。”

象曰：“革言三就，又何之矣。”

九三刚爻，位于六二柔爻上方，有阻拦之义，所以“征凶”。“贞厉”，贞者正也，厉者险也，喻改革的正路受阻，需要“革言三就，有孚”。“革言三就”无确解，一说是反复斟酌，如此则革言即改革建言；一说是反复宣传，如此则革言应为改革动员。以我拙见，“就”者趋近也，如“屈就”“就范”，“革言三就”，意指改革遇挫时，要反复考校改革举措是否符合天道、契合人伦、顺应民心。亦即“顺乎天而应乎人”，如此才能取信于民。象辞曰：“革言三就，又何之矣”，如此做了，又能错到哪里呢？

“九四：悔亡，有孚。改命，吉。”

象曰：“改命之吉，信志也。”

九四虽与九三相邻，但九四已是上卦之爻，由《离》转《兑》，水火相反而相成，故曰“改命”。改命是改革的结果，改命之吉，在于改革的结果达到了预期，“信志”，即与预期相符。

“九五：大人虎变，未占有孚。”

象曰：“大人虎变，其文炳也。”

老虎为山中王，“虎变”指换季时老虎要换毛。“大人虎变”，以虎喻当权者、改革的决策者，推动改革须以身作则，从自身改起。这样做，不用占卜，天道佑之。大人之变如虎变，“其文炳也”，炳，鲜明。

“上六：君子豹变，小人革面，征凶，居贞吉。”

象曰：“君子豹变，其文蔚也。小人革面，顺以从君也。”

豹与虎同为猫科动物，换季时同样要换毛，虎变其文炳，豹变其文蔚。蔚，繁盛。豹是老虎的追随者，以豹喻君子，因为君子知机，拥护改革，是改革的支持者和执行者。“小人革面”，这里的小人不是道德判断意义上的小人，而是百姓的意思。改革的最终目的虽然是惠及百姓，但改革的代价也要由百姓承担。因此小人之变只革面、不洗心，在改革中对小人的要求，只是顺从即可。

上六是本卦的最后一爻，改革事业至此已成，其态势是“征凶，居贞吉”。不能再前进了，需要稳定一段时期，与民休息，以适应变化了的生活。“文武之道，一张一弛”，改革之道也要张弛有度。

易经·下经之五十

治国理政，须循鼎卦

火风鼎

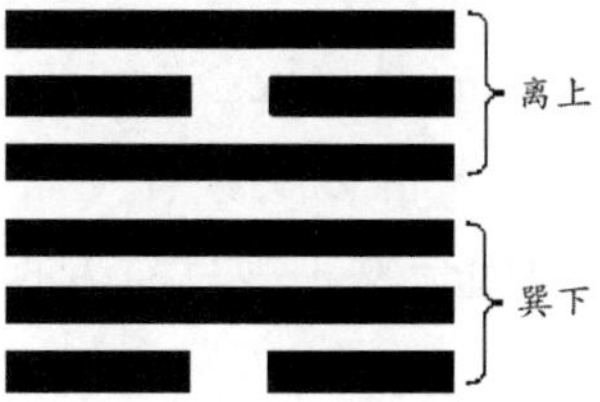

《鼎》：**元吉，亨。**

初六：鼎颠趾，利出否。得妾以其子，无咎。

九二：鼎有实，我仇有疾，不我能即，吉。

九三：鼎耳革，其行塞，雉膏不食，方雨亏悔，终吉。

九四：鼎折足，覆公𫗧，其形渥，凶。

六五：鼎黄耳金铉，利贞。

上九：鼎玉铉，大吉，无不利。

《鼎》卦是离宫第三卦。上卦不动为《离》，火象；下卦第二爻再变，柔变刚，下卦变为《巽》，风象，是为“火风《鼎》”。

《鼎》卦与《革》卦互为综卦，均为变革之卦。革是去旧，鼎是布新，所谓“革故鼎新”也。《序卦传》云：“革物者莫若鼎，故受之以鼎。”鼎在古代原为炊煮之具，生物纳入，以火煮制变熟，颜色、形状、味道都会发生变化，所以《序卦传》才说，没有比鼎更能变革事物的了。大禹治水后，收九牧之金铸九鼎于荆山之下，以象征九州，此后鼎被用作礼器，置于朝堂，为国家权力象征。《左传·宣公三年》："楚子伐陆浑之戎，遂至于雒，观兵于周疆。定王使王孙满劳楚子，楚子问鼎之大小轻重焉。"楚王问鼎，有取周而代之意，故后世以"问鼎"喻夺取政权的企图心。"禹制九鼎，以定九州。"所以鼎又用于比喻治国理政之才。《鼎》卦实际上是讲国家如何养贤、用才的道理。

卦辞："鼎，元吉，亨。"

彖曰："鼎，象也。以木巽火，亨饪也。圣人亨，以享上帝，而大亨以享圣贤。巽而耳目聪明，柔进而上行，得中而应乎刚，是以元亨。"

鼎作为礼器，本身即是吉物，故卦辞说："元吉，亨。"元有本元之义，《易经》中讲到"元"，大都指"本元"。彖辞以爻象释《鼎》，曰："鼎，象也。"《鼎》卦的爻象如鼎之形，这一点北宋理学家张载早有发现："鼎，象也。足阴，腹阳，耳虚，铉刚。"《鼎》卦初爻为柔爻，中缺，象鼎之足；九二、九三、九四三刚爻中实似鼎腹，六五柔爻中缺，象鼎之两耳，上九刚爻如鼎之铉（鼎耳上的环）。鼎的实际用途是烹饪用的大锅。"以木巽火"，即点火做饭，亨，即烹。"圣人亨，以享上帝，而大亨以享圣贤。"君王亲自用鼎烹饪，只有两个目的：一是祭祀上天，一是颐养圣贤。《巽》卦风象，风无孔而不入，所以《巽》也有入的意思。入于耳则聪，入于眼则明，君王养贤、用才，首先要善于识别人才，做到耳聪目明。"柔进而上行，得中而应乎刚"，听取意见时，须放低身段，柔而能进；进行决策时，要取道中正，刚毅果决。如此才是养贤用才之道。

象曰："木上有火，鼎。君子正位凝命。"

大象辞以卦象释鼎，《鼎》卦上《离》下《巽》，是木上有火的卦象，君子见此卦象，要像鼎一样稳固自立，凝聚力量，完成使命。

"初六：鼎颠趾，利出否。得妾以其子，无咎。"

象曰："鼎颠趾，未悖也；利出否，以从贵也。"

将鼎翻倒，鼎足朝上，是为"鼎颠趾"。为的是在烹饪之前，将鼎内的残余食材剔除出去，清理干净，以便将新鲜食材装入。此即"利出否"，以喻当权者欲用贤才，先去不肖。"得妾以其子，无咎。"《周易正义》王弼注云："取妾以为室主，亦'颠趾'之义也。处鼎之初，将在纳新，施颠以处秽，得妾以为子，故‘无咎’也。”以妾为一家之主，是对家庭伦理的颠覆，但如果是正室无子，妾以子贵，也属纳新之举，故“无咎”。象辞说：“鼎颠趾，未悖也；利出否，以从贵也。”欲纳新，必也除旧，在这个阶段，“鼎颠趾”并非有悖常理，正如妾以子贵，重在后继有人。

“九二：鼎有实，我仇有疾，不我能即，吉。”

象曰：“鼎有实，慎所之也。我仇有疾，终无尤也。”

“鼎有实”，喻贤才在位；“我仇有疾，不我能即”，与我敌对的人不能近我身。因此是吉祥的。象辞说：“鼎有实，慎所之也。我仇有疾，终无尤也。”这里强调的是“慎所之”，贤才之用多强调“用其所长”，但更重要的是要“避其所短”，这就是“慎所之”。“终无尤也”，是因为爻辞的占断为“吉”。

“九三：鼎耳革，其行塞，雉膏不食，方雨亏悔，终吉。”

象曰：“鼎耳革，失其义也。”

革，除也。执鼎须执鼎耳，鼎耳掉了，无所措手处，干什么都不方便了，比喻虽有贤才而不能用，“其行塞”，行不通。“雉膏不食，方雨亏悔”，鼎中烹得的肥嫩野鸡肉不得而食，正逢下雨糟蹋了，因而后悔。为什么还会“终吉”？因为贤人仍在其位。象曰：“鼎耳革，失其义也”，以喻养贤而不用，就失去了养贤的意义。

“九四：鼎折足，覆公餗，其形渥，凶。”

象曰：“覆公餗，信如何也。”

鼎有三足，其稳如山。鼎足折断，其鼎必倾覆，乃至“覆公餗”，鼎中食物也必泼溢出来，“其形渥”，形成一塌糊涂的一堆。以喻虽有贤人在位，但奸佞在朝，使贤人不安其位，不仅国事混乱不可收拾，而且也失信于贤，所以是很凶险的。九四刚爻阴位，不中不正，下与初六因九三隔阻而无应，上比六五乃强为之比，以喻得势之小人，不足成事反而败事，小人得志，象辞说：“覆公餗，信如何也。”那还有什么信用可言呢？

孔子读易至此，也有一番感慨：“子曰：德薄而位尊，知小而谋大，力小而任重，鲜不及矣。《易》曰：‘鼎折足，覆公餗，其形渥，凶。’言不胜其任也。”

“六五：鼎黄耳金铉，利贞。”

象曰：“鼎黄耳，中以为实也。”

“鼎黄耳金铉”，铉是鼎耳上挂的环，黄耳金铉，既极言其贵，又极言其重，以喻贤人在朝，君王倚重并尊崇之，故“利贞”。象辞说：“鼎黄耳，中以为实也”，则从另一角度喻之，贤人所以得君王倚重，在于其有真才实学。

“上九：鼎玉铉，大吉，无不利。”

象曰：“玉铉在上，刚柔节也。”

上九居高无位，多指君王身边的亲信之人，“鼎玉铉”，黄金耳、碧玉环，象辞说：“玉铉在上，刚柔节也。”上九与六五亲比，以喻贤才之用，刚柔相济，执政有节，故“大吉，无不利”。

易经·下经之五十一

迅雷必变，乃成震卦

震为雷

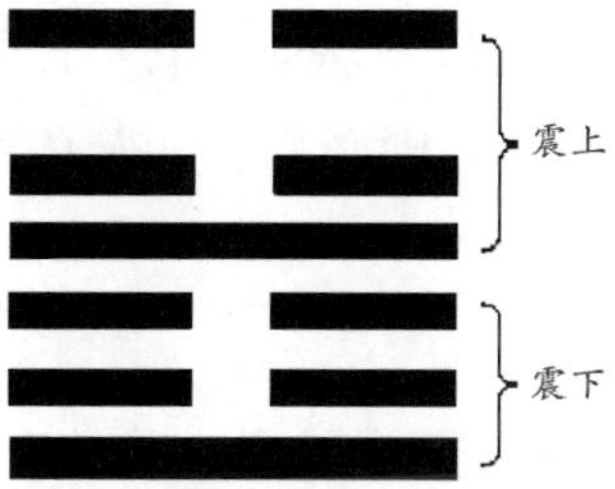

《震》：亨。震来虩虩，笑言哑哑，震惊百里，不丧匕鬯。

初九：震来虩虩，后笑言哑哑，吉。

六二：震来厉，亿丧贝，跻于九陵，勿逐，七日得。

六三：震苏苏，震行无眚。

九四：震遂泥。

六五：震，往来厉，亿无丧，有事。

上六：震索索，视矍矍，征凶。震不于其躬，于其邻，无咎。婚媾有言。

《震》卦是震宫首卦，由两个三爻《震》卦相重而得，又称本宫卦。《震》卦是八纯卦之一，“《震》为雷”。

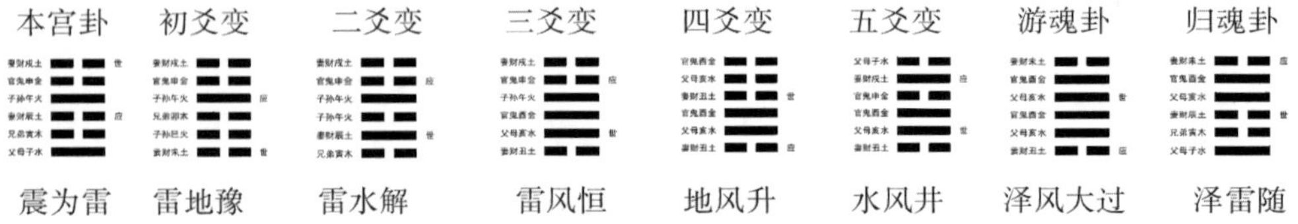

震宫八卦卦象

《震》卦排序在《鼎》卦之后。《序卦传》有云：“主器者莫若长子，故受之以震。”《震》为长子，鼎立新朝后需长子致祭，这是有周以来“长子继承制”的表现。“《震》为雷”，孔子曰：君子“迅雷风烈必变”（《论语·乡党》），君子闻雷知警，观风识势，必应之以变。《礼记·玉藻》记云：“君子之居恒当户，寝恒东首，若有疾风、迅雷、甚雨，则必变，虽夜必兴，衣服冠而坐。”所以《震》卦是讲闻警知变之道。

卦辞：“震，亨。震来虩虩，笑言哑哑，震惊百里，不丧匕鬯。”

彖曰：“震，亨。震来虩虩，恐致福也。笑言哑哑，后有则也。震惊百里，惊远而惧迩也。出可以守宗庙社稷，以为祭主也。”

《震》卦是亨通之卦。“虩虩”音 xì xì（细细），惊恐貌。“震来虩虩”，惊雷滚滚，令人惊恐不安。“笑言哑哑”，陆德明《释文》引马融云：“笑声。”既震来虩虩，何来笑言哑哑？彖辞解释说：“恐致福也。”闻雷知警，因恐致福，故笑言哑哑。《周易正义》孔颖达疏云：“震之为用，天之威怒，所以肃整怠慢。故迅雷风烈，君子为之变容。施之于人事，则是威严之教行之于天下也。故震之来也，莫不恐惧，故曰‘震来虩虩’也。物既恐惧，不敢为非，保安其福，遂至笑语之盛，故曰‘笑言哑哑’也。”细审此疏，“震来”非仅指雷来，也有世长子来意。世长子挟君王之威，使民“虩虩”，“笑言哑哑”，示以亲民，“后有则也”，因其亲民而百姓释怀，同乐也。“震惊百里”者，古之为疆，百里为极。孔颖达疏云：“文王作爻在殷时，明长子威震一国，故以‘百里’言之也。”“迩”者近也，“闻名遐迩”即远近驰名。“惊远而惧迩”，世长子威震全国而使身近者惧。“不丧匕鬯”，匕即今之羹勺，用以自鼎取食。鬯音 chàng（畅），祭祀用酒。彖辞解释说：有此威严，“出可以守宗庙社稷，以为祭主也”。此“出”有说指君王，我意径指世长子。

民国名人蒋百里，本名蒋方震，字百里，其名即得自《震》卦的卦辞。

象曰："洊雷，震。君子以恐惧修省。"

洊音 jiàn（见），相继、相重。《震》卦为两个三爻《震》卦相重，象惊雷滚滚而至。君子见此卦象，要闻雷知警，戒慎恐惧以修身。

柏裕江按：网查到一说法，觉得也有道理，存以备考：处大变而不失其常，一笑一言，皆哑哑而自如矣。言祸患之来，出于仓卒之间，如雷之震，远迩惊惧，当此之时，乃能处之从容，应之暇豫。不丧匕鬯，则是不惧；由于能惧，虽甚有可惊惧者，亦不能动吾之念也，岂不可以负荷天下之重器乎，故以守宗庙，能为宗庙之祭主，以守社稷，能为社稷之祭主矣。洊者再也，上震下震，故曰洊。修理其身，使事事合天理，省察其过，使事事遏人欲，惟此心恐惧，所以修省者也；恐惧者，作于其心，修省者，见于行事。

"初九：震来虩虩，后笑言哑哑，吉。"

象曰："震，亨。震来虩虩，恐致福也。笑言哑哑，后有则也。"

因初九是《震》卦全卦的主爻，故初九爻辞和小象辞与《震》卦的卦辞、彖辞同。孔颖达疏云："此爻辞两句，既与卦同，象辞释之，又与彖不异者，盖卦主威震之功，令物恐惧致福，爻论遇震而惧，修省致福之人。卦则自震言人，爻则据人威震，所说虽殊，其事一也。"大意是卦辞言卦主之为，是震之源，初爻的爻辞是言百姓之为，是据卦主之威而行震者。故"所说虽殊，其事一也"。其实，孔疏讲错了，应是"所说虽同，其事异也"。

"六二：震来厉，亿丧贝，跻于九陵，勿逐，七日得。"

象曰："震来厉，乘刚也。"

六二柔爻阴位，本来得位且居中，但上与六五同性无应，下与初九有乘刚之虞，故其有"厉"，且其厉表现为"亿丧贝"。"亿"者，"臆"也，主观臆断。后之治易者以"亿"训"大"，认为是大量丧失财货，可能是见到六五象辞，释"亿无丧"为"大无丧"之故。然"亿"训"大"，于史无征，故不取。震之来，初九惊怖恐惧，六二乘刚，也受到波及，自虑会丧失财货，故"跻于九陵"。九陵即九重山陵，意指躲藏于重山之中。"勿逐，七日得。"不要去追，到七天以后自会返回。期以七日者，在易经中"七"是复归之数，易卦六爻，返回本爻则其数为七，故复卦有云："七日来复。"象辞说："震来厉，乘刚也。"是说六二的"厉，亿丧贝，跻于九陵"，是因为乘刚而受到波及的缘故。

"六三：震苏苏，震行无眚。"

象曰："震苏苏，位不当也。"

六三以柔爻居阳位，才质柔弱，本不中不正，逢震之时，故难以承受重大打击。但因其距初九已远，故只是"震苏苏"。"苏苏"同"瑟瑟"，意指吓得发抖。"震行无眚"，在惊雷声中畏惧行走，并无过错。象辞说："震苏苏，位不当也。"逢震之时所以畏惧，是自身所居位置不当的缘故。

"九四：震遂泥。"

象曰："震遂泥，未光也。"

九四刚爻阴位，又处于四柔爻之中，虽有震动之势，却乏震动之力，反而因震而使自己陷入泥沼之中。象辞说："震遂泥，未光也。"是说九四不自修其德，难以坚守刚健之道，其德未能光大。

"六五：震，往来厉，亿无丧，有事。"

象曰："震，往来厉，危行也。其事在中，大无丧也。"

六五者柔爻君位，以喻君王之世长子。世长子有执守宗庙社稷之责。"震，往来厉"，逢震之时，不论上下往来都有危险。但因谦逊守中，自忖无所可失，"亿（臆）无丧"。但"有事"，其事即为"执守宗庙社稷"。象辞说："震，往来厉，危行也。其事在中，大无丧也。"意为六五宜于坚贞守中，不宜上下往来。李光地云："《春秋》凡祭祀皆曰'有事'，故此'有事'谓祭也。二五之震同，具有中德而能亿（臆）度于事理者亦同。然二'丧贝'而五'无丧'者，二居下位，所得者贝耳。五居尊，所守者则宗庙社稷也。贝可丧也，宗庙社稷可以失守乎？故二以'丧贝'为中，五以'无丧有事'为中。"

"上六：震索索，视矍矍，征凶。震不于其躬，于其邻，无咎。婚媾有言。"

象曰："震索索，中未得也。虽凶无咎，畏邻戒也。"

上六柔爻无位，处震之极身心不安，故"震索索，视矍矍"。《释文》引郑玄注云："索索，犹缩缩，足不正也；矍矍，目不正。"此皆惶恐不安之貌。前行无路，故"征凶"。"震不于其躬，于其邻，无咎"，震不见施于自身，而见施于邻，所以自己没有危险。邻指六五，因六五乘刚于九四，而九四为震之源，故六五受其害，而上六无咎。但若因惧而求婚媾于六三，则会因阴阳不合而无应，且"有言"，即会引起争论。象辞说："震索索，中未得也。虽凶无咎，畏邻戒也。"上六逢震之时震索索，是因为自身求中而不得，其位不稳。虽然凶险却不至于受害，是因为看到了邻居的危险而及时做了戒备，所以能够防患于未然。

易经·下经之五十二

知止为智，证之艮卦

艮为山

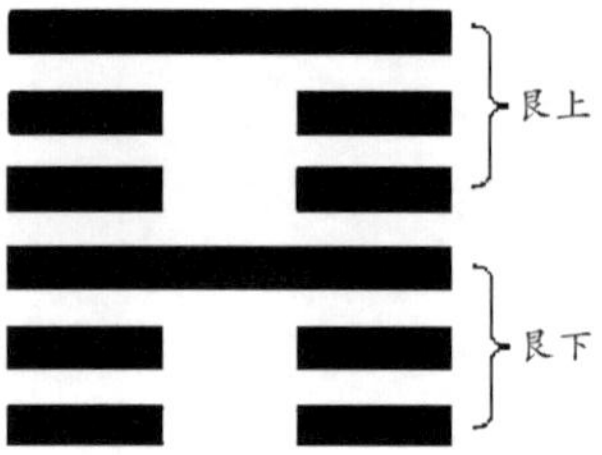

《艮》：艮其背，不获其身，行其庭，不见其人，无咎。

初六：艮其趾，无咎，利永贞。

六二：艮其腓，不拯其随，其心不快。

九三：艮其限，列其夤，厉薰心。

六四：艮其身，无咎。

六五：艮其辅，言有序，悔亡。

上九：敦艮，吉。

《艮》卦是艮宫首卦，由两个三爻《艮》卦重叠而成，是重山之兆。“《艮》为山。”

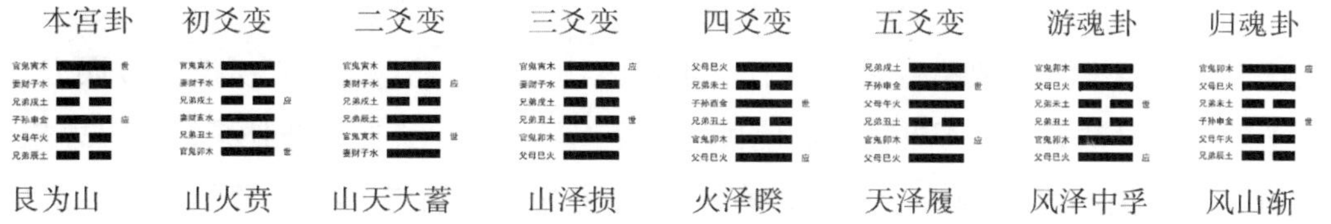

艮宫八卦卦象

《艮》卦与《震》卦互综。在先天八卦中，《艮》卦与《震》卦相对，凡相对之卦，均有相反相成之义，《震》者动也，《艮》者止也。天下人皆知行其所当行，但很少人知道止其所当止，故知止为智，这也是《艮》卦的主旨。

卦辞："艮其背，不获其身，行其庭，不见其人，无咎。"

彖曰："艮，止也。时止则止，时行则行，动静不失其时，其道光明。艮其止，止其所也。上下敌应，不相与也。是以不获其身，行其庭不见其人，无咎也。"

"艮"字甲骨文是一人反视之象。高亨《周易古经今注》云："艮者顾也，从反见。"《说文》段注："很者，不听从也。一曰行难也。一曰倜（即止）。易传曰：'艮，止也。'许不依孔子训止者，止，下基也，足也。孔子取其引申之义。许说字之书，嫌云止则义不明审，故易之。"段玉裁之注于"艮"字解之甚详。"艮"的本义是违背，引申为停止、怨恨、坚硬。以艮为部首的字，多有其引申之义，如停止之"限"、怨恨之"恨"、苦恼之"艰"等。以"止"训"艮"，是易经的特殊理解。"止"的本义是足印，甲骨文"止"字的上部像脚趾，下部像脚掌（）。两个止上下排列即是"步"（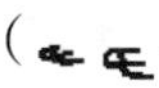、、）字，像一前一后两个脚印。一个止即表明不走了，停止了。止又有"定"的意思，止而后定。山形稳固，有定止的品格，故易经以止训"艮"。

作为八纯卦之一的《艮》卦也有其特殊性。其他纯卦的卦辞中都有"亨"的品格评断，如"震，亨""巽，小亨""习坎，有孚，维心亨""离，利贞亨""兑，亨利贞"。唯《艮》卦无此品格评断，只是说"无咎"。这是因为《艮》卦是不相交通之卦。《周易正义》孔颖达疏云："艮者，止而不相交通之卦也。"《艮》的不相交通不同于《否》，《否》是相见而不得相通，《艮》是根本就不见："艮其背，不获其身，行其庭，不见其人"，背部是人体中唯有之自己都看不见的地方，所以说"艮其背，不获其身"。行走于庭除之中，不见庭院主人，是避而不见？还是视而不见？恐二义兼而有之吧。总之是不相交通，此谓"行其庭，不见其人"。

《艮》卦的卦辞与老子的观点很相通，老子曰：“五色令人目盲，五音令人耳聋，五味令人口爽，驰骋畋猎令人心发狂，难得之物令人心妨”，人之所欲皆以误人，老子的解决办法是：“不见可欲，使民心不乱。”这也是《艮》卦卦辞的中心思想。孔子、老子是同时代的人，思想也有相通的地方，何以二人很少言及彼此？这也是一个很有趣的历史谜团。

彖辞很详尽地阐述了《艮》为止的意义：其一，止不碍行。“时止则止，时行则行”，没有把止绝对化。其二，止以时用。“动静不失其时，其道光明”，行止以时，才能道得光明。其三，止所当止。“止其所也”，止有两种，止其所，是主动的；止于不得不止，就很被动了。何为止其所？“上下敌应”即当止。《艮》卦六爻，皆处于敌应关系，“不相与也”，此即止其所，《艮》卦主张主动的止，这样才“无咎”。

象曰：“兼山，艮。君子以思不出其位。”

《艮》卦为同卦相重，故卦象为“兼山”。君子见此卦象，要领悟到思考问题不能离开自己所处的位置。孔子有句名言：“不在其位，不谋其政”（《论语·宪问》），其弟子曾子解释说：“君子思不出其位。”这是曾子用《艮》卦大象辞解释孔子的话。这里的“位”通常理解为“职位”，其实，也可理解为事物发展到不同阶段时的位置，要因时、因地、因事制宜，不可脱离现实妄议、妄行。

“初六：艮其趾，无咎，利永贞。”

象曰：“艮其趾，未失正也。”

“艮其趾”者，止于脚趾也。《艮》卦与《咸》卦很相像，都是以人身各部位为喻。自下而上，其初皆喻以趾，《咸》卦为“咸其拇”，此为“艮其趾”。初六位于艮之始，柔爻阳位又不居中，故以趾喻。《艮》全卦为止，初六起始即止，故“无咎”。“利永贞”是诫语，意为唯永贞方能“利”。初六性柔而难固，位不正而难守常，故有此诫。象辞说：“艮其趾，未失正也。”艮全卦以止为正，故曰“未失正也”。

“六二：艮其腓，不拯其随，其心不快。”

象曰：“不拯其随，未退听也。”

《咸》《艮》二卦的二爻均以腓为喻。《咸》卦是“咸其腓”，这里是“艮其腓”。九二柔爻阴位，且居下卦之中，故喻之“腓”。腓即小腿肚，此处的肌肉称“腓肠肌”，腓肠肌后，靠近胫骨的肌肉称“比目鱼肌”。两肌下端合为一股，至踝骨处连接跟腱，控制足部的运动。“艮其腓”，控制腓肠肌不使其动。“不拯其随”，前儒理解各异。《周易正义》王弼注云：“随谓趾也。止其腓，故其趾不拯也。”此以初六为“随”；《周易本义》朱熹则云：“九三为限（限指腰），则腓所随也，而其过刚不中而止于上，二虽中正，而体柔弱，不能往而拯之，是以其心不快也。”则又以九四为“随”。辨二者之说，以王说为是。六二虽柔，但得位得中，有躁动之心，而其力不足以拯初六爻之随动，故“其心不快”。象辞说：“不拯其随，未退听也。”初六本无动意，六二未能退而听之，是以“不拯其随”。

“九三：艮其限，列其夤，厉薰心。”

象曰：“艮其限，危薰心也。”

九三刚爻阳位，有燥急之象。得位而不中，其位在上下卦之间，故喻之以“限”。限，界也。人之体，上下之界在腰，“艮其限”，即抑止腰部的活动。《咸》卦三爻的爻辞是“咸其股”，股为大腿，其上限即腰。“夤”字从月从寅，本义是月至寅时（凌晨3点至5点），“夤夜”即深夜。但这里的“夤”字为“瞚”字的通假，背脊肉也。“列”即“裂”，“列其夤”即背脊肉被撕裂。腰为力之聚，身动之时，强止其腰，用力不当，则腰脊之肉会被撕裂，这是很凶厉的事。“薰”即烧灼，“厉薰心”，其凶厉程度就象烈火灼心。

九三即止于不当止者。六二、九三、六四组成艮卦的下互卦《坎》，《坎》为险，九三位于《坎》之中，如《坎》之心，故象辞说：“艮其限，危薰心也。”

“六四：艮其身，无咎。”

象曰：“艮其身，止诸躬也。”

六四已至上卦，清人陈梦雷有云：“以阴居阴，时止而止，有艮其身之象。可以无咎矣。”上身最重要的器官是心，“心之官则思”，心动则身动，心止则身止。“艮其身”源于心之清，故“无咎”。象辞说：“艮其身，止诸躬也。”孔颖达疏云：“躬犹身也，明能静止其身，不为躁动也。”可以把躬理解为“全身”，把“艮其身”理解为“艮其心”，即所谓“心动则身动，心止则身止”也。

“六五：艮其辅，言有序，悔亡。”

象曰：“艮其辅，以中正也。”

“辅”即上颌。《咸》卦上六爻辞：“咸其辅、颊、舌”，也以上颌为喻。此处只言“艮其辅”者，因说话时颊、舌皆动，故不言其止。“艮其辅”即要“慎言”，二月河撰《康熙皇帝》《雍正皇帝》《乾隆皇帝》三部曲，里面有个三朝元老张廷玉，一生奉行“万言得当，不如一默”，宦海沉浮几十年，荣宠不衰，端赖此八字，可见“艮其辅”的重要。“言有序”者，说话要有条理，逻辑、层次要分明。“万言得当，不如一默”不是一言不发，而是认为发言就有可能说错话，但只要做到“言有序”，就能虑而后得，不会产生“又说错话了”的悔恨。象辞说：“艮其辅，以中正也。”六五君位居中，艮其辅的目的是要守中正之道。

“上九：敦艮，吉。”

象曰：“敦艮之吉，以厚终也。”

上九为艮卦之终，其爻辞有总结义。“敦艮”者，得艮止之精髓也，“敦”有完美义，将艮止运用得炉火纯青、近乎完美，所以“吉”。象辞说：“敦艮之吉，以厚终也。”是说敦艮所以吉祥，是将谦逊敦厚的中正之道贯彻始终的结果。

易经·下经之五十三

渐进循序，以观渐卦

风山渐

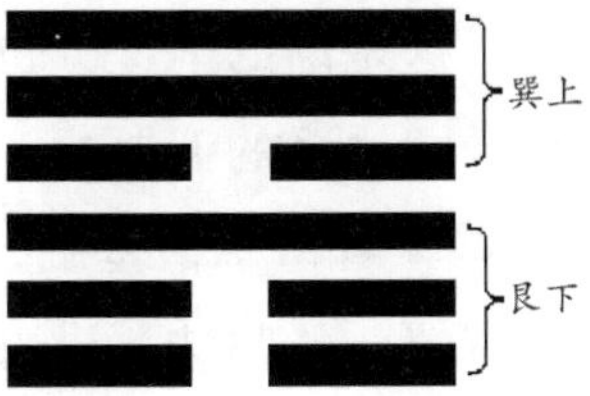

《渐》：**女归吉，利贞。**

初六：鸿渐于干，小子厉，有言，无咎。

六二：鸿渐于磐，饮食衎衎，吉。

九三：鸿渐于陆，夫征不复，妇孕不育，凶。利御寇。

六四：鸿渐于木，或得其桷，无咎。

九五：鸿渐于陵，妇三岁不孕，终莫之胜，吉。

上九：鸿渐于陆，其羽可以为仪，吉。

《渐》卦是艮宫第八卦，上卦不能再变，下卦变回《艮》，上《巽》下《艮》，是为“风山《渐》”。因为下卦变回《艮》是回归本宫，所以又叫“归魂卦”。

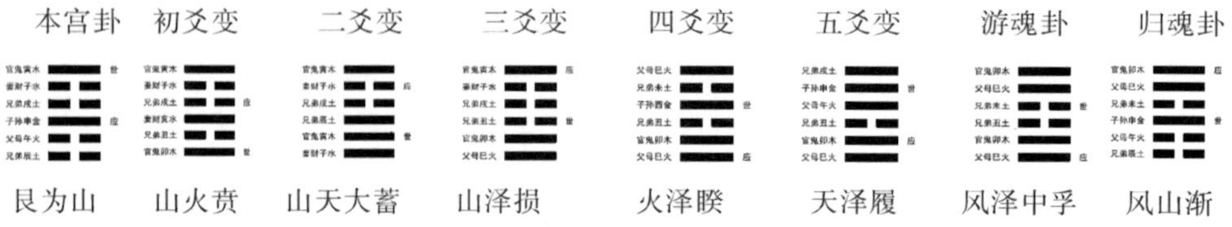

艮宫八卦卦象

《渐》卦是升进三卦之一。《易经》中，《晋》卦、《升》卦和《渐》卦都是讲升进的，《渐》卦讲升进有两个要点：一曰缓，渐渐地前进，缓到令人觉察不到；二曰循序，有条不紊，渐次而行。这是渐的本义，也是《渐》卦的主旨。

《渐》卦也是易经中讲男女婚姻关系的五卦之一。这五卦都在下经，是为《咸》《恒》《姤》《渐》《归妹》。《咸》卦讲感情基础，《恒》卦讲社会责任，《姤》卦讲机缘遇合，《渐》卦讲循序有仪，《归妹》讲妻妾之别。

《渐》卦以鸿雁为喻体，其取义有三：一曰贞。鸿雁为候鸟，往来有时，从不失信。二曰贽礼为仪。《仪礼·士昏礼》载，古代嫁娶须行六礼：纳彩、问名、纳吉、纳徵、请期、亲迎。除纳徵外，其他五礼皆执雁，而且必须是活的。其三曰雁行有序。《白虎通》有云："贽用雁者，取其随时而南北，不失其节，明不夺女子之时也；又是随阳之鸟，妻从夫之义也；又取飞成行，止成列也，明嫁娶之礼，长幼有序，不可逾越也。又昏礼贽不用死雉，故用雁也。"

《渐》卦还是性情之卦。此卦上《巽》下《艮》，为外柔内刚之象。外柔则不遽进，内刚则循序有则。

卦辞："渐，女归吉，利贞。"

彖曰："渐，之进也，女归吉也。进得位，往有功也。进以正，可以正邦也。其位刚得中也。止而巽，动不穷也。"

《序卦传》有云："物不可以终止，故受之以渐。渐者，进也。"止极必进，塞极必通，由止而进，是个渐进的过程。这和《晋》《升》二卦不同，《晋》卦的升进基础是"大壮"，《升》卦的升进基础是"萃聚"，故《晋》《升》均有进阶之义，《渐》之进则是由止转进，循序渐进。"女归吉"是言卦象。上卦《巽》为长女，下卦《艮》为居、为止，女子的归宿是出嫁成家，《渐》卦的卦象就是女子出嫁至夫家之兆。女子之德，从一而终，故"贞吉"。彖辞释卦名曰："渐，之进也”，朱熹认为“之”字疑衍，是疑错了。据《说文》段玉裁注，“渐”本浙江本名，亦即今之钱塘江，渐江后名“浙江”，又名“之江”，取江水曲折回环之义。“渐，之进也”是说渐进的方式是曲折往返地前进。从前述议婚六礼可知，古代言及婚嫁，夫家与妇家须往返多次乃成礼，所以是“之进”。《周易正义》王弼注和孔颖达疏皆以为“渐之进”是“之于进也”，孔疏更云：“渐是徐动之名，不当进退”，这个理解，恐不是“之进”的本义。《渐》卦自《否》卦变化而来，《否》卦上《乾》下《坤》，下《坤》卦之六三与上《乾》卦之九四互换，柔爻进至阴位，刚爻退归阳位，（ ䷋ ䷴ ）各自得位而正，就变成了《渐》卦。所以彖辞说：“进得位，往有功。”“进以正，可以正邦也。其位刚得中也”是言六二与九五的正应关系。此卦除初、上二爻外，其他四爻均得位居正，故二五能顺应。“其位刚得中也”是指九五。九五刚爻得位且居君位，与六二正应，不仅可以正家，也可以正邦。“止而巽，动不穷也”是讲卦德。上《巽》为逊，下《艮》为止，谦逊而知止，故渐进而不穷。孔疏云：“止不为暴，巽能用谦，以斯适进，物无违拒，故能渐而动，进不有困穷也。”

象曰：“山上有木，渐。君子以居贤德善俗。”

山上有木，非一日之功，树木成材，乃昼生夜长之效。君子见此卦象，要领悟到渐进的本质，居则进德修业，出则善化习俗。这些都是要潜移默化才能恒久见效的。朱熹认为，“居贤德善俗”的德、善之间疑缺字，应为“居贤德、~善俗”。朱熹是文字大家，恐骈文见多了，特别讲对仗，所以看到不对仗的句子就浑身不舒服。这里的“善”字不是形容词，而是动词，即“善化”，因此也可讲得通。

“初六：鸿渐于干，小子厉，有言，无咎。”

象曰：“小子之厉，义无咎也。”

《渐》卦六爻，皆以“鸿渐”起兴，鸿雁是群居水禽，动则皆动，止则俱止，然或飞或落，势有参差，故曰“鸿渐”。初六为渐进之始，“鸿渐于干”者，似为鸿雁迁徙之初，聚集于水岸。《释文》释“于干”：“郑云：干，水傍，故停水处。陆云：水畔称干。”《渐》卦下《艮》为少男，喻以鸿雁，应即幼雏鸟也。“小子厉，有言，无咎”，鸿雁等待起飞迁徙之际，幼雏是最不安分的，会遇到危险，因此会招来成年大雁的责怪，即“有言”，但有群鸟护佑，故“无咎”。

爻辞无婚嫁语，因初爻无位，且柔居刚位，少男未成年也。故象辞说：“小子之厉，义无咎也。”

“六二：鸿渐于磐，饮食衎衎，吉。”

象曰：“饮食衎衎，不素饱也。”

六二为下卦《艮》之中，《艮》为石，故以磐石为喻。“鸿渐于磐”，鸿雁迁徙途中，暂以磐石歇脚。“衎衎”，尚秉和注：“和乐也。”孔疏云：“六二进而得位，居中而应，得河安之地，故曰‘鸿渐于磐’。既得可安之地，所以‘饮食衎衎’然。”鸿为水禽，逐水而行，其磐当为水中之石。羁旅劳累，得暂安之地，已是可喜，又可临水而食，自“衎衎”然。象曰：“饮食衎衎，不素饱也。”欢乐地进食，不只为了吃饱，更是为了积攒体力，为了更远的目标飞行。

“九三：鸿渐于陆，夫征不复，妇孕不育，凶。利御寇。”

象曰：“夫征不复，离群丑也。妇孕不育，失其道也。利用御寇，顺相保也。”

九三为下卦《艮》之顶，高平为陆，故以陆喻。“鸿渐于陆”，鸿雁迁徙，途中歇宿于陆。“夫征不复”者，雄雁离群不归；“妇孕不育”者，雌雁产子而不得养育（鸿雁实行一夫一妻，雌雁孵卵时，雄雁则外出觅食以哺之）也，这是凶兆。“利御寇”者，失孤之雁，多为哨兵之职，雁群入寐，唯哨兵职守，闻敌示警也。

《周易正义》王弼注云：“夫征不复，乐于邪配，则妇亦不能执贞矣。非夫而孕故不育也。”此以人类之伦理评价鸿雁之行，直是一篇“第三者插足”的演义。对于“利御寇”的解释，王弼注云：“异体合好，顺而相保，物莫能间，故‘利御寇’也。”认为雄雁有了新的配偶，感情相洽，其他鸟儿不能插足其间，所以“利御寇”。殊属牵强。

象辞说：“夫征不复，离群丑也。妇孕不育，失其道也。利用御寇，顺相保也。”对“离群丑也”，很多人理解错了，原因在于简化字上，古典文献中，“丑”与“醜”不是一个字，字形、字义毫不相干，是简化字使之同一了，故引起了误解。丑的甲骨文象人之手形（），三指扭在一起，是聚合之义，与美丑无关。以丑为部首的字多与扭结有关，如“妞”“扭”“钮”“纽”等。故“离群丑”是离散的意思，并不是一种伦理价值判断。九三其上无应，下又不与初、二亲比，上而求比于六四，是离《艮》之象，故以“夫征不复”为喻；妇孕不育，是九三离群失道的结果；利用御寇则是失孤之雁的职责，故曰“顺相保也”。

“六四：鸿渐于木，或得其桷，无咎。”

象曰：“或得其桷，顺以巽也。”

六四已入上卦《巽》，《巽》为木，故以木喻。“桷”音 jué（决），木之圆者为椽，木之方者为桷。鸿雁为水禽，足间有蹼，不宜择木而栖，或得其方者，能适其足，故“无咎”。象辞说：“或得其桷，顺以巽也。”苏东坡解云：“‘或’者，幸而得之之辞也。无应而从非其配，非‘巽’顺，何以相保乎？”

“九五：鸿渐于陵，妇三岁不孕，终莫之胜，吉。”

象曰：“终莫之胜，吉。得所愿也。”

陵为高阜，天子之墓曰“陵”，意为高阜可上达天听。九五刚爻君位，故喻之以陵。“鸿渐于陵”，鸿雁迁徙，飞越高陵。“妇三岁不孕”，妇指六二，六二与九五是正应关系，本应好合，但中有九三为阻，二、三、四组为下互卦坎，坎为险，九三为坎中，此“妇三岁不孕”的原因。《周易正义》孔颖达疏云：“‘妇三岁不孕’者，有应在二而隔乎三、四，不得与其应和，是二五情意，徒相感悦，而隔碍不交，故曰‘妇三岁不孕’也。”“终莫之胜”者，三年考验既过，终于得偿夙愿，二五相应也，故象辞说：“终莫之胜，吉。得所愿也。”

“上九：鸿渐于陆，其羽可以为仪，吉。”

象曰：“其羽可以为仪，吉，不可乱也。”

“鸿渐于陆”于此二见。上九为《渐》卦之终，鸿雁迁徙已至终点。雁行有序，飞则成行，落则成列。长途跋涉，其队形不乱，“其羽可以为仪”。雁阵整肃，故“吉”。象辞说：“其羽可以为仪，吉，不可乱也。”《诗经·小雅》鸿雁之章有云“鸿雁于飞，肃肃其羽”，《尔雅》释云：“肃肃，敬也。”讲的就是“其羽可以为仪”。

我国茶圣陆羽，字鸿渐，其名即取自《渐》卦上九的爻辞。

易经·下经之五十四

侄娣媵婚，见诸归妹

雷泽归妹

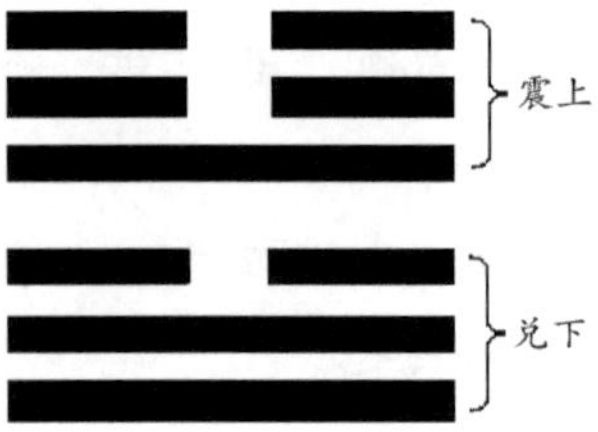

《归妹》：征凶，无攸利。

初九：归妹以娣，跛能履，征吉。

九二：眇能视，利幽人之贞。

六三：归妹以须，反归以娣。

九四：归妹愆期，迟归有时。

六五：帝乙归妹，其君之袂不如其娣之袂良。月几望，吉。

上六：女承筐无实，士刲羊，无血，无攸利。

《归妹》卦是兑宫第八卦，上卦已变为《震》卦，不能再变，下卦变回《兑》，上《震》下《兑》，是为“雷泽《归妹》”。《归妹》卦与《渐》卦互综，都是归魂卦，也都是讲男女婚姻关系的卦。《归妹》卦讲了一种中国古代特有的婚姻制度，即“媵婚制”。“媵”音 yìng（应），本义是送嫁，女儿出嫁，家人陪送。《尔雅》：“媵，送也。”后转为陪嫁，即“媵婚”。《公羊传》“庄公十九年”载：“媵者何？诸侯娶一国而二国往媵之，以侄娣从。侄者何？兄之子也；娣者何？弟也。诸侯一聘九女。”媵婚制据说始于西周，但也有人说更早，并举舜之二妃为例：“妻之以皇，媵之以英。”（《尸子》）不过说西周媵婚制已形成规范，大约不会错。《仪礼·婚礼》注曰：“古者嫁女必以姪娣从，为之媵。”媵婚制是古代社会从族外婚向对偶婚演变的一种过渡形态，它与西周盛行的宗法继承制度密切相关。宗法制的核心是长子继承制，因此传宗接代是长子婚姻最重要的目的。正如何沐在《公羊解诂》中所说：“必以姪娣从之者，欲使一人有子，三人喜也，所以防嫉妒、令重嗣也。因以备尊尊、亲亲也。”姪娣在母家即有长幼尊卑的排序，随嫁至夫家其序不乱，能够起到保证家庭和睦，维护宗族团结，促进子孙繁衍，巩固家族统治的作用。这就是《归妹》卦所反映的社会内容。

“归妹，征凶，无攸利。”

彖曰：“归妹，天地之大义也。天地不交，而万物不兴。归妹，人之终始也。说以动，所归妹也。征凶，位不当也。无攸利，柔乘刚也。”

《归妹》卦上《震》为长男，下卦《兑》为少女，其卦象即指长子婚姻事。少女即妹，《周易正义》王弼注云：“妹者，少女之称也。”女以出嫁为“归”，归即“归宿”，故此卦名“归妹”。《易经》中的“归妹”实有两个意义，一是嫁妹，《泰》卦六五爻辞和此卦六五爻辞所言之“帝乙归妹”即指嫁妹；另一则指陪嫁之娣。从本卦爻辞看，即指后者。“征凶，无攸利”者，是就爻象言，此卦中四爻俱不当位，前行则有忧，喻指娣不如妻，若进而争宠则有凶险。《周易正义》孔颖达疏云：“‘征凶，无攸利’者，归妹之戒也。‘征’谓进有所往也，妹从娣嫁，本非正匹，惟须自守卑退以事元妃。若妾进求宠，则有并后凶咎之败，故曰‘征凶，无攸利’。”彖辞则首言天地大义，继而言人之终始，以证归妹之正当、重要，在于保证子息繁衍，有如天地交合，使万物兴旺。“说以动”，是以卦德言归妹之吉，此卦下《兑》有喜悦之德，上《震》有悦动之德，以证归妹为喜庆之事。“征凶，位不当也。无攸利，柔乘刚也”，是讲爻象，以位不当释“征凶”，以柔乘刚释“无攸利”。孔疏云：“今二、三、四、五，并皆失位，其势自然柔皆乘刚，其犹媵妾求宠，其势自然以贱陵贵，以明柔之乘刚，缘于失正而进也。”

象曰：“泽上有雷，归妹。君子以永终知敝。”

泽上闻雷，万物甦苏，阳动于上，阴悦而从之，这是《归妹》之象。君子见此卦象，要领悟天地交合大义，以保子息繁衍不绝，并且要知晓物敝则坏的道理，善为永续之道。

“初九：归妹以娣，跛能履，征吉。”

象曰：“归妹以娣，以恒也。跛能履，吉相承也。”

初九无位，以象归妹之娣，嫡妻与媵娣同嫁一夫，一偏一正，如人之跛脚而行。“跛能履”者，娣为妻之胞妹，故能顺而佐之。“征吉”，前行则吉。卦辞言“征凶”，此爻辞则言“征吉”，是所欲不同，娣而邀宠争位则凶，顺而佐之则吉。象辞说：“归妹以娣，以恒也。跛能履，吉相承也。”媵婚制的建立，就是要利用亲情关系化解家庭矛盾，故“归妹以娣”，是为了求得家庭恒久。跛而能行，是因为娣之辅妻，行得其宜，顺而承吉。初九虽无位，然为刚爻，有阳刚之德，故能“吉相承”。

“九二：眇能视，利幽人之贞。”

象曰：“利幽人之贞，未变常也。”

九二刚爻阴位，虽失位而居中，不言“归妹”者，嫡妻也。“眇能视”，《说文》：“眇，目小也。”有人说是目盲，苏轼《日喻》：“生而眇者不知日”；有人说是目弱，《列子·仲尼》：“目将眇者，先睹秋毫。”在这里，是“睁一只眼闭一只眼”的意思，喻指嫡妻对娣之所为，管束中须有所宽容。这样做，“利幽人之贞”。“幽人”即指娣。象辞说：“利幽人之贞，未变常也。”是说这样做，没有改变婚姻关系的恒常之道。

“六三：归妹以须，反归以娣。”

象曰：“归妹以须，未当也。”

六三柔爻阳位，居下卦之顶，有不安其位之兆。“归妹以须”，先儒多训“须”为“待”。《周易正义》王弼注云：“室主犹存，而求进焉。进未值时，故有须也。不可以进，故‘反归’待时，‘以娣’乃行也。”大意是说，嫡妻尚在，便急于求婚，时机不对，则返归待时，时机到了，便作为“娣”而出嫁。此解多有悖谬之处：既言“求进”，何以安于“以娣乃行”？况与象辞之“归妹以须，未当也”不合。我认为此处之“须”，当解作“媭”。《说文》云：“贾侍中说，楚人谓姊为媭。”证之于《楚辞》：“女媭之婵媛兮，申申其詈予。”王逸注云：“女媭，屈原姊也。”据此，“归妹以须”，当理解为“归妹以媭”。妹妹出嫁，以姊为娣，长幼尊卑的次序搞乱了，所以象辞才说："归妹以须，未当也。"这是不合适的。

"九四：归妹愆期，迟归有时。"

象曰："愆期之志，有待而行也。"

九四刚爻阴位，下无所应，当适嫁之时而无出嫁之期，故曰"愆期"。愆音qiān（谦），《说文》："过也。"九四紧邻君位，乃贵族、大臣之家，女有刚强之性，心性高傲，未肯下嫁，故"归妹愆期"，然终不愁嫁，所以"迟归有时"。象辞说："愆期之志，有待而行也。"所谓"良禽择木而栖"也。

"六五：帝乙归妹，其君之袂不如其娣之袂良。月几望，吉。"

象曰："'帝乙归妹，其君之袂不如其娣之袂良'，其位在中，以贵行也。"

六五柔爻君位，其身份当为一国之后，故爻辞特指"帝乙归妹"。帝乙为商朝第三十位君主，商王文丁之子，纣王之父。公元前1100年左右，商王文丁设计杀害了西伯季历，商、周交恶。帝乙即位后，为修好商、周间的臣服关系，将自己的胞妹太姒下嫁接任西伯的姬昌，此即历史上有名的"帝乙归妹"。这一历史事件在《诗经》中也有表现："大邦有子，伣天之妹，文定厥祥，亲迎于渭。造舟为梁，丕显其光，有命自天，命此文王……"（《诗经·大雅》）帝乙归妹也是媵婚，故有"其君之袂不如其娣之袂良"句。"君"即指帝乙之妹太姒，后为周武王之母，《诗经·大雅·文王之什》中就有专门赞颂太姒懿德的诗句："思齐大任，文王之母，思媚周姜，京室之妇，大姒嗣音，则百斯男……"周朝共有三个著名的女性：太姜、太任、太姒。太姜是周朝创业之祖古公亶父的正妃，太任是周文王之母，太姒是文王正妃。这三个女性号称"有周三母"，贤良淑德，教育有方，在周朝建立过程中发挥了重要作用。后世将已婚妇女尊称"太太"者，意为其贤良淑德上追三太也。袂音mèi（妹），衣袖，代指衣裳。太姒的衣裳不如其娣的衣裳漂亮，象辞说"其位在中，以贵行也"，说明太姒之贵不在衣裳。"月几望"，月相分朔、望，望即月圆，月几望即月亮即将圆时，大约阴历十三、十四。"吉"者，良辰吉日也。

“上六：女承筐无实，士刲羊，无血，无攸利。”

象曰：“上六无实，承虚筐也。”

上六处《归妹》卦之终，上无所承，下与六三同性无应，乃无终之兆。“女承筐”者，婚后三月，新妇当赴宗庙祭祀先祖，承筐以献。“女承筐无实，士刲羊，无血”，其兆似应于其女无嗣。故象辞说：“上六无实，承虚筐也。”

易经·下经之五十五

日中则昃，警出丰卦

雷火丰

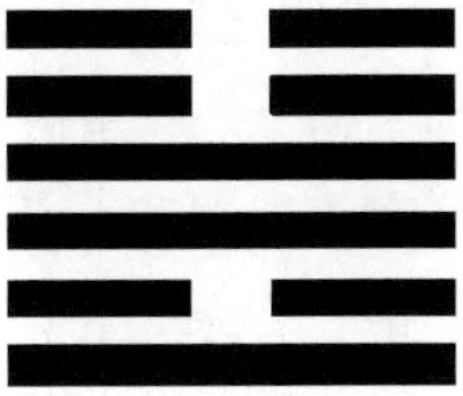

《丰》：亨。王假之，勿忧，宜日中。

初九：遇其配主，虽旬，无咎，往有尚。
六二：丰其蔀，日中见斗。往得疑疾。有孚发若，吉。
九三：丰其沛，日中见沬。折其右肱，无咎。
九四：丰其蔀，日中见斗。遇其夷主，吉。
六五：来章，有庆誉，吉。
上六：丰其屋，蔀其家，窥其户，阒其无人，三岁不觌，凶。

《丰》卦是坎宫第六卦。上卦二爻继续变，刚变柔，上卦变为《震》，雷象；下卦为《离》，火象，是为“雷火《丰》”。

丰的本字为“豐”，《说文》：“豐，豆之丰满者也。”古豐字象高脚盘上堆满了东西，“豆”即高脚盘，礼器。所以丰有繁盛、硕大、充盈之义。其造词有“丰盛”“丰硕”“丰满”等。易经中有“丰”义的卦还有火天《大有》、山天《大畜》。大有是财丰，大畜是德厚。所以占得《大有》卦则须“遏恶扬善，顺天休命”，占得《大畜》卦，则须“多识前言往行，以畜其德”。《丰》卦之“丰”

恐兼而有之，财丰德厚，本可志得意满，但又见日食，老天示警，故忙不迭地前去祭祀祈福也。所以，我与前贤不同，认为丰卦的主旨是祭祀示诫，其中关于日食的描写，当为珍贵的历史天象资料。

卦辞："丰，亨。王假之，勿忧，宜日中。"

彖曰："丰，大也。明以动，故丰。王假之，尚大也。勿忧宜日中，宜照天下也。日中则昃，月盈则食，天地盈虚，与时消息，而况于人乎？况于鬼神乎？"

《丰》卦的卦象是亨通的，《丰》卦六爻之间非合即应，所以其占断非"吉"既"无咎"，唯有上六占断为凶。"王假之"，指物质、精神丰腴，君王藉之。"假"即"凭借""依靠"，故训为"藉"。"王假"在《易经》中多见，如《家人》卦九五爻辞："王假有家"、《萃》卦卦辞："王假有庙"、《涣》卦卦辞："王假有庙"。自王弼训"假"为"格"、为"至"，先儒皆以风行景从，以"王至其家""王至其庙"解之，然细审之，终觉有些勉强。对《丰》卦的"王假之"，《周易正义》王弼注云："假，至也。丰亨之道，王之所尚，非有王者之德，不能至之，故曰'王假之'也。"既如此，何言"勿忧"？有些说不通。"王假之"，当指文王为西伯时，凭借财力、德义所昭，作"丰邑"事。《诗经・大雅・文王之什》："文王受命，有此武功，既伐于崇，作邑于丰……"，丰邑即成，天下归心，但也暴露了取殷而代之的企图，可能会引起纣王的警惕，于己不利，所以会有忧。"勿忧，宜日中"者，是对天下形势进行综合判断后的结论。彖辞以卦德释"丰"，《丰》卦下《离》，有明德，上《震》，有动义，"明以动，故丰"。君王所以要依托丰厚的财力建立丰邑，是为了昭示自己的实力强大，"尚大也"即"以大为尚"。"勿忧宜日中，宜照天下也"，不要因日至中天而担忧"日中则昃"，现在正是显示自己强盛之时。"日中则昃，月盈则食，天地盈虚，与时消息"，这是自然之道，不可违背的。"而况于人乎？况于鬼神乎？"意思是：何况人，谁能保证其事业长盛不衰？何况鬼神，又怎能长享一姓的祭祀呢？彖辞言及日昃、月食，已暗示有天文异象发生；言及鬼神者，意指因异象示警而应祭祀祈福也。

象曰："雷电皆至，丰。君子以折狱致刑。"

此卦上《震》下《离》，是雷电交加之象。君子见此卦象，要感知异象示警的意义，要细审案情，勿枉勿纵，因罪量刑。

《丰》卦和《噬嗑》卦都是雷电交加之象，《噬嗑》是上《离》下《震》，《丰》卦是上《震》下《离》，因此二卦的大象辞都有刑狱之诫。《噬嗑》卦的大象辞曰：“先王以明罚敕法”，《丰》卦大象辞说：“君子以折狱致刑”。朱熹解释说：“噬嗑卦明在上，动在下，是明得事理，先立法于此，未有犯威者，留待异时之用，故云‘明罚敕法’。丰卦威在上，明在下，是用法之时，须是明见下情，曲折方得，不然威动于上必生过错，故云‘折狱致刑’。”（朱熹《周易本义》）《噬嗑》是明而待动，立法在先，以威慑行险犯难者，达到预防犯罪的目的；《丰》卦则是动须秉明，执法时须细审案情，依法量刑，以维护法制尊严。

“初九：遇其配主，虽旬，无咎，往有尚。”

象曰：“虽旬无咎，过旬灾也。”

初九刚爻无位，势欲上行，本应于四爻，但九四同为刚爻，故无应，近与六二亲比，故称“遇其配主”。“配主”一词仅见，王弼认为配主指四爻：“处丰之初，其配在四。以阳适阳，以明之动，能相光大者也。”相应地，九四爻辞中的“夷主”则指初九。孔颖达疏云：“若据初适四，则以四为主，故曰‘遇其配主’。自四之初，则以初为主，故曰‘遇其夷主’也。”此后程颐、朱熹等皆沿袭之。今之注者，皆取此说。唯李零认为配即“配享”，合祭的意思，配主是指宗庙中合祭的先祖牌位，夷主是指不祧之祖，即隔了好几代的远祖，须移出宗庙，迁入远祖之庙。我取李零之说，配主指六二，夷主指六五。六二位于下卦《离》之中，是《离》卦的主爻。“遇其配主”，即要去宗庙祭祀先祖。“虽旬，无咎，往有尚。”虽然迟了近十日，但不为过错，前往为宜。大概此际日食尚未出现，但已有观天象者示警告知，十日内须祭祀祈福，过了十日则有灾祸，所以象辞说：“虽旬无咎，过旬灾也。”

王弼训“旬”为“均”，意指配主和夷主同为刚爻，其势均等。孔颖达疏云：“言势若不均，则相倾夺，既相倾夺，则争竞乃兴，而相违背，灾咎至焉，故曰‘过旬灾’也。”若按此解，则“虽旬”之“虽”字又无着落也。

“六二：丰其蔀，日中见斗。往得疑疾。有孚发若，吉。”

象曰：“有孚发若，信以发志也。”

六二柔爻阴位，得位居中，下与初九亲比，上与九三顺承，故占断为“吉”。

“丰其蔀”，王弼注云：“蔀，覆暖，障光明之物也。”据此，蔀当是苫盖之物。从草字头，可能是茅草编织而成。“丰其蔀，日中见斗”，当指日食，太阳如被蔀所覆盖一样黯淡无光，日中之时都能看见北斗七星。当祭祀之时日食发生，是否因迁延时日，老天示警？有此疑惧之心，故曰：“往得疑疾。”“有孚发若，吉”者，宽解之辞。认为已至宗庙祭祀，诚心已表，故“吉”。象辞说：“有孚发若，信以发志也。”“若”即“什么什么的样子”，这里指祭祀表其诚。

“九三：丰其沛，日中见沬。折其右肱，无咎。”

象曰：“丰其沛，不可大事也。折其右肱，终不可用也。”

九三位于下卦之顶，处于“三多凶”之位。“丰其沛，日中见沬”，王弼注云：“沛，幡幔，所以御盛光也。沬，微昧之明也。以九三应在上六，志在乎阴，虽愈乎以阴处阴，亦未足以免于闇也。”是说九三本上应上六，但有九四阻隔，如帷幕之蔽日。“日中见沬”，日食仍在继续，不仅北斗可见，连星等更弱的小星也能看见了。此兆象当损其股肱之臣，所以“折其右肱”。损兵折将而“无咎”者，其股肱之臣替罪免灾也。古犹太人即有“替罪羊”之俗，部落成员得罪了上帝，须选择一只公羊放逐野外，象征人之罪已由羊带离部落，此即“替罪羊”之由来。《汉书·五行志》有云：“《易》曰：‘县象著明，莫大于日月’，是故圣人重之，载于三经。于《易》，在丰之震，曰：‘丰其沛，日中见沬。折其右肱，无咎。’”颜师古注云：“此丰卦九三爻辞也。言遇此灾，则当退去右肱之臣，乃免咎。”象辞说：“丰其沛，不可大事也。折其右肱，终不可用也。”是说当日食正甚时，不可为大事；损其股肱之臣，是因天象示警，此人终不可用。

“九四：丰其蔀，日中见斗。遇其夷主，吉。”

象曰：“丰其蔀，位不当也。日中见斗，幽不明也。遇其夷主，吉，行也。”

九四已入上卦，处于“四多惧”之位。“丰其蔀，日中见斗”于此二见，是指日食仍在继续。虽已黜去股肱之臣以谢罪，然天象之警尚在，继而前去远祖之庙祭祀。“遇其夷主，吉。”夷主这里指六五，因九四下与初九同性无应，只有和六五亲比。象辞说：“遇其夷主，吉，行也”，是说只有前去祭祀远祖，才为“吉”。

“六五：来章，有庆誉，吉。”

象曰：“六五之吉，有庆也。”

六五下与九二正应，又与九四亲比，皆为下行，故曰“来”。易经六爻之动，上行曰“往”，下行曰“来”，此即一例。“章”通“彰”，显明也。“来章”即指日食已既复明，说明灾殃已过，值得庆贺，故曰“有庆誉，吉”。

“上六：丰其屋，蔀其家，窥其户，阒其无人，三岁不觌，凶。”

象曰：“丰其屋，天际翔也。窥其户，阒其无人，自藏也。”

上六居丰卦之终，有复归反省之义。“丰其屋，蔀其家”，仍是指宗庙之属，意为对宗庙的维护、修缮还是很在意的。但“窥其户，阒其无人，三岁不觌”，就有怠慢先祖之嫌了。“阒”音 qù（去），寂静无声；“觌”音 dí（狄），觑看。三年没有前来奉祀（大概指其远祖之庙），所以招致天象示警，故曰“凶”。象辞说：“窥其户，阒其无人，自藏也”，王弼注云：“可以出而不出，自藏之谓也，非有为而藏。不出户庭，失时致凶，况自藏乎？凶其宜也。”

柏裕江按：作者认为：“丰卦的主旨是祭祀示诫”，既有见解，又有道理。“丰”本字应为“豊”。“豊”读作“lǐ”，古代祭祀用的礼器。“豊”是“禮”的本字，而“豐”是“豊”的异体字。豊，甲骨文 = （壴，即“鼓”的本字，打击乐器）+ （两个“丰”，即两个玉串），表示击鼓奏乐、奉献玉器，隆重祭祀，向祖先和神灵献礼。有的甲骨文将两个玉串简写成“珏”。金文承续甲骨文字形。

“丰”字读 fēng，表示丰盛、丰碑、丰富、丰沛、丰饶、丰盈。在古文字中有其特定的字：甲骨文 = 。金文承续甲骨文字形。篆文将金文字形中的写成，将金文字形中的“土”写成“十”形的。由于“豐”字包含两个“丰”的字形，古籍也常假借“豐”代替“丰”，以致古代字书误将读音为 lǐ 的“豊”字，读成 fēng（“丰”）的读音。

《丰》卦的本名，似应复其古意，写作《豊》。其卦上《离》下《震》，以明而动，盛大之由也，“豊”为礼器，用于盛大场合，自当是祭祀，故我认同作者之解。

易经·下经之五十六

逆旅羁思，尽在旅卦

火山旅

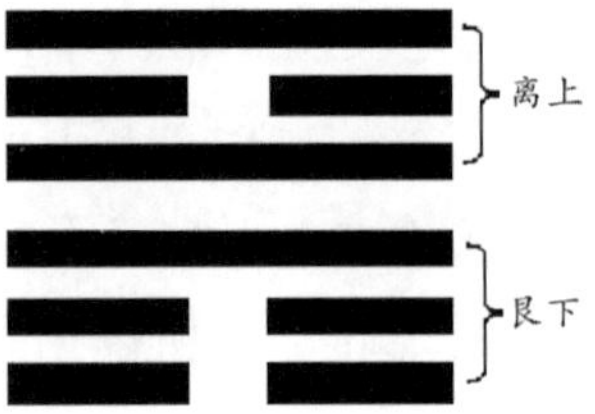

《旅》：**小亨，旅贞吉。**

初六：旅琐琐，斯其所，取灾。

六二：旅即次，怀其资，得童仆，贞。

九三：旅焚其次，丧其童仆，贞厉。

九四：旅于处，得其资斧，我心不快。

六五：射雉。一矢亡，终以誉命。

上九：鸟焚其巢，旅人先笑后号咷。丧牛于易，凶。

《旅》卦是离宫第二卦。离宫初爻始变，刚变柔，下卦变为《艮》，山象；上卦不变，仍是《离》卦，火象，是为“火山《旅》”。

《旅》卦是描述逆旅羁思之卦。《序卦传》有云：“穷大必失其居，故受之以旅”，失去居所，才去旅行。所以这个“旅”是不得已的，是居无定所的流浪。古代旅行和现在不一样，客居他乡，或因战乱，或因罹灾，或因被放逐，多为不得已。即使是为了经商、为了求学，也都有孤独寂寞之感。所以古人多有感慨身世飘零、羁旅愁思的诗作，有很多已是千古名句，如：屈原的“路漫漫其修远兮，吾将上下而求索”（《离骚》）；张衡的“髖羁旅而无友兮，余安能乎留兹？”（《思玄赋》）；杜甫的“露从今夜白，月是故乡明”（《月夜忆舍弟》）；以及马致远的“夕阳西下，断肠人在天涯”（《天净沙》）等。

《旅》卦与《丰》卦互综。《杂卦传》云：“丰，多故也。亲寡，旅也。”《丰》卦讲财丰德厚之时，《旅》卦讲无亲无故之际，二者适成对照。

卦辞：“旅，小亨，旅贞吉。”

彖曰：“旅，小亨，柔得中乎外而顺乎刚，止而丽乎明，是以小亨，旅贞吉也。旅之时义大矣哉！”

《旅》卦上《离》下《艮》，卦象为“小亨”。小亨之“小”可以有二解：一曰弱小，小有亨通；一曰小心谨慎，以小为亨。从六爻的爻辞看，二解皆通。羁旅之人，独身在外，孤立无援，有吃有住即是上上签，属于“给点阳光就灿烂”那种，因此评断为“小亨”。“旅贞吉”，只有去旅行，占断才是“吉”。“贞”在这里是占卜的意思，易经中，“贞”之后有吉凶占断之辞者，“贞”都是占卜的意思，在这里同样如此。先儒训“贞”为“正”，认为“旅贞吉”是说行旅之人，守正则吉，意有未洽。结合《序卦传》所言，已失其居，走投无路，“旅贞吉”总感觉有些无可奈何的味道。彖辞以卦德释《旅》卦的“小亨”，《旅》卦下卦《艮》德为止，上卦《离》卦德为明、为附丽，“止而丽乎明”，即附丽于明处而止，旅人在途，投门问宿，即“止而丽乎明”。

象曰：“山上有火，旅。君子以明，慎用刑而不留狱。”

《旅》卦大象是山上有火，延烧不止，象征旅人萍踪漂泊。孔颖达疏云：“火在山上，逐草而行，势不久留，故为旅象。”君子见此卦象，要明了“慎用刑、不留狱”的道理，不滥施刑罚、不滞留案件。

清人刘沅《易蕴发明》云：“易凡言刑狱事，无不取诸离。动而明，噬嗑，‘明罚敕法’；明以动，丰，‘折狱致刑’；明以止，贲，‘无敢折狱’；止而明，旅，‘明慎用刑’。”

“初六：旅琐琐，斯其所，取灾。”

象曰：“旅琐琐，志穷灾也。”

初六为旅之始，“琐琐”，一说猥琐貌，一说琐碎状。用现代语言，“抠抠嗦嗦”。之所以如此，是因为“斯其所，取灾”，因罹获灾难而离家。清人毛奇龄《仲氏易》释云：“斯，本作分析解，故《说文》以斯为分，《尔雅》以斯为离。”故“斯其所”即离开家。象辞说：“旅琐琐，志穷灾也。”旅之始，抠抠嗦嗦，是因为家逢灾变，事起仓促，走投无路的缘故。

孔颖达疏云：“初六当旅之时，最处下极，是寄旅不得所安，而为斯卑贱之役，由其处于穷下，故致此灾，故曰‘旅琐琐，斯其所，取灾’也。”这就有些演义了。

“六二：旅即次，怀其资，得童仆，贞。”

象曰：“得童仆，贞，终无尤也。”

六二为下卦《艮》之中爻，艮为止，故曰“旅即次”，“次”即旅店，《礼记·檀弓上》：“次，舍也。”“怀其资，得童仆，贞”，家虽破，尚有余财，且仆人尚在，故“怀其资，得童仆”，占断应无过失。高亨云：“贞下当有吉字，转写脱去。”猜测有理。此处之“贞”，断不可解为“贞正”。象辞说：“得童仆，贞，终无尤也。”“终无尤也”即脱落之字义。

“九三：旅焚其次，丧其童仆，贞厉。”

象曰：“旅焚其次，亦以伤矣。以旅与下，其义丧也。”

九三位于下卦《艮》之顶，刚爻性躁，故有“旅焚其次”之灾。祸不单行，“丧其童仆”，占断为“厉”。旅店被烧毁是不是九三之过？爻辞没有说，可能有关。但连客寓之地都被烧了，这就足以令人悲伤了。故象辞说：“旅焚其次，亦以伤矣。”后一句难解：“以旅与下，其义丧也。”孔颖达解释为“以羁旅之身而为惠下之道”，是就其爻象而言。九三刚爻阳位，性躁喜动，可能有点热心过度，多管闲事，欲上无应，下与六二亲比，以客寓之身干预主人之事，所以“其义丧也”。“义”通“宜”，活该丧家。

“九四：旅于处，得其资斧，我心不快。”

象曰：“旅于处，未得位也。得其资斧，心未快也。”

九四已离开《艮》卦，进入《离》卦，故无舍可居，只能露天野宿：“旅于处”。“处”，《说文》：“止也。得几而止。从几从夂。”处字象一人凭几而坐，故其义为暂时居处。“得其资斧”，先儒解为“得到了钱财的资助”，不确。因后文“我心不快”，无法圆其说。此处之“资斧”当理解为“用斧”，资者，供也，提供所用。《周易正义》王弼注云：“客于所处，不得其次，而得其资斧之地，故其心不快也。”大意是说，（因旅馆被烧）无处可居，随便找个地方凑合一下，只找到了一处存身之地，但也需要用斧头砍斫荆棘，平整一下才可栖身，所以心中不快。这个解释是合理的。象辞说：“旅于处，未得位也。得其资斧，心未快也。”是就爻位而言，九四刚爻阴位，是不得其位，又处于《旅》卦的外卦，与九三敌应，不得回归故里，与初六相应，故“心未快也”。

“六五：射雉。一矢亡，终以誉命。”

象曰：“终以誉命，上逮也。”

六五柔爻君位，处上卦《离》卦中爻，《离》为鸟，故以射雉为喻。《离》卦与《坎》卦互错，《坎》为箭矢，《离》反《坎》，故曰“矢亡”。《旅》卦六爻，唯六五爻辞不言“旅”，是羁旅之人已获尊位也。“射雉一矢亡”，射雉而不得，且亡一矢，以喻羁旅之人虽居尊位，然未立寸功，其位不稳。“终以誉命”者，六五柔爻性顺，秉《离》卦之明，上承上九亲比，故以善名得保其爵命。《周易正义》王弼注云：“射雉只一矢，而复亡之，明虽有雉，终不可得矣。寄旅而进，虽处于文明之中，居于贵位，此位终不可有也。以其能知祸福之萌，不安其处而乘下，而上承于上，故终以誉见命也。”即此意。象辞说：“终以誉命，上逮也。”是说善名得以上达。“逮”，及也。

“上九：鸟焚其巢，旅人先笑后号咷。丧牛于易，凶。”

象曰：“以旅在上，其义焚也。丧牛于易，终莫之闻也。”

上九尊而无位，故以“鸟焚其巢”喻之。王弼注云：“居高危而以为宅，巢之谓也。”“旅人先笑后号咷”，先笑者，居高；后号咷者，巢焚。“丧牛于易”类似《大壮》卦六五爻辞之“丧羊于易”，“易”通“场”，家中的牛已逸失到疆场之外。牛羊为家中财富代表，丧之谓财亡。家破财亡故占断为“凶”。象辞说：“以旅在上，其义焚也。丧牛于易，终莫之闻也。”意为以羁旅之人营高危之巢，其破家几乎是必然的；丧牛于易而无人告之（“终莫之闻”），是因为人在他乡，无亲近之人关照。

李镜池说："这是写周人历史上的一件大事。说大王（古公亶父）被人侵迫，从邠迁到岐山周原，狄人侵犯时，烧杀抢掠，周人像鸟被烧了巢一样，无家可归，全族迁徙，成了旅人。他们原先生活得很快乐，后来就够悲惨了，呼号哭泣，不但家园被毁坏，连牛羊等牲畜也给狄人抢了去，这真是一场大灾难。"此说可参看。

易经·下经之五十七

重巽申命，象如巽卦

巽为风

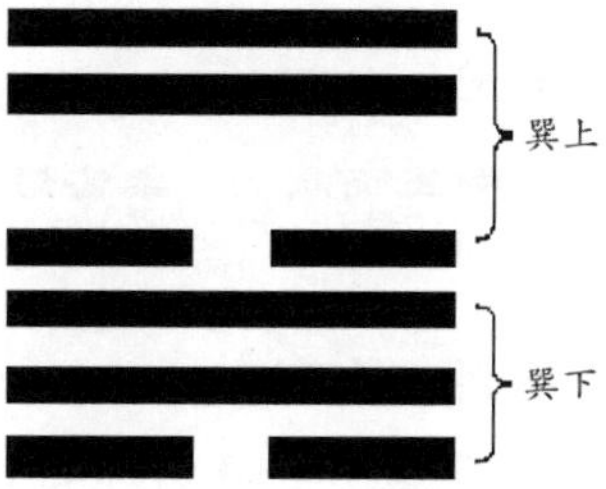

《巽》：**小亨，利有攸往。利见大人。**

初六：进退，利武人之贞。

九二：巽在床下，用史巫纷若。吉，无咎。

九三：频巽，吝。

六四：悔亡。田获三品。

九五：贞吉。悔亡，无不利。无初有终。先庚三日，后庚三日，吉。

上九：巽在床下，丧其资斧，贞凶。

《巽》卦是巽宫首卦。两个三爻《巽》卦相重，又称巽宫的本宫卦。“巽”的字形象二人跪伏状，本义应是辅助、协助，以巽为部首的字多具有辅助之义，如“選”，本义是拣选随行人员；“撰”，本义是辅助写作；“馔”，本义是辅食等。“《巽》为风”，作为八纯卦之一的《巽》卦，其代表的自然力量是风。风也是具有辅助性的传播媒介，风具有流动性，流布四方，无孔不入。风具有感染力，春风和煦，万物复苏；秋风瑟瑟，万物萧疏。故孔圣人以风喻君子之德：“君子之德风，小人之德草，草上之风必偃。”（《论语·颜渊》）

《巽》卦是“修德九卦”之一，据《系辞传下》：“巽，德之制也。”又云：“巽以行权。”《易经》中，凡有《巽》的卦，其大象辞多取其君子之德义，如风天《小畜》，“君子以懿文德”；山风《蛊》，“君子以振民育德”；地风《升》，“君子以顺德”。唯风地《观》、天风《姤》不言君子，而言先王和后，其大象辞为“先王以省方，观民设教”和“后以施命诰四方”。主体由君子变为君王，则其主旨也就由修德、育德变成了“德化天下”，故“巽”也有“流布”之义。六爻《巽》卦为重巽，其彖辞曰：“重巽以申命”，故其主旨为“申命行事”。

卦辞：“巽，小亨，利有攸往。利见大人。”

彖曰：“重巽以申命，刚巽乎中正而志行。柔皆顺乎刚，是以‘小亨，利有攸往。利见大人’。”

《巽》卦为小亨之卦。小亨者，小有亨通也。《周易正义》王弼注云：“全以巽为德，是以小亨也。”意思是说，《巽》卦的卦德为顺，一味地顺从，而不会去理解所从之道，故曰小亨，即不会有大的亨通。从王弼的注解可以看出，王弼对《巽》卦卦德多少有些不大认同。“利有攸往，利见大人”者，顺必有所从，所以顺从也是有目标选择的，“有攸往”即有目标地前往，这个选择就是从大人。大人可指君王，也可指德化天下的圣人。王弼注云：“利见大人，大人用之，道愈隆。”似亦含圣人之意。彖辞以“重巽”释卦言，“重巽”即顺而又顺，有反复申明之义，故曰“重巽以申命”。申即反复叮咛，命即大人之命，反复申明大人之命，大人的意图才能得到顺利贯彻，所以“大人用之，道愈隆”。“刚巽乎中正而志行”，是指九二、九五二中爻皆为刚爻，“巽乎中正”是入居中正之位，所以其“志行”。“柔皆顺乎刚”是指初六、六四二柔爻处于九二、九五之下，有顺承之义。

象曰：“随风巽，君子以申命行事。”

《巽》卦大象辞释以卦象，《巽》卦相迭，以风随风，君子见此卦象，要反复申明大人之命，使大人意图得以顺利实施。

“初六：进退，利武人之贞。”

象曰：“进退，志疑也。利武人之贞，志治也。”

初六为顺之始，“进退”者，上命未申，是进是退无所适从。此时，宜“利武人之贞”，以军人令行禁止的行为标准规约之。象辞说：“进退，志疑也。利武人之贞，志治也。”进退犹豫，是因为心存疑虑，不能自决；以武人之行为标准加以规约，是为了使人能够听从管治。

“九二：巽在床下，用史巫纷若。吉，无咎。”

象曰：“纷若之吉，得中也。”

九二刚爻阴位，其位不正，但居下卦《巽》之中爻，得其中。《易经》讲中正，但更看重中，故其占断为“吉，无咎”。“巽在床下，用史巫纷若”者，上命未申，求诸于神明也。“巽在床下”，跪伏于床前。古代床为坐具，榻为卧具，与今不同，此处之床，疑代指祭神之所。“用史巫纷若”，古代史巫同职，史为史祝，接引神明之官；巫即巫觋，代神明立言者。“纷若”，众多貌。用许多史巫以祝告神明，求取指示，这样做是吉利的，没有过错。象辞说：“纷若之吉，得中也。”九二采取这种谦卑恭顺的做法，是因为得居中位，所思所为中规中矩。

“九三：频巽，吝。”

象曰：“频巽之吝，志穷也。”

九三刚爻阳位，居正得位但不中，位于下卦之顶，有躁动之象。“频巽”之“频”通假为“颦”，皱眉蹙额状。九三与上九敌应，上承六四，六四以柔乘刚，故九三虽逊顺，但意有不甘，故“频巽”。占断为“吝”者，没有选择余地也。象辞说：“频巽之吝，志穷也。”孔颖达疏云：“九三体刚居正，为四所乘，是志意穷屈，不得申遂也。即处巽时，只得受其屈辱也。”

“六四：悔亡。田获三品。”

象曰：“田获三品，有功也。”

六四柔爻阳位，居正得位但不中，下于九三有乘刚之虞，本当有悔，但因其上承九五，得位承尊，依尊履正，故“悔亡”。“田获三品”，喻其功成。《礼记》有云：“天子诸侯无事则岁三田，一为干肉，一为宾客，一为充君之庖。”古代君王贵族有田猎之俗，猎获分三个品级：射中心脏者为上杀，晒干后用来祭祀；射中腿部者为中杀，用来宴请宾客；射中内脏者为下杀，因其肉已被血污，故只能送至庖厨，自己享用。六四顺承九五，得申命而行事，故而有功，如田猎获三品。

“九五：贞吉。悔亡，无不利。无初有终。先庚三日，后庚三日，吉。”

象曰：“九五之吉，位正中也。”

九五刚爻君位，占断为“吉”，“无不利”。“贞”为卜问，先儒解为从正则吉，误。中有“悔亡”者，指《巽》卦九五与九二敌应，本应有悔，但九二居巽之时，秉谦卑恭顺之志，故悔亡。“无初有终”，《易经》之《睽》卦六三爻辞也有此语。在此卦中，无初是指九五与九二敌应，故“无初”，有终是得到了六四的顺承，得申命而行事，故曰“有终”。“先庚三日，后庚三日，吉”，《易经》《蛊》卦卦辞有“先甲三日，后甲三日”，与此类似。古代以天干纪日，甲日为纪日之始，故《蛊》卦彖辞说：“先甲三日，后甲三日，终则有始，天行也。”庚日为天干纪日第七日，庚者更也，《易》曰“七日来复”，第七日是要发生变更的日子，因此君王要申命，宣布变革意图。“先庚三日”为丁日，“丁”有叮咛之义，叮咛即“申命”；“后庚三日”为癸日，“癸”有揆度之义，揆度即检讨、判断申命行事的效果、得失及百姓反应。揆于当今，“先庚三日”相当于改革举措前的政策宣传，“后庚三日”相当于改革措施实施后的“绩效评价”。

“上九：巽在床下，丧其资斧，贞凶。”

象曰：“巽在床下，上穷也。丧其资斧，正乎凶也。”

上九为巽之终，刚爻阴位，不中不正，下与九三敌应，上无所凭，乃无位之尊。“巽在床下”于此卦中二见，然与九二之“巽在床下”不同，九二是上无申命，故祝祷于神明；上九比于申命之君，犹祝祷神明，是乃卑巽过甚，《周易正义》孔颖达疏云：“上九处巽之极，巽之过甚，故曰‘巽在床下’。”“丧其资斧”者，过巽失威也。孔疏云：“斧能斩决，以喻威断也。巽过则不能行威命，命之不行，是丧其所用之斧，故曰‘丧其资斧’也。”因此占断为“凶”。象辞说：“巽在床下，上穷也。丧其资斧，正乎凶也。”上九之“巽在床下”，是位至巽之极，其上穷的缘故；“丧其资斧”，正是占断为凶的标志。

易经·下经之五十八

悦以利贞，即是兑卦

兑为泽

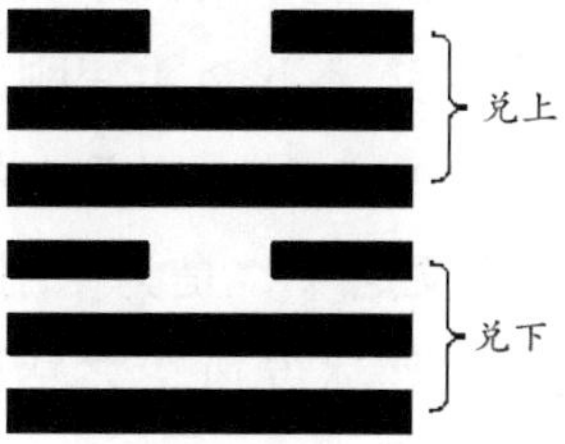

《兑》：亨，利贞。

初九：和兑，吉。
九二：孚兑，吉，悔亡。
六三：来兑，凶。
九四：商兑，未宁，介疾有喜。
九五：孚于剥，有厉。
上六：引兑。

《兑》卦是兑宫首卦，也是本宫卦。“《兑》为泽”，上下《兑》卦相连而立，有两泽相连，两水交流之象，喻上下相合，朋友相慕，两情相悦，故名之以“兑”。《说文》：“从口、从八，象气之分散。”“兑”字本义为交流，人之交流以“说”，入心则“悦”。故“兑”通“说”，也通“悦”。《兑》卦就是通过交流，使人喜悦之卦。

《兑》卦与《巽》卦互综，《巽》有流布义，《兑》有发散义，《巽》为申命行事，《兑》则使民喜悦，二者相辅而相成。

卦辞："兑，亨，利贞。"

彖曰："兑，说也。刚中而柔外，说以利贞，是以顺乎天而应乎人。说以先民，民忘其劳；说以犯难，民忘其死。说之大，民劝矣哉！"

《兑》卦象征喜悦，故是亨通之卦。"利贞"者，宜于守正。彖辞首释卦名："兑，说也。"说、悦通假，这里是说、还是悦？恐怕二义兼有。"刚中而柔外"指卦象，《兑》卦源自《坎》卦，《坎》为动水，《兑》为静水。动水流至低洼处，止则为泽，即为《兑》。故先天八卦中，《坎》卦在正西，演化至后天八卦，《兑》卦接替《坎》卦，位于正西，这是表现了《坎》与《兑》的因果关系。就卦象而言，"坎中实"，《坎》卦中爻为刚爻，上下各为柔爻。下爻柔变刚，好比河流，下游被堰塞住，成了堰塞湖，《坎》卦就变成了《兑》卦，"兑上缺"。《易经》以上为外，以下为内，《兑》卦柔爻为上爻，刚爻居中，是为"刚中而柔外"。内秉刚直之性，外以柔顺谦逊待人，就能使人有"如沐春风"之感而喜悦，乐于交流，自己也能从这和谐的氛围中拥有了喜悦的心情。人我和谐，利于守正，故曰"说以利贞"。这是顺应天道、人情的。喜悦不仅是人的感情需求，还有一个社会功能，就是"劝民"。"说以先民，民忘其劳；说以犯难，民忘其死"，这里的"说"即有悦义，恐也有说义，"先民"也者，非指前朝之民，是"身先士卒"的意思，"说以先民，民忘其劳"，是说以愉悦的心态感染百姓，使百姓忘记劳作的辛苦；"说以犯难，民忘其死"，以愉悦的心态勇于赴难，可以激励百姓舍生忘死。这是因为人的情绪是有感染力的，"一人向隅，举座不欢"，不仅是欢乐，喜怒哀乐悲恐惧都可以感染别人。所以"说之大，民劝矣哉！"

宋代大文学家、政治家、军事家范仲淹登岳阳楼，撰《岳阳楼记》，为我们留下了"先天下之忧而忧，后天下之乐而乐"的千古名句，"登斯楼也，则有心旷神怡，宠辱皆忘，把酒临风，其喜洋洋者矣"，其所思所想，大概也是想到了《兑》卦之"说以先民，民忘其劳；说以犯难，民忘其死"吧！古之君子，大多具有谦卑爱民的悲悯情怀，这也是古人留给我们的宝贵精神遗产。

象曰："丽泽，兑。君子以朋友讲习。"

《兑》卦大象辞所云"丽泽"，指《兑》卦上下皆为泽，两泽相连是为"兑"。丽者连也。金代北京西南有丽泽门，大概此地多水洼相连，故云"丽泽"，其名即取自《兑》卦。现今此地尚有丽泽桥之名，遗址早已汗漫无稽。此外，桂林也有丽泽门，为民国武昌首义将领蒋翊武慷慨就义之地，今更名为“翊武路”。“君子以朋友讲习”，古代朋与友有别，同门曰朋，同志曰友。《兑》卦兆象为两泽相连，君子见此卦象，要领悟《兑》卦主旨，会同学友同道，切磋学养见解，其乐何如！

“初九：和兑，吉。”

象曰：“和兑之吉，行未疑也。”

初九为兑之始，得位守正，故占断为“吉”。称之为“和兑”者，因其刚爻阳位，有悦动之象，以平和喜悦的态度待人，故曰“和兑”。从爻象关系上看，初九和九二、九四俱为刚爻，同性无应，其悦乐属于孤独中的自得其乐，好比孔门弟子颜回，“一箪食，一瓢饮，在陋巷，人不堪其忧，回也不改其乐”。象辞说：“和兑之吉，行未疑也。”以平和喜悦的态度待人所以吉祥，是因为这样给人的印象是为人坦诚，心胸开阔，其行动不被人猜疑。

“九二：孚兑，吉，悔亡。”

象曰：“孚兑之吉，信志也。”

九二刚爻阴位，居下卦中爻，虽失位而得中，表明其性情刚直而又能怀柔执中，故占断也为“吉”。称之为“孚兑”者，有诚信也。《说文》：“孚，信也。”徐锴云：“鸟之孚卵，皆如其期不失信也。”“悔亡”之断，因六三乘刚，有受小人媚惑之忧而有悔，然幸而九二刚实居中，诚信自守，故“悔亡”。象辞说：“孚兑之吉，信志也。”这里的“信志”即以诚信为志。程颐解释说：“心之所存为志，九二刚实居中，孚信存乎中也。”

“六三：来兑，凶。”

象曰：“来兑之凶，位不当也。”

六三柔爻阳位，失位，且不中不正，处于上下两个刚爻之间，于兑之时，有上下逢迎，曲阿奉承之象。因在下卦故曰“来兑”。六三相当于基层官吏，上下示好，露骨谄媚，乃国之妖也，故占断为“凶”。象辞说：“来兑之凶，位不当也。”六三以柔居阳，其德不配位，故曰“位不当也”。

子曰：“巧言令色，鲜矣仁。”胁肩谄笑，圣人所鄙。然累世不绝者，皆因上有所好，下必从之，此物盛行，实乃国之灾殃。

“九四：商兑，未宁，介疾有喜。”

象曰：“九四之喜，有庆也。”

九四刚爻阴位，位于上下卦之间，居上互体《巽》卦中爻，《巽》为进退，九四与初九同性无应，下与六三亲比，易受其媚惑，故不能自决，乃有“商兑，未宁”。商者，忖度也，王弼注云：“商，商量裁制之谓也。”不能自决，所以“未宁”。所幸九四具刚直之性，终未受惑于六三，且为之界隔，故曰“介疾有喜”。介者，界也。孔颖达疏云：“夫佞邪之人，国之疾也。三为佞说，将近至尊，故四以刚德，裁而隔之，使三不得进，匡内制外，未遑宁处，故曰‘商兑，未宁’。居近至尊，防邪隔疾，宜其有喜，故曰‘介疾有喜’。”象辞说：“九四之喜，有庆也。”九四位近九五，是国家辅政大臣，能够防邪隔患，自是国家之庆。

“九五：孚于剥，有厉。”

象曰：“孚于剥，位正当也。”

九五刚爻君位，其下无应，上与上六亲比，“孚于剥”者，因亲昵而信任之。“剥”即剥落、剥蚀，《易经》《剥》卦是阴盛阳消，小人道长之卦，这里指上六之为。为君者亲小人，远贤臣，国本即有剥蚀之兆。故占断为“有厉”。象辞说：“孚于剥，位正当也。”是说君王昏昧，孚信于小人，不知小人之剥蚀，正当其位也。《易经》《剥》卦六爻爻辞有云：“剥床以足”“剥床以辨”“剥床以肤”，床即君位。元人胡炳文有云：“说之感人最为可惧。感之者将以剥之也，况为君者易狃于所说，故虽圣人，且畏于巧言令色，况凡为君子乎！”（胡炳文《周易本义通释》）

中国古代，虽君国为一体，但忠于君者未必忠于国，故君之忠臣很可能即国之佞臣，自古皆然。齐桓公为春秋五霸之一，然有三竖：易牙、竖刁和开方，虽管仲而不能去，最终桓公即死于三人之手。年代更近者，如明代严嵩之于英宗、清代和珅之于乾隆，皆是君之忠臣、国之佞臣，“孚于剥”之“有厉”，殷鉴不远。

“上六：引兑。”

象曰：“上六引兑，未光也。”

上六柔爻，尊而无位，与九五亲比，曰“引兑”者，诱引九五入悦也。此爻无吉凶占断，以其阴柔，行为恭谨，其目的尚未彰显。故象辞云：“上六引兑，未光也。”

易经·下经之五十九

涣难离险，其如涣卦

风水涣

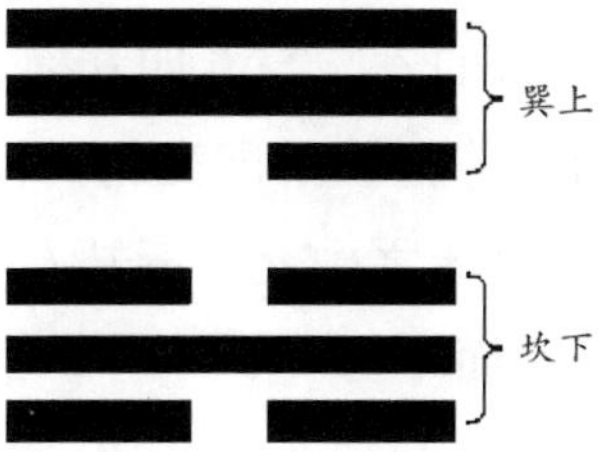

《涣》：亨。王假有庙，利涉大川，利贞。

初六：用拯马壮，吉。
九二：涣奔其机，悔亡。
六三：涣其躬，无悔。
六四：涣其群，元吉。涣有丘，匪夷所思。
九五：涣汗其大号，涣，王居无咎。
上九：涣其血，去逖出，无咎。

《涣》卦是离宫第六卦，下卦已变为《坎》，上卦第二爻继续变，柔变刚，上卦变为《巽》，上《巽》为风，下《坎》为水，是为“风水《涣》”。

《涣》卦接于《巽》《兑》之后，《序卦传》云：“兑者，说也。说而后散之，故受之以涣。涣者，离也。”此说未足。《巽》《兑》《涣》都有发散义，《巽》为风之散，《兑》为气之散，《涣》为水之散。《周易正义》孔颖达疏云：“然则涣者，散释之名。《杂卦》曰：‘涣，离也。’此又涣是离散之号也。盖涣之为义，小人遭难，离散奔迸而逃避也。大德之人，能于此时建功立德，散难释险，故谓之为涣。”因之，《涣》卦实为涣难离险之卦。

卦辞："涣，亨。王假有庙，利涉大川，利贞。"

彖曰："涣，亨。刚来而不穷，柔得位乎外而上同。王假有庙，王乃在中也。利涉大川，乘木有功也。"

《涣》卦是亨通之卦，"王假有庙"于《萃》卦卦辞中亦见，此处为二见。"萃者，聚也"，《萃》卦是萃聚人心之卦，君王借至宗庙祭享先祖的方式来凝聚人心，故曰"王假有庙"。此处之"王假有庙"亦然。"利涉大川"者，人心齐，利于涉难也，"利贞"，利于守正。彖辞"刚来而不穷，柔得位乎外而上同"难解。据《周易正义》，似指九二、六四之爻变。《涣》卦来自《否》卦，《否》为否塞，《涣》则亨通，《否》卦的六二与九四互换，是内外卦的刚爻柔爻互换，六二变为九二，九四变为六四，《否》卦即变为《涣》卦。《否》之外卦《乾》的初爻刚爻下至《否》卦下卦《坤》之中爻，下卦《坤》变为《坎》，"坎中实"，刚爻上下有柔爻亲比，故"刚来而不穷"；《坤》的中爻柔爻上至《否》卦上卦《乾》之初爻，柔爻阴位乃得位，上与九五亲比，故"柔得位乎外而上同"。这个交换的结果，否塞变亨通。"王假有庙，王乃在中也"，是对君王至宗庙祭祀的具体描述。《礼记》云："……故宗祝在庙，三公在朝，三老在学。王前巫而后史，卜巫瞽侑，皆在左右，王中，心无为也，以守至正。"此即君王莅庙，以祭祀神明先祖来凝聚人心的仪范。"利涉大川，乘木有功也"，此又言卦象。《涣》卦上《巽》为木，下《坎》为水，涉川需乘舟，故曰"乘木有功"。

象曰："风行水上，涣。先王以亨于帝立庙。"

《涣》卦的大象是风行水上，水波涣散，涟漪不止。君王见此卦象，应知民心有涣散怠惰之兆，故应以祭享神明先祖的方式凝聚人心，感召民众。

"初六：用拯马壮，吉。"

象曰："初六之吉，顺也。"

初六为涣之始。柔爻无位，兆示小民遇险则涣离。"用拯马壮，吉"同见于《明夷》卦之六二爻辞："明夷。夷于左股，用拯马壮，吉。"二者情景类似，都是遇险而逃逸。其卦象也类似，《明夷》六二上互卦为《震》，《震》为马，故喻以"拯马"；《涣》卦之二、三、四三爻为下互卦《震》，初六承震之马得拯，故占断也为"吉"。象辞说："初六之吉，顺也。"指的就是这种爻象之间的顺承关系。

“九二：涣奔其机，悔亡。”

象曰：“涣奔其机，得愿也。”

九二刚爻阴位，又居下卦《坎》之中，失位且居险，本当有悔，故涣离。“涣奔其机”，机通“几”，几案也，这里指初六。程颐于此爻辞释之甚详：“九二在涣离之时，而处险中，其有悔可知。若能奔就所安，则得悔亡也。机者，俯凭以为安者也。俯，就下也；奔，急往也。二与初虽非正应，而当涣离之时，两皆无与，以阴阳亲比为求，则相赖者也。故二目初为‘机’，初谓二为‘马’。”（《伊川易传》）

“六三：涣其躬，无悔。”

象曰：“涣其躬，志在外也。”

六三柔爻刚位，失位居险，又不中不正，居下卦《坎》之顶，离险在即，涣离之愿更盛。然上与六四妒合，故而心神不宁。顾虑越多，思想包袱越重，“涣其躬”，即舒散自身，排除妄念，有“放下包袱，轻装前进”之意。《说文》：“躬，身也。”象辞说：“涣其躬，志在外也。”六三上与上九正应，其志在外，故“涣其躬，无悔”。

“六四：涣其群，元吉。涣有丘，匪夷所思。”

象曰：“涣其群，元吉，光大也。”

六四柔爻阴位，已出离《坎》险，得位元吉。居辅政大臣之位，而无结党营私之心，故“涣其群”。“涣有丘”者，由于心底无私，故感召力反而更强，朋侪同僚，如丘墟之聚，真是“匪夷所思”。象辞说：“涣其群，元吉，光大也。”是说“涣其群”乃心底无私，出以公心，是光明正大的事。

古代朝堂之内，一直有“朋党”现象，即今之“圈子文化”。同声相应，同气相求，自然而然就形成了各种“圈子”，所谓“物以类聚，人以群分”。圈子有好有坏，以义为媒者曰“朋”，以利为媒者曰“党”。故孔子作义利之辨曰：“君子矜而不争，群而不党。”（《论语·卫灵公》）宋人欧阳修曾撰有名篇《朋党论》，专论“君子群而不党，小人党而不群”的道理。然无论好坏，朋党历来为当权者所忌，故历朝历代，“党祸”频发，东汉末有“党锢”之祸，北宋末年有“元祐党人碑”，明末有东林党祸，皆为官场倾轧，为当权者患。“涣其群”实乃避祸之道也。

“九五：涣汗其大号，涣，王居无咎。”

象曰：“王居无咎，正位也。”

理解九五爻辞，首先有个断句问题。爻辞中出现两个“涣”，其一曰“涣汗”，其二曰“涣王居无咎”。“涣汗”即发汗，“涣汗其大号”，君王号令天下如发汗，取汗出而不再返入意。西汉刘向为前将军萧望之鸣冤，上书元帝有云：“《易》曰‘涣汗其大号’，言号令如汗，汗出而不反者也。今出善令，未能逾时而反，是反汗也。”（《汉书·刘向传》）即明此意，故先儒及今之治易者于此解均无异议。然于“涣王居无咎”，则多断句为“涣王居，无咎”，解为君王散发王室财货，财散而人聚，故无咎。此解误于不细审爻辞。《易经》爻辞一爻说一事，此爻即云“涣汗”，再云“涣王居”，于例不合。《周易正义》王弼注将此句断为“涣，王居无咎”，其注云：“‘涣，王居无咎’者，为涣之主，名位不可假人，惟王居之，故曰‘涣，王居无咎’。”此注甚有理，故我取之。意为：“‘涣汗其大号’之涣，惟王居之，无咎。”象辞说：“王居无咎，正位也。”是说此“涣”之义，用于君王而无咎者，王居其位也。

“上九：涣其血，去逖出，无咎。”

象曰：“涣其血，远害也。”

上九尊而无位，下卦《坎》为险，上九所居为最远险者，“涣其血”即消散其伤害。“逖”作“惕”解，忧虑的意思，“去逖出”，即解除忧虑，朱熹有云：“血，谓伤害。逖，当作惕，与小畜六四同。”《小畜》卦六四爻辞云：“有孚，血去惕出，无咎。”其义同也。象辞说：“涣其血，远害也。”此就上九之位而言，涣之极，已远害也。

易经·下经之六十

节以制度，是为节卦

水泽节

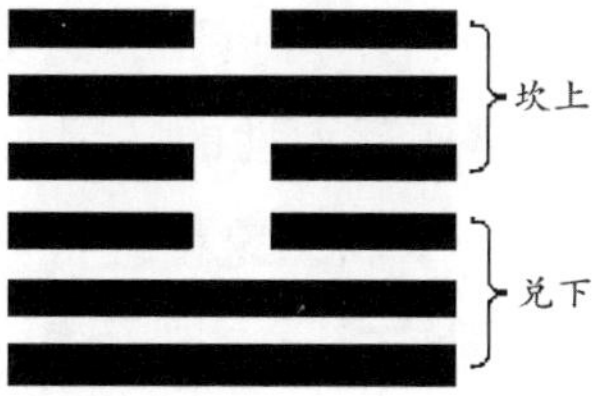

《节》：亨。苦节，不可贞。

初九：不出户庭，无咎。
九二：不出门庭，凶。
六三：不节若，则嗟若，无咎。
六四：安节，亨。
九五：甘节，吉。往有尚。
上九：苦节，贞凶，悔亡。

《节》卦是坎宫第二卦。上卦不动，仍为《坎》，下卦初爻始变，柔变刚，下卦变为《兑》卦，《坎》为水，《兑》为泽，是为“水泽《节》”。

节字繁体为“節”，上为竹字头，下为一个蹲伏的人眼看竹节处。故节的本义指竹节。竹子中空，唯竹节处有中隔，故节有分隔义。竹节排列有序，故节又有规范、仪范义。节字组词很多，组为名词，多与礼有关，如“节日”“符节”“节操”“贞节”；组为动词，则大多有规制、约束等含义，如“节约”“节省”“节度”“节制”等。《节》卦与《涣》卦互综，涣散与节制，相反而相成，涣者发散无度，节者规制有度，无度者讲模糊数学，有度者讲精确数学。《节》卦上下卦皆有水象，故接于《涣》卦之后，涣为水之散，节为水之制。故《节》卦主旨是“节以制度”。

卦辞：“节，亨。苦节，不可贞。”

彖曰：“节，亨。刚柔分，而刚得中。苦节不可贞，其道穷也。说以行险，当位以节，中正以通。天地节而四时成，节以制度，不伤财，不害民。”

《节》卦是亨通之卦，适当的节制，节之以礼，可致通达。子曰：“礼不逾节”（《礼记·曲礼》），又曰：“知和而和，不以礼节之，亦不可行也”（《论语·学而》）。然而，节也有度，“苦节，不可贞”，过分的节制，甚至到了使人痛苦的地步，就成了“苦节”，苦节是违反人性的，因而也就不能持久固守。

彖辞分三层阐释《节》卦：其一，以爻象释卦言：“节，亨。刚柔分，而刚得中。苦节不可贞，其道穷也”，《节》卦六爻，三刚三柔，刚柔均等，故曰“刚柔分”；“苦节不可贞”，指上九苦节之极，其小象云：“苦节贞凶，其道穷也。”其二，以卦德释《节》：“说以行险，当位以节，中正以通”，《节》卦下《兑》上《坎》，《兑》有悦德，《坎》有险止之德，悦而止于险，是《节》卦之义。“当位”“中正”均指九五“甘节”，其小象云：“甘节之吉，居位中也。”其三，证之以天地大义，以明《节》之主旨：“天地节而四时成，节以制度，不伤财，不害民。”《革》卦彖辞有“天地革而四时成”语，这里讲“天地节而四时成”，《革》卦讲更之以季，《节》卦讲节之以时，其义一也。“节以制度，不伤财，不害民。”体现了儒家民本主义的思想。《孔子家语》曾载孔子有次游农山问志，子路答之以勇，子贡答之以辩，唯颜回答之以去战安民：“铸剑戟以为农器，放牛马于原薮，室家无离旷之思，千岁无战斗之患，则由无所施其勇，而赐无所用其辩矣。”子曰：“不伤财，不害民，不繁词，则颜氏之子有矣。”

象曰：“泽上有水，节。君子以制数度，议德行。”

《节》卦下《兑》上《坎》，泽上有水，是江河灌注大泽之象。泽虚则受，泽满则溢，泽之容即为“节”。君子见此卦象，应领悟《节》之道，制定礼数行为规范，评议道德标准。

“初九：不出户庭，无咎。”

象曰：“不出户庭，知通塞也。”

初九为节制之初，自当谨言慎行。“不出户庭”者，前有九二相阻，退而居于户庭之内，行不逾矩也。行节之初，即知自我节制，故“无咎”。象辞说：“不出户庭，知通塞也。”不出户庭，是知道何为亨通，何为否塞。《周易正义》王弼注云：“为节之初，将整离散而立制度者也，故明于通塞，虑于险为，不出户庭，慎密不失，然后事济而无咎也。”《节》卦接于《涣》卦，涣者离散，故王弼曰“将整离散而立制度”。

孔子对此爻辞有一段议论：“‘不出户庭，无咎’，子曰：‘乱之所生也，则言语以为阶。君不密则失臣，臣不密则失身，几事不密则害成，是以君子慎密而不出也。’”（《系辞传上》）孔子受《节》卦下卦“《兑》为口”的启发，认为自《兑》入《坎》“言语以为阶”，释“不出户庭”为“慎密不出”，是对此爻辞意义的引申，王弼之注，明显有孔夫子影响在。

“九二：不出门庭，凶。”

象曰：“不出门庭，凶。失时极也。”

九二刚爻阴位失位而得中，上与六三刚柔相济而亲比，本为通达之象。“不出门庭”者，徘徊于院内也。古代户、门有别，“户”是单扇门，《说文》：“半门曰户”，故指屋门，“户庭”为屋内；门即院门，“门庭”即院内。已然走出屋门，但踌躇于院，不出不入，乃凶之兆。

《周易正义》王弼注云：“初已造之，至二，宜宣其制矣。而故匿之，失时之极，则遂废矣。故不出门庭则凶也。”意为节以制度之初，不出户庭，可保慎密不失。然制度已成，犹徘徊于院内，不出而宣告之，是今之所谓“政令不出中南海”也，政不出则事遂废，时机即失，不复再来，故占断为“凶”。

“六三：不节若，则嗟若，无咎。”

象曰：“不节之嗟，又谁咎也。”

六三柔爻阳位，下比两个刚爻，有乘刚之象。居下卦《兑》泽之顶，“不节若”，如水满溢而不加节制，致使溢决，“则嗟若”，徒生嗟叹。“无咎”者，非无过错之意，实乃咎由自取，无他人可咎也。《周易正义》王弼注云：“以阴处阳，以柔乘刚，违节之道，以至哀嗟，自己所致，无所怨咎，故曰‘无咎’也。”象辞说：“不节之嗟，又谁咎也。”孔颖达疏云：“由己不节，自致祸灾，又欲怨咎谁乎？”

对此爻辞，最常见的误解是“无咎”。前此《易经》各卦，凡占断为“无咎”者，均以“无过错”解。唯于此，则应解为“自己所致，无所怨咎”。世人不察，先有“无过错”在胸，倒过来再解释“不节若，则嗟若”，自然就会解释为“不节制，就会感叹，要后悔。已经知道后悔了，所以就没有过错了”。今之治易者，急功近利，浅尝辄止，往往会有此弊。

“六四：安节，亨。”

象曰：“安节之亨，承上道也。”

六四柔爻阴位，得位而稳，上与九五顺承亲比，故其节制称为“安节”而致“亨”。《周易正义》王弼注云：“得位而顺，不改其节，而能亨者也。”象辞说：“安节之亨，承上道也。”孔颖达疏云：“‘承上道’者，以能承于上，故不失其道也。”

“九五：甘节，吉。往有尚。”

象曰：“甘节之吉，居位中也。”

九五刚爻君位，得位中正，故占断为“吉”。“甘节”者，即《节》卦象辞所谓“节以制度，不伤财，不害民”也。按据《洪范·五行》，金、木、水、火、土五行，土居中，“土爰稼穑”，“稼穑作甘”。九五尊位居中，有土之德，故曰“甘节”。“往有尚”，前往则有嘉尚之誉。象辞说：“甘节之吉，居位中也。”此即九五尊位居中，有土之德意。

“上九：苦节，贞凶，悔亡。”

象曰：“苦节贞凶，其道穷也。”

上九尊而无位，处《节》卦之极，有过于节制之象，故曰“苦节”。“苦节”也者，施之于人，人不胜其苦；施之于物，物不堪其苛，故“贞凶”。然又有“悔亡”占断者，苦节若用以修身，则可砥砺心志，自可无悔。孟子有名言曰：“天将降大任于斯人也，必先苦其心志，劳其筋骨，饿其体肤，空乏其身，行拂乱其所为也，所以动心忍性，增益其所不能。”此即苦节以修身也。佛教有“苦行僧”，基督教有“苦修”课，现代社会有崇尚“极简生活”者，此皆奉苦节之义。故苦节犹未可废。

易经·下经之六十一

孚乃化邦，方为中孚

风泽中孚

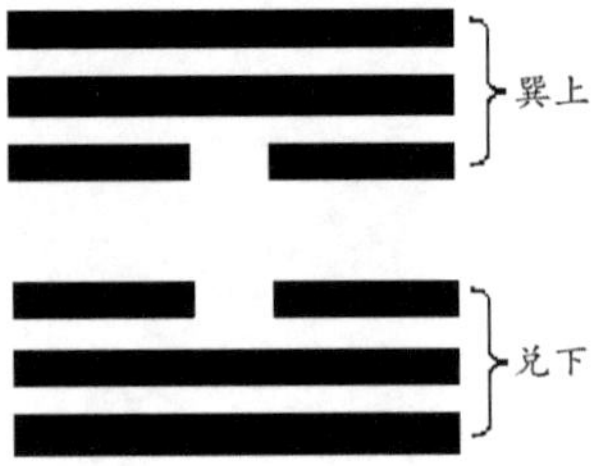

《中孚》：**豚鱼吉。利涉大川，利贞。**

初九：虞吉，有它不燕。

九二：鸣鹤在阴，其子和之，我有好爵，吾与尔靡之。

六三：得敌，或鼓或罢，或泣或歌。

六四：月几望，马匹亡，无咎。

九五：有孚挛如，无咎。

上九：翰音登于天，贞凶。

《中孚》是艮宫第七卦。艮宫六爻只剩最上一爻未变，变则出宫，故上爻不能再变。上卦初爻往回变，刚变柔，上卦变为《巽》，下卦已变为《兑》，上《巽》为风，下《兑》为泽，是为“风泽《中孚》”。孚者，信也。中孚，信在心中也。孔颖达曰：“信发于中，谓之中孚。”《中孚》卦就是讲“孚信”的卦。

信字从人、从言，《墨子》云：“信，言合于意也。”能做到心口如一就是“信”。孚信在心，称为“信心”。信者不疑，信心是对未来成功的坚定预期。信心源于“信念”，而信念首先是一种道德标准，“仁义礼智信”，信乃儒家五德。孔子曰："人而无信，不知其可。"心口如一，示人以诚，相互之间才能取得信任，所以诚是信的前提和基础。建立在诚的基础上的信叫"诚信"，持久的诚信就形成了"信用"，公家印鉴称为"印信"，其所承载的，就是国家信用，信用构成了稳固的社会关系。

卦辞："中孚，豚鱼吉。利涉大川，利贞。"

彖曰："中孚，柔在内而刚得中。说而巽，孚乃化邦也。豚鱼吉，信及豚鱼也。利涉大川，乘木虚也。中孚以利贞，乃应乎天也。"

"中孚，豚鱼吉"，意思是孚信在心，及于豚鱼，其占断为"吉"。先儒于此句有多解，焦点在于对喻体"豚鱼"的解释，亦即何以"豚鱼吉"？东汉郑玄谓孚信施于小民："豚鱼，以喻小民也。"三国魏王弼以豚、鱼为微隐之物，认为是"中信之德淳著，则虽微隐之物，信皆及之"。宋程颐、朱熹皆从此意。唯明人来知德认为豚鱼指河豚："豚鱼，生于大泽之中，将生风则先出拜，乃信之自然无所勉強者也。《唐诗》云'河豚吹浪夜还风'是也。信如豚鱼则吉矣，本卦上风下泽，豚鱼生于泽，知风，故象之。鹤知秋，鸡知旦，二物皆信，故卦爻皆象之……"至清人王引之，则认为豚鱼指士、庶人之礼："豚鱼乃礼之薄者，然苟有中信之德，则人感其诚而神降之福，故曰'豚鱼吉'。"众说不一，知之可也。"利涉大川"，孚信已足，可以涉难，因为有对未来成功的坚定预期。但有个前提，须"利贞"，必须秉正而行。彖辞先言爻象，"柔在内而刚得中"，《中孚》卦二柔爻居中，九二、九五二刚爻分别居上下二卦之中位，表明内心柔顺谦逊而外表则要刚强自信。"说而巽，孚乃化邦也"言卦德，上卦《巽》德为顺、逊，下卦《兑》德为说（悦），君上秉谦逊之德，臣下乐而从之，孚信因之可以教化一邦。"利涉大川，乘木虚也"，是以卦象释卦辞。按卦象，上卦《巽》为木，四刚爻居外，二柔爻居中，象木而中虚，有舟之象。《周易集解》王肃云："中孚之象，外实内虚，有似可乘，虚木之舟也。"有虚木之舟，所以能利涉大川。"中孚以利贞，乃应乎天也"，指诚信守中利正，得一"信"字，信者其行可期，正如四时更替、暑往寒来，天道运行自有规律可循。

象曰："泽上有风，中孚。君子以议狱缓死。"

《中孚》卦的大象是泽上有风，如诚信流布四方，君子见此卦象，要体认上天好生之德，细审狱情，赦免将死之人。

清人刘沅曾云："易凡言刑狱事，无不取诸离。"并举《噬嗑》《贲》《丰》《旅》四卦为例。《中孚》卦大象辞也言及刑狱者，因其爻象四刚爻分居上下，二柔爻居中，恰如"离中虚"，有大离之象。

"议狱缓死"即所谓"大赦天下"，君王于登基、寿诞、庆功等喜庆事，或于罹灾、更朔及天降异象示警时，多以大赦天下表其孚信，故《中孚》卦大象辞有"议狱缓死"之语。

"初九：虞吉，有它不燕。"

象曰："初九虞吉，志未变也。"

初九"虞吉"，《周易集解》荀爽云："虞，安也。初应于四，宜自安虞。"训"虞"为"安"，不知何据。王弼训"虞"为"专"："虞犹专也。为信之始，而应在四，得乎专吉者也。"似也有不当。我意莫若径以本义。虞者虑也，《孙子兵法》："以虞待不虞者"，"不虞"即指思虑不周，没有准备，引申为"没有想到"，《左传·僖公四年》："不虞君之涉吾地也，何故？""不虞"即"没想到"。又有"无虞"，即不用思虑，引申为"无忧"。如"朝廷高枕而无虞"（韩愈《与凤翔邢尚书书》）。初九为孚信之始，然始不轻信，必虑之方信，故曰"虞吉"。一旦相信，就要坚信到底。若信而有疑，必至心内不安，此即"有它不燕"。燕通"晏"，日晚则安，礼记有云："孔子燕居"，即孔子安居也。象辞说："初九虞吉，志未变也。"虑后而信之吉，在于坚信其志不变。

"九二：鸣鹤在阴，其子和之，我有好爵，吾与尔靡之。"

象曰："其子和之，中心愿也。"

九二"鸣鹤在阴，其子和之"，有孚信得以相应之义。《周易正义》王弼注云："处内而居重阴之下，而履不失中，是不徇于外，任其真者也。立诚笃至，虽在闇昧，物亦应焉，故曰'鸣鹤在阴，其子和之'也。""我有好爵，吾与尔靡之"，孔颖达疏云："不私权利，惟德是与，若我有好爵，吾原与尔贤者分散而共之。"其言隐隐而有侠者之风。象辞说："其子和之，中心愿也。"至诚可感，衷心信服。

世人见此爻辞，唯叹服其辞华美，可媲比于诗经。我观此辞，想的是楚汉之际的英布，“得黄金百斤，不如得季布一诺”，英布又名季布，自小任侠使气，轻身躯，重然诺，故有“千金一诺”之赞，其孚信如此，令人千古之下，犹想其遗风。

“六三：得敌，或鼓或罢，或泣或歌。”

象曰：“或鼓或罢，位不当也。”

六三“得敌”，指六三与六四的敌比关系。六三柔爻阳位，上与上九正应，有欲进之兆。然前行遇六四，同性相敌，故曰“得敌”。“或鼓或罢，或泣或歌”，是战是退，犹豫不定，或泣或歌，其果未知。疑者无信，六三即属未能孚信者。爻辞无吉凶占断，然“贞凶”在其中矣。象辞说：“或鼓或罢，位不当也。”六三未能孚信，是因为柔爻刚位，位置不当的缘故。

“六四：月几望，马匹亡，无咎。”

象曰：“马匹亡，绝类上也。”

六四“月几望”者，月为阴象，既望为满月，阴最盛时。“月几望”，近于既望。六四柔爻阴位，得位履顺，如月之阴即将达到最盛。本与初九正应，初九阴柔，安居自守故无应，上与九五顺承亲比，故占断为“无咎”。“马匹亡”实为“马之亡匹”，“匹”即匹配，在卦中谓指六三。此卦二柔爻即六三、六四，适成其匹，今六三未能孚信，六四上承九五，是亡其匹也，故曰“马匹亡”。象辞说：“马匹亡，绝类上也。”指六三、六四同为柔爻，其类一也，六四上承九五，是绝亡其类，一心承上也。

“月几望”在易经中三见。其一见于《小畜》卦上九爻辞：“月几望，君子征凶。”其二见于《归妹》卦六五爻辞：“月几望，吉。”此卦六四爻辞为三见。月几望为阴盛之象，故见于刚爻者“征凶”，见于柔爻者“吉”“无咎”。

“九五：有孚挛如，无咎。”

象曰：“有孚挛如，位正当也。”

九五刚爻阳位得中，是全卦主爻。《中孚》卦六爻中，唯九五爻辞中有“有孚”，九五之孚信是牵系全卦六爻的。“有孚挛如”，孔颖达疏云：“挛如者，相牵系不绝之名也。五在信时，处于尊位，为群位之主，恒须以中诚交物，孚信何可暂舍，故曰‘有孚挛如’。系信不绝，乃得无咎，故曰‘有孚挛如，无咎’也。”九五之“有孚挛如”，亦即彖辞所言之“孚乃化邦”也。

“有孚挛如”也见于《小畜》卦九五爻辞：“有孚挛如，富以其邻”，意为孚信当相互牵系，共同致富。其义与《中孚》卦相类同。

“上九：翰音登于天，贞凶。”

象曰：“翰音登于天，何可长也。”

上九体卦《巽》，《巽》为鸡，故以鸡为喻。《礼记·曲礼》：“鸡为翰音。”据《说文》：“翰，天鸡，赤羽也。”鸟之羽长而劲者曰“翰”，翰羽多华彩，故文藻华丽称“文翰”，文人荟萃之地曰“翰林”。“翰音登于天”何以“贞凶”？因鸡鸣高亢，其音可上达于天，然鸡不能高飞，鸣虽至而身不能至，此以喻虚名不为孚信也，故“贞凶”。象辞说：“翰音登于天，何可长也。”虽音至而身不能至，其音是不可长久的，以喻虚名或可搏誉于一时，但终究不能长久。

易经·下经之六十二

矫枉过正，宜其小过

雷山小过

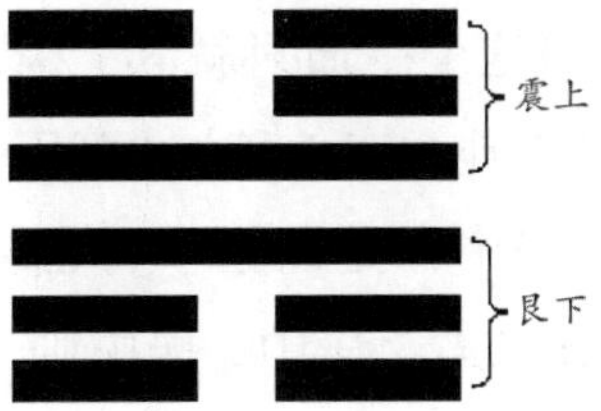

《小过》：亨，利贞。可小事，不可大事。飞鸟遗之音，不宜上，宜下，大吉。

初六：飞鸟以凶。

六二：过其祖，遇其妣。不及其君，遇其臣。无咎。

九三：弗过，防之，从或戕之，凶。

九四：无咎，弗过，遇之。往厉必戒，勿用。永贞。

六五：密云不雨，自我西郊。公弋，取彼在穴。

上六：弗遇过之，飞鸟离之，凶。是谓灾眚生。

《小过》卦为兑宫第七卦。兑宫六爻已变其五，唯上爻不可变，变则出宫，故自上卦初爻往回变，柔爻变刚爻，上卦因之变为《震》，《震》为雷；下卦为《艮》，《艮》为山，是为“雷山《小过》”。

《小过》卦与《中孚》卦互错，两卦的刚柔爻象正好相反，《序卦传》云：“节而信之，故受之以中孚。有其信者，必行之，故受之以小过。”有自信的人，行事容易过度，小过即行事小有过度，所以《中孚》卦之后接以《小过》卦。《易经》中有《大过》《小过》两卦，其“过”皆指过度，世人不细审，多以“过错”“罪过”解之，皆误。程颐有云：“过者，若矫枉而过正，过所以就正也。”（程颐《伊川易传》）。所以小过卦的主旨是“矫枉过正”。

卦辞：“小过，亨，利贞。可小事，不可大事。飞鸟遗之音，不宜上，宜下，大吉。”

彖曰：“小过，小者过而亨也。过以利贞，与时行也。柔得中，是以小事吉也。刚失位而不中，是以不可大事也。有飞鸟之象焉，飞鸟遗之音，不宜上，宜下，大吉。上逆而下顺也。”

《小过》卦是亨通之卦，但这个亨通只就其“小”言，所以卦辞说：“可小事，不可大事。”可小事者，如《遁》卦九三爻辞：“畜臣妾吉”，其象曰：“畜臣妾吉，不可大事也。”彖辞说：“柔得中，是以小事吉也。”《易经》以刚爻为大，柔爻为小，《小过》卦六二、六五二柔爻居中，居中则安，故曰“小事吉”。大事者，“国之大事，在祀与戎。祀有执膰，戎有受脤，神之大节也”（《左传·成公十三年》）。大事以礼节之，故不可过。彖辞说：“刚失位而不中，是以不可大事也”，是指《小过》卦二刚爻，九三位于下卦之顶，虽得位而不中，九四位于上卦之初，失位且不中，属于“三多凶，四多惧”之位，二者皆不可为大事者。“飞鸟遗之音，不宜上，宜下，大吉”，以飞鸟喻之者，《小过》卦有飞鸟之象。《周易集解》引宋衷云：“二阳在内，上下各阴，有似飞鸟舒翮之象。”飞鸟在空中鸣叫，闻声识鸟，鸟已飞过矣，此谓“飞鸟遗之音”。“不宜上，宜下”，《周易正义》王弼依彖辞之“上逆而下顺”注云：“上则乘刚，逆也；下则承阳，顺也。施过于不顺，凶莫大焉；施过于顺，过更变而为吉也。”此即指九三、九四二刚爻。九四若亲比六五为上行，上行有“乘刚”之虞，故为“逆”；九三若亲比六二，则为下行，下行为柔顺承刚，故曰“顺”。上行者凶，下行者吉。

象曰：“山上有雷，小过。君子以行过乎恭，丧过乎哀，用过乎俭。”

《小过》卦上《震》下《艮》，有雷鸣于山之象，“雷出地奋”，今鸣于山上，有过之义。君子见此卦象要领悟“小过”的含义，“行过乎恭，丧过乎哀，用过乎俭”。朱熹云：“小过是小事过，又是过于小，如‘行过乎恭，丧过乎哀，用过乎俭’，皆是过于小，自贬底意思。”（朱熹《朱子语类》）孔子论度，有“过犹不及”说。

按朱熹所言，则过犹胜于不及。欲矫枉者不得不过正，此亦卦辞所谓“不宜上，宜下”之旨。

“初六：飞鸟以凶。”

象曰：“飞鸟以凶，不可如何也。”

初六为小过之始，为最下爻，下无所据，上应九四，故欲上行，而违“不宜上”之旨，故凶。以飞鸟喻之者，其位为鸟翼也，苏轼云：“小过有鸟之象。四阴居用事之地，其翼也；二阳囚于内，其腹背也。翼欲往，腹背不能止；翼欲止，腹背不能作也，故飞鸟之制在翼。”纵观六爻爻辞，唯初、上二爻喻以飞鸟，六二、六五居中不以鸟喻，苏轼之说亦有不确。象辞说：“飞鸟以凶，不可如何也。”明知上行以凶，若不上行，又能如何？似有无可奈何之意。

“六二：过其祖，遇其妣。不及其君，遇其臣。无咎。”

象曰：“不及其君，臣不可过也。”

六二柔爻阴位，得位且居中，上与六五同性无应，亲比九三、九四，有顺承之吉，占断为“无咎”。然所谓“过其祖，遇其妣。不及其君，遇其臣”较为难解。查诸家解《易》，说法不同，王弼以初爻为祖，二爻为妣，程颐以四爻为祖，五爻为妣，而《御纂周易折中》均以为非，而曰：“此爻二五皆柔，有妣妇之配，无君臣之交，故取遇妣不及其君之义。”又云：“无应于君者，不敢仰干于君之象，然守柔于下，是臣节不失也。”似又有君臣之交义，故也前后矛盾。我的理解，九三为祖，九四为祖之妣。“过其祖，遇其妣”即越过九三，而与九四亲比也。因九三上应上六，不肯与之相比，九四下应初六，本有下行之宜。六五君位，九四臣位，六二与六五无应，又与九四亲比，故曰“不及其君，遇其臣”，所以占断为“无咎”。象辞说：“不及其君，臣不可过也。”在官场上，若欲见君，则大臣不可不见，故曰：“臣不可过也。”

“九三：弗过，防之，从或戕之，凶。”

象曰：“从或戕之，凶如何也。”

九三刚爻阳位，有过刚之象。处于下卦《艮》之顶，《艮》德为止，然九三不安其位而止，故诫之以“弗过，防之”。九三本与上六正应，然处过之时，“不宜上，宜下”，若上行与上六从而相应和，从上六爻辞“飞鸟离之”可知其凶，故曰“从或戕之”。《左传》有云：“自虐其君曰‘弑’，自外曰‘戕’。”（《左传·宣公十八年》）戕者，罹外患而被害，故其占断为“凶”。象辞说：“从或戕之，凶如何也。”用现代话来说，因为盲从而被杀害，这又何苦来呢?

“九四：无咎，弗过，遇之。往厉必戒，勿用。永贞。”

象曰：“弗过遇之，位不当也。往厉必戒，终不可长也。”

九四刚爻阴位，下应初六及六二，下互卦为《巽》，《巽》为顺，故占断为“无咎”。“弗过”者，失位虽刚而不为过，“遇之”指其与初六正应，与六二过遇，皆为“宜下”。“往厉必戒，勿用”者，《易经》以上行为“往”，以下行为“来”，“往厉”，指九四若与六五、上六亲比，则有乘刚之虞，即有“厉”，故“必戒，勿用”，要坚持贞正自守，“永贞”。象辞说：“弗过遇之，位不当也。往厉必戒，终不可长也。”是指九四虽为刚爻，但其位不当，无过刚之失，故而得遇其宜。往有厉，必戒之，因其不可长久。

“六五：密云不雨，自我西郊。公弋，取彼在穴。”

象曰：“密云不雨，已上也。”

六五柔爻君位，位尊而力弱，譬如云虽密而雨未成，故喻云：“密云不雨，自我西郊。”孔颖达以爻象关系解之，云六五虽居尊位，下与六二同性无应，欲与九三亲比，而九三居下卦《艮》而止，阴阳不交故密云不雨：“六得五位，是小过于大，阴之盛也。阴盛于上，而艮止之，九三阳止于下，是阴阳不交，虽复至盛，密云至于西郊，而不能为雨也。施之于人，是柔得过而处尊，未能行其恩施，广其风化也，故曰‘密云不雨，自我西郊’也。”（《周易正义》孔颖达疏）“公弋，取彼在穴”者，六五柔爻君位，故不言王而言公，弋者缴射，用带有细绳的箭矢射物，可循绳取之。处小过之时，不可为大事，王公弋射，小事也。象辞说：“密云不雨，已上也。”是指阴气已在上，而阳气由《艮》而止，阴阳不交故不雨。

“密云不雨，自我西郊”，也见于《易经》上经之《小畜》卦辞。《御纂周易折中》引龚焕云：“密云不雨，小畜卦谓其尚往者，阴不足以畜阳，而阳尚往也。小过卦谓其已上者，阴过乎阳，而阴已上也。一为阳之过，一为阴之过，皆阴阳不和之象，故不能为雨也。”

“上六：弗遇过之，飞鸟离之，凶。是谓灾眚生。”

象曰：“弗遇过之，已亢也。”

上六为小过之极，“弗遇过之”，本与九三相应，但九三《艮》止不遇，飞而过之。“飞鸟离之”，有不复返之象，即卦辞中所谓“飞鸟遗之音”。上六是属于过之甚，已不是小过了，故占断为“凶”，因为“灾眚生”。灾指天灾，眚指人祸。象辞说：“弗遇过之，已亢也。”亢即过之甚。

易经·下经之六十三

思患而豫，用之既济

水火既济

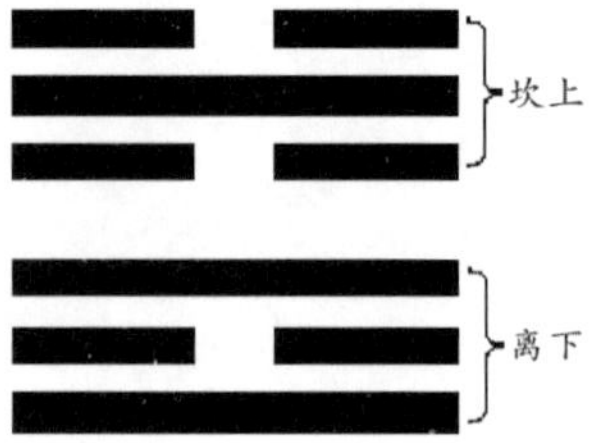

《既济》：亨小，利贞，初吉终乱。

初九：曳其轮，濡其尾，无咎。

六二：妇丧其茀，勿逐，七日得。

九三：高宗伐鬼方，三年克之，小人勿用。

六四：繻有衣袽，终日戒。

九五：东邻杀牛，不如西邻之禴祭，实受其福。

上六：濡其首，厉。

《既济》卦是坎宫第四卦。其爻变为第三变，下卦三爻柔变刚，下卦变为《离》。上《坎》为水象，下《离》为火象，是为“水火《既济》”。

《既济》卦六爻全都得位，刚爻阳位，柔爻阴位，无一不妥，故曰“既济”。《周易正义》孔颖达疏云：“济者，济渡之名。既者皆尽之称。万事皆济，故以‘既济’为名。”济有完成的意思，“既济”者，即已经完成，万事大吉了，故《杂卦传》云：“既济，定也。”从《乾》《坤》《屯》《蒙》至于《既济》，宇宙万物和人类社会完成了一个大的发展变化过程，矛盾全部解决，意味着斗争已经停止，天下大定。

然而正如苏轼所说："月有阴晴圆缺，人有悲欢离合，此事古难全。"完美是不存在的，完美得近乎僵化，就会丧失发展的活力，就会怠惰、涣散，出现新的危机，所以《既济》卦的大象辞要强调"思患而豫防之"，既济卦实际上就是"思患而豫"之卦。

卦辞："既济，亨小，利贞，初吉终乱。"

彖曰："既济，亨，小者亨也。利贞，刚柔正而位当也。初吉，柔得中也。终止则乱，其道穷也。"

卦辞说，《既济》卦是"亨小"之卦。这里的"小"没有和"利贞"连读，而是和"亨"连读，这是先儒解易的通识。《释文》引郑玄云："既，已也，尽也；济，度也。亨小，绝句。以'小'连'利贞'者非。"《御纂周易折中》引程颐语云："既济之时，大者既已亨矣，小者尚有未亨也。虽既济之时，不能无小未亨也，'小'字从下，语当然也。若言'小亨'，则为亨之小也。"这是因为，《旅》卦、《巽》卦卦辞中都有"小亨"的评断，唯《既济》卦则言"亨小"。"小亨"即"小有亨通"，而"亨小"则有"亨通至于小者"之义。先儒如此断句，恐与《既济》卦彖辞之"既济，亨，小者亨也"有关。虽然，若解释得通，则彖辞还应有一个"小"字，即"既济，亨小，小者亨也"。孔颖达也看到了这个问题，他的解释是："具足为文，当更有一'小'字，但既叠经文，略足以见，故从省也。"（《周易正义》孔颖达疏）此解虽为通识，但也有持异议者，清人毛奇龄就认为当断句为"既济亨，小利贞"（毛奇龄撰《仲氏易》）。此说也不为无据，易经《遁》卦卦辞就有"遁亨，小利贞"的评断。其彖辞曰："遁亨，遁而亨也……小利贞，浸而长也。"断句不同，理解则稍有异。断为"亨小，利贞"，可理解为《既济》之亨至于小者，宜固守贞正。断为"亨，小利贞"，则可理解为《既济》之通达，连小者也可固守贞正。何者为是，存疑不论。"初吉终乱"，孔颖达疏云："既济之初，虽皆获吉，若不进德修业，至于终极，则危乱及之，故曰'初吉终乱'也。"这一卦的卦象虽很完满，但卦辞却一点也不吉祥，有很浓厚的"居安思危"的思想。彖辞所谓"既济，亨，小者亨也"，是说《既济》卦的亨通有些特别，是无所不亨，连小处也不例外。《御纂周易折中》引俞琰语云："三刚三柔皆正而位皆当，六十四卦中独此一卦而已，故特赞之也。"既济卦六爻全都得位且正，该有应的皆有应，该亲比的皆亲比，六十四卦中只有《既济》卦如此，此亦即彖辞之"刚柔正而位当也"，这种情况最宜“利贞”。“初吉”指下卦《离》，离者明也，开始吉祥是因为在下卦《离》中，“柔得中也”，柔爻居于中位的缘故。“终止则乱”指上卦《坎》，《坎》为险，“其道穷也”。

象曰：“水在火上，既济。君子以思患而豫防之。”

《既济》卦的大象是《坎》水在上，《离》火在下。孔颖达谓：“水在火上，炊爨之象，饮食以之而成，性命以之而济。”刘沅则云：“水火交而功用行，相济中即存有相害之机。”水趋下而火就上，故有水火相济，用以备炊之象。然水决则火灭，火盛则水枯，水火相济中又蕴含水火相欺的危机。君子见此卦象，要在事济功成时思虑可能出现的灾患，并且预先加以防范。

“初九：曳其轮，濡其尾，无咎。”

象曰：“曳其轮，义无咎也。”

初九为济之始，相当于“未济”。《未济》卦的卦辞有“小狐汔济，濡其尾”语，此卦初爻有“濡其尾”辞，与《未济》卦是一个有趣的呼应。狐狸渡河，先竖其尾，濡其尾则狐狸止而不行。“曳其轮，濡其尾”，济渡之际，车须由岸下行，曳其轮则车行可控。初九刚爻得位，上应六四，当既济之时，求进心盛，阻其令止，占断为“无咎”。李光地云：“曳轮者，有心于曳之也；濡尾者，非有心于濡之者。当济之时，众皆竞济，故有濡尾之患。惟能曳其轮，则虽濡其尾而可及止也，观夫子象传可知。”（《御纂周易折中》）象辞说：“曳其轮，义无咎也。”义者宜也，曳其轮使车行可控，自当无咎也。

“六二：妇丧其茀，勿逐，七日得。”

象曰：“七日得，以中道也。”

六二柔爻阴位，得位且居下卦之中，乃命妇之位，故以妇喻。“茀”为轿车之障，《康熙字典》疏云：“妇人乘车不露见，车之前后设障以自蔽隐，谓之茀。”“妇丧其茀”言其不可行。《御纂周易折中》引程颐语云：“二，阴也，故以妇言。茀，妇人出门以自蔽者也。丧其茀则不可行矣。”初、二两爻居下位，所以均取其欲济而未济之义，初爻曳其轮，以喻其时不可行；二爻丧其茀，以喻时可行而于礼则不可行，此亦“止则无咎”之义也。“勿逐，七日得”，于此卦为二见。《震》

卦六二爻辞曰：“震来厉，亿丧贝，跻于九陵，勿逐，七日得”，取“七日来复”之意，此卦六二爻辞其义亦然。象辞说：“七日得，以中道也。”七日之内失而复得，因为六二居中，得乎中道。

“九三：高宗伐鬼方，三年克之，小人勿用。”

象曰：“三年克之，惫也。”

九三刚爻阳位，居下卦《离》之终，有衰末中兴之象，故言及殷高宗。《周易正义》王弼注曰：“处既济之时，居文明之终，履得其位，是居衰末而能济者。”“高宗伐鬼方”是发生在公元前的一桩历史事件，殷高宗名武丁，殷商第二十三位君王，今本《竹书纪年》有载：“三十二年伐鬼方，次于荆。三十四年师克鬼方。”鬼方者，殷时北方蛮夷之国。按殷时用兵的史料记载，每次用兵约3000人到5000人不等，“三年克之”，一可见当时鬼方实力之强大，二则见高宗时殷商中兴之艰难。“小人勿用”，兵者为凶器，孔颖达疏云：“君子处之，能建功立德，故兴而复之。小人居之，日就危乱，必丧邦也，故曰‘小人勿用’。”象辞说：“三年克之，惫也。”是强调高宗中兴之难。《周易集解》引虞翻语云：“在既济之家，而述先代之功，以明周之因殷，有所弗革也。”有周代殷，于商纣王多所贬抑，唯商汤、高宗者多誉辞，以其有创业兴国，德义化邦之功也。

“六四：繻有衣袽，终日戒。”

象曰：“终日戒，有所疑也。”

六四柔爻阴位，有心细如发、预先准备的性格。“繻”本义是彩衣，《说文》：“繻，缯采色，从糸，需声。”“袽”本义是破败的衣服，《康熙字典》引《玉篇》：“袾袽，敝衣也。”何谓“繻有衣袽”？王弼注云：“繻，宜曰濡。衣袽，所以塞舟漏也。”六四已入上卦坎水，为济渡之时，衣袂因舟漏而濡，因早有准备，以衣袽塞舟漏。此解为后世治易者所本，程颐、朱熹等皆因之而生发。《御纂周易折中》引郭忠孝语云：“既济思患豫防，而四又居‘多惧’之地，是以有‘繻有衣袽’之戒，勿以既济而忘未济之难也。‘终日’者，言无怠时也。”象辞说：“终日戒，有所疑也。”王弼注曰：“以不与三、五相得，惧其侵克，有所疑故也。”是说六四柔爻处两刚爻九三、九五之间，本与初九相应，又惧九三、九五侵凌，故“有所疑”。《易经》各卦六爻中，三爻、四爻处于上下卦之间，正是由内卦向外卦转化发展的节点，故多疑惧之虑，《系辞传》所谓“三多凶，四多惧”是也。

“九五：东邻杀牛，不如西邻之禴祭，实受其福。”

象曰：“东邻杀牛，不如西邻之时也。实受其福，吉大来也。”

九五刚爻君位，居上卦之中，是既济功成之象。功成则祭，以告神明先祖，故九五爻辞以祭祀为喻。“东邻杀牛，不如西邻之禴祭”者，从地理上看，商都朝歌在今河南淇县一带，武王时周都镐京，即今之陕西西安附近，故东邻指殷商，西邻指有周。《周易正义》王弼注云：“牛，祭之盛也。禴，祭之薄也。居既济之时，而处尊位，物皆盛矣，将何为焉？其所务者，祭祀而已。”从爻辞上看，东邻杀牛，西邻禴祭，大概是同时进行的。联系九三爻辞：“高宗伐鬼方，三年克之”，此即攻伐得胜，祭祀以庆功。商为宗主，周为属国，故商杀牛盛祭，周则薄祭。然“东邻杀牛，不如西邻之禴祭，实受其福”者，盖意指殷商虽盛，已呈衰微之象，有周虽弱，已有兴霸之之基，故曰“实受其福”。象辞说：“东邻杀牛，不如西邻之时也。实受其福，吉大来也。”是说时移世易，不以表面盛衰为志，王弼注云：“在于合时，不在于丰也。”

“上六：濡其首，厉。”

象曰：“濡其首厉，何可久也。”

上六处于既济之极，物极必反，故返之未济，“濡其首，厉”，即下接之《未济》卦“小狐汔济”，小狐渡河，濡没其首，因之有“厉”。象辞说：“濡其首厉，何可久也。”言其首既濡，则身没可知，不可长久也。

《既济》卦虽卦象完美，但蕴含危机，故六爻爻辞皆有诫语。初爻“曳其轮”戒“行”，二爻“丧其茀”戒“逐”，三爻戒“小人勿用”，四爻“终日戒”，五爻有“东邻杀牛”之戒，六爻以“濡其首”为戒，此即“思患而豫”。

易经·下经之六十四

未有穷期，是曰未济

火水未济

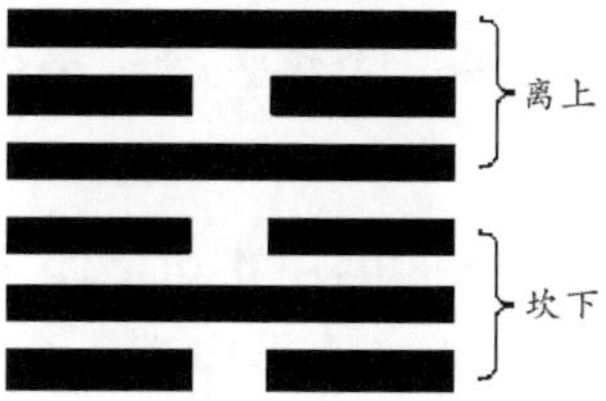

《未济》：亨。小狐汔济，濡其尾，无攸利。

初六：濡其尾，吝。
九二：曳其轮，贞吉。
六三：未济，征凶，利涉大川。
九四：贞吉，悔亡。震用伐鬼方三年，有赏于大国。
六五：贞吉，无悔。君子之光，有孚，吉。
上九：有孚于饮酒，无咎。濡其首，有孚失是。

《未济》卦是离宫第四卦，上卦不变，仍为《离》，下卦第三爻继续变，刚变柔，下卦变为《坎》。上《离》下《坎》，是为“火水《未济》”。

《未济》卦和《既济》卦互综，“未济”即相对于“既济”而言，《既济》六爻皆得位，以象万物皆济，是卦象完美之卦。《未济》卦则相反，六爻皆不得位，以象万物皆未完成，故曰“未济”。未济有两种可能：“得济”和“不济”，故《未济》卦实际表现的是变化正在进行中，成败利钝非可逆睹也。《序卦传》云：“物不可以穷也，故受之以未济终焉。”以《未济》卦为周易最后一卦者，是未完成的终结，也是没有结束的开始。所以我将此卦定义为“未有穷期”，取义于鲁迅《伪自由书》中语：“战斗正未有穷期，老谱将不断的袭用。”

治易者有“易学在蜀”的说法，此典出自《宋史·隐逸·谯定传》，程颐、程颢兄弟随父游成都，见路边一编竹篓老人，肘腋间居然挟有一册《周易》，遂上前欲诘之，不料老翁以《杂卦传》之“未济男之穷也”反诘之，二程语塞。老翁曰：“三阳皆失位”，意以讽程氏三父子。其后袁滋问《易》于程颐，程颐曰：“易学在蜀耳，盍往求之！”此即“易学在蜀”的由来。

卦辞：“未济，亨。小狐汔济，濡其尾，无攸利。”

彖曰：“未济，亨，柔得中也。小狐汔济，未出中也。濡其尾，无攸利，不续终也。虽不当位，刚柔应也。”

《未济》卦火在水上，水火不交故曰未济。水火不交何以亨？《御纂周易折中》引胡炳文语云：“天地不交为否。否不曰亨，否，不通也。水火不交为未济。非不济也，未焉尔，故曰：‘未济，亨。’”此说虽欲解之而未能得解。实际上，《未济》卦之所以亨通，是因为其六爻虽皆失位，然幸而比应皆通，故曰“亨”。“小狐汔济，濡其尾”，以小狐济渡为喻，是《既济》《未济》的通例。“汔”有二义，一曰干涸，《说文》：“汔，水涸也。”一曰几乎、接近，《诗经·大雅·民劳》：“民亦劳止，汔可小康。”王弼、孔颖达取前者，谓小狐不能济川，唯待水涸方能渡之。然终濡其尾者，躁而冒进也。程颐、胡炳文则取后者，谓狐能渡水，濡尾则不行。老狐多疑，濡尾而惧，小狐勇于前行，濡其尾当是济渡将近成功，即将既济之时，将济未济，力竭而濡其尾。王、孔之说，恐失“未济”之本义，程、胡之说近是。“无攸利”，一点儿好处也没有。彖辞以爻象释卦辞，《未济》卦所以亨通，是六五柔爻居上卦《离》之中，柔顺而守中道，故曰“柔得中也”。小狐汔济之“未出中”，是指九二刚爻居下卦《坎》之中，《坎》为水，虽接近济渡成功，但其尾尚在水中，即所谓“未出中”。“濡其尾，无攸利，不续终也”，是说小狐既濡其尾，故不能坚持到达终点，王弼注云：“濡尾力竭，不能相续而终。”“虽不当位，刚柔应也”，是说《未济》卦六爻俱失位，三刚爻均居阴位，三柔爻反居阳位，刚柔未济而阴阳失调，有混沌之象。混沌孕育了无限可能，非亨则无以变化。《未济》卦刚柔皆应，有混沌初开，阴阳始判之兆。有阴阳，乃有乾坤，此亦即《未济》卦为六十四卦之终、又为《乾》《坤》二卦之始的原因。

《易经》上经始于《乾》《坤》，终于《坎》《离》；下经始于《咸》《恒》，终于《既济》《未济》。《乾》《坤》相交，化为《泰》《否》，《泰》《否》二卦再相交，即是《咸》《恒》。《既济》《未济》则是《坎》《离》二卦相交而成，故《乾》《坤》《坎》《离》为六十四卦变化之枢。

象曰："火在水上，未济。君子以慎辨物居方。"

《未济》卦大象为火在水上，王弼注云："火在水上，不成烹饪，未能济物，故曰未济。"君子见此卦象，要以谨慎之道辨别事物，令其各居其方。

"初六：濡其尾，吝。"

象曰："濡其尾，亦不知极也。"

初六为未济之始，初爻为尾。未济之始即濡其尾，因之有所憾惜，故曰"吝"。象辞说："濡其尾，亦不知极也。"是说小狐躁急失慎，急于求进，欲济而濡尾，导致不能济，是不知其限也。也有一种说法，谓小狐汔济，竖尾而行，因不知终点，中途放下尾巴，以致濡尾，不能行进，半途而废，足可憾惜（见张其成《全解周易》）。此解亦可成立。

"九二：曳其轮，贞吉。"

象曰："九二贞吉，中以行正也。"

九二刚爻阴位，居下卦《坎》险之中，虽性刚而有谨慎之道，故以"曳其轮"喻之，占断为"吉"。"贞"者，卜问也。象辞说："九二贞吉，中以行正也。"是说九二刚爻居中，虽践行济渡，然曳其轮使其行可控，得以行中正之道也。

《御纂周易折中》李光地云："以九二应六五，而居柔得中，为能自止而不进，得为下之正也。故其象占如此。"《未济》卦的初、二爻辞呼应《既济》卦初九爻辞。《既济》卦初九言"曳其轮，濡其尾"，《未济》初爻言"濡其尾"，二爻言"曳其轮"，濡其尾非有意，曳其轮则为自止，此意也和《既济》卦初爻爻辞相呼应。

"六三：未济，征凶，利涉大川。"

象曰："未济征凶，位不当也。"

六三柔爻，居下卦《坎》之终，上有应于上九，下有比于九二。"未济"者，未能离开坎险之地也。"征凶"之征，指上应上九之行，处未济之时而欲前行，占断则凶。“利涉大川”者，若下比九二，同舟共济，因九二贞吉，大川可渡，故曰“利涉大川”。《周易正义》王弼注云：“六三以阴柔之质，失位居险，不能自济者也。身既不能自济，而欲自进求济，必丧其身，故曰‘未济，征凶’也。‘利涉大川’者，二能拯难，而己比之，若能弃己委二，则没溺可免，故曰‘利涉大川’。”象辞说：“未济征凶，位不当也。”是说六三失位，且居《坎》险之极，其位不当。

“九四：贞吉，悔亡。震用伐鬼方三年，有赏于大国。”

象曰：“贞吉悔亡，志行也。”

九四刚爻阴位，失位且不居中，本当有悔，然已出《坎》险，守正为吉，悔恨消失。“震用伐鬼方三年”，“震”为沚震，本是殷商武丁时期西北沚国大将，武丁平沚后以震为沚国首领，武丁用震伐鬼方，震为有功之臣而得到封赏。是谓“有赏于大国”（参见胡厚宣《卜辞中所见殷代之农业》）。九四对应的是《既济》卦的九三，故爻辞均与高宗伐鬼方有关。清人李士鉁有云：“既济之三，以阳居阳，是君伐之。未济之四，以阳居阴，是臣用君命伐之。”（李士鉁《周易注》）象辞说：“贞吉悔亡，志行也。”九四上承六五，居大臣之位而能用君命，故其志乃大行。

“六五：贞吉，无悔。君子之光，有孚，吉。”

象曰：“君子之光，其晖吉也。”

六五柔爻君位，守正则吉。“无悔”不同于“悔亡”，悔亡是本当有悔，因力行中正之道而悔恨消失。无悔相当于“元吉”，是没有悔恨的因素。六五性柔，秉谦逊之德，诚以待人，故“无悔”。“君子之光”者，六五居上卦《离》之中，《离》者明也，行离明之道，如光照天下，故名之曰“君子之光”。“有孚，吉”，指诚信施之于人，即是吉祥之举。象辞说：“君子之光，其辉吉也。”六五与九二正应，其君子之光源于九二之晖。九二贞吉，故有其晖。晖者，朝旦之光也，即所谓“朝晖”。宋范仲淹《岳阳楼记》有名句“朝晖夕映，气象万千”，用以激励年轻人要永葆青春活力，做一个始终充溢着阳光的人。

“上九：有孚于饮酒，无咎。濡其首，有孚失是。”

象曰：“饮酒濡首，亦不知节也。”

上九为未济之极，物极必反，返而为既济。万事皆济，依诺饮酒庆贺，是为“有孚于饮酒”，诚信孚众，故“无咎”。然逸乐也有度，“濡其首”，过矣，虽“有孚”，但“失是”。“是”字从日、从正，故“失是”即是“失正”。这也就是象辞所说的：“饮酒濡首，亦不知节也。”

上九爻辞深得老子“祸兮福之所倚，福兮祸之所倚”的精髓。首言“无咎”者，未济至既济矣；次言“失是”者，有重返未济之危也，其要在于守正知节。

（未济卦的互卦、综卦、错卦皆为既济卦：）

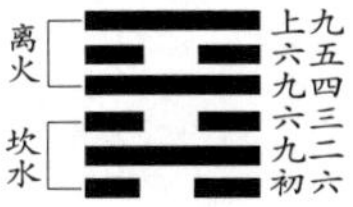

未济卦
火水未济
本卦

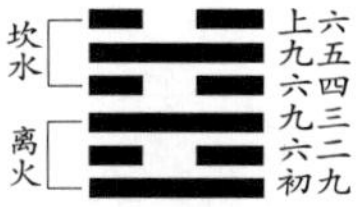

既济卦
水火既济
互卦

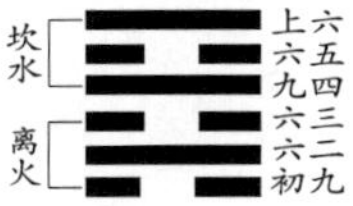

既济卦
火水既济
错卦

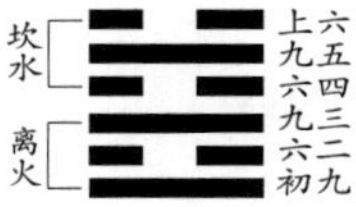

既济卦
水火既济
综卦

易经六十四卦，始于《乾》《坤》，终于《既济》《未济》，以没有完成的终结做没有结束的开始，体现了易经“原始反终”的历史循环主义，同时也体现了变化无有穷尽的辩证法思想，易学无尽，治易者正未有穷期。

易经·易之疏

易之疏之一

系辞传（上）

《系辞传》是对《周易》基本思想的阐发，可以说是周易通论。所以称之为“系辞”者，谓有系属之义也。《周易正义》孔颖达疏云：“是系属其辞于爻卦之下”，“系辞”的本义是连缀在《周易》卦爻辞后面的文字。细品《系辞传》体例，有点儿像弟子们的课堂笔记，多是有感而发，整体上感觉逻辑性差。但《系辞传》毕竟是一篇阐发易理的著作，有了《系辞传》，《易经》才具有了古代自然哲学的意义，所以《系辞传》的重要性不容低估。

《系辞传》因系属于《周易》经文，故按上经、下经也分了上、下两篇，本身原未分章。自汉代始有分章之举。据孔颖达《周易正义》所载，初周氏分《系辞传》上篇为十二章，马融、荀爽、姚信分“白茅”章下 之“负且乘”更为别章，计分上篇为十三章；虞翻则合“大衍之数”与“知变化之道”共为一章，计分十一章；孔颖达采用从众原则，“今从先儒以十二章为定”（孔颖达语）。《系辞传》下篇则“周氏、庄氏并为九章，今从九章为说也”（孔颖达语）。宋代朱熹作《周易本义》，将《系辞传》上下各分为十二章，遂成定例。本书分章与先贤略有不同，效李零的做法，以首句定章名，分《系辞传上》为十四章，《系辞传下》为十一章。

《系辞传》是《易经》的总论。在易传各篇中，《系辞传》是义理哲思色彩最为浓烈的。

1. 天尊地卑章

【原文】

天尊地卑，乾坤定矣。①卑高以陈，贵贱位矣。②动静有常，刚柔断矣。③方以类聚，物以群分，吉凶生矣。④

在天成象，在地成形，变化见矣。⑤是故刚柔相摩，八卦相荡，⑥鼓之以雷霆，润之以风雨。日月运行，一寒一暑。⑦

乾道成男，坤道成女。⑧乾知大始，坤作成物。⑨乾以易知，坤以简能。易则易知，简则易从，易知则有亲，易从则有功。有亲则可久，有功则可大。可久则贤人之德，可大则贤人之业。易简而天下之理得矣，天下之理得而成位乎其中矣。⑩

【注】

①虞翻曰：天贵故“尊”，地贱故“卑”。“定”谓成列。王弼曰：乾坤其易之门户，先明天尊地卑，以定乾坤之体。

②《易经》六爻以卑高定贵贱之位，《易纬乾凿度》有云：初为元士，二为大夫，三为三公，四为诸侯，五为天子，上为宗庙。

③动、静是物之态，刚、柔是物之性。常态为动者，其性刚；常态为静者，其性柔。孔颖达曰：动而有常则成刚，静而有常则成柔，所以刚柔可断定矣。

④《九家易》云：方，道也。道即规律。孔颖达曰：方，谓法术情性趣舍，故《春秋》云：“教子以义方。”“方以类聚，物以群分”今常作“物以类聚，人以群分”。聚类、合群则吉，脱类、离群则凶，是为“吉凶生矣”。

“类聚”“群分”在思维方法上称之为“综合法”，亦即由小及大，从个别认识整体。分析法则与之相反，是由大及小，在整体中发现差别，从而从整体认识个别。东方思维重综合，西方思维重分析，此即一例。

⑤王弼曰：“象”况日月星辰，“形”况山川草木也。虞翻曰：在天为变，在地为化，刚柔相推，而生变化矣。

⑥韩康伯曰：“刚柔相摩”，言阴阳之交感也。“八卦相荡”，言运化之推移。孔颖达曰：刚则阳爻也；柔则阴爻也。刚柔两体，是阴阳二爻相杂而成八卦，递相推荡。

⑦“鼓之以雷霆”，言震、离二卦。震为雷；《玉篇》：“霆，电也。”离为火、为日、为电。“润之以风雨”，言巽、坎二卦。巽为风；坎为月、为水，在天为雨。“日月运行，一寒一暑”，又言坎、离二卦。此句承上句“八卦相荡”而来。不言乾坤者，乾坤之体已定；不言艮、兑者，山泽静而非动也。孔颖达曰：雷电风雨，亦出山泽也。

⑧此言乾坤六子卦。《说卦传》云：乾，天也，故称乎父。坤，地也，故称乎母。震一索而得男，故谓之长男。巽一索而得女，故谓之长女。坎再索而得男，故谓之中男。离再索而得女，故谓之中女。艮三索而得男，故谓之少男。兑三索而得女，

故谓之少女。

⑨参见乾、坤二卦彖辞：大哉乾元，万物资始。至哉坤元，万物资生。

⑩虞翻曰：阳见曰易，阴藏曰简，简，阅（约）也。朱熹曰：人之所为，如乾之易，则其心明白，而人易知；如坤之简，则其事要约，而人易从。易知，则与之同心者多，故有亲；易从，则与之协力者众，故有功。有亲则一于内，故可久；用工则兼于外，故可大。德，谓得于己者；业，谓成于事者。人法乾坤之道，则可以为贤人矣。成位乎其中者，谓成人之位于天地之中，此则体道之极功，圣人之能事，可以与天地参矣。

【译】

天高而尊，地低而卑，由天地的高低上下而定《易经》乾坤之义。万物按高低排列，《易经》六爻的贵贱也就依此定位。事物的动与静都有其常态规律，常态为动者，其性刚；常态为静者，其性柔。从事物的动静常态，可以判定其刚柔的属性，并以卦中各爻爻性表现之。事物发展规律是根据同类现象而归纳的，事物的分类是根据聚合成群而判定的，合群则吉，离群则凶，是否合乎规律是产生吉凶的原因。

规律表现在天道上，是日月星辰天象之变；表现在地道上，是山川草木形态之化。所谓变化，就是事物刚柔交感相推的结果。所以，刚柔的相互作用，可归纳为八种自然现象的相互激荡，亦即各爻的刚柔变化产生出《易经》八卦的推演变化。驱动事物之变者，震为雷、离为电；浸润事物之化者，巽为风、坎为雨；离日、坎月东升西落，季节、寒暑的变化就是这样交替进行。

乾之道为刚健，乾道交坤则自然生男；坤之道为柔顺，坤道交乾则自然生女。乾为天，天道之行存于时间，故乾卦的功能是创始；坤为地，地道之为存于空间，故坤卦的功能是育成。天道昭然，力行无难，故乾卦以平易为人所知；地道浑然，化生万物，故坤卦以简约成其功能。平易使人容易了解，简约使人容易遵从。容易了解则令人有亲附之心，容易遵从则令人行之有功。有亲附之心利于长久，行之有功利于成就伟大事业。利于长久可谓贤人之德，成就伟大事业可谓贤人之业。懂得《易经》平易和简约的道理，则天下的道理就全知道了。通晓天下至理，就能效法天地，自知其位而成效其中。

【疏】

本章即朱子《本义》的第一章，因首句“天尊地卑”而名之以“天尊地卑章”。

天尊地卑章是《系辞传》之首章，有“开宗明义”的作用。“天尊地卑”初无贵贱之义，八卦悬象，以乾坤法天象地，定位而已。先天八卦《乾》上而《坤》下，以象天高地卑。“卑高以陈，贵贱位矣”指爻位的生成，“动静有常，刚柔断矣”则是指爻性的形成。《易传》形成时期，阴阳五行学说尚未与易学结合，故《系辞传》讲到爻性，只讲刚柔，不讲阴阳。后之治易者已经习惯使用阴阳五行学说解释《易经》，故释读《系辞传》时易刚柔为阴阳，虽便于理解，然恐失原意之旨。

“方以类聚，物以群分”今常作“物以类聚，人以群分”，然二者之说实有本质不同。“方”不能简单地替换成“物”，“方”的本义是方向、方位，引申为方法、方式、规律、道理。《庄子·秋水篇》有云：“吾常见笑于大方之家”，其注云：“是所以语大方之家，论万物之理也。”这里的“方以类聚”，是指万物之理可聚合为类，动静、刚柔就是方以类聚的归纳结果。“吉凶生矣”紧接“方以类聚，物以群分”，是讲卦占的吉凶判断依据万物之理，合、顺则吉，离、逆则凶。

易学有“三易”之解，曰：“不易”“变易”和“简易”。第一节重点讲“不易”。

自“在天成象”至“一寒一暑”为第二节，这一节重点讲“变易”，核心是“刚柔相摩，八卦相荡”。由三爻的刚柔属性变化，推演出八卦的交感变化，用以模拟八种自然现象的生成变化，从中领悟到万物变易之理。“鼓之以雷霆，润之以风雨。日月运行，一寒一暑”，为什么只讲《震》《离》《巽》《坎》四卦?《乾》《坤》为易道之门，《震》《离》《巽》《坎》之变即为乾坤之变。不言《艮》《兑》者，山泽为变化之所，亦即孔颖达所云：“雷电风雨，亦出山泽”也。

自“乾道成男”始，为第三节，讲“简易”，重点讲《乾》《坤》二卦。“乾道成男，坤道成女”，言八卦溯源无非乾坤；“乾以易知，坤以简能”，言乾坤之道无非易简。易知则乐从，简约则易行，君子进德修业，圣人崇德广业，均须从“简易”入手，未可烦难也。老子有云：“大道至简”，列宁有云：“真理是朴素的”，其理揆一也。

2. 圣人设卦章

【原文】

圣人设卦观象，系辞焉而明吉凶，[①]刚柔相推而生变化。[②]是故吉凶者，失得之象也；悔吝者，忧虞之象也；变化者，进退之象也；刚柔者，昼夜之象也。[③]六爻之动，三极之道也。[④]

是故君子所居而安者，《易》之序也；所乐而玩者，“爻”之辞也。是故君子居则观其象而玩其辞，动则观其变而玩其占，[⑤]是以“自天佑之，吉无不利”。[⑥]

【注】

①李鼎祚曰：圣人谓伏羲也。始作八卦，重为六十四卦矣。孔颖达曰：谓圣人设画其卦之时，莫不观瞻物象，法其物象，然后设之。朱震曰：圣人设卦本以观象，自伏羲至于文王一也。圣人忧患后世，惧观者智不足以知此，于是系之卦辞，又系之爻辞，以吉凶明告之。

②虞翻曰：刚推柔生变，柔推刚生化也。李光地曰：言卦之阴阳迭相推荡，而阴或变阳，阳或化阴，圣人所以观象而系辞，众人所以因蓍而求卦者也。

③孔颖达曰：四句经总明诸象之事。朱熹曰：吉凶悔吝，四者循环，周而复始。悔了便吉，吉了便吝，吝了便凶，凶了又悔，正如“生于忧患，死于安乐”相似。干宝曰：忧虞未至于失得，悔吝不入于吉凶。事有小大，故辞有缓急，各象其意也。

李光地曰：柔变而趋于刚者，退极而进也。刚化而趋于柔者，进极而退也。既变而刚则昼而阳矣，既化而柔，则夜而阴矣。此明刚柔相推以生变化，而变化之极复为刚柔，流行于一卦六爻之间，而占者得因所值以断吉凶也。

④《易经》三道：立天之道曰阴与阳；立地之道，曰柔与刚；立人之道，曰仁与义。六爻之中，初、二为地道，三、四为人道，五、上为天道。三道又称三才。蔡渊曰：动，变易也。极者，太极也。以其变易无常，乃太极之道也。三极谓三才，各具一太极也。变至六爻，则一卦之体具而三才之道备矣。

⑤“《易》之序也”，诸本皆作“序”。《周易正义》王弼注云：序，易象之次序。唯《周易集解》作“《易》之象也”。李道平曰：盖以下文“居则观其象”，故知“序”为“象”也。实际上，按“序”解也通。所谓《易》之序也，消息盈亏各有其时，居其时则安，故曰“居而安者《易》之序”。“乐而玩者爻之辞”，

亦安居时所为也。

“是故君子居则观其象而玩其辞，动则观其变而玩其占”，上句讲学《易》，下句讲用《易》。居则学《易》，“观象玩辞”，欲尽《易》道之理，故所观非一象，所玩亦非一爻辞。动则用《易》，“观变玩占”，欲究变化之机，故唯观所占卦之爻变以决疑。

⑥此句引自《大有》卦上九爻辞。

【译】

圣人创设八卦，文王演为六十四卦，是为了观察宇宙万事万物的物象，于卦象之后系缀卦辞、爻辞以判明吉凶，从刚柔爻的交感推演而感知变化。是以“吉”者，乃有所得之象；“凶”者，乃有所失之象。“悔吝”者，乃有忧虑顾忌之象；“变化”者，乃有进退之象；“刚柔”者，乃有昼夜之象。故六爻之变动涵盖了天、地、人三极的变化之道。

所以，君子平居而得安定者，是遵循了《易经》卦象的位序；有兴趣而品味欣赏的，是《易经》的爻辞。所以君子平居无事，就要观其卦象而玩味爻辞；有所行动，则审辨卦象变化而习玩卦占，以探究变化之机。因此才能做到如《大有》卦上九爻辞所说：“自天佑之，吉无不利。”

【疏】

本章即朱子《本义》的第二章。

孔颖达在《周易正义》中对这一章进行总结道：“前章言天地成象成形、简易之德，明乾坤之大旨。此章明圣人设卦观象，爻辞吉凶悔吝之细别。”李光地在《御纂周易折中》中也有一段总论：“上章虽言作易之源本，然实以明在造化者，无非自然之易书。故先儒以为尽前之易者此也。此章乃备言作易、学易之事，盖承上章言之，而为后诸章之纲也。”

这一章讲了三种情况：其一是圣人“设卦观象”以作《易》，其二是君子居则“观象玩辞”以学《易》，其三是君子动则“观变玩占”以用《易》。

用《易》之道后面还要讲，在“圣人四道”章：“《易》有圣人之道四焉：以言者尚其辞；以动者尚其变；以制器者尚其象；以卜筮者尚其占。”用以指导言说者注重卦、爻辞；用以指导行动者注重卦爻之变；用以指导制作用具者注重卦爻象；用以指导进行卜筮者注重其占断。

这一章有承前启后的作用，是以后各章学《易》、用《易》的总纲。

3. 彖象爻变章

【原文】

彖者言乎象者也，爻者言乎变者也，[①]吉凶者言乎其失得也，悔吝者言乎其小疵也，无咎者善补过也。[②]

是故列贵贱者存乎位，齐小大者存乎卦，辨吉凶者存乎辞，[③]忧悔吝者存乎介，震无咎者存乎悔。[④]是故卦有小大，辞有险易。辞也者，各指其所之。[⑤]

【注】

①这里的“彖”不只是指《易经》中的彖辞，也包括卦辞。李光地曰：“彖”谓卦辞，文王所作者；“爻”谓爻辞，周公所作者。“彖”指全体而言，“变”指一节而言。项安世曰：彖辞所言之象，即下文所谓“卦”也；爻辞所言之变，即下文所谓“位”也。

②杨万里辨吉凶悔吝之别者甚详，曰：尽善之谓得，不尽善之谓失；小不善之谓疵，不明乎善，而误入乎不善之谓过；觉其小不善，非不欲改而已无及，于是乎有悔；不觉其小不善，犹及于改而不能改，或不肯改，于是乎有吝。

③列者分也。六爻之位分贵贱，故曰：“列贵贱者存乎位。”王弼曰：爻之所处曰位，六位有贵贱也。侯果曰：凡爻得位则贵，失位则贱。齐者均也、正也。何为“小大”，各家说法不一。王弼谓彖者言乎象，象有小大；王肃谓阴卦为小、阳卦为大；李光地谓阴爻为小、阳爻为大。据下句：“故卦有小大，辞有险易”，似王肃说为是。然细审文意，卦之大小实指卦象，则王弼说更近之。辨者判也，吉凶之判存乎卦爻辞中。

④介，纤介，微小之物，指小疵。前段有云：“悔吝者言乎其小疵也。”朱熹曰：盖吉凶相对，而悔吝居其中间，悔自凶而趋吉，吝自吉而向凶也。能预先对悔吝而忧虑者，必能察知纤介小疵，故曰“忧悔吝者存乎介”。震，动也；无咎者，善补过也。李光地曰：知悔则有以动其补过之心，而可以无咎矣。

⑤朱熹曰：卦有小大，看来只是好底卦便是大，不好底卦便是小。如复、如泰、

如大有、如夬之类尽是好底卦。如睽、如困、如小过之类，尽是不好底卦。所以谓“卦有小大，辞有险易”，大卦辞易，小卦辞险，即此可见。

【译】

彖辞是总说全卦卦象的，爻辞是分说各爻爻象变化的。吉凶是讲其得失之象，悔吝是讲其小疵之象，无咎则要以善于弥补过失为前提。

所以，列示贵贱，依六爻的位置而定；事理大小，依全卦的卦象而定；判别吉凶，可从卦辞、爻辞中去寻找。能预先对悔吝而忧虑者，必能察知纤介小疵；行动若得无咎者，当有戒惧之心，善于弥补过失。故而卦象有大小、好坏，则其卦辞、爻辞就有危词诫语和善词吉语之分。所谓卦辞、爻辞，皆各有对应，指其所之。

【疏】

这一章即朱子《本义》的第三章，主要论述卦爻辞的象征意义。

先说彖辞、爻辞之别，一明卦象；一明爻变。次言占断之辞：吉凶、悔吝、无咎。但与前章不同，前章也论吉凶悔吝，但只言其象，此章则论其辞。

这一章再次提出了爻位问题，“列贵贱者存乎位”，正是呼应首章“卑高以陈，贵贱位矣”。

在最后，此章提出了判定吉凶悔吝应注意的问题，“辨吉凶者存乎辞，忧悔吝者存乎介，震无咎者存乎悔”。此章重点是“辞也者，各指其所之”这一句，点明本章的宗旨是叫人们按照卦爻辞趋吉避凶，所谓“卒章显其志”。

4. 天地鬼神章

【原文】

《易》与天地准，故能弥纶天地之道。①仰以观于天文，俯以察于地理，是故知幽明之故。②原始反终，故知生死之说。③精气为物，游魂为变，是故知鬼神之情状。④

与天地相似，故不违，⑤知周乎万物，而道济天下，故不过。旁行而不流，乐天知命，故不忧。安土敦乎仁，故能爱。⑥

范围天下之化而不过，曲成万物而不遗，⑦通乎昼夜之道而知故，神无方而《易》

无体。[8]

【注】

①“准”是“准绳”，与天地准是以天地为范本。《释文》：准，等也。弥，遍也。“弥纶”，涵盖、包含。虞翻：纶，络也。苏轼曰：准，符合也。弥，周浹也。纶，经纬也。所以与天地准者，以能知幽明之故、死生之说、鬼神之情状也。

王宗传曰：天地之道即下文所谓一阴一阳是也。是道也，其在天地则为幽明，寓于始终则为生死，见于物变则为鬼神。

②幽，昏冥不明，言不可见之物；明，昭然也，言可见之物。

③反即“返”，程颐曰：“原始”则足以知其终，“反终”则足以知其始。死生之说，如是而已。

④精气为魄，《说文》：魄，阴神也。在周代金文月相术语中，魄为月之可见的形态。游魂为神，《系辞传上》：阴阳不测之谓神。孔颖达曰：附形之灵为魄，附气之神为魂也。真德秀曰：人之生，精与气合，精属阴，气属阳。精则魄也，目之所以明，耳之所以聪。气充乎体，凡人心之能思虑知识，身之能举动勇决，此之谓魂。按：神指魂而言，鬼指魄而言。

⑤胡炳文曰：上文言“《易》与天地准”，此言“与天地相似”，似即准也。

⑥朱熹曰：“与天地相似，故不违”，下数句是说与天地相似之事。李光地曰：此圣人尽性之事也。天地之道，知（智）仁而已。知（智）周万物，天也；道济天下，地也。知（智）且仁，则知（智）而不过矣。旁行者，行权之知（智）也，不流者，守正之仁也。既乐天理，而又知天命，故能无忧而其知（智）愈深。随处皆安，而无一息之不仁，故能不忘其济物之心而仁益笃。盖仁者爱之理，爱者仁之用，故其相为表里如此。

⑦“范围天下之化而不过”，孔颖达曰：“范”谓模范，“围”谓周围，言圣人所为所作，模范周围，天地之化。“曲成万物而不遗”，王弼曰：曲成者，乘变以应物，不系一方者也，则物宜得矣。侯果曰：言阴阳二气，委曲成物，不遗微细也。

⑧此句断句诸本不同。《周易正义》断为：“通乎昼夜之道而知，故神无方而《易》无体”，然王弼、林希元皆引“知幽明之故”为类而注之，似应断句为：“通乎昼夜之道而知故，神无方而《易》无体。”林希元曰：圣人通知昼夜，亦

只是上文“知幽明之故”“知生死之说”“知鬼神之情状”而益深造，与之相默契。如所为“知天地之化育”云而。

“神无方而《易》无体”，意指至神不可以为一方所囿，《易》道不可以为一体所拘。孔颖达曰：凡无方无体各有二义：一者神则不见其处所云为，是无方也；二则周游运动，不常在一处，亦是无方也。无体者，一是自然而变，而不知变之所由，是无形体也；二则随变而往，无定在一体，亦是无体也。

【译】

《易经》以天地万物为范本，所以能够涵纳天地万物的变化法则。仰观天象，察日月星辰的运行；俯观地理，见山川草木的生长变化，从而理解明暗、阴阳的变化原理。追溯事物发展的原始起点，直至事物变化的终止结束，就可以体悟死生之道。无形的精气与有形的事物相结合，就形成为生物，充盈体内的精气游散出来，生物的形态、行为就会发生变化。由此可以探知鬼神的情况状态。

《易经》的推演变化与天地万物的发展变化相似，所以《易经》的义理就不会违背天地万物的发展规律。《易经》的智慧可以周知天下万物，以其《易》道济助天下，行为就不会有偏差。《易》道智慧可以触类旁通，应时权变而无流弊，既乐知天道至理，又知天命所归，所以没有忧虑。随处可安，安居则敦守仁义之道，故有爱心流布。

《易》道智慧可以如铸范那样，囊括天地造化而不逾矩，间接蜿曲地成就万物而不遗漏微细之处，通晓昼夜幽明之道而知其原理。至神不可以为一方所囿，《易》道不可以为一体所拘，是为“神无方而《易》无体”。

【疏】

这一章即朱子《本义》的第四章。

《说卦传》有云：“昔者圣人之作《易》也……和顺于道德而理于义，穷理尽性以至于命。”是说《易》之道无非顺应天道而理清人道，穷究物理，探求人性，以知天命。这一章共分三节，分说《易》道的“穷理”“尽性”“至于命”。

自“《易》与天地准”至“是故知鬼神之情状”为第一节，讲“穷理”。以天地万物为范本，就能够“知幽明之故、死生之说、鬼神之情状”。

自“与天地相似”至“故能爱”为第二节，讲“尽性”。能尽性，则“不违”“不过”“不忧”“能爱”。

自“范围天下之化而不过”至“神无方而《易》无体”是为第三节，讲“至于命”。亦即前段所说的“乐天知命”。乐天知命是人生的大修为、大境界，非历尽世间百态、饱尝人情冷暖者不能达之。

5. 阴阳为道章

【原文】

一阴一阳之谓道。[①]继之者善也，成之者性也。[②]仁者见之谓之仁，知者见之谓之知，百姓日用而不知，故君子之道鲜矣。[③]

显诸仁，藏诸用，[④]鼓万物而不与圣人通忧，[⑤]盛德大业至矣哉！富有之谓大业，日新之谓盛德，生生之谓易，[⑥]成象之谓乾，效法之谓坤，极数知来之谓占，通变之谓事，阴阳不测之谓神。[⑦]

【注】

①“道”是中国古代哲学的重要范畴。道者为何？韩康伯曰：无之称也，无不通也，无不由也。道就是一个无以为名、无所不通、万物之因的东西。根据古代哲学文献，道的本源是先天存在的一种无形无色的元气，宇宙创生之前一个很长的阶段叫“鸿蒙”，这一阶段乃是道之根，从道根产生道干，于是就有了“混沌”。这时，“元气剖判，刚柔始分，清浊异位，天成于外，地定于内”。天地交合，创生万物，此为道之实。“道”这个概念是老子首先发明的。老子在两处都提到这一点：一曰《道德经》：有物混成，先天地生，寂兮寥兮。独立不改，周行不殆，可以为天下母。吾不知谁之子，象帝之先，吾不知其名，字之曰“道”。一曰《清静经》，老子曰：大道无形，生育天地；大道无情，运行日月；大道无名，长养万物。吾不知其名，强名曰“道”。

《易经》所言之“道”，有形而上之义。程颐曰：离了阴阳便无道。所以阴阳者是道也。阴阳，气也。气是形而下者，道是形而上者。朱熹曰：理则一而已。其形者则谓之器，其不形者则谓之道。然而道非器不形，器非道不立。盖阴阳亦器也，而所以阴阳者，道也。是以一阴一阳，往来不息，而圣人指是以明道之全体也。按：程、朱之言，皆本自于《系辞传》后文：“是故形而上者谓之道，形而下者谓之器。”

②朱熹曰：造化所以发育万物者，为“继之者善”。各正其性命者，为“成之者性”。项安世曰：道之所生，无不善者，元也，万物之所同出也。善之所成，各一其性者，贞也，万物之所各正也。

“继之者善”，历代治易者皆以善恶之“善”解之。然“天地不仁”，道何以有善德？善恶之判，乃后天所生，道乃先天，不得以善恶视之，故我不取。查“善”之本义，从羊从言，完美也，“工欲善其事，必先利其器”，此即取“完美”义。“一阴一阳之谓道”，道者唯一，承续道统，则须阴阳皆备，臻于完善、完美，故曰“继之者善”。道之化育万物，一变为多，即“乾道变化，各正性命”，故曰“成之者性”。性命不同则物象各异，然皆道之表象，所以才有后文之“仁者见之谓之仁，知者见之谓之知”。

③“仁者见之谓之仁，知者见之谓之知”即今之成语：“见仁见智”，以喻因个体差异，对同一事物就会有不同看法。受其启发，古代还有一个寓言，即“盲人摸象”，喻指人限其所知，以局部误认整体。“百姓日用而不知”，百姓所知、所为，循道而行，而不知其为道。故“君子之道鲜矣”。“鲜”者，稀少也。

王宗传曰：仁者、知者，鲜克全之。百姓之愚，鲜克知之。此岂在我之善有所不足、在我之性有所不同与？非也。盖在限量使然尔，君子之道乌得而不鲜与？

④王弼曰：衣被万物，故曰“显诸仁”；日用而不知，故曰“藏诸用”。程颐曰：运行之迹，生育之功，“显诸仁”也；神妙无方，变化无迹，“藏诸用”也。朱熹曰：譬如一树一根，生许多枝叶花实，此是显诸仁处；及至结实，一核成一箇种子，此是藏诸用处。

⑤“鼓”即鼓动，此处指道化育万物。“不与圣人同忧”者，指道之用无为，所谓“天地不仁”，化育万物纯系自然，并无功利目的。圣人所为则目的性很强，常有所忧也。侯果曰：圣人成务，不能无心，故有忧。神道鼓物，寂然无情，故无忧也。

⑥“生生之谓易”，此“易”非特指《易经》，乃指“变易”也，先儒于此多误。荀爽曰：阴阳相易，转相生也。孔颖达曰：生生，不绝之辞。阴阳变转，后生次于前生，是万物恒生，谓之“易”也。前后之生，变化改易。生必有死，《易》主劝戒，奖人为善，故云生不云死也。

⑦梁寅曰：阴阳非神也，阴阳之不测者神也。一阴一阳，变化无穷，果孰使之然哉？盖神之所为也。

【译】

一阴一阳的交互作用就是“道”。道以化育万物，而万物承继道统，皆兼备阴阳。万物化成，其形各异，体现了各自的特性，但其特性，也不过是道的表象。秉仁者、秉智者已为贤人，然秉其仁者见之，谓其性为“仁”，秉其智者见之，则谓其性为“智”，都只是见到了道的一隅。百姓日用《易》道而不知其为道，所以君子之道才显得非常少见。

道以化育万物而显其仁化之功，道法的功用则藏蕴于万物功用之中。道以无为化育万物，自然而然，并无功利目的，圣人则意有所为，故多有忧虞之心。道的盛德大业可谓是达到了至善至美了！道化育万物，物无不备，可谓富有，富有即是“大业”；万物生生不息，变化无穷，日新月异，日新即是“盛德”。生生不息是为“变易”，万物成象是为“乾道”，顺效其法是为“坤道”，穷尽象数测度未来是为“筮占”，因时因事通达变化是为“事业”，阴阳相生变化无穷是为“至神”。

【疏】

这一章即朱子《本义》的第五章，讲“易”道之深邃，与老子所言“道可道，非常道”意有暗通。

此章分两节，第一节讲《易》道之深。庄子有云：“《易》以道阴阳”，然在《易经》而言，阴阳也不过是道的表象。“一阴一阳之谓道”，道者唯一，化育万物，一变为多，有“一芥子含三千大千世界”的意象。万物虽特性各异，然皆道之表象，象可言，道不可言。贤明如仁者、智者，囿于所知，也不能窥其全貌。道之深邃可知矣。

第二节讲《易》道之用。“神无方而易无体”，故以化育万物“显诸仁”；“百姓日用而不知”，所以明《易》道之“藏诸用”，此即盛德广业皆出于道的缘由。道之用，生生不息，变化无穷，阴阳相生，互相转化，变化莫测，可谓至神也。

6. 易道广大章

【原文】

夫《易》广矣大矣！以言乎远则不御，[1]以言乎迩则静而正，[2]以言乎天地之间则备矣。[3]夫乾，其静也专，其动也直，是以大生焉。[4]夫坤，其静也翕，其动也辟，是以广生焉。[5]广大配天地，变通配四时，阴阳之义配日月，易简之善配至德。[6]

【注】

①虞翻曰：御，止也。远谓乾，天高不御也。孔颖达曰：言乎《易》之变化，穷极幽深之远，则不有御止也。

②虞翻曰：谓坤。坤至静而德方，故正也。孔颖达曰：迩，近也。言《易》之变化，在于迩近之处，则宁静而得正。

③虞翻曰：谓《易》广大悉备，有天地人道焉，故称备也。李光地曰：远近是横说，天地之间是直说。理极于无外，故曰远；性具于一身，故曰近；命者自天，而人彻上彻下，故曰天地之间。"不御"者，所谓"弥纶"也；"静正"者，所谓"相以"也；"备"者，所谓"范围"也。

④宋衷曰：乾静不用事，则清静专一，含养万物矣。动而用事，则直道而行，导出万物矣。一专一直，动静有时，而物无夭瘁，是以大生也。

⑤宋衷曰：翕，犹闭也。坤静不用事，闭藏微伏，应育万物矣。动而用事，则开辟群蛰，敬导沉滞矣。一翕一辟，动静不失时，而物无灾害，是以广生矣。

⑥王弼曰：《易》之所载配此四义。孔颖达曰："广大配天地"者，此经申明《易》之德，以《易》道广大，配合天地，大以配天，广以配地。"变通配四时"者，四时变通，《易》理亦能变通，故曰"变通配四时"也。"阴阳之义配日月，易简之善配至德"者，按：初章论乾坤易简，可久可大，配至极微妙之德也。吴澄曰：《易》书广大之中有变通焉、有阴阳之义焉，亦犹天地之有四时、日月也。四时、日月即天地，犹《易》之六子即乾坤也。《易》之广大、变通、阴阳，皆易简之善为之主宰，而天地之至德亦此易简之善而已，是《易》书易简之善配乎天地之至德也。

按：吴澄之说未妥。非广大之中有变通、有阴阳，实乃易简之道有广大、有变通、有阴阳也。首章即讲乾坤之道，易简而已。所谓"乾以易知，坤以简能"，易知则可久，简能则有功，可久则广，有功乃大，故易简之道包含广大也。况吴澄自己也说：“《易》之广大、变通、阴阳，皆易简之善为之主宰”，足证其说之误。

【译】

《易》之道既宽广又宏大，以之言远则天高无极，穷尽幽深；以之言近则一身宁静，贞正自守。以之言天地之间则天地人三极之道无所不备。所谓“乾道”，其静止时则清静专一，若行动起来则直道而行，《易》道之大即由此产生；所谓“坤道”，其静止时则闭含包容，若行动起来则开放承载，《易》道之广即由此产生。与广大之义相匹配的是天地之容，与变通之义相匹配的是四时变化，与阴阳之义相匹配的是日月之行，与《易》道易简之义相匹配的则是至极微妙之至德。

【疏】

这一章即朱子《本义》的第六章，讲《易》道之广远，其立足点仍是乾、坤二卦之道。乾道“大生”，坤道“广生”，此即乾、坤二卦的“简”之义；乾道静专动直，坤道静翕动辟，此即乾、坤二卦的“易”之义。所以乾坤的“易简之道”包含了广大、变通和阴阳，犹如《乾》与《坤》二卦包含了《震》《巽》《坎》《离》《艮》《兑》六子卦。

7. 易道至矣章

【原文】

子曰①：“《易》其至矣乎！夫《易》，圣人所以崇德而广业也。②知崇礼卑，崇效天，卑法地。③天地设位，而《易》行乎其中矣。④成性存存，道义之门。⑤”

【注】

①李光地曰：十翼皆夫子所作，不应自著“子曰”字。疑皆后人所加也。按：此说有些武断。《系辞传》本身体例不一，且内容也有互相矛盾之处，非一人所著的特点已然很明显。推测当是孔门弟子的课堂笔记集纂而成。“子曰”者，当为弟子们记述孔子之语。

②孔颖达曰：言《易》道至极，圣人用之，增崇其德，广大其业，故云“崇德而广业也”。虞翻曰：崇德效乾，广业法坤也。吴澄曰：“崇德”者，立心之易，而所得日进日新也；“广业”者，行事之简，而所就日充日富也。德之进而新，由所知之崇高明如天；业之充而富，由所履之卑乎实如地。按：孔、吴之说，崇德、广业亦本乎乾坤易简之道，崇德本乎易知，广业本乎简能。

③张振渊曰：“知”即德之虚明炯于中者，“礼”即业之矩矱（矩即规矩，矱即标准、尺度）成于外者。天运于万物之上，而圣心之知，亦独超于万象之表，故曰“崇效天”；地包细微，不遗一物，而圣人之礼，亦不忽于纤悉细微之际，故曰“卑法地”。

④虞翻曰：“位”谓六画之位。乾坤各三爻，故“天地设位”。《易》出乾入坤，上下无常，周流六虚，故“《易》行乎其中”也。

⑤虞翻曰：知终终之，可与存义也。乾为道门，坤为义门。“成性”，谓成之者性也。阳在道门，阴在义门，其《易》之门邪？

【译】

孔子说：“《易》之道已经达到极致了吧！《易》就是圣人用来增崇道德、增广事业的。认知道的崇高而礼敬卑下，道德崇高是仿效天道，礼敬卑下是取法于地道。天道、地道设位为乾、坤，而《易》之道则运行于天地之间。万物成于其特性，这个特性是需要存之又存的。存性之道可入于乾，存性之义可入于坤，乾坤即是道义之门。”

【疏】

这一章即朱子《本义》的第七章。讲《易》道之用，首在于修身，在于“崇德广业”。这里讲的“知”，先儒多释为“智”，其实不然。“知”即“易知”，“礼”即“简能”，“知崇礼卑”也无非易简之道。知道崇德，循礼守矩，就可以保有万物之性。“存存”，是存其所存，用现代语言，就是“保有”其“即有”。道者通也，义者宜也，乾道通达，坤道顺宜，故乾坤即为道义之门，也是《易》道之门，故《系辞传》后文有曰：“乾坤，其《易》之门邪？”

8. 观象玩辞章

【原文】

圣人有以见天下之赜，[1]而拟诸其形容，象其物宜，是故谓之象。[2]圣人有以见天下之动，而观其会通，以行其典礼，系辞焉以断其吉凶，是故谓之爻。[3]

言天下之至赜而不可恶也，[4]言天下之至动而不可乱也。[5]拟之而后言，议之而后动，拟议以成其变化。[6]

【注】

①赜音 zé（责），幽深玄妙之义，成语“探赜索隐”即有“探究深奥道理，求索隐秘细节”的意思。这里“见天下之赜”，是言所见天下万物的森罗万象。

②“拟”即模拟，“拟诸其形容，象其物宜”即模拟其形态，取象于物使之相宜。“象”即卦象。

③会通，会合交通；典礼，即典章礼仪。爻者，效也。以爻象模拟万物的变化，以爻辞判断事件的吉凶。

④恶，嫌恶、烦恶。孔颖达曰：“‘言天下之至赜，而不可恶也’者，此复说前文‘见天下之赜’，卦象义也。谓圣人于天下至赜之理，必重慎明之，不可鄙贱轻恶也。”

⑤孔颖达曰：“‘言天下之至动，而不可乱’者，复说上圣人‘见天下之至动’，爻之义也。谓天下至赜变动之理，论说之时，明不可错乱也。”

⑥此即“观象玩辞”“观变玩占”也。“拟之”即以爻变模拟物变，“言”即系辞，“议之”即玩味其义。拟议之后才能契合其变化也。

【译】

圣人当看到天下万物之幽深玄妙之处，即要模拟其形态，取象于物，使之相宜，这种模拟出的物象即是“卦象”。当圣人看到天下万物的发展变动，即要观察其中的会聚变通之理，将其融会贯通，而形成典章礼仪，制定行为规范，系缀文辞在卦爻象之后，以爻象模拟万物的变化，以系辞来判断事物的吉凶。这就是“爻辞”。

为《易》者言说天下万物至深、至奥的事物（道理），不能令人有烦恶之心，言说天下万物的最繁杂的变动，不能令人有纷乱之感。凡筮占则先找出譬拟的卦象而后言说其蕴含的道理，审议爻象而观其变动趋势，观变玩占以契合其变化。

【疏】

这一章和下面的“易云子曰章”在朱子《本义》中本为一章，是为第八章。我将其拆开，作两章处理。理由是这两章体例上有很大差别。本章重点讲卦象、爻辞之间的关系，体例上同前此各章，是论说体。后面的“易云子曰章”则是孔子授《易》时的课堂语言，孔门弟子记录之，可谓课堂教案体。因而有独立存在价值。

本章实分两节，第一节讲“观象玩辞”，第二节讲“观变玩占”。前面讲过：“君子居则观其象而玩其辞，动则观其变而玩其占。”前者可谓静居学《易》，后者可谓动占用《易》。学《易》要知象、爻之义理，用《易》则要“拟之而后言，议之而后动”，这就是本章的主旨。

9. 易云子曰章

【原文】

“鸣鹤在阴，其子和之；我有好爵，吾与尔靡之。”①子曰：“君子居其室，出其言善，则千里之外应之，况其迩乎？居其室，出其言不善，则千里之外违之，况其迩乎？言出乎身，加乎民；行发乎迩，见乎远。言行，君子之枢机，枢机之发，荣辱之主也。言行，君子之所以动天地也，可不慎乎！”②

【注】

①见《中孚》卦九二爻辞。“鸣鹤在阴，其子和之”，同类相应也。

②“枢机”，“枢”即户枢，门闩也；“机”即弩牙，用以扣弦。枢机连用，喻指事物变化的关键。

【译】

《中孚》卦九二爻辞云：“鸣鹤在阴，其子和之；我有好爵，吾与尔靡之。”孔子说：“君子虽居于室内，其言语可应于千里。其言若善，则千里之外会应和，何况在于近处？其言若不善，则千里之外会违和，何况在于近处？言语虽发自一身，但可影响百姓。行为发动于近处，其效果则见之于远方。言与行，是君子手中的弩机，弩机一旦发动，则荣辱成败立见。言与行，君子用来可以改动天地，能不谨慎使用吗？”

【原文】

“同人先号咷而后笑。”[①]子曰：“君子之道，或出或处，或默或语。二人同心，其利断金；同心之言，其臭如兰。”[②]

【注】

①见《同人》卦九五爻辞。“同人”，志向相同之人。“先号咷而后笑”，号咷者，痛哭也，意指同仇敌忾；后笑者，有必胜信心而笑对，意指众志成城。上节“鸣鹤在阴，其子和之”讲同类相应，此则讲同气相应也。

②“或出或处”，君子二道：达则兼济天下，穷则独善其身。“出”即用事，用事之士称为“出仕”；“处”即退隐，退隐之士称为“处士”。“二人同心，其利断金”，利者，锋利也。“同心之言，其臭如兰”，臭音（秀 xiù），气味的通称。兰花之香，益远益清，以喻同心之言，无远弗届。

【译】

《同人》卦九五爻辞云：“同人先号咷而后笑。”孔子说：“君子处世，有的出仕，有的隐居，有的沉默，有的发言，看似不同，实则其道同一，心意同一。二人心意相通，其合力可以断金斫石，心意相通的语言，其香味正如兰花之香，气清而益远。”

【原文】

“初六：藉用白茅，无咎。”[①]子曰：“苟错诸地而可矣。藉之用茅，何咎之有？慎之至也。夫茅之为物薄，而用可重也。慎斯术也，以往，其无所失也。”[②]

【注】

①见《大过》初六爻辞。“藉用白茅”，藉者，垫也。祭祀所用的祭品，本来放置地下即可，这里说要放在白茅之上，以白茅为垫。这样做没有过失。

②“苟”者，姑且也。“错”者，置放也。“慎之至也”，慎非谨慎，而是敬慎。孔子认为，藉用白茅，是敬慎之极。天下之事，成于敬慎而败于轻忽，大过卦所

指是艰难之时，稍有不慎就会有栋桡之危，故孔子有此言。

【译】

《大过》卦初六爻辞云："初六：藉用白茅，无咎。"孔子说："祭祀用荐，本来放在地上就可以了，现在用白茅铺垫，有什么过错呢？这是极度的恭谨啊！而且，茅草虽不贵重，但铺在祭祀用荐的下面，这样用茅就使其变得重要了。用这样恭谨的态度去做事，就不会有过失了。"

【原文】

"劳谦君子，有终，吉。"①子曰："劳而不伐，有功而不德，厚之至也。②语以其功下人者也。德言盛，礼言恭。谦也者，致恭以存其位者也。"

【注】

①见《谦》卦九三爻辞。"劳谦"即劳而犹谦，亦即后文孔子所说："劳而不伐，有功而不德"，此为君子。

②"伐"即矜伐，恃才而自夸。"劳而不伐，有功而不德"，付出了辛劳而不自夸，取得了成效而不自居其德，这是君子所为。老子《道德经》有云："生而不有，为而不恃，功成而不居"，其意与此同。

上节言"慎"，此节言"谦"。人之谦与傲，可见其品德的厚薄，所以孔子赞曰："劳而不伐，有功而不德，厚之至也。"

【译】

《谦》卦九三爻辞云："劳谦君子，有终，吉。"孔子说："付出了辛劳而不自夸，取得了成效而不自居其德，其宽仁厚德已至极点。将自己取得的成效分功给下面的人，这种劳谦君子的德行可称为盛大，其礼让可称为恭谨。因为谦这种品格，正是通过恭谨待人而得到保存。"

【原文】

"亢龙有悔。"①子曰："贵而无位，高而无民，贤人在下位而无辅，是以动而有悔也。"②

【注】

①见《乾》卦上九爻辞。《说文》："亢，人颈也"，意指自高不屈。

②孔子此语又见于《文言》。

上节讲"谦"，此节则讲"骄亢不谦"。

【译】

《乾》卦上九爻辞云："亢龙有悔。"孔子说："失位之君，虽高贵但已没有百姓拥戴；失位之臣，虽有民望但不能辅佐君王，所以动辄有悔"。

【原文】

"不出户庭，无咎。"[①]子曰："乱之所生也，则言语以为阶。君不密则失臣，臣不密则失身，几事不密则害成。是以君子慎密而不出也。"[②]

【注】

①见《节》卦初九爻辞。

②"几事不密则害成"，几事者，机密之事也。机密之事而泄密，祸害就造成了。节卦上坎下兑，坎为险，故孔子言"乱之所生也"。孔子受节卦下卦"兑为口"的启发，认为自兑入坎"言语以为阶"。释"不出户庭"为"慎密不出"，是对此爻辞意义的引申。

此节讲要"慎密"。

【译】

《节》卦初九爻辞云："不出户庭，无咎。"孔子说："悖乱之所以会产生，是因为言语成了导致悖乱的阶梯。君王议事不密就会祸及臣子；臣子议事不密就会伤及自身；机密之事而泄密，祸害就造成了。所以君子要'慎密'，故'不出户庭'。"

【原文】

子曰："作《易》者其知盗乎？《易》曰：'负且乘，致寇至。'[①]负也者，小人之事也；乘也者，君子之器也。小人而乘君子之器，盗思夺之矣！上慢下暴，[②]

盗思伐之矣！慢藏诲盗，冶容诲淫，[③]《易》曰：‘负且乘，致寇至。’盗之招也。”

【注】

①见《解》卦六三爻辞。《解》卦上震下坎，意为“险而动”，动即求解，即要脱险。《解》卦六三居下卦坎中，是居险而不知，故以“负且乘，致寇至”喻之。

子曰“作《易》者其知盗乎？”大概是孔子答弟子问。弟子以“寇盗”询，孔子则答以《易》之《解》卦。意为“祸福无门，唯人自招”。“小人而乘君子之器，盗思夺矣”，推而广之，也有“德不配位，祸必临之”的寓意。

②“慢”即轻慢，玩忽职守。“暴”即暴戾，桀骜不驯。

③收藏财物者玩忽职守，等于告诉寇盗来偷；女子打扮妖艳，就会招致别人的淫秽之心。这一句后来简化为一句成语：“诲淫诲盗”。

【译】

孔子说：“《易》的作者大概很了解寇盗之事吧！《易》中说：‘小人背负财物，却乘坐君子之车，因而导致寇盗前来。’背负财物，是小人的职分，乘坐车辆，是君子的待遇，小人却坐到了君子位置上，所以寇盗要来夺取呀！居上位者轻慢怠惰，玩忽职守，居下位者暴戾犯上，桀骜不驯，所以寇盗就会来侵犯，收藏财物者玩忽职守，等于告诉寇盗来偷；女子打扮妖艳，就会招致别人的淫秽之心。所以《易》上说：‘负且乘，致寇至。’寇盗是自己招来的。”

【原文】

《易》曰：“自天祐之，吉无不利。”子曰：“祐者，助也。天之所助者，顺也；人之所助者，信也。履信思乎顺，又以尚贤也，[①]是以‘自天祐之，吉无不利’也。”[②]

子曰：“书不尽言，言不尽意。”[③]然则圣人之意，其不可见乎？[④]子曰：“圣人立象以尽意，设卦以尽情伪，系辞焉以尽其言，变而通之以尽利，鼓之舞之以尽神。”[⑤]

【注】

①此节及下节“子曰：‘书不尽言，言不尽意’”原列于第十二章“乾坤其蕴章”之首，然与后文落落不相属。朱熹发现了这一点，在其所著的《周易本义》中提

出了疑问："释《大有》上九爻义。然在此无所属，或恐是错简，宜在第八章末。"现据朱子的理解，调整于此。

②《大有》卦为顺天休命之卦，其象曰："火在天上，大有。君子以遏恶扬善，顺天休命"，故孔子说"天之所助者，顺也"。《大有》卦六五爻是其主爻，其爻辞曰："厥孚交如，威如之吉。"其象曰："信以发志也"，故孔子许之"履信思乎顺，又以尚贤"。

③这是一句很有名的话，后人常以之用于尺牍之谦语。意思是："我想说的话未能充分写下来，而我想要表达的意思也是不能用言语充分传达的。"从信息论的角度看，这句话恰恰表述了信息传播过程中的信息递减规律。信息在传播中，由于信道效率损耗，信息量会发生衰减，每变换一种传播方式，信息就会衰减一次，所以信息的传播会有"保真度"这一指标。我们在人际交往中也能发现这一点，我们所想的，受语言表达能力所限，其实并不能完全表达出来；我们所表达出来的意思，受记忆力的限制，实际上也不能被人百分之百地记住；能够记住的，受理解力的局限，也不能做到百分之百的理解，这些都是信息递减规律的表现。

④这是一句设问，应当也是孔子自己问自己，由此引出第二个"子曰"。

⑤孔子认为《易经》之设，正为解决"书不尽言，言不尽意"。故以"立象""设卦""系辞""变通""鼓舞"作为言语、文字的补充。"书不尽言，言不尽意"，所以"立象以尽意"；八卦之不足，重以六十四卦以补之，即"设卦以尽情伪"；设卦之不足，系辞以补之，即"系辞焉以尽其言"；系辞尚不足，则以卦爻之变通以补之，即"变而通之以尽利"；卦爻之变尚有不足者，则以圣人之德望、圣人之威信鼓舞民众，从而达至圣人之意的神韵。

【译】

《大有》卦上九爻辞云："自天祐之，吉无不利。"孔子说："所谓'祐'，就是帮助。要得到上天给予的帮助，条件是要顺天道而行；要得到来自于人的帮助，条件是要具有诚信。奉行诚信的原则，思考着如何顺应天道，再加上尊崇贤人，这样才能达到'自天祐之，吉无不利'的境界。"

孔子说："书写下来的文字并不能充分反映要说的话，已经说出来的话也并不能充分表达想要表达的意思。"那么，难道圣人的心意就不能得到充分理解吗？孔子说："圣人创立八卦之象，以充分表达无法传达的深意；设立六十四卦，以充分反映宇宙万物复杂变化的真伪；在卦爻象之后系缀文辞，以充分阐述所要说明的言语；以卦爻象的通变转化，充分发挥其功用之利；以圣人之德望和威信鼓舞民众，以使民众能充分领悟圣人之意的神韵。”

【疏】

这一章比较特殊，是由两部分组成：前面七则“易云子曰”是原朱子《本义》第八章后半部分,因其有独立存在价值而分列。后面的“子曰‘自天祐之,吉无不利’”以下两节，本在第十二章“乾坤其蕴章”，然与上下文均无逻辑关联，落落不相属。从体例上看，这一段的口吻也与本章之“易云子曰”体例一致，朱子已疑其为错简，在其《本义》中注云：“释《大有》上九爻意。然在此无所属，恐是错简，宜在第八章之末。”朱子虽有此语，但却因循旧例，没敢进行他所说的调整。今按照他的建议，移至此章之末。

本章前半部分例举七个观象玩辞的例子，均以卦爻辞为引，而孔子则借题发挥。七例言七事：一曰“慎言行”，二曰“重同心”，三曰“敬慎事”，四曰“守谦退”，五曰“勿骄亢”，六曰“保慎密”，七曰“守本分”。孔颖达曰：“凡有七事，是行之于急者，故引七卦之议，以证成之。”我则认为，《系辞传上》选此七则，并非因其“行之于急者”，《系辞传》作为《易经》的课堂笔记，当是诸弟子笔记的合篡,大概因这七段讲义给弟子们的印象较深,故而得以保存下来。孔子讲学，大抵都是边读边讲。弃取之间，多是自然选择，本无那么多的深意。

后半部分当也是孔子授《易》的课堂语言,孔门弟子的记录。然其中孔子对“立象”“设卦”“系辞”“变通”“鼓舞”的阐发，有总括《易》道之义。最后一节“子曰”两出，中以设问相连，在《系辞传》中是个特例，孔老夫子登堂授徒时，自问自答的神态跃然目前。

10. 大衍之数章

【原文】

天一，地二；天三，地四；天五，地六；天七，地八；天九，地十。①

天数五，地数五，五位相得而各有合。②天数二十有五，③地数三十，④凡天地之数五十有五。⑤此所以成变化而行鬼神也。

【注】

①此节原在“圣人四道章”之后，与上下文殊不相属，现据《御纂周易折中》而调整至此。朱子《本义》注云：此简本在第十章之首，程子曰宜在此，今从之。

②此节原在“大衍”一节之后。朱子《本义》注云：此简本在“大衍”之后，今按宜在此。考其文义，当接于“天一，地二”一节之后，故据《御纂周易折中》而调整至此。

“天数五，地数五”者，序数也，言天有五数，地也有五数。“五位相得而各有合”，“相得”者，谓天数为奇数，地数为偶数，奇偶相得也。“各有合”者，先儒解以“五行之说”，虞翻曰：五位谓五行之位。甲乾、乙坤相得，合木，谓天地定位也。丙艮、丁兑相得，合火，山泽通气也。戊坎、己离相得，合土，水火相逮也。庚震、辛巽相得，合金，雷风相薄也。天壬、地癸相得，合水，言阴阳相薄而战于乾。故“五位相得而各有合”。或以一六合水，二七合火，三八合木，四九合金，五十合土也。此处下一“或”字，乃虞翻自已解之也缺乏底气。然后之治《易》者因之而无疑。按：五行之说晚于《易》，恐孔子传授《易经》时不会以五行解之，我妄猜之，应有两种合法：其一，一加五为六，故一与六合；二加五为七，故二与七合，其中，五为加数，余类推。其二，一加九为十，故一与九合；二加八为十，故二与八合，其中十为和数，余类推。前者之合加数为五，此为天数之合，后者之合和数为十，此为地数之合。此说虽朴，然亦通。

③言天数一、三、五、七、九相加得二十五也。

④言地数二、四、六、八、十相加得三十也。

⑤言天数与地数总和相加得五十五也。

【原文】

大衍之数五十，其用四十有九。[①]分而为二以象两，[②]挂一以象三，[③]揲（shé）之以四以象四时，[④]归奇于扐（lè）以象闰，[⑤]五岁再闰，故再扐而后挂。[⑥]

【注】

①衍即衍化，“大衍”即大的衍化。大衍之数何以为五十？京房曰：五十者，十日、十二辰、二十八宿也，凡五十。其一不用者，天之生气，将欲以虚来实，故用四十九焉。马融曰：易有太极，谓北辰也。太极生两仪，两仪生日月，日月

生四时，四时生五行，五行生十二月，十二月生二十四气。北辰居位不动，其余四十九转运而用也。荀爽曰：卦各有六爻，六八四十八，加乾、坤二用，凡有五十。乾初九“潜龙勿用”，故用四十九也。郑玄曰：天地之数五十有五，以五行气通。凡五行减五，大衍又减一，故四十九也。

按：所谓义有多家，各有其说，未知孰是。简单而言，也可认为是天数五和地数十相乘而得，减一者，太极无垠也。

此节乃筮占之法，其法甚古，所据何义大可不必深究，照用即可。

②此言将四十九根筮占用的蓍草，任意分为两堆，一为天数，一为地数，以象两仪。

③挂者悬也，按朱熹的说法，在天数堆中拿出一根挂在左手小指指缝间，以象人，合天、地为“三才”，此即“挂一以象三”（此时可用的蓍草只有四十八根）。

④《说文》：“揲，阅持也。”段注：“阅者，具数也，更叠数也。”“揲之以四”即四个一组、四个一组地数，用以象四时。

⑤“奇”者零也，是指四个一组数后的余数，“扐”者勒也，用手指夹。“归奇于扐以象闰”，闰者岁之余。将四个一组数后的余数蓍草夹在手指间代表“闰”。

⑥“五岁再闰”者，西周历法已有五年二闰之说。按照大衍揲筮法，计分五步，而有两个余数：第一步，“挂一”，在天数堆中拿出一根挂在左手小指指缝间；第二步，“揲四”，按四个一组叠数天堆；第三步，“归奇”，将叠数后的余数归并（归并后的余数必为四或八）；第四步，再“揲四”，按四个一组叠数地堆；第五步，再“归奇”，将叠数后的余数归并。“再扐而后挂”，除去余数后，仿照前文操作步骤，再将剩下的蓍草重新来一遍，是为“再扐而后挂”。凡三次，是为“三变”，三变之后所余蓍草的根数必为三十六、三十二、二十八、二十四这四种情况，各被四除，可得九、八、七、六四数。九为老阳数，六为老阴数，八为少阴数，七为少阳数。以阴阳数定一爻。

【原文】

乾之策二百一十有六，坤之策百四十有四，[①]凡三百有六十，当期之日。[②]二篇之策，万有一千五百二十，当万物之数也。[③]

【注】

①“策”者，算筹也，本竹制。筮占用筹，竹、木、草可能都被使用过，用竹者曰“筹”，用木者曰“枚”，成语有云“不胜枚举”，枚即筹也，用草者即蓍草。此言“乾之策二百一十有六”者，以老阳三十六为阳爻的策数，《乾》卦六爻，总的策数是36×6=216，即“乾之策二百一十有六”。同理，以老阴二十四为阴爻的策数，《坤》卦六爻，总的策数是24×6=144，即“坤之策百四十有四”。

②“期”为年。《乾》之策数与《坤》之策数之和为三百六十，正当一年之日数。

③“二篇”者，指《易经》上下二篇六十四卦的384根爻，阴爻、阳爻各192根，总的策数是192×（36+24）=11520，即“万有一千五百二十”，相当于万物之数。

【原文】

是故四营而成易，①十有八变而成卦。②八卦而小成，③引而伸之，触类而长之，天下之能事毕矣。④显道神德行，是故可与酬酢，可以祐神矣。⑤子曰：“知变化之道者，其知神之所为乎！”⑥

【注】

①“四营”者，“分二”“挂一”“揲四”“归奇”四步也。四步可完成一个爻的变易过程，是为“四营而成易”。

②每个卦六爻，三变确定一爻，十八变确定一卦。其中，老阴、老阳为变爻，阳变阴、阴变阳，爻变后所成之卦曰“之卦”，《左传》《国语》许多筮占例证，均有“某卦之某”的说法，即本卦和之卦。

③孔颖达曰：“八卦而小成”者，象天、地、雷、风、日、月、山、泽，于大象略尽，是《易》道小成。

④此谓自八卦引申，两卦相叠而成六十四卦，将内外卦的大象内涵结合起来演绎发挥，则天下的事情就可以解释清楚了。

⑤“显道”，《易》道得以彰显；“神德行”，品德、行为可以发挥神妙的作用。“酬酢”，本义是酒席之上，相互敬酒，引申为人际交往。“可与酬酢，可以祐神”，与人交往，《易》道可以酬报应对；以之用事，《易》道可以佐助神化之功。

⑥此为孔子总结“大衍之数”章的一句话，意谓《易》的形成，反映的是宇宙万物大的衍化规律，了解了《易》道的变化道理，也就知道了神灵的所作所为。

【译】

天数一，地数二；天数三，地数四；天数五，地数六；天数七，地数八；天数九，地数十。

天数有五，地数有五。天地之数奇偶相得，两两相合。天数之和为二十五，地数之和为三十，综合天地之数共五十五，这些数足以成就天地万物的变化，能够如鬼神一样推演未来。

宇宙的大衍化也有其数，即五十。天数五与地数十相乘即得五十之数。大衍之数弃一而不用，一即太极，“太极混成”也。用其四十九，“余则成变”也。以四十九根蓍草随意分成天堆、地堆两部分，此为“分二”，以象“太极生两仪”。在天数堆中拿出一根挂在左手小指指缝间，以象“人”，天、地、人组成“三才”之象，此为“挂一”。对余下的天堆、地堆两部分蓍草，按四个一组、四个一组去数，此为“揲四”，以象四时。将数剩下的余数蓍草归并于一起，挂于手指间，此为“归奇”，以象年中之闰月。五年中有两次闰月，故五步揲筮中会形成两个余数，两个余数应归并在一起，此为“一变”。余下的蓍草再依照前面的操作步骤重新来一遍，是为“再扐而后挂”。

《乾》卦的策数是二百一十六，《坤》卦的策数是一百四十四，二者之和是三百六十，合一年的日数。《易经》上下两篇的六十四卦，阴爻、阳爻的总策数是一万一千五百二十策，可以当万物变化之数看。

“分二”“挂一”“揲四”“归奇”称为“四营”，以象“两仪生四象”。三变生一爻，凡十八变共生六爻，一个卦象就产生了。九变生八卦，以象天、地、日、月、雷、风、山、泽，《易》之道可谓“小成”。自八卦引申，两卦相叠而成六十四卦，将内外卦的大象内涵结合起来演绎发挥，则天下的事情就可以解释清楚了。遵《易》而行，道可以得到彰显，品德、行为可以发挥神妙的作用，故而与人交往，《易》道可以酬报应对；以之用事，《易》道可以佐助神化之功。孔子因而感叹说：“了解了《易》道的变化道理，也就知道了神灵的所作所为了吧！”

【疏】

这一章在朱子《本义》中，原是第九章。本章主要讲“揲筮”之法。“大衍揲蓍”法是孔门认定的易经筮占方法，它有着正宗、精巧、程式化和逻辑严密等特点，但其程式过于繁琐且费时，故后人又发明了更为简便的占卜方法，如金钱课、梅花易数等，然其成卦原理不离大衍揲筮，故此章对于用《易经》占卜者是非常重要的内容。

11. 圣人四道章

【原文】

《易》有圣人之道四焉：以言者尚其辞，[①]以动者尚其变，[②]以制器者尚其象，[③]以卜筮者尚其占。[④]

是以君子将有为也，将有行也，问焉而以言，其受命也如响，[⑤]无有远近幽深，遂知来物，[⑥]非天下之至精，其孰能与于此。

参伍以变，[⑦]错综其数，通其变，遂成天下之文；极其数，遂定天下之象。非天下之至变，其孰能与于此。

《易》无思也，无为也，寂然不动，感而遂通天下之故，[⑧]非天下之至神，其孰能与于此。

夫《易》，圣人之所以极深而研几也。[⑨]唯深也，故能通天下之志；唯几也，故能成天下之务；唯神也，故不疾而速，不行而至。[⑩]子曰“《易》有圣人之道四焉”者，此之谓也。

【注】

①“以言者”谓圣人用以指导言说者，须发言以施教，循礼以导众，故贵尚其辞。程颐曰：言所以述理。“以言者尚其辞”，谓以言求理者则存意于辞也。

②“以动者”谓圣人用以指导行动者，须行事以利民，动观其效，故贵尚其变。程颐曰：顺变而动，乃合道也。

③“以制器者”谓圣人用以教民制作工具，须取法于卦爻之象。《系辞下传》有制器十三卦，专讲此义。

④“以卜筮者”谓圣人用以指导卜筮者，要重视卜占、筮占的方法。卜者用龟，筮者用蓍，西周早期，卜筮并用。《左传·僖公四年》有云：“初，晋献公欲以骊姬为夫人，卜之，不吉；筮之，吉。公曰：‘从筮。’卜人曰：‘筮短龟长，不如从长……’弗听，立之。”

⑤虞翻曰：“有为”谓建侯，“有行”谓行师也。吴澄曰：“有为”谓作内事，“有

行”谓作外事。孔颖达曰：是以君子将欲有所施为，将欲有所行，往占问其吉凶，而以言命蓍也。“其受命也如响”者，谓蓍受人命，报人吉凶，如响之应声也。

⑥虞翻曰：“来物”谓乾坤，神以知来，感而遂通，谓“幽赞神明以生蓍”也。

⑦“参伍”也者，其意难晓。有指三才、五行者，有指三辰、五星者，然皆臆断，盖无实据。按：“参伍”乃古之习语，《荀子》有云：“窥敌制变，欲伍以参”，《韩非子》有云：“省同异之言，以知朋党之分；偶参伍之验，以责陈言之实”，《史记》有云：“参伍不失”，《汉书》有云：“参伍其贾，以类相准”，综玩其意，乃反复参照之义也，类如今日之“三番五次”。结合下文“错综其数”，乃交错综合阴阳各数，反复参照，以通其变化者也。

⑧无思、无为，即老子所说“天地不仁”“天道无亲”。无感，则“寂然不动”，有感，则“遂通天下”。

⑨“极深”之极不是形容词“特别”的意思，而是动词“穷尽至极”的意思。“极深而研几”，穷尽极深的道之奥妙，研判、探讨事物的极其微妙的细小变化。

⑩“不疾”“不行”源自《易》道之“无思”“无为”。“速”者、“至”者，即“感而遂通天下之故”也。

【译】

圣人对《易》道之用有四种：用以指导言说者贵尚其辞；用以指导行动者贵尚其变；用以教民制作工具，须取法于卦爻之象；用以指导卜筮者要重视卜占、筮占的方法。

所以君子若要有所施为、有所行动，都要向《易经》占问，而《易经》也会如声音有回响一般给予回应，无论所问之事是远是近，如何幽深难明，都能感知到未来事物的发展变化，如果不是天下至为精妙的道，又怎能做到这一点呢？

三番五次地探究其变动，交错综合阴阳各数的相互影响。通晓其变化规律，即能将天下万物发展的玄机显现为文辞；穷尽其象数的动态，即能判定天下万物的存在之象。如果不是天下至为灵妙的变化之道，又怎能做到这一点呢？

《易》道之成，无关心虑；《易》道之运，无为而行。无感之时，寂然不动，有感必应，遂能贯通天下的所有道理。如果不是天下至为神妙的道，又怎能做到这一点呢？

《易》道者，是圣人穷尽极深的道之奥妙，研判、探讨事物极其微妙变化的道之玄机。唯其极至深奥，才能通达天下人的心志。故曰“尚其辞”；唯其极至灵妙，才能成就天下事的完备。故曰“尚其变”；唯其极至神妙，才能做到虽不疾进，但其行也速，虽不行动，但能不期而至。故曰“尚其占”。孔子说：“《易》有圣人之道四焉”，就是从这几个方面而言的。

【疏】

这一章在朱子《本义》中，是第十章。本章与前后几章都有明显的呼应关系。“以言者尚其辞”即是“圣人设卦章”之“居则观其象而玩其辞”；“以动者尚其变”和“以卜筮者尚其占”即是“圣人设卦章”之“动则观其变而玩其占”。“以制器者尚其象”则见之于《系辞传下》之“制器取象章”。

本章分五节。首节开宗明义，讲圣人四道是“尚其辞”“尚其变”“尚其象”和“尚其占”；第二节讲《易》之“至精”；第三节讲《易》之“至变”；第四节讲《易》之“至神”；第五节就《易》道之“极深而研几”的三个方面：“深”“几”、“神”的功用进行了阐发，结语以孔子语呼应开头的“《易》有圣人之道四焉”。

12. 开物成务章

【原文】

子曰：“夫《易》何为者也？夫《易》开物成务，冒天下之道，①如斯而已者也。”是故圣人以通天下之志，以定天下之业，以断天下之疑。

是故蓍之德圆而神，卦之德方以知，六爻之义易以贡。②圣人以此洗心，退藏于密，③吉凶与民同患。神以知来，知以藏往，④其孰能与此哉！古之聪明睿知神武而不杀者夫。⑤

是以明于天之道，而察于民之故，是兴神物以前民用。⑥圣人以此斋戒，以神明其德夫。⑦

是故阖户谓之坤，辟户谓之乾，⑧一阖一辟谓之变，往来不穷谓之通，见乃谓之象，行乃谓之器，制而用之为之法，⑨利用出入，民咸用之谓之神。⑩

【注】

①朱熹曰：古时民淳俗朴，风气未开，于天下事全无知识，故圣人立龟与之卜，

作《易》与之筮，使人趋吉避害，以成天下之事，故曰“开物成务”。“物”是人物，“务”是事务，“冒”是单得天下许多道理在里。

②崔憬曰：蓍之数七七四十九，象阳，圆。其为用也，变通不定，因之以知来物，是“蓍之德圆而神”也。卦之数八八六十四，象阴，方。其为用也，爻位有分，因之以藏往知事，是“卦之德方以知”也。韩康伯曰：“贡”，告也，六爻之变易以告吉凶也。

③孔颖达曰：言《易》道进则荡除万物之心，退则不知其所以然，万物日用而不知，有功用藏于密也。胡居仁曰：“退藏于密”，只是其心湛然无事，而众理具在也。

④前“知”为知，后“知”为智。何楷曰：吉凶之几，兆端已发，将至而未至者曰来；吉凶之理，见在于此，一定而可知者曰往。

⑤孔颖达曰：《易》道深远，以吉凶祸福，威服万物。故古之聪明睿知神武之君，谓伏羲等，用此《易》道，能威服天下，而不用刑杀而畏服之也。

⑥李光地曰：“神物”谓蓍、龟。陆绩曰：圣人兴蓍以别吉凶，先民而用之，民皆从焉，故曰“以前民用”也。按：此以“先”训“前”，即先于民众之为而用。“前民用”也可解为“在民面前使用”。卜筮之法创于先圣，其用也先于百姓所为之事，后文曰“圣人以此斋戒”，是示民以恭，“神明其德”。

⑦“斋戒”，《周易正义》《御纂周易折中》均作“齐戒”，唯《周易集解》作“斋戒”。按：“斋”本来源于“齐”，《礼记·曲礼上》：“齐戒以告鬼神。”《庄子·天运》：“尸祝齐戒以将之。”韩康伯曰：洗心曰“齐”，防患曰“戒”。通指践礼之前沐浴更衣，整洁身心，以示虔诚。后加茹素，乃改为“斋”。

⑧孔颖达曰：《易》从乾坤而来，故更明乾坤也。凡物先藏而后出，故先言坤而后言乾。

⑨韩康伯曰：兆见曰“象”，成形曰“器”。孔颖达曰：谓之“象”，言物体尚微也。谓之“器”，言其著也。

⑩陆绩曰：圣人制器以周民用，用之不遗，故曰“利用出入”也。民皆用之，而不知其所由来，故谓之“神”也。

【译】

孔子说：“所谓《易》，是做什么用的呢？所谓《易》者，开启民智、成就事业，涵盖天下之道，如此而已。”

正因如此，圣人以《易》道通达天下人的心志，奠定天下的事业，决断天下人的疑问。

所以，蓍草之德在于其筮占圆通，变化神奇；卦象之德在于其卦象方正，富于智慧；六爻的意义在于通过爻位、爻性的变易以告民之吉凶。圣人以《易》道净化心灵，退藏于精密的天道之中，无事则寂然净心，无一尘之累；有感吉凶，则与民众同乐同忧。神妙得以能够预知未来，智慧则足以蕴藏以往所得的知识经验，还有谁能够达到此一境界呢？只有古代的聪明、睿知、神武的圣人，如伏羲等，才能用此《易》道，威服天下，而不用刑杀而使民畏服吧！

所以，圣人明辨于天道，且明察于民众之事因，上天才生出蓍草、神龟之类的神物，用来在民众行为之前卜问吉凶。圣人于用此神物时，沐浴更衣，整洁身心，示民以恭，这是用神物来昭示其德吧！

所以，合门闭户，其静如夜，称之为“坤”；开敞门户，其动如昼，称之为“乾”；一合一开，昼夜交变，动静交替，称之为“变”；阴阳变化，往来不穷，称之为“通”；变通而能见，称之为“象”；其象而成型，称之为“器”；圣人制器而规用之则，称之为“法”；民众用器，犹如用门户出入，遵循其法而不自知，称之为“神”。

【疏】

这一章同下一章在朱子《周易本义》中同列为第十一章。但这两章实际上主题明显不同，这一章的重点讲圣人用《易》，以《易》道“开物成务”，即开启民智、成就事业；下一章“《易》有太极”则是讲圣人制《易》的内涵，以模拟天道运行和人事变迁的过程，重点讲用《易》“决事断疑”的功用。

从逻辑上看，似乎应当先讲圣人制《易》，后讲圣人用《易》，但《系辞传》文本如此，先儒也未质疑其逻辑，我也只能姑妄从之。反正《系辞传》其文逻辑错乱处比比皆是，也只得一段段地去读，不可苛求也。

明代崇祯十年，中国出了一部奇书，叫《天工开物》，作者宋应星。全书共分三卷、18 篇，并附有 123 幅插图，系统地描绘了一百三十多项生产技术和生产工具的名称、形态、功用和制作工序。该书是中国古代仅有的一部综合性科技专著，也是世界上第一部关于农业和手工业生产的综合性科技著作。《天工开物》这个书名就取自《系辞传》中的“开物成务”。

13.《易》有太极章

【原文】

是故《易》有太极，是生两仪，两仪生四象，四象生八卦，八卦定吉凶，吉凶生大业。①

是故法象莫大乎天地，变通莫大乎四时，县象著明②莫大乎日月，崇高莫大乎富贵。③备物致用，立成器以为天下利，莫大乎圣人。探赜索隐，钩深致远，④以定天下之吉凶，成天下之亹亹⑤者，莫大乎蓍龟。

是故天生神物，圣人则之；天地变化，圣人效之；天垂象，见吉凶，圣人象之；河出图，洛出书，圣人则之。⑥

《易》有四象，所以示也；系辞焉，所以告也；定之以吉凶，所以断也。

【注】

①“太极”，《御纂周易折中》作“大极”，李光地曰：《易》者阴阳之变，大极者其理也。韩康伯曰：“太极”者，无称之称，不可得而名，取有之所极，况之太极者也。

“两仪”者各说不一。虞翻曰：两仪，谓乾坤也。孔颖达曰：混元既分，即有天地，故曰“太极生两仪”。又曰：不言天地而言两仪者，指其物体，下与四象相对，故曰“两仪”，谓“两体容仪”也。邵雍曰：两仪，天地之祖也。李光地曰：两仪者，始为一画以分阴阳。按：我取天地说。

“四象”亦有多解。虞翻曰：四象，四时也。孔颖达曰：“两仪生四象”者，谓金、木、水、火。邵雍曰：四象，谓阴、阳、刚、柔。李光地曰：四象者，次为二画，以分大、少。按：联系下文“法象莫大乎天地，变通莫大乎四时”，我取四时说。

②“县”通“悬”。“县象著明莫大乎日月”，虞翻曰：谓日月悬天，成八卦象。孔颖达曰：谓日月中时，遍照天下，无幽不烛，故曰“著明莫大乎日月”也。

③“富贵”乃指“富有天下、贵居帝位”。

④“赜”，幽深玄妙。“探赜索隐，钩深致远”，意即探究幽深之妙，索求隐秘之理，钩取精深，以致于远。参见前文“观象系辞章”：“圣人有以见天下之赜。”

⑤“亹”音 wěi（委），一说音 mén（门），生僻字。除《易经》外，仅见于《诗经》：“亹亹文王，令闻不已。”对“亹亹”，其注云：勤勉不倦。

⑥河图、洛书乃古代传说，相传伏羲为帝之时，有白马自黄河出，背负有文，史称“河图”。又称大禹治水，有神龟出洛水，背负有文，史称“洛书”。又传说伏羲依河图而作八卦，大禹依洛书而成《洪范》。此即所谓“河出图，洛出书，圣人则之”。

【译】

所以，《易》道之源，是有太极。混沌初分，清者上升为天，浊者下沉为地，是谓“太极生两仪”。两仪者，天地两态也；由天地变化而产生春、夏、秋、冬的四时分野，是谓“两仪生四象”。四象者，四季之象也；由四象变化而化生日、月、风、雷、水、火、山、泽这八种物态，圣人将其拟制为《乾》《坤》《震》《巽》《坎》《离》《艮》《兑》这八个卦象，是谓“四象生八卦”。八种卦象的交互作用，其变化可以判定事物发展的吉凶。趋吉避凶，就可以成就伟大的事业。

所以，《易》道取法之象没有大过天地的；变化通达之剧没有大过四时的；悬象于空，明照于野，没有大过日月的；尊崇高尚，没有大过富有天下、贵居帝位之君王的；准备物资为民所用，制备器具便利天下者，没有大过圣人的；探究幽深之妙，索求隐秘之理，钩取精深之旨，招致以远之情，以此定天下万物的吉凶，成就天下人的勤勉努力者，没有大过筮占、龟卜的。

所以，上天化生蓍草、神龟，圣人依此创制了占卜的规则；天地化生万物，圣人模拟创建了《易经》；上天垂示天象以预告吉凶，圣人用卦象将其表现出来；龙图出自黄河，伏羲以之创立八卦，龟书出自洛水，大禹因之建立《洪范·九畴》。

《易经》中的爻象有四：太阳、少阳、太阴、少阴，这是用来兆示变化的；圣人系缀文辞于其后，这是用来预告未来的；研判事物的吉凶，这是用来作出决断的。

【疏】

这一章讲圣人制《易》的符征内涵。《易经》是我国历史最古老、也是最为精密的一部符号学著作。《易经》以阴阳爻作为最基本的符号象征，将宇宙万物、大千世界、纷纭复杂的森罗万象高度浓缩为一阴一阳，以阴爻、阳爻的匹配、六十四卦的组合、交变模拟再造了宇宙大演变的发展轨迹、生命结构的运作机理、社会变迁的基本规律，其编码系统的精巧、严密堪称符号学的经典。

符号学的第一个特征是用高度抽象化的符号（“能指”）指代特定的象征意义（《意指》）。本章的第一节即阐述了《易经》符号的指代性。以两仪指代天地，以四象指代四时，以八卦指代日月风雷水火山泽，从而构建了一个完备的符号系统。

符号学的第二个特征是具有完整的符号编码系统。《易经》六十四卦以阴阳爻的不同排列组合，构建了一个精密的符号编码体系，完美地模拟了现实世界。本章第二节、第三节所强调的，即是《易经》符号编码对现实世界的模拟。

符号学的第三个特征是具有严密的符号逻辑思维。《易经》以“象”进行思维，以阴阳交变、相互转化的规律，以本卦与之卦、内卦与外卦的相互关系揭示了世间万物相互依存、相互作用的辩证关系，体现了鲜明的符号逻辑特点。本章第四节所讲的示以四象、告以系辞、断以吉凶，即是这种符号逻辑的具体体现。

14. 乾坤其蕴章

【原文】

乾坤其《易》之蕴①邪？乾坤成列，而《易》立乎其中矣；乾坤毁，则无以见《易》。②《易》不可见，则乾坤或几乎息矣。③

是故形而上者谓之道，形而下者谓之器，④化而裁之谓之变，⑤推而行之谓之通，⑥举而错之天下之民谓之事业。

是故夫象，圣人有以见天下之赜，而拟诸其形容，象其物宜，是故谓之象。圣人有以见天下之动，而观其会通，以行其典礼，系辞焉以断吉凶，是故谓之爻。⑦极天下之赜者存乎卦，鼓天下之动者存乎辞，化而裁之存乎变，推而行之存乎通，神而明之存乎其人，⑧默而成之，不言而信，⑨存乎德行。

【注】

①“蕴”，包藏也。“蕴含”“包蕴”“蕴藏”都是同一义项。蕴也有“精华深奥”之义，如“底蕴”“蕴奥”。“乾坤其《易》之蕴”二义兼有，即有包藏义，也有精华义。

②此言乾坤定《易》。《易》道本源，自乾坤来，故乾坤成列，《易》道自在其中；乾坤若缺毁，则《易》道亦不可见。

③此言《易》定乾坤。《易》道之于乾坤，犹如灵魂之于肉体，魂既失，人

则如行尸走肉，虽生，“或几乎息矣”。

④这句话在中国哲学史上非常有名，这里提出了三个哲学范畴：形、道、器。形者象也，“在天成象，在地成形”，二者可以互训。形而无体曰道，形而有体曰器。形是因道成器、从无到有发展过程的中间阶段。道是无体之名，按照中国古典哲学的说法，道的活动，在最初是混一的状态，无形无体，无所名之。道生万物是为“德”。德者“得”也。万物初生，无体而有阴阳之分，是为“性”。道之流运而有轨则，是为“命”。万物生成，各具形态是为“形”。形由道生，道以形存，形存而有体是为“器”。因此，“有”自“无”生，“道”在“形”先，故“形而上者谓之道”；形而有体，可为器用，故曰“形而下者谓之器”。

现代科学发轫之初，本归于哲学一类，“哲学”的拉丁文义即是“爱智慧”。随着实验方法的运用，科学以其可检验、可证伪而从哲学中独立出来，哲学就退缩为研究超验的、本体论的思辨领域，对于这种古典哲学，我们名之以“形而上”，此即“形而上学”的由来。

⑤道秉阴阳，变而化之；器以致用，量而裁之，是以“化而裁之谓之变”。下文言“化而裁之存乎变”，其意一也。

⑥道之为变，推而广之；器之为用，遵而行之，是为“推而行之谓之通”。下文言“推而行之存乎通”，其意一也。

⑦自“圣人有以见天下之赜”至“是故谓之爻”，已见于前之“象爻系辞章”。此处重出，非衍文，乃另有引申也。

⑧“其人”谓指圣人。

⑨“默而成之，不言而信”乃从“书不尽言，言不尽意”而来。因之，圣人制《易》，立象以尽意，设卦以尽情伪，于默然中化育而成，以卦爻象示以吉凶，虽不言而能信。

【译】

乾坤大概是《易》道所包蕴的精华吧！乾坤排列一定，则《易》道自在其中；乾坤若缺毁，则《易》道亦不可见。《易》道如不可见，则乾坤运行大概也就接近息止了。

所以，形、道、器三者实际上是一回事。形而无体曰道，形而有体曰器。“道”在“形”先，道以形存，故“形而上者谓之道”；形而有体，可为器用，故曰“形而下者谓之器”。道秉阴阳，变而化之；器以致用，量而裁之，是以“化而裁之谓之变”；道之为变，推而广之；器之为用，遵而行之，是为“推而行之谓之通”。以阴阳变通的《易》道用之于天下百姓、民众，这就是“事业”。

所谓的“象”，就是圣人当看到天下万物之幽深玄妙之处，即要模拟其形态，取象于物，使之相宜，这种模拟出的物象即是“卦象”。圣人当看到天下万物的发展变动，即要观察其中的会聚变通之理，将其融会贯通，而形成典章礼仪，制定行为规范，系缀文辞在卦爻象之后，以爻象模拟万物的变化，以系辞来判断事物的吉凶。这就是“爻辞”。穷极天下万物之幽深玄妙之理者，存在于卦爻象之中；鼓舞、激励天下之民，使之积极行动者，存在于卦爻系辞之中；对世间事物的化育裁量，存在于阴阳变化之中；推动其发展而大行《易》道，存在于融会贯通之中；使《易》道发挥神奇的作用并显明于世人，存在于圣人之所作为之中；默然化育而成，虽不言而令人能笃信，存在于道生万物的德行之中。

【疏】

这一章为《系辞传上》之总论。仍以乾、坤二卦为重，言《易》道之旨。第一节首言“乾坤其《易》之蕴邪？”即点明《易》道与乾坤的互生共存关系，乾坤成而《易》道存，乾坤毁，则无以见《易》，《易》道不见而乾坤之运息止。继而于第二节，讲《易》道与器用的本末、主从关系。“形而上者谓之道，形而下者谓之器”，化裁推行而变通，措置于民以成就事业。第三节重言卦、爻、象、辞的相互关系，意在讲《易》道不仅是模拟天道，也重在人事施用也。

《系辞传上》重点言《易》之体，《系辞传下》重点言《易》之用。《系辞传上》十四章，大体可分为五层：第一层讲宇宙生成、乾坤定位和《易》的易知、简能之德；第二层，以“彖象爻变”讲彖、象、爻、辞的关系和功能；第三层，以“一阴一阳之谓道”开始，讲《易》道的深邃、广大和极至；第四层，以“观象玩辞”和“大衍之数”讲圣人的“观变玩占”；第五层，以“圣人四道”启端，讲《易》道的功能是趋吉避凶，成就德业，是由《易》之体递进至《易》之用，为《系辞传下》做一个衔接。

易之疏之二

系辞传（下）

1. 八卦成列章

【原文】

八卦成列，象在其中矣；因而重之，爻在其中矣；①刚柔相济，变在其中矣；系辞焉而命②之，动在其中矣。

吉凶悔吝者，生乎动者也；刚柔者，立本者也；③变通者，趣时者也。④吉凶者，贞胜者也；天地之道，贞观者也；日月之道，贞明者也；天下之动，贞夫一者也。⑤

夫乾，确然示人易矣；夫坤，隤然示人简矣。⑥爻也者，效此者也；象也者，像此者也。爻象动于内，吉凶见于外，功业见乎变，圣人之情见乎辞。

天地之大德曰生，圣人之大宝曰位。⑦何以守位？曰仁。何以聚人？曰财。理财正辞，禁民为非曰义。

【注】

①八卦成列，只言“象在其中”，而不言“爻在其中”者，三爻无变也。只有重为六十四卦，六爻之间才会产生“承乘比应”的相互关系，故曰“爻在其中”。

②“命”者告也。《系辞传上·太极八卦章》：“系辞焉，所以告也。”

③此言之“刚柔”，非指爻性，特指乾坤之卦象。后文有曰：“在天之道，曰阴与阳；在地之道，曰柔与刚”，这里的刚柔兼指天道阴阳，孔颖达曰：言刚柔之象，在立其卦之根本者也。

④“趣”训为“趋”，趣时即趋时、应时。韩康伯曰：有变动然后有吉凶。变通者，趋时也。“立本”况卦，“趋时”况爻。故此言之“变通者”，乃指爻动。

⑤“贞”者正也，这是先儒的通识。韩康伯曰：贞者，正也，一也。孔颖达曰：

言天地、日月皆保其贞正，而天下万物之动，皆正乎纯一也。朱熹曰：贞，正也，常也，物以其所正为常者也。天下之事，非吉则凶，非凶则吉，常相胜而不已也。观，示也。天下之动，其变无穷，然顺理则吉，逆理则凶，故其所正而常者，亦一理而已矣。

⑥确，确实、确定。“确然”即“当然”、“实然”，韩康伯曰：确，刚貌也。隤音 tui（推），丘土颓散之义。韩康伯曰：隤，柔貌也。

乾者易知，“确然”有“不容置疑”的含义；坤者简能，“隤然”有“自然而然、顺势而然”的含义，孔颖达曰：“夫乾，确然示人易矣”，此明天之得一之道，刚质确然，示人以和易，由其得一无为，物由以生，是示人易也。“隤然示人简矣”，此明地之得一，以其得一，故坤隤然而柔，自然无为，以成万物，是示人简矣。

⑦“大宝”，名词动词化，最所珍重者。“圣人之大宝曰位”，圣人最所珍重的是其所居之位。韩康伯曰：夫无用则无所宝，有用则有所宝也。项安世曰：“大宝曰位”即“崇高莫大于富贵”也。

【译】

八卦井然而列，则天下万物之象就都包含在其中了；因应世间万象之变，将八卦相重而得六十四卦，六爻之间的承乘比应关系就都包含其中了。阴阳刚柔相互推荡，交变会通，万物变化就产生于刚柔相济之中。卦爻象后系缀以卦爻辞，变化就由卦爻辞的传告而显明。

吉、凶、悔、吝产生于六爻变动之中，刚柔属性蕴含于《乾》《坤》二卦的阴阳本质当中，六爻之变，趋时而动。吉凶之占者，以正为“胜”；天地之道，以正为“观”；日月之道，以正为“明”；万物之动，以正为“纯一”。

乾道刚健，以“当然而然”使人易知；坤道柔顺，以“自然而然”示人简能。所谓“爻”，是仿效、模拟刚柔变化之物性；所谓“象”，是拟制、象仿阴阳成像之物态。爻象变化，悉见之于卦内之动；吉凶失得，显验于卦外之事；功劳事业，因变而兴；圣人用情，则见乎卦爻之辞。

“德”者得也，天地的最伟大德行，是能使万物生生不息；“宝”者珍重也，圣人所最珍重的，是能够发挥道济天下作用的崇高地位。有了地位，如何保守？博爱亲仁而聚众。民众如何会聚？善理财物以延揽人心。以道义理财，以道义规约言辞，以道义禁防民众行非法之事，这就是“义”。

【疏】

这一章在《系辞传下》的地位如同《系辞传上》第二章的地位，是《系辞传下》全篇的一个总纲。“八卦成列，象在其中”即后文之“《易》者，象也”；“爻象动于内，吉凶见于外”即后文之“外内使知惧”；“夫乾，确然示人易”即后文之“德行恒易”；“夫坤，隤然示人简”即后文之“德行恒简”。

此章重在一个“贞”字。贞者正也，第二节连用四个“贞”：贞胜、贞观、贞明、贞一。无非表明吉凶之占、天地之观、日月的明暗交替，以及天下万物的变动不居，都须循正道而行，守正归一。

627年，唐太宗即位次年，立年号“贞观”，取义即此章之“天地之道，贞观者也”。唐太宗以此自励，开启了23年的“贞观之治”，奠定了大唐盛世的基础。

综观六十四卦的卦爻辞，有两点是非常强调的：一曰位，二曰时。“刚柔者立本，变通者趣时”，前者言位，后者言时，套用卦爻辞中常用的一个句式：“《易》之位、时，其义大矣哉！”

2. 制器取象章

【原文】

古者包牺氏①之王天下也，仰则观象於天，俯则观法於地，观鸟兽之文，与地之宜，近取诸身，远取诸物，于是始作八卦，以通神明之德，以类万物之情。作结绳而为网罟，以佃以渔，②盖③取诸《离》。④

包牺氏没，神农氏作，斲木为耜，揉木为耒，耒耨之利，以教天下，盖取诸《益》。⑤日中为市，致天下之民，聚天下之货，交易而退，各得其所，盖取诸《噬嗑》。⑥

【注】

①包牺氏一名伏羲氏，牺从牛，羲从羊，牛羊之属，谓伏羲时乃游牧时期也。古代社会演化，首为渔猎时期；开始驯养动物，则进入游牧时期；懂得种植农作物，则进入农耕时期。游牧较之渔猎是个进步，农耕较之游牧，又是个进步。

②罟音 gǔ（古），《说文》：“罟，网也。”“佃”于此不音 diàn（店）而音 tián（甜），通“畋”，狩猎也。伏羲时期尚未有农耕之举，于游牧时尚有渔猎也。

③“盖”，猜度之辞。制器尚象十三卦，大抵皆猜度之，孔夫子说起来也没有什么底气。

④韩康伯曰：离，丽也。罔罟之用，必审物之所丽也。孔颖达曰：案诸儒象卦制器，皆取卦之爻象之体，今韩氏之意，直取卦名，因以制器。案上《系》云：“以制器者尚其象”，则取象不取名也，韩氏则取名不取象，于义未善矣。

按：韩康伯以卦名《离》之义“附丽”解。认为鸟兽附丽于山林，鱼鳖附丽于水泽，罔罟之设必于鸟兽、鱼鳖所附丽之处。孔颖达认为其说未妥，制器取象十三卦当自卦爻象上去解释。《离》卦有绳网之象，其上互卦为兑，兑为口；下互卦为巽，巽为绳直，有绳有口，故为罔罟之象。

⑤“斲”（音 zhúo 酌），砍削也。“耜”（音 chú 锄），锄之古字。“耒”（音 lěi 垒），今之所谓“叉子”，古人以分叉的树枝制成，用以翻松土地。“耨”（音 nòu)，古人用于除草的工具。神农氏一名烈山氏，亦即后世所称炎帝。名烈山、名炎者，大概是神农发明了放火烧荒，开垦农耕土地的缘故。

《益》卦的上卦象为《巽》，巽为木、为入；下卦为《震》，震为动。《益》卦上互卦为《艮》，艮为手；下互卦为《坤》，坤为地。用手入木于地，此为开垦土地之象。

⑥《噬嗑》卦上卦为《离》，离为日；下卦为《震》，震为动。朱熹曰：日中为市，上明而下动，又借噬为市，嗑为合也。故《噬嗑》卦为市场之象。

【译】

古代伏羲成为部落首领后，仰观天象，俯察地理。观天象之文以定经纬，察地理之利以定行止。近则取象于自身，远则取象于万物。于是创制八卦，以此贯通神灵明智的造化功德，以此归类天下万物的性情属性。结绳为罔罟，用于田猎与渔获，这大概取象于《离》卦。

继伏羲之后，神农氏成为部落首领，砍削树木，制作锄、犁，以利于除草翻地，开垦农田，教导天下人以之农耕，大概取象于《益》卦。神农氏还规定日正中时为集市交易时间，招致天下的民众，会聚天下的财货，相互交易而各得其所需，这大概取象于《噬嗑》卦。

【原文】

神农氏没，黄帝、尧、舜氏[①]作，通其变，使民不倦，神而化之，使民宜之，《易》穷则变，变则通，通则久，是以“自天祐之，吉无不利”。黄帝、尧、舜垂衣裳而天下治，盖取诸《乾》、《坤》。[②]

刳木为舟，剡木为楫，舟楫之利，以济不通，致远以利天下，盖取诸《涣》。[③]服牛乘马，引重致远，以利天下，盖取诸《随》。[④]重门击柝，以待暴客，盖取诸《豫》。[⑤]断木为杵，掘地为臼，臼杵之利，万民以济，盖取诸《小过》。[⑥]弦木为弧，剡木为矢，弧矢之利，以威天下，盖取诸《睽》。[⑦]

【注】

①自伏羲始，至神农、黄帝，乃至尧、舜、禹，史上通称“上古圣人”，准确说应当是“太古圣人”。中国古代史大体上是有个分期的，宋元明清属“近古”，秦汉魏晋南北朝乃至隋唐属“中古”，夏商周春秋战国属“上古”，伏羲至尧舜禹应属“太古”，至于说到盘古开天地、女娲补天，则属于“远古”。远古多神话，太古多传说，上古开始，史料有征。太古圣人虽史籍有载，但其事迹多为传说，故说法不一，并无确证。

②《千字文》有载：“龙师火帝，鸟官人皇，始制文字，乃服衣裳。”龙师指伏羲，火帝指炎帝，鸟官指少昊，“三皇五帝”中，五帝的头一位。人皇即指黄帝。黄帝被尊为“人文始祖”，传说仓颉造字、胡曹制衣即在黄帝时期。《九家易》曰：至乎黄帝，始制衣裳，垂示天下。衣取象乾，居上覆物。裳取象坤，在下含物也。

“垂衣裳而天下治”，后世皆引作“无为而治”解。郭雍曰：“垂衣裳而天下治”，无为而治也。无为而治者无他焉，法乾坤“易简”而已矣。

③“刳”（音 kū 枯），《说文》：“刳，判也。”剖开并挖空之意。“剡”（音 yǎn），削也。“楫”，船桨，《韵会》：“短曰楫，长曰棹。”“剡木为楫”，用刀削木，制作船桨。《涣》卦上卦为《巽》，巽为木、为风；下卦《坎》为水。《九家易》曰：木在水上，流行若风，舟楫之象也。

④《随》卦上卦为《兑》，兑为口；下卦为《震》，震为动，为车、为马。用口吆喝，车马以行。故《随》卦为车马之象。

⑤《豫》卦上《震》下《坤》，坤为阖户，即闭门；震为动，是为更夫，走

动而打更。故《豫》卦乃闭户防贼之象。

⑥杵、臼是舂米所用的器具，将稻粒放入臼中，以木棒捣舂，使麸皮与米粒分离，即为舂米。“断木为杵”，杵为短的木棒，须截短而用，故曰“断木”。《小过》卦上《震》下《艮》，上动而下止，正是舂米的动作之象，故《小过》是用杵臼舂米之象。

⑦《睽》卦上《离》下《兑》，离而悦，喻射。互体《坎》为弓轮，曲木为轮，弓之作也；《睽》卦二爻至上爻为双《离》相连之象，离为目，谓欲射时二目对准。故《睽》卦为弓矢之象。

【译】

神农氏之后，黄帝、尧、舜相继为部落首领，通晓乾坤尚变的道理，不断观象以制新器，使民众用之便利而不倦，正如《易经》所示：无路可走即思求变，因时变化即能通达，通达为事则能久远。遵循天道尚变的道理，自然能够“自天祐之，吉无不利”。黄帝、尧、舜所以能够垂手无为，而达到天下大治的局面，大概是因为取象于《乾》《坤》二卦。

刨挖树干以为舟，削制木片以为桨，利用舟、桨可以渡过隔阻交通的河泽之地，到达远方，这种便利天下的方法大概取象于《涣》卦。利用牛马牵引车辆，承负沉重之物行于远方，这种便利天下的方法大概取象于《随》卦。门禁重重，更夫击柝，用以防范窃盗暴戾之徒，这种方法大概取象于《豫》卦。截断木棒做成杵，掘挖硬地做成臼坑，以杵臼舂米，万民因之而得济助，这种方法大概取象于《小过》卦。弯曲木干以为弓架，削制木条以为箭矢，弓箭之锐，用以威慑天下，这种方法大概取象于《睽》卦。

【原文】

上古①穴居而野处，后世圣人②易之以宫室，上栋下宇，③以待风雨，盖取诸《大壮》。④

古之葬者，厚衣之以薪，葬之中野，不封不树，⑤丧期无数，后世圣人易之以棺椁，⑥盖取诸《大过》。⑦

上古结绳而治，⑧后世圣人易之以书契，百官以治，万民以察，盖取诸《夬》。⑨

【注】

①上古之人所言之“上古”，即今之“远古”也。

前文不言“上古”者，其器用本无，是为“创造”，所以无与上古比较之义；这里始言“上古”者，是更新“再造”，故言“易之”，引上古以为比较。

②上古之人所称之“后世圣人”，即今之所称“太古圣人”，黄帝、尧、舜也。

③“栋”者，屋的正梁，即屋顶最高处的水平木梁，支承着椽子的上端；《说文解字》：栋“極也。極者，謂屋至高之處。繫辭曰。上棟下宇。五架之屋、正中曰棟”。《康熙字典》：《郭注》屋檼曰栋，卽屋脊也。“宇”：《说文》宇，屋边也。《註》宇，簷下也。

④《大壮》卦上《震》下《乾》，震为雷、为动；乾为刚健。上面雷雨交加，欲使其动摇，下面屋宇刚健屹立，此即《大壮》之象。司马光曰：风雨动于上，栋宇健于下，《大壮》之象也。

⑤古葬无坟丘，也无植树为记之俗，故曰“不封不树”，“封”者，堆土为坟丘也。

⑥“棺”者柩也，“椁”者柩之外廓也。俗称“双层棺材”。

⑦《大过》卦二阴四阳，初、上二爻为柔爻，象土；中间四爻为刚爻，象棺椁之板。故古《易》以《大过》卦为丧葬之卦。

⑧史传仓颉造字之前，古人以结绳记事。这里讲“而治”，说明结绳和后文之“易之以书契”，都是指用来施政的文诰，故才有后文“百官以治，万民以察”。

⑨《夬》卦上《兑》下《乾》，兑为口，乾为健，故《夬》卦有决断之义。《汉书》曾言及《夬》卦：“夬，扬于王庭”言其宣扬于王者朝廷，其用最大也。意指官家文诰的宣告场所是王庭之内。

【译】

上古之人择地穴而居住，后世圣人对此更新改造，建立了宫室、屋宇，以栋宇作支撑，用以防御风雨，这种做法大概取象于《大壮》卦。

古人之葬，以薪柴厚覆，埋于荒野，不堆立坟茔，也不植树为记。随死随葬，并不择日。后世圣人对此进行更新改造，开始使用棺椁以葬死者，这种做法大概取象于《大过》卦。

上古时期没有文字，官家以结绳记事的方式发布施政文诰，后世圣人对此更新改造，改为文书契命，百官用书契治理国家，万民通过书契获知国家政令，这种做法大概取象于《夬》卦。

【疏】

这一章即是有名的“制器十三卦”。《系辞传》将古人制造工具器用与《易经》的卦象联系起来，意在说明中国文明的缘起。恩格斯在《劳动在从猿到人的转变过程中的作用》一文中讲到：“劳动是从制造工具开始的。”从而把“制造工具”上升为人之所以区别动物的根本标志之一。可以说，制造工具乃文明之始，这一点已成为东西方的文化共识。

本章以“制器取象”为名，不同于先儒所谓“制器尚象”，有我的考虑。“尚”有尊奉义，崇尚、尊尚，均是以之为标准的一种说法。制器以“尚象”，是为了达到“显道”的目的，这是先儒的用心。但这里有浓厚的先验主义味道，是违反科学理性的，故我不取“制器尚象”说。《系辞传》言“盖取诸《涣》”“盖取诸《随》”等，是“制器取象”意。“取象”意为卦爻象在制器方面有启迪作用，这是比较实事求是的说法。

“制器取象”可以说是我国最早对于仿生学的运用。仿生学是美国生物学家斯蒂尔于 1961 年创立，斯蒂尔将仿生学定义为“模仿生物原理来建造技术系统，或者使人造技术系统具有或类似于生物特征的科学”。“制器十三卦”正是描述了我国先民通过观察自然界各种生物和自然现象的活动变化，得到启示，并用于制造生产、生活用具之中，从而实现社会进步、生活状态改善的过程。所以说，“制器取象”就是仿生学的运用。

3. 易象彖爻章

【原文】

是故《易》者，象也；象也者，像也；①彖者，材也；②爻也者，效天下之动者也。③是故吉凶生而悔吝著也。

【注】

①“《易》者，象也”，此言卦爻象。“像”在这里是动词，取象、模拟也。前文“八卦成列章”曰：“象也者，像此者也”，与此同。

②《系辞传上·彖象爻变章》言："彖者，言乎象者也。"孔颖达训"彖"为"断"，这里又说"彖者，材也"，实际是一个意思。彖，《说文》："豕也。从彑从豕，读若弛。"本义是断的猪头，故彖有断义。判断、剖析是其引申义。"材"，李光地曰：材者，构屋之木也。聚众材而成室。彖亦聚卦之众义以立辞。故本义谓彖言一卦之材。按：李光地所言不确。此处之"材"应通假为"裁"，裁度、裁断之义，亦即"断也"。

③《系辞传上·彖象爻变章》言："爻者，言乎变者也。"是指爻辞所言爻象之变化。前文"八卦成列章"曰："爻也者，效此者也"，是指爻象之变，这里的"爻也者，效天下之动者也"也是指爻象之变。

【译】

所以，总的说来，《易》是讲易象的。所谓易象，是模拟宇宙万物的卦爻象；所谓彖，是各卦的卦象，亦即大象，彖辞即是言说各卦大象的释辞；所谓爻，是模拟宇宙万物变化的爻象，亦即小象，爻辞即是言说小象变化的释辞。所以，从卦爻象中可以显现出吉凶、悔吝的意象，而言说这些意象的言辞就是彖辞和爻辞。

【疏】

这一章可以说是上一章"制器取象章"的总结。"是故《易》者，象也"，是讲《易》的思维模式是"象思维"。我们习惯于将思维模式分为形象思维和抽象思维，形象思维的对象和工具是客观事物的形象与样态，其特点是思维的跳跃性、发散性和联想能力；抽象思维的对象和工具则是高度概括的概念和范畴，其特点是思维的逻辑性、直线性和条理性。象思维则突破了形象思维和抽象思维的二分模式，既具有形象思维的发散性和联想能力，也具有抽象思维的逻辑性和条理性。在象思维看来，"象"有物象、意象之分，有形而可见者为物象，无形而可感者为意象。"作结绳而为网罟"取象于《离》，是取其物象；"垂衣裳而天下治"取象于《乾》《坤》，是取其意象，故象思维是形象思维和抽象思维兼而有之。

4. 卦有阴阳章

【原文】

阳卦多阴，阴卦多阳，[①]其故何也？阳卦奇，阴卦耦，[②]其德行何也？阳一君而二民，君子之道也；阴二君而一民，小人之道也。

【注】

①此特指三爻之八卦而言。《乾》为纯阳，《乾》交《坤》而生三子：《震》《坎》《艮》，故《乾》《震》《坎》《艮》为阳卦；《坤》为纯阴，《坤》交《乾》而生三女：《巽》《离》《兑》，故《坤》《巽》《离》《兑》为阴卦。除《乾》《坤》外，《震》《坎》《艮》三卦之爻皆为一阳二阴，故“阳卦多阴”；《巽》《离》《兑》三卦皆为一阴二阳，故曰“阴卦多阳”。

②此指各卦的爻画数而言。阳爻数为一，阴爻数为二，即“阳数奇，阴数偶”。《乾》卦三阳爻，其数为三，《震》《坎》《艮》三卦皆为一阳二阴，其数为五，三、五为奇数，故曰“阳卦奇”；《坤》卦三阴爻，其数为六，《巽》《离》《兑》三卦皆为一阴二阳，其数为四，四、六为偶数，故曰“阴卦耦”。

【译】

阳卦阴爻多，阴卦阳爻多，这是什么缘故呢？阳卦数奇，阴卦数耦，阳卦、阴卦在德行上又是如何表现呢？阳卦只有一个代表君之阳爻，而有两个代表民之阴爻，意味着君命唯一，二民从之而无疑，君正民顺，这是君子之德，行君子之之道；阴卦有两个代表君之阳爻，而只有一个代表民之阴爻，意味着君有二命，而民无所适从，君乱而民叛，这是小人之德，行小人之道。

【疏】

这一章有些奇怪，第一问似有问无答，第二问又似答非所问。孔夫子在此实为借题发挥，卦性之阴阳实由乾坤六子而定，而其爻画数分奇数、偶数乃是表象而已，本无内在逻辑。孔夫子是借此言及君子与小人的德行区分，以教化弟子。

我有见于此，想到的是另一句话：“民主不过是少数人的专政。”所谓共同意志，必定是少数人提出，而大多数人不过是在几种少数人意志中进行选择，经常被多数人选择的少数人，就成了所谓“精英”，多数人的选择一旦成了惯性，选择就变成了盲从。所以，民主形式不过是少数人表现的舞台，而大多数，实际上是没有表现机会的。所以，一君二民的结果必定是君为主，二君一民则反过来，民将反客为主，民为小人，所行必然是小人之道。

有一个笑话，一个单位五个科长，一个科员，五个科长都向科员布置任务，科员说："五件事也要一件一件地办。"于是科员即将五位科长的任务做了排序，每天五位科长都要按照科员安排的工作节奏办公，结果形成了一个科员领导五个科长的局面。这就是"二君而一民，小人之道也"。

5. 易云子曰章

【原文】

《易》曰："憧憧往来，朋从尔思。"①子曰："天下何思何虑？天下同归而殊途，一致而百虑。②天下何思何虑？日往则月来，月往则日来，日月相推而明生焉。寒往则暑来，暑往则寒来，寒暑相推而岁成焉。往者屈也，来者信也，③屈信相感而利生焉。尺蠖④之屈，以求信也，龙蛇之蛰，以存身也。精义入神，以致用也。利用安身，以崇德也。过此以往，未之或知也。穷神知化，德之盛也。"

《易》曰："困于石，据于蒺藜。入于其宫，不见其妻，凶。"⑤子曰："非所困而困焉，名必辱；非所据而据焉，身必危。既辱且危，死期将至，妻其可得见邪！"

《易》曰："公用射隼于高墉之上，获之，无不利。"⑥子曰："隼者，禽也；弓矢者，器也；射之者，人也。君子藏器于身，待时而动，何不利之有？动而不括，⑦是以出而有获，语成器而动者也。"

【注】

①见于《易经》下经《咸》卦之九四爻辞。"憧憧"，心意不定。"憧憧往来"，极写其思绪万千，犹豫不定。"朋从尔思"，求助于朋友，希望朋友认同自己的判断和想法。

②今日之成语"殊途同归"即从"天下同归而殊塗"化用而来。"一致而百虑"意为虽然初始考虑的因素各有不同，但最终总会达成一致的结论。孔夫子由行之"同归而殊塗"引申到思之"一致而百虑"，为的是强调天道运行"无思也，无为也。"

③"信"应训为"伸"，与屈相对。后文之"尺蠖之屈，以求信也"，其意亦同。

④“尺蠖”，尺蠖蛾的幼虫。行走时身体中部上弯如弧之屈伸，其状似人之用拇指、中指量距一般，故曰“尺蠖”。

⑤见于《易经》下经《困》卦之六三爻辞。“困于石，据于蒺藜”，石之为物，坚而不纳，蒺藜多刺，据而不安，以喻才不胜职，德不配位。

⑥见于《易经》下经《解》卦之上六爻辞。王公配君，射隼于高墉，喻指除恶务尽，以解君忧。

⑦“括”，扎束。《说文》：“括，系也。”坤卦六四：“括囊，无咎。”“动而不括”，果敢行动，不受约束。

【译】

《易经》下经《咸》卦九四爻辞云：“憧憧往来，朋从尔思。”孔子说：“天下万物之动有什么要思考的？万事之变有什么要忧虑的？天下万物万事、所动所变同归一理，只不过路径各异。天下万物之动有什么要思考的？万事之变有什么要忧虑的？日没而月升，月没而日升，日月相互推荡，光明就产生了；寒冷过去而暑热到来，暑热过去而寒冷到来，寒暑交替变化，岁月就流逝了。往去者即已屈伏，将来者正在伸展，屈伸之间相互作用，万物的运动变化就更加便利了。尺蠖之屈，无非为了伸展；龙蛇蛰伏，无非为了存身。精研义理，得其神韵，是为了应用；便利应用，安定其身，是为了崇德。除此以外，更为深奥微妙的道理，就不是一般人所能获知领悟的了。穷尽神功妙理，预知微妙变化，那是德行的最高境界。”

《易经》下经《困》卦六三爻辞云：“困于石，据于蒺藜。入于其宫，不见其妻，凶。”孔子说：“才不胜职，困在了不应当困穷之处，其名声会受到嘲辱；德不配位，依靠着不能依靠的事物，其身体就处于危险之中。既遭受嘲辱又身临险境，灭亡的时间已经不远，哪能还见到妻子呢？”

《易经》下经《解》卦上六爻辞云：“公用射隼于高墉之上，获之，无不利。”孔子说：“隼者，为飞禽；弓矢者，为器用；引弓矢以射隼，这是人的职分角色。君子藏备器用于自身，等待时机适宜，随即启用，能有什么不便利之处？果敢行动而不受约束，才能做到出手即有收获，这是说那些备好器用，随时行动的人。”

【疏】

这一章和下一章都是孔夫子对《易经》某卦爻辞的阐发言论，故先儒皆作一章。我分作两章处理的原因，是次序上的微小差别：此章是先引述一则《易经》的爻辞，孔夫子再针对其爻辞进行阐发和引申；下一章则是孔夫子在表述一个观点之后，再引述一则或两则《易经》爻辞为证。

孔门授学，虽以六经为典，但其理揆一。言及《易》者，当有两种情景：其一是讲授本经，故要循经释典，方法是引述一段经文，然后阐发其微言大义，此章之例也；其二是讲授他经，有时须旁征博引，故于相关论点之后，引《易》的经文以为证。或师徒讨论某个观点时，引《易》以为证，下章之例也。《系辞传》作为弟子们学《易》的课堂笔记，两种情形下的夫子之《易》教当并蓄之。

本章引述三则爻辞，分别表达了三个观点：第一节引述《咸》卦九四爻辞，意在说明"《易》无私也，无为也"；第二节引述《困》卦六三爻辞，意在抨击才不胜职、德不配位之人；第三节引述《解》卦上六爻辞，意在强调"有备而无患"。

6. 子曰易云章

【原文】

子曰："小人不耻不仁，不畏不义，不见利不动，不威不惩。小惩而大诫，此小人之福也。《易》曰：'屦校灭趾，无咎。'①此之谓也。善不积不足以成名，恶不积不足以灭身，小人以小善为无益而弗为也，以小恶为无伤而弗去也，故恶积而不可掩，罪大而不可解。《易》曰：'何校灭耳，凶。'②"

子曰："危者，安其位者也；亡者，保其存者也；乱者，有其治者也。是故君子安而不忘危，③存而不忘亡，治而不忘乱，是以身安而国家可保也。《易》曰：'其亡其亡，系于苞桑。'④"

子曰："德薄而位尊，知小而谋大，力小而任重，⑤鲜不及矣。《易》曰：'鼎折足，覆公餗，其形渥，凶。'⑥言不胜其任也。"

【注】

①见于《易经》上经《噬嗑》卦之初九爻辞。《噬嗑》卦上《震》下《离》，有雷电交加之象。雷电有震慑义，噬嗑有决断义，故《噬嗑》卦是刑狱之卦。初

九无位，喻指顽劣小民因罪受罚，“屦”音 jū（居），草鞋；“校”音 jiào（叫），脚镣。“屦校灭趾，无咎。”初九为刑罚之始，穿草鞋，带脚镣，以致脚趾都磨坏了。喻指“小惩大诫”，故“无咎”。其象辞说：“屦校灭趾，不行也。”不行是“不令其行”，小惩大诫，是为了不使其犯更大的罪行。

②见于《易经》上经《噬嗑》卦之上九爻辞。上九尊而无位，喻指犯重罪的皇亲国戚。“何校灭耳，凶。”即将被戮也，是说明“罪大而不可解”的。

③今之成语“居安思危”即是从这句“是故君子安而不忘危”而来。

④见于《易经》上经《否》卦之九五爻辞。“苞桑”，桑树之本，“其亡其亡，系于苞桑”者，君王思危而不自安，自诫之语。

⑤“德薄而位尊，知小而谋大，力小而任重”即“才不胜职、德不配位”。此句可与前一章第二节的内容互参。

⑥见于《易经》上经《鼎》卦之九四爻辞。“餗”音 sù（速），“八珍之膳，鼎之实也”（孔颖达疏）；“渥”音 wò（握），沾濡也。“鼎折足，覆公餗，其形渥，凶。”鼎因折足而倾倒，里面的珍馐倾翻出来，黏答答地摊成一团，这是力不胜任的凶兆。

【译】

孔子说：“小人不以不仁为可耻，不以不义为可怕，没有见到利益就不会行动，没有感到威慑就不会有所戒惧。所以即使所犯罪行轻微，也要进行严厉惩戒，这对小人来说是福不是祸。《易经》上说：‘罪责虽轻，但也要带脚镣，以致脚趾都磨坏了，这样做没有过错。’就是说的这种情况。善德不去积累，就不足以成就善名，恶事不去累积，就不足以失去性命。无知小人会以为，小的善行没有什么益处，因此就不肯为小善；小的恶行不会造成什么伤害，因此就不会去避免，正因为这样的事经常发生，所以恶名不断累积，以致无法掩盖；罪责不断加大，以致最终无法解脱。所以《易经》上还说：‘桎梏累加已经到了盖过耳朵的程度，这是将被戮杀的凶兆啊！’”

孔子说：“危险之所以发生，是因为居上位者关心的是其位是否安稳；家国所以会败亡，是因为居上位者关心的是自己占有的能否长存；社会所以会动乱，是因为居上位者只知道强化管制。因此，君子应当居安思危，守存虑亡，图治防乱。这样做才能善其身而保其家国。《易经》说：‘要丢了！要丢了！赶紧系在苞桑上吧！’说的就是这个道理呀！”

孔子说：“德行浅薄，却高居尊位；智力低下，却欲谋划大事；力量微弱，却要承担重任。这种人，很少能够避免灾祸的。《易经》上说：‘鼎因折足而倾倒，里面的珍馐倾翻出来，黏答答地摊成一团，这是力不胜任的凶兆。’说的就是不能胜任其事的情况。”

【原文】

子曰：“知几其神乎！君子上交不谄，下交不渎，[①]其知几乎？几者，动之微，吉之先见者也。君子见几而作，不俟终日。[②]《易》曰：‘介于石，不终日，贞吉。’[③]介如石焉，宁用终日？断可识矣。君子知微知彰，知柔知刚，万夫之望。”

子曰：“颜氏之子，其殆庶几乎？[④]有不善未尝不知，知之未尝复行也[⑤]。《易》曰：‘不远复，无祇悔，元吉。’[⑥]天地絪緼，万物化醇。[⑦]男女构精，万物化生。《易》曰：‘三人行则损一人，一人行则得其友。’[⑧]言致一也。”

子曰：“君子安其身而后动，易其心而后语，定其交而后求。君子修此三者，故全也。危以动，则民不与也；惧以语，则民不应也；无交而求，则民不与也。莫之与，则伤之者至矣。《易》曰：‘莫益之，或击之，立心勿恒，凶。’[⑨]”

【注】

①“谄”音 chàn（忏），奉承巴结；“渎”音 dú（读），轻慢，待人不恭。

②“俟”音 sì（四），等待。“不俟终日”即不必等待一整天。

③见于《易经》上经《豫》卦之六二爻辞。

④“颜氏之子”即指颜回。颜回是孔子最得意的弟子，于《易》道研之尤深，《韩诗外传》曾举一例：“孔子使子贡，为其不来，孔子占之，遇《鼎》，谓弟子曰：‘占之遇《鼎》，皆言无足而不来。’颜回掩口而笑。孔子曰：‘回也何哂乎？’曰：‘回谓赐必来。’孔子曰：‘何如也？’回对曰：‘乘舟而来也。’赐果至矣。”孔子曾说：“用之则行，舍之则藏，惟我与尔有是夫！”其期许若此。“殆”，本义是危险的意思，“知己知彼，百战不殆”，即百战百胜之意。这里是用作副词，大概、几乎，差不多的意思。“庶几”，或许可以。此句是说颜回差不多可以算是“知机”的了。

⑤孔子曾赞颜回曰：“有颜回者好学，不迁怒，不贰过。”（《论语·雍也》）

不贰过，不犯同样的错误。

⑥见于《易经》上经《复》卦之初九爻辞。复卦是纠偏之卦，初九为纠偏之始，“不远复”者，迷途不远，尚可及时回头也。“祇”音qí（齐），本义是土地神，这里是用作形容词，“大”的意思。“无祇悔”即不会有大的悔恨。

⑦“絪緼”也写作“氤氲”，“絪”是麻丝，“緼”是棉丝，“絪緼”即缠绵交织。“氤氲”即烟云弥漫，如丝缠绕。“天地絪緼”是说宇宙创生之际，混沌之气弥漫天地的样子。

⑧见于《易经》下经《损》卦之六三爻辞。三人生疑，减损一人，以利达成一致，故后文曰“言致一也”。

⑨见于《易经》下经《益》卦之上九爻辞。“益”即增益，益卦上九，增益不已是益之过也，所以才要“莫益之”。“或击之”者，助益太多，会招致外敌袭击。“立心勿恒，凶”者，恐袭而惧，心志不定则凶。

【译】

孔子说：“知道先机者，够的上是神算了吧！君子对上交往而不谄媚，对下交往而不轻慢，算得上知机吧！所谓先机，是指事物变动之初的几微征象，敏感的人得以先期觉察而已。君子见到事物变化的先机，就能够迅速作出反应，不必要等一整天才有反应。《易经》上说：‘边界以石为标志，不必等到一整天才能了解，只要遵行正道就是吉利的。’已经知道石头是表示边界的，难道还要用一整天去分析、判断吗？即时就可判断出来。君子知道几微的征象，就自然知道彰显出来的情况，知道何时应当柔顺处事，自然就知道何时需要刚强处事，这才会成为万众属望的人物。”

孔子说：“颜家这个子弟（指颜回），大概算得上是‘知道时机者’吧！凡有不妥当之处，没有不知道的；知道了以后，从未有过再犯同样过错的。《易经》上说：‘迷途不远，及时回头，就没有大的悔恨。这是最大的优点。’天地创生，阴阳二气混沌交织，化生万物后阴阳二气则醇厚而精纯。男女交感，情感化为肾精而交合，万物化生也是同一个道理。《易经》上说：‘三人生疑则减损一人，一人前行则可得其友。’这是说二气交合才能达致纯一。”

君子要先安定自己，然后行动；换位思考，再去说服；增进感情，再提出要求。君子待人处事，只有做到这三点，才算得完美。自身不稳却急于行动，则百姓不会参与；自己尚有忧惧，却来说服别人，则百姓不会回应；与人无交情而贸然提出要求，则百姓不会支持。没有百姓的积极参与和助益，就不免会受到伤害。正如《易经》所言："不要再给他助益！助益太多可能会招外敌袭击，恐袭而惧，自己的心志不坚定，是很凶险的事。"

【疏】

这一章分成六节，共讲八事，引述了八则《易经》的爻辞。就其内容而言，大体也可分成两个方面：前三节讲"危"，后三节讲"安"。

第一节讲小人之危，在于小人没有善恶的道德底线，全靠法制予以强制约束。小善不奖则无以积善，小恶不惩则大恶毕至。故对小人之为必须"防微杜渐"。刘备崩殒白帝城，临终嘱咐其子刘禅："勿以恶小而为之，勿以善小而不为，惟贤惟德，能服于人。"（《三国志·蜀书》）正是看穿了刘禅的小人之质。

第二节讲家国之危，在于上下异心，居上位者安于其位、保其所存、治不及乱。因此，对策就应当是"居安思危"，守存虑亡，图治防乱。这样做才能善其身而保其家国。

第三节讲居高位之危，在于德不配位、才不胜职。

后三节讲"安"。要安首先要"知机"，故第四节孔子先说："知几其神乎！"并且要"见几而作，不俟终日"，这样才能保平安。接下来孔子引颜回为例，讲什么是"知机"："有不善未尝不知，知之未尝复行也。"最后，孔子讲君子修三要，即要"安其身而后动，易其心而后语，定其交而后求"。

这一章与前一章体例不同，似乎与孔夫子的讲学方式有关。夫子讲学，活泼自由，如春风化雨。不同于前一章的夫子讲《易》，择其精义阐发，这一章更像是弟子学《易》，有所疑问而夫子作答。前一章是"夫子注经"，这一章则是"经注夫子"。

7. 乾坤《易》门章

【原文】

子曰："乾坤，其《易》之门邪？"乾，阳物也；坤，阴物也。阴阳合德，而刚柔有体，以体天下之撰，[①]以通神明之德。其称名也，杂而不越，於稽其类，其衰世之意邪？[②]

夫《易》，彰往而察来，而微显阐幽，开而当名，辨物、正言、断辞，则备矣。[③]其称名也小，其取类也大。其旨远，其辞文，其言曲而中，其事肆而隐。因贰以济民行，以明失得之报。[④]

【注】

①“撰”字从手、从巽，本义是在尊者口述时的记录。古之尊者皆述而不作，所述之言由弟子记录下来，即成经典。佛经乃释迦语，然出自阿难、迦叶；福音乃耶稣语，然出自马可、马太、路加、约翰。故“撰”非“著”，“著”是创作，“撰”不过是归集。“体天下之撰”，明其所归集者为已创生之万物。

②侯果曰：“於”，嗟也；“稽”，考也。易象考其事类，但以吉凶得失为主，则非淳古之时也。故曰“衰世之意”耳。言“邪”，示疑，不欲切指也。

③郭雍曰：“当名”，卦也；“辨物”，象也；“正言”，彖辞也；“断辞”，系之以言吉凶者也。

④孔颖达曰：“因贰以济民行”者，“贰”，二也，谓吉凶二理。言《易》因自然吉凶二理，以济民之行也，欲令趋吉避凶，行善而不行恶也。“以明失得之报”者，言《易》明人行失之与得所报应也。失则报之以凶，得则报之以吉，是明失得之报也。

【译】

孔子说：“《乾》《坤》二卦，不是进出《易经》的门户吗？”《乾》表阳性之物，《坤》表阴性之物。阴阳相荡，其德行相互交合，赋予万物以刚柔之体。刚柔所体现的，是归集天下万物之体的属性，阴阳所通达的，是神明创生万物之德行。成卦之名称虽然繁杂，却并不乖越阴阳二理。但查考其取类系辞，多吉凶得失之辨，已非淳古之虑，这大概就是已至衰世的缘故吧！

所谓《易》道，在于彰显过往以察知未来，使蕴微之处得以显现，使幽深的道理得以阐发。开张其意而名之于卦，藉象辨物，借彖正言，系辞断之，以兆吉凶，《易》之道，由此而俱备了。卦名取譬虽小，卦义取类则很大。卦爻之象，意旨深远，卦爻之辞，文意高雅，其言宛曲，然切中事理；取譬广泛，而义理深邃。因应吉凶二理以济助民众之所为，明辨善恶以为得失之报。

【疏】

这一章仍是以“子曰”开头，故先儒多将其并入前一章。但此章内容并非是对《易经》某段卦爻辞的阐发，而是强调《乾》《坤》二卦在《易经》中的重要地位，故我将其从上一章中分离出来，单列一章。

《易经》本经不讲阴阳，至《易传》方始言及。此章以阴阳论乾坤，又以刚柔论万物之属性，似有阴阳为里，刚柔其表之意，这与《说卦传》所说：“立天之道，曰阴与阳；立地之道曰柔与刚”又有不同，先儒于此不能曲为之说，索性混为一谈，孔颖达就说：“刚柔者，阴阳也。”如此而已，岂有他哉！

8. 修德九卦章

【原文】

《易》之兴也，其于中古①乎？作《易》者其有忧患乎？是故，《履》，德之基也；②《谦》，德之柄也；③《复》，德之本也；④《恒》，德之固也；⑤《损》，德之修也；⑥《益》，德之裕也；⑦《困》，德之辨也；⑧《井》，德之地也；⑨《巽》，德之制也。⑩

【注】

①这里的“中古”，与现今中国古代史的分期不同，指的是殷末周初时期，因下文有说：“《易》之兴也，其当殷之末世、周之盛德邪？当文王与纣之事邪？”

②《履》卦卦义是“临深履薄”，讲究“慎其始”，所以是“德之基”。

③《谦》卦《大象》：“君子以裒多益寡，称物平施”，有衡权义，故曰“德之柄”。

④《复》卦彖辞：“复，其见天地之心乎！”故曰“德之本”。

⑤《恒》卦《大象》：“君子以立不易方”，故曰“德之固”。

⑥《损》卦意在减损，去除不好的东西，故曰“德之修”。

⑦《益》卦意在增益，故曰“德之裕”。

⑧《困》卦大象：“君子以致命遂志”，途穷则困，需辨径求通，故曰“德之辨”。

⑨《井》卦彖辞：“井养而不穷也”，古代人民依井而居，故曰“德之地”。

⑩《巽》卦《大象》：“君子以申命行事”，故曰“德之制”，制即申命行事也。

【原文】

“《履》和而至；[①]《谦》尊而光；[②]《复》小而辨于物；[③]《恒》杂而不厌；[④]《损》先难而后易；[⑤]《益》长裕而不设；[⑥]《困》穷而通；[⑦]《井》居其所而迁；[⑧]《巽》称而隐。[⑨]

【注】

①《履》者依足，错行以和，其卦德在“和”，故曰“和而至”。《论语》曰：“礼之用，和为贵。”

②《谦》者尊尊，其卦德在“尊”，故曰“尊而光”。

③《复》卦一阳始生，故曰“小而辨于物”。《复》者不弃小。

④《恒》者常也，其卦德在“固本”。《恒》不避杂，故曰“杂而不厌”。

⑤《损》者减损需克制，其卦德在“克制、律己”，“先难后易”者，克制逐渐成为习惯也。

⑥《益》者增益需长久，故其卦德在“长裕”。

⑦《困》者求通，其卦德在“穷而通”。

⑧《井》者民居之所依，有聚合之义，“居其所而迁”即“改邑不改井”（井卦彖辞），其卦德在“守其所依”。

⑨《巽》者，其卦德在“顺而入”，故需权衡以定行止，亦即“称而隐”。

【原文】

“《履》以和行；[①]《谦》以制礼；[②]《复》以自知；[③]《恒》以一德；[④]《损》以远害；[⑤]《益》以兴利；[⑥]《困》以寡怨；[⑦]《井》以辨义；[⑧]《巽》以行权。[⑨]

【注】

①《履》卦卦德在“和”，故“《履》以和行”。

②“《谦》以制礼”，是要以尊尊之心制定规则、礼仪。

③“行有不得，反求诸己”（《孟子·离娄》）是为《复》，故“《复》以自知”，意思是要从小事做起，自知自律。

④“《恒》以一德”，是要恒久守德，孔子所谓“吾道一以贯之”（《论语·里仁》）。

⑤《损》卦大象辞：“惩忿窒欲”，故“《损》以远害”。

⑥“《益》以兴利”，是要兴利除弊，长裕益人。

⑦“《困》以寡怨”即“言寡尤，行寡悔”（《论语·为政》），要处困守德，不怨天尤人。

⑧“《井》以辨义”，是说待人处事须明辨道义，以为立身之基。

⑨“《巽》以行权”，是说待人处事要把握好分寸，应时权变。

【译】

《易经》的兴起，大概是在中古时期、殷末之际吧！《易经》的作者，大概是饱经忧患之人吧！所以《易经》中才有九个上卦专以言修德。《履》卦教导礼仪，是修德行的基础；《谦》卦教导谦逊，是修德行的标准；《复》卦反求诸己，是修德行的本质；《恒》卦立不易方，是修德行的稳固；《损》卦克制欲望，是修德行的改进；《益》卦增益善念，是修德行的丰裕；《困》卦致命遂志，是修德行的辨别是非能力；《井》卦养而不穷，是修德行的环境；《巽》卦申命行事，是修德行的规范仪制。

《履》卦重礼仪，可在祥和中达到极致;《谦》卦重谦逊，可因谦逊而获得尊敬;《复》卦重善念的初生，因善念虽小而能辨是非；《恒》卦重恒常，在繁杂的环境中仍能择善固执而不厌弃;《损》卦重克制，开始困难，形成习惯后会变得容易;《益》卦重增益，故能长久丰裕德行而不矫揉造作；《困》卦重通达，于困境中还能执守德行必至通达之境；《井》卦重所居，逐盛德之所而居，有利于德行的播迁；《巽》卦重从善申命，需权衡善恶以定行止。

《履》卦导人以“和”道而行；《谦》卦导人以“礼”节自制；《复》卦导人以自知；《恒》卦导人以守一；《损》卦导人以远害；《益》卦导人以兴利；《困》卦导人以寡尤、寡怨；《井》卦导人以明辨道义、是非；《巽》卦导人以权衡是非善恶、利弊得失。

【疏】

这一章“修德九卦”通称为“三陈九卦”，意指对九个修德之卦三次陈述之。此章共分三节，第一节讲九卦之卦德，是就卦爻象所揭示的意义而言，以明确九卦在修德过程中的地位和作用；第二节讲九卦之卦性，是九卦卦德的表现和阐发；第三节讲九卦之德在人事方面的运用。《春秋传》曰：“此所以说九卦者，圣人履忧济民之所急行也。故先陈其德，中言其性，后叙其用，以详之也。”

修德九卦在六十四卦中又被称之为“上卦”，是居于道德高地的卦。帛书《要》篇在“作易者其有忧患乎？”后面还有一句话：“上卦九者，赞以德而占以义者也”，意思是说，这九卦在六十四卦中是上卦，是崇德占义的。

9. 易之为书章

【原文】

《易》之为书也不可远，为道也屡迁，变动不居，周流六虚，①上下无常，刚柔相易，不可为典要，唯变所适。②其出入以度，外内使知惧。又明於忧患与故，无有师保，如临父母。初率其辞而揆其方，③既有典常，苟非其人，道不虚行。

《易》之为书也，原始要终，以为质也。六爻相杂，唯其时物也。其初难知，其上易知，本末也。④初辞拟之，卒成之终。若夫杂物撰德，辨是与非，则非其中爻不备。⑤噫！亦要存亡吉凶，则居可知矣。知者观其彖辞，则思过半矣。二与四同功而异位，其善不同，二多誉、四多惧，近也。⑥柔之为道不利远者，其要无咎，其用柔中也。三与五同功而异位，三多凶，五多功，贵贱之等也。⑦其柔成，其刚胜邪？

《易》之为书也，广大悉备，有天道焉，有人道焉，有地道焉。兼三才而两之，⑧故六。六者非它也，三才之道也。道有变动，故曰爻；爻有等，故曰物；物相杂，故曰文；文不当，故吉凶生焉。

【注】

①“六虚”者，六爻之位也。孔颖达曰：六位言“虚”者，位本无体，因爻始见，故称“虚”也。

②“典要”，恒常不变的准则。“不可为典要”，韩康伯注曰：不可立定准也。意思是《易》以变易为不易之道，《易经》之说当作变易不居看，不可胶柱鼓瑟，奉为恒常不变的典常要则。

③“率”，循也；“揆”，忖度也；“方”，道也，义理也。此言循其爻辞的辞义，而忖度其爻象义理的精密所在。

④此言初爻为事之始，其发展趋向难知；上爻为事之终，后果已成，故易知。“本末”犹言“始末”，即初始与终末也。

⑤“中爻”，一说谓二、五两爻。二爻为下卦之中，五爻为上卦之中，“非其中爻不备”，谓中爻统摄六爻之义。魏王弼、晋韩康伯即持此说。然观其下文，并称二、四与三、五，则中爻似应指除初、上二爻外的中间四爻。“非其中爻不备”是讲欲了解全貌，非六爻齐备不可。

⑥此言二爻爻辞多赞誉语，四爻爻辞多疑惧语。二爻与四爻同处于阴位，阴柔之道，不利远施，其功用相似，但卦位不同。二爻多誉者，位在中爻也；四爻多惧者，临近君位（五爻为君位）也，所谓“伴君如伴虎”，故多惧。

⑦此言三爻爻辞多言其凶，五爻爻辞多言其功。三爻、五爻均处阳位，阳刚之道，健而进取，三爻居上下卦之界，出则有险，故爻辞多言其凶兆；五爻居上卦之中位，尊而居中，故爻辞多言其事功。

⑧经卦三爻，以上爻表天道，下爻表地道，中爻表人道，此谓“三才”；别卦六爻，以五爻、上爻表天道，初爻、二爻表地道，三爻、四爻表人道，是谓“兼三才而两之”。

按：此说与篇首之“八卦成列，象在其中矣；因而重之，爻在其中矣”相矛盾。按篇首之言，六十四卦乃八卦相重而成；据此处所言，六十四卦则是八卦三爻各自增变二爻所成。这一成卦原理的冲突，影响后世之治易者争吵不休。

【译】

《易经》这部书，与我们的日常生活并不疏远，《易经》之道义精蕴，则屡有变迁。《易》道以变易为不易之常，从不拘泥于一种形态，周流于六爻之位，上下无常。刚爻、柔爻相互变易，不可胶柱鼓瑟，将其卦爻象奉为恒常不变的典常要则看待。唯有因应变化，才能适当应用。卦爻之象，无非利用出入。出入须有节度，出外、入内皆要有所畏惧，又能明察于忧患之端，虽然没有师长辈的照拂，也常如父母临在般戒慎恐惧。处世之初即要谨遵《易》道，循其爻辞的辞义，而忖度其爻象义理的精密所在。既然奉《易》道为典常，即使不是圣人，也不会令《易》道虚表于世。

《易经》这部书，于万物万事追溯其初始缘由，而探求其最终结果，是为了深究其本质。六爻杂变，不过是其应时、应事的表征。初爻难知，上爻易知，这是因为初爻象事之始，上爻象事之终的缘故。初爻难知，故其爻辞多拟度；上爻易知，故其爻辞可卒成。至于更为繁杂的物象，若统摄其德义，明辨其是非，则非观其六爻齐备之象不可。是啊！若要归纳出存亡、吉凶的卦象，在家中推演六爻就可以知道了。智者只要审观其彖辞，其卦义就多半领悟了。二爻、四爻同具阴位的功用，但卦位不同。二爻居内卦，四爻居外卦，故其善遇也不同：二爻居中，故多誉辞；四爻近君，故多惧辞。阴柔之道，不利远施，所以柔道的要点首在于无过错，持正守中，即是柔道之用。三爻、五爻同具阳位的功用，但卦位不同。三爻居下卦之顶，介于上下卦之间；五爻居上卦之中，处于尊贵的君位。故三爻多言其凶兆，而五爻则多言其事功。这是卦位的贵贱不等所致。由此看来，大概柔道之为多在于守成，而刚道之为多在于争胜吧？

《易经》这部书，蕴含之理宽广宏大，无所不备。这里有天理之道、有人事之道、有地理之道。天、人、地是谓“三才”，卦爻兼具三才之道，各以两爻表征其一，所以共有六爻。六爻没有其他的意义，就是三才之道。《易》道变动不居，所以名之为“爻”。爻者效也，爻即仿效《易》道的变动。爻有上下不同的等级差别，以比拟万物的贵贱之差，所以爻以称“物”。六爻相错，以效万物繁杂之文，所以物象曰“文”。文有不当其物者，吉凶即由此而产生。

【疏】

这一章依朱熹之《周易本义》，本分为三章，因其皆以“易之为书也”开篇，同是讲《易经》所以成书之要，所以合并为一章，名之为“易之为书章”。本章共分三节，分别从三个角度介绍了《易经》这部书。

第一节讲《易经》和我们并不遥远，只要明白《易》道的阴阳通变、刚柔相济的本质思想，即使不是圣人，也能运用《易》道行事。这一节的特点是强调了《易》道以变易为不易之常的典常之义。唯知变易，故要常怀戒慎恐惧之心，这也呼应了前文“《易》之兴也，其于中古乎？作《易》者其有忧患乎？”的判断。

第二节讲《易》道六爻不同的认识功能。其“初难知、上易知”“二多誉、四多惧”“三多凶，五多功”非常精辟地总结了六十四卦、三百八十四爻的爻辞特点，同时也符合事物发展的客观规律性表现。

第三节则进而上升到形而上的层面，讲到《易》道三才，兼备天道、人道和地道。《说卦传》中的“立天之道，曰阴与阳；立地之道曰柔与刚；立人之道，曰仁与义”，正是对这一节的系统阐发。

“兼三才而两之，故六”，这是另一种六十四卦的形成理论。本篇开头的“八卦成列，象在其中矣；因而重之，爻在其中矣”，是说六十四卦乃八卦相重而得，这是一种六十四卦的形成理论。这里讲“兼三才而两之”，是说三爻八卦各自重爻，而成六爻卦，故一卦衍为八卦，八个八卦衍为六十四卦。两种六十四卦的形成理论显然存在着矛盾，但同样被保留下来，作为释经的逻辑思路，可见孔夫子于此也无确解。

10. 易兴殷末章

【原文】

《易》之兴也，其当殷之末世，周之盛德邪？当文王与纣之事邪？①是故其辞危。危者使平，易者使倾。②其道甚大，百物不废。惧以终始，其要无咎，③此之谓《易》之道也。

【注】

①参看“修德九卦章”：“《易》之兴也，其于中古乎？作《易》者，其有忧患乎？”然“修德九卦章”中言及《易经》成书年代，意在强调“末世之忧”；此处言及《易经》成书年代，意在强调“周之盛德”，更确指文王与纣之事。虞翻曰：文王三分天下而有其二，以服事殷，周德其可谓至德矣，故“周之盛德”。

②“危者”指文王。值纣之际，周德盛而遭嫉，故有羑里之危。“易者”指纣王。“易”者慢易，怠于政。纣王之时，三分天下已失其二，犹耽于安乐，歌舞不辍，是为“慢易”。

③“其道甚大，百物不废”盖谓乾之道。虞翻曰：大，谓乾道。“惧以终始，其要无咎”盖谓坤之道。前文“易之为书章”有云：“柔之为道不利远者，其要无咎，其用柔中也。”

【译】

《易经》的兴起，大概正当殷末，周德正盛之时吧！大概就是文王与纣在世时的事。所以《易经》中的卦爻辞多隐含着危机。希望借此令身处危地者得到警诫，转危为安；令慢易怠政者得到教训，倾覆其位。《乾》之道宽广宏大，百物循之昌盛不衰；《坤》之道终始以惧，要旨在于善于补过，这就是所谓“《易》之道”吧！

【疏】

这一章篇幅虽短，但有承前启后的作用。承前者，上承“易之为书章”，继言《易经》的产生背景：处于危亡之际，故其辞危。主旨是“危者使平，易者使倾”。启后者，结语自《易经》转为《易》道，以启下文乾健、坤顺的二卦之德。

11. 乾健坤顺章

【原文】

夫乾，天下之至健也，德行恒易以知险。夫坤，天下之至顺也，德行恒简以知阻。能说诸心，能研诸侯之虑，①定天下之吉凶，成天下之亹亹者。②是故变化云为，吉事有祥。②象事知器，③占事知来。天地设位，圣人成能。人谋鬼谋，百姓与能。④

八卦以象告，爻彖以情言。刚柔杂居，而吉凶可见矣。变动以利言，吉凶以情迁，是故爱恶相攻而吉凶生，远近相取而悔吝生，情伪相感而利害生。凡《易》之情，近而不相得则凶，或害之，悔且吝。

将叛者其辞惭，⑤中心疑者其辞枝，⑥吉人之辞寡，躁人其辞多，诬善之人其辞游，⑦失其守者其辞屈。⑧

【注】

①“说”通“悦”，“研”即“审”。“能研诸侯之虑”应为“能研诸虑”，“侯之”疑衍文。“能说诸心，能研诸虑”者，谓德行易、简则能悦其心，智知险、阻则能解其虑。

②“亹亹”音 wěiwěi（娓娓），勤勉不倦。参看《系辞传上》之“开物成务章”（下）。

③“天地设位”谓圣人作《易》，以设天地之位也。“圣人成能”之能，即“能说诸信，能研诸虑”之能。

④朱仰之曰：人谋，谋及卿士。鬼谋，谋及卜筮也。又谋及庶民，故曰“百姓与能”与。

⑤“叛”从反，从半，半路而返曰叛，《广雅》：“叛者，反背之辞也。”本为同志，反而投于敌方是为叛，本有承诺，后又背弃承诺也为叛，此处主要指后者。

“慙”即“惭”，《说文》：“慙，愧也。”

⑥“枝”谓枝杈，谓言语中岔开主题。

⑦“游”，虚漫不实之语。

⑧“屈”者屈桡无力之语。

【译】

所谓《乾》之道，是天下至健之道，以易知、易至为其常德。至健则所行无难，唯其能知险故所行无难；所谓《坤》之道，是天下至顺之道，以简要、简静为其常德。至顺则前行无碍，唯其能知阻，故前行无碍。《易》道之德行易、简，则能悦其心；《易》道之智知险、阻，则能解其虑。判定天下万事万物的吉凶，就能够成就天下勤勉不倦之人的事业。所以说，万事万物的变化，或剧或缓，或见之所云、或成之所为，都是有征兆在先的，国家将兴，必有祯祥；国家将亡，必有妖孽。象仿万事万物的变化，应知蓍龟之器用；以蓍龟占卜万事万物的变化，可知其未来的发展趋向和结局。天地设位，圣人以作成《易经》；在谋及卿士的同时，也可谋及鬼神以作决断。百姓日用，也可通过卜筮谋于人鬼神灵。

八卦之兆有吉凶，而告之以卦爻象；爻辞、彖辞有险、易，而各言其情。卦爻象的刚爻柔爻错杂排列，故吉凶（异性相吸、同性相斥。相吸则吉，相斥则凶）可见；变化运动，趋利而为，顺情则利，逆情则害；吉凶无定，因情所迁，情迁善则吉，情迁恶则凶。所以，六爻之间，爱恶之情（异性相吸是为爱，同性相斥是为恶）相互推荡就产生了六爻的承乘比应关系，吉凶、得失也就因此有了其表象。近者比，远者应，在比或应中进行取舍，就产生了情之悔恨和遗憾的占断；世人之情有真情与虚伪之分，真情与虚伪相互感应，就产生了利害关系的冲突。举凡《易》道之谓情，近比远应。近者相邻为比，比而不相得则凶。近无比而远有应者，虽凶而或无咎；近无比而远无应者则必有害，不仅有悔恨，而且有遗憾。

将有二心的人，其言辞必然带有羞惭之意；内心有疑惑者，其言辞必然支吾多歧；内心纯净的人，其言辞必寡少；内心浮躁的人，其言辞必繁冗；诬陷好人的人，其言辞必然虚漫不实；丧失立场的人，其言辞必然屈桡无力。

【疏】

这一章是《系辞传》的最终章。《系辞传》首章言：“天尊地卑，乾坤定矣”，最终章则言：“夫乾，天下之至健也，德行恒易以知险。夫坤，天下之至顺也，德行恒简以知阻。”起自《乾》《坤》，终于《乾》《坤》，可见《乾》《坤》二卦在《易经》中的重要地位。

孔夫子作《十翼》，其《彖》《象》皆附经而存，故分上、下。此外，《系辞传》《文言传》《说卦传》《序卦传》和《杂卦传》俱皆单行。其中，唯《系辞传》分上下两篇，乃因《系辞传》本夫子讲经文本，故须按照《易经》上、下二经而分列。名之以《系辞传》者，盖所讲述的内容是对六十四卦的卦、爻、彖、象之辞的理解和阐发，而卦、爻、彖、象之辞是系缀于卦爻象之后的文辞，故曰“系辞”。《系辞传》体例不一，其内容有重文、有衍文、有相互抵牾者，推测盖非孔子所著，乃其弟子以课堂笔记汇集而成，故内文或有其弟子之论，姑妄以夫子之言视之可也。

本章我将其分为三节，第一节讲乾坤，实则讲“易、简”之道。德行“易、简”，则智能知“险、阻”。

第二节讲《易》道之情。对吉凶悔吝的占断不能绝对化理解，“爻象以情言、吉凶以情迁”，阴阳爻之间，同性相斥、异性相吸，无非言情。故吉凶悔吝都是相对于情感而言，顺《易》道之情则吉，逆《易》道之情则凶，全部爻象之辞，无非“顺情”而已。六爻的承乘比应，若以情言，则是比应皆因有情。

第三节引申到对社会上各色人等的言辞，也要“察言观色”，不可拘泥于其表面意义。这里对“将叛者”等六种人的言辞特点作了即为精准的分析，施之今日，也能做到无一不验，对我们在今日之社会与人交往，也能大有助益。

易之疏之三

文言传

前人言及《文言传》，大抵有两种解释：一是“文饰”说。《释文》：“《文言》，文饰卦下之言也，夫子之《十翼》。”一是“释经”说。《周易正义》孔颖达疏云：“今谓夫子但赞明《易》道，申说《易》理，非是文饰华采，当为释二卦之经文，故称《文言》。”按：二说当以孔说为是。《文言传》所涉及的内容，仅限于《乾》《坤》二卦，且于卦爻象彖辞外，还别有阐发。估计应是孔夫子传授《易经》中《乾》《坤》二卦的教案。

文言传·乾

【原文】

“元”者，善之长也；①“亨”者，嘉之会也；②“利者”，义之和也；③“贞”者，事之幹也。④君子体仁⑤足以长人，嘉会足以合礼⑥，利物⑦足以和义，贞固足以干事⑧。君子行此四德者，故曰“乾：元、亨、利、贞”。

【注】

①“元”有本元之始义，世纪之初即叫“纪元”。这里的“元”指的是“众善之源”。“长”有两音，兼有两义，“长短”之长和“长幼”之长。“善之长”取其后者义。朱熹曰：元、亨、利、贞皆善也，而元乃为四善之长，是善端初发见处也。

②“亨”有“通”义，“嘉”者，美好也。众美好之事物因通达而会聚，故曰“嘉之会”。

③“利”字从禾从刀，本义是以刀收获谷物，从刀的角度，“利”指“锋利快疾”，引申为“有利、顺利”；从收获谷物的角度，“利”即收获，引申为“利益”。“利”的反义词有两个，一个是“不利”，一个是“无利”。前者之“利”

是顺利、便利之“利”，后者之“利”是利益之“利”。在这里，“利”是顺利、便利之“利”。“利者义之和”，义者宜也，“利于”也就是“宜于”，故曰“利者义之和”。

④“贞”可通假为“正”。郑玄云：“问事之正曰贞。”（《周礼·春官·天府》注）故“贞”可训为“正”，如“忠贞、坚贞”。“贞者，固也”，“贞”也可训为“固守、坚守”，如“贞节、贞烈”等。“幹”即木之主干，为有别于动词“干”，在此用非简化字，以别于后文之“贞固足以干事”之“干”。

⑤“体仁”是践行仁道，“体”，身体力行。

⑥“合礼”即合乎礼仪。礼者，序也。

⑦“利物”是利于成物。

⑧“干事”即成就事业。

【译】

“元”为本原，是众善之首；“亨”即通达，乃众美之会聚；“利”者适宜，要和顺诸义之宜；“贞”者正固，是成就事业的中坚力量。君子只要践行仁道就足以为众人之长；美好事物会聚一起就足以完美体现礼仪有序的作用；有利于成就事物，就能够和顺诸义之宜；正源固本就足以成就事业。

【疏】

此为夫子对《乾卦》卦辞的阐发。

我一直认为孔夫子对“元亨利贞”的解释是断错句了。乾卦的卦辞应当是“乾元：亨。利贞。”因为其彖辞开头便说：“大哉乾元！万物资始，乃统天。”然观《左传·襄公九年》穆姜语，似乎“四德”之说还并非夫子所创。《左传·襄公九年》有云：“穆姜薨于东宫。始往而筮之，遇《艮》之八，史曰：‘是谓《艮》之《随》，《随》其出也，君必速出。’姜曰：‘亡！是于《周易》，曰‘随：元亨利贞，无咎。’元，善之长也；亨，嘉之会也；利，义之和也；贞，事之幹也。体仁足以长人，嘉会足以合礼，利物足以和义，贞固足以干事，然故不可诬也，是以虽随无咎。今我妇人而与于乱，固在下位，而有不仁，不可谓元；不靖国家，不可谓亨；作而害身，不可谓利；弃位而姣，不可谓贞。有四德者，《随》而无咎，我皆无之，岂《随》也哉？我则取恶，能无咎乎？必死于此，弗得出也。’”穆姜之事出于襄公九年（前

563年），十二年后孔子生（前551年），“四德”之说非孔子所创已显明。

后人据此而认为“四德”本《易经》原意，不可置疑。但我仍期期以为不然。案《易经》，除《乾》卦外，《随》卦卦辞也有“元亨利贞”之语，恐“四德”之说源于对《随》卦的解说，而非对《乾》卦卦辞的阐发。孔夫子移花接木，终非确解。

【原文】

初九曰“潜龙勿用”，何谓也？子曰：“龙，德而隐者也。不易乎世，不成乎名，遁世无闷，不见是①而无闷。乐则行之，忧则违之，确乎其不可拔，潜龙也。”

九二曰“见龙在田，利见大人”，何谓也？子曰：“龙，德而正中者也。庸言之信，庸行之谨，②闲邪存其诚，善世而不伐，③德博而化。《易》曰：‘见龙在田，利见大人’，君德也。”④

九三曰“君子终日乾乾，夕惕若，厉，无咎”，何谓也？子曰：“君子进德修业。忠信，所以进德也。修辞立其诚，所以居业也。知至至之，可与几也⑤；知终终之，可与存义⑥也。是故，居上位而不骄，在下位而不忧，故乾乾。因其时而惕，虽危无咎矣。”

九四曰“或跃在渊，无咎”，何谓也？子曰：“上下无常，非为邪也。进退无恒，非离群也。君子进德修业，欲及时也，故无咎。”

九五曰“飞龙在天，利见大人”，何谓也？子曰：“同声相应，同气相求。水流湿，火就燥。云从龙，风从虎，圣人作而万物睹。本乎天者亲上，本乎地者亲下，则各从其类也。”⑦

上九曰：“亢龙有悔”，何谓也？子曰：“贵而无位，高而无民，贤人在下而无辅，是以动而有悔也。”

【注】

①“是”有肯定义，“不见是”即不被人肯定。

②“庸”，常也。“庸言之信，庸行之谨”即守信、恭谨从事要从日常的言行做起。

③“闲”者，防也。门内有木，是为门闩，故闲防是闲字本义。“伐”非征讨，矜夸也。

④《周易正义》王弼注云："德施周普，居中不偏，虽非君位，君之德也。"

⑤"与几"，这里指"知机"。

⑥"义"者宜也，这里指谨守分寸。

⑦天地之气为清浊，质本轻则欲上，质本重则欲下，这就是"各从其类"。

【译】

初九爻辞云："潜龙勿用"，这是什么意思呢？孔子说："所谓潜龙，代表有德行而退隐的君子，不因时俗流变而改变自己的志向与节操，其德行也不用于求得虚名。超然世外，并不因此而苦闷，不被人理解也不因此而愁闷。内心感到快乐的事就去做，内心感到忧惧的事就避开不做，坚定信念而不动摇，这就是潜龙。"

九二爻辞云："见龙在田，利见大人"，这是什么意思呢？孔子说："所谓龙，为有德且正位居中者。日常的言语都要恪守诚信，日常的行为都要奉事恭谨，防范邪念而保有至诚之心，造福社会而从不自夸其能，德行博大而能化育天下。《易经》上说：'见龙在田，利见大人'，这是君王之德啊。"

九三爻辞云："君子终日乾乾，夕惕若，厉，无咎"，这是什么意思呢？孔子说："君子是要增进德行、建功立业的。为人讲究忠信，是进德的根本；以诚待人，是修业的前提。知道所要达到的目标，而且尽力实现，就能抓住机会；知道何时应当终止，并且断然停止，就可以谨守道义的分寸。位居上位而不骄纵，身在下位而不忧惧，做到宠辱不惊，就能不断进取。还要因其时而戒惕自省，这样做，即使有危险也会没有实质伤害。"

九四爻辞云："或跃在渊，无咎"，这是什么意思呢？孔子说："上下无常态，这不是邪妄之形；进退无常径，也不是脱离庶众。君子增进德行、建功立业，是想抓住时机，趋时而为，这是没有过错的。"

九五爻辞云："飞龙在天，利见大人"，这是什么意思呢？孔子说："声调相通才能产生共鸣，志气相投才能相互需求，水流就湿，火势趋燥，龙行生云，虎行生风，圣人之作为能使万物得到感应。君臣需讲究遇合，居下位者亲上，居上位者亲下，这是因其同类而相互依从的结果啊。"

上九爻辞云："亢龙有悔"，这是什么意思呢？孔子说："上九在九五之上，是贵而无位，以喻失位之君，虽高贵但已没有百姓拥戴，失位之臣，虽有民望但不能辅佐君王，所以动辄有悔。"

【疏】

这一节分别对《乾》卦六爻的爻辞做了阐释。从体例上看，类同《系辞传》中的“易云子曰章”，不过，是设问式，自问自答。有人认为这是夫子授《易》时与弟子的对话记录，但我不这样认为。因为所问者都是“何谓也？”孔门教学自由活泼，弟子们不会这样死板。这种设问式文体，我称其为“教案体”。

【原文】

“潜龙勿用”，下也；“见龙在田”，时舍①也；“终日乾乾”，行事也；“或跃在渊”，自试也；②“飞龙在天”，上治也；③“亢龙有悔”，穷之灾也；乾元“用九”，天下治也。

“潜龙勿用”，阳气潜藏；“见龙在田”，天下文明④；“终日乾乾”，与时偕行⑤；“或跃在渊”，乾道乃革⑥；“飞龙在天”，乃位乎天德；“亢龙有悔”，与时偕极⑦；乾元“用九”，乃见天则⑧。

【注】

①“舍”谓居停之所。

②“试”自“或跃在渊”之“或”字而来。因为或而试。

③“飞龙在天”之“上治”是治理，此处之“治”是治成，天下太平。

④《周易正义》孔颖达疏云：“天下文明”者，阳气在田，始生万物，故天下有文章而光明也。按：“文明”一词即从这里生出。文是文饰，明是光明，文明就是文饰光明。然文饰必为人之所为，故文明应看作是人类活动的印记，所以词典上说：“文明是人类创造的物质财富和精神财富的总和”。相应地，“文化”一词也出自《易经》，《贲卦》彖辞有“观乎人文以化成天下”之语，概而括之即为“文化”。

⑤言“偕行”不言“俱进”者，谓行有进退，非一味向前也。

⑥“革”即变革。乾道至健，何以要变革？谓九四已由下卦升至上卦，或跃在渊，“或”即有疑，故需因时而变也。

⑦上言“与时偕行”，此言“与时偕极”，皆重在“与时”。《周易》重时、位，有十二叹时之卦，所以时机、时势很重要。

⑧“天则”即自然规律。自然规律没有谁比谁更重要，故以“群龙无首”喻之。

【译】

“潜龙勿用”，因其位在下；“见龙在田”，出而有所居停；“终日乾乾”，孜孜不倦地力行实践；“或跃在渊”，是进行自我验试能力的时候；“飞龙在天”，能力已具，可以上位施治；“亢龙有悔”，是途穷之灾；乾元“用九”，指治理功成，天下太平。

“潜龙勿用”，阳刚之气犹在潜藏；“见龙在田”，阳刚之气已显现而明耀天下；“终日乾乾”，因应时机偕同进退；“或跃在渊”，因应时机适时变革；“飞龙在天”，阳刚之气得位而显其天德；“亢龙有悔”，阳刚之气的时势俱以到达极致顶点；乾元“用九”，体现的是大自然诸象平等的天然法则。

【疏】

这一节同样是对《乾》卦六爻爻辞的阐释。但与上一节不同，不是就爻辞释义，而是着眼于各爻在全卦中的次序和地位进行讲解。而且用词简约。

这一节对六爻辞义又讲了两次，重点不同，第一次重在讲不同爻位导致爻辞内容变化，第二次重在讲阳刚之气发展的不同阶段。

【原文】

乾元者，始而亨者也。[①]利贞者，性情也。[②]乾始能以美利[③]利天下，不言所利，大矣哉，大哉乾乎！刚健中正，纯粹精[④]也。六爻发挥，旁通[⑤]情也。时乘六龙，以御天也。云行雨施，天下平也。

【注】

①“乾元”指乾是万物之本元，有创始之义。元即亨，万物不仅由乾资始，而且因乾而亨通，故曰“始而亨”。此即《乾》卦彖辞开首语“大哉乾元，万物资始，乃统天”之语义。

②“性情”，性是本性，情是情感；性指乾之道，情谓乾之德。遵乾之道，故有“利”，守乾之德，故曰“贞”。所以，“利贞”者，遵乾之性、守乾之情也。

③“美利”即前句所说之“利贞”。“以美利利天下”即以守正利贞而为天下利。

④“精”指阳刚之气。《乾》卦六爻均为刚爻，是纯阳之卦，故曰“纯粹精也”。

⑤“六爻发挥”，言其爻变也，刚柔互易，六十四卦便因六爻发挥而来。大衍筮占在占得本卦之后，又因爻变而生成之卦，本卦与之卦的关系是本卦占体，之卦占用。之卦又称“旁通卦”，其名即由此句而得。

【译】

乾为万物之本元，故称“乾元”。乾元之道，自创始便亨通。“利贞”体现了乾道的本性与情感价值标准。乾道自创始就以“利贞”的美好品德为利天下，但从不言其所利，太伟大了！乾道还不伟大吗？刚劲、健行、持中、守正，是因为六爻全为刚爻，具有纯阳之气；六爻发动，刚柔互易，无不旁通乾道的本性和真情。因时而动，就像六条矫龙，驾驭着天道运行，行云布雨，使万物茁壮成长，天下太平。

【疏】

这一节主要解释卦辞：“乾元：亨，利贞。”开首便言“乾元，始而亨”，继而讲“利贞者，性情也”，可见孔夫子确实断错了句。

对卦辞的解释主要的依据是彖辞，“大哉乾乎”即彖辞之“大哉乾元”“六爻发挥”即彖辞之“六位时成”“时乘六龙，以御天也”即全抄彖辞之“时乘六龙以御天”“云行雨施，天下平也”即彖辞之“云行雨施，品物流形”和“首出庶物，万国咸宁”。

这一节中的“六爻发挥，旁通情也”非常重要。大衍筮占的一个重要特点是要讲爻变，筮占所得之老阳、少阳、老阴、少阴四种爻象分为两类，少阳、少阴表示阳、阴二气尚未充盈，故其爻不变；老阳、老阴表示阳、阴二气已然发展到了极点，即将向对方转化，故老阳、老阴是筮占中的变爻，阳变阴、阴变阳。因其变化，筮占所得之卦就分成了本卦和之卦。爻变之前为本卦，爻变之后为之卦，也称旁通卦。本卦占“性”，显示的基本卦象和原初属性；之卦占“情”，显示的是事物发展变化的情势。这就是“六爻发挥，旁通情也”的本义。

【原文】

君子以成德为行，日可见之行也。“潜”之为言也，隐而未见，行而未成，是以君子弗用也。

君子学而聚之，问以辨之，宽以居之，仁以行之。《易》曰：“见龙在田，利见大人”，君德也。①

九三重刚而不中，上不在天，下不在田，故乾乾，②因其时而惕，虽危无咎矣。

九四重刚而不中，上不在天，下不在田，中不在人，故“或”之。“或”之者，疑之也，③故“无咎”。

夫“大人”者，与天地合其德，与日月合其明，与四时合其序，与鬼神合其吉凶，先天而天弗违，后天而奉天时。④天且弗违，而况于人乎？况于鬼神乎？

“亢”之为言也，知进而不知退，知存而不知亡，知得而不知丧。其惟圣人乎？知进退存亡而不失其正者，其惟圣人乎？⑤

【注】

①“《易》曰：‘见龙在田，利见大人’，君德也。”在前文阐释九二爻辞时已言之，于此为二见。“利见大人”之“大人”指前之谓“君子”，非指君王。所以利见大人是“君德”的表现。《周易正义》孔颖达疏云：“王辅嗣注云：‘虽非君位，君之德也。’是九二有人君之德，所以称‘大人’也。辅嗣有云：‘利见大人，唯二五焉。’是二之与五，俱是‘大人’，为天下所‘利见’也。”

②此以“三才”之道解九四爻辞。按“三才”之说，初、二两爻为地道；三、四两爻为人事；五、上两爻为天道。“上不在天，下不在田”者，尽人事也。“故乾乾”。

③这里加了一句：“中不在人”，是指九四爻位于人事之顶，其动欲出离人事之道，处于不安定之位，故加一“或”字。“或”者，“有可能”也，所以后面说“疑之也”。

④这里的“先天”“后天”系指对人而言，先天即与生俱来的人之天性，后天即成人之后的有意识修为。先天则有天道在，故“天弗违”，后天即有人道约束，需“奉天时”。

⑤这里出现了一个特殊句式，不知进退者，“其惟圣人乎？”知进退者，“其惟圣人乎？”到底哪个才是圣人所为呢？虽问而不必答，其义自见。这是古文的一种特殊修辞方式。

【译】

君子以成就德行作为行事标准，每日都是如此。潜龙之“潜”，是指君子之德才未能显于世间，君子之行事未能显其成果，所以处于未能见用于世的这种状态。

君子为学以积聚智慧，设问以辨明事理，宽宏以平居待人，仁厚以行事接物。《易经》上说：“‘见龙在田，利见大人’，这是君王之德啊。”

九三还是刚爻，阳刚过重，又不居中，处于上不在天道之位，下不在地道之位的人事之位上，所以要勤恳不倦地尽其人事，而且因应时势变化而长存戒惕，虽有危险但没有咎害。

九四还是刚爻，阳刚过重，又不居中，处于上不在天道之位，下不在地道之位，中又欲出离人事之位的状态，所以下一“或”字。“或”即“有可能”，有疑而惑，所以也没有咎害。

这里所称之为“大人”的，其德行要与天地之德相合，其光明磊落要与日月之明相符，其进退要如四时季节变化之整然有序，其趋善避恶要和鬼神兆示的吉凶相当。其先天之性符合天道，所以天不违逆其志，其后天之修为谨奉人道，所以能守天时。天道尚且不违逆其志，何况于人道？何况于鬼神之道？

“亢龙”之“亢”，说的是知道进取而不知退守，知道生存而不知衰亡，知道获取而不知丧失。这是指圣人而言吗？知道进退、存亡而不失去正直的品格，这是指圣人而言吗？

【疏】

这一节是第四次对《乾》卦六爻爻辞的阐释。其特点，是只点出各爻爻辞的重点词句进行解释，像极了现代教学课堂上的“画重点”。初爻的重点在于“潜”字；二爻的重点在于“见”字；三爻的重点在于“惕”字；四爻的重点在于“或”字，五爻的重点是“大人”，上爻的重点是“亢”。

这一节出现了三种人的名称概念：君子、大人和君。君子指有道德之人，“文质彬彬，然后君子”。“大人”比君子的评价标准要高一些：“夫大人者，与天地合其德，与日月合其明，与四时合其序，于鬼神合其吉凶，先天而天弗违，后天而奉天时。”大人是其德行与作为有重大社会影响的君子。比“大人”的评价标准更高一些的是“圣人”。孔子 有言：“所谓圣者，德合天地，变通无方，究万事之终始，协庶品之自然，敷其大道而遂成情性；明立日月，化行若神，下民不知其德，睹者不知其邻，此圣者也。”圣人是能够造化天地、察往知来的大人。“利见大人”之“君德”即指君王之德，应无疑义，以“君德”为“君子之德”是误读。《文言传》在第二节所讲的：“龙，德而正中者也。庸言之信，庸行之谨，闲邪存其诚，善世而不伐，德博而化”才是真正的“君德”。

文言传·坤

【原文】

坤至柔而动也刚，至静而德方，后得主而有常，①含万物而化光。②坤道其顺乎，承天而时行。

积善之家必有余庆，积不善之家必有余殃。臣弑③其君，子弑其父，非一朝一夕之故，其所由来者渐矣，由辨之不早辨也。《易》曰：“履霜，坚冰至”，盖言顺也。

“直”，其正也；“方”，其义也。君子敬以直内，义以方外，敬义立而德不孤。“直、方、大，不习无不利”，则不疑其所行也。

阴虽有美，含之。以从王事，④弗敢成也。地道也，妻道也，臣道也，地道无成而代有终也。

天地变化，草木蕃。天地闭，贤人隐。《易》曰：“括囊，无咎无誉”，盖言谨也。

君子黄中通理，⑤正位居体，美在其中而畅於四支⑥，发於事业，美之至也。

阴疑於阳必战，为其嫌于无阳也，故称“龙”⑦焉。犹未离其类也，故称“血”焉。夫玄黄者，天地之杂也，天玄而地黄。

【注】

①此综合化用《坤》卦卦辞：“先迷后得主”和彖辞：“先迷失道，后顺得常。”两句之词意。“主”指乾。乾坤之间，乾为主，坤为从。乾乃统天，坤则顺承天，故乾坤之间是主从关系。

②此用《坤》卦彖辞：“含弘光大，品物咸亨”之词意。

③以下杀上为“弑”。

④此用《坤》卦六三爻辞：“含章可贞。或从王事”之词意。

⑤此用《坤》卦六五爻辞："黄裳，元吉"之词意。

⑥"四支"即四肢。

⑦此"龙"指坤龙。

【译】

《坤》性至柔，然其动则刚沛无匹；《坤》道至静，但其德行能遍及四方。《坤》虽居《乾》后，从顺《乾》道而能守其常则，包含万物而能彰显地道之光。《坤》道难道不是至顺的吗？永远顺承天道而与时偕行。

不断积累善行的人家，必定吉庆有余；不断积累恶行的人家，必定灾殃不绝。臣子杀害君王，儿子杀害父母，这种大逆之罪不是朝夕之间的偶然事件突然促成，必定很早就有敌意生变的苗头，逐渐发展所致。只是由于未能及早辨明而已。《易经》上说："踩在轻霜之上，就知道寒冰即将形成。"这是说寒冰是由轻霜顺势发展而来的。

六二爻辞所说的"直"指正直；所说的"方"即义方。君子以敬慎的态度保持内心正直，以义的规范约束外在行为。敬慎正直、坚持正义，其德行就不会孤立，《易经》上说："正直、正义、大度，这些善德善行不是学来的，而是养成的，所以无往而不利。"养成习性，就不会怀疑自己的行为。

阴柔虽有美德，但须含而不露。以此为君王做事，功成而不居，这是坤地之道、为妻之道、为臣子之道。因为地道的法则是不成就自己，而是代表天道完成其功业。

天地互通而变化，则草木蕃生；天地闭塞而不通，则贤人退隐。《易经》上说："收束囊口，没有过错也没有赞誉。"这是强调口风要紧，言行须谨慎。

君子尚黄，以之为裳，这是因为五行以黄色居中，以黄色表谨守中正之道；裳为下衣，以裳表明居下而不争的态度。身居正当之位，美德因之蕴含其中，并畅流于四肢体骸。若能以其美德发挥于事业，美德就达到极致了。

《坤》卦上六，阴势已极，未见其阳而生疑，疑则必战，所谓"龙战于野"。因疑于无阳，所以坤阴自称为"龙"。然坤阴仍未离阴类，所以称"其血玄黄"。玄黄即青黄，天之色青，地之色黄，天地交战，其色驳杂，乃天青而地黄也。

【疏】

这一节是夫子传授《坤》卦卦义的教案。相比于《乾》卦的教案，《坤》卦的教案要粗疏得多，体例上也显得杂乱，不似《乾》卦教案般齐整，恐为夫子的未完成稿。孔夫子五十岁为鲁国中都宰时始接触《周易》，然未及学，至周游列国后，六十八岁返鲁，专心施教，才开始学易，治学之殷，竟至“韦编三绝”。孔子死于七十三岁，晚年学易然后授徒，《周易》终成为未竟之学，由《文言》之作，可得而见之。

易之疏之四

说卦传

《说卦》及《序卦》《杂卦》本为一篇，其发现颇具传奇色彩。据王充《论衡》：“至孝宣皇帝之时，河内女子发老屋，得逸《易》、《礼》、《尚书》各一篇，奏之。宣帝下示博士，然后《易》、《礼》、《尚书》各益一篇。”至隋，河内女子所发现的逸篇被确定为《说卦》三篇，据《隋书·经籍志》：“秦焚书，《周易》独以卜筮得存，唯失《说卦》三篇，河内女子得之。”汉朝人说是一篇，隋朝人说是三篇，这个疑问到了清朝才有了解答，毛奇龄《仲氏易》卷三十云：“但其云三篇，今只一篇，或云合《序卦》、《杂卦》为三。”清人重考据，毛奇龄此说或有所本，但又说“或云”，恐未确，疑之也。2013年，《清华大学藏战国竹简（肆）》出版，其中含有一篇专记六十四卦卦序的《别卦》，其内容包含卦位、卦象、卦序，与今之《说卦》及《序卦》《杂卦》性质相似。间接证明了《说卦》及《序卦》《杂卦》本为一篇的说法。清华楚简以《筮法》名之，说明这是一部用《易》占卜的工具书，而《说卦》及《序卦》《杂卦》则是当时人利用卦爻位序及各种法象作为占卜吉凶的参考底本。所以，严格说起来，《说卦》及《序卦》《杂卦》应产生于战国时期，并非孔夫子所撰。现在通行的《说卦传》《序卦传》以及《杂卦传》已是孔门儒家进行增益后的文本，为的是要和解释《周易》联系起来。这一点后世之治易者已有觉察，高亨在《周易大传今注》里就说，《说卦传》“未能满足研究经传之需要”，说《序卦传》“或合乎经义，或不合乎经义”，说《杂卦传》“有合于经者”“有不合于经者”。因其所言，有《周易》之前的《连山》《归藏》诸《易》的痕迹，而与今之《周易》并不契合。

细审《说卦传》全文，除前两节外，自“天地定位章”至“成言乎艮章”讲八卦的卦序和方位，自“八卦取象章”至终章讲八卦所取的各种法象。这些都是卜筮所需要的基本素材，所以，《说卦传》本质上是和《易》书配套的卜筮工具书。

1. 圣人作易章

【原文】

昔者圣人之作《易》也，幽赞于神明而生蓍，[①]参天两地[②]而倚数，观变于阴阳而立卦，发挥于刚柔而生爻，[③]和顺於道德而理于义，穷理尽性以至于命。[④]

昔者圣人之作《易》也，将以顺性命之理[⑤]，是以立天之道，曰阴与阳；立地之道，曰柔与刚；立人之道，曰仁与义。[⑥]兼三才而两之，故《易》六画而成卦。分阴分阳，迭用柔刚，故《易》六位而成章。[⑦]

【注】

①"幽赞于神明"，孔颖达曰：以此圣知，深知神明之道，而生用蓍求卦之法，故曰："幽赞于神明而生蓍。"苏轼曰：介绍以传命谓之赞。天地鬼神不能与人接也，故以蓍龟为之介绍。高亨注曰：言圣人作《易》，暗中受神明之赞助，故生蓍草，以为占筮之用。按：孔说为是。

②"参天两地"难解。马融、王肃根据《系辞传》中"天数五，地数五，五位相得而各有合"的说法，认为五中有三个奇数、两个偶数，"天得三合，谓一、三与五也；地得两合，谓二与四也"，故曰"参天两地"。孔颖达则根据大衍揲蓍之法，认为揲蓍所得的七、九、八、六四数，七、九为奇数，象天，七是一个三和两个二组成故七为少阳，九是三个三组成，故九为老阳；八、六为偶数，象地，八是一个二和两个三组成，故八为少阴，六是三个二组成，故六为老阴。所以三即阳数，代表天，故曰"参天"；二为阴数，代表地，故曰"两地"。虞翻取《系辞传》中"兼三才而两之"的说法，认为"分天象为三才，以地两之，立六画之数"。朱熹认为，天圆地方，圆者径一围三，故天数为三；方者四面，四为二耦，故地数为二。

③古人谓阴阳二气分而成天地，故曰"观变于阴阳而立卦"，此即《系辞传上》首句"天尊地卑，乾坤定矣"之意。"发挥于刚柔而生爻"即《系辞传上》"刚柔相推而生变化"之意。先讲卦，后讲爻，指立卦在先，因推变化而生爻在后。

④子思曰：天命之谓性，率性之谓道。天道人性本为一理。在天为道，在人为德，遵天道人性即为义，明义即为理，穷尽万事万物的道理和本性，就能通晓天命，这就是"和顺於道德而理于义，穷理尽性以至于命"。

⑤此即上节之"和顺於道德而理于义，穷理尽性以至于命"。

⑥此即“三才之道”。天道无形而可感，阴阳也；地道有形而可感，刚柔也；人道成礼而可遵，仁义也。

⑦此言六爻卦。然通观《说卦传》全文，只言八卦，不言六十四卦，疑非《说卦传》之原文。

【译】

往昔圣人作《易》，深知神明之道，产生了用蓍草筮占的方法，以三为天数，两为地数，利用这些数字来揭示卦象、卦理。仰观天地阴阳的变化而建立卦象，俯察地上万物的刚柔属性而模拟爻象变迁，协和理顺天道和人性的对应关系、相宜之理，穷尽万事万物的道理和本性，以通晓天命。

往昔圣人作《易》，目的就是要理顺天命和人性的对应关系、相宜之理，所以确立了天道、地道和人道。天道无形而可感，阴阳也；地道有形而可感，刚柔也；人道成礼而可遵，仁义也。将这三才兼容起来，分别以两爻相配，所以才有了《易》的六爻成卦。六爻分别以阴阳赋予其本质，以刚柔赋予其变化属性，所以才有了《易》的六位爻象组成的卦象。

【疏】

这一章分两节，先儒按两章处理，我因其两节首句皆以“昔者圣人之作《易》也”开头，故视其为一个整体，合并为一章。

这一章讲《易》之卦爻产生原理。八卦构成，蓍占、象数、卦爻象和义理是四大要素，“生蓍”说圣人发明了与神灵对话的方法；“倚数”是说揲筮成数，以成卦象；“立卦”句讲卦象成因；“生爻”句讲爻变成因。“和顺於道德而理于义，穷理尽性以至于命”则是义理之辨。“立天之道”“立地之道”“立人之道”完全是儒家解《易》思路和逻辑，其风格和观点与《系辞传》一致，是对《系辞传下》“《易》之为书也，广大悉备，有天道焉，有人道焉，有地道焉。兼三才而两之，故六。六者非它也，三才之道也”的具体阐发，当是孔门增益的部分。

2. 天地定位章

【原文】

天地定位，[①]山泽通气，[②]雷风相薄，[③]水火不相射，[④]八卦相错，数往者顺，知来者逆，[⑤]是故《易》逆数也。[⑥]

【注】

①原初的卦象应为悬图立象，所谓“天南地北”，若为立象则是“天上地下”，“天地定位”是说乾坤之位已定。

②山势趋上，泽水趋下。山上之水下泄而聚成泽，泽水蒸腾为云而上升，这个变化使空气得以流通，故曰“山泽通气”。此言艮、兑两卦相对而相应。

③天气变化而风雷交加，古人认为雷为风所迫而激发，风因雷而震荡，故曰“风雷相薄”。此言震、巽两卦之相对相应。

④水火不相容，然互为之用，故曰“水火不相射”。此言坎、离两卦的相对相应。

⑤往者已逝，故可顺其序而数之；来者未知，故只能逆序而推断，此谓“数往者顺，知来者逆”。

⑥《易》的主要功用是推断未来，故曰“《易》逆数也”。

【译】

天上地下，这个位置是早已确定的；山势趋上而泽水趋下，两者因大气流动而相通；雷动风随，风助雷威，两者相互襄助而成势；水火不相容，然互为之用。八卦之象就是这样相互交错而相互联系。往者已逝，故可顺其序而数之；来者未知，故只能逆序而推断，所以，《易》以预知未来，就须逆序而推断。

【疏】

这一章讲最初的八卦之产生。这里尚未出现乾、坤、艮、兑、坎、离、震、巽的卦名，而是以天、地、山、泽、雷、风、水、火八种自然现象来命名，说明这时的八卦还处于原始状态，其卦象大概就是这八种自然现象的古文字表征。

首先对这一章内容加以解说的是东晋的干宝。干宝在为《周礼》作注时指出：“‘天地定位，山泽通气，雷风相薄，水火不相射’，此小成之易也……小成者，伏羲之易也。”自此，以此章言伏羲先天八卦说成为定论。

附：伏羲先天八卦图

关于伏羲先天八卦的方位，宋代邵雍这样说明：“乾南坤北，离东坎西，震东北，巽西南，兑东南，艮西北。自震至乾为顺，自巽至坤为逆。”

我根据今人李守力的考证，认为干宝的说法有值得商榷之处。伏羲先天八卦图晚出于宋代，据说是陈抟所造，邵雍传之。《说卦传》是汉代发现的，考证最晚不晚于战国，不可能有这个伏羲先天八卦图作参照。且这一章只讲卦序，并未明确各卦的方位，定其为伏羲之易，略嫌依据不足。1973 年马王堆三号汉墓出土的“帛书”里面有一幅八卦图，其形状如下：

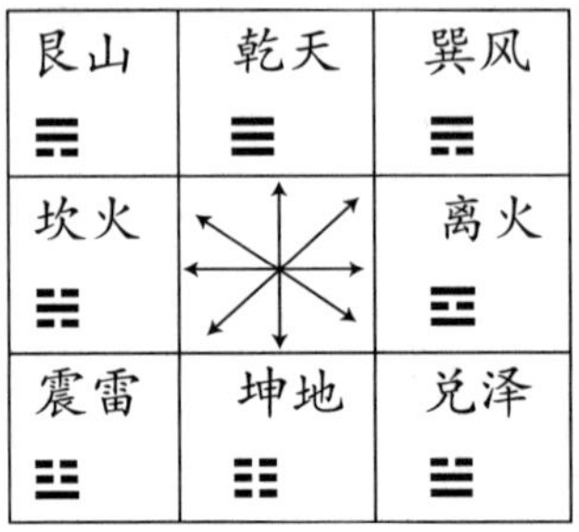

帛书易八卦图

今人人李守力名之以“神农先天八卦”。同时出土的帛书易传《易之义》有云：“天地定立，山泽通气，火水相射，雷风相搏，八卦相厝。数往者顺，知来者逆，故易逆数也。”此语与此章大同小异，可以认为此章所言即指神农先天八卦。神农先天八卦与后文所说的乾坤六子卦有明显的承继关系。按乾坤六子卦的说法，乾有三子：震、坎、艮；坤有三女：巽、离、兑，在帛书八卦里，乾上坤下，定位于中，震、坎、艮三子居左，巽、离、兑三女居右，呈顺时针排列，正是乾坤六子卦的卦序（参看后文“乾坤六子章”）。

神农先天八卦大约形成于原始社会末期的农耕文化时期，农耕作业使原初人类摆脱采集、游猎状态，得以安定下来，人们的关注点也就由空间转移到时间，由天地方位转移到四时变化，由自然物象转移到夫妇人伦。神农先天八卦可以说是先天八卦向后天八卦演化的转折点，是人类社会由自发走向自觉的标志。

3. 坤以藏之章

【原文】

雷以动之，[①]风以散之，[②]雨[③]以润之，日以烜之，[④]艮以止之，[⑤]兑以说之，[⑥]乾以君之，[⑦]坤以藏之。[⑧]

【注】

①雷之动曰震，此为该卦后定名之“震”张本。

②风行无定而发散，故曰“风以散之”。

③水蒸腾为云雨，此本水卦，名之为“雨”者，卦名尚未演化完成。

④“烜”字音 xuān（宣），明照之意。此本火卦，名之为“日”者，与火同有光明及灼热感，此亦属卦名尚未演化完成者。

⑤艮卦本应为山，艮加阜旁为“限”，见山而止，故名此卦为“艮”。

⑥兑卦本应为泽，泽为水之蓄积，所谓“川壅为泽”，兑有掺加之意，以水加水，故名此卦为“兑”。“兑以说之”则是就“兑”引申，加心旁为“悦”，加言旁为“说”。

⑦君为天子，故“乾以君之”。

⑧地之道承载万物，故“坤以藏之”。

【译】

《震》是一刚爻在二柔爻之下，象雷之动；《巽》是一柔爻居二刚爻之下，象风在天之下发散流动；《坎》是内刚而外柔，其形象雨水浸润而下；《离》是内虚而外阳，象日在天中，明照大地；《艮》是一刚爻居二柔爻之上，象山而拦阻；《兑》是一柔爻居二刚爻之上，象水之畅流；《乾》为天，象君王君临下众；《坤》为地，象万物无不包藏其中。

【疏】

这一章据干宝说，应是《归藏易》，在卦序上，起自《震》卦，终在《坤》卦，文之最后“坤以藏之”即“归藏”。干宝说：“《归藏》，轩辕氏之书也，而商人因之。”后人据此，将《归藏易》的八卦卦序画成八卦图，名之以“黄帝先天八卦图”。

附：黄帝先天八卦图（集安八卦图）

北周时蜀人卫元嵩著有《元包经》五卷，称黄帝先天八卦首以坤乾，其宫序为：太阴（坤）第一，太阳（乾）第二，少阴（兑）第三，少阳（艮）第四，仲阴（离）第五，仲阳（坎）第六，孟阴（巽）第七，孟阳（震）第八。若将此卦序逆序排列，就是本章中所谓“雷以动之，风以散之，雨以润之，日以烜之，艮以止之，兑以说之，乾以君之，坤以藏之”的八卦排序。

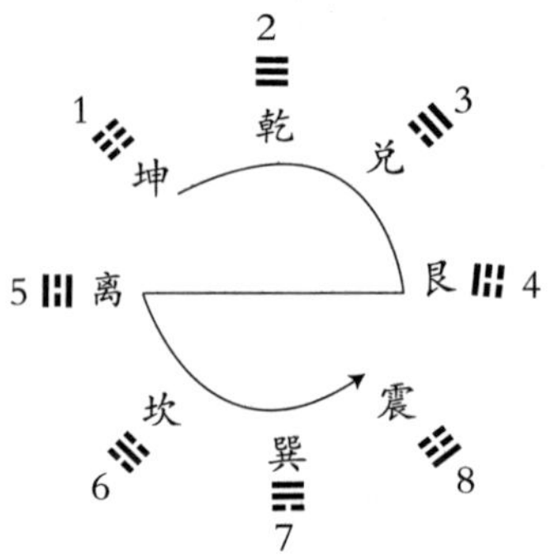

黄帝先天八卦图

卫元嵩《元包经》（卷一）八卦宫序：

太阴第一，太阳第二，少阴第三，少阳第四，
仲阴第五，仲阳第六，孟阴第七，孟阳第八。

殷人因黄帝而习之《归藏易》，史有所征。《礼记·礼运》记载，孔子去宋考殷商文献（春秋宋国乃殷人后裔）曾云：“吾欲观殷道，故之宋，而不足征也，我得坤乾焉。”所谓“得坤乾”，汉郑玄在《易论》中注云：“是殷阴阳之书，存者有《归藏》。”《归藏易》以坤卦为首卦，不言乾坤而言坤乾，显见孔子所得即为《归藏》。然孔门传易，独尊周易，《连山》《归藏》久已失传。1993 年湖北江陵出土的王家山秦简 800 余枚，其中 394 枚被专家认定为《归藏易》残简，然字句汗漫不可识，想来《归藏易》要想真正重见天日，尚俟来时。

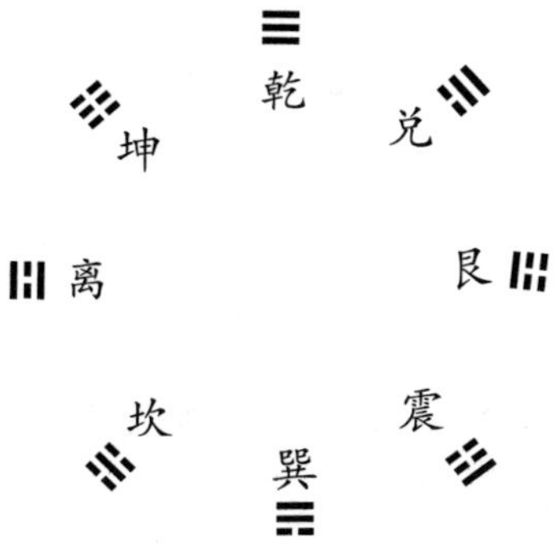

黄帝先天八卦图

这一章言及卦名，四卦用象：雷、风、雨、日；四卦用名：艮、兑、乾、坤。魏王肃云："上举四象，下举四卦者，互相备也。明雷风与震巽同用，乾坤与天地同功也。"（王肃《周易王氏注》）意思是说，象与卦名为同一回事，互相作为"备胎"。此说等于没说。我宁可认为这反映了八卦之名在初创到定型的过程中，逐渐由取象为名走向规范定名的一个演化过程。坎为水，前一章以水名之，这一章以雨名之皆取其润泽大地之义，然均未名之为"坎"者，未定名也。离有火象，也有日象，这一章以日象名离，也是未定名得缘故。

4. 成言乎艮章

【原文】

帝[①]出乎震，齐乎巽，相见乎离，致役乎坤，说言乎兑，战乎乾，劳乎坎，成言乎艮。[②]

万物出乎震，震，东方也。齐乎巽，巽，东南也。齐也者，言万物之絜[③]齐也。离也者，明也，万物皆相见，南方之卦也。圣人南面而听天下，向明而治，盖取诸此也。坤也者，地也，万物皆致养焉，故曰致役乎坤。兑，正秋也，万物之所说（悦）也，[④]故曰说言乎兑。战乎乾，乾，西北之卦也，言阴阳相薄也。[⑤]坎者水也，正北方之卦也，劳卦也，万物之所归也，故曰劳乎坎。[⑥]艮，东北之卦也。万物之所成终而所成始也，故曰成言乎艮。

【注】

①“帝”指羲和，远古神话有“羲和御日”的传说。

②此节为下节之纲，下节是对此节的解说。

③“絜”音 jié（洁），本义是量度事物之围，引申为尺度、标准。

④《周易正义》孔颖达疏云：兑是象泽之卦，说万物者，莫说乎泽，又，位是西方之卦，斗柄指西，是正秋八月也。立秋而万物皆说成也。

⑤李鼎祚曰：薄，入也。《周易正义》孔颖达疏云：以乾是西北方之卦，西北是阴地，乾以纯阳而居之，是阴阳相薄之象也。

⑥《周易正义》孔颖达疏云：以坎是象水之卦，水行不舍昼夜，所以为劳卦。又是正北方之卦，斗柄指北，于时为冬，冬时万物闭藏，纳受为劳，是坎为劳卦也。

【译】

天帝羲和御日，首出于《震》卦，万物创生齐于《巽》卦，显明于《离》卦，致养于《坤》卦，养成而喜悦于《兑》卦，阴阳相战于《乾》卦，相劳于《坎》卦，终成于《艮》卦。

万物创生始于震动，故《震》卦位于东方；相齐于巽，《巽》卦位于东南。相齐者，是说万物齐一，齐具生长之势；《离》卦兆明，万物显明而相见，故《离》卦是南方之卦。圣人面向南方而治理天下，大概取其正大光明之义；《坤》卦象地，万物由土地而滋养，所以说“致役乎坤”；《兑》卦代表正秋，兑为泽，有“泽被万物”之义，所以万物因兑而欣悦；所以说“说言乎兑”；阴阳相战于《乾》卦，是因为《乾》卦为西北之卦，西北为阴地，乾为纯阳，纯阳入阴地，所以阴阳相战；《坎》卦象水，是正北之卦，水行不舍昼夜，所以为劳卦。斗柄指正北，时值冬至，万物闭藏而归，所以说“劳乎坎”；《艮》卦是东北之卦，这一方位正当冬末初春，万物终始，所以说“成言乎艮”。

【疏】

这一章据干宝所言，应是《连山易》。这一章首次明确了八卦的卦名以及方位概念，据此，可得连山八卦的图式：

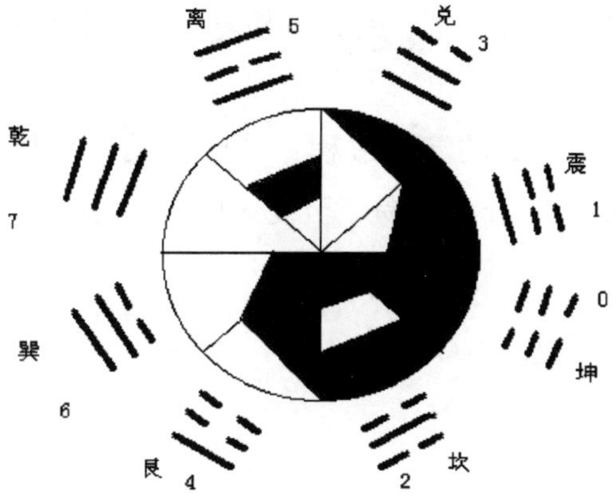

连山易八卦图

后天八卦图

不难看出，连山八卦图正是通常所说的后天八卦图。

连山八卦应是由神农先天八卦的前身乾坤六子卦演化而来：

乾	坤
艮	兑
坎	离
震	巽

乾坤六子卦

乾	兑
坎	坤
艮	离
震	巽

连山八卦前身的过渡卦序

将乾坤六子卦的坤、兑位置对换，艮、坎的位置对换，就变成了向连山易过渡的一个新的八卦卦序。这个卦序将兑（泽）置于坤（地）之上，将坎（水）置于艮（山）之上，反映的是大洪水留给国人的惨痛记忆。若按逆时针运行，起于震、巽，终于坎、艮，应是符合本章的卦序，由此便产生了连山八卦，亦即后天八卦。（参看后文“乾坤六子章”）

后天八卦图展现的是这样一幅图景：上面离日高照（离），下面洪水滔滔（坎），看西方，天（乾）地（坤）之间一片汪洋（兑），看东方，炸雷滚滚（震），狂风大作（巽），不见平地，只见高山（艮），正是洪水泛滥的景象。

“连山易”得名于炎帝，炎帝即神农氏，《周易正义》卷首论三代之事，云：“案《世谱》，神农一曰连山氏，亦曰列山氏。贾逵、郑玄皆言列山乃炎帝之号。”

炎、黄之际，农耕尚在原始状态，刀耕火种，古人烧荒，火势极易蔓延，连山而起，炎帝以列山为号也就不足为奇了。

《帝王记》提出了一个先天八卦到后天八卦的演化过程：“庖牺氏作八卦，神农重之为六十四卦，黄帝、尧、舜引而申之，分为二易，至夏人因炎帝而习《连山》，殷人因黄帝而习《归藏》。”

5. 神妙万物章

【原文】

神①也者，妙万物而为言者也。动万物者莫疾乎雷，桡②万物者莫疾乎风，燥万物者莫熯③乎火，说万物者莫说乎泽，润万物者莫润乎水，终万物始万物者莫盛乎艮。故水火相逮④，雷风不相悖，山泽通气，然后能变化，既成万物也。

【注】

①韩康伯曰：于此言“神”者，明八卦运动，变化推移，莫有使之然者，神则无物妙万物而为言者。案：中文之“神”有多义。可以是名词，即神话、宗教意义上的神灵；可以是动词，指人的心智活动，如“目眩神驰”；也可是形容词，“阴阳不测谓之神”，我们通常讲的“神奇”“神妙”即是形容词。《易经》中的“神”指的是主宰宇宙万事万物、带有始创性、原动力的非物、无形的一种力量。从这个意义上讲，类似于宗教意义的神，或哲学意义上的“自然精神”。

②“桡”的本义是弯曲的木头，在这里是“扰动”、“扰乱”的意思。

③“熯”音 hàn（汉），使之干燥。

④“逮”的古义有至、到、及的含义，《说文》：“逮者，行相及也。”

【译】

所谓“神”，是能令万物神妙化生而被言及者。在天地乾坤中，能鼓动万物而生者，没有比雷更激烈的；能扰动万物而使之舒发者，没有比风更为迅疾的；能干燥万物而使之生变者，没有比火更为燥烈的；泽被万物而使之喜悦者，没有比泽更能取悦的；滋润万物而襄助生长者，没有比水更能滋润的；使万物得以终止、又能得以开始者，没有比艮的作用更强盛的。故而，水火相济，雷与风不相背离，山与泽气息相通，然后才有阴阳变化、万物生成。

【疏】

这一章讲八卦作用的神妙。但只讲六卦，不言《乾》《坤》者，盖乾坤正其变化作用之所也。

讲六卦，但又只讲“艮”，其他五卦则以其原卦象名之，一是取其形象直观，更能表现其作用，二是强调“艮”的限止之义。“终万物始万物者莫盛乎艮”，明言此谓《连山》之易，非《周易》也。

《说卦传》之所以被后人质疑多有“不合乎经义”者，此即一例。

6. 八卦取象章

【原文】

乾，健也；坤，顺也；震，动也；巽，入也；坎，陷也；离，丽也；艮，止也；兑，说也。①

乾为马，坤为牛，震为龙，巽为鸡，坎为豕，离为雉，艮为狗，兑为羊。②

乾为首，坤为腹，震为足，巽为股，坎为耳，离为目，艮为手，兑为口。③

【注】

①《周易正义》孔颖达疏云：此一节说八卦名训。乾象天，体运转不息，故为“健”也；“坤，顺也”，坤象地，地顺承于天，故为“顺”也；“震，动也”，震象雷，雷奋动万物，故为动也；“巽，入也”，巽象风，风行无所不入，故为“入”也；“坎，陷也”，坎象水，水处险陷，故为“陷”也；“离，丽也”，离象火，火必著于物，故为“丽”也；“艮，止也”，艮象山，山体静止，故为“止”也；“兑，说也”，兑象泽，泽润万物，故为“说”也。

②《周易正义》孔颖达疏云：此一节说八卦畜兽之象，略明远取诸物也。乾象天，天行健，故为马也；“坤为牛”，坤象地，任重而顺，故为牛也；“震为龙”，震，动象。龙，动物，故为龙也；“巽为鸡”，巽主号令，鸡能知时，故为鸡也；“坎为豕”，坎主水渎，豕处污湿，故为豕也；“离为雉”，离为文明，雉有文章，故为雉也；“艮为狗”，艮为静止，狗能善守，仅至外人，故为狗也；“兑为羊”，兑，说也。王廙云：羊者，顺之畜，故为羊也。

③《周易正义》孔颖达疏云：此一节说八卦人身之象，略明近取诸身也。乾

尊而在上，故为首也；“坤为腹”，坤能包藏含容，故为腹也；“震为足”，足能动用，故为足也；“巽为股”，股随于足，则巽顺之谓，故为股也；“坎为耳”，坎北方之卦，主听，故为耳也；“离为目”，南方之卦，主视，故为目也；“艮为手”，艮既为止，手亦能止持其物，故为手也；“兑为口”，西方之卦，主言语，故为口也。

【译】

乾性刚健；坤性柔顺；震之性为动；巽之性为入；坎之性为险陷；离之性为附丽；艮之性为限止；兑之性为欣悦。

乾之象为马，坤之象为牛，震之象为龙，巽之象为鸡，坎之象为大猪，离之象为锦雉，艮之象为狗，兑之象为羊。

乾有头象，坤有腹象，震有足象，巽有股象，坎有耳象，离有目象，艮有手象，兑有口象。

【疏】

这一章原为一章，朱子《本义》将其分为三章，因其同是讲八卦取象，故遵孔颖达疏之《周易正义》并为一章三节。八卦取象并非随意而取，而是根据八卦的基本属性（或曰卦德）而推研成象，故第一节先讲八卦的基本属性。《周易》的彖辞主要解释卦象，故多以训诂的方式切入内外卦象的基本属性及其相互关联。

第二节以动物取象，选的是六畜：马、牛、羊、鸡、狗、猪，可见当时畜牧业已经很发达了。六畜不足八卦之数，所以又加上了龙和雉，龙为神兽，雉以成礼，故都是吉祥的动物。

第三节就人身取象，更多的是用八卦的喻义，如乾为天，天为首，故乾为首；坤包藏万物，故坤为腹等。

从卦序的角度看，这一章与前几章的卦序都不同，其序为乾、坤、震、巽、坎、离、艮、兑。有人说，这是先天伏羲八卦的卦序，也有人说，这就是《周易》八卦的卦序。实际上，这是从乾坤六子卦的卦序而来：（参看后文“乾坤六子章”）。

7. 乾坤六子章

【原文】

乾，天也，故称乎父；坤，地也，故称乎母。震一索①而得男，故谓之长男；巽一索②而得女，故谓之长女。坎再索③而得男，故谓之中男；离再索④而得女，故谓之中女。艮三索⑤而得男，故谓之少男；兑三索⑥而得女，故谓之少女。

【注】

①索，当求字讲；《康熙字典》："《註》索，求得而用之"，"《廣韻》求也"。以乾坤为父母，而求其子，坤求得乾气者为男，乾求得坤气者为女：此言震本体为坤，"一索"即自乾索得初爻，其初爻阴变阳，是为震。震卦二阴一阳，为阳卦，故称"长男"。

②此言巽本体为乾，"一索"即自坤索得初爻，其初爻阳变阴，是为巽。巽卦二阳一阴，为阴卦，故称"长女"。

③此言坎本体为坤，"再索"即自乾索得中爻，其中爻阴变阳，是为坎。坎卦二阴一阳，为阳卦，故称"中男"。

④此言离本体为乾，"再索"即自坤索得中爻，其中爻阳变阴，是为离。离卦二阳一阴，为阴卦，故称"中女"。

⑤此言艮本体为坤，"三索"即自乾索得上爻，其上爻阴变阳，是为艮。艮卦二阴一阳，为阳卦，故称"少男"。

⑥此言兑本体为乾，"三索"即自坤索得上爻，其上爻阳变阴，是为兑。兑卦二阳一阴，为阴卦，故称"少女"。

【译】

《乾》卦代表天，纯阳，相当于父亲；《坤》卦代表地，纯阴，相当于母亲。《坤》向《乾》索得初爻，变为《震》卦，《震》卦为阳卦，所以是"长男"；《乾》向《坤》索得初爻，变为《巽》卦，《巽》卦为阴卦，所以是"长女"；《坤》向《乾》索得中爻，变为《坎》卦，《坎》卦为阳卦，所以是"中男"；《乾》向《坤》索得中爻，变为《离》卦，《离》卦为阴卦，所以是"中女"；《坤》向《乾》索得上爻，变为《艮》卦，《艮》卦为阳卦，所以是"少男"；《乾》向《坤》索得上爻，变为《兑》卦，《兑》卦为阴卦，所以是"少女"。

<table>
<tr><td colspan="3">兑离巽 坤 母 ☷</td><td colspan="3">艮坎震 乾 父 ☰</td></tr>
<tr><td>☱
兑为少女得坤上爻</td><td>☲
离为中女得坤中爻</td><td>☴
巽为长女得坤初爻</td><td>☶
艮为少男得乾上爻</td><td>☵
坎为中男得乾中爻</td><td>☳
震为长男得乾出爻</td></tr>
</table>

【疏】

这一章就是有名的“乾坤六子”的由来。“乾坤六子”在解经的彖辞中使用得很普遍。如《咸》卦彖辞：“男下女，是以‘亨，利贞，取女吉’也”、《睽》卦彖辞：“二女同居，其志不同行”等。

至此，《说卦传》中已经出现了五种卦序：

天、地、山、泽、雷、风、水、火；（“天地定位章”）

震、巽、坎、离、艮、兑、乾、坤；（“坤以藏之章”）

震、巽、离、坤、兑、乾、坎、艮；（“成言乎艮章”）

震、巽、离、兑、坎、艮；（“神妙万物章”）

乾、坤、震、巽、坎、离、艮、兑。（“乾坤六子章”）

不难看出，若将“坤以藏之章”中的乾、坤移至最前，就变成了“乾坤六子章”的卦序；若将“成言乎艮章”中拿掉坤、乾二卦，则余下的六卦正是“神妙万物章”的卦序排列。所以，实际上只有三种卦序排列：原始八卦卦序、《连山》八卦卦序和《归藏》八卦卦序。这里，并没有《周易》什么事。所以，《十翼》中，孔门又专门加了一篇《序卦传》，专门论述《周易》六十四卦的卦序。

8. 乾为天章

【原文】

乾为天，为圜①，为君，为父，②为玉，为金，③为寒，为冰④，为大赤⑤，为良马，为老马，为瘠马，为驳马，⑥为木果⑦。

【注】

①“圜”音 huán（环），《说文》：“圜，天体也。”宋衷曰：动作转远，非圜不能，故为圜。

②君、父皆为男性而为首者，所谓“一国之主”“一家之主”。

③崔觐曰：天体清明而刚，故曰为玉、为金。

④乾为西北之卦，西北极寒，故有寒、冰之象。孔颖达曰：取其西北冰寒之地。

⑤“大赤”，太阳之色。虞翻曰：太阳为赤。

⑥前文已有“乾为马”句。此处凡举四马：良马健行，老马健久，瘠马过健，驳马健猛。

⑦木果繁多如星。宋衷曰：群星著天，似果实著木，故为木果。

【译】

《乾》卦取象有天之象、有圆环之象、有君王之象、有严父之象、有玉之象、有金属之象、有寒冷之象、有坚冰之象、有大红之象、有健行之良马之象、有久于健行的老马之象、有健行过甚的瘦马之象、有性情刚烈的烈马之象、有树上的繁果等诸象。

【疏】

此章往下，原合为一章，分别列举八卦所取之象。因其篇幅过长，与前几章的短小精悍殊不类，故依八卦之序分为八章。

《乾》卦取象，一取其形圆，如圜、如木果；一取其行健，如玉、如金、如四马；一取其万物之始，如为君、为父；一取其方位，如寒、如冰。

9. 坤为地章

【原文】

坤为地，为母，为布[①]，为釜[②]，为吝啬[③]，为均[④]，为子母牛[⑤]，为大舆，为文[⑥]，为众，为柄[⑦]，其于地也，为黑。

【注】

①一说取布帛之柔顺意，一说布乃泉布，即货币，取其流布广大意。

②釜为炊具，取其包容意、化生成熟意。孔颖达曰：取其化生成熟，故为釜也。

③孔颖达曰：取地生物而不转移，故为吝啬也。

④崔觐曰：取地生万物，不择善恶，故为均也。

⑤一说子母牛谓小母牛，一说子母牛谓母子相依之牛。孔颖达曰：取其多蕃育而顺之也。

⑥文即文饰。《九家易》云：万物相杂，故为文也。

⑦“柄”取其“本”意，崔觐曰：万物依之为本，故为柄。

【译】

《坤》卦取象有地之象、有慈母之象、有布帛之象、有大釜之象、有吝啬之象、有均平之象、有携子之母牛之象、有大车之象、有文饰之象、有民众之象、有根本等诸象。就相地而言，有色黑之象。

【疏】

《坤》卦取象，一取其柔顺，如母、如布；一取其包容，如釜、如大车、如民众；一取其静止，如吝啬、如均平、如柄。

10. 震为雷章

【原文】

震为雷，为龙，为玄黄，为旉[①]，为大涂，为长子，为决躁[②]，为苍筤[③]竹，为萑[④]苇。其于马也，[⑤]为善鸣，为馵[⑥]足，为作足[⑦]，为的颡[⑧]。其于稼也，为反生[⑨]。其究[⑩]为健，为蕃鲜。

【注】

①“旉”音 fū（敷），古“敷”字。孔颖达曰：取其春时气至，草木皆吐，敷布而生也。按：指春雷惊蛰，万物复生也。

②“决躁”二字皆有“疾”义，“迅雷不及掩耳”，疾也。

③“筤”音 làng（浪），《九家易》：苍筤，青也。

④“萑”音 huān（欢），《说文》：草多貌。《诗经·豳风》：“七月流火，八月萑苇。”

⑤指相马。

⑥“馵”音 zhù（注），指左后足白色的马，《说文》：馬後左足白也。《诗经·秦风》：“文茵畅毂，驾我骐馵。”

⑦“作”，兴起，如“铃声大作”。“作足”指马抬起双足，人立状。亦曰“奋蹄”。

⑧“的”音 dí（笛），白色。《说文》：明也。《博雅》：白也。《中庸》：“小人之道，的然而日亡。”“颡”音 sāng（桑），额头。“的颡”，白额马，善奔。

⑨“反生”，指根果类植物，如萝卜、土豆等。宋衷曰：阴在上，阳在下，故为反生。

⑩“究”，极也。孔颖达曰：极于震动，则为健也。

【译】

《震》卦取象有雷之象、有龙之象、有青黄色之象、有繁茂之象、有广阔大路之象、有长子之象、有急躁之象、有青竹之象、有丰茂的苇草之象。就相马而言，有善于嘶鸣的马之象、有白蹄马之象、有奋蹄马之象、有白额马之象。就估测收成而言，有反生的植物之象。震者动，动之极致即为健壮，为繁茂鲜明之象。

【疏】

《震》卦取象，多从动来，如雷、如龙、如决躁、等。唯“反生”者，则自卦象本身取象，震卦三爻，二阴爻居上，一阳爻居下，象根果类植物反生。

“其于马也”，是指就地取象，若见左足为白蹄者，则取震卦也。

11. 巽为木章

【原文】

巽为木，为风，为长女，为绳直①，为工，为白②，为长，为高，为进退，为不果④，为臭⑤。其于人也，⑥为寡发⑦，为广颡⑧，为多白眼⑨，为近利市三倍⑩，其究为躁卦。

【注】

①孔颖达曰：为绳直，取其号令齐物，如绳之直木也。

②孔颖达曰：取其风吹去尘，使之絜白也。

③《巽》卦初六爻辞："进退，利武人之贞。"可知进退似言军事号令，令行禁止如风行草偃。

④"不果"，亦进退意，指犹豫不决。

⑤"臭"同"嗅"，气味随风而至。

⑥指相面。

⑦"寡发"，谢顶，头发稀疏。

⑧"广颡"，宽额，俗称"大奔儿头"。

⑨"多白眼"，眼白大，黑眼珠小。

⑩孔颖达曰：取其木生蕃盛，于市则三倍之宜利也。

【译】

《巽》卦取象有木之象、有风之象、有长女之象、有木工之准绳之象、有工匠之作之象、有色白之象、有长远之象、有高大之象、有号令进退之象、有犹豫不决之象、有气味随风之象。就相面而言，有谢顶之象、有广额之象、有白眼之象、有利市三倍之象。巽为风，其极致成躁卦之象。

【疏】

《巽》卦取象遵其两义：一曰木，如绳直、如工；一曰风，如色白、如长、如高、如进退、如其位随风等。

12. 坎为水章

【原文】

坎为水，为沟渎，为隐伏，为矫輮①，为弓轮②。其于人也，为加忧③，为心病，为耳痛，④为血卦，为赤⑤。其于马也，为美脊，为亟心⑥，为下首⑦，为薄蹄，为曳。其于舆也，为多眚⑧。为通，为月⑨，为盗。其于木也，为坚多心。⑩

【注】

①木曲使之直曰“矫”，木直令其曲曰“輮”。

②水流曲折，弓、轮皆取其蜿曲状。一说坎为月，月半如弓，月满为轮。

③水性柔而险，故相人则多病患，故为加忧。

④坎为劳卦，劳于心，故为心病。坎主听，劳于耳则耳痛。

⑤人之血脉如河流之布于大地，故为血卦。血色赤，故为赤。

⑥坎中实，其卦象是二阴爻中有一阳爻，故相马重马脊，重听其心跳有力。

⑦水流就下，“下首”即低头，后文“薄蹄”“曳”皆就地也。

⑧“眚”音 shēng(生)，本义是眼疾，这里是多灾的意思。车行遇险，故为多眚。

⑨坎本体为坤，坤者夜也。坤之中爻阴变阳为坎，寓意夜之光，月也。

⑩这也是从坎卦中实来。指其木坚硬而多刺，如枣木等。

【译】

《坎》卦取象有水之象、有沟渠水渎之象、有隐藏潜伏之象、有曲直之象、有弓形和轮形之象。就相面而言，有忧惧增加之象、有心病之象、有耳疾之象、有血卦之象、有赤色之象。就相马而言，有美脊之象、有心壮之象、有低首马之象、有薄蹄马之象、有拖足而行之马象。就相车而言，有多灾之象、有通达之象、有月夜行车之象、有潜行遇盗之象。就相木而言，有坚而多刺之象。

【疏】

《坎》卦取象，一取其水性，水性柔而多险，加忧、心病、耳痛、多眚是也；一取其水势就下，沟渠水渎、隐伏以及低首马之类是也；一取其水流曲直，矫輮、弓轮是也；一取其卦象中实，月象、木象、美脊马、亟心马是也。

13. 离为火章

【原文】

离为火，为日，为电，[①]为中女，为甲胄，为戈兵[②]。其于人也，为大腹[③]。为乾卦[④]。为鳖，为蟹，为蠃，为蚌，为龟。[⑤]其于木也，为科上槁[⑥]。

【注】

①《离》卦是南方之卦，五行属火。日为火之精，电有火之明，故为日、为电。

②离中虚。《离》卦为二阳爻中有一阴爻，有外刚内柔之象，故为甲胄、为戈兵。

③为大腹者，中虚也。

④此“乾卦”非《乾》卦，“乾”应读为gàn（干），干燥之义，离为火，火有干燥义，故为干燥之卦。

⑤龟、鳖为外骨骼动物，蟹为节肢动物，蠃即螺，螺、蚌属介壳类动物。这些动物的共同特点是外刚内柔，有离卦卦象特征。

⑥孔颖达曰：科，空也。阴在内为空，木即空中者，上必枯槁也。

【译】

《离》卦取象有火之象、有日之象、有电之象、有中女之象、有甲胄之象、有戈兵之象。就相面而言，有大肚中虚之象。离为干燥之卦，故有干燥之象。离卦有外刚内柔之象，故有鳖之象、蟹之象、螺之象、蚌之象、龟之象。就相木而言，有枯木中空而上槁之象。

【疏】

《离》卦取象，一曰明，火、日、电是也；一曰外刚内柔，甲胄、戈兵、龟鳖之属是也；一曰中虚，大腹、枯木是也。

14. 艮为山章

【原文】

艮为山，为径路①，为小石②，为门阙③，为果蓏④，为阍寺⑤，为指⑥，为狗，为鼠，为黔喙之属。⑦其于木也，为坚多节⑧。

【注】

①此“径路”相对于震之象“大涂”而言。艮为少男，震为长男，故震之象为大涂，艮之象只能是小路。虞翻曰：艮为山间径路。震阳在初，则为大涂，艮阳小，故为径路也。

②“小石”，艮卦卦象为一阳爻居二阴爻之上，上实下虚，犹如坤土之上有小石。

王弼解为"阳卦之小"，陆绩解为"刚卦之小"，其意一也。

③《艮》卦上实下缺，其卦象似门，艮为止，门阙有禁止义，故为门阙。

④植物分草本、木本，木本之实曰果，草本之实曰蓏。宋衷曰：木实谓之果，草实谓之蓏，桃李瓜瓞之属，皆出山谷也。

⑤"阍"音hūn(昏)，黄昏闭门者，寺，守门人。阍寺之象与前之门阙之象相关。

⑥艮有止义，止字的象形即脚趾。指趾同义。

⑦黔为黑色，喙即鸟之口。"黔喙之属"指鸟之口，鸟喙坚硬而利，象艮之硬。

⑧虞翻曰：阳刚在外，故多节，松柏之属。

【译】

《艮》卦取象有山之象、有山间小路之象、有小石之象、有门阙之禁象、有山谷果蓏之象、有阍者寺人之象、有手指和脚趾之象、有狗之象、有鼠之象、有鸟喙之象。就相木而言，有坚硬而多节之木象。

【疏】

《艮》卦取象，一取其山，如径路、如小石、如果蓏；一取其限止，如门阙、如阍寺、取象者，一取其硬，牙尖嘴利，如看门之狗、如鼠、如黔喙，象艮之硬也。

15. 兑为泽章

【原文】

兑为泽，为少女，为巫①，为口舌②，为毁折，为附决。③其于地也，为刚卤④。为妾⑤，兑为羊⑥。

【注】

①兑为巫，是从兑卦卦象来。兑卦本体为乾，乾向坤索得上爻变为兑。乾为天，兑有说义，代天而言者，巫也。李鼎祚曰：乾为神，兑为通，与神通气之女，巫也。

②兑为口舌，是自兑字的字形而来。兑从口，故为口舌，言说也。

③《兑》卦五行属秋，"兑，正秋也。"（"成言乎艮章"）秋天草木枯槁，干脆易折，是为"毁折"。孔颖达曰：取秋物成熟，槁秆旱之属则毁折也，果蓏

之属则附决也。按：附决者，附带决断也，秋收之时，瓜熟蒂落，其秸秆为之毁折。

④《兑》卦属西方之卦，西方之地多盐碱，著名的盐湖即在青海，故为刚卤之象。

⑤兑为少女，古代盛行媵婚制，《仪礼·婚礼》注曰：“古者嫁女必以侄娣从，为之媵。”媵婚制是古代社会从族外婚向对偶婚演变的一种过渡形态，长女出嫁，少女往往作为从娣为妾同嫁，此为媵婚。故兑为妾。

⑥兑为羊，也是自兑字的字形而来。兑字口上有两点，象羊之双角，故兑为羊。

【译】

《兑》卦取象有沼泽之象、有少女之象、有巫女之象、有口舌之象、有草木毁折之象、有果蔬附决之象。就相地而言，兑卦方位正西，多盐碱，故有刚卤之象。兑为少女，从娣嫁为妾，故有妾之象。兑卦性柔而静，有羊之象。

【疏】

《兑》卦取象，一取其少女，如巫、如妾；一取其五行，如毁折、如刚卤；一取其字形，以形训象，如口舌、如羊。

易之疏之五

序卦传

《序卦传》是孔门《十翼》之一。所以名“序卦”者，为六十四卦排序也。八卦相重为六十四卦，其排序最容易想到的，应是先确定一个主卦，然后依次配上客卦，若以《乾》卦为主卦，则客卦自然是自《乾》起，然后依次配以《坎》《艮》《震》……等，古人没有学过排列组合，但主客配位应是谙熟的。主客配位是最基础的排列组合，因其排序井然，可以穷尽全部的组合状态。然而《序卦传》的卦序不是这样排的，其主卦、客卦既不是按先天八卦之序排列，也不是按后天八卦排序，而是基于六十四卦的卦义，按照天道、人事发展规律排序，显见是在原始卦序基础上，经过了缜密的思考，反复推演而成。这个排序本身就反映了儒家认识世界、把握事物发展规律的一整套社会伦理观念。

《序卦传》依据《周易》，也分上、下两篇。上篇始于“有天地，然后万物生焉”，讲上经卦序，然只讲天地，不讲乾坤；下篇始于“有天地，然后有万物”，讲下经卦序，然也只讲《恒》，未讲《咸》。

序卦传·上经

【原文】

有天地，然后万物生焉。①盈天地之间者唯万物，故受之以《屯》。屯者，盈也；屯者，物之始生也；②物生必蒙，故受之以《蒙》。蒙者，蒙也，③物之稚也；物稚不可不养也，故受之以《需》。需者饮食之道也；饮食必有讼，④故受之以《讼》。讼必有众起，故受之以《师》。师者，众也；众必有所比，故受之以《比》。比者，比也；比必有所畜，故受之以《小畜》。⑤物畜然后有礼，故受之以《履》⑥。履而泰然后安，故受之以《泰》。泰者，通也；⑦物不可以终通，故受之以《否》。

【注】

①此句为开篇，言说万物之始。不言乾坤者，以乾坤创始，前无所承，故不能以“受之以某某”言之也。

②“屯”字原本是草木萌发的象形，有生长、发展之意，即“屯者，物之始生也”；后衍为充满、充实、集聚，即“屯者，盈也”。

③“蒙者，蒙也”这叫“同字为训”，是古文训诂的一种方法。古人释字义，一般是“异字为训”，即用另一个字来解释本字，或音训或形训，同字为训用的比较少，一般出现于本字多音、多义时，或以本义释引申义，或以引申义释本义。蒙从艹，本义是菟丝草，攀附植物，茎微细，几不见，后喻迷蒙、蒙昧。此处是以本义释引申义，以草昧释无知。

④孔颖达曰：夫有生则有资，有资则争兴也。

⑤“比必有所畜”，欲比则必有所比之物，畜者备也。孔颖达曰：由比而畜，故曰“小畜”而不能大也。

⑥孔颖达曰：履者，礼也，礼所以适用也。

⑦“泰”字其形为水上有三人，三人互助，脱离水患，所以泰的本义是平安、舒服，泰通“太”，所以泰也有大的义项，“泰山”即大山。这里的“泰者，通也”是通泰、舒服之义。

【译】

乾为天，坤为地，有了天地，万物才能创生。充满天地的唯有万物，所以《乾》《坤》之后就是《屯》卦。“屯”有充满、集聚之义，又有草木萌发之义，是万物创生的一种状态。万物初生，必定是弱小、蒙昧的，所以《屯》卦之后是《蒙》卦。“蒙”即是弱小、蒙昧的意思，这是万物初生时的幼稚而不能自养的时期，所以《蒙》卦之后是《需》卦。“需”所指，首先是饮食之需，饮食之道是谓营养，营养之备是引起争讼的缘由，所以《需》卦之后是《讼》卦。争讼需纠合众力，所以《讼》卦之后是《师》卦。“师”，就是聚众的意思。众人聚在一起，相互之间就有了比较，所以《师》卦之后是《比》卦。“比”即是比较、攀比的意思。比较、攀比就必须有可比之物预先备好，所以《比》卦之后是《小畜》卦。可比之物蓄积起来还需要有条理地存备，置其所宜，所以《小畜》卦之后是《履》卦。“履”为脚之宜，《履》卦实际上是讲有条理而安宜。宜足之履穿在脚上会感觉通泰、舒服，所以

《履》卦之后是《泰》卦。事物不可能永远通泰，总会有不通泰的时候，所以《泰》卦之后是《否》卦。

【疏】

自《乾》《坤》始，至《泰》《否》，上经卦序到了一个节点。《泰卦》上坤下乾，《否》卦上乾下坤，以《泰》《否》为节点，是因为《泰》《否》二卦是乾坤交卦，与首二卦《乾》《坤》有个呼应。明朝人来知德对《序卦传》研究较深，他在《周易集注》中论及《周易》卦序："自《乾》《坤》历《屯》《蒙》《需》《讼》《师》《比》《小畜》《履》《泰》《否》十卦，阴阳各三十画，则六十矣。阳极于六，阴极于六，至此乾坤变矣，故《坤》综于《乾》而为《泰》，《乾》综于《坤》而为《否》。否泰者，乾坤上下相综之卦也。乾坤既迭相否泰，则其间万物吉凶消长、进退存亡不可悉纪。"

【原文】

物不可以终否，故受之以《同人》。与人同者，物必归焉，故受之以《大有》。①有大者，不可以盈，故受之以《谦》。有大而能谦者必豫，②故受之以《豫》。豫必有随，故受之以《随》。以喜人随者必有事，故受之以《蛊》。蛊者，事也；③有事而后可大，故受之以《临》。临者，大也；物大然后可观，故受之以《观》。④可观而后有所合，故受之以《噬嗑》。嗑者，合也；⑤物不可以苟合而已，故受之以《贲》。贲者，饰也；致饰然后亨则尽矣，⑥故受之以《剥》。剥者，剥也；物不可以终盡，剥穷上反下，故受之以《复》。复则不妄矣，故受之以《无妄》。有无妄然后可畜，故受之以《大畜》。

【注】

①《杂卦传》有云："《大有》，众也；《同人》，亲也。"是以《大有》为得众，《同人》为得亲。在这里，夫子的本意似乎是与人同者得众，且得利，"物必归焉"。然《同人》为兴师伐罪之卦，夫子此义与卦义不合。

②"豫"，逸乐也。"有大而能谦者必豫"，此说勉强。有大而能谦者必因其常怀戒惧之心，何以"必豫"？《杂卦传》有云："谦轻而豫怠也。"明是谦以轻己，豫以怠惰，此正相对相反之性，是一对矛盾，而不是互为因果的关系。

③“蛊”为腹中虫，《蛊》卦实为治蛊之卦，治蛊为事，是谓“蛊者，事也。”

④《临》卦卦辞曰：“临，元亨。”象曰：“大亨以正，天之道也。”故“临者，大也。”《观》卦象辞：“大观在上”“中正以观天下”“下观而化”，此即“物大然后可观”也。

⑤“噬嗑”，咬合义，故《噬嗑》卦为刑狱之卦。以“嗑”为“合”，与卦义不合。

⑥文饰过度则失其本象，孔颖达曰：极饰则实丧也。故“致饰然后亨则尽矣”。

【译】

事物不能始终否塞不通，所以《否》卦之后是《同人》卦。能与人和同，则万物得归于己，所以《同人》卦之后是《大有》卦。有了丰厚的物资就要注意不可盈溢，所以《大有》卦之后是《谦》卦。有了丰厚的物资而且还谦和，这样的人必定是欢豫的，所以《谦》卦之后是《豫》卦。欢豫一定有相随者，所以《豫》卦之后是《随》卦。只顾随喜别人的人一定会出事，所以《随》卦之后是《蛊》卦。蛊就是要出事的意思。消除蛊惑，事业就可以做大，所以《蛊》卦之后是《临》卦。临是物之大，物大而称“可观”，所以《临》卦之后是《观》卦。“观”者“观民设教”，欲其能整合，所以《观》卦之后是《噬嗑》卦。“嗑”就是“合”的意思。但万物之合并非只有苟合而已，所以《噬嗑 》卦之后是《贲》卦。“贲”是文饰的意思。但极致的文饰反而失去本体，本来通畅就会变得不通畅了，所以《贲》卦之后是《剥》卦。剥就是剥除，但剥除也有极点，剥除到了无法再剥的程度就要反过来恢复本体，所以《剥》卦之后是《复》卦。恢复就不会变得虚妄了，所以《复》卦之后是《无妄》卦。有了不虚妄的精神，就能够进行蓄积，所以《无妄》卦之后是《大畜》卦。

【疏】

来知德说：“自《同人》以后至《大畜》，无非否、泰之相推，无否无泰，非《易》也。”（来知德《周易集注》）

《同人》卦至《大畜》卦凡十四卦，应是《易经》上经的第二大段。按来知德所说，这一段实际上是否、泰相推、相变的各种情态。《泰》《否》都是乾坤相交之卦，这十四卦实际上是受《泰》《否》二卦统领和决定的。

【原文】

物畜然后可养，故受之以《颐》[①]。颐者，养也；不养则不可动，故受之以《大过》[②]。物不可以终过，故受之以《坎》。[③]坎者，陷也；陷必有所丽，[④]故受之以《离》。离者，丽也。

【注】

①“颐”是腮帮子，“大快朵颐”是吃的很痛快的意思。吃是为了营养，所以“颐者，养也”。

②这里的“动”是有所动作的意思。好比工人，不给工资就不会好好干活，给的少则干得少，给的多则干得多。不过在《易经》这里，说的是“养贤”。郑玄云：“以养贤者宜过于厚”。“大过”，王弼注云：“音相过之过。”对何为“大过”，历来歧义较多，王肃说是“大的过失”，郑玄、韩康伯认为是“过分”，唯孔颖达认为是“过越”，谓衰难之世当为非常之举，人处逆境当超越常理才能拯难。此卦有大坎之象，将居中四阳爻简为一阳爻，即成单卦坎。坎有险的意思。过字繁体为“過”，从咼，从辶。咼即旋涡，水之险也，辶是走旁，所以大过本义是遇险则越的意思，孔说为是。

③坎为水，水之咼即旋涡，水之险也，过越即越过水险。“物不可以终过”者，很可能十次过越，九次顺利，一次没过去，就遇险了，所以“受之以《坎》”。

④“陷必有所丽”，坎又有陷坑之义，掉入陷坑，若想脱困，就必须有所攀援，这就是“陷必有所丽”。

坎、离的本象是水、火，这里用的是旁象。

【译】

物资蓄积丰厚以后，就可以养贤，所以《大畜》卦之后是《颐》卦。颐就是养贤。养贤宜丰厚，不丰厚则贤人不会尽力为非常之举，所以《颐》之后是《大过》卦。不过为非常之举也有风险，所以《大过》卦之后是《坎》卦。坎就是风险、坎坷之意，遇险如入陷，入陷之后必然要有所攀援才能脱困，所以《坎》卦之后是《离》卦。离是附丽的意思，即附丽于可援之物。

【疏】

自《颐》至《离》凡四卦，为上经第三大段。《颐》卦上艮下震，《大过》卦上兑下巽，是除乾、坤、坎、离之外的山、泽、雷、风相交之卦，然而有意思的是，《颐》卦有大离之象，《大过》有大坎之象，所以《颐》《大过》实际上囊括了乾坤之外的六子之卦。这也是其独特之处。

《易经》上经起于《乾》《坤》而终于《坎》《离》，是起自纯卦、终于纯卦，以示天道至纯。

来知德曰："水火者，乾坤所有之物，皆天道也，体也。无水火，则乾坤为死物。故必山泽通气，雷风相薄，而后男女之水火可交。《颐》《大过》者，山泽雷风之卦也，《颐》有离象，《大过》有坎象，故上经首《乾》《坤》，必《乾》《坤》历《否》《泰》至《颐》《大过》，而后终之以《坎》《离》。"

"要之，天道之体，虽以《否》《泰》为主，而未必无人道。人道之用，虽以损益为主，而未必无天道。上、下经之篇义蕴蓄，其妙至此。"（来知德《周易集注》）

序卦传·下经

【原文】

有天地然后有万物，有万物然后有男女，有男女然后有夫妇，有夫妇然后有父子，有父子然后有君臣，有君臣然后有上下，有上下然后礼义有所错。①夫妇之道不可以不久也，故受之以《恒》。恒者，久也；物不可以久居其所，故受之以《遁》。②遁者，退也；物不可以终遁，故受之以《大壮》③。物不可以终壮，故受之以《晋》。晋者，进也；进必有所伤，故受之以《明夷》。④夷者，伤也；伤于外者必反于家，故受之以《家人》。家道穷必乖，故受之以《睽》。⑤睽者，乖也；乖必有难，故受之以《蹇》⑥。蹇者，难也，物不可以终难，故受之以《解》。解者，缓也；缓必有所失，故受之以《损》。损而不已必益，故受之以《益》。

【注】

①韩康伯注云："言《咸》卦之义也。"

正如上经言天地而不言乾坤，下经之始也只言男女而不言《咸》卦。

②韩康伯注云："夫妇之道，以恒为贵。而物之所居，不可以恒，宜与世升降，有时而遁也。"

③事物不可能永远地隐遁、退避，到一定阶段总会聚集而壮大，所以遁卦之后要"大壮"。"大壮"之"大"非仅指"大小"之"大"，还有"自恃其大"的含义。所以，"大壮"实际上是"大其壮"，亦即认为自己已经很壮了。《杂卦传》曰："大壮则止"，所以大壮卦的主旨在"止"，其诫在"自恃其壮而妄晋"。

④晋，从日、从臸，本义是日出。《说文》："晋，进也，日出而万物进。"这里的"晋"，不仅是前行的意思，而且还有进阶、发展、提升的含义。所以晋卦是讲事物强盛以后的发展之道。《明夷》卦的彖辞说："明入地中"，所以"明夷"是日落的意思。"夷"有毁伤义，故下文说："夷者，伤也。"

⑤"家道穷必乖"，是说家道严、敬，如果家规过于严苛，则家人必然离心离德，这就是"乖"。韩康伯曰："家人之义，唯严与敬，乐胜则流，礼胜则离。"这就是说，在家里，如果娱乐享受占了上风，家人容易流于散漫；如果礼仪约束占了上风，则家人就会离心离德。"睽"者背向而视，正是离心之兆。

⑥"蹇"，跛足也，喻难行。

【译】

有了天地，才有万物；有万物则有雌雄之分，所以就有了男女；男女交感，自然就有了夫妇；有夫妇人伦就有了父子；有父子，然后有君臣，就有了上下关系；有了上下关系，规范上下的礼义就产生了。所有这些，都源于男女交感而成夫妇，所以下经之始以《咸》卦。夫妇有终身之义，不可不长久，所以《咸》卦之后是《恒》卦。恒就是长久的意思。但万物不可能长久停留在一个地方，所以《恒》卦之后是《遁》卦。遁就是遁离的意思。但万物也不是一味的遁离，到一定阶段总会聚集而壮大，所以《遁》卦之后是《大壮》卦。但万物又不能一味聚集壮大，所以《大壮》卦之后是《晋》卦。晋是进阶、提升的意思。进阶、提升就会有毁伤，所以《晋》卦之后是《明夷》卦。夷就是毁伤的意思。人要是在外受到伤害，必然要返回家中疗伤，所以《明夷》卦之后是《家人》卦。家有家规，是为"家道"，家道如果过于严苛，则家人就可能离心离德，所以《家人》卦之后是《睽》卦。"睽"者背向而视，这就是"乖"。家人离心必然有难，所以《睽》卦之后是《蹇》

卦。蹇就是难的意思。不过万物也不会永远困难，所以《蹇》卦之后是《解》卦。解就是缓解的意思。缓解必有所减损，所以《解》卦之后是《损》卦。减损到最后必然会有增益，所以《损》卦之后是《益》卦。

【疏】

下经起自《咸》《恒》，至《损》《益》又到了一个节点。损卦是咸卦的错卦，益卦是恒卦的错卦，所以《损》《益》二卦是对《咸》《恒》二卦的一个呼应。《损》卦的主旨是“惩忿窒欲”（《损》卦大象辞），《益》卦的主旨是“见善则迁，有过则改”（《益》卦九五爻辞）。损益者，得失之计耳。

来知德曰：“自《损》《益》历《遁》《大壮》《晋》《明夷》《家人》《睽》《蹇》《解》十卦，阴阳各三十画，则六十矣。阳极于六，阴极于六，至此男女变矣，故《咸》之男女综而为《损》，《恒》之男女综而为《益》。损益者，男女上下相综之卦也。男女既迭相损益，则其间万事吉凶消长、进退存亡不可悉纪。”

【原文】

益而不已必决，故受之以《夬》。夬者，决也；决必有所遇，故受之以《姤》。①姤者，遇也；物相遇而后聚，故受之以《萃》。萃者，聚也；聚而上者谓之升，故受之以《升》。②升而不已必困，故受之以《困》。困乎上者必反下，故受之以《井》。③井道不可不革④，故受之以《革》。革物者莫若鼎，⑤故受之以《鼎》。主器者莫若长子，故受之以《震》。震者，动也；物不可以终动，止之，故受之以《艮》。艮者，止也；物不可以终止，故受之以《渐》。渐者，进也；进必有所归，故受之以《归妹》⑥。得其所归者必大，故受之以《丰》。丰者，大也；穷大者必失其居，故受之以《旅》。⑦旅而无所容，故受之以《巽》。巽者，入也；入而后说之，故受之以《兑》。兑者，说也；⑧说而后散之，故受之以《涣》。涣者，离也；物不可以终离，故受之以《节》。

【注】

①《杂卦传》有云：“《夬》，决也，刚决柔也”“《姤》，遇也，柔遇刚也。”《夬》卦五阳一阴，是乾卦有缺的卦象。阳盛阴衰，阳刚对决阴柔，其势必成，是为“刚决柔”。《姤》卦的也是五阳一阴，不过阴爻则是初爻，是“夏

至一阴生”之卦，夏至之后，太阳将渐次南移，纯阳过后，阴气开始上升，阴阳开始交合，是为“柔遇刚”。

②萃是萃聚，升是上升。郑玄曰：“升，进益之象矣。”汉武帝时，有个大臣叫汲黯，因官职久不得升，向武帝发牢骚说：“陛下用群臣，如积薪耳，后来者居上。”此语即“聚而上者谓之升”之意。

③“困乎上者必反下”，谓困于上而势必下通于“井”。

④井需不断进行疏浚清淤，所以“井道不可不革”。

⑤鼎以烹饪，生物令其熟，硬物令其软，所以“革物者莫若鼎”。

⑥此但取“归妹”之“归”字，实与《归妹》卦义无关。

⑦“穷大者必失其居”，过于丰腴，体量过大反而无所容身，失其所居才不得不去旅行。

《杂卦传》云：“丰，多故也。亲寡，旅也。”丰卦讲财丰德厚之时，旅卦讲无亲无故之际，二者适成对照。

⑧兑之“说”，一般作“悦乐”或“言说”解。但在这里，似应作“脱”解。观后文“说而后散之”可见。

【译】

增益不止则盈溢，溢则必决，所以《益》卦之后是《夬》卦。夬就是决断的意思。决断后必然有所遇合，所以《夬》卦之后是《姤》卦。姤就是遇合的意思。万物都是相遇后才萃聚起来的，所以《姤》卦之后是《萃》卦。萃就是萃聚的意思。物之积聚，后来者居上，谓之升，所以《萃》卦之后是《升》卦。升而有其限度，受困于其限，则很难再升高，所以《升》卦之后是《困》卦。困于上限则必然返向下，故下通于井，所以《困》卦之后是《井》卦。井需不断进行疏浚清淤，所谓“井道不可不革”，所以《井》卦之后是《革》卦。革即变革，能令万物变革者，莫过于鼎，所以《革》卦之后是《鼎》卦。鼎为祭器，主持祭礼的是长子，所以《鼎》卦之后是《震》卦，震有长子之义。震有动的属性，但万物不能始终处于震动状态，所以《震》卦之后是《艮》卦。艮有限止之义，但万物同样也不可能永远停止，所以《艮》卦之后是《渐》卦。渐有渐进之义。渐进者必有所归宿，所以《渐卦》之后是《归妹》卦。有所归宿者必然会丰满壮大，所以《归妹》卦之后是《丰》卦。丰就是丰满壮大的意思。但过于丰满壮大则必然会无所容身，失其居所，所以《丰》

卦之后是《旅》卦。旅行是因为无处容身，所以《旅》卦之后是《巽》卦。巽有归藏之义，也有进入之义，能够入进，自然喜悦，所以《巽》卦之后是《兑》卦。兑有解脱之义，解脱之后必然涣散心志，所以《兑》卦之后是《涣》卦。涣有离散之义。万物不能一味离散，必须有所节制，所以《涣》卦之后是《节》卦。

【疏】

来知德说："自《夬》以后至《节》，无非损、益之相推，无损无益，非《易》也。"（来知德《周易集注》）

《夬》卦至《节》卦凡十八卦，应是《易经》下经的第二大段。按来知德所说，这一段实际上是损益相推、相变的各种情态。《损》《益》二卦是《咸》《恒》二卦的相错之卦，这十八卦实际上也是受《咸》《恒》二卦统领和决定的。

【原文】

节而信之，故受之以《中孚》。①有其信者必行之，故受之以《小过》②。有过物者必济，故受之以《既济》③。物不可穷也，故受之以《未济》④终焉。

【注】

①节即节制。节制而令人信服，即"节而信之"。中孚，信在心中也。孔颖达曰："信发于中，谓之中孚。"中孚卦就是讲"孚信"的卦。

②"小过"者，小有过度也。有自信的人，做事会稍微过分一些，《小过》大象辞曰："君子以行过乎恭，丧过乎哀，用过乎俭。"有点像处女座，要追求完美。

③孔颖达疏云："济者，济渡之名。既者皆尽之称。万事皆济，故以'既济'为名。"济有完成的意思，既济者，即已经完成，万事大吉了，故《杂卦传》云："既济，定也。"

④未济有两种可能：也许"得济"，也许"不济"，故《未济》卦实际表现的是变化正在进行中，成败利钝非可逆睹也。

【译】

节制而令人信服，所以《节》卦之后是《中孚》卦。中孚是诚信在心中的意思。有诚信的人一定会付诸行动，果敢而自信。所以《中孚》卦之后是《小过》卦。小过是稍有过度的意思。过度就需要匡救，所以《小过》卦之后是《既济》卦。既济就是已经全部成功了。但万物并不因为成功而停止变化，所以《既济》卦之后是《未济》卦。未济就是未完成的终结，也是没有结束的开始。

【疏】

《既济》《未济》两卦是《坎》《离》两卦的相交卦，《既济》卦上《坎》下《离》，《未济》卦上《离》下《坎》，与上经终卦《坎》《离》遥相呼应。全经以《既济》《未济》两卦终者，是试图告诫人们：既济之时就是未济之际，前行正未有穷期。《序卦传》云："物不可以穷也，故受之以未济终焉。"

来知德曰："《既济》《未济》者，男女所交之事，皆人道也，用也。无《既济》《未济》，则男女为死物。故必山泽通气，雷风相薄，而后男女之水火相交。《中孚》《小过》者，山泽雷风之卦也，《中孚》有离象，《小过》有坎象，故上经首《咸》《恒》，必《咸》《恒》历《损》《益》至《中孚》《小过》，而后终之以《既济》《未济》。

"要之，天道之体，虽以《否》《泰》为主，而未必无人道。人道之用，虽以损益为主，而未必无天道。上、下经之篇义蕴蓄，其妙至此。"（来知德《周易集注》）

易之疏之六

杂卦传

《杂卦传》也是孔门《易传》十翼之一，是讲六十四卦的卦义的。其特点一是两两相耦，杂糅卦序，颇类似于现今盛行的“比较研究”。所以韩康伯曰：“《杂卦》者，杂糅众卦，错综其义，或以同相类，或以异相明也。”其二，是文字简洁，且为韵文体，有似顺口溜，如“《乾》刚《坤》柔，《比》乐《师》忧，《临》《观》之义，或与或求。”朗朗上口。

《杂卦传》和《序卦传》在内容上有相通之处，可以相互补充印证。虞翻曰：“《杂卦》者，杂六十四卦以为义，其于《序卦》之外别言也。”

【原文】

《乾》刚《坤》柔，《比》乐《师》忧，《临》《观》之义，或与或求。

《屯》见而不失其居，《蒙》杂而著。

《震》起也，《艮》止也；《损》《益》盛衰之始也。

《大畜》时也，《无妄》灾也。《萃》聚而《升》不来也。《谦》轻而《豫》怠也。

《噬嗑》食也，《贲》无色也；《兑》见而《巽》伏也。《随》无故也，《蛊》则饬也。

《剥》烂也，《复》反也。

《晋》昼也，《明夷》诛也；《井》通而《困》相遇也。

《咸》速也，《恒》久也；《涣》离也，《节》止也。

《解》缓也，《蹇》难也；《睽》外也，《家人》内也；《否》《泰》反其类也。

《大壮》则止，《遁》则退也。

《大有》众也，《同人》亲也；《革》去故也，《鼎》取新也；《小过》过也，《中孚》信也。

《丰》多故也，亲寡《旅》也。《离》上而《坎》下也。《小畜》寡也，《履》

不处也。

《需》不进也，《讼》不亲也，《大过》颠也。

《姤》遇也，柔遇刚也；《渐》女归，待男行也。《颐》养正也，《既济》定也。

《归妹》女之终也，《未济》男之穷也。

《夬》决也，刚决柔也。君子道长，小人道忧也。

【译】

《乾》卦性阳刚，《坤》卦性阴柔；《比》卦同欢乐，《师》卦共烦忧；《临》卦与《观》卦，施与或索求。

《屯》卦讲初现，有居未失安，《蒙》卦始繁杂，交错于明暗。

《震》卦动之兴，《艮》卦讲限止；《损》卦与《益》卦，盛衰由此始。

《大畜》贵时运，《无妄》妄生灾；《萃》卦重积聚，《升》卦往而不来；《谦》卦轻自己而尊人，《豫》卦贪逸乐而懈怠。

《噬嗑》卦言吃喝，《贲》卦讲无色；《兑》卦因显现而喜悦，《巽》卦以卑顺而逊脱；《随》卦无因而乐随，《蛊》卦有事而饬落。

《剥》果落而终烂，《复》回归而成返。

《晋》曰昼而升进，《明夷》曰诛而伤残；《井》备通用而不吝，《困》因不通而遇难。

《咸》卦讲速感，《恒》卦讲久远；《涣》卦说离散，《节》卦重止限。

《解》卦缓，《蹇》卦难，《睽》离在外而疏远，《家人》重内而规严，《否》卦与《泰》卦，其类正相反。

《大壮》戒在适可而止，《遁》卦重在全身而退。

《大有》因得众，《同人》必有亲；《革》卦为去故，《鼎》卦为取新；《小过》稍过度，《中孚》贵诚信。

《丰》者事故多，《旅》者亲友寡；《离》卦势趋上，《坎》卦水趋下；《小畜》物寡少而不可兼济，《履》卦不处危地是为循礼。

《需》者审慎不冒进，《讼》者唯争则不亲；《大过》栋桡，须颠覆常理。

《姤》是不期而遇，是柔弱得遇刚强；《渐》是女大当归，有待男行。《颐》以养正，《既济》乃安定。

《归妹》是女子已出嫁，有了归宿，《未济》是男子事未成，尚在困窘。

《夬》是处事决断，是刚强决除柔弱。君子之道强盛而绵长，小人之道困扰而忧伤。

【疏】

《杂卦传》乃杂取六十四卦两两相对，故而打乱了原来的卦序。其文字特点似如信手拈来，并不严谨，有些只是浮于表面解释，并未深入，有的甚至与本义根本不合，大概是前人根据习《易》的札记，略加整理而成，故后人并不太重视。但偶有创见，也能窥其一貌。

《杂卦传》前半部分尚觉规整，但自“《大过》颠也”以下则次序散乱，前人已疑为错简，并且做了调整，改为：

“《大过》颠也。《颐》养正也；《既济》定也；《归妹》女之终也，《未济》男之穷也；《夬》决也，刚决柔也。君子道长，小人道忧也。”

这样改过，看起来顺眼多了。但不知为何没有成为定本，所以现在通行本仍然是这个错乱的样子。我也就“率由旧章”了。

柏裕江按：关于《周易》与《易经》，综合一些资料大致判断如下：关于《周易》历来争议很多：一是《周易》就是周代阐述变易的书。二是《周易》是周代卜筮之书。两种说法都有道理。《周易》名称出现在先，《易经》名称出现在后。原来的《周易》文字部分只有卦名、卦辞、爻辞，春秋战国时代，加入解说《周易》的七种《传》共十篇文章。到了汉代列为儒家学说的“五经”之一，并被尊为“五经”之首，人们始称《易经》。《史记·孔子世家》记载，孔子晚而喜易，序彖、系、象、说卦、文言。读易，韦编三绝。曰：“假我数年，若是，我于易则彬彬矣。”孔子晚年致力教育，修《诗》《书》《礼》《乐》，序《周易》（称《易经》十翼，或称易传）”。“五经”之名始于汉武帝。《易传》较好的注本是收在《十三经注疏》中唐朝孔颖达的《周易正义·序》，而恰恰是孔颖达在《序》中对《易经》提出“八论”，“第八，论谁加‘经’字”；然而，答案是无从查考。

我们读的“易”，儒家五经之首的《易经》自然成为“经”；《连山》（失佚）、《归藏》（失佚）、《周易》三部易书亦称《易经》。故，《三易》之《易经》与五经之《易经》概念可能就有所异同，前者偏重“经书”“经文”；后者更多理解为“典籍”“史籍”。

具体讲，存世的相传为姬昌囚羑里所做《周易》，是部易之古经，称为《易经》，主要有六十四卦和三百八十四爻，卦和爻各有说明（卦辞、爻辞），由“太卜掌三易之法”，是一部占卜之用的筮书。古代先民想要做的事情和想要知道的事物，便借助于它预示，判断外界事物的动向和变化，向非人的灵体探询，意图预知吉凶祸福或自己行为会带来何种后果，以达到趋利避害之目的。周易古经一直延续到春秋战国时期。

孔颖达所指的“经”是春秋以后至汉代被汉武帝独尊的儒术之“五经”，此“经”即“经典”；“经”：恒常、历久不变，“典”：文献、典籍。《周易》经过儒家的一些大学问家所做的解释、阐释和发挥，性质有所变化，成为儒家哲学的理论基础和社会伦理观念，包括解释《周易》卦辞和爻辞的七种文辞共十篇，合在一起统称《易传》或《十翼》，《经》《传》结合称为《易经》，为儒家的入门教科书；同时，也完成了它转变成为统治者治国的官方统治思想与理论根据，被历朝历代的统治者奉为安邦、治国智慧的“经典”与道义基础。